Die
Konkursordnung
für das deutsche Reich

nebst

den zugehörigen Einführungsgesetzen

und das

Reichsgesetz, betr. die Anfechtung von Rechtshandlungen eines Schuldners außerhalb des Konkursverfahrens

in

der Fassung der Bekanntmachung vom 20. Mai 1898.

Handausgabe

mit Erläuterungen, ausführlichem Sachregister und einem Anhang, enthaltend die konkursrechtlichen Bestimmungen des Genossenschaftsgesetzes und des Gesetzes, betr. die Gesellschaften mit beschränkter Haftung, eine vergleichende Zusammenstellung der Paragraphenfolge der alten und neuen Konkursordnung und Formulare,

von

Karl Meyer
k. Landgerichtsrat in Landshut

München.
J. Schweitzer Verlag (Arthur Sellier).
1899.

Vorwort.

Diese Handausgabe der Konkursordnung und des Anfechtungsgesetzes auf Grund des neuen Reichsrechtes hält die Mitte zwischen einem großen Kommentar und einer Textausgabe mit kurzen Anmerkungen. Bestimmt der Praxis zu dienen, soll sie für den praktischen Gebrauch die erste Orientierung geben. Es ist deshalb ein besonderes Gewicht auf die Verwertung der oberstrichterlichen Judikatur gelegt. Bei den einzelnen Paragraphen sind zuvörderst die hiezu ergangenen Entscheidungen des Reichsgerichts — Band 1 bis 41 in Civilsachen, Band 1 bis 31 in Strafsachen — und die Entscheidungen des bayerischen obersten Landesgerichtes – Sammlung Band 1 bis 16 — übersichtlich aufgeführt; ihr Inhalt ist dann in den systematisch gehaltenen Erläuterungen verwertet. Außerdem ist die reichsgerichtliche Judikatur, wie sie in der Juristischen Wochenschrift, in Seuffert's Archiv, in Bolze's Sammlung und in Rassow und Küntzel's Beiträgen zur Erläuterung des deutschen Rechtes enthalten ist, herangezogen.

Die gesetzgeberischen Materialien sind in den Anmerkungen berücksichtigt, zur Erleichterung des Nachschlagens noch besonders unter dem Texte der einzelnen Paragraphen zitiert.

Die Abänderungen durch die Novelle sind in den Vorbemerkungen zu den einzelnen Titeln hervorgehoben und im Texte der Paragraphen durch gesperrten Druck ersichtlich gemacht. Die alte Paragraphenfolge ist neben der neuen eingefügt.

Dem Buche ist ein Anhang beigegeben, der die konkursrechtlichen Bestimmungen des Genossenschaftsgesetzes vom $\frac{\text{1. Mai 1889}}{\text{20. Mai 1898}}$ und des Gesetzes vom $\frac{\text{20. April 1892}}{\text{20. Mai 1898}}$, betr.

die Gesellschaften mit beschränkter Haftung, eine vergleichende Zusammenstellung der Paragraphenfolge der alten und neuen Konkursordnung und schließlich Formulare für den praktischen Gebrauch enthält.

Die eingehende Erörterung von Streitfragen liegt nicht im Wesen einer Handausgabe. Allein es sind überall die Litteraturnachweise und damit Wege und Richtung gegeben.

Bis jetzt liegen drei Bearbeitungen der Konkursordnung auf Grund des neuen Reichsrechtes vor: Das grundlegende Werk von Universitätsprofessor Dr. Lothar Seuffert in München „Konkursprozeßrecht" in Binding's Handbuch der deutschen Rechtswissenschaft IX. 3, dann der großangelegte, jede Streitfrage erörternde Kommentar zur Konkursordnung von Universitätsprofessor Dr. Ernst Jaeger in Erlangen, von dem bisher die beiden ersten Lieferungen erschienen sind, und die systematische Darstellung „Konkursrecht und Konkursverfahren" von Eckart Freiherrn von Aufseß.

Herr Universitätsprofessor Dr. Lothar Seuffert hat mir vor dem Erscheinen seines Werkes dessen Erholung gestattet, Herr Universitätsprofessor Dr. Ernst Jaeger mir die beiden ersten Lieferungen seines Kommentars überlassen und die späteren gütigst zur Verfügung gestellt. Ich bin den beiden Herren zu großem Danke verpflichtet, den ich hiemit noch besonders erstatte.

Möchte das Buch sich als brauchbar erweisen und eine nachsichtige Beurteilung erfahren.

Landshut, Anfang September 1899.

Der Verfasser.

Inhaltsverzeichnis.

Abkürzungen.

AG. = Ausführungsgesetz.
Anm = Anmerkung
Annalen = Annalen des Reichsgerichts.

Bayer. AG. z BGB = Bayerisches Ausführungsgesetz zum Bürgerlichen Gesetzbuch vom 9. Juni 1899.
Bayer. Ueberg.Ges. = Bayerisches Gesetz, betr die durch die Einführung des Bürgerlichen Gesetzbuches veranlaßten Uebergangsvorschriften, vom 9 Juni 1899.
Becher, Landeszivilrecht = Dr. Becher, Bayerisches Landeszivilrecht.
Becher, Mat. = Dr Becher, Materialien zu den das Bürgerliche Gesetzbuch und seine Nebengesetze betreffenden bayerischen Gesetzen und Verordnungen.
Begr. = Begründung zu dem Entwurfe eines Gesetzes, betr. Aenderungen der Konkursordnung, sowie eines zugehörigen Einführungsgesetzes — Reichstagsvorlage — Guttentag'sche Ausgabe
BGB = Bürgerliches Gesetzbuch.
Bl. f. RA. = Seuffert's Blätter für Rechtsanwendung, herausgegeben von Dr. von Staudinger
Bolze = Dr. A Bolze, die Praxis des Reichsgerichts in Civilsachen.
BSchG. = Binnenschiffahrtsgesetz.

Cosack = Cosack, Anfechtungsrecht.
Cosack BGB. = Cosack, Lehrbuch des bürgerlichen Rechtes.
Cosack HR. = Cosack, Lehrbuch des Handelsrechtes. IV. Aufl. 1898.
CPO = Civilprozeßordnung.

Endemann = Endemann, das deutsche Konkursverfahren.
Endemann BGB. = Endemann, Einführung in das Studium des Bürgerlichen Gesetzbuches, Lehrbuch des bürgerlichen Rechtes. V Aufl.
EG. = Einführungsgesetz.
E I = Entwurf der Gemeinschuldordnung von 1873.
Entw. I z. BGB. = Erster Entwurf eines BGB.

FGB. = Reichsgesetz über die Angelegenheiten der freiwilligen Gerichtsbarkeit
Fitting = Dr Hermann Fitting, das Reichskonkursrecht.

Gareis = Gareis, Lehrbuch des Handelsrechtes. VI. Aufl.
Gaupp = Gaupp, Kommentar zur Civilprozeßordnung.
Gew.O. = Reichsgewerbeordnung
GKG = Reichsgerichtskostengesetz.
GB Ord. = Grundbuchordnung.
GVG = Reichsgerichtsverfassungsgesetz.

Hartmann = Hartmann Anfechtungsgesetz. IV. Aufl.
HGB. = Handelsgesetzbuch vom 10. Mai 1897.

Jäckel = Dr. Jäckel, die Anfechtung von Rechtshandlungen zahlungsunfähiger Schuldner.
Jaeger = Dr Ernst Jaeger, Kommentar zur KO. auf Grund des neuen Reichsrechtes.
Jaeger NK. = Dr. Ernst Jaeger, Nachlaßkonkurs und Erbenhaftung.
Juristen-Ztg = Deutsche Juristen-Zeitung, herausgegeben von Dr. Laband, Dr. Stenglein und Dr. Staub.
JW. = Juristische Wochenschrift, Organ des deutschen Anwalts-Vereins.

Kohler = Dr. Kohler, Lehrbuch des Konkursrechtes.

Maenner = Maenner, das Recht der Grundstücke nach dem BGB.
Mandry = v. Mandry-Geib, der zivilrechtliche Inhalt der deutschen Reichsgesetze IV. Aufl.
Mat. = Materialien zur Konkursnovelle. Heymann'sche Ausgabe.
Mot. = Begründung des Entwurfs der Konkursordnung.
Mot. z. I. E. d. BGB = Motive zum ersten Entwurf eines BGB.

Oetker = Dr. Oetker, Konkursrechtliche Grundbegriffe. Band 1.
Otto = Otto, Anfechtung von Rechtshandlungen

Planck BGB. = Planck-Unzner, Kommentar zum BGB.
Petersen CPO = Petersen, Kommentar zur CPO.
Pet. u. Kl. = Petersen u. Kleinfeller, Kommentar zur KO. III. Aufl.
P = Preußische Konkursordnung von 1855.
Prot. = Protokolle der Reichstagskommission für die Konkursordnung.
Prot 2. Les. = Protokolle der Kommission für die zweite Lesung des Entwurfes des BGB.

RAO. = Rechtsanwaltsordnung.
RAGO. = Rechtsanwaltsgebührenordnung.
Rass.K. = Rassow und Küntzel, Beiträge zur Erläuterung des Deutschen Rechtes.
RC = Entscheidungen des Reichsgerichts in Civilsachen.
ROHG. = Entscheidungen des Reichsoberhandelsgerichtes.
Rspr = Rechtsprechung des Reichsgerichts in Strafsachen.
RStr. = Entscheidungen des Reichsgerichts in Strafsachen.

Sammlung = Sammlung der Entscheidungen des bayer. obersten Landesgerichtes in Gegenständen des Civilrechtes und Civilprozesses

v. Sarw. = von Sarwey-Bossert, Kommentar zur KO. III. Aufl.
Staudinger BGB. = Dr. von Staudinger, Kommentar zum BGB.
Seuffert Arch. = Seuffert's Archiv für Entscheidungen der obersten Gerichte.
L. Seuffert = Lothar Seuffert, Konkursprozeßrecht. Binding's Handbuch IX. 3.
L. Seuffert CPO = Lothar Seuffert, Kommentar zur CPO.
StGB. = Reichsstrafgesetzbuch
StPO = Reichsstrafprozeßordnung.
Staub HGB. = Dr. Hermann Staub, Kommentar zum Handelsgesetzbuch
Staub WO = Dr. Hermann Staub, Kommentar zur Wechselordnung.

v. Völd. = Dr. Otto Freiherr von Völderndorff, Kommentar zur KO. II Aufl.

Willenbch. = Willenbücher, Kommentar zur KO. II. Aufl.
v. Wilm. = von Wilmowsky, Kommentar zur KO. V. Aufl.
Wolff = Wolff, das Absonderungsrecht.
WO. = Wechselordnung.

ZVG. = Reichsgesetz über die Zwangsversteigerung und Zwangsverwaltung.

Die einschlägigen Reichsgesetze sind in der Fassung der Bekanntmachung vom 20. Mai 1898 zitiert.

Berichtigungen.

Seite 8 Zeile 5 von oben „körperliche" Sachen statt „bürgerliche" Sachen.

Seite 15 Zeile 18 von unten „aus" dem K.Zwecke statt „und" dem K.Zwecke.

Seite 18 Zeile 24 von oben „Erwerb" statt „Ewerb."

Seite 112 im Texte des § 51 auf Zeile 11 von oben sich „gründenden" statt sich „begründenden".

Seite 114 Zeile 11 von oben „einen" statt „ein".

Seite 132 Zeile 15 von unten „verfolgt" statt „erfolgt".

Seite 152 im Texte des § 78 „der Konkursverwalter" statt „Konkursverwalter".

Seite 157 Zeile 14 von unten „Entlassung" statt „Entlasiung".

Seite 221 im Texte des § 141 „einzeln" statt „einzelnen".

Seite 226 Zeile 5 von unten „§ 133" statt „§ 135".

Seite 264 ist in die Vorbemerkung einzufügen, daß der Z.Vergleich gemäß § 6 EG. z. KO. auch im Konkurse über eine Erwerbs- und Wirtschaftsgesellschaft nach dem bayerischen Gesetze vom 29. April 1869 unzulässig ist.

Seite 311 im Texte des § 217 Zeile 4 und 5 von unten „Testamentsvollstrecker" statt „Testamentsstrecker".

Seite 325 im Texte des § 226 Zeile 3 von oben „Beschränkungen" statt „Beschränkung".

Einleitung.

Der Entwurf einer Konkursordnung für das deutsche Reich nebst dem Entwurfe eines Einführungsgesetzes wurde dem Reichstage am 21. Januar 1875 und wiederholt am 27. Oktober 1875 vorgelegt, mit den von der Kommission beschlossenen Aenderungen am 21. Dezember 1876 angenommen und am 10. Februar 1877 im RGBl. S. 351 fg. publiziert. Die Konkursordnung trat am 1. Oktober 1879 in Kraft.

Die § 195 bis 197 KO. a. F. über den Konkurs der nach Reichsgesetz vom 4. Juni 1868 errichteten Genossenschaften wurden durch das Reichsgesetz vom 1. Oktober 1889 betr. die Erwerbs- und Wirtschaftsgenossenschaften — RGBl. S. 55 — aufgehoben. Das Reichsgesetz vom 9. Mai 1894 — RGBl. S. 439 — betr. die Abänderung des § 41 KO. hat die Vorschrift in § 41 Nr. 4 geändert. Die Anträge der Reichstagsabgeordneten Rintelen u. Gen. vom 16. November 1893 über den Entwurf eines Gesetzes betr. die Abänderung der KO. wurden einer Kommissionsberatung unterzogen, jedoch im Reichstagsplenum nicht erledigt.

Die Einführung des BGB. führte auch zur Abänderung der KO. Der erste Entwurf hiezu, in der Anlage II der Denkschrift zum Entwurfe eines BGB. veröffentlicht, wurde von Lothar Seuffert in der Zeitschrift für deutschen Civilprozeß Bd. 22 S. 475 fg. und von Georg Kleinfeller in der deutschen Juristenzeitung 1896 S. 474 fg. und in Holdheims Monatsschrift für Handelsrecht 1898 Nr. 3 S. 61 fg. einer eingehenden Besprechung unterzogen.

Der im Reichsjustizamt dann ausgearbeitete Gesetzentwurf hat diese Kritik berücksichtigt, von einer vollständigen Umarbeitung der KO. aber abgesehen. Der Entwurf wurde mit einer Begründung und einer Zusammenstellung der alten und neuen Fassung am 26. Januar 1898 dem Reichstage vorgelegt. Er wurde der VI. Kommission überwiesen, der auch ein von den Abgeordneten Rintelen und Gen. eingebrachter Gesetzentwurf betr. die Abänderung der KO. zuging. Die Vorlage des Bundesrates wurde nach der Kommissionsberatung, die in der Hauptsache Abänderungen auf Erschwerung des Zwangsvergleichs brachte, am 2. Mai 1898 in dritter Lesung samt dem Einführungsgesetze hiezu in IX Artikeln angenommen, am 17. Mai 1898 vollzogen und im Reichsgesetzblatte S. 230 fg. publiziert. Nach dem Reichsgesetze vom 17. Mai 1898 betr. die Ermächtigung des Reichskanzlers zur Bekanntmachung verschiedener Reichsgesetze — RGBl. S. 342 — wurde der Text der neuen KO. in der Neunummerierung der Paragraphen durch die Bekanntmachung vom 20. Mai 1898 — RGBl. S. 612 fg. — veröffentlicht.

In der KO. sind durch die Novelle 7 Paragraphen weggefallen, 50 Paragraphen geändert und 37 Paragraphen neueingefügt. Die Aenderung im einzelnen ergibt sich aus der Anführung in Nummer III dieses Buches, im Texte des Gesetzes betr. Aenderungen der KO. vom 17. Mai 1898.

Die Novellen zur Konkursordnung und zum Einführungsgesetze treten gleich den Abänderungen des Anfechtungsgesetzes am 1. Januar 1900 mit dem BGB. in Kraft.

Die Uebergangsbestimmungen enthalten Art. V, VI, VIII des Einführungsgesetzes zur Konkursnovelle.

I. Konkursordnung

in der Fassung nach der Bekanntmachung v. 20. Mai 1898 (Reichsgesetzblatt 1898 Nr 25 S. 612 fg).

Erstes Buch.

Konkursrecht.

Erster Titel.

Allgemeine Bestimmungen.

Vorbemerkung.

Der erste Titel enthält die allgemeinen Grundsätze über die Wirkung des K.Verfahrens auf die Rechtsverhältnisse des G.Schuldners und die Rechtsansprüche der Gläubiger. § 1 u. 2 bestimmen den Umfang der K.Masse, § 3—5 den Umfang der Gläubigerrechte, § 6 die Einwirkung der K.Eröffnung auf die Dispositionsbefugnisse des G Schuldners und die Rechtsstellung des K.Verwalters; § 7—15 regeln im Einzelnen die Wirkungen des Verfahrens auf das Verfügungsrecht des G.Schuldners, auf die anhängigen die K Masse berührenden Rechtsstreitigkeiten, schließen nach dem Prinzipe der gleichheitlichen Befriedigung neue Klagen, Vollstreckungen u. Sicherheitsbestellungen für die K.Gläubiger aus und § 16 verordnet die Auseinandersetzung eines Miteigentums- oder Gemeinschaftsverhältnisses außerhalb des K.Verfahrens.

Die Novelle hat den Abs. II des § 1 über den elterlichen und eheherrlichen Nießbrauch beseitigt, als massezugehörig in Abs. III die Geschäftsbücher d. G.Schuldners aufgenommen und in Abs. IV als konkursfrei die in § 812 CPO bezeichneten Gegenstände — notwendiger geringwertiger Hausrat — erklärt, in § 2 das Gesammtgut bei der allgemeinen Gütergemeinschaft, Errungenschafts- und Fahrnißgemeinschaft bei dem Konkurse über das Vermögen des Ehemannes in die Masse einbezogen und diese Vorschrift auch auf die fortgesetzte Gütergemeinschaft ausgedehnt, in § 3 II die Geltendmachung von Unterhaltsansprüchen im K.Verfahren für die Zukunft nur gestattet, wenn der G.Schuldner als Erbe des Verpflichteten haftet, die Aenderungen in § 5, 7, 14 II, 15, 16 II den Vorschriften des BGB. angepaßt, durch die Neueinfügung des § 9 nach dem Erbrechte des BGB. die Erklärung über Annahme oder Ausschlagung einer vor der K.Eröffnung angefallenen Erbschaft oder eines Vermächtnisses, ferner über die Ablehnung der fortgesetzten Gütergemeinschaft ausdrücklich dem G.Schuldner überlassen und in § 13 die Unwirksamkeit eines gegen den G.Schuldner bestehenden Veräußerungsverbotes mit Ausnahme der Immobiliarbeschlagnahme den K.Gläubigern gegenüber festgesetzt.

Regelkonkurs ist das K.Verfahren über das gesamte — private und geschäftliche — Vermögen des G.Schuldners. Lediglich bei der Haftung einer Sondermasse des schuldnerischen Vermögens gegenüber einer Sonderklasse persönlicher Gläubiger ist der Sonderkonkurs in den Fällen der §§ 209—236, 238 zulässig. L. Seuffert S. 71 fg. v. Wilm S. 482. v. Sarw. S. 837; Willenbch. S. 2; Kleinfeller in der deutschen Jur.-Ztg. 1896 S. 447; zum Theil AM. Jäger S. 31.

Umfang der Konkursmasse. **§ 1.** (§ 1.)

I. Das Konkursverfahren umfaßt das gesammte, einer Zwangsvollstreckung unterliegende Vermögen des Gemeinschuldners, welches ihm zur Zeit der Eröffnung des Verfahrens gehört (Konkursmasse).

II. Die im § 811 Nr. 4, 9 der Civilprozeßordnung und im § 20 des Gesetzes über das Postwesen des Deutschen Reichs vom 28. Oktober 1871 vorgesehenen Beschränkungen kommen im Konkursverfahren nicht zur Anwendung.

III. Zur Konkursmasse gehören auch die Geschäftsbücher des Gemeinschuldners.

IV. Gegenstände, die nicht gepfändet werden sollen, gehören nicht zur Konkursmasse.

E. I 1—4. P. 1,93. 162. 224. Nov. § 1. Begr. 5. Mat. 151.

RG. 1. S. 175, 188, 380, 386; 3. S. 104, 4. S. 172; 6. S. 210; 7. S. 35; 9. S. 104; 11. S. 140, 173; 12. S. 43, 192; 14. S. 278; 15. S. 8, 32, 322; 16. S. 110, 126; 24 S. 12; 25. S. 311; 25. S. 292 — Plen. —; 28. S. 136; 29. S. 80, 322 32. S. 162; 36. S. 125, 163, 166; 37. S. 95, 398; 40. S. 274; 41. S. 260.

Sammlung. 9. S. 751; 10. S. 446; 15. S. 157.

Voraussetzung für die Anwendbarkeit des Konkursrechtes ist die K.Eröffnung. Mit dem Zeitpunkte der K.Eröffnung — § 102, 108 — wird das Vermögen des G.Schuldners dem materiellen Konkursrechte kraft Gesetzes ohne besondere Beschlagnahme oder Besitzergreifung durch den Verwalter unterworfen. R.Str. 19 S. 85. Die K.Masse umfaßt das gesamte pfändbare, dem G.Schuldner zur Zeit der K.Eröffnung gehörige Aktivvermögen d. h. die Gesamtheit aller derjenigen Sachen und Rechte, welche einen nach Geldwert schätzbaren Wert haben und der Veräußerung und Uebertragung fähig sind. Windscheid 1 S. 99; Willenbch. S. 9; Pet. u. Kl. S. 3. Die Gesamtheit dieser Vermögensrechte, welche der Verwirklichung des K.Zweckes dienen sollen, bildet die Sollmasse im Gegensatze zu der vom Verwalter wirklich ermittelten Masse, der Istmasse Jäger S. 12; v. Wilm. S. 33. Das gesamte pfändbare Aktivvermögen des G.Schuldners in seinen beweglichen und unbeweglichen, körperlichen und unkörperlichen Vermögensstücken — Teilungsmasse § 117 — ist ohne Rücksicht auf den Entstehungsgrund der einzelnen Vermögensrechte massezugehörig, gleichviel ob die Vermögensstücke der Schuldner oder ein dritter besitzt oder ob sie, vorbehaltlich des Einwirkens der ausländischen Gesetzgebung auf Grund der abgeschlossenen Staatsverträge, sich im Inlande oder Auslande befinden. RG. 24 S. 12; Willenbch. S. 10.

I. Die Vermögensstücke müssen dem G.Schuldner gehören und einen nach Geld schätzbaren Wert haben. Konkursfrei sind also fremde Sachen, für die ein dritter aussonderungsberechtigt ist; beim Miteigentum des G.Schuldners ist Teilung oder Auseinandersetzung notwendig, § 43—51; ferner die Person des G.Schuldners mit seinen notwendigen künstlichen Gliedmaßen — § 811 Nr. 12 CPO. — und seine Arbeitskraft, da er zu Dienstleistungen für die Masse nicht herangezogen werden kann — Seuffert Arch. 50 S 122 fg — weiter sein Namen- und Firmenrecht § 12 BGB.; § 17 HGB.; RG. 9 S. 106; 29 S. 133. Der Weiterbetrieb des Geschäftes des G. Schuldners erfolgt für Rechnung der Masse unter der bisherigen Firma, § 129—132; die Veräußerung des Geschäftes und der Firma setzt Einverständnis des G.Schuldners und des K.Verwalters voraus, wohl aber ist die Veräußerung des Geschäftes ohne die Firma möglich § 22 HGB.; RG. 9 S. 104. Jäger S. 13. Der Schadenersatzanspruch wegen unbefugten Namens- oder Firmengebrauch ist massezugehörig. § 12, 823 BGB.; § 37 II HGB.; Willenbch. S. 11; ebenso der Anspruch auf Ersatz des durch den Bruch des Verlöbnisses verursachten Vermögensschadens. — § 1298, 1299 BGB.; Jäger 16; Planck BGB. § 1300 und das Recht des Nehmers eines Blancowechsels auf Ausfüllung des Blanketts. RG. 28 S. 63; 33. S. 44; Jäger 16. L. Seuffert S. 78.

Die rein persönlichen, insbesondere die rein familienrechtlichen Ansprüche z. B § 1564, 1596, 1626 BGB., sind konkursfrei. Von den Verbietungsrechten ist das Recht auf die Schutzmarke — § 1, 5 G. v. 30. Nov. 1874 RGBl. S. 143 — unlösbar von der Firma und teilt deren Schicksale. RG. 11 S. 140; v. Sarw. S. 44; Willenbch. S. 11. AM. Pet. u. Kl. S. 4. Das Recht auf Schutz des Warenzeichens — § 7 G. v. 12 Mai 1894 RGBl. S. 441 — gehört zum Geschäftsbetrieb, ist mit diesem übertragbar und massezugehörig Jäger S. 13. AM. L. Seuffert S. 86. Das Urheberrecht an Schriftwerken, an musikalischen und dramatischen Werken der bildenden Künste und Fotografien — G. v. 11 Juni 1870 RGBl. S. 399; G. v. 9. u. 10. Januar 1876 RGBl. S. 4 fg. — ist rein persönlich, wird erst bei der Veräußerung an den Verleger oder bei Selbstverlag mit der thatsächlichen Veröffentlichung vermögensrechtlich und daher erst mit diesem Zeitpunkte massepflichtig. v. Sarw. S. 43; Willenbch. S. 12. AM Jäger 13; v. Wilm. S. 37; Pet. u. Kl. S. 5. Erst das erteilte Patent — G. v. 7. April 1891 RGBl. S. 79 — d. h. dessen Vermögenswert fällt in die Masse. Der Anspruch auf Erteilung eines Patentes, der vom Verwalter nicht geltend gemacht werden kann, ist konkursfrei wie der Anspruch auf Vernichtung eines Drittpatentes. RG. JW. 93 S. 351; RStr. 7. S. 400; ROHG. 22. S. 333; v. Sarw. S. 43; v. Wilm. S. 38.

Der Anspruch auf Zuerkennung einer Buße, die Entschädigung ist, gehört nach dem Marken-, Urheber- und Erfinderrecht, ferner nach § 188, 231 StGB. und nach § 14 G. über den unlauteren Wettbewerb v. 27. Mai 1896, gleich der bereits zuerkannten Buße zur K.Masse. Jäger S. 15. Mandry S. 496 fg. AM. v. Sarw. S. 42; L. Seuffert S. 82.

II. Das konkurspflichtige Vermögen des G.-Schuldners muß zur Zeit der K.Eröffnung vorhanden sein. § 108. Darunter fallen alle Accessorien, natürliche nnd civile Früchte, Nutzungen und Nutzungsrechte, insbesondere die pfändbaren Einkünfte aus Lehen, Fideikommissen, Stammgütern und Stiftungen. § 52; § 5 EG. z. KO.; § 99, 100 BGB.; Art. 59 EG. z. BGB.; RG. 1 S. 348.

Beschränkungen, welche den Sachen oder Rechten anhaften, gehen auf die K.Masse über. RG. 1 S. 368. Willenbch. S. 10. Aufschiebend oder auflösend bedingte pfändbare Vermögensrechte sind massezugehörig. § 158–162 BGB; Jäger S. 29; Cosack BGB. 1. S. 189, 190; daher auch das Recht auf Rückforderung des kraft vorläufiger Vollstreckbarkeit beigetriebenen Betrages im Falle der Aufhebung des Vollstreckungstitels. RG. 39. S. 107. Rein befristete Vermögensrechte unter einem Anfangstermine gehören wie Vermögensrechte unter einem Endtermin zur Masse; bei den ersteren tritt aber die Dispositionsbefugnis des Verwalters erst mit dem Eintritt des Termines ein. § 163. Jäger S. 29. Bei Eintritt der auflösenden Bedingung oder des Endtermines tritt Rückerwerb ein und der dritte wird aussonderungsberechtigt. § 43; § 158 II BGB.

Der Rechtsgrund des Erwerbes muß vor der K.Eröffnung entstanden sein. Der Gewinn aus vor der Konkurseröffnung erworbenen Lotterie- und Prämienlosen gehört zur Masse. Bei Lebensversicherungen ist der Anspruch, wenn die Polize nicht auf eine bestimmte Person lautet, Massebestandteil. RG. 11. S. 173; 16. S. 126; 32. S. 162. Bei einer Versicherung zu Gunsten eines Dritten hat dieser nur ein bedingtes, von dem jeweils zulässigen Widerruf des Versicherungsnehmers abhängiges Bezugsrecht. Dieses Widerrufsrecht gehört zur Masse und steht zur Verfügung des Verwalters. Nach dem Tode des Versicherungsnehmers erlangt der Dritte ein festes Recht auf die Auszahlung der Versicherungssumme und damit entfällt die Zugehörigkeit zum Nachlaßkonkurs. RG. 1 S. 188, 380; 3 S. 104; 29 S. 332; Rass. K. 28. S. 895; 32 S. 523; 36 S. 455; 39 S. 129; Seuffert Arch. 47 S. 333.

L Seuffert S. 78; v. Wilm. S. 35; Willenbch S. 11. Ueber Rückversicherungsansprüche RG. 5 S. 115.

Der Neuerwerb des G Schuldners nach der K Eröffnung fällt nicht in die Masse. Ueber diesen Neuerwerb ist nur die Eröffnung eines neuen Konkurses möglich, an dem die K Gläubiger des ersten Konkurses während dessen Dauer gemäß § 14 nicht teilnehmen können. v. Sarw. S. 120; v. Wilm. S. 76; L. Seuffert S. 89 AM Jäger S. 30. Der Gehalt, der für Dienstleistungen nach d. K.Eröffnung geschuldet wird, ist Neuerwerb. RG. 12 S. 192; Jäger S 28; v. Sarw S. 53; v. Wilm. S. 39. Dagegen sind Pensionsansprüche, Ruhegehälter und Wartegelder ebenso wie vor der K.Eröffnung erworbene Gehaltsansprüche im Rahmen ihrer Pfändbarkeit — § 850 CPO. — als erworbene Vermögensrechte Massebestandteil. Jäger S. 29. L. Seuffert S. 79.

Erbschaften und Vermächtnisse fallen kraft Gesetzes mit dem Todesfall — § 9; § 1922, 1942, 2176 BGB. — in vorläufiger Weise vorbehaltlich der Ausschlagungsberechtigung an. § 1943, 1953, 2180 BGB. Erst der angenommene Erwerb ist endgiltig. § 207, 1958 BGB.; Mot. V S. 539; § 239 V CPO Dieser vorläufige kraft Gesetzes erfolgte Anfall ist noch keine wirkliche Vermögensmehrung. Die Annahme von vor der K Eröffnung angefallenen Erbschaften und Vermächtnissen steht ausschließlich bei dem G.Schuldner — § 9 — und ihre Annahme bewirkt die Massezugehörigkeit, die Ausschlagung die Beseitigung des Anfalls. § 1942 fg 2180 BGB. Der während des Konkurses erfolgte Anfall ist Neuerwerb und daher konkursfrei. Jäger S. 88 und dessen Erbenhaftung und Nachlaßkonkurs S. 19. L. Seuffert S. 80.

Kein Bestandteil der Masse ist das vom Verwalter auszuübende, im Effekte jedoch der Masse zu Gute kommende Anfechtungsrecht. RG. 7 S 36; 30 S. 73; Jäger S. 28; wohl aber eine zur Zeit der K.Eröffnung noch nicht gelöschte Eigentümerhypothek oder Eigentümergrundschuld. § 889, 1163, 1164, 1168, 1171-73, 1175, 1177, 1192, 1196 BGB.

III. Nur das pfändbare Vermögen des G.Schuldners fällt in die K.Masse. § 811 fg., 850 fg., 864 fg. CPO.

1. Bewegliche Sachen. § 90 BGB. Konkursfrei sind die in § 811 Nr. 1–3, 5–8 u. 10–13 bezeichneten unpfändbaren Sachen. Massezugehörig sind dagegen: Das Betriebsinventar der landwirtschaftlichen Güter, der Apotheken und der Posthaltereien

Ebenso gehören nach dem durch die Novelle eingefügten Abs. III unter Durchbrechung des Grundsatzes in § 811 Nr. 11 CPO. die für das K.Verfahren und die Veräußerung des Geschäftes im Ganzen unentbehrlichen, von dem Gerichtsschreiber nach § 122 II zu schließenden Geschäftsbücher des Einzelkaufmanns, der Handelsgesellschaften oder des Nichtkaufmanns zur K Masse. § 117 II; 134 Nr. 1; Begr. S. 7 u. 31; § 38 fg. HGB.; § 1 des Depotgesetzes v. 5. August 1896. Als Makulatur ohne das Geschäft im Ganzen dürfen sie nicht verkauft werden, sonst Rückgabe an den G.Schuldner nach Konkursbeendigung. Begr. S. 7. Jäger S. 17.

Konkursfrei sind ferner nach der Neubestimmung in Abs. IV die Gegenstände, welche gemäß § 812 CPO. nach dem pflichtgemäßen Ermessen des Gerichtsvollziehers nicht gepfändet werden sollen. Diese Massefreiheit für den gewöhnlichen Hausrat erstreckt sich nur auf bürgerliche Sachen, nicht auf Rechte. Begr. S. 7; Mat. S. 152; Jäger S. 18.

Die Fahrbetriebsmittel der Eisenbahnen — G. v. 3. Mai 1886. RGBl. S. 131 — sind nur außerhalb des K.-Verfahrens von der Zwangsvollstreckung ausgeschlossen, daher massezugehörig. Art. 23 IV des internationalen Uebereinkommens über den Eisenbahnfrachtverkehr vom 14. Oktober 1890 — RGBl. 1892 S. 813 — enthält eine besondere Beschränkung. RG. 34 S. 93 fg. L. Seuffert S. 81. v Wilm. S. 36; Jäger S. 18; Willenbch. S. 14. Ueber die Konkursfreiheit segelfertiger Kauffahrteischiffe, § 482 HGB; Schaps Seerecht § 482 Anm. 4.

2. Forderungen und andere Vermögensrechte.

a. Konkursfrei sind die in § 850 CPO. aufgeführten Forderungen des G.Schuldners.*) Insbesondere sind der gesetzliche Unterhaltsanspruch, die Rente nach § 844 BGB, die Rente nach § 843 BGB. bis zum Betrage von 1500 Mk. und in diesem Umfange auch der Rentenanspruch nach § 7 des Haftpflicht-Gesetzes in der Fassung des Art. 42 EG. z. BGB. gantfrei. Jäger S. 18.

b. Das Recht auf Rücknahme einer zum Zwecke der Schuldbefreiung hinterlegten Sache ist pfand- und konkursfrei; andrerseits cessiert aber das Rücknahmerecht des Schuldners während der Konkursdauer § 377 BGB. Dieser Rücknahmeanspruch ist aber konkurspflichtig,

---

*) Weitere Pfändungsverbote und Beschränkungen sind reichsrechtlich enthalten: 1) Hinsichtlich der Unterstützungsansprüche gegen eine Hilfskasse: § 10 des Hilfskassen-G. v. $\frac{\text{7 April 1876}}{\text{1 Juni 1884}}$; § 56 des Krank.Vers.Ges. v. $\frac{\text{15. Juni 1883}}{\text{10. April 1892}}$; § 100 c Nr. 2; § 104 k II, § 140 Gew.Ord.! 2) hinsichtlich der Unfall- und Altersversicherungsansprüche: § 68 Unf.Vers G.; § 73 landwirtsch. Unf.Vers.G.; § 38 Bau-U V.G; § 76 See-U.V.G.; § 40 Inv.- u. Alt.V G. 3) § 3 G. v. 2. Juni 1878 betr. d. Ehrenzulage an die Inhaber d. eisernen Kreuzes. 4) Hinsichtlich der Ansprüche der Reichsbeamten und Militärpersonen: § 6 des Reichs-Beamten-G.; § 45 II des Reichsmilitärgesetzes; § 4 u. 17 d. G. v. 20. April 1881 betr die Fürsorge für die Witwen u. Waisen der Reichsbeamten; § 7 des G. v. 15. März 1886 betr. die Fürsorge für Beamte usw. bei Betriebsunfällen; Art. 18 III G. v. 22. Mai 1893 u. Art. II § 5 G. v. 7. Juli 1896 betr die Ansprüche auf Zahlung von Witwen- und Waisengelder; § 4 G. v. 10. Mai 1892 betr. Ansprüche der Familien der einberufenen Reservisten usw. auf Unterstützung und § 2 G. v. 14. Jan. 1894 betr. Ansprüche der Invaliden auf Zuschüsse. Im einzelnen Mandry S. 244 fg.

wenn das Annahmerecht des Gläubigers nach § 382 erloschen ist oder wenn die Voraussetzungen rechtswirksamer Hinterlegung fehlen. Jäger S. 21.

c die nicht übertragbaren, daher auch nicht pfändbaren Forderungen des G.Schuldners sind konkursfrei. § 851 CPO.; z. B. § 399, 514, 613, 717, 847, 1092, 1300 II, 1408, 1427, 1585 I, 1623, 1656 BGB. Das Recht des Widerrufs einer Schenkung wegen groben Undanks ist nicht übertragbar. § 530—534 BGB.; Mot. II S. 303. Jäger S 31.

Pflichtteilsansprüche oder der Rückforderungsanspruch des verarmten Schenkers sind massezugehörig, wenn sie durch Vertrag anerkannt oder rechtshängig geworden sind § 852 CPO; § 528; § 1967 2303 BGB. L. Seuffert S. 82.

Konkursfrei sind in der Regel als unübertragbar das obligatorische oder dingliche Vorkaufsrecht § 514, 1094, 1098, 2034, 2035 BGB.; § 851 I, 857 I CPO.; Jäger 22; dagegen ist das obligatorische Wiederkaufsrecht übertragbar und pfändbar. § 497 fg. BGB.; Mot. II S. 341. Das Miet- und Pachtrecht des G.-Schuldners ist an und für sich nicht übertragbar § 549 I; § 581 II; § 596 I BGB.; § 851 I CPO.; allein hier gelten die Sonderbestimmungen in § 19, 20, 59 Nr. 2 KO.

Die Leibrente — § 759 fg., 330 BGB — und das Leibgedingrecht — Art. 96 EG. z. BGB.; Art. 32 fg. bayer AG. z. BGB — enthalten einen einheitlichen, ein für allemal begründeten, nicht jedesmal neu fällig werdenden Anspruch und deshalb gehören die während der Konkursdauer anfallenden Leistungen zur Masse. RG. 6 S. 210. Jäger S 23.

d Der an Sachen oder Rechten an dem Vermögen eines Dritten oder an einer Erbschaft bestellte rechtsgeschäftliche Nießbrauch ist als unveräußerliches Recht insoweit konkurspflichtig, als das Recht der Ausübung einem Anderen übertragen werden kann. § 92, 311, 1068 II, 1059, 1085, 1089 BGB.; RG. 6 S 210; 16 S. 1, 110. Jäger S. 24; Mot. III S 526. AM Staudinger BGB. 1059 Anm. 2. Das Ausübungsrecht geht in diesem Falle auf den Verwalter über, der die Nutzungen selbst ziehen oder das Ausübungsrecht verpachten kann. § 100, 581 BGB.; RG. 16 S. 112; RG. JW. 1885 S. 354; Jäger S. 24; Willenbch. S. 17. Der einer offenen Handelsgesellschaft bestellte Nießbrauch erlischt nicht mit der K.-Eröffnung. RG. 16 S. 1 fg.; 28 S. 132.

e. Der bisherige Absatz II, die Einbeziehung des elterlichen und eheherrlichen gesetzlichen Nießbrauches ist durch die Novelle zufolge der Bestimmungen in § 861, 862 CPO. beseitigt, wonach die Rechte, welche dem Ehemanne kraft der ehelichen Nutznießung an dem Vermögen seiner Frau und dem Vater oder der Mutter kraft der elterlichen Nutznießung an dem Vermögen der Kinder zustehen, der Pfändung nicht unterworfen sind. § 1363 fg. 1383, 1647, 1649 fg., 1656 BGB. Begr. S. 5. Demgemäß ist der Nießbrauch des G Schuldners am Vermögen seiner Kinder, des Ehemannes an dem Vermögen seiner Frau konkursfrei. Die bei der K.Eröffnung bereits erworbenen Früchte fallen in die Masse, insoweit sie nicht mit Rücksicht auf die den G.Schuldner aus § 1384—1387, 1654 treffenden Verpflichtungen pfandfrei zu belassen sind. § 99, 954, 1073, 1383, 1652 BGB. Die nach der K.Eröffnung erworbenen Früchte sind gantfrei. Begr. S. 5.

α. Der elterliche Nießbrauch wird durch die K.Eröffnung nicht aufgehoben. § 1647, 1656 BGB.

β. Der Nießbrauch des Ehemannes bei dem gesetzlichen Güterstande der Verwaltung und Nutznießung dauert zwar bis zur Rechtskraft des Eröffnungsbeschlusses; allein über die Massezugehörigkeit der Früchte entscheidet der Zeitpunkt der K.Eröffnung § 72, 109; § 1419 BGB; Staudinger BGB. 4 S. 164; Bl. f. RA. 64 S. 68. L. Seuffert S. 83.

γ Die vor der K.Eröffnung gewonnenen Nutzungen aus dem eingebrachten Gute gehören bei der Errungenschafts- u. Fahrnisgemeinschaft ohne Einschränkung zu dem Gesamtgute § 1525 I, 1549, 1550 II BGB. und dieses fällt nach § 2 in die K.Masse des Ehemannes, dessen Gant wohl mit der Rechtskraft des Eröffnungsbeschlusses die Errungenschafts- nicht aber die Fahrnisgemeinschaft beendigt § 1543, 1549, 1550 II BGB. Begr. S. 6. L. Seuffert S. 83.

δ. Bei der allgemeinen Gütergemeinschaft bildet weder der Konkurs des Mannes noch der der Frau einen Beendigungsgrund. Mot. IV. S. 398; Prot. IV. S. 277 fg. Staudinger BGB. 4 S. 228.

Die Pfändungsbeschränkungen sind als Normen öffentlich rechtlicher Natur der Disposition der Beteiligten entzogen. RG — Plen E. — 25 S. 292; 35 S. 31; RG. Bolze 8 Nr. 1213; 22 Nr. 822; Jäger S. 19. Dagegen bewirkt der im Wege rechtsgiltiger Privatautonomie verfügte Ausschluß der Zwangsvollstreckung Massefreiheit RG. 1 S. 175; 14 S 278; 25 S. 292; RG. JW. 86 S. 54, 324. Willenbch. S. 14

Streitigkeiten zwischen dem Verwalter und dem G Schuldner über die Massezugehörigkeit einzelner Gegenstände können nicht im Einwendungswege nach § 766 CPO. oder im Aufsichtswege — § 83, 84 — sondern nur im Klageweg entschieden werden RG. 37 S. 398; 40 S. 365; v. Sarw. S. 64; Jäger S. 27.

4 Zum unbeweglichen Vermögen gehören konkursrechtlich die Grundstücke, die diesen gleichgestellte Berechtigungen — § 1017 BGB.; Art 63, 67, 68, 69, 196 EG. z. BGB. und die eingetragenen Schiffe, bezüglich deren eine Zwangsverwaltung ausgeschlossen ist. § 864, 870 CPO; § 162 fg. ZVG. Der auf dem Grundstücke wohnende G.Schuldner hat gegenüber dem die Zwangsverwaltung betreibenden K.Verwalter einen Anspruch auf die notwendigen Wohnungsräume. § 149 ZVG. RG. Bolze 22 Nr. 845. Jäger S. 27. Die Massezugehörigkeit der sog Bahneinheit, der Bergwerke, Familienfideikommisse, Lehen und Stammgüter und Familiengüter des hohen Adels bemißt sich nach Landesrecht. § 52; § 871 CPO; Art. 57-59, 67, 112 EG z. BGB; § 5 EG. z. KO.; § 2 EG. z. ZVG.

IV. Uebergangsbestimmungen. Die Massezugehörigkeit für ein vor dem 1. Januar 1900 eröffnetes K.Verfahren bemißt sich nach dem bisherigen Recht. Art V E.G. z K.Novelle. Die aufgehobene Bestimmung in Abs. II hinsichtlich des ehemännlichen Nießbrauchs bleibt auch für die Zukunft in Geltung, insoweit nach Art. 200 EG z. BGB. für den Güterstand einer am 1 Januar 1900 bereits bestehenden Ehe das bisherige Landesrecht maßgebend bleibt. Art VI EG. z. K Novelle. Für die elterliche Nutznießung entscheidet für die Zukunft ausschließlich das neue Recht. Art. I, VI. EG z. K Novelle; Begr. S 6; Jäger S. 25.

§ 2.

I. Wird bei dem Güterstande der allgemeinen Gütergemeinschaft, der Errungenschaftsgemeinschaft oder der Fahrnisgemeinschaft das Konkursverfahren über das Vermögen des Ehemanns eröffnet, so gehört das Gesamtgut zur Konkursmasse; eine Auseinandersetzung wegen des Gesamtguts zwischen den Ehegatten findet nicht statt.

II. Durch das Konkursverfahren über das Vermögen der Ehefrau wird das Gesamtgut nicht berührt.

III. Diese Vorschriften finden bei der fortgesetzten Gütergemeinschaft mit der Maßgabe Anwendung, daß an die Stelle des Ehemanns der überlebende Ehegatte, an die Stelle der Ehefrau die Abkömmlinge treten.

E. 1 z. BGB. § 1361, 1375, 1399 II, 1406 I, 1424 II, 1429 I, 1431 Mot. IV 211 fg., 291 fg. 370 fg. Prot. II 242, 263 fg. 281 fg. 335 fg. Nov. § 1a. Begr 7. Mat. 153.

Diese durch die Novelle eingefügte Bestimmung trifft keine Vorschrift für den Konkurs beim ordentlichen gesetzlichen Güterstand der Verwaltung und Nutznießung und den außerordentlichen gesetzlichen Güterstand der Gütertrennung, sondern nur für den Konkurs des Ehemannes während der ehelichen Gütergemeinschaft. Der Konkurs über das Vermögen der Frau berührt das Gesamtgut nicht. Bei der fortgesetzten Gütergemeinschaft ergreift der Konkurs über das Vermögen des überlebenden Ehegatten auch das Gesamtgut, das von dem Konkurse über das Vermögen der Abkömmlinge nicht berührt wird.

I. Der gesetzliche Güterstand der Verwaltung und Nutznießung. § 1363 fg. BGB. — wird durch § 2 nicht getroffen. Eine wechselseitige Schuldenhaftung zwischen Manns- und Frauengut besteht nicht. Bl. f. RA. Bd. 64. S. 69.

1. Der Konkurs über das Vermögen des Mannes berührt weder das Vorbehaltsgut noch das eingebrachte Gut, das bis zur Rechtskraft des Eröffnungsbeschlusses der Verwaltung und Nutznießung des Mannes unterworfen bleibt. § 1363, 1419 BGB. Das ehemännliche Recht auf Verwaltung und Nutznießung ist konkursfrei. Die vor der K.Eröffnung erworbenen, nicht pfandfrei zu belassenden Früchte aus dem eingebrachten Gute gehören zur K Masse. § 1 KO.; § 861 CPO.; § 1384—1387, 99—102 BGB.; Bl. f. RA. 64 S. 68.

2. Die Schuldenhaftung der Frau ist verschieden, je nachdem die Gläubiger aus dem eingebrachten oder vorbehaltenen Gut befriedigungsberechtigt sind. Letzteres haftet allen — das eingebrachte Gut nur bestimmten Gläubigern und schließlich können Gläubiger zugleich das eingebrachte Gut und das Vorbehaltsgut in Anspruch nehmen. § 1411 fg. BGB.; Mot. IV S. 249; Prot. IV S. 183. Denkschrift S. 183. Bl. f. RA a. a. O. S. 70. Bei einer Konkurrenz dieser Gläubiger ist mit Rücksicht auf die verschiedenen Befriedigungsverhältnisse die Bildung einer einheitlichen K.Masse unmöglich, die Eröffnung zweier getrennter Konkurse über das Vorbehaltsgut und das eingebrachte Gut notwendig § 117 fg. 138 fg., 149 fg. Bl. f. RA. a. a. O S 69; Jäger S. 41; L. Seuffert in der Deutsch. Jur. Zeitung 1898 S. 119 fg. Antragsberechtigt sind die vollberechtigten Gläubiger für beide Konkurse, die Vorbehaltsgutsgläubiger für den Konkurs über das Vorbehaltsgut. Die Teilnahmeberechtigung an diesen beiden selbständigen Konkursen bemißt sich nach dem Befriedigungsrechte dieser Gläubiger Jäger S. 42. AM. de lege lata L. Seuffert, Konkursprozeßrecht S. 87 und Planck – Unzner B.GB § 1411. Anm 8, welche die Eröffnung eines Konkurses, aber die im Gesetze nicht vorgesehene Bildung zweier Massen für geboten erachten.

II. Während der außerordentlichen gesetzlichen oder vertragsmäßigen Güterstandes der Gütertrennung — § 1426—1431 BGB. — haben nach der absoluten Trennung von Manns- und Frauengut die beiderseitigen Gläubiger kein wechselseitiges Zugriffsrecht. Bl. f. RA. a. a. O. 99 fg. Daher ist auch die K Eröffnung über das Vermögen eines der Ehegatten in diesem Güterstande für die Massebildung ohne Bedeutung.

Dasselbe gilt auch bei der jeweils widerruflichen, nach § 1430 zulässigen Ueberlassung des Frauengutes zur Verwaltung des Mannes. Diese Verwaltungsbefugnis des Mannes, der nur Beauftragter der Frau ist, wird unbeschadet des Widerrufsrechtes der Frau durch die K.Eröffnung über das Vermögen des Mannes nicht beseitigt. § 671, 672 BGB. Jäger S 42; Staudinger BGB. 4. S. 178; Planck-Unzner § 1430 Anm. 3. Bl f. RA a. a. O. 102. Der Anspruch des Mannes nach § 1427 auf einen angemessenen Beitrag zur Bestreitung der Ehelasten ist weder übertragbar noch pfändbar, daher auch nicht massepflichtig § 851 CPO; BlfRA a. a. O. S. 101; Jäger S. 42.

III. Konkurs des Ehemannes während der Gemeinschaft. Abs. I. Die K.Eröffnung über das Vermögen des Mannes berührt nicht den Bestand der allgemeinen Gütergemeinschaft und der Fahrnisgemeinschaft vorbehaltlich des Klagerechtes der Ehefrau auf Aufhebung der Gemeinschaft. § 1468 Nr. 4, 5, § 1549 BGB. Dagegen endigt die Errungenschaftsgemeinschaft mit der Rechtskraft des Eröffnungsbeschlusses — § 1543; allein das in die Masse gefallene Gesamtgut wird den K.Gläubigern nicht wieder entzogen. § 109 KO; § 705 CPO; Mot. IV. S. 528. Begr. S. 8.

Im Konkurse des Ehemanns gehört während der Gemeinschaft das Gesamtgut, welches allen Gläubigern des Mannes gleich einem Sondervermögen haftet, zur K. Masse des Mannes in die aber das Nutznießungsrecht des Mannes am Sondervermögen der Frau nicht fällt. § 1 KO; § 740—742, 861, 862 CPO; § 1443, 1446, 1456, 1459, 1463, 1530, 1535 BGB. Jäger S. 34. Staudinger BGB. 4 S. 217, 304.

Umfang des Gesamtgutes: für die allgemeine Gütergemeinschaft § 1438 fg. bei der Errungenschaftsgemeinschaft § 1519 fg.; bei der Fahrnißgemeinschaft § 1549 BGB. Eine Auseinandersetzung hinsichtlich des Gesamtgutes findet zwischen den Ehegatten nicht statt. § 16, 51 KO; § 1474, 1546, 1549 BGB. Die Ehefrau verliert ihren Anteil am Gesamtgut ersatzlos, ist aber für ihr eingebrachtes und vorbehaltenes Gut im ehemännlichen Konkurse aussonderungsberechtigt. § 45. L. Seuffert S. 85; Jäger S. 34. Mot. IV. S. 370 fg.

Dem Ehemann allein kommt die Rechtsstellung des G.-Schuldners zu. § 2 KO; § 740 CPO. Jäger S. 35. L. Seuffert S. 75. Nur seine Rechtshandlungen sind der Anfechtung unterworfen und die Ehefrau ist weder gegen den Eröffnungsbeschluß beschwerdeberechtigt noch im Prüfungstermin — § 141 II — bestreitungsberechtigt, dafür aber auch den Wirkungen der Feststellung im Prüfungstermine nicht unterworfen. § 164 II, 194; Jäger S. 35.

IV. Der Konkurs der Ehefrau während der Gemeinschaft. — Abs. II — berührt das Gesamtgut dieser drei Güterstände nicht, hebt auch die Gemeinschaft nicht auf und läßt das Gesamtgut auch während des Konkurses der Frau dem

Vollstreckungszugriffe der Gläubiger des Mannes offen. § 3 I, 14 KO; § 740 CPO; § 1438, 1469, 1519, 1542, 1549 BGB Jäger S. 37, 38. Der Ehemann ist im Konkurse der Frau auf das Gesamtgut aussonderungsberechtigt. § 43. L. Seuffert S. 92. Jäger S. 36. Der Anteil der Frau am Gesamtgut ist unpfändbar. § 860 I CPO.

Wie bei dem gesetzlichen Güterstand der Verwaltung und Nutznießung ist auch bei der Errungenschafts- und Fahrnißgemeinschaft verschiedene nach eingebrachtem und vorbehaltenem Gut getrennte Schuldenhaftung möglich. Die unter Ziffer I erörterte Eröffnung zweier selbständiger Konkurse gilt daher auch hier § 1520, 1525 II, 1526, 1549 fg. BGB; Jäger S. 42.

IV. Fortgesetzte Gütergemeinschaft Absatz III. § 1483 fg., 1557 fg. Nach der Rechtsstellung des überlebenden Ehegatten als der des Ehemannes und der Abkömmlinge als der der Frau — § 1487 — gehört das Gesamtgut zur K.Masse des überlebenden Ehegatten, der ausschließlich G.Schuldner ist. Eine Auseinandersetzung mit den Abkömmlingen findet nicht statt. § 1486 I 1488, 1497 fg. BGB. § 745 I CPO. Ein Konkurs über das Vermögen der Abkömmlinge läßt das Gesamtgut unberührt. § 1488 BGB. L. Seuffert S. 85, Jäger S. 37, Begr. S. 8. Ablehnungsberechtigung des in Konkurs geratenen überlebenden Ehegatten hinsichtlich der Fortsetzung der Gütergemeinschaft § 9. Selbständiger Konkurs über das Gesamtgut nach Art des N.Konkurses, wenn der überlebende Ehegatte für die infolge Eintritts der fortgesetzten Gütergemeinschaft ihn betreffenden Verbindlichkeiten die beschränkte Haftung geltend machen will. Vgl. § 236. § 1489 II BGB. Jäger S. 37.

Ist zur Zeit der K.Eröffnung über das Vermögen des Mannes der Anspruch der Ehefrau oder der Abkömmlinge auf Aufhebung der ehelichen Gütergemeinschaft rechtshängig gewesen, die Aufhebung aber noch nicht eingetreten, so gehört das Gesamtgut zur K.Masse des Mannes oder des überlebenden Ehegatten. § 1468, 1495, 1542, 1549 BGB; Mot. IV. S. 372. War dagegen in diesem Zeitpunkt die Gemeinschaft bereits mit Wirksamkeit gegen Dritte aufgehoben, so ist § 2 nicht anwendbar, gleichviel ob die Auseinandersetzung bereits vollzogen ist oder nicht. § 1436, 1470, 1496, 1545, 1549 BGB. Jäger S. 38fg. Die Auseinandersetzung zwischen den Anteilsberechtigten — § 1471 fg., 1497 fg., 1546, 1549 BGB — vollzieht sich außerhalb des K.Verfahrens. § 16, 51. Beg. S 9. Mot. IV. S. 408fg. Prot. IV. S. 285. Der Anteil des G.Schuldners gehört daher zu dessen K.Masse. § 1 I KO; § 860 II CPO. AM Jäger S. 39, der die Notwendigkeit und Zulässigkeit eines selbständigen Sonderkonkurses über das in Auflösung begriffene, noch ungeteilte Gesamtgut begründet. Vgl. auch deutsch. Jur. Ztg. 1898 S. 140.

Hierzu Art. 19 fg., 62 fg., 124 fg. des bayer. Ueberg. Gesetzes vom 9. Juni 1899.

Konkursgläubiger. **§ 3.** (§ 2).

I Die Konkursmasse dient zur gemeinschaftlichen Befriedigung aller persönlichen Gläubiger, welche einen zur Zeit der Eröffnung des Verfahrens begründeten Vermögensanspruch an den Gemeinschuldner haben (Konkursgläubiger.)

II Unterhaltungsansprüche, die nach den §§ 1351, 1360, 1361, 1578—1583, 1586, 1601—1615, 1708—1714 des Bürgerlichen Gesetzbuchs gegen den Gemeinschuldner begründet sind, sowie die sich aus den §§ 1715, 1716 des Bürgerlichen Gesetzbuchs ergebenden Ansprüche können für die Zukunft nur geltend gemacht werden, soweit der Gemeinschuldner als Erbe des Verpflichteten haftet.

E. I. 5. P. 2. Nov § 2. Begr 9 Mat. 156fg.

RG. 1 S. 348; 3. S. 40, 417; 4. S. 154; 6. S. 112, 8. S. 57; 9. S. 78; 11, S. 8, 12. S 293, 13. S. 40, 14. S. 172 fg — Plen. E. —, 17 S. 226, 19. S. 60, 293; 21. S 5; 26. S. 92, 29. S. 80, 36. S. 163, 39. S. 40, 80, 107, 40. S. 125; Sammlung 9. S. 45, 15. S. 157, 751

§ 3 giebt die Zweckbestimmung und im Zusammenhalte mit § 63, 69, 27, 28, 226, 236 die Voraussetzungen der Gläubigereigenschaft. Ein Wechsel in der Person des Gläubigers — § 426 II, 774 BGB; Art. 10 d. WO — durch Gesamt- oder Sonderrechtsnachfolge ist vorbehaltlich der Sonderbestimmung für die Aufrechnung in § 55 Nr 2 während des K.Verfahrens möglich. Jäger S. 51; v. Sarw. S 66, 72; RG 3 S. 40. Die K Gläubiger bilden keine Gemeinschaft, keine Gläubigerschaft, haben aber gemeinsame und dem K Zwecke sich ergebende Interessen und die K Eröffnung statuiert für sie kein dingliches Pfandrecht oder Beschlagsrecht an der Masse v. Wilm. S 25; Jäger S. 55; Pet. u. Kl. S. 16; Mandry S. 356, AM L. Seuffert S 151fg; Kohler S. 98 u. 370. Zu dieser Frage: RG 19. S. 62, 298; 15. S 370; 36. S. 124; RG Bolze 15 Nr. 634. Die Wirkungen der KEröffnung auf die Masse hat das RG in der Entscheidung v 8. Februar 1898 — JW 1898 S. 192 — als Konkursbeschlag und strafrechtlich — § 137 StGB; RStr. 14 S. 286 — als Beschlagnahme bezeichnet.

I. Voraussetzung der K.Gläubigereigenschaft ist ein persönlicher, obligatorischer Anspruch an den G.Schuldner ohne dingliche Macht über einzelne Sachen. L. Seuffert S. 40 fg. Zu den K.Gläubigern gehören also nicht die Aussonderungsberechtigten — § 43—46 — und die Absonderungsberechtigten — § 47—52 — wenn diese nicht die allenfallsige persönliche Haftung des G.Schuldners für ihre Forderung zur K.-Masse geltend machen. § 4, 64. Persönliche Ansprüche — § 226 — sind die Ansprüche aus Pflichtteilsrechten — § 2303 fg. —

Vermächtnissen — § 1939, 2147 — und Auflagen — § 1940, 2192 fg. BGB. Die Mitgliedsrechte der Teilhaber im Konkurse der Handelsgesellschaften — 207, 209 KO; § 63 RGes. über die Gesellschaften mit beschränkter Haftung v. 20. April 1892; § 93 des Genossenschaftsgesetzes vom 1. Mai 1898 — begründen keine K.Forderungen wohl aber die Gläubigerrechte aus Darlehen usw. gegen die Gesellschaft. Jäger S. 44. Ebenso ist K.Forderung der Anspruch des stillen Gesellschafters auf Rückforderung seiner Einlage abzüglich des Verlustanteils nach Maßgabe der auf Grund des Vermögensstandes zur Zeit der K Eröffnung ermittelten Höhe. § 16 KO; § 341, 349 HGB; RG 31. S. 36; RG Bolze 2 Nr. 1100; Jäger S. 45; Cosack, Handelsrecht S. 590. AM. Kohler S. 321

II. Die Forderung muß als Vermögensanspruch auf Geld gerichtet oder in Geld schätzbar oder verwandelbar sein. § 68, 69. Ansprüche auf vertretbare oder nicht vertretbare Handlungen, Leistungen oder Unterlassungen des G Schuldners können als Interesseforderungen geltend gemacht werden. § 886, 887 CPO. L. Seuffert S. 39; Jäger S. 45; v. Wilm. S 45, 46. AM. v. Sarw. S. 70.

III. Der Anspruch muß klagbar, wenn auch nicht sofort fällig sein. § 66, 67, 154 fg., 168. Klaglose Verbindlichkeiten — § 222, 534, 656, 762 fg., 1624, 1641, 1804, 2330 BGB — sind nicht anmeldeberechtigt, wohl aber ist der verjährte Anspruch im Rahmen des § 390 BGB gegen eine Forderung des G.Schuldners aufrechnungsberechtigt. § 53. Jäger S. 46. L. Seuffert S. 39; Willenbch. S 19; Endemann BGB 1. S. 417; Cosack BGB 1. S. 516. Ausgeschlossen sind Forderungen, auf deren Beitreibung der Gläubiger vertragsmäßig verzichtet hat. — L. Seuffert S. 134; Kohler S 88 — ferner kraft gesetzlicher Vorschrift die Forderungen nach § 63 KO.

IV. Der Anspruch muß zur Zeit der K.Eröffnung begründet, darf also nicht vorher getilgt sein oder erst künftig entstehen. RG. 11 S. 400; 26 S. 92; 39 S. 105. Auch Leibrenten- u. Leibgedingsansprüche für die erst nach der K.-Eröffnung fällig werdenden Einzelleistungen sind K.Forderungen § 330, 759 fg. BGB; Art. 96 EG. z. BGB; § 69, 70 KO. RG. 6 S. 210; Jäger S. 48. L. Seuffert S. 48. Ob der Entstehungsgrund der Forderung im öffentlichen oder privaten Rechte ruht, ist gleichgiltig. L. Seuffert S. 47. Auflösend oder aufschiebend bedingte oder unter einem Anfangs- oder Endtermin entstandene Forderungen sind teilnahmeberechtigt. § 65, 66, 67; § 158, 163 BGB. Jäger S. 46. Nur darf die Erfüllung der Bedingung nicht ausschließlich in die Hand des nach § 7 dispositionsbehinderten G.Schuldners gelegt sein; dann ist ein K.Anspruch nicht begründet. Willenbch. S. 20; v. Wilm. S. 45; v. Sarw. S. 66. AM. Jäger S. 46; L. Seuffert S. 54.

Alle Handlungen, für welche der Gläubiger beim Unterbleiben der Erfüllung ein Interesse verlangen kann, sind zulässige bedingte K.Forderungen, sowie alle Forderungen, welche zu ihrer

Perfektion die Thätigkeit einer Dritten erfordern — v. Wilm. S. 46 —, so der Anspruch aus einem vor der K.Eröffnung gegebenen Blanko-Accept, welchem der Gläubiger erst nachher seine Unterschrift als Trassant beisetzt, ferner bei der K.Eröffnung noch nicht bezifferbare Schadensersatzansprüche und der vor der K.Eröffnung entstandene Anspruch auf eine Vertragsstrafe. RG. 8. S. 57; 11 S. 8, 59; 21 S. 5; 26 S. 85. Pet. u. Kl. S. 20; v. Wilm. S. 46. Jäger S. 48; L. Seuffert S. 55.

1. Bedingte K.Forderungen sind im einzelnen: die Regreßansprüche von Bürgen und G.Mitschuldnern des G.Schuldners nach Maßgabe des § 67; sie können jedoch nicht neben den K.Forderungen der Hauptgläubiger in Wirksamkeit treten. RG. 8. S. 293; 14. S. 172 — Plen. Entsch. — RStr. 15 S. 95. § 426 II, 774, 2058 BGB; Art. 25, 29fg. EG. z. BGB; § 41fg. WO; im Wechselverkehr die Ersatzansprüche des Acceptanten und Indossanten aus der Acceptirung und Girirung des Wechsels vor der K.Eröffnung und Einlösung desselben durch sie nach der K Eröffnung Jäger S. 49; Willenbch. S. 20; v. Wilm. S. 47; Staub WO. § 6; RG. 35 S 27. ROHG. 24 S. 1 Wechselforderungen selbst entstehen gegen den Aussteller mit der Ausstellung, gegen den Acceptanten mit dem Accepte, gegen den Indossanten mit dem Indossamente. Die Vornahme dieser Akte vor der K.Eröffnung begründet, auch wenn der Erwerb des Wechsels erst nach der K.Eröffnung erfolgt, eine konkursmäßige Wechselforderung gegen den Wechselschuldner Willenbch. S. 20. ROHG. 17. S. 336, 446; 24 S. 1.

2. Bei Verträgen auf Leistung an einen Dritten. — § 328—335 BGB — ist der Dritte ausschließlich teilnahmeberechtigt, wenn das Recht aus dem Hauptvertrag zur Zeit der K.Eröffnung bereits begründet und das Recht des Dritten auf die Leistung unwiderruflich geworden ist. Ohne Erwerb der Berechtigung seitens des Dritten ist lediglich der Versprechensempfänger bei nicht unwiderruflichem Erwerb der Versprechensempfänger und der Dritte teilnahmeberechtigt. v. Jacubezky, Bemerkungen z. I. E. d. BGB S. 103; Jäger S. 53.

3. Prozeßkostenansprüche der Staats- oder Reichskasse und der Erstattungsanspruch der Partei sind teilnahmeberechtigt, wenn die Verpflichtung zu ihrer Bezahlung schon vor der K.Eröffnung entstanden ist. GKG § 81fg., 86, 89, 93, 96; StPO. § 497, 503; CPO § 91. Die Rechtskraft des Urteils kann auch nach der K.Eröffnung eintreten. RG. JW. 1895. S. 504. Der Kostenanspruch der Gerichtskasse ist bevorrechtigt § 61 Nr. 2. Ueber die im einzelnen divergirenden Ansichten: Jäger S. 50; v. Wilm. S. 49; Pet. u. Kl. S. 20; Willenbch. S. 21; v. Sarw. S. 71.

4. Unterhaltsansprüche. Eingefügt durch die Novelle regelt die Bestimmung in Abs. II an der Hand des BGB die im K.Rechte bestritten gewesene Frage, inwieweit Unterhaltsansprüche, die einem Ehegatten, Verwandten oder unehelichen Kinde kraft Gesetzes gegen den G.Schuldner zustehen, im K.Verfahren geltend

zu machen sind. Ausgehend von der Anschauung, daß der jeweilige Unterhaltsanspruch mit dem Eintritt des Bedürfnisses entsteht, bestimmt Abs. II, daß derartige Unterhaltsansprüche, sowie die den Unterhaltsansprüchen gleichzuerachtenden Rechte der Mutter eines außerehelichen Kindes in Ansehung der Wochenbettkosten im K.-Verfahren für die Zukunft nur geltend gemacht werden können, soweit der G.Schuldner als Erbe des Verpflichteten haftet. Begr. S. 9; Mat. S. 156 fg. L. Seuffert S. 49. § 1351, 1352, 1360, 1361, 1378—1583, 1586, 1601—1615, 1708—1714 BGB.

Demgemäß sind diese familienrechtlichen Unterhaltsansprüche, auch wenn sie im Voraus für die Zukunft vor der K.Eröffnung fällig geworden sind, keine K.Forderungen, werden also auch nicht vom Z Vergleich ergriffen. Der Forderungsberechtigte hat lediglich den Zugriff auf den Neuerwerb des G.-Schuldners außerhalb des K.Verfahrens. § 12, 14, 193. Mot. IV. 901. Jäger S. 51. Lediglich, wenn der G.Schuldner als Erbe des Verpflichteten haftet, der Anspruch einen vermögensrechtlichen Charakter annimmt § 1967 BGB. Mat. S 157 — und mit dem Tode des Alimentenschuldners nicht erlischt — § 1351, 1360 II, 1582, 1586, 1615, 1715 BGB —, können derartige Unterhaltsansprüche im Konkurse der Erben und im N.Konkurse geltend gemacht werden. § 226 I. Rechtsgrund ist hier nicht das jeweilige Entstehen des Bedürfnisses, sondern der Erwerb der Erbschaft. Mat. S. 159. Hiefür kommen in Betracht der Unterhaltsanspruch der geschiedenen Ehefrau, des unehelichen Kindes und der Anspruch der Kindsmutter auf Wochenbettskosten. § 1582, 1712, 1715 BGB.

Die für die Vergangenheit erwachsenen Unterhaltsansprüche — § 1351, 1360 III, 1580 III, 1613 sind K.Forderungen. Begr. S. 9. Haben dritte Personen freiwillig dem G Schuldner für die Vergangenheit Unterhalt gewährt, so sind ihre Ersatzansprüche K.Forderungen. § 398, 683, 685, 708 BGB; Mot. IV. S. 705; RG 12 S. 293; 17. S. 226; RG JW. 1892 S. 189; Willenbch. S. 21.

Die von der gesetzlichen Alimentationspflicht unabhängigen, auf einem Rechtsgeschäft und nicht auf einer Freigebigkeit des G.Schuldners unter Lebenden oder von Todeswegen beruhenden, zur Zeit der K.Eröffnung bereits entstandenen Unterhaltsansprüche sind K.Forderungen. § 63 Nr. 4, 65, 67, 69, 70. § 759 fg. BGB; Art. 75, 96 EG. z. BGB. Ebenso Unterhaltsansprüche aus einer unerlaubten Handlung z. B. Rentenansprüche nach § 618, 843—845 BGB; § 7 des Haftpflichtgesetzes in der Fassung des Art. 42 EG. z. BGB. Bl. f. RA. 64 S. 1 fg. L. Seuffert S. 48, 50. Jäger S. 53.

Absonderungsberechtigte. **§ 4.** (§ 3.)

I Ein Anspruch auf abgesonderte Befriedigung aus Gegenständen, welche zur Konkursmasse gehören, kann nur in den von diesem Gesetze zugelassenen Fällen geltend gemacht werden.

II Die abgesonderte Befriedigung erfolgt unabhängig vom Konkursverfahren.

E. I. 4 P. 2, 8. 263.

RG. 1. S. 183; 2. S. 271; 3. S. 289; 7. S. 90; 8. S. 103; 12. S. 226; 13. S. 40; 14. S. 1; 15. S. 55; 16. S. 68, 20. S. 135; 22. S. 154, 331; 23. S. 54, 25. S. 22; 33. S. 116, 35. S. 121, 37. S. 13.

Die Aussonderungsberechtigung — § 43fg. — gibt einen Anspruch auf Wegnahme des nicht zur K Masse gehörigen Gegenstandes, die Absonderungsberechtigung ausschließlich den Anspruch auf Befriedigung aus dem zur K.Masse gehörigen, in diese einbezogenen Gegenstand vor allen K.Gläubigern und insbesondere auch vor den Massegläubigern. RG. JW 1894 S 263. L. Seuffert S. 101fg. Der Kreis der Absonderungsrechte ist umgrenzt durch § 47—52, 221 KO, § 11—13, 17 EG. z. KO. RG. 14 S. 143. Jäger S. 55; v. Wilm. S. 50; Willenbch. S. 22; v. Sarw. S. 75; L. Seuffert S. 106.

I. Die dem Absonderungsrechte unterworfenen Gegenstände, welche einen Vermögenswert besitzen müssen, — also nicht Grundschuldbriefe, Sparkassenbücher als solche RG. 15, S. 35; 20. Seite 133; RG JW. 1888 S. 166; Rass. K. 28 S. 104 — sind Massebestandteil, vorbehaltlich der Rechte der Absonderungsberechtigten, der Verfügung des Verwalters unterworfen und dem Zugriffe für die nach der K.Eröffnung entstandenen Forderungen entzogen. Mot. S. 30. Der Konkurs äußert keine Wirkung auf die Absonderungsberechtigten, deren Rechtslage hiedurch nicht verändert wird. Die Zwangsvollstreckung wird nicht gehemmt und kann auch während des K Verfahrens begonnen werden. § 14. Der Rest, der nach Befriedigung des absonderungsberechtigten Gläubigers übrig bleibt, fällt zur K.Masse und deshalb sind die Absonderungsberechtigten den Beschränkungen der § 118—120, 127 unterworfen. v. Wilm. S. 50; v. Sarw. S 75, L. Seuffert S. 104, Jäger S. 57, Willenbch. S. 22.

II. Die Ausübung des Absonderungsrechtes liegt ausschließlich im Willen des Berechtigten. RG 14. S. 1., 23 S. 43. Seine Befriedigung erfolgt unabhängig vom K.Verfahren außerhalb desselben. § 12, 14, 65, 67, 193. Bei persönlicher Verhaftung des G.Schuldners kann der Absonderungsberechtigte den Betrag seines Ausfalls oder Verzichtes im K.Verfahren geltend machen. § 64. RG. 23 S. 58.

1) Die Geltendmachung erfolgt gegen den K.-Verwalter, der von Amtswegen Absonderungsrechte nicht zu berücksichtigen braucht — RG 14 S. 3; 23 S. 57; 35 S. 118; JW 1889 S. 170; 1894 S. 263 — bei Geltendmachung des Anspruches aber dessen Realisirung bei Meidung der Schadenshaftung nicht vereiteln darf — RG 33 S. 116; Bolze 4 Nr. 1580; § 82 KO. § 823 BGB — und es gütlich ablösen darf. RG 35 S. 121; L. Seuffert S. 103; Jäger S. 57; v. Wilm. S. 50; Pet. u. Kl. S. 208; v. Sarw. S. 77; Willenbch. S. 23 Die Geltendmachung geschieht außergerichtlich oder gerichtlich im Klage- oder Einredewege, falls der Verwalter Klage auf Herausgabe des Absonderungsgegenstandes erhoben hat. L. Seuffert S. 103. Der K.Verwalter,

der überhaupt darauf verzichten kann, den Absonderungsgegenstand zur Masse zu ziehen, kann die Vollstreckung aus dem Absonderungsgegenstand selbst betreiben und der Absonderungsberechtigte, den die Vorzeigepflicht nach § 120 trifft, hat dann nur einen vorzugsweisen Anspruch auf den Erlös. § 126, 127, 133 Nr. 2. § 805, 872 fg. CPO. § 10, 172 ZVG.; Jäger S. 57. Fitting S. 185. Ist der Absonderungsgegenstand nicht massezugehörig, sondern von einem dritten für den G.Schuldner verpfändet, so liegt der Fall einer abgesonderten Befriedigung nicht vor. RG. 7 S. 99; 22 S. 331. Gleichgiltig ist, auf welchem Titel die Absonderungsberechtigung beruht.

Die Absonderungsberechtigten sind keine K.Gläubiger, haben kein Stimm- und Mitbeschlußrecht im K.Verfahren und es bedarf auch nicht der Anmeldung ihrer Ansprüche als K.Forderungen. Werden die Ansprüche als K.Forderungen — § 64 — angemeldet, so erstreckt sich die Prüfung nicht auf das Absonderungsrecht, sondern nur auf die Forderung. RG. Bolze 1. Nr. 2179; RG. JW. 1896 S. 696. Bayer. oberst. LGR. vom 2. Juli 1898 in Bl. f. RA. 64. S. 76. Die Anmeldung als K.Forderung oder das Mitstimmen im Z.Vergleichstermin auf die ganze Summe oder die Annahme der Zwangsvergleichssumme ohne Vorbehalt können, je nachdem der Verzichtswille im Einzelfalle erhellt, den Verzicht auf das Absonderungsrecht enthalten. RG. 1 S. 183; 16 S. 68, 37 S. 13; Rass. K. 35 S. 1167. Die Absonderungsansprüche unterliegen nicht den Wirkungen der Z.Vergleichs. § 193. Mandry S. 337. Die Veräußerung des Absonderungsgegenstandes vor der K.Eröffnung durch den G.Schuldner ohne Deckung des Gläubigers läßt lediglich eine einfache K. Forderung ohne Bereicherungsanspruch gegen die Masse übrig. RG. 25 S. 20; 28 S 150. Seuffert Arch. 39 S. 384. Jäger S. 56. Dagegen die Aussonderung vgl. § 46.

2. Die Absonderung unterbleibt, wenn der Berechtigte einen Anspruch auf abgesonderte Befriedigung nicht erhebt. Ohne Rücksicht auf das Absonderungsrecht unterliegt der Absonderungsgegenstand der Verwaltung und Verwertung des K.Verwalters. RG. 23 S. 54; 25 S. 22; JW. 1889 S. 170. v Wilm. S. 81. Der Verwalter muß aber den Erlös zur Befriedigung des Absonderungsberechtigten hinterlegen. Dieser kann seinen Anspruch als Massenanspruch bis zu dem Zeitpunkt des § 172 geltend machen; nach der Verteilung hat er nur einen persönlichen Anspruch gegen den G.Schuldner, nicht gegen die K.Gläubiger oder den Verwalter, falls diesen nicht ein persönliches Verschulden trifft. § 59 Nr. 3. RG. 2 S. 270; 14 S. 1; Bolze 4 Nr. 1580. L.Seuffert S. 104; Pet. u. Kl. S. 27; v. Sarw. S. 78; Willenbch. S. 24.

III. Uebergangsbestimmungen. Für einen nach dem 1. Oktober 1879 eröffneten Konkurses bemißt sich die Wirksamkeit eines vorher erworbenen Absonderungsrechtes nach § 11, 12, 13 EG. z. K. Ein am 1. Januar 1900 begründetes, den bisherigen Vorschriften in § 14—16 EG. z. KO. entsprechendes Absonderungsrecht behält seine Wirkung auch für die nach dem 1. Januar 1900 eröffneten Konkurse V, VI EG. zur Novelle der KO.; Art. 184 EG. z. BGB.; Begr. S. 59. Jäger S. 56.

Ausländische K.Gläubiger. § 5. (§ 4.)

I Ausländische Gläubiger stehen den inländischen gleich.

II Unter Zustimmung des Bundesrats kann durch Anordnung des Reichskanzlers bestimmt werden, daß gegen einen ausländischen Staat, sowie dessen Angehörige und ihre Rechtsnachfolger ein Vergeltungsrecht zur Anwendung gebracht wird.

E. I. 6. P. 3. Nov. § 4 II. Begr. 10.

RG. 1. S. 232; 6. 138; 24 S. 12.

Die nunmehrige Fassung des Abs. II ist in Uebereinstimmung gebracht mit Art. 31 EG. z. BGB., welcher das Vergeltungsrecht auf dem Gebiete des internationalen Privatrechtes regelt. Begr. S. 10.

I. Verhältnis der KO. zum Auslande und den Ausländern § 5, 50, 56, 237, 238. Die ausländischen Gläubiger — auch Absonderungsberechtigte — stehen den inländischen vorbehaltlich des Vergeltungsrechtes gleich. Die Ausländereigenschaft bemißt sich nach Art. 3 der Reichs-Verf. u. dem Bundes- u. Staatsangehörigkeitsgesetze vom 1. Juni 1870 in der Fassung nach Art. 41 EG. z. BGB. Die Gleichstellung erstreckt sich auf jeden im Inlande eröffneten Konkurs ohne Rücksicht auf die Inländer- oder Ausländereigenschaft des G.Schuldners, bezieht sich aber nur auf die Normen der KO. und umfaßt hier die formellen und materiellen Vorschriften des K.Rechtes. RG. 1 S. 332. Jäger S. 59; v. Sarw. S. 80; v. Wilm. S. 50. Durch diese Bestimmung werden aber die bestehenden oder zukünftigen, insbesondere die früheren Vorträge der einzelnen Bundesstaaten mit einem ausländischen Staate nicht berührt. RG. 24. S. 12. v. Sarw. S. 82 Uebereinkommen zwischen Preußen u. Oesterreich v. 12. Mai u. 16. Juni 1844 — Ges. S. 1844 S. 165 — und zwischen Württemberg und einer Anzahl schweizerischer Kantone v. 13. Mai 1826 — GBBl. S. 250 — mit der Bekannt. v 9/23. Dez. 1859. Im Uebrigen bemißt sich die Frage, welches bürgerliche Recht außer den Normen des K.Rechtes anzuwenden ist, nach den Grundsätzen des internationalen Privatrechtes RG. 8. S. 114. Im Einzelnen: Art. 7, 10, 11, 12 EG. z. BGB.; § 23 BGG.; Jäger S. 59; v. Wilm. S. 52; Willenbch. S. 24.

II. Vergeltungsrecht. Diese Gleichstellung kann von der Centralbehörde des Reiches durch Ausübung des Retorsionsrechtes durchbrochen werden. Art. 31 EG. z. BGB. Die Grenzen des Vergeltungsrechtes bestimmt die Retorsionsanordnung, die sich auf Universal- u. Singularsuccessoren und auch auf die inländischen Rechtsnachfolger des Ausländers erstrecken kann. Jäger S. 60.

v. Sarw. 80; Pet. u. Kl. S. 28. Willenbch. S. 25. AM. v. Wilm. S. 52; L.Seuffert S. 59. Der Indossatar eines Wechsels ist im Sinne dieses Vergeltungsrechtes Rechtsnachfolger des Indossanten. ROH. 24, 3; RG. JW. 1888 S. 132; v. Wilm. S. 53. Oetker, Konkursrechtliche Grundbegriffe 1. S. 174. AM. Kohler K.Recht S. 672.

Wirkung der K.Eröffnung. § 6. (§ 5.)

I Mit der Eröffnung des Verfahrens verliert der Gemeinschuldner die Befugniß, sein zur Konkursmasse gehöriges Vermögen zu verwalten und über dasselbe zu verfügen.

II Das Verwaltungs- und Verfügungsrecht wird durch einen Konkursverwalter ausgeübt.

E. I. 7. 8. P. 4.

RG. 2 S. 24; 4 S. 61; 6 S. 112; 7 S. 35; 8 S. 106; 12 S. 42; 13 S. 151; 14 S. 408; 15 S. 322; 17 S. 312: 18 S. 272, 393; 19 S. 59; 25 S. 17, 24; 29 S. 31; 35 S. 121; 36 S. 22; 37 S. 399; 41. S. 2.

RStr. 19. S. 59; 26 S. 67.

Sammlung 15 S. 157.

I. Privatrechtliche Wirkungen der K.Eröffnung. Diese entzieht von Rechtswegen, ohne daß es der Zustellung des Eröffnungsbeschlusses bedarf § 108, dem G.Schuldner, von den Ausnahmen in § 7 u. 8 abgesehen, die Verwaltungs- und Dispositionsbefugnis über das zur K.Masse gehörige Vermögen, nicht aber die Geschäftsfähigkeit, nicht die Erwerbs-, Verpflichtungs- und Veräußerungsfähigkeit. Der G.Schuldner bleibt an und für sich, auch für die Einträge in den öffentlichen Büchern, das Subjekt der Rechte, welche dieses zur K.Masse gehörige Vermögen darstellen § 894 fg. BGB. Mandry S. 112; Jäger S. 65. RG. 25 S. 17; 36 S. 22; RG. JW. 1887 S. 435; Bolze 5 Nr. 1411; Seuffert Arch. 44 S. 127. Er bleibt dispositionsberechtigt über die konkursfreien, ihm freigegebenen Gegenstände und den Neuerwerb und kann auch von den Gläubigern, die sich am Konkurse nicht beteiligen, verklagt werden, wenn auch die in dieser Richtung ergangenen Urteile wegen Mangels eines paraten Vollstreckungsobjektes nicht vollstreckt werden können, so daß der Anspruch vorläufig uneinbringlich ist. § 14 RG. 29 S. 73; 37 S. 399; ROHG. 12 S. 104. Bayer. oberst. LG. – Urteil v. 13. Okt. 1898 – in Blf. RA. 64 S. 111. L. Seuffert S. 186. Seine Geschäftsunfähigkeit ist nur eine relative, zum Schutze der K.Gläubiger und in Ansehung der K.Masse § 6, 7 KO. § 105, 135 BGB. Jäger S. 67; v. Wilm. S. 29. Vor der K.Eröffnung ist die Verfügungsbefugnis des G.Schuldners vorbehaltlich des Anfechtungsrechtes § 30 fg. und der nach § 106 zugelassenen Sicherungsmaßregeln unbeschränkt. v. Sarw. S. 83.

Der G.Schuldner kann während der Dauer des Verfahrens innerhalb der Grenzen seiner Verfügungsmacht kontrahieren, nur nicht zum Nachteil der Masse, und sich innerhalb dieser Grenzen wechselmäßig verpflichten. Alle zur Erhaltung der Wechselrechte notwendigen Akte, insbesondere die Protesterhebung, auch wenn der G Schuldner den Wechsel bereits vor der K Eröffnung gezeichnet hatte, müssen dem G.Schuldner, nicht dem K Verwalter gegenüber vorgenommen werden. RG. 2 S. 24; RG. JW. 1887 S. 96; ROHG. 21 S. 194; 24 S.22 fg. — Plen.-Entsch. Jäger S. 66, 69 — Pel. u. Kl. S. 40; Willenbch. S. 28; Cosack Handelsrecht S. 271 fg; Canstein Wechselrecht S 325 u. 442. Der G.Schuldner kann sich insbesondere den K Gläubigern für den Fall gegenüber der K.Aufhebung auf die volle Bezahlung verpflichten und Anerkenntnisse abgeben. ROHG. 21 S. 194. RG. JW. 1887 S. 96. v. Wilm. S. 54.

Auf den rechtlichen Bestand einer empfangsbedürftigen Willenserklärung ist die Eröffnung des Konkurses über das Vermögen des Erklärenden ohne Einfluß; bei der Eröffnung des Konkurses über das Vermögen des Empfängers in der Zeit zwischen Abgabe und Zugang der Erklärung muß diese an den K.Verwalter gerichtet werden, um gegen die K.Masse wirksam zu sein. § 130, 131II, 349, 388, 531 BGB. Jäger S. 67.

Der G Schuldner ist nicht Partei für die von dem K.Verwalter innerhalb seiner Verfügungsmacht geführten Prozesse, daher fähig als Zeuge vernommen zu werden § 373 fg. CPO., nicht fähig einen Parteieid — § 471, 473 CPO. — in einem solchen Prozesse zu leisten, der vom Verwalter geleistet werden muß, nicht interventionsberechtigt — § 66 fg. CPO. — und der K.Verwalter hat aus einer vor der K.Eröffnung gegen den G.Schuldner angelegten Pfändung als Dritter die Widerspruchsklage aus § 771 CPO. Die Rechtskraft der in den Prozessen des Verwalters ergangenen Urteile wirkt nach der Rechtsstellung des Verwalters — vgl. Anm. III — und der hiedurch bewirkten definitiven Erledigung des Rechtsstreites zwischen den legitimirten Parteien auch für und gegen den G.Schuldner RG. 7 S. 35; 8 S. 413; 14 S. 408. 18 S. 293; 26 S. 68; 27 S. 115; 28 S. 422; 29 S. 29 fg. Bolze 1 Nr. 1785, 1788. 4 Nr. 1283; 11 Nr. 781; 15 Nr. 166, 1634; 17 Nr. 855; RG. JW. 1887 S 41. Seuffert Arch. 41 S. 248. Willenbch. S. 27. Pet. u. Kl. S. 51; v. Wilm S. 57; v. Sarw. S. 57 u. 89; Fitting. S. 62; Kohler S. 284; v. Völd. 1. S. 167; Oetker 1. S. 319 und Jäger S. 69 fg, der an dieser Stelle die divergierenden Ansichten im Einzelnen erörtert. Ferner die Commentare z. C.PO.; L. Seuffert § 50 u. 435; Gaupp.-Stein. 1. S. 129; Petersen 1 S. 130, 696, 832, 833. Planck CP.-Recht 1 S. 215; Wach CP.-Recht 1 S. 542. Der G.Schuldner kann infolge der Beschränkung seiner Geschäftsfähigkeit keine Prozesse mit Wirkung gegen die K.Masse führen und eine von ihm persönlich erhobene Klage ist, soweit sie die Masse betrifft, von Amtswegen abzuweisen. § 56 CPO Jäger S. 69; v. Wilm S. 29, 32; Petersen CPO 1 S 125.

Privatrechtliche Wirkungen der K.Eröffnung im einzelnen: § 42I, 86, 377II, 705, 728, 773 Nr. 3 1419, 1468; Nr. 3 1543, 1549, 1647I, 1686, 1781, 1792, 1866, 1878, 1886, 1895, 1915 BGB; § 131 Nr. 3 161II, 330I, 505II HGB.; § 101 Genoss Ges § 60 Nr 4 Ges. betr. die Gesellschaften mit beschränkter Haftung; § 97IV, 102IV,

104 l. Ges. v. 26. Juli 1897 betr. die Abänderungen der Gew.Ord. Vgl. die ausführliche Darstellung bei L. Seuffert S. 235—240.

Der G. Schuldner wird jedoch durch die K.Eröffnung, wenn er fortfährt ein Handelsgewerbe zu betreiben, seiner Kaufmannseigenschaft nicht verlustig § 1, 32, 34 HGB. ROH. 19 S. 38; RG. 13 S. 151; 14 S. 408. Jäger S. 66. Die Fortführung des Geschäftes durch den KVerwalter ist beim Handelsgewerbebetrieb. StaubHGB § 1 Anm 24; Jäger S. 66. A.M. Cosack Handelsrecht S. 27.

II. Oeffentliche rechtliche Wirkungen der K.Eröffnung nach Reichsrecht: Ausschluß vom aktiven und passiven Wahlrecht zum Reichstag — § 3 Nr. 2, 4 des Wahl-Ges. v. 31. Mai 1869; von richterlichen Stellungen — § 32 Nr. 5, 85, 113 Nr. 2 GVG. und § 101 des Ges. v. 27. Juli 1877 betr Seeunfälle; ferner von den Stellungen als Vorstandsmitglied, Vertrauensmann, Arbeitervertreter und Schiedsrichter im Versicherungsrechte, § 24, 42, 47 Unf.Vers.Ges.; § 1, 3 § 11 Ausdehnungs-Ges.; § 29I, 49II, 51III, 59IV, 95II Landw. Unf.Vers.Ges.; § 12, 35III, 36II Bau-Unf.-Vers.-Ges; § 30 I, 50 V See-Unf.-Vers. Ges; § 50 I, 51 II Inv. u. A. Vers. Ges.; von der Zulassung zur Rechtsanwaltschaft § 5 Nr. 3, 22, 43 Nr. 1 RAO. und vom Eintritt in eine Innung, sowie von der Ausübung der Stimm- und Ehrenrechte in einer solchen. § 83 Nr. 2, 86, 100VI, 100aII GewOrd. Mandry S. 123; v. Wilm. S. 475; Willenbch. S. 26.

III. Der K.Verwalter übt an Stelle des G.Schuldners das Verwaltungs- und Verfügungsrecht aus. Der K.Verwalter ist nicht Vertreter des G.Schuldners oder der K.Gläubiger, sondern ein im öffentlichen Interesse geschaffenes Organ für die Durchführung des K.Zweckes, das seine Legitimation unmittelbar aus dem Gesetze entnimmt und hiebei die Interessen des G.Schuldners und der K.Gläubiger in Erfüllung der ihm auferlegten gesetzlichen Verpflichtungen wahrzunehmen hat, RG. 29, S. 82; 35 S. 121; 38 S. 379; RG. JW. 1894 S. 601; Rass. K. 33 S. 731; 34 S. 147; 39 S. 601 Kohler S. 402; v. Sarw. S. 86; L. Seuffert S. 158; Willenbch. S. 27; Oetker 1. S. 51, 112, 314; Fischer-Henle BGB. I. Aufl. S. 75; Bl. f. RA 51 S. 24. AM. — Vertretungstheorie — RG. 8 S. 413; 14 S. 408; 18 S. 394. v. Wilm. S. 26; Mandry S. 122, 551; Fitting S. 30, 156; Pet. u. Kl. S. 698 und die eingehende Darlegung bei Jäger S. 61—66. Zur Legitimation des Verwalters, der kein Beamter im Sinne des § 359 StGB. ist, — RStr. 19 S. 85; 26 S. 108 — genügt nach außen seine Bestallung. RG. JW. 1888 S. 99. Jäger S. 65. Die Ueberschreitung seiner Verfügungsmacht z. B. durch Schenkungen, zu denen er nicht berechtigt ist — RG. 29 S. 82; RG. JW 1886 S. 196; Bolze 17 Nr. 854 — begründet für den Dritten kein Recht gegenüber der K.Masse und nach K.Beendigung gegenüber dem G.Schuldner — § 177—180 BGB. — und macht den Verwalter, gleichwie die Unregelmäßigkeit einer Haudlung die jedoch die Giltigkeit nicht alteriert, dem G.Schuldner und den K.Gläubigern haftpflichtig RG. JW. 1887 S. 14. Jäger S. 71. Er kann durch Vertrag ein Aussonderungsrecht nicht konstituieren — RG. 41 S. 2 — wohl aber kann er zur Bewertung der Masse neue Rechtsgeschäfte eingehen, Kaufverträge abschließen, Darlehen aufnehmen, Massegegenstände verpfänden und auch im Vergleichswege Forderungen bindend für den G.Schuldner erlassen. Mot. S. 34, 35. § 133 Nr 2, 134 Nr. 2; RG. 26. S. 27. Seuffert Arch. 42 S. 126. Derartige Geschäfte schließt der Verwalter in eigenem Namen für Rechnung der K.Masse ab, ohne daß hieraus eine persönliche Verbindlichkeit des G Schuldners mit seinem konkursfreien oder neuerworbenen Vermögen erwächst. v. Sarw. S. 91; Willenbch. S. 28. AM. v Wilm S 58. Pet. u. Kl. S. 39. Die Verbindlichkeiten des Verwalters aus diesen Geschäften sind Masseschulden § 59 Nr. 1. Der K.Verwalter kann schließlich nicht mit sich selbst kontrahieren — § 181 BGB — und auch nicht bei den von ihm betriebenen Verkäufen von Massegegenständen als Käufer eintreten. § 383, 385, 456, 457, 1233 fg BGB. Endemann BGB 1. S. 698.

§ 7. (§ 6.)

I Rechtshandlungen, welche der Gemeinschuldner nach der Eröffnung des Verfahrens vorgenommen hat, sind den Konkursgläubigern gegenüber unwirksam; die Vorschriften der §§ 892, 893 des Bürgerlichen Gesetzbuchs bleiben unberührt.

II Dem anderen Teile ist die Gegenleistung aus der Masse zurückzugewähren, soweit letztere durch dieselbe bereichert ist.

III Hat der Gemeinschuldner Rechtshandlungen am Tage der Eröffnung des Verfahrens vorgenommen, so wird vermutet, daß sie nach der Eröffnung vorgenommen worden sind.

E. I. 10. P 5. 6. 43. Nov § 6. Begr 10.

RG. 12 S 42, 25 S. 17, 29 S. 23, 31 S. 366, 36 S. 126, 38 S. 34, 46.

Die K.Eröffnung benimmt dem G.Schuldner die Verwaltungs- und Dispositionsfähigkeit hinsichtlich der K.Masse § 6. Die Rechtshandlungen des G.Schuldners nach der K.Eröffnung sind den K.Gläubigern gegenüber, wie die Novelle in Ersetzuug des Wortes nichtig im Anschlusse an § 135 BGB bestimmt hat, unwirksam d. h ohne den erstrebten rechtlichen Erfolg. Diese Rechtsunwirksamkeit greift jedoch nicht weiter als es die Rechte und Interessen der K.Gläubiger verlangen, hat aber andrerseits zur Voraussetzung, daß die Rechtshandlungen unmittelbar oder mittelbar die K Masse berühren. RG. 29 S. 32. Mandry S. 114 fg.; L.Seuffert S. 172; Jäger S. 73.

I. Rechtshandlungen d h. Willensbethätigungen, welche auf die Erzielung eines rechtlichen Erfolges abzielen, sind Verpflichtungs- und Veräußerungsakte im weitesten Sinn z. B. Uebertragung und Aufgabe des Eigentums — § 928, 959 BGB, Schuldbegründung und Schulderlaß — § 397 BGB., Anerkenntnisse, Hypothekbestellungen, Entgegennahme einer empfangsbedürftigen Willenserklärung, Prozeßführung oder Delikte des G.Schuldners. L.Seuffert S. 172; Jäger S. 73; Mandry S. 117; Kohler S. 106; Planck BGB. 1 S. 148, 149. Gleichgiltig ist, ob der Rechtsgrund schon vor der K.-Eröffnung existent geworden ist z. B. Hypothekanmeldung RG. 28 S. 286, oder ob die Rechtshandlung durch den G.Schuldner oder seinen gesetzlichen oder gewillkürten Vertreter z. B. Vormund, Bevollmächtigten Prokuristen vorgenommen wurde. § 164, 166II, 168, 672, 674 BGB. § 15, 32 HGB. RG. 31 S. 166: ROHG. 24 S. 193. Seuffert Arch. 49 S. 250. L.Seuffert S. 172; Jäger S. 74; v. Wilm. S. 61; Willenbch. S. 29; Pet. u. Kl. S. 42; Fitting S. 221; v. Sarw. S. 96; Mandry 117. Ohne Rücksicht darauf, ob die Rechtshandlung für die K.Gläubiger nachteilig ist, tritt die Unwirksamkeit ein, wenn sich die Rechtshandlung nur unmittelbar durch Beeinträchtigung der Aktivmasse oder mittelbar durch Beeinträchtigung der Passivmasse z. B. Anerkenntniß einer Forderung auf die K.Masse bezieht. Rechtshandlungen, durch welche der G.Schuldner der Masse etwas zuwendet, sind nicht verboten; ebensowenig sind Rechtshandlungen, welche sich auf den Neuerwerb des G.Schuldners oder sein konkursfreies Vermögen beziehen, unwirksam. v. Sarw. S. 95; v. Wilm S. 59; Jäger S. 74. RG. 25 S. 17; 36 S. 126.

II. Relativität der Unwirksamkeit. § 135 BGB. Die Unwirksamkeit ist nur relativ, tritt nur gegenüber den K.Gläubigern nicht aber gegenüber dem G.Schuldner, dessen Mitkontrahenten oder den Nichtkonkursgläubigern ein. Diese können sich auf die Unwirksamkeit nicht berufen, da die Rechtshandlungen ihnen gegenüber wirksam bleiben. L.Seuffert S. 154, 172. Jäger S. 75; Endemann BGB. 1 S. 318; Mandry S. 117. Die Unwirksamkeit ist behebbar durch die Einwilligung und Genehmigung der Gesamtgläubigerschaft. § 182 BGB. Jäger S. 74. Die Geltendmachung der Unwirksamkeit ist von dem Willen der K.Gläubiger und des K Verwalters abhängig, der ausschließlich die Unwirksamkeit geltend zu machen hat, wenn es sich um die Beeinträchtigung der Aktivmasse handelt. Die K.Gläubiger sind in einem solchen Prozesse nebeninterventionsberechtigt. Rechtshandlungen des G.Schuldners, welche die Schuldenmasse berühren, können von jedem in seinem Sonderrechte verletzten K.Gläubiger selbständig verfolgt werden. Mot. S 36. Willenbch. S. 30; v. Wilm. S. 60; v. Böld. 1 S. 147

Zeitlich ist die Geltendmachung nicht auf die Dauer des Konkurses beschränkt. Der K.Verwalter kann also nachträglich ermittelte Vermögensstücke zur Masse ziehen — § 166II — und auch der nicht vollständig befriedigte K.Gläubiger kann sich nach der K Beendigung auf die Unwirksamkeit berufen. Jäger S. 175; Mandry S. 115; v. Wilm. S. 60; v. Sarw. S. 97; Pet. u. Kl. S. 44; Willenbch. S. 30. AM. Fitting S. 220.

III. Der Zeitpunkt der Vornahme der unwirksamen Rechtshandlung am K.Eröffnungstage ist oft schwer zu bestimmen. Deshalb stellt Abs. III zu Gunsten der

K.Gläubiger die für den andern Teil, d. h. denjenigen, mit welchem oder für welchen der G.Schuldner die unwirksame Rechtshandlung vorgenommen hat, im Wege des Gegenbeweises widerlegbare Vermutung auf, daß die Rechtshandlung nach der Eröffnung vorgenommen wurde. v. Wilm. S. 62; v. Sarw. 100.

IV. Rückgewähr. Der andere Teil muß alles, was er durch die unwirksame Handlung des G.Schuldners erhalten hatte, zur Masse zurückgewähren. § 985 fg. BGB. Jäger S 76. RG. Bolze 13 Nr. 158. Da aber die unwirksamen Rechtsakte den K.-Gläubigern keinen Nachteil bringen, sollen diese auch hievon keine Vorteile haben. Deshalb müssen Gegenleistungen, gleichviel welcher Art, um welche die Masse noch bereichert ist, zurückgewährt werden. Mandry S. 117; RG. 38 S. 46. Dieser auf einer ungerechtfertigten Bereicherung beruhende Erstattungsanspruch bemißt sich nach 440 fg., 812 fg. BGB und ist eine Masseschuld. § 59 Nr. 3. L.Seuffert S. 182; Jäger S. 76; v. Wilm. S. 66; Willenbch. S. 30

V. Guter Glaube des anderen Teiles oder des G.Schuldners, d. h. die Nichtbekenntnis der K.Eröffnung ist für die Unwirksamkeit der Rechtshandlung ohne Einfluß. RG. JW. 1891 S. 511; Kass K. 37 S. 748; Mandry S. 117; L.Seuffert S. 173; v. Wilm. S. 62. Der gutgläubige Erwerb im Mobiliarverkehr schützt daher den Ersterwerber nicht, wohl aber den späteren Erwerber. § 932—935, 1207, 1208 BGB. § 366 HGB. Jäger S. 78. L.Seuffert S. 173.

Dagegen ist durch die Neubestimmung der Novelle der gutgläubige Erwerb auf Grund der Oeffentlichkeit der Grundbuchseinträge — vorbehaltlich der Möglichkeit der Anfechtung § 40 — schlechtweg geschützt. Begr. S. 10 § 892, 893 BGB. L.Seuffert S. 173, 206; Jäger S. 77. Die Wirkungen der K Eröffnung oder des Veräußerungsverbotes — § 106 — treten dem redlichen Dritten gegenüber erst mit der Eintragung der K Eröffnung oder des Veräußerungsverbotes nicht mit der öffentlichen Bekanntmachung ein. § 111. Der Erwerb ist also den K.Gläubigern gegenüber wirksam, wenn die K.Eröffnung oder das Veräußerungsverbot nicht aus dem Grundbuch ersichtlich war, oder wenn der Verwalter dem Dritten nicht die positive Kenntnis von der K Eröffnung nachzuweisen vermag. L.Seuffert S 173; Jäger S. 78. Der gute Glaube des Erwerbers muß, wenn zum Erwerbe des Rechtes eine Eintragung erforderlich ist, zur Zeit der Stellung des Antrages, oder wenn die nach § 873 BGB erforderliche Einigung erst später zu Stande kommt, im Momente der Einigung und wenn zum Erwerb die Eintragung nicht erforderlich ist, im Zeitpunkt des Erwerbes vorhanden sein § 873, 892II BGB. L.Seuffert S. 173; Jäger S. 77. Dieser Rechtsschutz erstreckt sich auf die Forderung und das Einrederecht des Eigentümers nach § 1137, 1138 BGB. und den nach § 1155, 1192 BGB. legitimierten Briefinhaber. Mot. z. I. E. d. BGB. 3 S. 745. L.Seuffert S. 173; Jäger S. 78; Staudinger BGB. 3 § 1138; Dernburg Bürgerliches Recht 3. § 232; Endemann BGB. 2 S. 512 fg.

§ 8. (§ 7.)

I Eine Leistung, welche auf eine zur Konkursmasse zu erfüllende Verbindlichkeit nach der Eröffnung des Verfahrens an den Gemeinschuldner erfolgt ist, befreit den Erfüllenden den Konkursgläubigern gegenüber nur insoweit, als das Geleistete in die Konkursmasse gekommen ist.

II War die Leistung vor der öffentlichen Bekanntmachung der Eröffnung erfolgt, so ist der Erfüllende befreit, wenn nicht bewiesen wird, daß ihm zur Zeit der Leistung die Eröffnung des Verfahrens bekannt war.

III War die Leistung nach der öffentlichen Bekanntmachung erfolgt, so wird der Erfüllende befreit, wenn er beweist, daß ihm zur Zeit der Leistung die Eröffnung des Verfahrens nicht bekannt war.

E. I. 11 P. 7.

RG. 10 S. 10, 28 S. 286; 31 S. 166; 38 S. 46.

Diese Vorschrift durchbricht nach zwei Richtungen den Regelsatz der § 6, 7, daß alle Leistungen, d. h. jede effektive Gewährung von Sachen oder Handlungen auf eine dingliche oder persönliche Verbindlichkeit, welche nach der K.Eröffnung auf Ansprüche der K.Masse an den zur Empfangnahme nicht berechtigten G.Schuldner gemacht werden, den K.Gläubigern gegenüber unwirksam sind § 241 fg. BGB. Mandry S. 117. L. Seuffert S. 174; Jäger S. 80; v. Wilm. S. 63; Willenbch. S 32.

I. Abs. I. Vorausgesetzt wird, daß die Leistung für die K.Masse noch den Wert der Erfüllung hat. Die Leistung bewirkt gegenüber dem G.Schuldner Schuldbefreiung, gegenüber den K.Gläubigern aber nur insoweit, als sie in die Masse gekommen ist. § 362 fg. BGB. Jäger S. 82. Der Erfüllende muß den Beweis für die Schuldbefreiung liefern. Planck. BGB. 1 S. 55. Gleichgiltig ist, ob die Leistung an den G.Schuldner oder an seinen Vertreter erfolgt. § 164, 166II BGB.; RG. 31 S. 166: RG. JW. 1896 S. 697. Der Leistung an den G.Schuldner steht die mit seiner Einwilligung an einen Dritten zum Zwecke der Erfüllung vollzogene Leistung z. B. durch einen gedeckten Zahlungsauftrag oder durch Zahlung laut Anweisung auf eine Schuld gleich. § 185I, 362II, 787 BGB. RG. 38 S. 40. Jäger S. 80. Muß der Erfüllende nochmals zur K.Masse leisten, so kann er gegen den G. Schuldner kondizieren, kann aber auch von dem K.Verwalter verlangen, daß er die noch in den Händen des G.Schuldners befindliche Leistung zur Masse zieht. § 117 KO.; § 812I BGB.; v. Wilm. S. 63; Pet. u. Kl. S. 73. Willenbch. S. 32. Ein Erwerb, der gemäß § 8I den K.Gläubigern gegenüber wirksam ist, ist unter den Voraussetzungen der § 29 fg. anfechtbar. L.Seuffert S. 176.

II. Abs. II, III. Der redlich leistende Schuldner, der von der Eröffnung des Verfahrens keine Kenntnis hat, wird durch seine Leistung voll befreit, gleichviel, ob sie in die Masse kommt oder an den G.Schuldner oder dessen Vertreter erfolgt. Die Befreiung tritt hier gegenüber den K.Gläubigern schlechtweg ein. v. Wilm. S. 64; L. Seuffert S. 174; Jäger S. 83. Für den guten Glauben des Erfüllenden ist die positive Kenntnis oder Unkenntnis der K Eröffnung entscheidend. Fahrlässige Unkenntniß — Kennenmüssen — steht der Kenntnis nicht gleich. Prot. S. 10, 11. Jäger S 83; L. Seuffert S. 174; Endemann BGB 1 S. 311, 486. Dieser gute Glaube muß bei der gesetzlichen Vertretung bei dem gesetzlichen Vertreter, bei der rechtsgeschäftlichen Vertretungsmacht bei dem Vertreter und den Vertretenen und bei der Besorgung durch einen Boten bei dem Auftraggeber vorhanden sein. § 166 BGB.; Jäger S. 84; Planck BGB. § 166 Note 2; Cosack BGB 1 S. 225; Pet. u. Kl. S 47; ROHG 6 S. 407.

Die Beweislast ist in Abs. II und III verschieden geregelt. Ist die Leistung vor der öffentlichen Bekanntmachung der K.Eröffnung erfolgt, — § 76, 111 KO. — so hat der K.Verwalter zu beweisen, daß dem Leistenden zur Zeit der Leistung die Eröffnung des Verfahrens bekannt war. Bei der Leistung nach der öffentlichen Bekanntmachung hat der Leistende, bei dem die Kenntnis der K.Eröffnung vermutet wird, den Nachweis der Unkenntnis zu führen. RG. 38 S. 46; L.Seuffert S. 174; Jäger S. 184. Ueber das Beweisergebnis entscheidet das Gericht in freier Beweiswürdigung. Mot. S. 40; § 286 CPO.

Bei Schuldverschreibungen auf den Inhaber tritt Schuldbefreiung bei Zahlung an den G.Schuldner auch bei Kenntnis der K Eröffnung ein. § 793 I BGB.; Prot. z. d. E. d. BGB. 2 S. 535 fg; Jäger S. 84. Vgl. § 15 Nr. 3 des R.Ges. v. 31. Mai 1893 — RGBl. S. 321 — betr. das Reichsschuldbuch.

Recht der Erbschaftsannahme. § 9.

Die Annahme oder Ausschlagung einer vor der Eröffnung des Verfahrens dem Gemeinschuldner angefallenen Erbschaft, sowie eines vor diesem Zeitpunkte dem Gemeinschuldner angefallenen Vermächtnisses steht nur dem Gemeinschuldner zu. Das Gleiche gilt von der Ablehnung der fortgesetzten Gütergemeinschaft.

Mot. IV. 242 fg. V. 685 fg. Nov. § 7a. Begr. 10—12.

Eingefügt durch die Novelle regelt der auf diesen Fall beschränkte § 9 die bisher bestrittene Frage — RG. 28 S. 136; RGJW. 1890 S. 237 — ob die Annahme oder Ausschlagung einer vor der K.Eröffnung dem G.Schuldner angefallenen Erbschaft oder eines vor diesem Zeitpunkt angefallenen Vermächtnisses dem G.-Schuldner oder dem Verwalter zusteht. In gleicher Weise regelt

Satz 2 den verwandten Fall der Ablehnung der fortgesetzten Gütergemeinschaft. Begr. S. 10 fg.

I. Anfall vor der K. Eröffnung. Erbschaften und Vermächtnisse werden nach § 1922, 1942, 1943, 1953, 2176, 2180 BGB. kraft Gesetzes mit dem Erbfall — Tod des Erblassers — vorbehaltlich der Ausschlagungsberechtigung des Berufenen erworben. Allein dieser Erwerb ist bis zur Annahme nur vorläufig und bedeutet keine wirkliche Vermögensmehrung. § 1943, 1958, 207 BGB.; § 239 V, 778 CPO. Jäger S. 87 und dessen Erbenhaftung und Nachlaßkonkurs S. 95. AM. Oetker in der Deutsch-Jur. Ztg. 1898 S. 223 und Kleinfeller in der Zeitschrift f. deutsch. CP. 25 S. 96. Erbschaften und Vermächtnisse die vor der K.Eröffnung angefallen sind, gehören daher an und für sich zur K.Masse, auch wenn das Ausschlagungsrecht des G.Schuldners besteht. Allein dieser — nicht der Verwalter — hat das persönliche Wahlrecht und die ausschließliche Entscheidung über Annahme oder Ausschlagung. Begr. S. 11.

1. die Annahme eines vor der K.Eröffnung erfolgten Anfalles bewirkt dessen Einbeziehung in die K.Klasse. Bei Ueberschuldung der Erbschaft hat der K.Verwalter — § 6 II, 82 — die Beschränkung der Haftung des Erben auf den Nachlaßbestand durch Geltendmachung eines der allgemeinen Haftungsbeschränkungsmittel, N.Konkurs — § 214 fg. — Nachlaßverwaltung — § 1975 — und der Abzugseinrede § 1990—1992 BGB., herbeizuführen. Die N.-Gläubiger können ebenfalls die Sonderung des Nachlasses von dem in Konkurs geratenen Erbenvermögen durch die Beantragung des N.Konkurses oder der N.Verwaltung bewirken. Jäger S. 89 u. Erbenhaftung S. 19.

2. die Ausschlagung des Anfalls bewirkt, daß dieser an den G.Schuldner nicht erfolgt ist und der Anfall an den Nächstberufenen erfolgt. Diese Ausschlagung ist nicht anfechtbar § 24, 32; § 517, 1942, 1953, 2180 BGB. Jäger S. 89 u. Erbenhaftung S. 97; L Seuffert S. 205. Die aus der Besorgung von Erbschaftsgeschäften, die der Erbe vor der K.Eröffnung vorgenommen hatte, entstandenen Ersatzansprüche und Verbindlichkeiten gehören zur Masse. § 1, 3, 224 Nr. 3; § 1959, 1978 BGB., Jäger Erbenhaftung S. 97.

II. der Anfall während des K.Verfahrens ist Neuerwerb und berührt die Masse nicht.

III. Ablehnung der fortgesetzten Gütergemeinschaft. Nach § 1483 BGB. kann bei dem Güterstande der allgemeinen Gütergemeinschaft, wenn die Ehe durch den Tod eines der Ehegatten aufgelöst worden ist, zwischen dem überlebenden Ehegatten und den gemeinschaftlichen Abkömmlingen, die im Falle der gesetzlichen Erbfolge als Erben berufen sind, die Gütergemeinschaft fortgesetzt werden, der überlebende Ehegatte — Mann oder Frau — kann aber die Fortsetzung ablehnen und hat dieses Ablehnungsrecht auch, wenn während der Ablehungsfrist § 1484 II, 1944 BGB. über sein Vermögen der Konkurs eröffnet wird. Jäger S. 90 u. Erbenhaftung S. 98. Begr. S. 12. Staudinger BGB. 4 S. 251.

1. Bei Ablehnung der fortgesetzten Gütergemeinschaft gilt deren Eintritt als nicht erfolgt und es findet demgemäß in An-

sehung des Gesamtgutes die Auseinandersetzung zwischen dem überlebenden Ehegatten und den Erben des verstorbenen Ehegatten statt. § 1471 fg., 1482, 1484, 1943 BGB. In die K.Masse fällt daher nicht das ganze Gesamtgut, sondern lediglich der Anteil des G.Schuldners der Nettoanteil — die Hälfte des nach der Berichtigung der Gesamtgutsverbindlichkeiten verbliebenen Ueberschusses. § 1, 16, 51; § 1482, 1484 III BGB. Jäger S. 90 u. Erbenhaftung S. 99. Begr. S. 12. Der Erbanspruch des G.Schuldners an der anderen Hälfte — § 1931 fg. und dem übrigen Vermögen des verstorbenen Ehegatten ist der allgemeinen Annahme- oder Ausschlagungsregel des § 9 unterworfen. Jäger S. 90; Mot. IV. S. 440.

2. Bei Fortsetzung der Gütergemeinschaft durch den überlebenden Eheteil ist das ganze Gesamtgut ohne Rücksicht auf die Ansprüche der Abkömmlinge massepflichtig. § 2 III; Jäger S. 90 u. Erbenhaftung S. 99.

Aktivprozesse über die Aktivmasse.

§ 10. (§ 8.)

I. Rechtsstreitigkeiten über das zur Konkursmasse gehörige Vermögen, welche zur Zeit der Eröffnung des Verfahrens für den Gemeinschuldner anhängig sind, können in der Lage, in welcher sie sich befinden, von dem Konkursverwalter aufgenommen werden. Wird die Aufnahme verzögert, so kommen die Bestimmungen des § 239 der Civilprozeßordnung zur entsprechenden Anwendung.

II. Lehnt der Verwalter die Aufnahme des Rechtsstreits ab, so kann sowohl der Gemeinschuldner als der Gegner denselben aufnehmen.

E. I. 13. P. 8.

RG. 11 S. 399; 14 S. 408; 15 S. 322; 16 S. 118, 339, 358; 25 S. 17; 27 S. 350; 28 S. 422; 29 S. 74; 34 S. 362; 41 S. 135.

§ 10 und 11 betreffen die zur Zeit der K.Eröffnung anhängigen Prozesse über das zur K.Masse gehörige Vermögen, § 10 die Aktivprozesse über ein zur K.Masse gehöriges Aktivum, über die Aktivmasse. Die Prozeßfähigkeit des G.Schuldners geht mit der K.Eröffnung nicht unter. Der G.Schuldner kann jedoch Prozesse, welche aktiv und passiv die Masse betreffen, weder beginnen noch fortführen; er ist in dieser Beziehung prozeßunfähig. RG. 14 S. 408; 25 S. 17; 29 S. 74. Mandry S. 119; L. Seuffert S. 180; Jäger S. 92. Diese anhängigen Rechtsstreitigkeiten werden nach § 240 CPO. durch die K.Eröffnung unterbrochen. Rechtstreite dagegen, welche nicht die Masse betreffen, werden durch die K.Eröffnung nicht berührt und erleiden keine Unterbrechung. RG. 25 S. 17; JW. 1893 S. 351; JW. 1894 S. 172.

I. Ein Aktivprozeß über die Aktivmasse einschließlich des Kostenfestsetzungsverfahrens wird durch die K.Eröffnung gemäß § 240, 249 CPO. unterbrochen, ohne Rücksicht ob der

G.Schuldner den Prozeß persönlich oder durch einen Prozeßbevollmächtigten betreibt. Jäger S. 95. Die Wirkungen der Unterbrechung ergeben sich aus § 249 CPO. Der Prozeßbevollmächtigte ist nicht mehr zur Zustellung oder Empfangnahme des Urteils legitimirt. RG.Annalen 8 S. 166; JW. 1892 S. 204; RG 27 S. 350. Die K Eröffnung über das Vermögen eines Gesellschafters unterbricht die Prozesse einer offenen Handelsgesellschaft nicht. RG. 34 S. 362 Auf die Parteirolle kommt es nicht an; auch wenn der G.Schuldner nur einredeweise ein Recht in Anspruch nimmt, tritt Unterbrechung ein, RG. 16 S. 116; L. Seuffert S. 181; Jäger S. 95; Willenbch. S. 33; v. Wilm. S. 66; v. Sarw. S. 105; Pet. u. Kl. S. 51. Regelmäßig wird er Kläger sein; allein er kann die Parteirolle des Beklagten einnehmen z. B. bei Klage auf Löschung einer für ihn eingetragenen Hypothek — Fitting S. 56 — bei einer Rückforderung nach § 717 CPO. RG. 11 S. 398; RG. Bolze 3 Nr. 1515; Kass. K. 31 S. 1122; deutsche Jur Ztg. 1897 S. 308 oder bei Klage in einem anderen Konkurse auf Feststellung einer von dem G.Schuldner als Gläubiger widersprochenen K.Forderung, wenn der Gläubiger der bestrittenen Forderung auf Feststellung klagt. RG. 16 S. 116; v Wilm. S 66; L. Seuffert S. 180; Pet. u. Kl. S 51; Willenbch. S. 34; Jäger S. 96. Streitigkeiten zwischen Verwalter und G.Schuldner über die Zugehörigkeit eines im Streit befangenen Gegenstandes zur K.Masse sind in einem besonderen Prozesse auszutragen; der Gegner ist interventionsberechtigt. § 64 CPO.; Jäger S. 94; v. Wilm. S. 67.

II. Die Aufnahme des Aktivprozesses oder die Ablehnung der Aufnahme ist in das pflichtgemäße Ermessen des Verwalters gestellt und kann nur durch diesen erfolgen. Eine Nebenintervention des G.Schuldners ist in dem aufgenommenen Prozeß nicht zulässig. RG. 28 S. 422. Die vor und nach der K.Eröffnung entstandenen Kosten der vom K.Verwalter aufgenommenen und verlorenen Prozesse sind Masseschulden. § 59 Nr. 1; Jäger S. 97; v. Wilm. S. 68; AM. Fitting S. 62. Die vor der K.Eröffnung entstandenen Kosten aus einem vom Verwalter abgelehnten Rechtsstreite sind keine Masseschulden; der Gegner kann sie aber als K.Forderung liquidiren, wenn er nachweist, daß der G.-Schuldner zur Kostentragung bei Durchführung des Rechtsstreites verurteilt worden wäre. v. Wilm. S. 70; Willenbch. S. 35; Pet. u. Kl. S 20, 55; v. Völd. 1 S. 173; AM. v. Sarw. S. 109.

1. Die Aufnahme erfolgt durch Zustellung eines Schriftsatzes an den Gegner bei dem Gerichte, bei welchem der Rechtsstreit zur Zeit der K.Eröffnung anhängig war ev. bei dem Gericht, welches das verkündete, noch nicht zugestellte Endurteil erlassen hat. Die Entscheidung über die Aufnahme ist ein Zwischenurteil. § 239, 250, 303 CPO; RG. 11 S. 398; 27 S. 350, 357; Kass. K. 36 S 470; RG. JW. 1891 S. 456. L. Seuffert S. 181. Sie bewirkt die Fortsetzung des Prozesses in der prozessualen Lage, in der er sich bei der K.Eröffnung befunden hat Die vorher von dem G.-Schuldner vorgenommenen Prozeßhandlungen sind giltig, die nachher vorgenommenen unwirksam. RG. 28 S. 422; RG. JW. 1887

S. 41; Seuffert Arch 47 S. 382; v. Wilm S 87; v. Sarw S 105; Willenbch S 34.

2 Die Verzögerung der Erklärung über die Aufnahme oder Ablehnung des Prozesses seitens des Verwalters, die auch in einem Stillschweigen zu finden ist, bewirkt, daß der Prozeßgegner durch Zustellung eines Schriftsatzes den K.Verwalter zur Aufnahme des Verfahrens und zugleich zur Verhandlung der Hauptsache laden kann. § 239 CPO.; RG. 27 S. 357; Bolze 4 Nr. 1171; Jäger S 99; L. Seuffert S. 180. Erscheint der Verwalter im Termine nicht, so erläßt das Prozeßgericht nach Prüfung der Legitimation des Verwalters auf Antrag Versäumnisurteil zur Hauptsache. § 56, 239 IV CPO; L Seuffert S. 181, Willenbch. S. 34; Jäger S. 99; AM. v. Sarw S. 108 hinsichtlich der Prüfung der Legitimation. Das Versäumniszwischenurteil des § 217 IV CPO. a. F ist durch die Novelle z CPO. — Begr S 38 — beseitigt.

3. Die bei einem Streitgegenstand von über 300 Mark der Genehmigung des G.Ausschusses — § 132 Nr. 2 — bedürftige Ablehnung der Aufnahme kann nur durch ausdrückliche, wenn auch formlose Erklärung an den Prozeßgegner geschehen und bewirkt, daß das betreffende Objekt an den G.Schuldner freigegeben wird. Mot. S. 46. Kraft der materiellrechtlichen Bestimmung des § 10 gehört nun der streitige Anspruch infolge der Ablehnung des Verwalters nicht mehr zur K.Masse, sondern zum konkursfreien Vermögen des G Schuldners. RG. 27 S. 357; 41 S. 135; L. Seuffert S 181. Der G.Schuldner ist nun über diesen freigegebenen streitigen Anspruch prozeßfähig und er sowohl als der Gegner können den Rechtsstreit aufnehmen. Beim Obsiegen des G.Schuldners fällt der erstrittene Gegenstand selbst dann nicht in die Masse, wenn er mit einem zur K.Masse gehörigen Gegenstand in Verbindung steht L Seuffert S. 182; Jäger S. 98; v. Sarw. 109; Willenbch S 35; Pet. u. Kl. S. 55. AM. v. Wilm. S. 67.

Von der Ablehnung der Prozeßaufnahme ist der Fall zu scheiden, daß der Verwalter nach der Prozeßaufnahme auf den rechtshängigen Anspruch verzichtet. Jäger S. 98.

Ein zur Zeit der K Eröffnung gegen den G Schuldner anhängiger Anfechtungsanspruch, dessen Verfolgung dem K.Verwalter zusteht, gehört zu den Prozessen des § 10; v Wilm. S. 67 L. Seuffert S. 184. Vgl. § 13 II Anf Ges.

Passivprozesse über die Aktivmasse.

§ 11. (§ 9.)

I. Rechtsstreitigkeiten, welche gegen den Gemeinschuldner anhängig und auf Aussonderung eines Gegenstandes aus der Konkursmasse oder auf abgesonderte Befriedigung gerichtet sind oder einen Anspruch betreffen, welcher als Masseschuld zu erachten ist, können sowohl von dem Konkursverwalter als von dem Gegner aufgenommen werden

II. Erkennt der Verwalter den Anspruch sofort an, so fallen ihm die Prozeßkosten nicht zur Last.

E. I 13. P. 8.

RG. 11 S. 399; 12 S. 233, 13 S. 5; 15 S. 322; 16 S. 118, 358.

Im Gegensatze zu § 10 — Aktivprozesse über die Aktivmasse und zu § 146 III — Passivprozesse über die Passivmasse — betrifft diese Bestimmung ohne Rücksicht auf die Parteirolle d. G.Schuldners die Passivprozesse über die Ansprüche Dritter zur Verminderung der Aktivmasse. L Seuffert S 182; Jäger S. 101. Diese Passivprozesse können betreffen: Aussonderungsansprüche — § 43–46; Absonderungsansprüche — § 47–52 und Ansprüche, welche als Masseschuld zu erachten sind Als solche kommen nur die in § 59 Nr. 2 erwähnten, noch unerfüllten zweiseitigen Verträge in Betracht, deren Erfüllung zur Masse verlangt wird. § 17. Für den Nachlaß- und Gesamtguts-Konkurs vgl. § 226, 236. Die Anfechtungsklage mit ihrer lediglich obligatorischen Wirkung — § 37 — fällt nicht unter diese Passivprozesse. RG. 13 S. 5; Jäger S. 102.

I. Aufnahme des Rechtsstreites durch Zustellung eines Schriftsatzes an den Gegner. § 250 CPO. Der Gegner, der die Prozeßführung begonnen hat, ist gleich dem Verwalter ohne Weiters zur Aufnahme des durch die K.Eröffnung unterbrochenen Passivprozesses berechtigt und auch zur Aufnahme verpflichtet. § 240 CPO Der G.Schuldner ist weder aufnahmeberechtigt noch auch aufnahmepflichtig. Die Aufnahme gegen ihn ist nicht möglich und sein Eintritt in den aufgenommenen Prozeß als Nebenintervenient neben dem K.Verwalter ist nicht zulässig. RGJW. 1887 S. 41; v. Sarw. S. 112; v. Wilm. S. 72; Pet. u. Kl. S. 55; Willenbch. S. 36; AM. L. Seuffert S. 183 Nimmt der K.Verwalter den Prozeßgegenstand für die Masse in Anspruch, so ist er aufnahmepflichtig und im aufgenommenen Prozesse nicht mehr berechtigt, durch Freigabe des Anspruches zu bewirken, daß der Prozeß statt für die Masse, auf Rechnung des G.Schuldners geführt wird. L. Seuffert S 183; Jäger S. 102. Unterliegt der Verwalter in dem aufgenommenen Rechtsstreit, so sind die sämtlichen Kosten Masseschuld. § 59 Nr. 1.

Verzichtet der Verwalter für die K.Masse auf das Objekt des Passivprozesses, so liegt hierin keine Anerkennung des gegnerischen Rechtes; es entfällt nur für den Verwalter die Verpflichtung zur Aufnahme und der Gegenstand wird dem G Schuldner freigegeben, der nun zur Fortsetzung des Rechtsstreites berechtigt wird. v. Wilm. S 72; Jäger S. 103; L. Seuffert S. 182; v. Sarw. S. 112; Willenbch. S. 36; AM. Pet. u. Kl S. 55.

II. Anerkenntnis. Das sofortige Anerkenntnis des Verwalters über den Prozeßanspruch bewirkt nach der Ausnahmebestimmung in Abs. II, daß für die K Masse eine Prozeßaufnahmepflicht nicht entsteht und daß die Prozeßkosten dem Gegner aufzuerlegen sind trotzdem der Verwalter auf Antrag nach dem Anerkenntnis in der mündlichen Verhandlung zu verurteilen ist. § 307, 704, 708 Nr. 1 CPO. Der G.Schuldner, der nicht Partei ist, ist nicht prozeßkostenpflichtig, wohl aber dem zur Kostentragung verurteilten Gegner regreßpflichtig. Dieser Regreßanspruch kann als K Forderung geltend gemacht werden. v. Wilm S. 72, Willenbch. S 36; Fitting S. 62; Pet. u. Kl. S 56; v. Völd. 1 S 179; AM v. Sarw. S. 114 und Jäger S. 104, der die Verurteilung des Verwalters — § 91 CPO. — zur Prozeßkostentragung verlangt und dieser Aufnahmebestimmung nur die Wirkung beilegt, daß dieser Kostenanspruch nicht als Masseschuld, sondern nur als K.Forderung geltend gemacht werden kann. § 59 Nr 1; § 61 Nr. 2 u. 6.

§ 12. (§ 10.)

Rechtsverfolgungsform im Konkurse.

Konkursgläubiger können ihre Forderungen auf Sicherstellung oder Befriedigung aus der Konkursmasse nur nach Maßgabe der Vorschriften für das Konkursverfahren verfolgen.

E I. 14 P 8.

RG. 3 S 37, 16 S. 358, 24 S. 205, 25 S. 17; 26 S. 67, 29 S. 75; 39 S. 45.

Der Anspruch der K.Gläubiger geht auf gemeinschaftliche Befriedigung aus der K.Masse Sie können ihre Forderungen, gleichviel ob diese im öffentlichen oder privaten Rechte ihren Grund haben, gegen die Masse nicht einzeln und außerhalb des gemeinschaftlichen Verfahrens verfolgen. v. Sarw. S. 115; Mandry S. 356; Willenbch. S. 37; L. Seuffert S 187 fg § 12 im Zusammenhalte mit § 14 und § 15 umgrenzt negativ und positiv im Konkurse die Rechtsverfolgungsform für die anzumeldenden Forderungen, die bei der Anmeldung individualisiert werden müssen RG. 39 S. 45.

I. Die Sicherstellung oder Befriedigung aus der K.Masse ist für die K.Gläubiger nur möglich durch Geltendmachung ihrer Forderungen im K.Verfahren. RG 3 S. 37. Auch wenn über die Forderung ein Prozeß mit dem G.Schuldner anhängig ist, muß der Gläubiger im Konkurse anmelden. § 139. Die Feststellung der Forderung im Prüfungstermin beendigt den nach § 240 CPO. unterbrochenen Prozeß § 145 II, 164 II. Seuffert Arch. 39 S. 382; Jäger S. 108. Wird die Forderung bestritten, so muß der Kläger nach Maßgabe seiner Anmeldung den Prozeß gegen den Bestreitenden aufnehmen. Weder der K Verwalter — mit Ausnahme des Falles des § 146 II — noch der G.Schuldner sind aufnahmeberechtigt § 144 II, 145, 146 III, VI; RG. 16 S. 358; Jäger S. 108; Kohler S. 303; Willenbch. S 37; AM. L. Seuffert S. 188. Die Wirkung der K.Eröffnung auf öffentlich rechtliche Ansprüche im Verwaltungs- oder Verwaltungsstreitverfahren oder in Steuersachen bemißt sich nach dem Landesrechte.

II. Die Gläubiger haben das Recht nicht aber die Pflicht, ihre Forderungen im Konkurse geltend zu machen und demgemäß die Wahl zwischen der konkurs- und außerkonkursmäßigen Verfolgung ihre Rechte, nicht aber den Anspruch auf gleichzeitige Geltendmachung in- und außerhalb des Konkurses. Denn die Geltendmachung im Konkurse bedeutet ein Anhängigmachen im Sinne der § 263 Nr. 1, 274 Nr 4 CPO.; RG. 29 S. 74; 39 S. 45; RGJW. 1893 S. 425; RG. Bolze 3 Nr. 515; 17 Nr. 740; Jäger 106; L. Seuffert S. 187; Kohler S. 303; AM Pet. u. Kl. S. 494 u RG. in Erg Bd. 15 S. 235 der Bl. f. RA.; Oetker 1 S. 210. Die Unterbrechung eines anhängigen Prozesses tritt jedoch nur dann gegenüber der Masse ein, wenn der Gläubiger Befriedigung aus der Masse verlangt. RG. 25 S. 17; RGJW. 1894 S. 172; v. Wilm. S. 74; Oetker 1 S 126. Petersen CPO. 1 S. 439; AM. L. Seuffert S. 188; Kohler S. 82 u. Jäger S. 107, der jeden zur Zeit der K.Eröffnung anhängigen Prozeß für unterbrochen erklärt. Die Unterbrechung wirkt nicht gegen den G Schuldner, gegen den der Gläubiger in Form der Leistungs- oder Feststellungsklage den unterbrochenen Prozeß fortführen oder neue Klage erheben kann. Doch ist das Urteil erst in das zukünftige Vermögen des G.Schuldners nach K.Beendigung vollstreckbar und der G.Schuldner kann verlangen, daß diese Beschränkung dem Urteil durch einen Zusatz beigefügt wird. Mot. S. 48; RG. 25 S. 17; 26 S. 67; 28 S. 284; 29 S. 73; RGJW. 1886 S. 229; 1892 S. 162; Rass.K. 31 S. 1122; Bl. f. RA. 64 S. 111; L. Seuffert S. 186; Jäger S. 109; v. Wilm. S. 74; Willenbch. S. 37; v. Sarw. S 116. Diese außerkonkursmäßige Klage enthält einen Verzicht auf die Befriedigung aus der K.Masse, nicht aber auf die Eigenschaft als K.Gläubiger. Der Gläubiger kann zunächst seine Forderung im K.Verfahren geltend machen und dann sein Recht in der Höhe des Ausfalls gegen den Schuldner persönlich verfolgen. RGJW. 1886 S. 229; Willenbch. S. 37; v. Wilm. S. 74; v. Sarw. S. 115; AM. Jäger S. 107.

Veräußerungsverbot. § 13.

Ein gegen den Gemeinschuldner bestehendes Veräußerungsverbot der in den §§ 135, 136 des Bürgerlichen Gesetzbuchs bezeichneten Art ist den Konkursgläubigern gegenüber unwirksam; wirksam bleibt jedoch eine bei der Zwangsvollstreckung in das unbewegliche Vermögen erfolgte Beschlagnahme.

Nov. § 10a. Begr. 12.

Diese durch die Novelle eingefügte Vorschrift entspricht dem Wesen des K.Verfahrens, das eine Gleichbehandlung aller Gläubiger fordert, und versagt deshalb den relativen Veräußerungsverboten — § 135, 136 BGB. — die Wirksamkeit gegenüber den K.Gläubigern. Ausgenommen ist lediglich die bei der Zwangsvollstreckung in das unbewegliche Vermögen erfolgte Beschlagnahme. Diese hat wohl die rechtliche Natur eines relativen Veräußerungsverbotes zu Gunsten des betreibenden Gläubigers, gibt aber zugleich ein Recht auf abgesonderte Befriedigung. § 47; § 10 I Nr. 5, 23, 162 ZVG.; Begr. S 12.

I. Voraussetzung für die Unwirksamkeit. Die Vorschrift erstreckt sich nur auf die gesetzlichen und gerichtlichen V.Verbote — § 135, 136 BGB. — nicht aber auf die rechtsgeschäftlichen V Verbote — § 137 — welche gegenüber dritten Personen, daher auch den K.Gläubigern gegenüber, wirkungslos sind und auch durch die Eintragung einer Dispositionsbeschränkung in das Grundbuch keine dingliche Kraft erhalten. Jäger S 111; Staudinger BGB. 3 S. 119, 233; Art. 168 EG. z. BGB. Voraussetzung ist aber, daß die gesetzlichen V.Verbote den Schutz bestimmter Personen, die gerichtlichen den Schutz persönlicher Ansprüche gegen den G.Schuldner bezwecken — z. B. § 1445, 935, 938, 940 BGB. — nicht aber ausschließlich im öffentlichen Interesse als Verbotsgesetze erlassen sind. z. B. Art. 119 EG. z BGB.; Jäger S. 110; L. Seuffert S. 178, 179; Planck BGB. § 135. Begr. der Nov. z. CPO. S. 116.

II. Umfang der Unwirksamkeit. Das V.Verbot ist lediglich gegenüber den K.Gläubigern, nicht aber für den G.Schuldner unwirksam, zu dessen Lasten es bei der K.Beendigung durch Zwangsvergleich oder Einstellung in Kraft bleibt. § 192, 206. Die hiedurch geschützten Personen müssen die Veräußerung im Konkurse gegen sich gelten lassen. § 117; § 772 CPO Der Verwalter kann nach § 13 ohne Statuierung einer Schadenshaftung unter Nichtachtung des Verbotes veräußern. Jäger S. 111.

III. Ausnahme. Die Beschlagnahme bei der Zwangsvollstreckung in das unbewegliche Vermögen bleibt dagegen den K.Gläubigern gegenüber wirksam und gibt ein Absonderungsrecht. § 47, 49 Nr. 2; § 10 I Nr. 5, 23, 162 ZVG.; Motive z. ZVG. S. 49, 146; RG. 19 S. 298 fg. Notwendig ist für den Regelkonkurs die zur Zeit der K Eröffnung oder der Erlassung des allgemeinen V Verbotes — § 106 — bereits erfolgte Zustellung des Beschlagnahme- oder Beitrittsbeschlusses an den Schuldner oder der Einlauf des Gesuches um Eintragung des Sperrvermerkes beidem Grundbuchamte, bei dem Nachlaßkonkurs die Verhängung der Vollstreckungsmaßregel vor dem Erbfall. § 76, 106, 108, 113, 220, 236; § 22, 27, 28, 151 ZVG.; § 1922 BGB. Die vorher erfolgte K.Eröffnung oder Erlassung des allgemeinen V.Verbotes macht die Beschlagnahme den Gläubigern gegenüber wirkungslos. Jäger S. 111, 112.

IV. Uebergangsbestimmung. Für die Uebergangszeit gelten die Bestimmungen in Art. V u. VI EG. z. Novelle der KO.

Verbot der Sondervollstreckung.

§ 14. (§ 11.)

I. Während der Dauer des Konkursverfahrens finden Arreste und Zwangsvollstreckungen zu Gunsten einzelner Konkursgläubiger weder in das zur Konkursmasse gehörige, noch in das sonstige Vermögen des Gemeinschuldners statt.

II. In Ansehung der zur Konkursmasse gehörigen Grundstücke, sowie der für den Gemeinschuldner eingetragenen Rechte an Grundstücken oder an eingetragenen Rechten kann während der Dauer des Konkursverfahrens eine Vormerkung auf Grund einer einstweiligen Verfügung zu Gunsten einzelner Konkursgläubiger nicht eingetragen werden. Das Gleiche gilt von der Eintragung einer Vormerkung in Ansehung eines Schiffspfandrechts.

E. I. 15 P. 9. Nov. § 11. Begr. 12, 14. Mat. 163, 244, 245.

RG. 12 S. 258; 14 S. 405, 416; 19 S. 300; 26 S. 67, 427; 28 S. 283; 29 S. 73; 35 S. 80; Sammlung 15 S 571.

Die K.Gläubiger können nach dem auf gemeinschaftliche Befriedigung gerichteten K Zwecke und infolge ihrer Bindung durch die K.Eröffnung auf die K.Masse während des K.Verfahrens keine Sondervollstreckung gegen die K.Masse oder das sonstige Vermögen des G.Schuldners anlegen. L. Seuffert S. 89, 185 fg. Im vorbereitenden Verfahren gilt – vorbehaltlich der Wirkung eines öffentlich bekannt gemachten allgemeinen Veräußerungsverbotes – dieses auf ein deutsches K Verfahren beschränkte Verbot des Sondervorgehens nicht § 76, 105 II, 106, 113 KO; § 135, 136 BGB.; RG. 14 S. 407; Jäger S. 117; v. Sarw. S. 120; v. Wilm. S. 75. Nach der Beendigung des K.Verfahrens beginnt das Zwangsvollstreckungsrecht wieder. § 164; RGJW. 1890 S. 114; Seuffert Arch. 45 S. 240.

I. Umfang des Verbotes.

1. Sachlich umfaßt das Verbot nicht nur die K.Masse, sondern auch das konkursfreie und neuerworbene Vermögen des G.Schuldners. Vgl. § 13 V. Anf.Ges.

2. Persönlich wirkt das Verbot nur gegen Anträge der K.Gläubiger. Er versagt ihnen die Sondervollstreckung, gleichviel ob sie sich am Konkurse beteiligen oder auf ihre Teilnahme verzichtet haben. Das Verbot umfaßt nicht die in § 63 Nr. 3 u. 4 bezeichneten Gläubiger und die neuen Gläubiger, deren Forderungen erst nach der K.Eröffnung entstanden sind. Diese beiden Klassen können gegen das konkursfreie Vermögen und den Neuerwerb des G.Schuldners im Vollstreckungswege auch während der K Dauer vorgehen Ferner fallen nicht unter das Verbot: Massegläubiger § 57 fg, 224, 236; die Aussonderungsberechtigten § 43 fg. und die Absonderungsberechtigten § 47 fg, 221, 236 Die K.Gläubiger des Erstkonkurses können auch nicht an der K.Masse eines über den neuen Erwerb eröffneten zweiten Konkurses Teil nehmen. v. Wilm S 76; L. Seuffert S. 89; AM. Jäger S. 115.

3. Inhaltlich erstreckt sich das Verbot:

a) auf Zwangsvollstreckungen und Arreste. Die Vollstreckung darf nicht begonnen und vom K.Gläubiger, nicht fortgesetzt werden, wohl aber vom Nichtkonkursgläubiger. Die Pfändungsankündigung nach § 845

CPO kann nach der K.Eröffnung eine Wirksamkeit nicht mehr äußern. RG. 26 S. 425. Die nach § 53 fg KO, § 387 fg. BGB. zulässige Aufrechnung fällt nicht unter § 14 RG 26 S. 67. Jäger S. 116; Kohler S 691; Willenbch. S 38. Eine Personalhaft gegen den G.-Schuldner kann im Verfahren nur gemäß § 106 als Sicherungsanordnung und gemäß § 125 KO, § 901 CPO zur Erzwingung des Offenbarungseides, nicht aber als persönlicher Sicherheitsarrest nach § 918 CPO. verhängt werden. Die Vornahme solcher Akte, zu denen auch die Eintragung einer Zwangs- oder Arresthypothek gehört — RG 28 S. 283; JW. 1892 S. 57; Rass.K 36 S. 702 — ist auch dem G.Schuldner gegenüber absolut unwirksam, ohne Rücksicht, ob der Gläubiger die K Eröffnung gekannt hat Jäger S. 117; Willenbch. S. 38. Das Verbot haben die Vollstreckungsorgane von Amtswegen zu beachten und der K Verwalter ist gegen die unzulässige Sondervollstreckung in die K.Masse nach § 766 CPO, der G Schuldner gegen die Vollstreckung in das konkursfreie Vermögen einwendungsberechtigt. L Seuffert S. 185. Die unzulässige Vollstreckungsmaßregel ist nach § 775, 776 aufzuheben; die Zwangs- und Arresthypotheken, die Eigentümerhypotheken werden, sind nicht zu löschen. RG. 28 S 284; § 866, 868, 932 CPO. Jäger S. 118. Deutsche Notar.Ztg. 1898 S. 127.

b. Auf Zwangseinträge von Vormerkungen im Konkurse, die einen Anspruch gegenüber der K.Masse sichern sollen. Sie sind aus dem gleichen Grunde wie die Vollstreckungs- und Arrestanlagen während des Konkurses nach der Neubestimmung des Abs. II ausgeschlossen. Begr. S. 13. Jäger S. 119. Diese Zwangseinträge müssen auf einer einstweiligen Verfügung beruhen und die Anspruchssicherung entweder durch eine Vormerkung im Grundbuch — § 885 BGB, Art. 63, 68, 184 EG. z. BGB.; § 935 fg. CPO.; § 39 GBO. — oder durch eine Vormerkung in Ansehung des Pfandrechts an einem eingetragenen Schiffe im Schiffsregister bezwecken § 1200, 1272 BGB.; § 503 HGB; § 100, 103, 123 FGB; § 18 GBO. Jäger S. 119. Cosack Handelsrecht. S. 171 u. 183. Die thatsächliche oder fingierte Bewilligung des K Verwalters ermöglicht die Eintragung § 885 BGB; § 6 II KO.; § 19, 29 GBO. Die Eintragungsbewilligungen des G Schuldners sind, insoweit nicht der öffentliche Glaube des Grundbuches nach § 7, 15 KO, § 892 BGB Schutz gewährt, den K.Gläubigern und der K-Masse gegenüber unwirksam. Jäger S. 120; L Seuffert S. 185.

II. Die vor der K.Eröffnung erwirkten Vollstreckungs- und Arrestanlagen und Einträge von Zwangsvormerkungen bleiben in Kraft, sind jedoch anfechtbar. § 135, 136, 883 II BGB.; § 24, 106, 113, 193 KO. Jäger S. 121.

Für den N.Konkurs § 221 II, 226.

Erwerb von Vorzugsrechten. § 15. (§ 12)

Rechte an den zur Konkursmasse gehörigen Gegenständen, sowie Vorzugsrechte und Zurückbehaltungsrechte in Ansehung solcher Gegenstände können nach der Eröffnung des Verfahrens nicht mit Wirksamkeit gegenüber den Konkursgläubigern erworben werden, auch wenn der Erwerb nicht auf einer Rechtshandlung des Gemeinschuldners beruht. Die Vorschriften der §§ 878, 892, 893 und des § 1260 Abs. 1 des Bürgerlichen Gesetzbuchs bleiben unberührt.

E. I. 11. 18. P. 10. 11. Nov. § 12. Begr. 13.

RG. 1 S. 390; 3. S. 40, 215, 326, 4 S. 266, 325; 5 S. 296, 12 S. 258; 14 S. 99, 291; 19 S. 311; 26 S. 395, 425, 28 S. 283; 34 S. 59, 37 S. 141.

I. Zweck und Umfang der Bestimmung. Die K.-Eröffnung legt das Verhältnis eines jeden Gläubigers zur K.Masse und zu den andern K.Gläubigern dergestalt fest, daß eine Veränderung seiner Lage zum Nachteil der anderen Gläubiger unstatthaft ist. Absonderungsrechte, welche der G.Schuldner nach der K.Eröffnung einräumt, sind nach § 7 unwirksam; werden sie vor der K.-Eröffnung aber nach Eintritt der Zahlungsunfähigkeit eingeräumt, so sind sie anfechtbar — § 29 fg. —; unzulässig ist die Sondervollstreckung im Konkurse nach § 14. Die Bestimmung in § 15 bringt den Grundsatz zum Ausdruck, daß ein auch ohne Zuthun des G.Schuldners erworbenes Absonderungsrecht den K.Gläubigern gegenüber unwirksam ist, wenngleich der Anspruch auf Erlangung desselben schon vorher gültig und unanfechtbar bestand. Mot. S. 54. Jäger S. 122; L. Seuffert S. 175; v. Wilm. S. 78; v. Sarw. S. 127; Willenbch. S. 39. Der Satz 2 enthält eine Ausnahme von dieser Regel. Die Novelle hat mit der Neufassung des § 15 nicht nur den Erwerb von Pfand- und Hypothekrechten, sondern auch den Erwerb von sonstigen Rechten an den zur K.Masse gehörigen Gegenständen getroffen und durch die Einschaltung am Schlusse des ersten Satzes klargestellt, daß die Fälle, in denen der Erwerb auf einer Rechtshandlung des G.Schuldners beruht, unter § 7 fallen. Begr. S. 13. Die Vermutung des § 7 III greift daher an und für sich nicht Platz. v. Sarw. S. 122; Pet. u. Kl. S. 59.

Die Vorschrift des § 15 betrifft nur die zur K.Masse gehörigen Gegenstände — § 1, 2 — nur den nach der K.Eröffnung vollzogenen Erwerb, der dem G.Schuldner gegenüber wirksam bleibt, und nur die Konstituierung von Rechten an Massegegenständen, nicht aber den Erwerb bereits begründeter Rechte durch Uebertragung an Sonderrechtsnachfolger. RG. 3 S. 43; 12 S. 204; 16 S 244; 19 S. 344; 34 S. 59, 434; Rass. K. 35 S. 1020. Jäger S 126; v. Wilm. S. 126; L. Seuffert S. 175. AM. Oetker 1 S. 222.

Die Unwirksamkeit des Erwerbs von Rechten erstreckt sich auf Rechte aller Art an beweglichen und unbeweglichen Sachen einschließlich des Eigentumsrechtes, auf das Vorzugsrecht an Massegegenständen — § 49 II; § 10, 162 ZVG.; Art. 59 fg. EG z. BGB. — und auf Zurückbehaltungsrechte, § 49 I Nr. 1, 3, 4; § 369 HGB. L. Seuffert S. 174. Jäger S. 124.

Diese Rechte fallen unter § 15, wenn nicht alle Erwerbsbedingungen vor der K.Eröffnung erfüllt waren, z. B. bei der Hypothekbestellung § 873, 1075, 1117, 1287 BGB.; Art. 188 EG. z. BGB, bei Grunddienstbarkeiten § 873, 1018 BGB. Art. 114, 128, 184, 187, 189 EG z. BGB. und bei dem Vertragspfandrechte § 1204—1206, 1209, 1250, 1252, 1253 BGB. Jäger S. 125.

II. Ausnahme von dieser Regel. Satz 2. Dieser enthält eine durch die Sicherheit des Immobiliarrechtsverkehrs gebotene Beschränkung der Vorschrift, daß Rechte an Gegenständen der K Masse nach der K.Eröffnung nicht mit Wirksamkeit gegenüber den K Gläubigern erworben werden können, läßt aber die Anfechtungsmöglichkeit nach § 42 offen. Begr. S. 13. L. Seuffert S. 176.

Wenn daher zum Erwerb eines Rechts die Eintragung der Rechtsveränderung in das Grundbuch oder das Schiffsregister oder zur Aufhebung eines Rechtes die Löschung des Rechts im Grundbuch oder im Schiffsregister erforderlich ist. — § 873, 875, 1260 BGB — so wird die von dem G.Schuldner als dem Berechtigten nach § 873, 877, 1260 BGB. abgegebene Erklärung durch die K.-Eröffnung den K.Gläubigern gegenüber nicht unwirksam, vorausgesetzt, daß die Erklärung für den G.Schuldner bindend geworden — § 873 II, 1260 BGB. — und der Antrag bei dem Grundbuchamte oder der Schiffsregisterbehörde vor der K.Eröffnung gestellt worden ist. § 878 BGB. Begr. S. 13. L Seuffert S. 175. Der Erwerb kann sich erst nach der K.Eröffnung vollziehen und ist auch dann den K Gläubigern gegenüber wirksam, wenn die K.-Eröffnung bereits eingetragen war. L Seuffert S. 175. Das Gleiche gilt, wenn derjenige, zu dessen Gunsten die Erklärung abgegeben wird, zur Zeit der Stellung seines Antrages auf Eintragung oder Löschung oder sofern die nach § 873, 1200 BGB. erforderliche Einigung erst später zustande kam, zur Zeit der Einigung vor der K.Eröffnung keine Kenntnis hatte. Begr S. 13. § 892, 893 BGB. Dieser gute Glaube an die Richtigkeit der Buch- und Registereinträge, welcher den Erwerb auch den K.Gläubigern gegenüber wirksam macht, hat aber zur Voraussetzung, daß die K.Eröffnung noch nicht eingetragen war. L. Seuffert S. 175.

Diese Ausnahme erstreckt sich nur auf denjenigen, welcher ein Recht an einem Grundstücke oder ein Recht an einem solchen Rechte durch Rechtsgeschäft erwirbt, findet daher auf Zwangs-

und Arresthypotheken keine Anwendung. § 866, 867, 932 CPO.; Begr S. 14 L. Seuffert S. 176 und in der Zeitschrift für deutsches CPR. 22. S 381 fg., 486 fg. Vgl. § 14 KO.

Teilung einer Gemeinschaft.

§ 16. (§ 14.)*)

I. Befindet sich der Gemeinschuldner mit Dritten in einem Miteigentume, in einer Gesellschaft oder in einer andern Gemeinschaft, so erfolgt die Teilung oder sonstige Auseinandersetzung außerhalb des Konkursverfahrens.

II. Eine Vereinbarung, durch welche bei einer Gemeinschaft nach Bruchteilen das Recht, die Aufhebung der Gemeinschaft zu verlangen, für immer oder auf Zeit ausgeschlossen oder eine Kündigungsfrist bestimmt worden ist, wirkt nicht gegen die Konkursmasse. Das Gleiche gilt von einer Anordnung dieses Inhalts, die ein Erblasser für die Gemeinschaft seiner Erben getroffen hat.

P. 36. 291. Nov. § 14. Begr. 14. Mat. 163.

RG. 3 S. 286; 5 S. 340, 8 S. 102; 11 S 64; 12 S. 337; 17 S. 312; 20 S. 165; 27 S. 13, 30 S. 58, 31 S. 35; 40 S. 45.
26 S. 113; Sammlung 8 S 115.

I. Die Bestimmung in § 16 umfaßt alle Fälle einer Gemeinschaft des G.Schuldners mit einer andern Person, gleichviel auf welchem Rechtstitel die Gemeinschaft beruht, ob sie einzelne Sachen oder einen Sach- oder einen Rechtsinbegriff umfaßt, ob die K.Eröffnung die Aufhebung einer solchen Gemeinschaft bewirkt oder aus welchem Grunde sonst die Aufhebung herbeigeführt wird. Mot. S. 61. RG. 8 S 102. 26 S. 113 v. Sarw S. 133; v. Wilm. S. 83. Darunter fallen die Gesellschaften des BGB. und HGB., das Miteigentum nach – § 1008 BGB. — und die Gemeinschaften nach § 741 BGB. L. Seuffert S. 238. Das Gemeinschaftsverhältniß muß zur Zeit der K.Eröffnung noch bestanden haben RG. 12 S. 337. Nur der bei der Teilung zu ermittelnde Anteil des G Schuldners gehört zur K.Masse. Die Aufhebung und Auseinandersetzung der Gemeinschaft erfolgt außerhalb des K.Verfahrens nach den Vorschriften, welche für die Teilung dieser Gemeinschaft

*) § 13 KO. a. F. über die Wirkung des Konkurses auf die Verjährung ist als gegenstandslos durch die Novelle aufgehoben. Begr. S. 14. Die K.Eröffnung bewirkt nach § 202 fg. BGB. keine Hemmung der Verjährung. Dagegen wird durch die ordnungsgemäße Anmeldung einer K.Forderung nach § 209 II Nr. 3 BGB. eine Unterbrechung der Verjährung herbeigeführt. Vgl. § 139. L. Seuffert S. 253.

gelten. § 731 fg., 752 fg., 1474 fg., 1497 fg., 1546, 2042 fg. BGB. § 145 fg. 161 II, 331 HGB. § 86 fg. FGB. L. Seuffert S. 239; v. Wilm. S. 83; Willenbch. S. 43. v. Sarw. S. 134. RG. 31 S. 35; JW 1884 S 270; 1885 S. 187; 1886 S 198; 1888 S. 23; 1892 S. 16. Nass.K. 29 S 198; 36 S. 1165. Seuffert Arch 40. S. 56.

Ist die Auseinandersetzung der Gemeinschaft materiellrechtlich nicht möglich, so gehört das Anteilsrecht des G.Schuldners, soweit es pfändbar ist, zur K Masse. § 1 I; § 857 II CPO L Seuffert S. 239

Aussonderung des Anteils der Mitberechtigten. § 43, 46. Absonderungsrecht der Mitberechtigten am Anteil des G.-Schuldners. § 51.

II. Der Absatz II wurde durch die Novelle eingefügt. Er entspricht den Bestimmungen in § 751, 2044 I BGB, welche die Gläubiger eines Teilhabers der Gemeinschaft bereits außerhalb des K Verfahrens in derselben Weise schützen. Begr. S. 15. Mat. S 163. Darnach wirkt eine Vereinbarung, durch welche bei einer Gemeinschaft nach Bruchteilen das Recht, die Aufhebung der Gemeinschaft zu verlangen, für immer oder auf Zeit ausgeschlossen oder eine Kündigungsfrist festgesetzt worden ist, nicht gegen die K.-Masse. Das Gleiche gilt von der Anordnung dieses Inhalts, die ein Erblasser für die Gemeinschaft seiner Erben getroffen hat. § 2044 BGB. In beiden Fällen kann daher der Verwalter die Aufhebung und Auseinandersetzung verlangen. L Seuffert S. 238; Maenner S. 189. Art 131 EG. z. BGB.

Zweiter Titel.

Erfüllung der Rechtsgeschäfte.

Vorbemerkung.

Der zweite Titel regelt die Einwirkung des K Verfahrens auf die Erfüllung der Rechtsgeschäfte, § 17 im einzelnen auf die zweiseitigen Verträge, § 18 auf Fixgeschäfte, § 19—21 auf Miet- und Pachtverträge, § 22 auf Dienstverträge, § 23, 27 auf Aufträge, Dienst- und Werkverträge, durch die sich jemand verpflichtet hat, ein ihm von dem G Schuldner übertragenes Geschäft für diesen zu besorgen, § 24 auf die im Grundbuch oder Schiffsregister eingetragenen Vormerkungen; § 25 hält die Sonderbestimmungen des bürgerlichen Rechtes hinsichtlich der Einwirkung der K.Eröffnung auf einzelne nicht unter § 18 bis 24 fallende Rechtsverhältnisse aufrecht § 26 regelt die Rechte des anderen Teils, wenn infolge der K Eröffnung die Nichterfüllung einer Verbindlichkeit oder die Aufhebung eines Rechtsverhältnisses des G.Schuldners eintritt,

§ 28 schließlich erklärt die Ansprüche des geschäftsführenden Gesellschafters aus der Fortführung der Geschäfte einer nach § 705 BGB. eingegangenen Gesellschaft, welche durch die Eröffnung des Konkurses über das Vermögen eines Gesellschafters aufgelöst wird, als Masseansprüche.

Die Novelle hat § 19, 20, 22 in der jetzigen Fassung den Vorschriften des B.G.B. angepaßt, in § 19 II, 22 II im Falle der Kündigung durch den Verwalter den anderen Teil für berechtigt erklärt, Ersatz des ihm durch die vorzeitige Aufhebung des Rechtsverhältnisses entstehenden Schadens zu verlangen, die Ziffer 2 des bisherigen § 17 sachlich in den neuen § 21 eingefügt, die Abänderung in § 25 mit Rücksicht auf Art. 55 EG. z. BGB. getroffen und die § 23, 24, 27, 28 neueingefügt.

Zweiseitige Verträge. **§ 17.** (§ 15.)

I. Wenn ein zweiseitiger Vertrag zur Zeit der Eröffnung des Konkursverfahrens von dem Gemeinschuldner und von dem anderen Teile nicht oder nicht vollständig erfüllt ist, so kann der Konkursverwalter an Stelle des Gemeinschuldners den Vertrag erfüllen und die Erfüllung von dem anderen Teile verlangen.

II. Der Verwalter muß auf Erfordern des anderen Teils, auch wenn die Erfüllungszeit noch nicht eingetreten ist, demselben ohne Verzug erklären, ob er die Erfüllung verlangen will. Unterläßt er dies, so kann er auf der Erfüllung nicht bestehen.

E. I. 20. P. 15, 16.

RG. 1 S. 217; 2 S. 262, 11 S. 49, 139, 17 S. 85; 21 S. 6; 22 S 107; 25 S. 69; 26 S. 358; 30 S. 58, 421; 41 S. 134.

§ 15 gewährt für zweiseitige, zur Zeit der K.Eröffnung von dem G.Schuldner oder vom anderen Teile nicht oder nicht vollständig erfüllte Verträge dem K.Verwalter das Wahlrecht, ob er das Geschäft aus der Masse erfüllen will oder nicht. Hat er sich ausdrücklich oder stillschweigend für die Nichterfüllung entschieden, so behält diese Entscheidung auch gegen den G.Schuldner Geltung, so daß dieser auch für seine Person nicht mehr auf Erfüllung bestehen kann. Die Bestimmung in § 10 II ist nicht auf die in § 17 geregelten Fälle eines zweiseitigen Vertrages zu beziehen. RG. 41 S. 134, 135; RG. JW. 1892 S. 371; Bolze 15 Nr. 761. Diese Regelung beruht auf der Erwägung, daß bei derartigen Obligationsverhältnissen Leistung nicht ohne Prästation der vollen Gegenleistung gefordert und erzwungen werden kann. Mandry S. 451. Wenn ein derartiger Vertrag zur Zeit der K.Eröffnung noch von keinem Teile vollständig erfüllt ist, so stehen sich zwei rechtlich und wirtschaftlich zusammenhängende Forderungen gegenüber, deren Zusammenhang durch die K.Eröffnung nicht zerstört wird. L Seuffert S. 189. Die Vorschriften in § 17 bis 28 enthalten insofern eine öffentlich-rechtliche Norm, als die hierin bestimmten Wirkungen des Konkurses auf die Befugnisse des Verwalters und des anderen Teils durch Privatvereinbarung nicht geändert werden können. v. Sarw S. 139; Willenbch. S. 47; v. Wilm. S. 90; Pet. u. Kl S. 73; v. Völd 1 S. 242

I. Voraussetzung. Es muß ein zweiseitiger Vertrag vorliegen d. h. ein Vertrag, worin eine Leistung gegen eine andere versprochen wird, so daß eine Leistung wirtschaftliches Entgelt für die andere ist. L. Seuffert S. 189. Darunter fallen Kauf-, Tausch-, Fracht-, Aktienzeichnungsverträge — ROHG. 25 S. 292; RG. 2 S. 262 — Schenkungen unter einer Auflage — Mandry S 452 —, nicht aber einseitige Verträge, wie Darlehen, Schenkung ohne Auflage, Bürgschaft. Kommissionsverträge gehören hieher, wenn der Vertrag noch von keiner Seite erfüllt ist oder wenn der Kommissionär vom Eintrittsrechte als Selbstkontrahent Gebrauch macht. — § 400 HGB ; RG 25 S. 69; ebenso Lebensversicherungsverträge, wenn der Anspruch auf die Versicherungssumme dem G.Schuldner zusteht und zur Masse gehört. Pet. u. Kl S. 67; Willenbch. S. 44; v. Sarw. S. 141; v. Wilm. S. 88. Ob die Leistungen Zug um Zug oder eine vor der andern erfolgen sollen, ist gleichgiltig. L. Seuffert S. 189. § 274 BGB. Endemann 1 S. 533. Sondervorschriften in § 18—22, 25 KO.

Die Erfüllung muß zur Zeit der K.Eröffnung noch rückständig sein. Der Vertrag darf von keinem Teile vollständig erfüllt sein. Ist ein zweiseitiger Vertrag vor der K.Eröffnung von einem Teile vollständig erfüllt, so besteht nur mehr eine Forderung und § 17 ist unanwendbar. Hat der G Schuldner bereits erfüllt, so kann der Verwalter Erfüllung seitens des anderen Teiles zur K.Masse verlangen. Hat der andere Teil erfüllt, so kann er, falls er nicht absonderungsberechtigt ist, seine Forderung als K.Forderung geltend machen. L. Seuffert S. 189. Mandry S. 453; Willenbch. S. 44; v. Wilm. S. 90; v. Sarw. S. 141; Fitting S. 34. Die Frage der vollständigen Erfüllung bemißt sich nach dem Gesetze — § 362 fg. BGB. Endemann 1 S 627 — oder nach dem Vertragsinhalt. ROHG. 7 S. 43; 10 S. 48. Gleichgiltig ist, aus welchem Grunde die Erfüllung unterblieben ist — RG. JW. 1882 S. 91; die Möglichkeit einer nachkommenden Leistungspflicht z. B. einer künftigen Gewährleistung bleibt dagegen bei der Bemessung des Mangels der Erfüllung außer Betracht. v. Wilm. S. 92; Mandry S. 453.

II. Das Wahlrecht auf Erfüllung oder Nichterfüllung steht während der Dauer des Konkurses ausschließlich dem Verwalter zu. RG. 17 S. 85; 41 S. 134; RG. JW. 1887 S. 207. Es ist ausgeschlossen in allen Fällen, wo eine Vertretung des G.Schuldners in der Vertragserfüllung z. B. bei der Verpflichtung auf Lieferung eines schriftstellerischen Werkes unmöglich ist. Derartige Schuldverhältnisse stehen außerhalb des K.Verfahrens, weil die in Frage kommende Leistung nur persönlich an oder von dem G.Schuldner gemacht werden kann. Mot. S. 66. Mandry S. 452; Willenbch. S. 46; v. Sarw. S. 143, 146; Fitting S. 41; v. Völd. 1 S. 226.

1. Verlangt der Verwalter die Erfüllung — nach innen eventuell abhängig von der Genehmigung des G.Ausschusses § 133 Nr 2, 136 —, so muß er dies dem andern Teil erklären. Diese Erklärung, für welche eine besondere Form nicht vorgeschrieben ist, ist eine empfangsbedürftige Willenserklärung nach § 130 bis 132 BGB. L. Seuffert S 190. Eine Teilung der Vertragsleistungen steht dem Verwalter nicht zu. Pet. u. Kl. S. 70. Der Verwalter kann die Forderung des G.Schuldners auf Erfüllung nur in der Weise geltend machen, daß er den Vertrag auf Kosten der Masse in derselben Weise erfüllt, wie ihn der G.Schuldner zu erfüllen hätte, wenn der Konkurs nicht eröffnet worden wäre. Die Erfüllungsverbindlichkeit ist eine Masseschuld. § 59 Nr. 2. Veränderungen an der Verpflichtung durch nach dem Vertragsabschlusse, aber vor der K.Eröffnung eingetretene Ereignisse z. B. Pfändung der Forderung des G Schuldners vor der K.Eröffnung, muß der Verwalter gegen sich gelten lassen. RG. 1 S. 125; 6 S. 30; 7 S. 29; 11 S. 49 Rass.K. 28 S. 748 Mandry S. 455; L Seuffert S. 189; v. Sarw S. 147; Pet u. Kl. S 70; Willenbch. S. 45. Der andere Kontrahent, für den durch die K.Eröffnung ein Recht auf Sicherstellung nicht begründet wird, hat einen Anspruch auf die volle Gegenleistung, die eine Masseschuld ist. § 59 Nr. 2; RG. 32 S. 4; Mot. S. 69 Mandry S 455.

Der andere Teil kann den Verwalter, der an keine Frist zur Ausübung des Wahlrechts gebunden ist, zur Erklärung auffordern, ob er die Erfüllung verlange. Diese Erklärung, welche an eine besondere Form nicht gebunden ist, ist eine empfangsbedürftige Willenserklärung nach § 130 bis 132 BGB. L. Seuffert S. 190. Sie kann schon vor Eintritt der Erfüllungszeit erfolgen. Der Verwalter muß dem andern Teil ohne Verzug d h. nach Ablauf der Zeit, die er zur pflichtgemäßen Vorbereitung seiner Entschließung bedarf, erklären, ob er die Erfüllung verlangen will. L Seuffert S. 190; Pet. u Kl. S. 71; Willenbch. S 45; v Wilm. S. 90; Mandry S. 453; v. Sarw S. 149. Eine Erklärung des Verwalters, daß er Erfüllung verlange oder nicht verlange, ist, ohne daß eine Aufforderung an ihn gerichtet war, von der gleichen Wirkung, als wenn er diese Erklärung auf eine ergangene Aufforderung abgegeben hätte. RG. 22 S. 107.

2. Entscheidet sich der Verwalter für die Nichterfüllung oder erklärt er sich auf die an ihn gerichtete Aufforderung nicht rechtzeitig, so ist die Erfüllung des Vertrages ausgeschlossen. RG. 41 S. 134; Bolze 2 Nr. 1999; RG. JW. 1892 S. 371. L Seuffert S. 190; Mandry S. 453; Willenbch. S. 46; v. Sarw. S 148; v. Wilm. S 89. Diese Ausübung des Wahlrechts, der Ausschluß der Erfüllung ist endgiltig und bindet auch den G.Schuldner für die Zeit nach der K.Aufhebung. RG. 41 S. 134, 135 Mot. S. 67. Eine Aufhebung des Vertrages tritt nicht ein; kein Vertragsteil kann das auf Grund

des Vertrages Geleistete zurückverlangen; der andere Teil hat lediglich der Schadensersatzanspruch wegen Nichterfüllung nach § 26 KO. RG. 11 S. 49; 17 S. 80; 21 S. 5; 26 S. 94; 35 S. 28; 41 S. 135; RG. JW 1886 S 348; 1887 S. 207; 1892 S. 15; 1894 S. 181; RG. Bolze 2 Nr. 1999; 8 Nr. 1040; Bolze 15 Nr. 761; Seuffert Arch. 42 S 246 L Seuffert S. 190; Mandry S. 453; Willenbch. S 46; v Wilm S 90; v. Sarw S. 148; Pet. u. Kl. S. 70; Rass.K 26 S. 447. Der andere Teil kann von dem Verwalter, ohne daß dieser die Erfüllung verlangt hat, keine Erfüllung verlangen L. Seuffert S 190. Hat daher der Verwalter eine Erklärung nicht abgegeben und ist an ihn auch eine Aufforderung zur Erklärung nicht gerichtet worden, so sind die Rechte der Kontrahenten durch das K Verfahren überhaupt nicht berührt; nach K-Beendigung kann der andere Teil vom G.Schuldner und dieser von jenem Erfüllung verlangen. v. Sarw. S. 151; Willenbch. S. 46. Ebenso läßt § 17 die Berechtigung, wegen Nichterfüllung von einem gegenseitigen Vertrage zurückzutreten unberührt. § 361 BGB.; § 376 HGB. L Seuffert S 190.

Fixgeschäfte. **§ 18.** (§ 16.)

I. War die Lieferung von Waren, welche einen Markt- oder Börsenpreis haben, genau zu einer festbestimmten Zeit oder binnen einer festbestimmten Frist bedungen, und tritt die Zeit oder der Ablauf der Frist erst nach der Eröffnung des Verfahrens ein, so kann nicht die Erfüllung verlangt, sondern nur eine Forderung wegen Nichterfüllung geltend gemacht werden.

II. Der Betrag dieser Forderung bestimmt sich durch den Unterschied zwischen dem Kaufpreise und demjenigen Markt- oder Börsenpreise, welcher an dem Orte der Erfüllung oder an dem für denselben maßgebenden Handelsplatze sich für die am zweiten Werktage nach der Eröffnung des Verfahrens mit der bedungenen Erfüllungszeit geschlossenen Geschäfte ergibt.

III. Ist ein solcher Markt- oder Börsenpreis nicht zu ermitteln, so findet die Bestimmung des ersten Absatzes keine Anwendung.

E. I. 21 P 17

RG. 1 S. 241; 17 S. 85; 41 S. 134.

Abweichend von dem Grundsatze des § 17 regelt § 18 den Einfluß des Konkurses auf die Fixgeschäfte, gleichviel ob das einzelne Geschäft ein Handelsgeschäft ist oder ob die Kontrahenten Kaufleute sind. Das Geschäft verwandelt sich in ein Differenzgeschäft und an die Stelle des Anspruchs auf Erfüllung tritt die Forderung wegen Nichterfüllung, der Anspruch auf die Differenz. L. Seuffert S. 191; v. Sarw. S 152; Mandry S 429; Cosack HR. S 210; Gareis HR S. 498, 544; Endemann BGB. 1 S 609, 658. § 361 BHB.; § 376 HGB.

I. Voraussetzung. Der Vertrag darf von keiner Seite vollständig erfüllt sein. Er muß die Lieferung von Waren d. h. käufliche, bewegliche vertretbare Sachen einschließlich der Wertpapiere betreffen. Cosack HR. S. 138, 207, 210. Die Waren müssen einen Markt- oder Börsenpreis haben und Gegenstand eines Kaufsgeschäftes sein. § 385, 453, 1295 BGB.; § 373, 376 HGB. ROHG. 2 S. 194; 7 S. 174, 17 S. 305. L. Seuffert S 191; Cosack HR. S. 210; Pet. u. Kl. S. 74; v. Wilm. S. 92. AM. Mandry S. 429; Willenbch. S. 47; v. Sarw S. 154, die auch nicht vertretbare Sachen zulassen. Gleichgiltig ist, wie der Markt- oder Börsenpreis — durch Sachverständige oder Kursnotierungen - ermittelt wird. Kann ein Markt- oder Börsenpreis am Orte der Erfüllung nur für die vereinbarte Erfüllungszeit nicht ermittelt werden, so gilt nach Abs. III die Regel des § 17. Pet. u. Kl. S. 74; Willenbch. S. .47.

Es muß ein Fixgeschäft vorliegen, d. h. ein Geschäft, bei dem nach der ausdrücklichen Absicht der Parteien die Lieferung innerhalb der festgesetzten Frist oder zur festgesetzten Zeit erfolgen soll und bei dem die Innehaltung dieser Frist oder Zeit einen so wesentlichen Bestandteil der Leistung des Leistungspflichtigen zu bilden hat, daß mit dieser Zeit der Vertrag stehen oder fallen und eine spätere Leistung nicht mehr als Vertragserfüllung angesehen werden soll. § 361 BGB.; § 376 HGB. Cosack HR. S. 207; Gareis HR. S. 545; Endemann BGB. 1 S 657; ROHG. 3 S. 273; 4 S 164; 6 S. 18, 228, 376; 20 S. 236. Mandry S. 429; Willenbch. S. 47; v. Wilm. S. 91; v. Sarw. S. 155.

Die Lieferungszeit muß nach der K.Eröffnung ablaufen. Tritt der Ablauf am K.Eröffnungstage selbst ein, so ist er, wenn nicht eine bestimmte Stunde festgesetzt ist, nach der Stunde der K.-Eröffnung erfolgt. Allein es ist nicht Abs. II, sondern Abs. III anwendbar, da es keinen Markt- oder Börsenpreis für eine künftige Erfüllung in einer vergangenen Zeit gibt. Ebenso ist § 17 anzuwenden, wenn die Lieferungszeit vor der Eröffnung des Verfahrens abgelaufen war. v. Wilm. S. 92; Willenbch. S. 48; v. Sarw. S. 156; Pet. u. Kl. S. 77; Fitting S. 43; Endemann S. 168. AM. v. Völd. 1 S. 240.

II. Wirkung. Abs. II Das fixe Lieferungsgeschäft, gleichviel ob die Lieferungspflicht den G.Schuldner oder den anderen Teil trifft, verwandelt sich in ein Differenzgeschäft. Mot. S. 71; L. Seuffert S. 191; v. Sarw. S. 152; Mandry S 453; v. Wilm. S. 92; Willenbch. 48; Fitting S. 43; Cosack HR. S. 210; Gareis HR. S. 498. Der Verwalter und der andere Teil können nicht die Erfüllung, sondern nur Schadenersatz wegen Nichterfüllung verlangen. Der Ersatzanspruch — die Differenz — geht auf den Unterschied zwischen dem Vertrags- und dem Markt- oder Börsenpreis, welcher am Erfüllungsorte für gleichartige Kaufgeschäfte, wie der ursprüngliche Vertrag also für Kaufgeschäfte über die nämliche Ware mit dem nämlichen Erfüllungsorte, mit der nämlichen Erfüllungszeit, mit den nämlichen Lieferungsbedingungen am zweiten Werktage nach der K.Eröffnung gilt. § 186 fg; § 192, 193 BGB. Cosack H.R. S. 210. Ergibt sich eine Differenz zu Gunsten des G.-Schuldners, so hat der K Verwalter die Forderung zur Masse einzuziehen; ergibt sich eine Differenzforderung zu Gunsten des andern Teils, so kann sie dieser als K.Forderung geltend machen. Die Umwandlung in ein Differenzgeschäft behält auch nach der K.Beendigung für den G.Schuldner und den anderen Teil ihre Wirkung. RG. 41 S. 134, 135. Das Rücktrittsrecht nach § 376 HGB, § 361 BGB ist durch § 18 ausgeschlossen. v. Wilm. S. 97; Kohler S. 139; Pet. u. Kl. S. 73; v. Sarw. S. 158; Willenbch. S. 48; v. Völd. 1. S. 243. Der Vertrag bleibt in seiner ursprünglichen Gestalt bestehen, wenn der Verwalter die Differenz nicht eingezogen oder der andere Teil die Differenz im Konkurse nicht verfolgt. L. Seuffert S. 192. Beispiel: M. in H. kauft am 10. Januar 1900 bei N. in D. 5000 Kreditaktien zu 215 lieferbar Ultimo Februar in F. N gerät am 24. Januar 1900 in Konkurs. Es entscheidet der Kurs, welchen die Kreditaktien am 25. Januar 1900 in F. haben, wenn F. Lieferungsort und Lieferungszeit, Ultimo Februar, bestimmt ist. Beträgt dieser Kurs für Ultimo Februar lieferbar 220, so kann M. 250 als K.Forderung liquidiren; beträgt er 205, so muß M. 500 zur Masse einzahlen. Cosack HR. S. 210; Willenbch. S. 49; v. Völd. 1 S. 245, 247.

Miet- und Pachtverträge § 19. (§ 17).

War dem Gemeinschuldner ein von ihm gemieteter oder gepachteter Gegenstand vor der Eröffnung des Verfahrens überlassen, so kann sowohl der andere Teil als der Verwalter das Miet- oder Pachtverhältnis kündigen. Die Kündigungsfrist ist, falls nicht eine kürzere Frist bedungen war, die gesetzliche. Kündigt der Verwalter, so ist der andere Teil berechtigt, Ersatz des ihm durch die Aufhebung des Vertrags entstehenden Schadens zu verlangen.

E. I. 22. P. 18 Nov. § 17. Begr. 15.

RG. 6 S. 112; 7 S. 19; 17. S. 88; 18. S 270, 314 — Plen. E. —; 23. S. 54; 27 S. 279; 33 S. 45; 40. S. 125.

§ 19 bis 21 regeln die Einwirkung der K.Eröffnung auf Miet- und Pachtverträge, § 19 im einzelnen das wechselseitige Kündigungsrecht, wenn der G. Schuldner Mieter oder Pächter ist und ihm der Vertragsgegenstand vor der K.Eröffnung bereits überlassen war. Hier tritt nicht die sofortige Aufhebung ein, sondern nur ein wechselseitiges Kündigungsrecht ist ohne Rücksicht auf die vertragsmäßig festgesetzte Dauer gegeben. Die Miete verschafft den Gebrauch an beweglichen und unbeweglichen Sachen – § 535 BGB — die Pacht dagegen auch den Fruchtgenuß, nicht nur an Sachen, sondern auch an Rechten. § 581 BGB. Endemann BGB 1 S. 749, 769. Die Novelle hat den bisherigen § 17 aufgeteilt; ein Teil – § 17 Nr. 2 – ist sachlich in den § 21 aufgenommen worden. Die nunmehrige Fassung des § 19 ist mit dem BGB in Uebereinstimmung gebracht, das in § 565, 581, 595 die Kündigungsfristen für Miete und Pacht einheitlich regelt. Die Novelle hat auch die bisher bestrittene Frage, ob der K.Verwalter, wenn er den Miet- oder Pachtvertrag kündigt, dem anderen Teil für die Beendigung des Vertragsverhältnisses vor der vereinbarten Zeit Schadensersatz gewähren muß, im bejahenden Sinne entschieden. Begr S. 15 L. Seuffert S. 192.

I. Voraussetzung für das beiderseitige Kündigungsrecht ist, daß dem G.Schuldner der von ihm gemietete oder gepachtete Gegenstand wenigstens in der Hauptsache vor der K.Eröffnung überlassen war. L. Seuffert S. 192; Mandry S. 456; v. Wilm S. 95; v. Sarw. S 161; Willenbch. S. 49; Pet. u. Kl. S. 99.

II. Kündigungsberechtigt ist der andere Teil oder der Verwalter. Die Kündigungsfrist ist die gesetzliche — § 565, 595 BGB – eventuell die im Vertrage bedungene kürzere Frist Dieses Kündigungsrecht dauert für das ganze K.Verfahren und braucht nicht beim ersten Ziel ausgeübt zu werden. L Seuffert S. 192; v. Wilm. S. 96; Willenbch. S 50; Pet. u. Kl. S. 50. Die Kündigung bindet den G.Schuldner.

Kündigt der andere Teil, der Vermieter oder Verpächter, so hat er keinen Anspruch auf Schadensersatz wegen Nichterfüllung, falls der Vertrag auf längere Zeit abgeschlossen war. L. Seuffert S. 192.

Kündigt der Verwalter, so kann der andere Teil Ersatz des ihm durch die Beendigung der Miete oder der Pacht vor der vereinbarten Zeit entstehenden Schadens in Form einer K.Forderung, nicht im Absonderungswege, verlangen. § 26, 49 Nr 2; Begr. S. 15; L. Seuffert S. 193. Hiezu: RG. 7 S. 20; 11 S. 358; 18 S. 269; 33 S. 46; Raff. K. 28 S 1175; RG. JW. 1892 S. 463, 479. Die Auseinandersetzung bei der Pacht eines landwirtschaftlichen Grundstückes regelt sich nach § 589fg. BGB. Endemann BGB 1 S. 771. RG. 18 S 314.

Solange das Miet- oder Pachtverhältnis nach der K.Eröffnung fortdauert, ist der hierauf verfallende Zins Masseschuld. § 59 Nr. 2. RG. 1 S 348. v. Sarw. S 163; v. Wilm. S. 96; Willenbch. S. 50. Absonderungsrecht des Vermieters oder Verpächters für den bis zur K.Eröffnung rückständigen Zins: § 49 Nr. 2; er ist im übrigen als K.Forderung geltend zu machen. v. Sarw. S. 163; Willenbch. S. 50.

§ 20. (§ 18.)

I War dem Gemeinschuldner ein von ihm gemieteter oder gepachteter Gegenstand zur Zeit der Eröffnung des Verfahrens noch nicht überlassen, so kann der andere Teil von dem Vertrage zurücktreten.

II Auf Erfordern des Verwalters muß der andere Teil demselben ohne Verzug erklären, ob er von dem Vertrage zurücktreten will. Unterläßt er dies, so kommen die Bestimmungen des § 17 zur Anwendung.

E. I. 18. P. 18. Nov § 18. Begr 16.

Die neue Fassung des § 20 schließt sich nunmehr dem BGB. an. Begr. S 16. Er regelt den Fall, daß dem G.Schuldner ein von ihm gemieteter oder gepachteter Gegenstand zur Zeit der Eröffnung des K.Verfahrens noch nicht überlassen war. Der andere Teil kann den Vertrag so aufheben, wie wenn er nicht abgeschlossen worden wäre. Mandry S. 445; Fitting S. 45 Er kann von dem Vertrage zurücktreten — § 346 bis 349, 356 BGB. —, muß aber den von dem G.Schuldner allenfalls vorausbezahlten Pacht- oder Mietzins zur Masse zurückzahlen. Mot. S. 82. Der Zurücktretende hat keinen Anspruch auf Schadensersatz. L. Seuffert S. 193; Mandry S. 455; Willenbch. S. 52; v. Wilm. S. 98; v. Sarw. S. 168. AM. Kohler S. 143.

Der andere Teil der Vermieter oder Verpächter, muß dem Verwalter auf dessen Aufforderung ohne Verzug erklären, ob er von dem Vertrage zurücktreten will Unterläßt er die Erklärung überhaupt oder erklärt er sich nicht rechtzeitig, so verliert er sein Rücktrittsrecht und es kommen die Bestimmungen des § 17 und damit das Wahlrecht des Verwalters zur Anwendung. Dieser kann den Vertrag erfüllen und Erfüllung verlangen oder auf die Erfüllung verzichten. Entscheidet er sich für die Erfüllung, so muß der Vertrag von beiden Seiten vollständig erfüllt werden. Die Erfüllungsverbindlichkeit des K.Verwalters, der sich dann des Kündigungsrechtes nach § 19 nicht bedienen darf, ist eine Masseschuld. § 59 Nr. 2. Wählt der K.Verwalter die Nichterfüllung, so kann der zur Erfüllnng bereite Vermieter oder Verpächter eine Entschädigungsforderung wegen Nichterfüllung nach § 26 als K.-Forderung geltend machen. Das Wahlrecht des Verwalters nach § 17 gilt auch, wenn der andere Teil erklärt, daß er von seinem Rücktrittsrecht keinen Gebrauch machen wolle. Der Verwalter kann auch sofort, ohne Aufforderung an den anderen Teil zur Erklärungsabgabe, die Erfüllung des Vertrages nach § 17 ablehnen. v. Sarw S. 168, 169; Mandry S. 445; L. Seuffert S. 193; Willenbch S. 52; v. Wilm. S. 98.

Die Regel des § 17 gilt ferner, wenn der G.Schuldner Vermieter oder Verpächter ist und die Uebergabe noch nicht erfolgt ist. L Seuffert S. 191; v Sarw. S. 159, 168; Willenbch. S. 52; v. Wilm. S. 98.

§ 21.

I Hatte der Gemeinschuldner einen von ihm

vermieteten oder verpachteten Gegenstand dem Mieter oder dem Pächter vor der Eröffnung des Verfahrens überlassen, so ist der Miet- oder Pachtvertrag auch der Konkursmasse gegenüber wirksam.

II Im Falle der Vermietung oder der Verpachtung eines Grundstücks, sowie im Falle der Vermietung von Wohnräumen oder anderen Räumen ist jedoch eine Verfügung, die der Gemeinschuldner vor der Eröffnung des Verfahrens über den auf die spätere Zeit entfallenden Miet- oder Pachtzins getroffen hat, insbesondere die Einziehung des Miet- oder Pachtzinses, der Konkursmasse gegenüber nur insoweit wirksam, als sich die Verfügung auf den Miet- oder Pachtzins für das zur Zeit der Eröffnung des Verfahrens laufende und das folgende Kalendervierteljahr bezieht. Soweit die Entrichtung des Miet- oder Pachtzinses der Konkursmasse gegenüber wirksam ist, kann der Mieter oder der Pächter gegen die Miet- oder Pachtzinsforderung der Konkursmasse eine ihm gegen den Gemeinschuldner zustehende Forderung aufrechnen.

III Eine von dem Konkursverwalter vorgenommene freiwillige Veräußerung des von dem Gemeinschuldner vermieteten oder verpachteten Grundstücks wirkt, sofern das Grundstück dem Mieter oder dem Pächter vor der Eröffnung des Verfahrens überlassen war, auf das Miet- oder Pachtverhältnis wie eine Zwangsversteigerung.

Nov. § 18a Begr. 16, 17. Mat. 165.

§ 21, durch die Novelle neueingefügt, trifft den Fall, wenn der G. Schuldner einen von ihm vermieteten oder verpachteten Gegenstand dem Mieter oder dem Pächter bereits vor der K.Eröffnung überlassen hatte. Begr S. 16. Der Miet oder Pachtvertrag ist gegenüber der K.Masse wirksam. Demgemäß muß der Verwalter für die K.Dauer allen Vertragsverpflichtungen nachkommen und den vermieteten oder verpachteten Gegenstand dem anderen Teile nach Maßgabe des Vertrages belassen, andererseits aber den rückständigen und verfallenden Miet- oder Pachtzins zur

Masse ziehen. § 536, 581 BGB. L. Seuffert S. 193; Endemann 1 S. 754, 769 Zieht der Verwalter die verpachtete oder vermietete Sache nicht zur K Masse z. B wegen zu starker Hypothekbelastung, so ist § 21 nicht anwendbar. L. Seuffert S 194.

Wird zu Gunsten eines Hypothekgläubigers der für ein gepfändetes Grundstück zu entrichtende Miet- oder Pachtzins in Beschlag genommen, so ist nach § 1124 BGB. eine Verfügung — Einziehung, Uebertragung, Belastung, Erlaß —, die darüber vor der Beschlagnahme getroffen ist, dem Hypothekgläubiger gegenüber unwirksam, soweit sie sich auf den Miet- oder Pachtzins für eine spätere Zeit als das zur Zeit der Beschlagnahme laufende und das folgende Kalenderjahr bezieht. Begr S. 16. Maenner S. 289. Nach § 1125 BGB kann ferner, soweit die Einziehung des Miet- oder Pachtzinses dem Hypothekgläubiger gegenüber unwirksam ist, der Mieter oder Pächter nicht eine ihm gegen den Vermieter oder Verpächter zustehende Forderung gegen den Hypothekgläubiger aufrechnen. In einer ähnlichen Lage wie der Hypothekgläubiger, der die Beschlagnahme des Grundstücks erwirkt hat, befinden sich die K Gläubiger hinsichtlich der auf die Zeit nach der K.Eröffnung entfallenden Miet- oder Pachtzinsen aus Grundstücken, die zur K Masse gehören und dem Mieter oder Pächter zur Zeit der K.Eröffnung schon überlassen waren. Begr S 16. Ohne eine Einschränkung wären derartige Verfügungen des G Schuldners, unbeschadet ihrer Anfechtbarkeit nach § 29 fg, in vollem Umfange wirksam. L. Seuffert S 193. Es wird daher in Abs. II des § 21 den K.Gläubigern der gleiche Schutz, wie den Hypothekgläubigern, gewährt. Begr. S. 16. Für die Fälle, daß der G.Schuldner vor der K.Eröffnung andere Gegenstände als Grundstücke vermietet oder verpachtet hatte, besteht eine derartige Beschränkung nicht. Unbeschadet der Anfechtbarkeit nach § 29 fg. sind daher hier Verfügungen des G Schuldners in Ansehung der auf die Zeit nach der K.Eröffnung entfallenden Miet- oder Pachtzinse unbeschränkt wirksam. Begr S 17

Der K Verwalter kann den vom G.Schuldner vermieteten oder verpachteten Gegenstand veräußern. In Uebereinstimmung mit dem bisherigen § 17 Nr. 2 a F. wirkt eine derartige freiwillige Veräußerung auf das Miet- oder Pachtverhältnis wie eine Zwangsversteigerung. § 57 ZVG.; § 571 bis 575, 580 BGB.; Begr. S. 17. Endemann BGB. 1 S. 752, 759 fg., 767, 770. Der Erwerber des Gegenstandes kann jedoch das Miet- oder Pachtverhältnis unter Einhaltung der gesetzlichen Kündigungsfrist für den ersten möglichen Termin kündigen. § 565, 595 BGB Der Mieter oder Pächter kann jedoch in diesem Falle wegen Nichterfüllung des auf längere Zeit geschlossenen, vorzeitig beendigten Vertrages einen Schadensersatzanspruch zur K.Masse als K.Forderung liquidieren. § 26 L. Seuffert S. 194.

Dienstverträge. **§ 22.** (§ 19.)

I. Ein in dem Haushalte, Wirtschaftsbetriebe oder Erwerbsgeschäfte des Gemeinschuldners angetretenes Dienstverhältnis kann von jedem Teile gekündigt werden. Die Kündigungsfrist ist, falls nicht eine kürzere Frist bedungen war, die gesetzliche.

II. Kündigt der Verwalter, so ist der andere Teil berechtigt, Ersatz des ihm durch die Aufhebung des Dienstverhältnisses entstehenden Schadens zu verlangen.

E. I. 24. P. 19, 20. Nov. § 19. Begr. 17.

§ 22 betrifft den Einfluß der K.Eröffnung auf ein in dem Haushalte, Wirtschaftsbetriebe oder Erwerbsgeschäft des G.Schuldners angetretenes Dienstverhältnis Die Novelle hat die Bezugnahme auf die ortsübliche Kündigung mit Rücksicht auf die gesetzlichen Kündigungsfristen in § 621 fg. BGB. beseitigt und wie in § 19 II, auch hier dem anderen Teil für den Fall der Kündigung durch den Verwalter vor dem Ablauf der vertragsmäßig bestimmten Dienstzeit einen Schadensersatzanspruch gegeben. Begr. S. 17. Die K.Eröffnung hebt ein derartiges Dienstverhältnis nicht ohne weiteres auf, gibt aber beiden Teilen ohne Rücksicht auf die vertragsmäßig festgesetzte Dienstdauer ein Kündigungsrecht. Fitting S. 48; Mandry S. 477. Wird es nicht gekündigt, so bleibt es bestehen. Willenbch. S. 53.

I. Voraussetzung ist, daß ein im Haushalte, Wirtschaftsbetriebe oder Erwerbsgeschäfte des G Schuldners vor der K Eröffnung bereits angetretenes Dienstverhältnis vorliegt § 611 BGB. Endemann BGB. 1 S 778; L. Seuffert S. 195. Der G.Schuldner muß der Dienstherr sein und den Lohn zu zahlen haben. Gleichgiltig ist, ob Dienste höherer oder niederer Art in Frage kommen, z. B. die eines Erziehers, Hauslehrers, Technikers, Dienstboten, Werkmeisters, Handlungs- oder Gewerbegehilfen, ob das Dienstverhältnis dauernder Natur ist oder nicht und ob die Dienste ihrer Natur nach nur dem G Schuldner oder seinen Angehörigen geleistet werden können. v. Wilm. S. 100; Willenbch. S. 53; Fitting S. 49; Pet. u Kl. S. 83; v. Völd 1 S. 270. AM Kohler S. 149; v. Sarw. S. 171 Das Dienstverhältnis muß sich auf den Haushalt, Wirtschaftsbetrieb oder die Erwerbsgeschäfte des G.Schuldners beziehen und zur Zeit der K.Eröffnung bereits angetreten sein; sonst kommt § 17 zur Anwendung, Dienst- oder Werkverträge, durch die sich Jemand verpflichtet hat, ein ihm von dem G.Schuldner übertragenes Geschäft für diesen zu besorgen, fallen unter § 23 II

II. Kündigungsberechtigt auf die ganze K.Dauer ist der andere Teil oder der Verwalter Die Kündigungsfrist ist die gesetzliche — § 621—624 BGB ; § 66, 67 HGB ; § 122 Gew.Ord.; Art. 22 bayer. AG. z. BGB. für Dienstboten — eventuell die im Vertrag bedungene kürzere Frist. Kündigt der zur Dienstleistung Verpflichtete, so hat weder er noch der G.Schuldner oder die K.Masse einen Schadensersatzanspruch wegen Nichterfüllung des Dienstverhältnisses. Kündigt der Verwalter, so ist der zur Dienstleistung Verpflichtete berechtigt, Ersatz des ihm aus der vorzeitigen Aufhebung des Dienstverhältnisses entstehenden Schadens in Form einer nicht bevorrechtigten K.Forderung zu verlangen § 26. Begr. 17 L. Seuffert S. 195; v. Sarw. S. 173. AM. Willenbch. S. 53, der für diesen Entschädigungsanspruch das Vorrecht aus § 61 Nr. 1 gibt. Der vor der K.Eröffnung verfallene rückständige Lohn ist K.Forderung mit dem Vorrechtsanspruche des § 61 Nr. 1, der nach der K.Eröffnung verfallende Masseschuld nach § 59 Nr. 2.

Ein Dienstverhältnis, in dem der G.Schuldner selbst als Dienstleistender steht, wird durch das K.Verfahren nicht berührt, gleichviel ob es bereits angetreten ist oder nicht. Die Vergütung für die Dienste fließt bis zur K.Eröffnung, soweit sie der Zwangsvollstreckung unterliegt, in die K.Masse, für die Zeit nach der K.Eröffnung in das konkursfreie Vermögen des G.Schuldners. Fitting S. 50; v. Sarw. S. 169, 170.

Auftrag und Werkvertrag.

§ 23.

I. Ein von dem Gemeinschuldner erteilter Auftrag erlischt durch die Eröffnung des Verfahrens, es sei denn, daß der Auftrag sich nicht auf das zur Konkursmasse gehörige Vermögen bezieht. Erlischt der Auftrag, so finden die Vorschriften des § 672 Satz 2 und des § 674 des Bürgerlichen Gesetzbuchs entsprechende Anwendung.

II. Das Gleiche gilt, wenn sich jemand durch einen Dienstvertrag oder einen Werkvertrag verpflichtet hat, ein ihm von dem Gemeinschuldner übertragenes Geschäft für diesen zu besorgen.

Nov. § 19a. Begr. 17, 18.

Das BGB. enthält keine Vorschriften über die Einwirkung der K.Eröffnung auf einen vom G.Schuldner erteilten Auftrag. § 23 stellt nun die Regel auf, daß ein von dem G.Schuldner erteilter Auftrag durch die Eröffnung des Verfahrens erlischt, es sei denn, daß der Auftrag sich nicht auf das zur K.Masse gehörige Vermögen bezieht. Begr. S. 17. Diese Regel erleidet aber zwei Ausnahmen. Trotz dem Erlöschen des Auftrags hat der Beauftragte, wenn mit dem Aufschube Gefahr verbunden ist, die Besorgung des übertragenen Geschäftes fortzusetzen, bis der K.Verwalter anderweit Fürsorge treffen kann. § 672 BGB. Begr S. 18. L. Seuffert S. 195; Endemann BGB. 1 S 804 Nach § 674 BGB. gilt aber weiter zu Gunsten des Beauftragten der erloschene Auftrag so lange als fortbestehend, bis der Beauftragte von dem Erlöschen durch die K Eröffnung Kenntnis erlangt oder das Erlöschen kennen muß. Begr. S. 18. L. Seuffert S. 196. In beiden Fällen dauert die mit dem Auftrag allenfalls verbundene, mit diesem erloschene Vollmacht fort — § 168—173 BGB.; Endemann BGB. 1 S. 348, 352 — gegen gutgläubige Dritte mit der Wirkung aus § 169—173 BGB., jedoch ohne die Möglichkeit, nach der K.Eröffnung durch ein mit dem Bevollmächtigten vorgenommenes Rechtsgeschäft einen Aussonderungs- oder Absonderungsanspruch oder eine K Forderung zu erwerben. L Seuffert S. 196, 197. Vgl. § 27.

Die Bestimmungen des Abs. I greifen auch dann Platz, wenn sich jemand durch einen Dienstvertrag — § 611 BGB. — oder einen Werkvertrag — § 631 BGB. — verpflichtet hat, ein ihm von dem G.Schuldner übertragenes Geschäft für diesen gegen Entgelt zu besorgen. Begr. S. 18. L. Seuffert S. 196; Endemann BGB. 1 S. 778, 784. Diese Spezialvorschrift hinsichtlich der Dienst- und Werkverträge geht der allgemeinen Vorschrift des § 17 vor. L. Seuffert S. 196.

Vormerkung.

§ 24.

Ist zur Sicherung eines Anspruchs auf Einräumung oder Aufhebung eines Rechts an einem Grundstücke des Gemeinschuldners oder an einem für den Gemeinschuldner eingetragenen Rechte oder zur Sicherung eines Anspruchs auf Aenderung des Inhalts oder des Ranges eines solchen Rechts eine Vormerkung im Grundbuch eingetragen, so kann der Gläubiger von dem Konkursverwalter die Befriedigung seines Anspruchs verlangen. Das Gleiche gilt, wenn in Ansehung eines Schiffspfandrechts eine Vormerkung im Schiffsregister eingetragen ist.

Nov. § 19 b. Begr. 18.

Eine Vormerkung, die zur Sicherung eines Anspruchs auf Einräumung oder Aufhebung eines Rechtes an einem Grundstücke des G.Schuldners oder an einem für den G.Schuldner eingetragenen Rechte oder zur Sicherung eines Anspruchs auf Aenderung des Inhaltes oder des Ranges eines solchen Rechtes im Grundbuch eingetragen ist, ist kraft ihrer dinglichen Wirkung auch wirksam gegenüber der K.Masse. § 883, 885, 888 BGB.; § 18 II, 76 I GrBO. Begr. S. 18. L. Seuffert S. 176; Endemann BGB. 2 S. 279 fg.; Männer S. 58. Der aus der Vormerkung Berechtigte kann von dem K.Verwalter verlangen, daß er die zur Verwirklichung des Anspruchs erforderliche Eintragung oder Löschung bewilligt. § 888 BGB. L. Seuffert S. 177; Männer S. 58. Bei Widerspruch des Verwalters ist der Anspruch im Klage- und Vollstreckungswege — § 894—897 CPO. – geltend zu machen. Aus dem Eintrag kann sich ein Aussonderungs- oder Absonderungsanspruch z. B bei Vormerkung zur Sicherung eines Anspruchs auf Hypothek ergeben. L Seuffert S. 177.

Das Gleiche gilt auch für eine Vormerkung, die zu Gunsten eines Schiffspfandrechtes in das Schiffsregister eingetragen ist. § 18 GrBO.; § 100 II, 103, 123 FGB; Begr. S. 18.

§ 25. (§ 20.)

Soweit rücksichtlich einzelner durch die §§ 18—24 nicht betroffener Rechtsverhältnisse das bürgerliche Recht besondere Bestimmungen über die Wirkung der Eröffnung des Konkursverfahrens enthält, kommen diese Bestimmungen zur Anwendung.

E I. 25. P. 20. Nov. § 20. Begr. 19.

RG. 3 S. 42.

Die nunmehrige, durch die Novelle bestimmte Fassung stellt in Verbindung mit Art. 55 EG. z. BGB. klar, daß nach dem Inkrafttreten des letzteren die besonderen landesgesetzlichen Bestimmungen neben dem Reichsrechte nur noch insoweit Geltung behalten, als sie einem der Landesgesetzgebung vorbehaltenen Gebiete des bürgerlichen Rechtes angehören. Begr. S. 19. Ueber die privatrechtlichen Wirkungen der K Eröffnung: Anm. I zu § 6 und die ausführliche Darstellung bei L Seuffert S. 235—240.

Schadensersatzanspruch. § 26. (§ 21.)

Wenn infolge der Eröffnung des Konkursverfahrens die Nichterfüllung einer Verbindlichkeit oder die Aufhebung eines Rechtsverhältnisses des Gemeinschuldners eintritt, so ist der andere Teil nicht berechtigt, die Rückgabe seiner in das Eigentum des Gemeinschuldners übergegangenen Leistung aus der Konkursmasse zu verlangen. Er kann eine Forderung wegen der Nichterfüllung oder der Aufhebung nnr als Konkursgläubiger geltend machen, soweit ihm nicht ein Anspruch auf abgesonderte Befriedigung zusteht.

E. I. 26. P 21.

RG. 7 S. 19, 17 S. 78, 284, 19 S. 60; 21 S. 5, 22 S. 107, 26 S. 94.
Sammlung 10 S. 444.

§ 26 regelt die Entschädigungsansprüche, welche bei der infolge der K.Eröffnung eintretenden Nichterfüllung einer Verbindlichkeit des G.Schuldners oder Aufhebung eines Rechtsverhältnisses desselben dem anderen Teile zustehen. Er verleiht keinen Entschädigungsanspruch, dessen Entstehung nach dem bürgerlichen Rechte zu beurteilen ist, sondern bestimmt nur die Art., in welchen ein derartiger Anspruch konkursrechtlich geltend gemacht werden kann. v. Sarw. S. 189, 197; Willenbch. S. 58; v. Wilm. S. 107. AM Pet. u. Kl. S. 89. Das ursprüngliche Rechtsverhältnis bestimmt den Maßstab der Entschädigung. RG. 21 S. 5; 26 S. 94. Der Anspruch aus § 26 gibt nur eine eventuell nach § 69 zu bildende K.Forderung, vorbehaltlich etwaiger Absonderungsrechte. RG. 17 S. 79. § 26 findet Anwendung auf alle Rechtsverhältnisse und Verbindlichkeiten aus § 17—24, einschließlich der von § 20 ausgenommenen, hinsichtlich der in § 18 erwähnten Fixgeschäfte mit dem Abmaße, daß er dem durch diese Bestimmung bereits gebildeten Differenzanspruch die Stelle einer K.Forderung zuweist. v. Sarw. S. 189; Willenbch. S. 56; Pet. u Kl. S. 86.

Voraussetzung ist, daß infolge der K.Eröffnung eine Verbindlichkeit des G.Schuldners aus einem gegenseitigen Vertrage nicht in der ursprünglich bedungenen Weise erfüllt oder ein Rechtsverhältnis aus einem solchen Vertrage — entweder durch vorzeitige Kündigung des K.Verwalters oder des anderen Teiles oder kraft Gesetzes — aufgehoben wird. Diese Nichterfüllung oder Aufhebung muß infolge der Eröffnung des K.Verfahrens eintreten. Eine Aufhebung des Vertrages durch Uebereinkunft zwischen dem Verwalter und dem Gegenkontrahenten fällt nicht darunter. L. Seuffert S. 190; v. Sarw. S. 190; Willenbch. S. 57; Pet. u. Kl. S. 89; v. Wilm. S. 107; AM. Fitting S. 51.

Die Wirkung des § 26 geht negativ dahin, daß der andere Teil die Rückgabe der von ihm gemachten, ins Eigentum des G.Schuldners übergegangenen Leistung, zu der jeder zur Vertragserfüllung gegebene Vermögenswert gehört, aus der K.Masse, nicht verlangen kann, außer er wäre Eigentümer des Geleisteten und damit aussonderungsberechtigt geblieben. § 43; § 925 bis 984 BGB. Männer S. 133 fg. L. Seuffert 190; Fitting S. 51; v. Wilm. S. 107; Willenbch. S 57. RG. 17 S. 81; RG. JW. 1887 S. 289. Die Leistung bleibt in der Masse und bildet einen Bestandteil derselben. RG. 17 S. 79. Gleichgiltig ist, ob der G.-Schuldner mit der Erfüllung der ihm obliegenden Verbindlichkeit schon vor der K.Eröffnung im Verzuge war. Ein gegen den G.-Schuldner ergangenes Urteil, das die Auflösung des Vertrages ausspricht, schließt die Anwendung des § 26 nur aus, wenn es zur Zeit der K.Eröffnung bereits rechtskräftig geworden war. RG. 17 S. 82. Willenbch. S. 57; v. Wilm. S. 107; v. Sarw. S. 195; Pet. u. Kl. S. 87.

Der andere Teil kann vielmehr nach der positiven Bestimmung des § 26 jeden Anspruch, der ihm wegen Rückerstattung der Leistung oder als Entschädigung wegen Nichterfüllung oder Aufhebung des Rechtsverhältnisses zukommt, nur als K.Forderung, nicht als Masseschuld, geltend machen, vorbehaltlich allenfallsiger Absonderungsrechte und vorausgesetzt, daß der G.Schuldner nicht aus seinem konkursfreien Vermögen den Vertrag erfüllt hat L. Seuffert S. 190; v. Wilm S 107, 108; Willenbch. S. 58; v. Sarw S. 200; Fitting S 52. RG 17 S. 79, 284; 21 S. 5; 26 S. 94 § 249 fg. BGB. Endemann BGB 1 S. 290. Hat der andere Teil den Anspruch auf Schadensersatz im Konkurse verfolgt, so kann er nach Beendigung des Konkurses nicht auf den ursprünglichen Anspruch zurückgreifen. L Seuffert S 190.

§ 27.

Erlischt ein von dem Gemeinschuldner erteilter Auftrag oder ein Dienst- oder Werkvertrag der im § 23 Abs. 2 bezeichneten Art in Folge der Eröffnung des Verfahrens, so ist der andere Teil in Ansehung der nach der Eröffnung des Verfahrens entstandenen Ersatzansprüche im Falle des § 672 Satz 2 des Bürgerlichen Gesetzbuchs Massegläubiger, im Falle des § 674 des Bürgerlichen Gesetzbuchs Konkursgläubiger.

Nov. § 21 a. Begr. 19.

Wenn ein durch die K.Eröffnung an sich erloschener Auftrag, Dienstvertrag oder Werkvertrag als fortbestehend gilt, weil die Geschäftsbesorgung keinen Aufschub duldet, so kommt die Fortsetzung der Geschäftsführung unmittelbar der K.Masse zu gute. Begr. S. 19. § 670, 672 BGB. Endemann BGB. 1 S. 804. Der andere Teil hat in Ansehung der nach der K.Eröffnung durch seine Thätigkeit begründeten Ersatzansprüche, nicht der Lohnansprüche, die Stellung eines Massegläubigers. § 59 Nr. 2. L. Seuffert S. 196. Die mit dem Rechtsverhältnisse verbundene, mit diesem durch die K.Eröffnung erloschene Vollmacht dauert bei der keinen Aufschub duldenden Geschäftsbesorgung fort; die auf Grund der Vollmacht vorgenommenen Handlungen sind der K.-Masse gegenüber wirksam. § 168 BGB. Begr S. 19. L. Seuffert S. 196.

Wird ein Auftrag, Dienstvertrag oder Werkvertrag mit Rücksicht auf den guten Glauben des zur Geschäftsbesorgung Berufenen als fortdauernd behandelt, so ist dieser für seine Ersatzansprüche K.Gläubiger. § 674 BGB. Begr. S. 19. Die besorgten Geschäfte sind hier nach der K.Eröffnung vorgenommen; allein, um den zur Geschäftsbesorgung Berufenen thunlichst vor Schaden zu bewahren, werden sie so behandelt, wie wenn sie in der Zeit vor der K.Eröffnung vorgenommen wären. Begr. S. 19. L. Seuffert S 196 nimmt an, daß der Grund für die Forderung vor der K Eröffnung liegt.

§ 28.

Wird eine nach § 705 des Bürgerlichen Gesetzbuchs eingegangene Gesellschaft durch die Eröffnung des Konkursverfahrens über das Vermögen eines Gesellschafters aufgelöst, so ist der geschäftsführende Gesellschafter in Ansehung der Ansprüche, welche ihm aus der einstweiligen Fortführung der Geschäfte nach § 728 Satz 2 des Bürgerlichen Gesetzbuchs zustehen, Massegläubiger, in Ansehung der ihm nach § 729 des Bürgerlichen Gesetzbuchs zustehenden Ansprüche, unbeschadet der Bestimmung des § 51, Konkursgläubiger.

Nov. § 21 b. Begr. 19, 20.

Eine gemäß § 705 BGB. eingegangene Gesellschaft wird durch die Eröffnung des Konkurses über das Vermögen eines Gesellschafters aufgelöst. Jeder geschäftsführende Gesellschafter ist jedoch verpflichtet, die ihm übertragenen Geschäfte wenn mit dem Aufschube Gefahr verbunden ist, einstweilen fortzuführen, bis der K.Verwalter in Gemeinschaft mit den geschäftsführenden Gesellschaftern anderweit Fürsorge treffen kann. Die Gesellschaft gilt insoweit als fortbestehend. § 727 II, 728 BGB. Begr. S. 20. L. Seuffert S. 237; Endemann BGB 1 S. 814 fg. Die einstweilige Fortführung der Geschäfte liegt aber im Interesse der KMasse; deshalb ist der geschäftsführende Gesellschafter in Ansehung der ihm aus dieser Geschäftsführung erwachsenden Ansprüche Massegläubiger. § 59 Nr. 2; § 670, 713, 728 BGB. L. Seuffert S. 246; Begr. S. 20.

Nach § 729 BGB. gilt, falls die Gesellschaft durch die Eröffnung des Konkurses über das Vermögen eines Gesellschafters aufgelöst wird, die einem Gesellschafter durch den Gesellschaftsvertrag übertragene Befugnis zur Geschäftsführung zu seinen Gunsten als fortbestehend, bis er von der Auflösung Kenntnis erlangt oder die Auflösung kennen muß. Die ihm vor der KEröffnung bis zu diesem Zeitpunkt aus seiner Geschäftsführuug erwachsenen Ansprüche kann er aus Gründen der Billigkeit als K.Forderungen geltend machen, unbeschadet seines Rechtes, wegen dieser Ansprüche nach § 51 KO. abgesonderte Befriedigung aus dem bei der Auseinandersetzung wegen des Gesellschaftsvermögens ermittelten Anteile des G.Schuldners zu erlangen. Begr. S. 20; L. Seuffert S. 237.

Dritter Titel.

Anfechtung.

Vorbemerkung.

Dieser Titel regelt das Anfechtungsrecht im K.Verfahren. Die Normen für die Anfechtung außerhalb des K.Verfahrens gibt das Anfechtungsgesetz. § 29 regelt das konkursmäßige Anfechtungsrecht im Allgemeinen, § 30 die rein konkursrechtlichen, aus dem K.Zwecke sich ergebenden Anfechtungsgründe, § 31, 32 die auch im Anfechtungsgesetz wiederkehrenden Anfechtungsgründe, § 33, 34 enthalten Beschränkungen des Anfechtungsrechtes, § 35 läßt die Anfechtbarkeit auch für den Fall zu, daß für die anzufechtende Rechtshandlung ein vollstreckbarer Schuldtitel erlangt oder daß sie durch Arrestvollzug erwirkt wurde. § 36 weist die Ausübung des Anfechtungsrechtes dem Verwalter zu. § 37—39 bestimmen den Umfang der Rückgewähr und die Rechte des Anfechtungsgegners, § 40 die Anfechtung gegen den Erben und Sondernachfolger des Anfechtungsgegners, § 41 die Ausschlußfrist und § 42 die Anfechtungsmöglichkeit für nach der K.Eröffnung vorgenommene, durch den öffentlichen Glauben des Grundbuches den K.Gläubigern gegenüber an und für sich wirksam gewordene Rechtshandlungen. Vgl. für den N.Konkurs § 222.

Die Novelle hat in § 32 Nr. 2 die Bestimmung hinsichtlich der Anfechtung oder Sicherung oder Rückgewähr eines Heiratsgutes oder des gesetzlich in die Verwaltung des Mannes gekommenen Vermögens der Frau als im Widerspruche mit dem neuen ehelichen Güterrechte gestrichen, durch die Neufassung in § 40 II. Nr. 1 und 2 zum Ausdrucke gebracht, daß bei mehrmaliger Sondernachfolge die Anfechtung gegen alle Vorgänger begründet sein muß, hier die Nr. 3 und den Abs. III eingefügt, den § 41 mit Rücksicht darauf, daß das Anfechtungsrecht nach dem BGB. nicht als ein Anspruch anzusehen ist, neugestaltet und § 42 für die Anfechtbarkeit der nach der K.Eröffnung vorgenommenen, durch die Oeffentlichkeit des Grundbuches geschützten Rechtshandlungen neu aufgenommen.

Anfechtungsanspruch. **§ 29.** (§ 22.)

Rechtshandlungen, welche vor der Eröffnung des Konkursverfahrens vorgenommen sind, können als den Konkursgläubigern gegenüber unwirksam nach Maßgabe der folgenden Bestimmungen angefochten werden.

E. I. 27. P 99, 110.

RG. 2 S. 374, 3 S. 395; 4 S. 28, 252, 324; 6 S. 307, 7 S. 35; 9 S. 69, 10 S. 326. 13 S 6, 166, 14 S. 312; 15 S. 62; 17 S. 30; 18 S. 394; 19 S. 202; 20 S. 29; 21 S. 420 — Plen.Entsch., 22 S. 389; 25 S. 63, 412; 26 S. 11, 74; 27 S. 94; 28 S. 136, 30 S. 72, 404; 31 S. 44; 32 S. 230, 428; 33 S. 320, 34 S. 404, 36 S. 162; 37 S. 88. 138, 39 S. 5; 40 S. 5, 372.

Sammlung 12 S. 143.

Das Anfechtungsrecht in- und außerhalb des Konkurses schützt die persönlichen Gläubiger gegen Rechtshandlungen des Schuldners, die eine Schmälerung des deckungspflichtigen Vermögens entweder durch Verminderung des Aktivvermögens oder durch Vermehrung des Passivvermögens — der Schulden — herbeiführen. L. Seuffert S. 197. Die Anfechtungsgründe der § 30 fg. sind ausschließliche. § 3,4 EG. z. KO.; Pet. u. Kl. S. 99; Willenbch.

S. 61. Wird die anzufechtende Rechtshandlung im Ausland vorgenommen oder wohnen der G.Schuldner oder der Anfechtungsgegner im Ausland, so ist das Recht des Wohnortes des G.Schuldners für die Frage entscheidend, ob ein Anfechtungsgrund vorliegt. Kohler S. 658; Jäckel S. 17; Willenbch. S. 61; Pet. u. Kl. S. 100; Hartmann S. 32; Cosack S. 105; v. Wilm S. 127; v. Sarw. S. 233; v. Bar „internationales Privatrecht" 2 S. 581 und die Ausführungen bei L. Seuffert S. 202, 203.

I. Rechtshandlung ist jede Handlung von rechtlicher Wirkung, jeder auf dem Willen des künftigen G. Schuldners beruhende Akt, welcher geeignet ist, unmittelbar oder in seiner Folge die Gläubiger zu benachteiligen. RG. 22 S. 377. Sie muß nach dem objektiven Rechte Rechtswirkungen haben und soll diese nach der Absicht des Handelnden hervorrufen. L. Seuffert S. 203. Mandry S 543. Gleichgiltig ist, ob der Schuldner selbst die Rechtshandlung vorgenommen hat. § 35. Pet. u. Kl. S. 97; RG. 2 S. 374; 3 S. 398; 4 S. 435; RG. JW. 1894 S. 316. Darunter fallen Rechtsgeschäfte aller Art, insbesondere Veräußerungen, Zahlung, Verpfändung, Contrahierung von Schulden, Anerkenntnisse, Einräumung von Zurückbehaltungs- und Kompensationsrechten, ferner alle civilprozessualen Dispositionsakte und gegen die Motive S. 115 fg. auch Unterlassungen, wenn das Nichthandeln auf einem besonderen Entschlusse beruht und wenn und soweit in einer mit rechtlichen Wirkungen ausgestatteten Unterlassung die begrifflichen Voraussetzungen der Handlung z. B. bei der absichtlichen Unterlassung eines Wechselprotestes, zutreffen. RG. 22 S. 377; 37 S. 88, 138; Bolze 2 Nr 577; Seuffert Arch. 42 Nr. 115. L Seuffert S. 203; Mandry S. 543; v. Sarw. S. 222; v. Wilm. S 119; Hartmann S. 41; Willenbch. S. 59; Otto S. 115; Kohler S. 217; Cosack S 48. Endemann BGB 1 S 247, 258; Mot. I E. z. BGB. 1 S. 126; Prot. 2 Les. 1 S. 268.

Die Rechtshandlung kann auch angefochten werden, wenn sie ohne oder gegen den Willen des Schuldners z. B. als Pfändung oder Arrestanlage vorgenommen wurde. § 35. RG. 2 S. 101; 3 S. 111.; 4 S. 129; 6 S. 111.; 7 S. 12. 10 S 8; 16 S. 28; 20 S. 180; 25 S. 40; 32 S. 24; 37 S. 342. L. Seuffert S. 203; Mandry S. 544; Pet. u. Kl. S 97. Sie muß vor der K. Eröffnung vorgenommen worden sein; bei Vornahme nach der K Eröffnung sind § 7 fg. anwendbar. RG. 4 S 324; 9 S 69; 33 S 320. Sie muß eine Zuwendung — entgeltliche oder unentgeltliche — enthalten und dadurch bewirken, daß Jemand auf Kosten des G Schuldners ein Vermögensrecht erwirbt oder von einer Vermögenslast befreit wird L. Seuffert S 205; Cosack BGB. 1 S. 149 Auch die Erfüllung einer Verbindlichkeit kann darunter fallen. L. Seuffert S. 206; Kohler S 27. 62; Jäckel S. 78; Otto S. 70. RG. 16 S. 62; 20 S. 181; 23 S. 9 Bl. f. RA. 8. Erg. Bd. S 165. AM. Sammlung 9 S. 11 Die Aufrechnung, nicht aber die Rechtsgeschäfte, welche zur Aufrechnung geführt haben, sind der Anfechtung entzogen. RG. 26 S. 83.

II. Die Rechtshandlung muß unmittelbar oder mittelbar eine Benachteiligung der Gläubiger zur Folge haben. Sie müssen infolge der Rechtshandlung nicht vollständig befriedigt werden können. Die Insolvenz des Schuldners steht durch die K.Eröffnung fest. Entscheidend ist der Standpunkt des anfechtenden Gläubigers. Die Benachteiligung liegt insbesondere dann vor, wenn ein massepflichtiger Gegenstand veräußert und das Entgelt hiefür in dem Vermögen des Schuldners nicht vorhanden ist, wenn der Umfang der Befriedigung vermindert oder die Art der Befriedigung z. B. in der Exekution erschwert worden ist. RG. 10 S 8; 14 S. 313; 15 S. 62; 22 S. 49; JW 1887 S. 208. 1895 S. 83; Bolze 2 Nr 573; 10 Nr. 258. L Seuffert S. 204, 205; Willenbch. S. 59. v Sarw. S. 249. Die Forderungen der K.Gläubiger können vor oder nach der anzufechtenden Rechtshandlung entstanden sein, die auch nicht ausschließlich die Vermögensunzulänglichkeit bewirkt haben muß RG. 15 S. 64; 26 S. 11; RG. JW. 1889 S. 209. v. Sarw S. 226. Dagegen muß der veräußerte Gegenstand zur K.Masse gehört haben; sonst ist die Anfechtung ausgeschlossen Sie entfällt auch, wenn im Konkurse alle Gläubiger ohne die Anfechtung befriedigt werden können. L. Seuffert S 204, 205.

Die Ablehnung eines Erwerbes ist nicht anfechtbar, da die Gläubiger kein Recht auf Vermögensmehrung, sondern nur einen Schutz gegen Vermögensminderung haben, vorausgesetzt, daß die Aufgabe eines bereits begründeten Rechtes, wozu auch bedingte Rechte gehören, nicht eine Minderung des Vermögens bewirkt. Hartmann S. 45, 48; v. Wilm. S. 115. Der Verzicht auf den noch nicht durch Vertrag anerkannten oder rechtshängig gewordenen Pflichtteil, § 852 II CPO., die Ausschlagung einer Erbschaft oder eines Vermächtnisses oder die Ablehnung der fortgesetzten Gütergemeinschaft — § 9 KO. — der Erbverzicht — 2346 BGB. — die Aufhebung eines Erbvertrages — 2290, 2291 BGB. oder eines gemeinschaftlichen Testamentes — 2292 BGB. — sind nicht anfechtbar. L Seuffert S. 205; Hartmann S. 47; Pet. u. K. S. 97. RG. 4 S. 174; 6 S 247; 28 S 136; JW. 1888 S. 330, 398; 1890 S. 238; Seuffert Arch. S. 37 Nr. 2. Rass K. 34 S. 1192.

Die Anfechtung nach § 29 fg. erstreckt sich nicht auf nichtige Rechtshandlungen — § 104, 105, 106, 107, 116, 117, 118, 125 BGB. — oder nach dem bürgerlichen Rechte anfechtbare Rechtshandlungen — § 119, 120, 123 BGB.; die Nichtigkeit der Rechtshandlung macht die Anfechtung gegenstandslos Die Klagegründe der Nichtigkeit z. B. wegen Simulation — § 117 BGB. — und der Gläubigerbenachteiligung können mit einander verbunden werden; der Uebergang aus dem Klagegrund der Anfechtbarkeit nach § 29fg in den der Nichtigkeit ist keine Klageänderung L. Seuffert S. 204; v. Sarw. S. 230; Pet. u. Kl. S. 95; Willenbch. S 60; RG 4 S. 248; 32 S. 320; RG JW. 1887 S. 78, 96; Bolze 5 Nr. 331, Rass. K. 24 S. 546, 1022; 27 S. 467, 1084. AM. RG. Rass. K. 27 S. 1082; Hartmann S. 50; v. Wilm. S. 117.

III. Die Geltendmachung des Anfechtungsrechtes erfolgt im Konkurse ausschließlich durch den K.Verwalter. RG. 30 S. 72; § 36; § 13 I Anf. Ges. Sie geschieht entweder außergerichtlich durch eine empfangsbedürftige Erklärung gegenüber dem Anfechtungsgegner, dem Erwerber — § 143, 130—132 BGB; L. Seuffert S. 220 — oder durch den Widerspruch des Verwalters im Prüfungstermine gegen die angemeldete der Anfechtung unterliegende Forderung — Pet und Kl. S. 109 — oder gerichtlich durch Klage — eventuell auch durch Feststellungsklage § 266 CPO — oder durch Einrede und Gegeneinrede gegen Ansprüche, die aus der anfechtbaren Rechtshandlung abgeleitet werden. L. Seuffert S. 227. Die Klage muß die bestimmte Angabe enthalten, auf welchen Anfechtungsgrund des § 30 fg der Anfechtungsanspruch gestützt wird, und bei der Leistungsklage im Klageantrag auch die genaue Bezeichnung des Gegenstandes und der Art der Rückgewähr § 253 II CPO. Willenbch. S. 62. RG. Bolze 10 Nr. 264. Der Uebergang von einem Anfechtungsgrund zum andern enthält eine Klageänderung. RG. 22 S. 389; 39 S. 5; Bl. f. RA. 9. Erg. Bd. S. 109. AM. L. Seuffert S. 227 und CPO. § 230 a. F. Note 3. Die Klage richtet sich gegen den Anfechtungsgegner, nicht gegen den G.Schuldner., der nicht mitverklagt werden kann. RG. JW 1895 S. 385; v. Wilm. S. 121; Willenbch. S. 62; Pet. und Kl. S 121; AM. v. Sarw. S. 232. Die Festsetzung des Streitwertes erfolgt nach dem Ermessen des Prozeßgerichtes. § 3 CPO. RG. 34 S. 404.

Der Gerichtsstand für die Anfechtungsklage bemißt sich nach dem allgemeinen Gerichtsstand des Anfechtungsgegners. § 13, 23 CPO. Die Zuständigkeit der Kammer für Handelssachen ist ausgeschlossen. RG. Rass. K. 38 S. 1184, 1187. Der Gerichtsstand der unerlaubten Handlung — § 32 CPO. — ist nur bei den Anfechtungsgründen des § 31 Nr. 1, 2 zulässig, im übrigen ausgeschlossen. RG. 10 S. 334; 21 S. 420 — Plen.E. —; 26 S. 1; Seuffert Arch. 38 Nr. 168. Der Gerichtsstand des § 24 oder § 29 CPO. ist an und für sich ausgeschlossen. RG 30 S. 402. Pet und Kl. S. 109. L. Seuffert S. 220. Bei Anfechtung einer Pfändung nach § 771 CPO. ist nach § 802 CPO der Gerichtsstand des § 771 geboten. RG. 18 S. 394; 30 S. 397; 40 S. 372; JW. 1890 S. 68; 1894 S. 427; 1895 S 202. Rass. K. 38 S. 180, 492. Seuffert Arch. 36 Nr. 169. v. Wilm. S. 121; Willenbch. S. 62; v. Sarw. S. 613; Mandry S. 540 und insbesondere über die rechtliche Natur der Anfechtungsanspruches und die hierüber divergierenden Ansichten Otto S. 18; Hartmann S. 5; Cosack § 4-6; Fitting S. 156; Jäckel S. 47; Pet. und Kl. S. 103; L. Seuffert S. 225, 227. Die deliktische Natur des Anfechtungsanspruches wird sich nur für die Thatbestände der § 31 Nr. 1, 2 KO. und § 3 Nr. 1, 2 Anf.Ges. behaupten lassen, im übrigen ist der Anfechtungsanspruch rein persönlicher Natur; der Hinzutritt eines Deliktes zu den einzelnen Thatbeständen und damit die Umgestaltung derselben für den konkreten Fall zu deliktischen ist jedoch möglich. § 239 Nr. 1 KO; § 823 BGB. L. Seuffert S.

225; v. Wilm. S. 121, 125. RG. 21 S. 420; 22 S. 391; 26 S. 1. Ueber die rechtliche Natur des Anfechtungsanspruches gegen den Rechtsnachfolger: § 40 KO.; § 11 Anf.Ges.

IV. Wirkung der Anfechtung. Die anfechtbare Handlung ist nicht nichtig oder relativ unwirksam, sondern begründet nur für den Anfechtungsgegner die Verpflichtung zur Rückgewähr. RG. 10 S. 10; 13 S. 6; JW. 1883 S. 228; 1889 S. 20. Die angefochtene Rechtshandlung ist nur gegenüber den Gläubigern unwirksam. Das Rechtsgeschäft bleibt mit allen seinen Wirkungen zwischen dem G.Schuldner und dem Anfechtungsgegner bestehen, unbeschadet der den G.Schuldner allenfalls treffenden Gewährspflicht. § 37. Mot. S. 111, 112. RG. 7 S. 35; 21 S. 95; 25 S. 63; 30 S. 403; RG. JW. 1883 S. 228; 1889 S. 109. L. Seuffert S. 220; Mandry S. 555; v. Sarw. S. 279; Willenbch. S. 61; v. Wilm. S. 118. Die Unwirksamkeit erstreckt sich lediglich gegen die durch den Anfechtungsgrund verpflichtete Person und wirkt nur für die anfechtungsberechtigte Person, kommt also im Konkurse nur den K.Gläubigern, nicht den Absonderungsberechtigten, zu gute. RG. 20 S. 29; 25 S. 63; RG. JW. 1889 S. 109. Mandry S 555; Willenbch. S. 61; v. Wilm. S. 119; Pet. und Kl. S. 105; Rass. K. 34 S. 893.

Anfechtungsgründe. **§. 30.** (§ 23.)

Anfechtbar sind:

1. die nach der Zahlungseinstellung oder dem Antrage auf Eröffnung des Verfahrens von dem Gemeinschuldner eingegangenen Rechtsgeschäfte, durch deren Eingehung die Konkursgläubiger benachteiligt werden, wenn dem anderen Teile zu der Zeit, als er das Geschäft einging, die Zahlungseinstellung oder der Eröffnungsantrag bekannt war; sowie die nach der Zahlungseinstellung oder dem Eröffnungsantrage erfolgten Rechtshandlungen, welche einem Konkursgläubiger Sicherung oder Befriedigung gewähren, wenn dem Gläubiger zu der Zeit, als die Handlung erfolgte, die Zahlungseinstellung oder der Eröffnungsantrag bekannt war;
2. die nach der Zahlungseinstellung oder dem Antrage auf Eröffnung des Verfahrens oder in den letzten zehn Tagen vor der Zahlungseinstellung oder dem Eröffnungsantrage erfolgten Rechtshandlungen, welche einem Konkursgläubiger eine Sicherung

oder Befriedigung gewähren, die er nicht oder nicht in der Art oder nicht zu der Zeit zu beanspruchen hatte, sofern er nicht beweist, daß ihm zur Zeit der Handlung weder die Zahlungseinstellung und der Eröffnungsantrag, noch eine Absicht des Gemeinschuldners, ihn vor den übrigen Gläubigern zu begünstigen, bekannt war.

E. I. 28. 29. P. 100.

RG. 2 S. 374, 3 S. 395, 430, 4 S. 435, 6 S. 45, 85, 110, 367, 7 S. 35, 110, 9 S. 50, 101, 362; 10 S. 10. 33 — Plen. E. —, 325, 334, 11 S. 177; 12 S 42; 13 S. 5, 41; 15 S. 62, 264, 16 S. 122, 396 — Plen. E. —; 17 S. 27; 21 S 21, 95 420 — Plen. E. —; 22 S. 389; 23 S. 112; 24 S. 135, 25 S. 34, 86, 421; 26 S. 5, 81; 27 S. 98, 29 S. 77; 30 S. 90, 402, 32 S. 65, 101, 33 S. 123, 36 S. 6, 73, 161, 367; 39 S. 82, 123, 40 S. 42, 90, 170.

Sammlung 9 S. 317, 439; 10 S. 11, 170, 220, 11 S. 268, 433, 12 S. 140, 13 S 528; 15 S. 455.

Die Bestimmung in § 30 umfaßt Rechtshandlungen, welche vor der K.Eröffnung jedoch nach der Zahlungseinstellung oder nach dem Eröffnungsantrage oder in den letzten zehn Tagen vor der Zahlungseinstellung oder dem Eröffnungsantrage vorgenommen wurden. v. Sarw. S. 239. Anfechtbar sind:

I. nach Ziffer 1 Satz 1 Rechtsgeschäfte des Anfechtungsgegners mit dem G.Schuldner, durch welche die K.Gläubiger benachteiligt werden;

II. nach Ziffer 1 Satz 2 Rechtshandlungen, welche einem Gläubiger Sicherung oder Befriedigung gewähren, auch wenn er darauf Anspruch hat;

III. nach Ziffer 2 Rechtshandlungen, welche auf eine Begünstigung des Gläubigers gerichtet sind und diesem eine Sicherung oder Befriedigung gewähren, welche dieser nicht oder nicht in der Art oder nicht zu der Zeit zu beanspruchen hat. v Wilm. S 124, Willenbch. S. 63.

A. Ziffer 1.

I. Satz 1. Voraussetzung ist, daß ein Rechtsgeschäft von dem G.Schuldner eingegangen wurde und daß dessen Eingehung die K.Gläubiger benachteiligt hat. v. Wilm. S. 125. Lediglich Rechtsgeschäfte d. h. Verträge, auch solche, die zu einem Eintrag in's Grundbuch führen, nicht aber einseitige Rechtsgeschäfte, wie Verzichte, Erfüllung oder Sicherstellung einer Verbindlichkeit, oder Rechtshandlungen überhaupt fallen darunter Mot. S. 121. L Seuffert S. 207. Gleichgiltig ist, ob das Rechtsgeschäft vom G.Schuldner freiwillig oder im Wege der Arrest- oder Vollstreckungsanlage vorgenommen wurde. Mot. S. 119 v. Sarw. S. 236; Mandry S. 548; v. Wilm. S 124; Willenbch. S 63. AM. L Seuffert S. 204. Für Wechselzahlungen § 34

Die Benachteiligung muß durch das Rechtsgeschäft zur Zeit desselben, ohne Rücksicht auf den Hinzutritt anderer Umstände, erfolgt sein, muß also unmittelbar in dem Geschäfte liegen.

RG 13 S 41; 15 S. 62; 16 S. 22; 21 S. 95; 24 S. 135; 27 S. 98; 29 S. 77, Rass.K. 27 S. 157, 162; RG. JW. 1893 S. 201; 1894 S 546. AM RG. 10 S. 8; 18 S 122; v. Sarw. S. 235; v. Wilm S 125; Cosack S 75, 169. Die Eingehung eines Wechselgeschäftes seitens des G.Schuldners enthält stets eine Benachteiligung der K Gläubiger. RG. 26 S. 74; v. Sarw. S. 227; Mandry S. 549. Ueber den Begriff Benachteiligung § 29 Anm. II Die Benachteiligung muß die K.Gläubiger treffen; die Sicherung oder Befriedigung von Ab- und Aussonderungsberechtigten ist auf Grund dieser Bestimmung nicht anfechtbar. RG. 10 S. 8; 17 S 27 v. Sarw S. 239. Willenbch. S. 63; v Wilm. S. 128; Cosack S 174. AM. Fitting S 150; Otto S. 120

Der Anfechtungsgegner braucht nicht die Kenntnis der Benachteiligung gehabt zu haben, wohl aber im Momente des Vertragsabschlusses die Kenntnis von der Zahlungseinstellung § 102, oder dem Eröffnungsantrage § 103; nachträgliche Kenntniserlangung schadet nicht RG. 12 S. 43; 23 S. 115. Die Kenntnis der Sicherheitsmaßregeln nach § 106 involvirt stets die Kenntnis des Eröffnungsantrages. Für den Nachweis der Kenntnis genügt nicht der Nachweis von Thatsachen, welche objektiv und nach der Ueberzeugung des Prozeßgerichtes eine Zahlungseinstellung begründen würden; es muß das subjektive Ueberzeugtsein des Anfechtungsgegners nachgewiesen werden RG. 23 S 112; RG. JW. 1895 S. 226.

Die Rechtshandlungen des Vertreters gelten an und für sich als Rechtshandlungen des Vertretenen Die Kenntnis oder Unkenntnis der Zahlungseinstellung oder des Eröffnungsantrages muß auf Seite des Vertreters, nicht des Vertretenen, vorhanden gewesen sein § 166 I BGB L. Seuffert S. 204, 210. Endemann BGB. 1 S. 340. Falls der Vertreter bei einer Bevollmächtigung nach bestimmten Weisungen des Vollmachtgebers gehandelt hat, so kann sich dieser, wenn er selbst die Zahlungseinstellung oder den Eröffnungsantrag gekannt hat, nicht auf die Unkenntnis seines Bevollmächtigten berufen § 166 II BGB. L. Seuffert S. 210. RG. 4 S. 33; 7 S. 37; 12 S. 66 JW. 1889 S. 62; Bolze 2 Nr 585; v. Wilm S 127; v. Sarw. S. 242; Willenbch. S. 64; Pet. und Kl. S. 116; Hartmann S. 121; Jäckel S. 87 Der Prozeßbevollmächtigte ist Vertreter. RG. 7 S 37; Bolze 1 Nr. 538; Seuffert Arch. 42 S. 127. Nicht Vertreter des Gläubigers sind der Gerichtsvollzieher und das Vollstreckungsgericht, die als Organe des Staates handeln und deren Kenntnis oder Unkenntnis unbehelflich ist. RG. 9 S. 361; 16 S. 396; Rass. K. 31 S. 1162; RG. JW 1893 S. 21; Seuffert Arch. 52 Nr. 208; L. Seuffert S. 211; Pet. und Kl. S. 116; Kohler S. 251; Willenbch. S. 64; Mandry S. 547; Hartmann S. 126; Jäckel S. 97. AM. Cosack S. 95, 186, 187; v. Wilm. S. 126. Haben mehrere Mitberechtigte den Vertrag abgeschlossen, so ist die Anfechtung nur gegen den zulässig, welcher die Sachlage gekannt hat. Meisner in Rass. K 32 S. 489; v. Wilm. S. 127; Willenbch. S. 64; v. Sarw. S. 243. Bei den Gesellschaftern einer offenen Handelsgesellschaft oder den Vorstandsmitgliedern einer Aktiengesellschaft oder anderen konkursfähigen Gesellschaft, juristischen Person oder eines verklagsfähigen Vereines — § 213 — genügt die Kenntnis eines derselben. RG. JW. 1885 S. 127; 1886 S. 148; 1887 S. 191; 1889 S. 154. Rass. K. 29 S. 703; v. Sarw. S. 243; v. Wilm. S. 127.

Der anfechtende Verwalter hat die Beweispflicht, daß der Dritte die Zahlungseinstellung oder den Eröffnungsantrag gekannt hat. L Seuffert S 209; RG 23 S. 115. Ueber die Thatsache und die Zeit der Zahlungseinstellung ist die Eideszuschiebung an den Anfechtungsgegner ausgeschlossen, wohl aber über die in eigenen Wahrnehmungen des Anfechtungsgegners beruhende Kenntnis der Zahlungseinstellung zulässig. § 445 CPO. RG. 3 S. 399; RG. JW. 1889 S. 324; 1893 S. 96; Bolze 8 Nr. 879; L. Seuffert S. 209; v. Sarw. S. 242; v. Wilm. S. 127; Willenbch. S. 64; Pet. und Kl. S. 117.

II. Satz 2. Hierunter fallen alle Rechtshandlungen, nicht bloß Rechtsgeschäfte, welche einen K.Gläubiger Sicherung oder Befriedigung gewähren, gleichviel ob er sie beanspruchen konnte oder nicht. v. Sarw. S. 238, 243. L. Seuffert S. 207. Die Anfechtungsbestimmung umfaßt also auch solche Sicherungs- und Erfüllungshandlungen, welche der Gläubiger zur Zeit ihrer Leistung beanspruchen könnte, wenn nicht die konkursmäßige Anfechtung begründet wäre. RG. JW. 1892 S. 311; Rass. K. 36 S. 1190. v. Wilm. S. 129. Gleichgiltig ist, ob diese Rechtshandlungen mit oder gegen den Willen des G Schuldners, von diesem selbst oder von dritten Personen im Wege der Vollstreckungs- und Arrestanlage vorgenommen werden. RG. JW. 1886 Nr. 266; Bolze 6 Nr. 266. L. Seuffert S. 204, 208; v. Sarw. S. 238, 243. v. Wilm. S. 128; Willenbch. S. 65; Mandry S. 548. Die Befriedigung enthält die Erfüllung der Verbindlichkeit durch Zahlung oder Hingabe an Zahlungsstatt, die Sicherung erfolgt namentlich durch Pfandbestellung, Einräumung von Zurückbehaltungsrechten, Ausstellung vollstreckbarer Schuldbekenntnisse. RG. 14 S. 81; 17 S. 26; RG. JW. 1886 S. 91; Mandry S. 548; Willenbch. S. 65; L. Seuffert S. 209. Das Recht des Gläubigers auf Befriedigung einer fälligen Forderung begründet noch kein Recht auf eine Sicherung. RG. 2 S. 374, 378; 7 S. 110; 10 S. 33; v. Wilm. S. 131; Pet. und Kl. S. 121. Die Sicherung für eine erst später zu begründende Verbindlichkeit — RG. 29 S. 77; JW. 1890 S. 192; ROHG. 14 S. 72 — oder eine Sicherung, welche nicht aus dem Vermögen des G.Schuldners, sondern von einem Dritten z. B. durch Bürgschaft bestellt wird, ist der Anfechtung entzogen. v. Wilm. S. 128, 131; Willenbch. S. 65; Pet. und Kl. S 121; Cosack S. 192

Voraussetzung ist auch hier, daß dem Gläubiger zu der Zeit als die Handlung erfolgte, die Zahlungseinstellung oder der Eröffnungsantrag bekannt war. Die Benachteiligung der übrigen Gläubiger ist in der Beeinträchtigung der Masse gegeben und braucht keines Beweises. L. Seuffert S. 207; Pet. und Kl. Nr. 121. Die Rechtshandlung muß aber die

Sicherung oder Befriedigung eines K.Gläubigers bezwecken; einen Absonderungsberechtigten trifft dieser Anfechtungsgrund nicht, wenn er nur aus dem Absonderungsgegenstande Befriedigung erhält. RG. 9 S 50; 17 S. 27. RG. JW. 1887 S. 14; Cosack S. 174; v. Wilm S. 128; Willenbch. S. 65; Pet. und Kl. S. 122. AM. Fitting S. 150; Otto S 120

B. Ziffer 2.

I. Der Anfechtungsgrund in Ziffer 1 Satz 2 trifft ohne Rücksicht auf eine Berechtigung alle Sicherungs- und Befriedigungshandlungen, also auch den Fall der berechtigten kongruenten Deckung, der Anfechtungsgrund in Ziffer 2 dagegen lediglich die einem K Gläubiger gewährte Sicherung oder Befriedigung, welche er nicht oder nicht in der Art oder nicht zu der Zeit zu beanspruchen hatte, also den Fall der inkongruenten Deckung, die auf eine Begünstigung des Gläubigers gerichtet ist. v. Wilm. S. 129, 130; Mandry S. 549. Nach L. Seuffert S. 209 liegt das Charakteristische dieser Rechtshandlungen in der Inkongruenz zwischen Anspruch und Leistung. Alles, was der Gläubiger nicht nach Maßgabe seines Klagerechtes zu beanspruchen hat, fällt unter diese Inkongruenz. Willenbch S. 66; v. Wilm S. 130; L. Seuffert S 209, 210; Mot. S. 126 fg; RG. 10 S. 209. Darunter fällt jede Befriedigung eines nicht klagbaren, noch nicht fälligen oder bedingten Anspruches, Befriedigung an einem anderen Ort, wenn dadurch der Wert der Leistung verändert wird, oder durch Hingabe an Zahlungsstatt L. Seuffert S. 210; v. Sarw. S. 244; Pet und Kl. S 124; RG. 1886 S 74; 1894 S 16. Raff. K 26 S 1188; 37 S. 919; Bolze 2 Nr. 568; Seuffert Arch. 38 S. 254; ferner jede Sicherung durch Pfandbestellung, Mobiliar- oder Immobiliarvollstreckung, Arrestanlage, Eintragung einer Zwangs- oder Arresthypothek oder einer Vormerkung im Grundbuch. L. Seuffert S. 209; v. Wilm. S. 132, 133; v. Sarw. S. 246; Mandry S. 549; Willenbch. S. 66. RG. 7 S 37; 10 S. 33 — Plen. Entsch. —; 32 S. 22, 65; 39 S. 22; Sammlung 11 S. 221; Seuffert Arch. 42 Nr. 87; 44 Nr 238. Gleichgiltig ist, ob der Vollstreckungstitel vor oder nach der Zahlungseinstellung entstanden ist. Dieser gibt nur ein Recht auf Befriedigung, nicht aber auf Sicherung, deshalb sind Pfändungen innerhalb der 10 tägigen Frist anfechtbar, dagegen unanfechtbar, wenn sie vor der 10 tägigen Frist vorgenommen wurden. RG. 2 S. 375; 3 S. 398; 4 S. 435; 6 S 638; 7 S 37; 10 S. 33; 17 S. 27; 32 S. 65; RG. JW. 88 S 178; 1893 S. 78; Bolze 2 Nr. 571. Die Anfechtbarkeit der Pfändung umfaßt auch die Anfechtung der Befriedigung und die Rückgewähr des Erlöses aus der Pfändung zur K Masse. RG. 17 S 26; 23 S. 112; 40 S. 91; RG. JW. 1889 S. 109; Bolze 1 Nr 542. L. Seuffert S. 210; v. Wilm. S. 133; Mandry S. 549; Willenbch. S 67. AM. RG. 7 S. 36; Pet. und Kl. S. 126. Unter diesen Anfechtungsgrund fallen schließlich auch Rechtsgeschäfte zur Erwerbung einer Kompensationsforderung. RG. JW. 1895 S. 82 Mandry S. 549.

Bei der Berechnung der 10tägigen Frist wird der Tag der Zahlungseinstellung oder des Eröffnungsantrages nicht mitgerechnet. RG. 26 S. 5; Rass. K. 35 S. 1159.

II. Beweislast. Der Anfechtungsgegner, der begünstigte Gläubiger, muß zur Widerlegung der Vermutung beweisen, daß er, wenn eine in dem Zeitraume von 10 Tagen vor der Zahlungseinstellung oder dem Eröffnungsantrag erfolgte Handlung in Frage steht, die Begünstigungsabsicht des Schuldners nicht gekannt habe, außerdem noch, wenn die Handlung nach der Zahlungseinstellung oder dem Eröffnungsantrag erfolgt ist, daß er auch die Zahlungseinstellung oder den Eröffnungsantrag nicht gekannt habe. RG. 3 S. 399; 4 S. 435; 6 S. 639; RG. JW. 1891 S. 133. v. Sarw. S. 247. Der Verwalter hat den Nachweis der Zahlungseinstellung oder des Eröffnungsantrages zu erbringen. RG. JW. 1891 S. 133. L. Seuffert S. 209; v. Wilm. S. 134; Willenbch. S. 67; v. Sarw. S. 248. AM. bezüglich der Vermutung Cosack S. 126, 207.

Die Anfechtungsgründe des § 30 haben nicht den Charakter einer unerlaubten Handlung. RG. 21 S. 420 — Plen. Entsch.; vergl. § 29 Anm. III.

Ueber die zeitliche Begrenzung des Anfechtungsrechtes aus dem Grunde der Kenntnis der Zahlungseinstellung: § 33.

§ 31. (§ 24.)

Anfechtbar sind:

1. Rechtshandlungen, welche der Gemeinschuldner in der dem anderen Teile bekannten Absicht, seine Gläubiger zu benachteiligen, vorgenommen hat;
2. die in dem letzten Jahre vor der Eröffnung des Verfahrens geschlossenen, entgeltlichen Verträge des Gemeinschuldners

   mit seinem Ehegatten vor oder während der Ehe,

   mit seinen oder seines Ehegatten Verwandten in auf- und absteigender Linie, mit seinen oder seines Ehegatten voll- und halbbürtigen Geschwistern, oder mit dem Ehegatten einer dieser Personen,

   sofern durch den Abschluß des Vertrages die Gläubiger des Gemeinschuldners benachteiligt werden und der andere Teil nicht beweist, daß ihm zur Zeit des Vertragsabschlusses eine Absicht des Gemeinschuldners, die Gläubiger zu benachteiligen, nicht bekannt war.

E. I. 30, 31. P. 103 Nr. 1, 2.

RG. 3 S. 430; 4 S. 32, 6 S. 28, 45, 9 S. 73, 100, 10 S. 8, 38, 328, 11 S. 175, 12 S. 42, 66, 13 S. 5, 14 S. 313; 15 S. 65, 368, 16 S. 27, 62, 17 S. 72, 18

S. 122, 20 S. 180, 21 S. 90, 425, 22 S. 376, 389; 23 S. 9, 24 S. 26, 26 S. 74, 27 S. 130, 285, 29 S. 297, 31 S. 123, 33 S. 184, 36 S. 367; 38 S. 103, 39 S. 82. 40 S. 39.
Sammlung 10 S. 43, 15 S. 435.

Diese beiden Anfechtungsgründe treffen die unredliche Verkürzung der Gläubiger, enthalten den Thatbestand einer unerlaubten Handlung — RC 21 S 420 — und erfordern in den beiden Thatbeständen die Benachteiligungsabsicht des Schuldners. v. Wilm. S. 136. Der bei dieser Handlung Beteiligte, der Anfechtungsgegner, wird, indem er diese Absicht kennt und sich an der Handlung beteiligt, auch dieser widerrechtlichen Absicht teilhaftig Mandry S. 545. Der Anfechtungsgrund in Nr 1 betrifft betrügliche Rechtshandlungen des G Schuldners, der in Nr 2 den Gläubigern nachteilige onerose Rechtsgeschäfte, bei welchen die Kenntnis der fraudulosen Absicht des G.Schuldners wegen seiner verwandtschaftlichen Beziehungen zu dem andern Teil bei diesem bis zum Beweise des Gegenteils vermutet wird Ein Teil der in § 31 getroffenen Rechtshandlungen kann sowohl unter Nr 1 als unter Nr. 2 fallen. v. Sarw. S. 248. Die Beweislast für den ersteren Anfechtungsgrund hat der Verwalter, für Nr 2 kraft der gesetzlichen Vermutung der Gegner. v. Wilm. S. 137 L. Seuffert S. 213.

Voraussetzung für den Thatbestand in Nr. 1 ist die Absicht des Schuldners, durch die vorgenommene Rechtshandlung seine Gläubiger zu benachteiligen, und die Kenntnis dieser Absicht seitens des anderen Teils — Annalen d. RG. 1 S. 105 —, für den Thatbestand in Nr. 2 der Eintritt der beabsichtigten Benachteiligung durch die zu Gunsten der nahen Verwandten im letzten Jahre vor der K.Eröffnung abgeschlossenen entgeltlichen Verträge; das subjektive Moment wird hier präsumiert. Mandry S. 546.

A. Nr 1. Betrügliche Rechtshandlungen des G.Schuldners. Die Erfordernisse für diesen Anfechtungsgrund sind im einzelnen:

I. Rechtshandlungen des G.Schuldners müssen, wie in § 30 Nr. 1, § 32 in Frage kommen. Bei Zwangsvollstreckungsakten muß daher der G.Schuldner, wenn auch nur passiv durch Kollusion mit dem Gläubiger, mitgewirkt haben. RC. 6 S. 369; JW. 1886 S. 14; 1890 S. 160. L. Seuffert S. 204; v. Wilm. S 136; v. Sarw. S 251; Willenbch. S. 71; Cosack S. 90; Otto S. 90. Gleichgiltig ist die Zeit der Vornahme der Rechtshandlung, die nur nicht nach der K.Eröffnung erfolgt sein darf — § 7, ebenso die Art der Rechtshandlung, ob rechtlich erzwingbar oder nicht v. Wilm. S. 138. Irgendwelche Ausnahmen bestehen nicht. Kass K. 10 S. 38, 399.

Im einzelnen fallen darunter: die Erfüllung fälliger gültiger Verbindlichkeiten, RC. 16 S. 27, 61; 20. S 180; 23 S. 9, 27; 27 S. 133; 38 S 103; RC JW. 1883 S. 27; 1887 S. 208; 1888 S. 70, 179; 1889 S 110; 1891 S. 511; 1895 S. 44; Kass. K 27 S. 160; 29 S 1039; Bolze 3 Nr 271; 9 Nr 72; Bl. f. RA. 8. Erg.Bd S 165; L Seuffert S. 206; v Wilm. S. 138; Mandry S. 545; v Sarw S 250; Willenbch. S 70; Kohler S. 27, 62; Otto S. 70; Jäckel S. 78; AM. RC. 6 S. 45; 9 S. 102;

Sammlung 9 S. 11; Cosack S 114. Ferner die Vornahme von Deckungsgeschäften zum Zwecke der Benachteiligung RG. 23 S. 9; JW. 1891 S 200; 1892 S. 59; die Hingabe an Zahlungsstatt, auch durch Cession einer Forderung zur Tilgung der Schuld RG 6 S. 46; 11 S 101, 177; 13 S. 300; RG. JW. 1885 S. 28, 91; 1891 S. 354; Bolze 8 Nr 115; ROHG. 14 S. 280; 15 S. 51; Sicherungen des Gläubigers durch Pfand- und Hypothekbestellung, Einräumung von Retentionsrechten und Rechtsgeschäfte, die ein Aufrechnungsrecht begründen, und die Erlangung von Arrestbefehlen unter Mitwirkung des Schuldners. RG. 2 S. 258; 6 S. 85; 11 S. 103; 14 S. 81; 16 S. 21; 17 S 26; RG. JW. 1886 S. 14; 1889 S. 110; 1890 S. 31; 1897 S. 400; Bolze 2 Nr 595; 3 Nr 371; 11 Nr. 172; Rass. K. 35 S 1163; Mandry S. 548; v. Wilm. S. 138; v Sarw. S. 249; Willenbch. S. 70; L. Seuffert S. 206. Ferner fallen darunter Anerkenntnisse über klaglose oder verjährte Verbindlichkeiten, die Ausstellung vollstreckbarer Urkunden und Quittungen und Vereinbarungen zur Begründung einer früheren Fälligkeit der Forderung. RStr. 4 S 64; RG.JW. 1891 S 200; Bolze 3 Nr 373; 9 S. 100; 11 Nr 170; Seuffert Arch. 39 Nr. 303. Hartmann S 113, 114; Willenbch. S. 70; Mandry S. 548; v. Sarw. S. 250. Die Eingehung einer Wechselverpflichtung erbringt ohne weiteres den Beweis für das Vorhandensein einer Gläubigerbenachteiligung; der Anfechtungsgegner kann aber diesen Beweis entkräften, indem er darthut, daß die Wechselverpflichtung keine Gläubigerbenachteiligung enthält RG 26 S 74; RG. JW. 1890 S. 42; v. Sarw. S. 227; Willenbch. S. 70; Pet. u. Kl. S. 119; Jäckel S 84; Cosack S. 334; v Völd. 1 S. 317 AM. Hartmann S. 117; v. Wilm. 116. Im übrigen wegen des Begriffs Rechtshandlung § 29 Anm. I.

II. Die Absicht des G.Schulders, seine Gläubiger zu benachteiligen. Sie muß zur Zeit der Vornahme der Rechtshandlung vorhanden und in diesem Zeitpunkt dem anderen Teil bekannt geworden sein RG 4 S 32. L. Seuffert S 212; v. Sarw. S. 251; v. Wilm S. 136; Willenbch. S 68. Die Benachteiligungsabsicht deckt sich nicht mit der Begünstigungsabsicht, kann aber mit dieser oder anderen Absichten und Vorstellungen konkurrieren. L. Seuffert S. 212; Bolze 2 Nr 591. Gleichgiltig ist aber, ob sich diese widerrechtliche Absicht gegen bestimmte oder unbestimmte, gegenwärtige oder zukünftige, einzelne oder alle, gegen die benachteiligten oder andere Gläubiger richtet – Mandry S. 546. RG. 10 S. 9; 15 S. 62; 26 S 14; RG. JW. 1886 S. 14; 1889 S. 209; Bolze 2 Nr. 589; AM. RG. 13 S 67 – oder ob die Gläubigereigenschaft der Personen, gegen die sich die widerrechtliche Absicht richtet, vor oder nach der Vornahme der Rechtshandlung entstanden ist. RG 13 S 166; Bolze 2 Nr 588; 6 Nr. 268; Seuffert Arch. 46 S. 29; v. Sarw. S. 252; Willenbch. S. 68; v. Wilm. S. 136; Pet. u. Kl. S. 129; Hartmann S. 95

Die Handlung muß zu dem Zwecke vorgenommen worden sein, um den Gläubigern die Möglichkeit der Befriedigung zu entziehen RG 20 S. 180; 23 S. 14; 33 S. 124; Rass. K. 36 S. 1136, 1142. L Seuffert S. 212; Mandry S. 346. Entscheidend ist der auf die Benachteiligung der Gläubiger und den Eintritt dieses Erfolges gerichtete Wille des Schuldners. Das Bewußtsein der Möglichkeit der Benachteiligung genügt nicht. RG. 13 S. 166, 301; 16 S. 27; 20 S. 180; 21 S. 420; 23 S. 9, 112; 24 S. 19; 26 S. 26; 27 S. 130; 33 S. 124; Bolze 4 Nr. 360. Das Erfordernis dieser wirklichen Absicht wird durch grobe Fahrlässigkeit, die Nichterwägung der möglichen Benachteiligung der Gläubiger nicht ersetzt Die widerrechtliche Absicht kann sich aus den begleitenden Umständen, namentlich wenn das Bewußtsein der Benachteiligung vorhanden war, feststellen lassen. RG. 11 S. 175; Bolze 4 Nr 361; JW. 1888 S. 70. L. Seuffert S. 212. Willenbch. S. 68; v Wilm. S. 136; Mandry S. 546; v. Sarw S. 252. Bei Erfüllungsgeschäften muß der Wille nicht nur auf die Befriedigung des einen Gläubigers, sondern auch auf die Vereitelung des Befriedigungsrechtes anderer Gläubiger gerichtet sein. RG. 23 S. 13; 26 S. 3. Das Bewußtsein der Rechtswidrigkeit oder das der Vermögensunzulänglichkeit ist nicht erforderlich. RG. 40 S. 33; Mandry S. 546; Willenbch. S. 68. Dagegen schließt das Bewußtsein der Zahlungsfähigkeit, nicht aber das der Vermögenszulänglichkeit, die fraudulose Absicht aus. RG. 9 S 102; 11 S. 177; 13 S. 300; RG. JW 1885 S. 245; 1888 S. 167; Bolze 5 Nr. 347 v. Sarw. S. 253; Willenbch. S. 68; Hartmann S. 88. Die Nebenabsicht des Schuldners, aus dem anfechtbaren Geschäfte Mittel zur Befriedigung der Gläubiger zu erlangen, schließt die Anfechtbarkeit nicht aus. RG 10 S. 5.

Die Vornahme der Rechtshandlung muß unmittelbar oder mittelbar eine Benachteiligung der Gläubiger zur Folge haben v Sarw. S 240. Es genügt aber, daß im Zeitpunkte der K.Eröffnung objektiv eine Benachteiligung vorhanden ist RG. JW 1894 S. 429. Willenbch. S 69. Die Kausalität zwischen dem konkreten Rechtsgeschäft und der eingetretenen Benachteiligung, wie sie § 31 Nr. 2 erfordert, entfällt hier. Die Erschwerung der Vollstreckungsbefugnisse des Gläubigers durch teilweise oder vollständige Entziehung der Vollstreckungsobjekte enthält stets eine Benachteiligung. RG 10 S. 9; 15 S. 62; 17 S. 122; 21 S 95; 24 S. 134; RG JW 1899 S. 462; 1894 S 57; Bolze 2 Nr 573; 4 Nr 364; 6 Nr 282. Rass. K. 24 S. 1066. Willenbch. S. 69.

Die Anfechtbarkeit entfällt, wenn die Rechtshandlung ungeeignet war, die Gläubiger zu benachteiligen oder sie thatsächlich nicht benachteiligt hat, indem im Konkurse alle Gläubiger ohne die Anfechtung vollständig befriedigt werden können RG. 15 S. 62; 21 S 95; RG JW 1884 S 179; 1885 S. 355; 1886 S. 317; 1887 S. 475; 1889 S. 208; 1890 S 208; Bolze 3 Nr. 175, 378, 384; 10 Nr 138; Rass. K. 33 S. 1105; L. Seuffert S. 204; Pet. u. Kl. S 133; Willenbch S 69; v. Wilm. 139.

III. Die Benachteiligungsabsicht des G Schuldners muß der Anfechtungsgegner im Zeitpunkte der Vornahme der Rechtshandlung, bei Verträgen zur

Zeit des Vertragsabschlusses, bei anderen Rechtshandlungen zur Zeit des Erwerbes, gekannt haben RG. Bolze 6 Nr. 271; 7 Nr. 302; 8 Nr. 259. Eine weitere Teilnahme, insbesondere die eigene Absicht, sich zum Nachteile der Gläubiger zu bereichern, ist nicht erforderlich. Mot. S. 130. Notwendig ist die positive Kenntnis, das Ueberzeugtsein des andern Teils von der Absicht. Grobe Fahrlässigkeit, eine auf Fahrlässigkeit beruhende Unkenntnis — § 122 II BGB. – genügt nicht. L. Seuffert S. 212; v. Wilm. S. 137; v. Sarw. S. 253; Kohler S. 222; Willenbch. S. 71; Pet. u. Kl. S. 131. Hinsichtlich der Stellvertretung — § 166 BGB. und Anm. I zu § 30 Nr. 1.

IV. Beweislast. Der anfechtende KVerwalter muß dem Anfechtungsgegner die Kenntnis der Benachteiligungsabsicht des G.Schuldners nachweisen. Eine Eideszuschiebung des Verwalters an den Anfechtungsgegner über die Benachteiligungsabsicht des Schuldners und die Kenntnis dieser Absicht ist zulässig. Der G.Schuldner ist Rechtsvorgänger des Anfechtungsgegners im Sinne des § 445 CPO. RG. 15 S. 368; RG. JW. 1886 S. 40; v. Wilm. S. 137; Willenbch. S. 71; Hartmann S. 119; Jäckel S. 92; Gaupp CPO. 1 S. 763. AM. v. Sarw. S. 254. L Seuffert S. 213; Pet. u. Kl. S 132; Seuffert CPO. S. 522; RG. Seuffert Arch. 40 Nr. 253; RG. Bl. f. RA. 7. ErgBd. S. 41; Kass. K. 28 S. 728.

B. Nr. 2. Entgeltliche Verträge des G.Schuldners mit seinem Ehegatten oder seinen Verwandten. Dieser Anfechtsgrund erfordert den Abschluß entgeltlicher Verträge zwischen dem G.Schuldner und dessen Ehegatten oder nahen Verwandten, die Thatsache des Vertragsabschlusses im letzten Jahre vor der K.Eröffnung und die Herbeiführung der Benachteiligung der KGläubiger durch diesen Vertragsabschluß. v. Wilm. S. 139; v. Sarw. S. 255. Innerhalb dieser zeitlichen und sachlichen Grenzen wird das subjektive Moment bis zum Beweise des Gegenteils präsumiert. Mandry S. 546.

I. Entgeltliche Verträge sind alle Verträge, welche nicht zu den unentgeltlichen Verfügungen des § 32 gehören; es fallen darunter alle zweiseitigen Rechtsgeschäfte, bei welchen eine Leistung gegen eine Gegenleistung versprochen oder gegeben wird. L. Seuffert S. 213; v. Wilm. S. 139. RG. 9 S. 103; 27 S. 134; 29 S. 299; RG. JW. 1886 S. 117; 1891 S. 354. Dazu gehören: Erfüllungsgeschäfte mit ihrer schuldbefreienden Wirkung RG. 16 S. 82; 27 S. 134. RG JW. 1891 S. 354; Verträge über Auseinandersetzung einer Gemeinschaft Mot. S. 133. RG. JW. 1888 S. 383; 1889 S. 20; Bolze 6 Nr. 276, 277; Aenderungen bestehender Verträge ROHG. 24 S. 204; RG. JW. 1891 S. 354; Verträge über Hingabe an Zahlungsstatt und Gewährung einer Sicherheit durch Pfand- oder Hypothekbestellung RG. 6 S. 85; 29 S. 299; Anerkenntnisse und Ausstellung vollstreckbarer Urkunden RG 9 S. 100; 12 S. 68. L. Seuffert S. 213. v. Sarw. S. 255; v. Wilm S. 139; Willenbch. S 71; Mandry S. 548. Teilweise AM. Cosack S. 131; Pet. u. Kl. S. 138.

II. Der entgeltliche Vertrag muß mit dem Ehegatten oder dem im Texte aufgeführten nahen Verwandten des G.Schuldners abgeschlossen sein. Der Vertragsabschluß kann vor oder während der Ehe erfolgen. Der Begriff Verwandtschaft und Schwägerschaft bemißt sich nach § 1589, 1590 BGB., Art. 33 EG z BGB. Endemann BGB. 1 S. 57. Verträge zwischen geschiedenen Ehegatten werden hiedurch nicht getroffen. L. Seuffert S. 213; v. Sarw. S. 256; Willenbch. S. 72; v. Wilm. S. 140; Hartmann S. 133; Kohler S. 224; Jäckel S. 111. Bei der Stellvertretung entscheidet nur die zwischen den Vertragsschließenden selbst bestehende Verwandtschaft RG. 12 S. 70; Willenbch. S. 72; Pet. u. Kl. S 140; Hartmann S. 136.

III. Der Vertragsabschluß muß in dem letzten Jahre vor der K.Eröffnung erfolgt und durch ihn muß die Benachteiligung herbeigeführt worden sein. Die Frist, ihrer Natur nach keine prozessuale oder Verjährungsfrist, sondern eine Ausschlußfrist, berechnet sich nach § 188 II BGB. RG. 17 S. 70; 27 S 285; 40 S. 39; Bolze 4 Nr. 357. L. Seuffert S. 213; Mandry S. 547; Pet. u. Kl. S. 137; v Wilm S. 139

Der angefochtene Vertrag muß kausal für die eingetretene Benachteiligung gewesen sein; es genügt nicht eine objektive Benachteiligung überhaupt, sondern der konkrete ursächliche Zusammenhang wird erfordert, der in dem Vertrage selbst gegeben sein muß und den nicht nachfolgende Umstände erst herbeiführen dürfen. RG. 10 S. 8; 13 S. 42; RG. JW. 1886 S. 14. v. Sarw. S. 256; v. Wilm. S. 140; Mandry S. 547; Willenbch. S 72. Hiezu Anm. I zu § 30 Nr. 1.

IV. Beweislast. Die Absicht der Benachteiligung auf Seite des G.Schuldners und die Kenntnis dieser Absicht auf Seite des Anfechtungsgegners wird präsumiert. Dieser hat die Vermutung durch die Erweisung des Gegenteils zu widerlegen. Der Nachweis, daß eine Benachteiligungsabsicht des G.Schuldners nicht vorlag, erübrigt den weiteren Beweis, daß diese dem Anfechtungsgegner nicht bekannt war v. Sarw. S. 256, 257 Bei reinen Erfüllungsgeschäften kann eine widerrechtliche Absicht des Schuldners nur angenommen werden, wenn dieser den Zweck verfolgt hat, einem anderen Gläubiger die diesem gebührende Befriedigung zu entziehen. RG 26 S. 3; 27 S. 135; Kass. K. 39 S. 135. L. Seuffert S 213; Willenbch. S. 73. Eine Eideszuschiebung an den Verwalter zur Widerlegung der Vermutung ist ausgeschlossen. § 445 CPO v Sarw. S. 257; Hartmann S 137; Pet. u. Kl. S. 136; Willenbch. S. 73. Hiezu Anm. II zu § 30 Nr. 2.

Den anfechtenden Verwalter trifft die Beweislast, daß die Gläubiger durch den Abschluß dieses entgeltlichen Vertrages benachteiligt worden sind.

§ 32. (§ 25.

Anfechtbar sind:

1. die in dem letzten Jahre vor der Eröffnung des Verfahrens von dem Gemeinschuldner vorgenom-

menenen unentgeltlichen Verfügungen, sofern nicht dieselben gebräuchliche Gelegenheitsgeschenke zum Gegenstande hatten;

2. die in den letzten zwei Jahren vor der Eröffnung des Konkurses von dem Gemeinschuldner vorgenommenen unentgeltlichen Verfügungen zu Gunsten seines Ehegatten.

E. I. 30. P. 102. 103. Nov. § 25. Begr. 20. 21.

RG. 1 S. 136; 3 S. 169; 5 S. 138; 6 S. 85; 7 S. 110; 9 S. 103; 10 S. 86, 336; 15 S. 19; 16 S. 128; 17 S. 72; 21 S. 425, 435; 22 S. 222; 24 S. 43; 27 S. 292; 28 S. 136; 29 S. 265, 30 S 33, 119, 31 S. 123; 38 S. 7; 39 S. 82; 40 S. 39.

Die Unentgeltlichkeit der Verfügung bildet hier den Anfechtungsgrund. Voraussetzung ist lediglich, daß eine Benachteiligung der Gläubiger hinsichtlich ihres Befriedigungsrechtes stattgefunden hat und daß innerhalb eines Jahres, bei Ehegatten innerhalb zwei Jahren, nach Vornahme der unentgeltlichen Verfügung das K.Verfahren eröffnet wurde Mandry S. 550. Wer aus dem Vermögen des Schuldners ohne Opfer etwas erhalten hat, soll den sonst geschädigten Gläubigern weichen. v. Wilm. S. 142. Eine fraudulose Absicht des Schuldners oder eine Verschuldung des Gegners wird nicht erfordert. Gleichgiltig ist, ob der Gegner die Vermögensverhältnisse des Schuldners gekannt hat oder ob diese zur Zeit der Vornahme der Verfügung zur Deckung der Gläubiger vollständig hingereicht haben. v. Wilm. S. 142. Die Anfechtung entfällt hier, wenn die K.Eröffnung erst zu einer späteren Zeit erfolgt ist, unbeschadet des allenfalls bestehenden Anfechtungsrechtes aus § 31 Nr 1. Die ein- und zweijährige Frist berechnet sich nach § 188II BGB. Der Anfechtungsgrund ist in den beiden Thatbeständen des § 32 nicht deliktischer, sondern persönlicher Natur RG 21 S. 420.

I. Nr. 1. Eine unentgeltliche Verfügung ist nur vorhanden, wenn eine Zuwendung in der Absicht erfolgt, eine Freigebigkeit auszuüben. Mot. S. 133. L Seuffert S. 214; v. Wilm. S. 142; Kohler S. 286; v. Sarw. S. 259. AM. Pet. u. Kl. S. 215. Der Begriff „unentgeltliche" Verfügung ist weiter als Schenkung, setzt keine Bereicherung des Empfängers voraus — RG. 10 S. 86 — und umfaßt ein- und zweiseitige Rechtsgeschäfte. Ohne Rücksicht auf Motive, Zweck und Erfolg entscheidet für die Bemessung der Unentgeltlichkeit lediglich die subjektive Absicht der Beteiligten; für die aus dem Vermögen des G.Schuldners gemachte Aufopferung wird ein Entgelt nicht gegeben und soll auch nach dem Willen der Beteiligten nicht gegeben werden. v. Sarw. S. 260; v. Wilm. S. 142; L.Seuffert S. 214; Cosack S 134; RG. 10 S. 86; 30 S. 36; RG. JW. 1889 S. 68; 1893 S. 294; Bolze 2 Nr. 566; 3 Nr. 385; Rass. K. 36 S. 458.

Ohne Rücksicht auf die Form, in der die unentgeltliche Verfügung vorgenommen wird, fallen im einzelnen unter diesen Begriff: Veräußerungen, Verzichte, die Eingehung von Verpflichtungen, bewußte Anerkennung einer nicht bestehenden —

RG. 16 S. 380 — oder einer verjährten Schuld, v. Sarw. 260; Jäckel S. 122; Hartmann S. 144; ferner Stiftungen und Schenkungen aus Dankbarkeit oder unter einer Auflage, RG. 5 S 141; L.Seuffert S. 214; die Erfüllung oder Sicherung der Schuld eines Andern; RG. 10 S. 46; 30 S. 36; 38 S. 7; Mandry S. 550; v. Wilm. S. 142. AM. L,Seuffert S. 214; Kohler S. 228; dagegen nicht die Sicherung oder Erfüllung der eigenen Schuld, auch wenn sie vor dem Fälligkeitstermin bezahlt wurde v. Sarw. S. 260; v Wilm. S 143; L.Seuffert S. 214; Cosack S 152. RG. 3 S. 169; 6 S. 85; 9 S. 103; RG JW. 1888 S. 103; Seuffert Arch. 43 S. 103. Gemischte Geschäfte, welche teils entgeltlich teils unentgeltlich sind, sind nur insoweit anfechtbar als sie unentgeltlich sind. Mot. 136. Eine unentgeltliche Verfügung liegt auch dann vor, wenn das Entgelt nur ein scheinbares, zur Verdeckung der Freigebigkeit bestimmtes ist. RG. 29 S. 265. v. Sarw. S. 260; v. Wilm. S. 143; Willenbch. S. 76; Cosack S. 141; Endemann BGB. 1 S. 253, 741, 749. Leibrentenverträge sind an sich entgeltliche Verträge, können aber bei Erwerbung für Dritte unentgeltliche Verfügungen werden. Mot. S. 136; v. Wilm. S. 143; Willenbch. S. 75; v. Sarw. S. 261; Pet. u. Kl. S. 144. Alters-, Lebens- und Ausstattungsversicherungen zu Gunsten einer dritten Person sind dem Begünstigten gegenüber unentgeltliche Verfügungen. Pet. u. Kl. S. 144; Hartmann S. 148; Willenbch. S. 75. Bei Wechselverpflichtungen muß der Anfechtende die behauptete Unentgeltlichkeit beweisen, da aus dem Wechsel das unterliegende Rechtsverhältnis nicht zu ersehen ist. RG. Bolze 11 Nr. 164; v Wilm. S. 143; Pet. u. Kl. S. 143; Willenbch. S. 75; v. Sarw. S. 261

Gebräuchliche Gelegenheitsgeschenke, welche nach der lokalen Sitte und den sozialen Verhältnissen des G.Schuldners zu beurteilen sind, wobei aber die Höhe des Betrages nicht allein ausschlaggebend ist, sind von der Anfechtung nach § 32 Nr 1 ausgeschlossen. Die Anfechtbarkeit ist begründet, wenn das übliche Maß eines Gelegenheitsgeschenkes überschritten ist. v. Wilm. S. 143; v. Sarw. 261; Willenbch. S. 75; Pet. u. Kl. S 144; v. Böld. 1 S 364

Die Gewährung einer Aussteuer seitens des Verpflichteten ist keine Schenkung § 1620 BGB., die Zuwendung einer Ausstattung an das Kind seitens des Vaters oder der Mutter nur dann eine Schenkung und der Anfechtung unterworfen, wenn die Ausstattung das den Umständen, insbesondere den Vermögensverhältnissen des Vaters oder der Mutter entsprechende Maß übersteigt. § 1624 I BGB. L.Seuffert S. 214.

II. Nr. 2. Der Anfechtungsgrund der Nr. 1 ist bei Freigebigkeiten des G.Schuldners zu Gunsten seines Ehegatten zeitlich auf zwei Jahre erstreckt. Das Verbot der Schenkungen zwischen Ehegatten ist dem BGB. an und für sich fremd; Schenkungen unter Ehegatten unterliegen den für Schenkungen geltenden allgemeinen Bestimmungen in § 516 fg. BGB. Mot. z. I. E. d. BGB. 4 S. 114; Staudinger BGB. 4 S. 71; Bl. f. RA. 63 S. 11. Gleichgiltig ist, ob die unentgeltliche Verfügung dem Manne gegenüber oder umgekehrt vorgenommen wurde; v. Sarw. S. 262 — oder ob sie vor oder nach der Eheschließung erfolgt ist, wenn nur die Beteiligten zur Zeit der Anfechtung Eheleute sind. Freigebigkeiten an einen geschiedenen Ehegatten fallen unter Nr. 1. v. Wilm. S. 144; Willenbch. S. 75; Hartmann S. 152; v. Völd. 1 S 365; L.Seuffert S. 214. AM. Cosack S. 146; v. Sarw. S. 262; Pet. u. Kl S. 145; Jäckel S. 126; RG. Seuffert Arch. 39 S. 164 Auch hier sind die gebräuchlichen Gelegenheitsgeschenke der Anfechtung entzogen. L Seuffert S. 214; Pet. u. Kl. S. 145; Hartmann S. 153; Jäckel S. 125; Mandry S. 550. AM. v Sarw S. 262; v. Wilm S 144; Otto S. 135.

Die bisherige weitere Bestimmung in Nr. 2 hinsichtlich der Anfechtung der Sicherung oder Rückgewähr eines Heiratsgutes oder des gesetzlich in die Verwaltung des Mannes gekommenen Vermögens der Frau ist als im Widerspruche mit dem neuen ehelichen Güterrecht insbesondere mit § 1391, 1418 I Nr. 1 BGB. durch die Novelle beseitigt worden. Begr. S. 20, 21 L Seuffert S. 215 Nach der Uebergangsbestimmung in Art. VI. EG. z. Novelle der KO bleibt aber die bisherige Anfechtungsnorm in Kraft, soweit für den Güterstand einer Ehe das bisherige Recht maßgebend ist. Art. 200 I EG. z. BGB. L.Seuffert S. 215. Staudinger BGB. 4 S. 89. Hiezu die güterrechtlichen Uebergangsbestimmungen in Art. 19fg., Art. 62 fg., Art. 124 fg. des bayer. Gesetzes vom 9. Juni 1899 betr die durch die Einführung des BGB. veranlaßten Uebergangsvorschriften.

III. Die Anfechtbarkeit von Zuwendungen an einen stillen Gesellschafter bemißt sich nach § 341, 342 HGB. § 31 EG. z. KO. Sie ist mit Rücksicht auf die besonderen Verhältnisse stiller Gesellschafter neben § 30—32 beibehalten und im Konkurse des Inhabers des Handelsgeschäftes vom KVerwalter geltend zu machen RG. 27 S. 12; 30 S. 33; 31 S. 373; JW. 1895 S. 203 L.Seuffert S. 216; v. Wilm. S. 141; Cosack Handelsrecht S. 591.

Beschränkungen.

§ 33. (§ 26.)

Rechtshandlungen, welche früher als sechs Monate vor der Eröffnung des Verfahrens erfolgt sind, können aus dem Grunde einer Kenntnis der Zahlungseinstellung nicht angefochten werden.

E. I 32. P. 122V

RG. 6 S. 110, 17 S. 328, 25 S. 40, 86.

Diese Vorschrift bezieht sich auf die Anfechtungsgründe der § 30 Nr. 1 u. 2, soweit diese die Kenntnis der Zahlungseinstellung erfordern, und versagt im Interesse der Sicherheit des Rechtsverkehrs die Anfechtung von Rechtshandlungen, welche früher als sechs Monate vor der Eröffnung des Verfahrens erfolgt sind, aus dem Grunde einer Kenntnis der Zahlungseinstellung. Mot. S. 139. RG. 6 S. 110; 25 S. 86. L.Seuffert S. 210; v. Sarw. S. 267; v. Wilm S. 147; Willenbch. S. 77; Pet. u. Kl. S. 148; Cosack S. 205. Die Frist ist keine prozessuale oder Verjährungsfrist, sondern eine Ausschlußfrist, berechnet sich von Datum zu Datum ohne Rücksicht auf dazwischenfallende Sonntage oder einen dazwischenfallenden Schalttag und verlängert sich auch nicht um die vorangegangenen zehn Tage im Falle des § 30 Nr 2. RG. 17 S. 328. Ist der Pfändung eine Benachrichtigung nach § 845 CPO. vorangegangen, so ist die Benachrichtigung maßgebend. RG. 17 S 331 L Seuffert S. 210; v Sarw. S. 207; v Wilm. S. 148; Willenbch S 78; Pet. u. Kl. S. 149; v Völd. 1 S. 373; Fitting S 151; Mandry S. 561

§ 34. (§ 27.)

I. Wechselzahlungen des Gemeinschuldners können auf Grund des § 30 Nr. 1 von dem Empfänger nicht zurückgefordert werden, wenn nach Wechselrecht der Empfänger bei Verlust des Wechselanspruchs gegen andere Wechselverpflichtete zur Annahme der Zahlung verbunden war.

II. Die gezahlte Wechselsumme muß von dem letzten Wechselregreßschuldner oder, falls derselbe den Wechsel für Rechnung eines Dritten begeben hatte, von diesem erstattet werden, wenn dem letzten Wechselregreßschuldner oder dem Dritten zu der Zeit, als er den Wechsel begab oder begeben ließ, einer der im § 30 Nr. 1 erwähnten Umstände bekannt war.

E. I. 33. P 100 II. III.

RG 40. S 41
Sammlung 11 N. 263.

Nach Wechselrecht — Art. 41, 43, 62, 98, 99 WO. — ist in bestimmten Fällen an die Ablehnung einer angebotenen Zahlung der Verlust des Anspruches gegen andere Wechselverpflichtete geknüpft. Der Wechselinhaber muß zur Ausübung des Regresses gegen Aussteller und Indossanten für die rechtzeitige Aufnahme des Protestes mangels Zahlung Sorge tragen — Art. 41 WO —, ein Protest mangels Zahlung kann aber nicht erhoben werden, wenn der Wechselschuldner zur Verfallzeit Zahlung anbietet. Würde nun gegen den Wechselinhaber der Anfechtungsgrund des § 30 Nr. 1 aufrecht erhalten bleiben und dürfte er, sobald ihm eine Insolvenz des Wechselschuldners bekannt, eine Zahlung nicht mehr annehmen oder müßte er sie später auf die Anfechtungsklage hin wieder herausgeben, so würde er damit auch den Regreß gegen seine Vormänner verlieren. Mot. S 139, 140; v. Wilm. S. 148. Die Bestimmung in § 34 schafft daher eine Ausnahme von § 30 Nr. 1 für solche Zahlungen, welche der G. Schuldner auf Wechsel geleistet hat Ihre Anwendung auf die Anfechtungsgründe der § 30 Nr. 2, 31, 32 ist ausgeschlossen. Sie trifft nur Wechselzahlungen, nicht auch Wechselverpflichtungen. L.Seuffert S. 208; v. Wilm S. 149; Willenbch. S. 78; v. Sarw S. 269; Cosack S. 343.

Diese bleiben den allgemeinen Anfechtungsbestimmungen unterworfen.

I. Abs. 1. Die Verpflichtung zur Annahme der Zahlung ist in allen Fällen gegeben, wo der Wechselinhaber einen Vormann — Trassanten oder Indossanten — hat, gegen den er Regreß nehmen kann. L.Seuffert S. 208. Ein Prokuraindossament, das ein reines Vollmachtsverhältnis erzeugt, kommt nicht in Betracht. L.Seuffert S 208; Willenbch. S. 79; v. Völd. 1 S. 383; Staub WO. S. 51. Lediglich Wechselzahlungen des G.Schuldners fallen darunter. Gleichgiltig ist, in welcher Eigenschaft der G.-Schuldner, ob als Acceptant oder als Bezogener ohne Accept als Aussteller, Indossant, Domiziliat, Notadressat, Ehrenacceptant oder Ehreninterbenient, Zahlung anbietet. L.Seuffert 208. Die Tilgung einer fälligen Wechselschuld durch Zahlung in Geld oder durch Wertmittel, welche dem barem Gelde gleichstehen z. B. Reichskassenscheine, muß in Frage stehen; die Tilgung durch Hingabe an Zahlungsstatt wird nicht geschützt. v. Wilm. S. 149; Willenbch. S. 79; v. Sarw. S. 269; v. Völd. 1 S. 378; Endemann BGB. 1 S. 521. AM. Cosack S. 344; Endemann S. 249. Notwendige Voraussetzung ist stets, daß der Wechselinhaber die Zahlung des G.Schuldners nicht zurückweisen konnte, ohne seinen Regreßanspruch zu verlieren. Zahlungen nach Erhebung des Protestes und die Zahlung nach Ablauf der Protestfrist — Art 41 II WO. — sind nicht gegen die Anfechtung geschützt. Mot S. 139 fg. L.Seuffert S. 204; Willenbch. S. 79; Fitting S. 152; v. Sarw. S. 271.

II. Abs. II. „Die Zahlung, welche der Bezogene oder der Aussteller des eigenen Wechsels dem dritten Wechselinhaber unanfechtbar geleistet hat, entlastet dessen Vormänner. Unter diesen stehen die Zwischenmänner, welche den Wechsel gleichfalls bezahlt haben und welche gleichfalls gegen ihren Vormann Regreß nehmen können, ebenso wie der Inhaber, dem der G.Schuldner den Wechsel bezahlte. In einem anderen Verhältnis aber befindet sich der letzte Wechselregreßschuldner, welcher in Ermangelung der Zahlung des G.Schuldners für den Wechselbetrag schließlich hätte aufkommen müssen. Ihm kommt im Erfolg der Wechselbetrag zu Gute, er steht nun dem G.Schuldner gegenüber. Indem er den Wechsel begab und sich aus dem Wechsel bezahlt machte, erhielt er die auf den G.Schuldner gezogene oder von diesem verschriebene Summe; er erhielt sie zwar nicht unmittelbar von dem G.Schuldner aber so, daß sein Zahlungsleister und jeder Nachfolger desselben von dem G.Schuldner das Geld mit Sicherheit einziehen konnte." Mot. S. 140. Deshalb muß in derartigen Fällen, in denen nach § 30 Nr. 1 die Wechselzahlung anfechtbar wäre, wenn sie nicht nach § 34 I geschützt wäre, der letzte Wechselregreßschuldner die gezahlte Wechselsumme zurückerstatten, sofern ihm zur Zeit der Wechselbegebung einer der in § 30 Nr. 1 erwähnten Umstände bekannt war. RG. 40 S. 42. L Seuffert S. 208. Diese Verpflichtung trifft, wenn der Wechsel vom letzten Wechselregreßschuldner für Rechnung eines Dritten begeben worden ist, diesen letzteren, wenn ihm zu der Zeit, als er den Wechsel begeben ließ, die Zahlungseinstellung oder der Eröffnungsantrag bekannt war. § 30 Nr. 1 Dem Dritten kommt in diesem Falle der Vorteil zu Gute, der sich aus der Ausschließung der Anfechtung nach § 34I vergibt. RG. 40 S. 42. Der Begriff „Begeben" umfaßt nicht nur das Indossiren, sondern bedeutet allgemein Uebertragung und Uebergabe des Wechsels, erstreckt sich also auch auf die Hingabe des Wechsels durch den Aussteller an den Remittenten Mot. S. 141; v Wilm S. 150. Für die Kenntnis der Zahlungseinstellung ist der Zeitpunkt der Begebung, nicht der Zahlung des Wechsels, maßgebend. v Wilm. S. 150; v Sarw. S. 272; Willenbch. S. 80; Pet u. Kl. S. 152 Der Anspruch umfaßt die Erstattung des ganzen gezahlten Betrages, Valuta- und Protestkosten. L.Seuffert S. 209. Willenbch. S. 80; v Sarw. S. 272; v Völd. 1 S. 387; v. Wilm. S. 150. AM. Pet. u. Kl S. 152 Der Anfechtsanspruch wird durch die inzwischen eingetretene Regreßverjährung nicht ausgeschlossen. Mot. S 143.

Die Bestimmung in Abs. II stellt keinen von den allgemeinen Voraussetzungen des Abs. I unabhängigen Grundsatz auf, sondern findet nur in den Fällen Anwendung, in denen Abs. I zutrifft. Ist die Wechselzahlung nach § 30 Nr 1 anfechtbar, so hat der K.Verwalter nicht neben dem ihm zustehenden Anfechtungsrechte noch den in Abs. II vorgesehenen Erstattungsanspruch und ebensowenig steht ihm ein Wahlrecht zwischen einer Klage gegen den Empfänger der Zahlung und derjenigen gegen den letzten Wahlregreßschuldner zu; er ist auf die Geltendmachung des Anfechtungsrechtes beschränkt das sich aus § 30 Nr. 1 ergibt. RG. 40 S. 42. Diese Vorschrift kann daher auch nicht in Verbindung mit § 35 auf solche Fälle zur Anwendung kommen, in denen die Voraussetzungen des § 34I nicht vorliegen. RG. 40 S. 41

Vollstreckungstitel. **§ 35.** (§ 28.)

Die Anfechtung wird dadurch nicht ausgeschlossen, daß für die anzufechtende Rechtshandlung ein vollstreckbarer Schuldtitel erlangt, oder daß dieselbe durch Zwangsvollstreckung oder durch Vollziehung eines Arrestes erwirkt worden ist.

E. I. 34. P. 104.

RG. 2 S. 375, 7 S. 36; 9 S. 362; 10 S. 34, 17 S. 29; 18 S. 138; 25 S. 40, 32 S. 24, 37 S. 342; 39 S. 125; 40 S. 41.

I. Vollstreckungstitel. § 704, 794, 801, 928, 936 CPO. Eine Rechtshandlung kann an sich anfechtbar sein; dann beseitigt ein nachträgliches Hinzukommen von Vollstreckungstiteln die einmal vorhandene, die Anfechtung zulassende Qualität der Handlung nicht. Mandry S. 544. Oder die Anfechtbarkeit wird durch eine Vollstreckungs- oder Arrestanlage begründet; denn für die Anfechtung einer Rechtshandlung ist es gleichgiltig, ob die Leistung freiwillig durch den Schuldner oder auf Drängen des Gläubigers oder im Vollstreckungs- oder Arrestwege erfolgt ist. Mot. S. 120. Gegenstand der Anfechtung ist im ersteren Falle, wenn nicht der Vollstreckungstitel selbst sich als anfechtbare Rechtshandlung darstellt, die Rechtshandlung, also bei prozessualen Rechtshandlungen das Geständnis, Anerkenntnis, Versäumnis, im zweiten Falle die durch die Vollstreckungs- oder Arrestanlage erwirkte Sicherstellung, Pfändung, Leistung oder Zahlung. RG. 2 S. 374; 3 S. 395; 6 S. 367; 7 S. 36; 9 S. 101; 10 S. 34 — Plen.-E., 18 S. 137; 25 S. 40; 32 S. 24; 37 S. 342; 39 S. 125. Mandry S. 544; Willenbch. S. 80.

Deshalb braucht der Vollstreckungstitel, der nur zwischen dem Gläubiger und seinem Schuldner wirksam ist und auch nach der Anfechtung wirksam bleibt, nicht angefochten zu werden L. Seuffert S. 203. Willenbch. S. 80; v. Sarw. S. 273; v. Wilm. S. 151. Gleichgiltig ist, ob der Schuldtitel vor, mit, oder nach der Rechtshandlung erlangt wurde v Wilm. S. 152; Willenbch. S. 80. Die Anfechtungslage ist so, als ob der vollstreckbare Schuldtitel dem anfechtenden Verwalter gegenüber nicht bestünde, der auch an die im Schuldtitel getroffenen Feststellungen nicht gebunden ist. v. Wilm. 152; Hartmann S. 176; v Sarw. S. 274.

II. Die Geltendmachung des Anfechtungsrechtes gegenüber dem vollstreckbaren Schuldtitel erfolgt bei angemeldeten Forderungen durch Widerspruchsklage nach § 146 VI, bei noch anhängigem Rechtsstreit durch Einrede, Einspruch oder Rechtsmittel, bei einer Vollstreckungshandlung durch Widerspruchsklage nach § 771 CPO. RG 18 S. 393 — und falls der G.Schuldner freiwillig Gegenstände weggegeben hat, durch Zurückforderung nach § 37 I. v. Wilm. S 153; Willenbch S. 81; v Sarw. S. 274; Pet. u. Kl. S. 154.

Ausübung des Anfechtungsrechtes.

§ 36. (§ 28.)

Das Anfechtungsrecht wird von dem Verwalter ausgeübt.

E. I. 36. P. 112.

RG. 7 S. 35; 10 S. 398, 12 S. 301; 16 S. 36; 17 S. 34, 411; 23 S. 241, 28 S. 425; 30 S. 72; 36 S. 4, 11, 367 fg.

Sammlung 10 S. 220.

I. Die ausschließliche Anfechtungsberechtigung des Verwalters absorbiert das Anfechtungsrecht der einzelnen Gläubiger RG. 36 S. 11. Der einzelne Gläubiger kann das Anfechtungsrecht nicht ausüben; ein vor der K.Eröffnung von einem K.Gläubiger erhobener Anfechtungsanspruch kann nur von dem Verwalter weiterverfolgt werden, der auch einen von dem Gläubiger erwirkten Vollstreckungstitel zu realisieren hat. § 13 I Anf.-Ges. RG 30 S. 70. L.Seuffert S. 81. Die Erweiterung des Anspruches durch den Verwalter nach § 37–39, 41 KO., § 268, 529 CPO. in einem derartigen aufgenommenen Anfechtungsprozesse ist keine Klageänderung. RG. 12 S. 301; 23 S. 421; 28 S. 425. L.Seuffert S. 219; v. Wilm. S. 156.

Der Verwalter führt die Anfechtungsprozesse nicht als

Vertreter des G.Schuldners oder der K.Gläubiger, sondern als öffentliches Organ zur Erfüllung des K Zweckes in eigenem Namen. RG. 29 S. 29; 30 S. 74 Willenbch. S. 81; Kohler S. 210; v. Sarw. S. 276; L.Seuffert S 218, der den Verwalter als Organ der Gläubigerschaft anfechten läßt; ferner für die Vertretungstheorie v. Wilm. S. 153; Mandry 551; Seuffert Arch. 44 Nr. 285. Im Uebrigen bezüglich der Rechtsstellung des Verwalters vergl. § 6, 78. In den Anfechtungsprozessen des Verwalters kann der G. Schuldner als Zeuge vernommen werden, jedoch keine Parteieide leisten — RG. 29 S. 29; 30 S. 74 —; die Gläubiger, nicht aber die G.Ausschußmitglieder, können dem Verwalter als Nebenintervenienten beitreten — RG 36 S. 367; JW. 1889 S. 203; 1891 S. 273 —, können ihn aber nicht zur Erhebung der Anfechtungsklage zwingen, wohl aber durch den G.Ausschuß die Erhebung der Anfechtungsklage untersagen lassen. § 133—135. v. Sarw. S. 276; Pet. u. Kl. S 156; v. Wilm. S. 154; Willenbch. S 81; v. Völd. 1 S. 399. Mandry S. 351.

Der Verwalter kann weder das Anfechtungsrecht noch den Anfechtungsanspruch an einen Dritten abtreten. RG. 30 S. 72; L Seuffert S 219; Willenbch. S. 81; Mandry S. 552; v. Sarw. S. 276; AM. Cosack S. 304; v. Wilm S. 124. Sein Verzicht auf das Anfechtungsrecht z. B durch Anerkennung einer anfechtbaren Forderung, beseitigt es für das anhängige K.Verfahren. RG. JW. 1885 S. 7. Der Gewinn aus dem Anfechtungsanspruche fällt ausschließlich in die K.Masse. RG. 25 S. 29; 25 S. 63; RG. JW. 1889 S 109. Der Verwalter ist auch gegenüber Absonderungsberechtigten zur Anfechtung berechtigt. Seuffert Arch. 43 Nr. 173; 52 Nr. 215. Mandry S. 551. Dagegen wird die Anfechtungsberechtigung der Aussonderungs- und Absonderungsberechtigten zu Gunsten ihres Aus- oder Absonderungsanspruches oder das Anfechtungsrecht einzelner Gläubiger gegen Rechtshandlungen des G Schuldners über sein konkursfreies Vermögen durch das konkursmäßige Anfechtungsrecht des Verwalters nicht berührt und kann daher auch während des Konkurses auf Grund des Anfechtungsgesetzes geltend gemacht gemacht werden. § 13V Anf.Ges RG. 16 S. 36; v. Sarw. S. 277. L.Seuffert S. 219.

II. Mit der Beendigung des Konkurses endigt auch das Anfechtungsrecht des Verwalters. Die einzelnen K.Gläubiger können die bei der K Eröffnung auf den Verwalter übergegangenen Anfechtungsansprüche weiter verfolgen. § 13 I, IV. Anf Ges Der G Schuldner kann weder eine neue Anfechtung geltend machen noch einen Anfechtungsprozeß fortführen. RG. 7 S. 35. L.Seuffert S. 228; v. Sarw. S. 277. Bei der Beendigung des Konkurses durch Z.Vergleich oder Einstellung — § 190, 202, 204 — werden die anhängigen Anfechtungsprozesse gegenstandslos, bei der K.-Beendigung durch Schlußverteilung ist mit Rücksicht auf die Nachtragsverteilungen — § 166 — der Verwalter zur Fortführung der anhängigen Anfechtungsprozesse legitimiert. RG. 27 S. 113; 28 S. 68; 29 S. 38 RG Bolze 2 Nr. 599; 7 Nr. 1071 L Seuffert S. 228; Willenbch. S. 82, 89; v. Sarw. S. 277. Das

Anfechtungsrecht des Verwalters tritt bei der Wiederanfnahme des Verfahrens neuerdings in Kraft. § 199.

Ueber die Art der Geltendmachung des Anfechtungsrechtes: § 29 Note III.

Verpflichtung des Anfechtungsgegners.

§ 37. (§ 30.)

I. Was durch die anfechtbare Handlung aus dem Vermögen des Gemeinschuldners veräußert, weggegeben oder aufgegeben ist, muß zur Konkursmasse zurückgewährt werden.

II. Der gutgläubige Empfänger einer unentgeltlichen Leistung hat dieselbe nur soweit zurückzugewähren, als er durch sie bereichert ist.

E. I. 37. P. 106.

RG. 10 S. 133; 13 S. 6; 15 S. 65, 16 S. 26; 17 S. 30, 19 S. 202; 20 S. 29; 21 S. 436; 22 S. 374, 24 S. 141; 25 S. 63; 27 S. 23; 29 S. 1, 182; 30 S. 75, 90; 36 S. 161; 40 S. 5.

Die Anfechtung begründet keine absolute oder relative Wichtigkeit, beseitigt nur die Wirkungen der Rechtshandlung zwischen der anfechtungsberechtigten und der durch den Anfechtungsgrund verpflichteten Person und bewirkt lediglich die Entstehung eines forderungsrechtlichen, nicht dinglichen, Anspruches, wodurch der zwischen den Parteien auf Grund und in Folge der Rechtshandlung entstandene rechtliche und thatsächliche Zustand ganz oder teilweise beseitigt und der Zustand vor der Rechtshandlung wieder hergestellt werden soll. RG. 13 S. 6; 22 S. 374; RG. JW. 1897 S. 368. Mandry S. 555; L.Seuffert S. 220; v. Wilm. S. 163; Endemann BGB. 1 S. 905. Die Wiederherstellung des vor der Rechtshandlung bestandenen Rechtszustandes ist die Folge der Unwirksamkeit. Das Rechtsverhältnis zwischen dem G.Schuldner und dem Anfechtungsgegner wird durch die Anfechtung nicht berührt. v. Sarw. S. 278. L.Seuffert 220. Die Verbindlichkeit des Erwerbers zur Rückgewähr ist in Abs. I u. II verschieden gestaltet; den gutgläubigen Empfänger einer unentgeltlichen Leistung trifft die Rückgewährspflicht nur insoweit, als er durch sie bereichert ist — Abs. II —, während bei der regelmäßigen Rückgewähr nach Abs. I auf das Vorhandensein der Anfechtungswerte im Vermögen des Beklagten nichts ankommt. RG. 24 S 141 fg.; 36 S. 163; Mandry S. 557; Rass. K. 38 S. 1184. Die Rückgewähr erfolgt in beiden Fällen ohne Rücksicht auf den Betrag der K Forderung mit der Wirkung, daß der K.Verwalter über die rückgewährten Anfechtungswerte wie über andere Massegegenstände verfügen kann. RG. 29 S 182; 30 S. 180. Mandry S. 558. Anders § 7 Anf.Ges. Der forderungsrechtliche Anfechtungsanspruch begründet im Konkurse des Anfechtungsgegners keinen Aussonderungsanspruch. RG. 13 S. 6. Hat eine anfechtbare Unterlassung die Benachteiligung herbeigeführt, so entscheiden die Umstände des Falles, ob der Anfechtungsgegner nur die Möglichkeit zur Nachholung der unterlassenen Handlung zu gewähren oder den gemachten Erwerb herauszugeben oder zu ersetzen hat. Pet. u. Kl. S. 172; v. Völd. 1 S. 308; Willenbch. S. 83.

I. Abs. I. Die Verpflichtung zur Rückgewähr trifft den Anfechtungsgegner Sie trifft ihn auch dann, wenn er die in sein Vermögen gekommenen Anfechtungswerte wieder weggegeben hat. Mandry S. 557; v. Sarw. S. 281; Willenbch. S. 84; v. Wilm. S. 157. Der anfechtende Verwalter braucht sich an den dritten Besitzer nicht verweisen zu lassen. RG. 9 S. 72; 10 S. 10; 24 S. 141; RG. JW 1883 S. 79; Rass. K. 24 S. 1068; RHG. 10 S. 248; 13 S. 381. Der Umstand, daß der Anfechtungsgegner die ihm von dem G.Schuldner abgetretene Forderung durch einen Dritten einziehen ließ, beseitigt die Verpflichtung zur Rückgewähr des eingezogenen Betrages nicht RG. JW. 1888 S. 178. Der Umfang der Verpflichtung zur Rückgewähr gestaltet sich verschieden, je nachdem die durch die angefochtene Rechtshandlung verursachte Vermögensminderung noch in den Grenzen obligatorischer Beziehung zu dem Gegner geblieben war oder ob eine Leistung des andern Teils in Frage kommt. v. Wilm. S 158; Willenbch. S 82

1. Im ersteren Fall ist die Handlung wirkungslos. Dem Gläubigern gegenüber wird es so angesehen, als ob die anfechtbar erklärte Rechtshandlung: Verpflichtung, Anerkennung, Verpfändung, Verbürgung, Entlastung, Quittung u. s. w. nicht erfolgt wäre. Der Verwalter macht die Rechte hinsichtlich der Masse so geltend, als sei die Handlung nicht erfolgt. Mot. S. 147; v. Wilm. S. 158; Willenbch. S. 82; v Sarw. S. 279. Die Rückgewähr ist mit der Rechtskraft des Urteils ohne weitere Leistung des Anfechtungsgegners verwirklicht. RG. 19 S. 202; RG. JW. 1888 S. 69; Pet. u. Kl S. 159.

2. Im zweiten Fall, wenn eine Leistung des Anfechtungsgegners zur Wiederherstellung des vor der angefochtenen Rechtshandlung bestandenen Rechtszustandes notwendig ist, muß alles zurückgewährt werden, was aus dem Vermögen des G.Schuldners herausgekommen ist. RG. 36 S. 26; RG. JW. 1888 S. 178. Vertretbare Sachen muß der Anfechtungsgegner dem Verwalter in Sachen derselben Art und in derselben Menge zurückgewähren. § 91 BGB; L.Seuffert S. 222; Endemann BGB. 1 S. 242 Ist der Erwerb einer nicht vertretbaren Sache angefochten, so muß die Sache dem Verwalter herausgegeben werden. L.Seuffert S. 221. Bei der Rückgewähr von Vermögensbestandteilen, die zum unbeweglichen Vermögen gehören — § 864 CPO. — hat der Anfechtungsgegner die Eintragung des G.Schuldners in das Grundbuch zur Ermöglichung der Immobiliarexekution zu bewirken. § 17, 172 ZVG. L Seuffert S. 221. Forderungen, Pfandrechte, Hypotheken oder andere Rechte, welche der Anfechtungsgegner durch die

angefochtene Rechtshandlung gegen den G.Schuldner erworben hat, kann er gegenüber den K.Gläubiger nicht mehr geltend machen und muß, soweit ein Recht in das Grundbuch oder in das Schiffsregister eingetragen ist, den Eintrag löschen lassen RG. 30 S. 90. L.Seuffert S. 223; Willenbch. S 83; v. Sarw S. 279; v. Wilm. S 159. Bei der angefochtenen Uebertragung einer Forderung oder eines anderen Rechtes hat der Anfechtungsgegner das Recht an den G.Schuldner zurückzuübertragen L.Seuffert S. 223. Waren Forderungen, Pfandrechte oder andere Rechte durch die angefochtene Rechtshandlung zur Aufhebung gelangt, so muß der Anfechtungsgegner sie wieder als bestehend gelten lassen, sie durch Bewilligung der Wiedereintragung im Grundbuch wiederherstellen und Rechte Dritter, welche in der Zwischenzeit von ihm oder gegen ihn auf die Sache gelegt wurden, beseitigen oder Ersatz leisten. Mot. S. 147; RG. JW. 1887 S. 273; Bolze 8 Nr. 247, 265; Seuffert Arch. 37 S. 429; 421 S. 164. Willenbch. S. 83.

Vom Eintritt der Rechtshängigkeit des Anfechtungsanspruches an — § 263, 281 CPO. — bemißt sich der Schadenersatzanspruch wegen Untergangs, Verschlechterung oder Unmöglichkeit der Rückgewähr z. B. in Folge Veräußerung nach § 989 BGB. L Seuffert S 221; Endemann BGB 1 S. 661; v. Wilm. S. 159; v. Sarw S. 282; Mandry S. 557; Willenbch. S. 83; Fitting S. 164. RG. 9 S. 66; Bolze 2 Nr. 602, 604; 3 Nr. 387. RG. JW. 1883 S. 79, 138; 1886 S. 248; Seuffert Arch. 42 S. 167; Rass. K. 27 S. 166. Haben mehrere Personen vom G.Schuldner Sachen erworben, welche verschlechtert oder veräußert wurden oder untergegangen sind, so haften sie für den Wertsersatz nicht schlechtweg solidarisch, sondern nur nach Maßgabe ihrer Beteiligung an dem mit dem G Schuldner abgeschlossenen Rechtsgeschäft. RG. 24 S. 141; Willenbch. S. 84; Pet. u. Kl. S. 161; v. Wilm. S. 161. Denn die Rückgewährpflicht nach § 37 läßt sich nicht nach den verschiedenen Anfechtungsgründen in eine deliktische und nichtdeliktische ausgestalten; sie ist rein forderungsrechtlich RG. 13 S. 6; 16 S 26; 21 S. 436; 22 S. 374; 24 S. 141. Rass K. 26 S. 166. Mandry S. 557. L Seuffert S. 227 In dem Umfange des Schadenersatzanspruches nach § 989 BGB., kann der Verzug des Anfechtungsgegners zu Gunsten der K.Masse eine Aenderung ergeben. § 292 I BGB. L.Seuffert S. 221 Seine Ersatzpflicht bei Verzug bemißt sich nach § 287 BGB. und wenn er sich nicht im Verzuge befindet, nach § 276, 278 BGB. L Seuffert S 221; Endemann BGB. 1 S. 481 fg., 620. Hat er die Unmöglichkeit der Rückgewähr zu vertreten, so muß der Anfechtungsgegner den durch die Nichterfüllung entstehenden Schaden ersetzen. § 280 BGB. L.Seuffert S. 221. Er muß auch, wenn er für die unmöglich gewordene Leistung einen Ersatz oder einen Ersatzanspruch erlangt, auf Verlangen des Ver-Verwalters die Ersatzleistung herausgeben oder den Ersatzanspruch abtreten. § 281 BGB. L.Seuffert S. 221; Endemann BGB. 1

S. 555. v. Sarw. S. 280; Seuffert Arch 40 S. 305. Der Nachweis, daß der Untergang oder die Verschlechterung auch ohne Vornahme der angefochtenen Handlung eingetreten wäre, befreit ihn von der Ersatzverbindlichkeit. RG 16 S. 26.

Die Rückgewährspflicht erstreckt sich auf alles, was sich in der Masse befinden würde, wenn die angefochtene Handlung nicht vorgenommen worden wäre. RG. 10 S. 6; 15 S 65; 16 S. 26; 21 S 436; 24 S. 143; 27 S. 23; Bolze 7 Nr. 294; RG. JW 1889 S. 109; 1893 S. 139. v. Sarw. S. 282; v. Wilm S. 160; Willenbch. S. 83. Die Wiederherstellung des früheren Zustandes erfordert die Ersatzleistung für alle Nutzungen, welche der G.Schuldner oder der Verwalter hätte ziehen können, ohne Rücksicht auf den Eintritt der Rechtshängigkeit oder des Verzuges und ohne Rücksicht, ob sie der Anfechtungsgegner gezogen oder nicht, ob sie noch vorhanden oder schon verzehrt sind. § 100 BGB. RG. 24 S 145; Willenbch. S 83; v. Wilm S 160; Pet. u. Kl. S. 161; v. Sarw S. 282; Mandry S. 557. Teilweise anderer M. L Seuffert E. 222. Ebenso sind mit einer Geldsumme die der Masse entgangenen Zinsen zu ersetzen; die Vermutung spricht für die Möglichkeit einer verzinslichen Anlage des Geldes. RG. JW 1889 S. 108; 1894 S 316; Bolze 7 Nr. 294; Willenbch. S. 83. Einen Ersatzanspruch für Verwendungen hat der Anfechtungsgegner nur insoweit, als die Verwendungen einen Mehrwert für die Masse darstellen. RG. 16 S. 26; v. Sarw S 282; v. Wilm. S 160; Willenbch. S. 83. Insoweit hat er auch unter der Voraussetzung des § 1000 BGB. ein Zurückbehaltungsrecht L.Seuffert S. 222. Vgl. auch Anm I. zu § 7 Anf.Ges

II. Abs. II. Diese Rückgewährspflicht modifiziert sich dem gutgläubigen Empfänger einer unentgeltlichen Leistung gegenüber. Die Gutgläubigkeit ist gegeben, wenn der Empfänger nichts von einer Benachteiligungsabsicht des G.Schuldners und nichts von einer Zahlungseinstellung oder dem Antrage auf K.Eröffnung weiß. L.Seuffert S 223. Grobe Fahrlässigkeit „Kennen müssen" schließt den guten Glauben aus. RG. 6 S 17; v. Sarw. S 283; Willenbch. S 84. Der gutgläubige Empfänger einer unentgeltlichen Leistung haftet nur auf die Bereicherung; er muß lediglich dasjenige zurückgewähren, was zur Zeit der Anfechtung von dem Erwerbe, den Nutzungen hieraus oder dem Ersatze hiefür in seinem Vermögen noch vorhanden ist. § 818 BGB. RG 24 S. 141; 29 S 1; L Seuffert S 223; Endemann BGB. 1 S 901. Der bösgläubige Empfänger einer unentgeltlichen Leistung fällt unter Abs. I. Der gute Glaube wird aber durch die Bestimmung in Abs. II nur solange geschützt, als er dauert. Mot. S. 148. Mit dem Eintritt des Verzuges oder der Rechtshängigkeit haftet der Anfechtungsgegner nach den allgemeinen Grundsätzen. § 818IV BGB. L.Seuffert S. 224; v. Wilm. S 162; Willenbch. S 84; v. Sarw. S. 283 Die Verpflichtung des bösgläubig gewordenen Empfängers bemißt sich dann nach Abs. I.

Die Beweislast für die Bösgläubigkeit trifft den Verwalter; der Anfechtungsgegner muß seinen guten Glauben und den Wegfall der Bereicherung gleichviel aus welchem Grunde — beweisen. L. Seuffert S. 223; Willenbch. S. 84; Pet. u. Kl. S. 164; v. Sarw S. 284; Hartmann S. 203; RHG. 16 S. 64; 22 S. 398; Jäckel S. 196; v. Völd. 1 S. 406 Hat aber der Anfechtungsgegner nachgewiesen, daß er zur Zeit des Empfanges sich im guten Glauben befunden hat, so trifft die Beweislast für das spätere Aufhören des guten Glaubens den Verwalter. v. Sarw. S. 285; Willenbch. S. 84; Pet. u. Kl. S. 165.

Rechte des Anfechtungsgegners.

§ 38. (§ 31.)

Die Gegenleistung ist aus der Konkursmasse zu erstatten, soweit sie sich in derselben befindet, oder soweit die Masse um ihren Wert bereichert ist. Darüber hinaus kann ein Anspruch nur als Konkursforderung geltend gemacht werden.

E. I. 38. P. 107, 108.

RG. 13, 7; 16 S. 25; 17 S. 30; 24 S. 141; 30 S. 75.

Die K.Masse soll durch die Rückgewähr nur das erhalten, was ihr durch die anfechtbare Handlung entfremdet worden ist. L. Seuffert S. 224. Es soll deshalb die Wiederherstellung des früheren Rechtszustandes so weit als möglich, auch zu Gunsten des Anfechtungsgegners erfolgen. Mandry S. 559. Der Erstattungsanspruch des e r s t e n Erwerbers ist verschieden, je nach dem Vorhandensein der Gegenleistung oder einer Bereicherung in der Masse oder nach dem Fehlen einer solchen. Seine Zulässigkeit erstreckt sich nicht auf § 40 v. Sarw S. 191. Willenbch. S. 86. AM. Cosack S. 323; v Völd. 1 S. 428. Der Rechtsgrund dieses forderungsrechtlichen Erstattungsanspruches ist das Haben der Sache oder ihres Wertes, welches zu einem rechtswidrigen wird, sobald der Verwalter seinerseits die Wiederherstellung des Zustandes vor der Rechtshandlung zu Gunsten der Gläubiger herbeiführt. RG. 13 S. 5, 16 S. 25. Mandry S. 560. v. Sarw. S. 288.

I. Die Geltendmachung des Anspruches auf Erstattung der Gegenleistung als Masseanspruch — § 59 Nr. 3 — ist nur möglich, soweit sich die Gegenleistung in derselben befindet oder soweit die Masse um ihren Wert bereichert, d. h. im Zeitpunkt der Rückgewähr einen Ersatzwert enthält. § 818 I BGB. L. Seuffert S. 224. Die Gegenleistung ist in der Masse vorhanden, wenn sie sich darin „unterscheidbar" befindet oder wenn die Masse erkennbar ein Produkt der Gegenleistung z. B. einen noch ausstehenden Erlös für die Gegenleistung enthält. Mot. S. 149; v Wilm. S. 165; Willenbch. S. 85. Bei der Bemessung der Bereicherung kommt es lediglich auf eine Bereicherung der Masse, nicht auf eine allenfallsige Bereicherung des Vermögens des G.Schuldners an. L. Seuffert S 224; v. Wilm. S. 167; Willenbch. S. 85; Fitting. S 167; v. Völd. 1 S 413. AM. Mandry S 560; Pet. u. Kl. S. 166; v. Sarw. S. 289; Cosack S. 273; Otto S. 131.

Die Geltendmachung des Anspruches durch Klage gegen den Verwalter oder durch Widerklage im Anfechtungsprozeß ist abhängig von der vorgängigen oder gleichzeitigen Rückgewähr des der Masse entzogenen Anfechtungswertes Die Rückgewähr von beiden Seiten erfolgt „Zug um Zug". RG. 16 S. 26; ROHG. 20 S 16. § 274 BGB L. Seuffert S 224; v. Sarw S. 288; Willenbch S 85; v. Wilm. S. 166; Pet. u. Kl. S. 166. Eine Aufrechnung ist bei Gleichartigkeit des Rückgewährs- und Erstattungsanspruches zulässig. RG. 16 S. 23. L Seuffert S. 224; v. Wilm. S. 164. Bei teilweiser Rückgewähr erfolgt die Erstattung nur verhältnismäßig nach Maßgabe der vorhandenen Bereicherung. v. Sarw. S. 288; Willenbch. S. 85; Pet u. Kl. 167.

II. Geltendmachung als K.Forderung. Fehlen die Voraussetzungen für die Geltendmachung des Erstattungsanspruchs als Masseschuld, dann kann der Anfechtungsgegner die ihm aus der Rückgewähr gegen den G.Schuldner wegen Nichterfüllung von Verpflichtungen erwachsenen Ansprüche nur als K.Gläubiger verfolgen. Diese Ansprüche, wenn auch nach der K.Eröffnung entstanden, beruhen in der vor der K.Eröffnung vorgenommenen angefochtenen Rechtshandlung. L. Seuffert S. 224; Pet. u Kl. S. 167; v. Sarw. S. 291; Mandry S. 560; Willenbch. S. 85; v. Wilm. S. 166.

§ 39. (§ 32.)

Wenn der Empfänger einer anfechtbaren Leistung das Empfangene zurückgewährt, so tritt seine Forderung wieder in Kraft.

P. 108.

RG. 3 S. 208; 20 S. 157; 27 S. 91.

I. Die Wiederherstellung des Zustandes vor der Rechtshandlung zu Gunsten der K.Gläubiger erfordert, daß diese Wiederherstellung, soweit als möglich, auch zu Gunsten des Anfechtungsgegners stattfindet. RG. 20 S. 157. Mandry S. 559. Deshalb tritt, wenn eine Zahlung restituiert wird, die durch die Zahlung getilgte Forderung ohne Konstituierung seitens des K.Verwalters von selbst wieder in Kraft L. Seuffert S 224; v. Wilm. S. 166; v Sarw. S 291; Willenbch S. 86. Diese Bestimmung kommt aber erst bei der thatsächlichen Rückgewähr zur Anwendung, fällt also weg, wenn die Rückgewähr nicht erfolgt ist. L. Seuffert S. 229. Ihre Anwendung setzt ferner voraus, daß die Zurückgewährung des Empfangenen wegen Anfechtung der Leistung, nicht wegen Anfechtung des Rechtsgeschäftes, zu dessen Erfüllung sie diente, erfolgt ist, v. Sarw. S. 291; Willenbch. S. 86, und daß Ansprüche des Anfechtungsgegners gegen die K.Masse, Forderungen an den G.Schuldner in Frage kommen, welche durch die angefochtene Leistung erloschen waren. Forderungen des Anfechtungsgegners gegen einen anderen Schuldner, dessen Schuld durch die angefochtene Leistung getilgt wurde, gehören nicht hieher. L

Seuffert S. 224; v. Sarw. S. 292; Willenbch. S. 86; v. Wilm. S. 167; Pet. u. Kl. S. 169. AM. v. Völd. 1 S. 417.

II. Wirkung. Infolge der Zurückgewährung des zum Zwecke der Tilgung Empfangenen tritt die Forderung in ihrem früheren Bestande wieder in Kraft, kann als K.Forderung geltend gemacht und zur Aufrechnung gegen Forderungen des G.Schuldners, nicht aber gegen den Anfechtungsanspruch, verwendet werden. § 55 Nr. 1, 2. Willenbch. S. 86; v. Wilm S. 166; Pet u Kl. S 168. AM. Cosack S. 285. Bei einer teilweisen Erstattung der anfechtbaren Leistung tritt die Forderung nur teilweise im Verhältnisse der Rückgewähr wieder in Kraft. v. Sarw. S 293; Willenbch. S. 87; Pet. u. Kl. S. 168. AM v Wilm. S. 169. Mit der Forderung leben auch die Haftung des Bürgen oder Mitschuldners, die Hypothek und das Pfandrecht wieder auf, wenn nicht ein anderer, von der Erfüllung unabhängiger Erlöschungsgrund, z. B. Löschung der Hypothek, im Wege steht RG. 3 S 208; 20 S. 157 L. Seuffert S. 224, 225; v Wilm S 166; v. Sarw. S. 292; Willenbch. S. 86 Hat der K.Verwalter inzwischen den absonderungspflichtigen Gegenstand veräußert und damit die Ausübung des Absonderungsrechtes unmöglich gemacht, so kann der Anfechtungsgegner Befriedigung aus dem Erlöse verlangen und braucht eine K Forderung nur insoweit geltend zu machen, als der Erlös nicht zureicht Pet. u. Kl. S. 168; Willenbch. S. 86; v. Sarw. S. 292; Cosack S. 286.

Anfechtung gegen Rechtsnachfolger.

§ 40. (§ 33.)

I. Die gegen den Erblasser begründete Anfechtung findet gegen den Erben statt.

II. Gegen einen anderen Rechtsnachfolger desjenigen, welchem gegenüber die anfechtbare Handlung vorgenommen ist, findet die gegen den letzteren begründete Anfechtung statt:

1. wenn ihm zur Zeit seines Erwerbes die Umstände, welche die Anfechtbarkeit des Erwerbes seines Rechtsvorgängers begründen, bekannt waren;
2. wenn er zu den im § 31 Nr. 2 genannten Personen gehört, es sei denn, daß ihm zur Zeit seines Erwerbes die Umstände, welche die Anfechtbarkeit des Erwerbes seines Rechtsvorgängers begründen, unbekannt waren;
3. wenn ihm das Erlangte unentgeltlich zugewendet worden ist.

III. Im Falle des Abs. 2 Nr. 3 findet auf die Haftung des Rechtsnachfolgers die Bestimmung des § 37 Abs. 2 Anwendung.

E. I. 39. P. 109. Nov. § 33. Begr. 21, 22.

RG. 9 S. 86, 12 S. 358; 13 S. 7, 15 S. 371, 19 S. 204; 21 S. 437; 25 S. 412, 27 S. 24; 32 S. 22, 34 S. 62; 39 S. 80.

Die Bestimmung in § 40 regelt die Geltendmachung des Anfechtungsanspruchs gegenüber dem Rechtsnachfolger des ersten Erwerbers, in Abs. II gegenüber dem Erben, in Abs II, III gegenüber dem Sondernachfolger L. Seuffert S. 216. Mandry S. 554; v. Wilm S. 168; v. Sarw S 294; Willenbch. S. 87.

I. Abs. I. Erbe ist nicht der Erbe des G.Schuldners, sondern der Erbe des Anfechtungsgegners. Gegen ihn findet in demselben Umfange, wie gegen den Anfechtungsgegner, die Anfechtung statt. Die Verpflichtung zur Rückgewähr ist eine Nachlaßverbindlichkeit. § 1967 BGB. L Seuffert S 217; Mandry S. 554. Jäger, Erbenhaftung u. Nachlaßkonkurs S. 1 fg ; Strohal, Erbrecht des BGB. S. 128. Diese Haftung tritt ein auf Grund der Gesamtnachfolge — § 1922 BGB; Strohal S 4; Buchka, BGB und Gemeines Recht S. 393; Motive z. I E d. BGB. 5 S 485; Denkschrift S. 261. Gleichgiltig ist, ob der Erbe den Thatbestand der Anfechtbarkeit gekannt hat oder nicht Willenbch S. 87. Der Erbe haftet unbeschränkt, kann aber durch die Geltendmachung der Haftungsbeschränkungsmittel seine unbeschränkte Haftung in eine auf den Nachlaßbestand beschränkte verwandeln Jäger, Erbenhaftung S. 2. § 1967, 1975, 1976 BGB. Die Haftung mehrerer Erben bemißt sich nach § 2058 fg. BGB. Ist der G.Schuldner Erbe des Anfechtungsgegners geworden und gehört die Erbschaft zur K Masse, so findet die Anfechtung nach § 40 auch gegen ihn statt. L. Seuffert S. 217; v. Sarw. S. 294; Willenbch. S. 87; Mandry S. 554. RG. 25 S. 412; 39 S. 79. Der Grundsatz des Abs I erstreckt sich auf den Nacherben des Erblassers — § 2100 fg. BGB.; Strohal S. 5, 31 fg — und auf den Erben eines nach Abs. II. der Anfechtung ausgesetzten Sondernachfolgers L Seuffert S. 217; v. Sarw. S. 294.

II. Abs II und III. Gegen andere Rechtsnachfolger — Sondernachfolger — findet die Anfechtung nur unter den Voraussetzungen des Abs II und im Falle der Nr. 3 nur mit der Haftungsbeschränkung des Abs. III statt Sondernachfolger ist jeder, der nicht im Erbwege von dem ersten Erwerber oder einem seiner Rechtsnachfolger die veräußerte Sache oder Rechte daran erworben hat, welche das Befriedigungsrecht der Gläubiger verletzen. Willenbch. S. 85; Mandry S 554; v. Sarw. S. 294; v Wilm. 169; Pet u. Kl S. 171 Gleichgiltig ist, ob der Erwerb auf einer unentgeltlichen oder entgeltlichen Verfügung beruht. Mot. S 152. Notwendig ist aber, daß gegen den ersten Erwerber einer der Anfechtungsgründe der § 30—32 begründet ist, und daß der Eintritt der Sondernachfolge das Befriedigungsrecht der K.Gläubiger verletzt. Willenbch. S. 88; v. Sarw S 296; v. Wilm.

S. 169. Die Anfechtung aus der Sonderrechtsnachfolge kann sich auch gegen den G.Schuldner richten, wenn er Sondernachfolger des ersten Erwerbers, der Erwerb nach der K.Eröffnung erfolgt und massezugehörig ist. L. Seuffert S. 219.

Die Novelle hat durch die Neufassung der Nr. 1 u. 2 in Erledigung der bisher bestritten gewesenen Frage bestimmt, daß bei mehrmaliger Sondernachfolge die Anfechtung gegen alle Vorgänger begründet sein muß. Ein Rechtsnachfolger, gegen den die Anfechtung ausgeschlossen ist, schützt also seine Nachfolger vor der Anfechtung, auch wenn in ihrer Person die Voraussetzungen des § 40 zutreffen. Begr. S. 22. L. Seuffert S. 218. Für das bisherige Recht: v Sarw. S. 294; v. Wilm. S. 169; Pet. u. Kl S. 172; Willenbch. S. 88.

Der Anfechtungsanspruch kann gegen den ersten Erwerber und gegen die Rechtsnachfolger gemeinschaftlich als Streitgenossen — § 61 CPO. oder successiv oder gegen den Sondernachfolger allein geltend gemacht werden. Die Rückgewährung des einen befreit die anderen. RG. JW. 1886 S. 543; 1891 S 572; 1893 S. 503 Rass. K. 27 S. 1140; 36 S. 464. L. Seuffert S. 218. v Wilm S. 170 Willenbch. S. 88; v. Sarw S. 297; Seuffert Arch. 49 Nr. 160. Die Rechtskraft des Urteils, das die Anfechtung gegen den ersten Erwerber zurückweist, schließt die Anfechtung gegen dessen Sondernachfolger nicht aus. v Sarw S. 296; Willenbch. S. 88; v. Wilm. S. 170. AM Pet. u. Kl. S. 169 Die Rückgewähr trifft den Sondernachfolger im Allgemeinen in derselben Weise wie den ersten Erwerber. Der Sondernachfolger kann sich wegen Rückforderung nur an seinen Contrahenten, nicht aber an die K Masse halten. § 38. Mot. S. 153. v. Wilm S. 171; Fitting S. 169; Pet. u. Kl. S. 173; Willenbch. S. 89; v Sarw. S. 291.

Fälle der Sondernachfolge im einzelnen: Cession, gleichviel ob sie vor oder nach der K Eröffnung stattgefunden hat. RG. 32 S 22; 34 S. 62; Indossament RG JW 1888 S. 132; ROHG. 24 S. 3; v. Sarw. S. 295; v. Wilm. S. 169, der Erwerb eines dinglichen Rechtes — Hypothek, Grundschuld oder Pfandrecht — an der anfechtbar weggegebenen Sache. RG. 9 S. 88; 15 S. 371; 31 S. 335. Vgl. Seuffert Arch. 45 S. 247; RG. 39 S. 85.

1. Nr. 1. Der Rechtsnachfolger muß zur Zeit seines Erwerbes die Umstände, welche die Anfechtbarkeit des Erwerbes seines Rechtsvorgängers begründen, gekannt haben. Begr. S. 22. L. Seuffert S. 217. Die Beweislast hiefür trifft den anfechtenden Verwalter. Gleichgiltig ist, welcher Anfechtungsgrund — § 30—32 — vorliegt. Stützt sich die Anfechtung gegen den Sondernachfolger auf § 31, so ist der Anfechtungsgrund deliktischer Natur RG. 21 S. 420.

2. Nr. 2. Diese Beweislast für den Verwalter entfällt, wenn der Rechtsnachfolger zur Zeit der Sondernachfolge zu den in § 31 Nr. 2 bezeichneten Personen gehört hat. Der Rechtsnachfolger muß hier den Nachweis führen, daß ihm die Umstände, welche die Anfechtbarkeit des

Erwerbes seines Rechtsvorgängers begründen, im Zeitpunkte des Erwerbes unbekannt waren Begr. S. 22. L. Seuffert S. 217. RG. 19 S. 202. v. Sarw. S 298; Mandry S. 555; v. Wilm. S. 172; Willenbch. S 88.

3. Nr. 3. Diese von der Novelle eingefügte Bestimmung unterwirft den Erwerb des Sondernachfolgers auch insoweit der Anfechtung, als ihm das Empfangene unentgeltlich zugewendet worden ist, beschränkt aber in Abs. III seine Haftung auf Herausgabe der Bereicherung. Sie rechtfertigt sich aus Billigkeitsrücksichten und aus den verwandten Bestimmungen in § 816 I, 822 BGB. Begr S. 22. L. Seuffert S. 217.

Ausschlußfrist. **§ 41.** (§ 34.)

I. Die Anfechtung kann nur binnen Jahresfrist seit der Eröffnung des Verfahrens erfolgen. Auf den Lauf der Frist finden die für die Verjährung geltenden Vorschriften des § 203 Abs. 2 und des § 207 des Bürgerlichen Gesetzbuchs entsprechende Anwendung. Die Anfechtung nach § 31 Nr. 1 ist ausgeschlossen, wenn seit der Vornahme der Handlung dreißig Jahre verstrichen sind.

II. Ist durch die anfechtbare Handlung eine Verpflichtung des Gemeinschuldners zu einer Leistung begründet, so kann der Konkursverwalter die Leistung verweigern, auch wenn die Anfechtung nach Abs. 1 ausgeschlossen ist.

Nov. § 34. Begr. 22, 23. Mat. 167, 168.
RG. 2 S. 12; 10 S. 44; 13 S. 97.

Die nunmehrige Fassung des § 41 ist durch die Novelle bestimmt, da nach dem BGB. nur Ansprüche der Verjährung unterliegen, das Anfechtungsrecht aber nicht als ein Anspruch im Sinne des Gesetzbuches anzusehen ist. § 194 I BGB. Begr. S. 23. Mat. S. 168.

I. Die Anfechtungserklärung des Verwalters kann nur binnen Jahresfrist seit der K.Eröffnung erfolgen. Auf den Lauf dieser Frist finden § 203 II, 207 BGB. entsprechende Anwendung Im Anschlusse an § 124 III BGB. ist die Anfechtung aus § 31 Nr. 1 ausgeschlossen, wenn seit der Vornahme der Handlung 30 Jahre verstrichen sind. Beide Fristen sind keine Verjährungs- sondern Ausschlußfristen. Begr. S. 23. Mat. S. 167. L. Seuffert S. 227. Ihr Ablauf schließt das Anfechtungsrecht, Klage und Einrede, aus, wird aber nicht von Amtswegen berücksichtigt, da das Anfechtungsrecht nur im Interesse der K.Gläubiger und der Ausschluß im Interesse der Anfechtungsgegner gegeben ist.

Mot. S. 154; v. Wilm. S. 173; S 173; Otto S. 178; v. Sarw. S. 209; Willenbch S 89; Pet u. Kl S. 174; Seuffert Arch. 32 S. 249. AM. bezüglich des Ausschlusses der Einreden nach der bisherigen Verjährungsbestimmung Mandry S 561; Kohler S. 178. Die Fristen werden durch die Abgabe der Anfechtungserklärung — vgl. § 29 Anm. III gewahrt. Von der rechtzeitigen Abgabe dieser Erklärung läuft die 30jährige Verjährung des Anfechtungsanspruches. § 195, 198 BGB. L Seuffert S. 227. Vgl. § 12 Anf.Ges.

II. Auch wenn die Anfechtungsberechtigung nach Abs. I infolge Fristablaufes ausgeschlossen ist, kann der K Verwalter die Leistung verweigern, falls durch die anfechtbare Handlung eine Verpflichtung des G.Schuldners zu einer Leistung begründet ist. Abs. II. Diese Neubestimmung, welche der Auffassung des BGB. in § 821, 853, 2083, 2345 entspricht, schließt eine Berufung des Anfechtungsgegners auf den Ablauf der Anfechtungsfrist aus, ermächtigt also den Verwalter die Forderung, die auf einer anfechtbaren Rechtshandlung beruht, durch Einrede vom Konkurse auszuschließen, auch wenn die Anfechtungsfrist verstrichen ist. Begr S. 23. L. Seuffert S. 227, 228.

§ 42.

Grundbuchseinträge.

Die Vorschriften über die Anfechtung der vor der Eröffnung des Verfahrens vorgenommenen Rechtshandlungen gelten auch für die Anfechtung von Rechtshandlungen, die nach der Eröffnung des Verfahrens vorgenommen worden sind, sofern diese nach den §§ 892, 893 des Bürgerlichen Gesetzbuchs den Konkursgläubigern gegenüber wirksam sind. Die Frist für die Ausübung des Anfechtungsrechts beginnt mit der Vornahme der Rechtshandlung.

Nov. § 34 a. Begr. 23.

Die Anfechtungsvorschriften der § 29 fg. gelten nur für Rechtshandlungen, die vor der K.Eröffnung vorgenommen worden sind. Allein mit Rücksicht auf die Aenderung in § 7 I sind nunmehr nach der Novelle auch solche Rechtshandlungen anfechtbar, die nach der Eröffnung des Verfahrens vorgenommen werden, gleichwohl aber vermöge der Bestimmungen des BGB. über den öffentlichen Glauben des Grundbuchs — § 892, 893 BGB. — den K.-Gläubigern gegenüber wirksam sind. Die Frist für die Ausübung des Anfechtungsrechtes beginnt hier nicht mit der Eröffnung des Konkurses, sondern erst mit der Vornahme der Rechtshandlung. Begr. S. 23. L. Seuffert S. 173, 207. Auch ein gemäß § 15 den K Gläubigern gegenüber wirksamer Erwerb ist anfechtbar. L. Seuffert S. 176.

Vierter Titel.

Aussonderung.

Vorbemerkung.

Die K.Masse umfaßt nur das dem G.Schuldner zur Zeit der K.Eröffnung eigentümliche Vermögen. Der Verwalter muß die fremden Vermögensstücke ausscheiden und den Berechtigten herausgeben. Mot S. 154. § 1, 6 II, 117. Der Anspruch des Berechtigten, der kein K.Gläubiger ist, geht auf die Aussonderung des Gegenstandes aus der Masse. Der Aussonderungsberechtigte will die Herausgabe eines nicht zur K.Masse gehörigen Gegenstandes, der Absonderungsberechtigte dagegen nur die vorzugsweise Befriedigung aus einem bestimmten, in die K.Masse fallenden Vermögensstück. Die Vorschriften über das Aussonderungsrecht sind nicht dispositiver, sondern öffentlich-rechtlicher Natur; der K.Verwalter kann vertragsmäßig ein Aussonderungsrecht nicht konstituieren. RG. S. 41 S. 2. Die Bestimmung in § 43 verweist für die Begründung des Aussonderungsanspruches auf das bürgerliche Recht, § 44 begründet einen besonderen Aussonderungsanspruch, § 45 beschränkt das Aussonderungsrecht der Ehefrau und § 46 regelt den Fall der Veräußerung des aussonderungspflichtigen Gegenstandes vor oder nach der K.Eröffnung durch den G.Schuldner oder den Verwalter.

Die Novelle hat in diesem Titel Neubestimmungen nicht getroffen.

Aussonderung. **§ 43.** (§ 35.)

Die Ansprüche auf Aussonderung eines dem Gemeinschuldner nicht gehörigen Gegenstandes aus der Konkursmasse auf Grund eines dinglichen oder persönlichen Rechts bestimmen sich nach den außerhalb des Konkursverfahrens geltenden Gesetzen.

E. I. 40. P. 22, 24, 25.

RG. 1 S. 188, 380; 2 S. 272, 3 S. 104; 8 S. 103, 205, 11 S. 173; 12 S. 42, 13 S. 6; 16 S. 126; 24 S. 307; 29 S. 173, 332; 30 S. 385, 33 S. 141, 35 S. 77, 40 S. 6, 87; 41 S. 2.
Sammlung 10 S. 441, 14 S. 120.

Voraussetzung der Aussonderungsberechtigung ist, daß sich der Gegenstand in der Masse befindet, nicht zum Vermögen des G.Schuldners gehört und daß der Berechtigte ein dingliches oder persönliches Recht auf Aussonderung des Gegenstandes aus der Masse hat.

I. Thatsächliche Voraussetzung. Der aussonderungspflichtige Gegenstand muß sich in der Masse befinden. Hat ihn der

Verwalter veräußert, so hat der Aussonderungsberechtigte einen nach § 172 der Präklusion unterworfenen Masseanspruch auf die Gegenleistung oder auf Abtretung des Rechtes auf diese. § 46. Wird dieser Anspruch vom Berechtigten nicht verfolgt, so kann dieser gegen den Erwerber nur vorgehen, wenn ihm die Vorschriften des bürgerlichen Rechtes nicht entgegenstehen. § 892, 893, 933 fg. BGB.; § 366, 367 HGB. L. Seuffert S. 91; Mandry S. 336; Willenbch. S. 92. Vgl. RG 6 S. 312; 13 S. 180; Rass K. 25 S. 1014; Seuffert Arch. 35 Nr. 294; 37 Nr. 355.

Der Gegenstand darf nicht zum Vermögen des G.Schuldners gehören. Weder die Anfechtungsberechtigung noch der obligatorische Anspruch gegen den G.Schuldner auf Gewährung eines diesem selbst gehörigen Vermögensstückes begründen eine Aussonderungsberechtigung. RG. 13 S. 6; 40 S. 6; v. Wilm. S. 175; Pet u. Kl. S. 180; Willenbch. S. 90; Mandry S 330. Ebensowenig, wenn der G.Schuldner als Verwahrer den deponierten Gegenstand verpfändet, der nur obligatorische Anspruch des Deponenten auf den nicht real abgesonderten Verkaufserlös. RG. 24 S. 307; RG. JW. 1893 S. 268, 269.

II. Rechtliche Voraussetzung. Der Berechtigte muß nach Maßgabe des bürgerlichen Rechtes entweder ein dingliches oder ein gegen den G.Schuldner wirksames persönliches Recht auf Herausnahme des Gegenstandes haben. Das Recht darf weder auf die Befriedigung eines Guthabens aus dem Gegenstande gehen, noch darf der Berechtigte diesen dem G.Schuldner mit der Absicht überlassen haben, hieran Eigentum zu übertragen. L. Seuffert S. 91, 93. § 4 EG. z. KO. Mandry S. 331 fg.

Im einzelnen können z. B das Eigentum, das Miteigentum, das Recht auf den Besitz — § 861, 1007 BGB.; RG. 14 S. 365; 34 S. 422; Seuffert Arch. 45 Nr. 152 — die dinglichen Rechte, wie die Servitutenberechtigungen, der Nießbrauch, das Erbbaurecht und das dingliche Verkaufsrecht — § 1094 fg. BGB — den Aussonderungsgrund bilden. L. Seuffert S. 92. v. Wilm. S. 175; v. Sarw. S. 301; Mandry S. 330. Ferner Aktivforderungen, die Verbietungsrechte nicht dinglichen Charakters wie das Urheber- Markenschutz- Patentrecht. Mandry S. 330; L. Seuffert S. 93; Willenbch. S. 90. Gegenstände, welche zur Sicherung einer künftigen Vertragserfüllung gegeben wurden, sind aussonderungspflichtig, wenn der Verwalter den Vertrag nicht erfüllen will. RG. 33 S. 141. § 16, 26. Der Kommittent kann im Konkurse des Kommissionärs die Aussonderung der Forderungen aus Geschäften verlangen, welche der Kommissionär abgeschlossen hat. § 392 II HGB. L. Seuffert S. 93.

Aussonderungsberechtigt sind auf Grund obligatorischen Rechtes alle die, welche von dem G Schuldner die Herausgabe eines nicht zum Eigentum überlassenen Gegenstandes verlangen können, z. B. der Verleiher, Vermieter, Verpächter, der Deponent hinsichtlich des hinterlegten, der Kommittent hinsichtlich des dem Kommissionär überlassenen Gegenstandes. L. Seuffert S. 93; v. Wilm. S. 177.

Die Zurückforderung von Wechseln und anderen durch Indossament übertragbaren Urkunden im Aussonderungswege aus der K.Masse, sofern sie dem G.Schuldner nur behufs Einziehung oder mit der Bestimmung übertragen worden sind, daß sie nur zur Sicherstellung des G.Schuldners dienen sollen, obwohl das Indossament den Zusatz zur Einziehung, Sicherung oder eine ähnliche beschränkende Klausel nicht enthält, ist statthaft. Prot S. 28 fg.; 127 fg.; 163 fg.; RG. JW. 1890 S. 373; 94 S. 181; RG Bolze 10 Nr. 884; Rass.K 35 S. 996; Seuffert Arch. 46 S. 144; v. Wilm. S. 176; v. Sarw. S. 317; Willenbch. S. 91 A.M. L. Seuffert S. 93 u. 94; Grünhut Wechselrecht 2 S. 191, 144.

Bei Verträgen zu Gunsten Dritter z. B. Lebensversicherungen hat der Dritte eine Aussonderungsberechtigung, wenn ihm aus dem Vertrage ein selbständiges Recht zusteht. RG 1 S. 188, 380; 2 S. 272; 3 S. 104; 11 S. 173; 16 S. 126; 29 S. 173, 232. § 328–335 BGB. Endemann BGB 1 S. 547 fg.

III. Die Geltendmachung des Aussonderungsrechtes erfolgt gegen den Verwalter außergerichtlich oder im Klagewege. Er ist zur Ausscheidung des fremden Gegenstandes, sobald er von den Rechtsverhältnissen Kenntnis erlangt, verpflichtet, bedarf unter der Voraussetzung des § 132 Nr 2 hiezu der Genehmigung des G.Ausschusses, kann im Aufsichtswege zur Herausgabe nicht angehalten werden und braucht sich um die Auseinandersetzung zwischen Aus- und Absonderungsansprüchen hinsichtlich dieses Gegenstandes nicht zu kümmern. JW 1883 S. 123; RG. JW. 1895 S. 43, 167. v. Sarw. S. 303; Pet u. Kl. S. 92

Die im Gerichtsstande des § 17 und ev. § 24 CPO, nicht aber in dem des Erfüllungsortes zulässige Klage ist die Leistungsklage, die Feststellungsklage nur, wenn ein Interesse an der alsbaldigen Feststellung des Rechtsverhältnisses vorhanden ist. RG. 31 S. 392 RG. JW. 1893 S. 305 L. Seuffert S. 90; Pet u. Kl. S. 178; Mandry S. 330; Willenbch. S. 92. Eine vom G.Schuldner über den Gerichtsstand getroffene Vereinbarung ist auch für den Verwalter maßgebend. RG JW 1894 S. 181; Rass.K 38 S. 1169.

Der Klagegrund deckt sich mit dem Rechtsverhältnisse des Aussonderungsgrundes. Der Anspruch geht auf Herausgabe des Gegenstandes in dem Zustande, wie er sich in der Masse befindet. Ersatzansprüche wegen Verschlechterungen, gezogener Früchte u.s.w sind K.Forderungen. v. Wilm. S. 178; Willenbch. S. 92; Dernburg Pandekten 2 S. 289. Vgl. § 14, 15 AG. v. Sachsen-Weimar.

Verfolgungsrecht. **§ 44.** (§ 36.)

I. Der Verkäufer oder Einkaufskommissionär kann Waren, welche von einem anderen Orte an den Gemeinschuldner abgesendet und von dem Gemeinschuldner noch nicht vollständig bezahlt sind, zurückfordern, sofern nicht dieselben schon vor der Eröffnung des

Verfahrens an dem Orte der Ablieferung angekommen und in den Gewahrsam des Gemeinschuldners oder einer anderen Person für ihn gelangt sind.

II. Die Bestimmungen des § 17 finden Anwendung.

E. I. 41. P. 16—28.

RG. 8 S. 79, 86; 18. S. 161; 27 S. 84; 31 S. 137; 32 S. 86.

I. Dieser Aussonderungsanspruch ist ein konkursrechtliches Verfolgungsrecht persönlicher Natur. Der Verkäufer oder Einkaufskommissionär kann unbezahlte Waren zurückfordern, wenn sie von auswärts verschickt oder noch unterwegs waren. Das Rückforderungsrecht erstreckt sich auf Waren und Wertpapiere, ohne Rücksicht, ob das Geschäft ein Handelsgeschäft ist. § 1 Nr. 1, 343, 381 I HGB. L. Seuffert S. 95; Pet. u. Kl. S. 186; Kohler S. 174. Gleichgiltig ist, ob der Absender Inländer oder Ausländer ist, ob der Verkäufer noch Eigentümer ist und ob die Veräußerung auf einem Kaufe oder Tausche beruht. § 4 EG. z. KO.; § 515 BGB. L. Seuffert S. 95; Pet. u. Kl. S. 185; v. Wilm. S. 180; Kohler S 177; Willenbch. S. 93; v. Sarw. S. 379. Das Geschäft muß ein Distanzgeschäft — kein Platzgeschäft — sein. RG. 27 S. 87. RG. JW. 1891 S. 180. L. Seuffert S. 95. Kohler 174; Pet. u. Kl. S. 187 Oetker, Verfolgungrecht S. 12. Im Einzelnen ergeben sich folgende Voraussetzungen:

1. Die Forderung des Verkäufers auf den Kaufpreis oder die Forderung des Einkaufskommissionärs auf Erstattung des Preises nebst Auslagen und Provision — § 384 III, 400 I, II, 403, 405 I HGB. Darf durch Zahlung, Aufrechnung oder Annahme an Zahlungsstatt noch nicht vollständig beglichen sein. L. Seuffert S. 85. Die Bilanzierung des Saldos bei laufender Geschäftsverbindung schließt das Recht aus, nicht aber die Kreditierung oder Sicherstellung oder die Annahme eines Wechsels „zahlungshalber". RG. 27 S. 89; ROHG. 23 S. 106, 316 L. Seuffert S. 96; v. Sarw. S. 328; Willenbch. S. 94; v. Wilm S. 181; Pet. u. Kl. S. 188; v. Völd. 1 S. 463.

2. Die Ware darf zur Zeit der K.Eröffnung noch nicht in den Gewahrsam des G.Schuldners übergegangen sein. RG. 31 S. 137. Das Recht ist also ausgeschlossen, wenn der Schuldner schon vorher in den Gewahrsam der Ware gelangt ist, nicht aber, wenn der Verwalter nachträglich den Gewahrsam verlangt. Gewahrsam ist gleich dem Besitz des BGB. § 854, 855, 868 BGB. L. Seuffert S. 96. Der Empfang des Frachtbriefes, Konnossementes oder Ladescheins bewirkt keine Besitzerlangung Mot. S. 167. RG. 8 S. 167; 27 S. 86; 32 S. 86. L. Seuffert S. 96; Kohler S. 173; v. Sarw. S. 332; Willenbch. S. 95.

Der Ort der Ablieferung bestimmt sich nach dem Vertrage eventuell nach dem gesetzlichen Erfüllungsort; er kann während des Transportes vertragsmäßig geändert werden. RG. JW. 1885 S 283; Seuffert Arch. 41 S. 246; ROHG. 22 S. 68. L. Seuffert S. 96; Pet. u. Kl. S. 189; v. Wilm. S. 181.

Wenn der G.Schuldner den Besitz vor der K.Eröffnung erlangt hatte, die Ware aber von ihm vor der K.Eröffnung oder nach derselben vom Verwalter zur Verfügung gestellt wurde, so ist der Absender nach § 43 auf Grund seines Eigentums aussonderungsberechtigt. RG 18 S. 161. L. Seuffert S. 96.

3. Das Rückforderungsrecht ist ausgeschlossen, wenn der Verwalter nach § 17 den Vertrag auf Rechnung der Masse erfüllt. § 17, 44 II Die Voraussetzungen des § 17 — nicht vollständige Erfüllung von beiden Teilen — müssen gegeben sein. v. Wilm. S. 182; Willenbch. S. 96; L. Seuffert S. 96, 97. AM. Pet. u. Kl. S. 192; v. Völd. 1 S 467. Eine Erklärung des Verwalters über das ihm zustehende Wahlrecht ist aber nicht Bedingung für die Ausübung des Rückforderungsrechtes.

II. Wirkung des Verfolgungsrechtes. Die Erfüllung aus dem Vertrage gilt als nicht geschehen, Besitz und Eigentum als nicht aufgegeben, das Eigentum ex tunc auf den Moment der Absendung zurückgefallen. Mot. S. 168. RG. 8 S. 84, 27 S. 84; 31 S. 137; 32 S. 19; v. Sarw. S. 329; Pet. u. Kl. S. 195; v. Völd. 1 S. 467; Willenbch. S. 95; v. Wilm. S 182. AM. Oetker 1 S. 34. Die Waren gehören daher nicht zur K.Masse. Weder der G.Schuldner noch der Verwalter sind über sie verfügungsberechtigt. L. Seuffert S. 96. Das Rückforderungsrecht ist gegen den Verwalter, den G.Schuldner und den Dritterwerber verfolgbar, insoweit nicht dieser nach § 933—935, 1207 BGB., § 366, 367 HGB. hinsichtlich seines Erwerbes geschützt ist. Mot. S. 169, 170. RG 8 S. 80; 32 S. 19; ROHG. 6 S. 298; 10 S. 70; 12 S. 394; 24 S. 345. L Seuffert S. 96. v. Wilm. S. 183; Willenbch. S. 96; Pet. u. Kl. S. 196.

III. Die Geltendmachung des Verfolgungsrechtes erfolgt außergerichtlich oder gerichtlich durch Klagestellung, setzt aber den Nachweis der Identität der beanspruchten Ware mit der abgesendeten voraus. Mot. S. 168. v. Wilm. S. 183; Willenbch. S. 96; Pet. u. Kl. S. 197.

Aussonderungsrecht der Ehefrau.

§ 45. (§ 37.)

Die Ehefrau des Gemeinschuldners kann Gegenstände, welche sie während der Ehe erworben hat, nur in Anspruch nehmen, wenn sie beweist, daß dieselben nicht mit Mitteln des Gemeinschuldners erworben sind.

E. I. 42—45. P. 88—92, 94.

RG. 3 S. 203, 251; 8 S. 102; 9 S. 92; 14 S. 21; 31 S. 336.

Die Eröffnung des Konkurses über das Vermögen des Mannes soll die Eigentumsrechte der Ehefrau weder erweitern noch beschränken. Die Bestimmung in § 45 dient zum Schutze der Gläubiger. Mot. 175 fg Sie wird durch die Vermutung des § 1362 BGB. nicht berührt, welche auch die Frau der Beweislast nicht enthebt. Mot. IV S. 137. Denkschrift z. BGB. S. 183.

Prot IV. S. 112. Bl. f. RA. 64 S. 17; Staudinger 4 S. 84; L. Seuffert S. 98

I. Gegenstand der Aussonderungsberechtigung ist das von der Frau während der Ehe erworbene Vermögen. Für dieses tritt die besondere Beweislast des § 45 ein. Für die vor Eingehung der Ehe erworbenen Gegenstände gilt diese Bestimmung nicht. Die Frau muß hier nur den Eigentumsbeweis erbringen. v. Sarw S 363. L. Seuffert S. 98.

Die Aussonderungsberechtigung bemißt sich nach den Vorschriften des bürgerlichen Rechtes. Die Frau ist im gesetzlichen Güterstande der Verwaltung und Nutznießung auf das eingebrachte und vorbehaltene Gut, bei der Gütertrennung auf ihr ganzes Vermögen, bei der allgemeinen Gütergemeinschaft auf das Vorbehaltsgut und bei der Errungenschafts- und Fahrnisgemeinschaft auf das vorbehaltene und eingebrachte Gut aussonderungsberechtigt. § 1419, 1421, 1426 fg, § 1440 fg., 1486, § 1519 fg., § 1549 fg. BGB. L. Seuffert S. 98.

II. Die Gegenstände dürfen nicht mit Mitteln des Mannes erworben sein. Die Ehefrau kann das während der Ehe Erworbene nur in Anspruch nehmen, wenn dieser Erwerb mit Mitteln bewirkt worden ist, die im Augenblick des Erwerbes nicht oder nicht mehr dem Ehemann gehören. Pet. u. Kl. S. 200. v. Wilm. S. 189. Die Mittel des Mannes können aus dessen Vermögen herrühren oder aus den Nutzungen des eingebrachten oder des Gesamtgutes oder aus den Beiträgen stammen, welche die Frau aus den Einkünften ihres Vermögens, oder aus den Erträgnissen ihrer Arbeit oder ihres selbständigen Erwerbsgeschäftes ihrem Manne überlassen hat. § 1371, 1383, 1427 I, 1441 BGB. L. Seuffert S 98. Ist der Gegenstand nur teilweise mit Mitteln des Mannes erworben, so ist nur ein aliquoter Teil auszusondern. Prot. S. 38. L. Seuffert S. 98; v Wilm. S. 190; Willenbch. S. 98. Eine besondere Vermutung gilt nach § 1527 BGB. außerdem noch für die Errungenschaftsgemeinschaft.

Was die Frau auf Grund giltigen Rechtsgeschäftes von dem Manne selbst erworben, fällt nicht unter § 45. Der Erwerb kann aber anfechtbar sein § 31 Nr. 2, § 32 Nr. 2. Prot. S. 37. RG. 14 S. 21 Pet. u Kl. S 200; v. Sarw. S 364; L. Seuffert S. 98. Hat die Ehefrau mit Mitteln des Mannes erworben, diese aber dem Manne erstattet, so ist kein Erwerb mit Mitteln des G.Schuldners gegeben L. Seuffert S 91.

III. Beweispflicht Die Ehefrau und ihre Erben, nicht aber die vor der K.Eröffnung eingetretenen Sonderrechtsnachfolger — L. Seuffert S. 91; Seuffert Arch. 48 Nr. 238 — haben, auch wenn sie im Besitze oder bei Grundstücken oder Forderungen als Berechtigte eingetragen sind, den Nachweis des Eigentumserwerbes an und für sich und hiezu noch den besonderen Nachweis zu führen, welche Mittel zum Erwerbe verwendet wurden und aus welcher Kette von Rechtsgeschäften der Erwerb sich herleitet Mot. S 180 Eine Eidesauflage dahin, daß der Erwerb nicht mit Mitteln des Mannes erfolgt ist, ist unzulässig. § 445 CPO Bayer. oberst. LG. in Seuffert Arch. 42 S. 102. v. Wilm. S. 191; Willenbch. S. 98.

Pet. und Kl. S. 199. Erbringt die Ehefrau diesen Nachweis nicht, so muß ihr entweder im Klage- oder im Einredewege geltend gemachter Aussonderungsanspruch zurückgewiesen werden. Der Gegenstand wird zur Masse gezogen, mit dieser verwertet und die Ehefrau hat keinen Entschädigungsanspruch gegen die Masse. v. Sarw S 359 fg Mandry S 332 fg. Vgl. Baden: § 29—33 AG; Hamburg § 1 AG. z. KO

Ersatzberechtigung.

§ 46. (§ 38.)

Sind Gegenstände, deren Aussonderung aus der Konkursmasse hätte beansprucht werden können, vor der Eröffnung des Verfahrens von dem Gemeinschuldner oder nach der Eröffnung des Verfahrens von dem Verwalter veräußert worden, so ist der Aussonderungsberechtigte befugt, die Abtretung des Rechts auf die Gegenleistung, soweit diese noch aussteht, zu verlangen. Er kann die Gegenleistung aus der Masse beanspruchen, soweit sie nach der Eröffnung des Verfahrens zu derselben eingezogen worden ist.

E. I. 46. P 23. 25. 28. 44.

RG. 8 S. 204, 28 S. 147, 40 S. 87, 41 S 2.
Sammlung 14 S. 120

I. Voraussetzung und Umfang dieser Ersatzberechtigung. Die Bestimmungen in § 43—45 regeln die Aussonderung des in der Masse vorhandenen Gegenstandes, § 46 erklärt den Aussonderungsberechtigten für befugt, bei entgeltlichen Veräußerungen des auszusondernden Gegenstandes vor oder nach der K.Eröffnung die Abtretung des Rechtes auf die noch ausstehende Gegenleistung oder — dies aber nur, wenn die Gegenleistung nach der K Eröffnung in die Masse einbezogen worden ist, die Ausfolgung derselben aus der Masse als Masseschuld zu verlangen. Mandry S 335; L. Seuffert S. 99; Hellwig im Archiv für die civ. Praxis Bd 58 S. 234 fg. Unter die entgeltliche Veräußerung fällt nicht die Verpfändung oder Hingabe an Zahlungsstatt. Der Anspruch auf Abtretung der Forderung erstreckt sich auch auf deren accessorische Rechte v Sarw. S 371 L. Seuffert S 100. In beiden Fällen ist der Anspruch persönlicher Natur, bezweckt die Herausgabe der Bereicherung, auch wenn diese auf dem Einzug einer Forderung beruht und richtet sich gegen den Verwalter. RG. Bolze 1 Nr. 952; Hellwig a. a. O. S. 217; Mandry S 336; L. Seuffert S. 100; Willenbch. S. 99; v. Wilm. S 191. Eine analoge Anwendung auf Absonderungsrechte ist ausgeschlossen. RG. 28 S. 147

Dieser Ersatzanspruch ist ein Masseanspruch nach § 59 Nr. 3. L. Seuffert S. 100. AM Hellwig a. a. O. S. 242 fg. Gleichgiltig ist, ob die Veräußerung berechtigt oder unberechtigt, freiwillig oder im Zwangsvollstreckungswege erfolgt ist oder ob der G.Schuldner kraft eheherrlicher oder väterlicher Gewalt veräußert hat. Entscheidend ist lediglich, ob die Aussonderung selbst verlangt werden könnte, wenn der Gegenstand sich noch in der Masse befände. Mandry S. 336; Willenbch. S. 99; Fitting S. 204; v. Sarw. S. 371: Pet. und Kl. S. 203.

II. Diese Schutzbestimmung für den Aussonderungsberechtigten schließt die Verfolgung gegen den Dritterwerber nicht aus, falls dieser nicht nach den Vorschriften des bürgerlichen Rechtes hinsichtlich seines Erwerbes gesichert ist. § 892, 893, 933 fg. Bgl.; § 366, 367 HGB. L. Seuffert S. 100; v. Wilm. S. 193. Erhält der Berechtigte den Gegenstand von dem Dritten, so ist sein Recht aus § 46 konsumirt. Der Bewalter kann die Ersatzpflicht der Masse nach § 46 nicht durch Verweisung auf die mögliche Verfolgung gegen Dritte ablehnen. v. Wilm S. 192. Willenbch. S. 100. Der Dritte kann sich an die Masse halten oder gegen den G.Schuldner einen Entschädigungsanspruch als K.Forderung liquidiren. v. Völd. 1 S. 485. Die Schutzbestimmung des § 46 läßt allenfallsige Schadensersatzansprüche des Berechtigten gegen G.Schuldner oder K Verwalter unberührt. RG. JW. 1890 S. 373; ROHG. 9 S. 165, 169. v. Wilm. S. 193; Pet. und Kl. S. 204; Willenbch. S. 100; Hellwig a. a. O. S 243.

Fünfter Titel.

Absonderung.

Vorbemerkung.

Dieser Titel regelt die Absondernng, § 47 die Absonderungsansprüche an Immobilien, § 48 an Mobilien; § 49 stellt das gesetzliche Pfandrecht, das Pfändungspfandrecht und die in Nr. 1, 3 und 4 aufgeführten Zurückbehaltungsrechte dem Absonderungsrechte und dem rechtsgeschäftlichen Pfandrechte gleich, § 50 enthält das Verbot einer Cession an Ausländer zur Anwendung eines ausländischen Absonderungsrechtes, § 51 regelt das Absonderungsrecht des Gemeinschaftsteilhabers an dem in die K Masse fallenden Anteil des G.Schuldners und § 52 gibt einen landesrechtlichen Vorbehalt für die abgesonderte Befriedigung aus Lehen, Stammgütern und Familienfideikommissen.

Die Novelle hat mit Rücksicht auf § 864, 865 CPO., § 10, 155 ZVG. den § 47 neu gefaßt und den Absatz II als gegenstandslos gestrichen, in § 48 in Uebereinstimmung mit der Diktion des BGB. an Stelle der Bezeichnung „Faustpfandrecht“ die Wendung, ein durch Rechtsgeschäft bestelltes Pfandrecht gesetzt, in § 49 II einen Vorrang der Kassenansprüche aus Nr. 1 vor den Absonderungsansprüchen in § 48 und 49 Nr. 2 bis 4 eingeführt, in § 49 Nr. 2 die bisher in Nr. 2 bis 6 und 8 enthaltenen Pfandrechte und das

Pfändungspfandrecht zusammengefaßt, in § 49 Nr. 2 das Pfandrecht des Vermieters und Verpächters entsprechend den Vorschriften des BGB. geregelt und schließlich § 43 a. F. als durch die Bestimmung über die K.Verwaltung und den K Konkurs gegenstandslos geworden, gestrichen.

Absonderungsrecht an Immobilien.

§ 47. (§ 39.)

Zur abgesonderten Befriedignug dienen die Gegenstände, welche der Zwangsvollstreckung in das unbewegliche Vermögen unterliegen, für diejenigen, welchen ein Recht auf Befriedigung aus denselben zusteht.

E. I. 47. P. 31, 46–71 263. 266—271. Nov. § 39 Begr. 28. 24.

RG. 3 S. 289; 4 S. 337; 8 S. 103; 6 S. 11; 13 S. 296; 20 S. 135; 27 S. 188; 32 S. 104; 40 S. 6.

Sammlung 9 S. 461; 10 S. 444; 11 S. 607, 634; 15 S. 157.

I. Der Absonderungsanspruch im Allgemeinen. Das Aussonderungsrecht betrifft Gegenstände, welche nicht zur K.Masse gehören, das Absonderungsrecht Gegenstände, die zur K.Masse gehören, jedoch zu vorzugsweise Befriedigung einzelner Gläubiger dienen. L. Seuffert S 101; Mandry S. 337; Fitting S. 170. Absonderungsberechtigt ist, wer aus einem zur K.Masse gehörigen Gegenstande die vorzugsweise Befriedigung seines Guthabens vor den K.Forderungen verlangen kann. L. Seuffert S. 100; v. Sarw S. 375; Willenbch. S. 101; v. Wilm. S. 194. Der Absonderungsanspruch ist kein selbständiges Recht; er gründet sich auf ein außerhalb des Konkurses bestehendes Recht, das vor der K.Eröffnung entstanden sein muß. L. Seuffert S. 102. Der G.Schuldner kann, braucht aber nicht persönlicher Schuldner des Absonderungsberechtigten sein § 64. Die abgesonderte Befriedigung erfolgt außerhalb des K Verfahrens § 4 II. RG. 23 S. 54; 33 S. 119; Mandry S. 337. Bl. f. RA. 64 S. 76. Der Absonderungsanspruch, den der Verwalter jeder Zeit durch Befriedigung des Absonderungsberechtigten beseitigen kann, ist bis zur Beendigung des Konkurses außergerichtlich oder gerichtlich — durch Leistungsklage oder nach den Umständen durch Feststellungsklage — gegen den K.Verwalter geltend zu machen. § 133 Nr. 2. L. Seuffert S. 103, 105; Fitting S. 186. Der Verwalter hat selbst das Betreibungsrecht nach § 126, 127. Hat der Verwalter einen Absonderungsberechtigten befriedigt, so kann er das Recht selbst geltend machen. § 268, 401, 412, 1150 BGB. v. Wilm. S. 102; Willenbch. S. 102. Den Absonderungsberechtigten trifft die Anzeige- und Vorzeigepflicht nach § 118, 120. Sowohl von dem Verwalter als von dem Gegner können Rechtsstreite über Absonderungsrechte aufgenommen werden § 11.

Die Absonderungsrechte ergeben sich aus § 47 bis 52 im

Zusammenhalte mit § 221 I, 236 und aus § 11 bis 13 EG. z. KO. L. Seuffert S. 106.

II. Absonderungsrecht an Immobilien. Die Neufassung des § 47 ist mit Rücksicht auf § 864, 865 CPO, § 10, 155 ZVG. erfolgt. Dadurch ist Abs II des § 39 a. F. als gegenstandslos in Wegfall gekommen. Begr S. 24.

Der Zwangsvollstreckung in das unbewegliche Vermögen sind die Grundstücke, die den Grundstücken gleichgestellten Berechtigungen — § 1017 BGB.; Art 63, 67–69, 196 EG. z. BGB. — die im Schiffsregister eingetragenen Schiffe und mit ihnen die Gegenstände unterworfen auf welche sich bei Grundstücken, Berechtigungen und Schiffen das eingetragene Pfandrecht erstreckt. § 864, 865 CPO. L. Seuffert S. 108; Endemann BGB. 1 S. 504. Derartige Rechte auf abgesonderte Befriedigung bestehen an Grundstücken: bei der Schuld einer Rente für den Ueberbau und für den Notweg — § 912 bis 917 BGB. bei der Reallast für einzelne Leistungen — § 1105, 1107 BGB. — bei der Hypothek, Grund- oder Rentenschuld und bei dem Rechte des Gläubigers, der die Beschlagnahme eines Grundstücks erwirkt hat. § 10 Nr. 5, 20, 23 I ZVG ; § 13 KO ; § 135, 136 BGB. L. Seuffert S. 108; Maenner S. 124, 127 Die Rangordnung der aus der Immobiliarmasse zu berichtigenden Ansprüche ist in § 10, 155 ZVG. bestimmt. Begr. S. 24. Die abgesonderte Befriedigung aus einem im Schiffsregister eingetragenen Schiffe erfolgt entweder auf Grund eines Pfandrechts oder auf Grund einer Beschlagnahme § 864, 865 CPO; § 162 bis 171 ZVG.; § 1259 bis § 1272 BGB.; § 679 fg ; § 755 fg HGB.; Ges v. 25. Oktober 1867, 28. Juni 1873, 15. April 1885 und 23. Dezember 1888 betr die Kauffahrteischiffe; § 102 fg., 120, 131 fg des Binnenschifffahrtsgesetzes vom 15. Juni 1895 in der Fassung der Bekanntmachung vom 20. Mai 1898 RGBl. S 868. L Seuffert S. 109; Endemann BGB 2 S. 563 fg Die Bestellung des Pfandrechts erfordert die Eintragung im Schiffsregister § 1260 BGB ; § 100 fg. FGB. Die Vollstreckung in Anteile an solchen Schiffen — Schiffsparten — geschieht nach den Normen der Mobiliarvollstreckung § 858 865 CPO ; Endemann BGB. 2 S 567; L. Seuffert S. 108.

III. Uebergangsbestimmung Die vor dem Inkrafttreten des BGB. erworbenen Absonderungsrechte an Grundstücken bemessen sich gemäß Art VI EG. z K.Novelle und § 39 KO. a. F. nach den landesrechtlichen Vorschriften. L Seuffert S 36, 107. Bis zur Anlage des Grundbuchs gelten insbesondere die landesgesetzlichen Normen über die Immobiliarvollstreckung. Art. 186, 187 EG. z BGB.; § 82 GBO.: § 1 EG. z. ZVG.: Art. I EG. zur Zivilprozeßnovelle. Vgl. Art. 46 fg., Art 116 fg. bayer. Ueberg. Ges. vom 9. Juni 1899

Absonderungsrecht an Mobilien.

§ 48. (§ 40.)

Gläubiger, welche an einem zur Konkursmasse

gehörigen Gegenstand ein durch Rechtsgeschäft bestelltes Pfandrecht haben, können aus den ihnen verpfändeten Gegenständen abgesonderte Befriedigung wegen ihrer Pfandforderung verlangen, zunächst wegen der Kosten, dann wegen der Zinsen, zuletzt wegen des Kapitals.

E. I. 48. P. 32. 263. 264. Nov. § 40. Begr 24. Mat. 170.

RG. 2 S. 94, 3 S. 289. 5 S. 340, 7 S. 88; 8 S. 113; 12 S. 223, 15 S. 55, 19 S. 28, 20 S. 135. 22 S. 331, 25 S. 288.
Sammlung 12 S. 147; 13 S. 452.

I. § 48 betrifft das Absonderungsrecht an Gegenständen — Sachen und Rechten — welche der Mobiliarvollstreckung unterworfen sind. L Seuffert S. 107. Die Novelle hat in Uebereinstimmung mit der Diktion des BGB. an Stelle der Bezeichnung Faustpfandrecht die Wendung durch Rechtsgeschäft bestelltes Pfandrecht gesetzt und den zusammenfassenden Ausdruck Gegenstand statt bewegliche Sache, wie im Entwurf der Novelle vorgeschlagen, gewählt. Begr. S. 24. Mat. S. 170.

Die Art der Bestellung von Pfandrechten durch Rechtsgeschäft ergibt sich aus § 1204 bis 1207, 1259, 1260, 1274, 1280, 1291 bis 1293 BGB. und aus § 366, 367, 369 fg. HGB. L. Seuffert S. 109; Endemann BGB. 2 S. 541; Cosak HR. S. 150; Männer S. 350, Der verpfändete Gegenstand muß für Dritte erkennbar aus dem Machtbereiche des Schuldners ausgeschieden sein. Mandry S 347; Endemann BGB 2 S 541; RG. 25 S. 288. Der Gläubiger wird durch die Uebergabe der Sache unmittelbarer Besitzer. § 868, 1205 BGB. Fremde Sachen gehören nicht zur Masse und ein hieran bestelltes Pfandrecht ist nicht nach der KO zu beurteilen. RG. 22 S. 331; v. Wilm. S. 201; Willenbch. S 102; Pet und Kl. S. 211.

Das Absonderungsrecht kommt dem Gläubiger nur für die Pfandforderung zu. Mot. S. 206. Die Befriedigung umfaßt außer dem Kapital die Zinsen und Kosten. Mandry S. 348; L Seuffert S. 112. v. Sarw. S 409; Willenbch. S. 103; v. Wilm. S. 201; Fitting S 171; Pet. und Kl. S. 212 Reicht der Erlös aus dem absonderungspflichtigen Gegenstand nicht zu, so gelten in folgender Rangordnung als gedeckt: zuerst alle Kosten, welche nach der Pfandbestellung erwachsen sind und für welche das Pfand haftet, dann die Zinsen, im Gegensatze zu § 63 Nr 1, 64 einschließlich der nach der K Eröffnung laufenden und schließlich der treffende Teilbetrag des Kapitals v. Sarw. S. 409; Willenbch. S. 103; Fitting S 171. Die Rechte aus § 49 Nr. 1 haben nach der Neubestimmung in § 49 II Vorrang vor den Rechten in § 48. Die Rangordnung der mehreren Pfandrechte unter sich bemißt sich nach dem Alter ihrer Entstehung. Endemann BGB. 2 S. 577; v. Sarw. S. 410. § 1208, 1209 BGB.

II. Uebergangsbestimmung. Die vor dem 1. Januar 1900 entstandenen Pfandrechte bestimmen sich nach § 40 KO. a F. und § 14 bis 16 EG. z. KO., welche bisher für die Begriffsbestimmung des Faustpfandrechtes maßgebend waren, und nunmehr durch Art. II Nr. 4 EG. z. K.Novelle aufgehoben sind. Art. VI. EG. z. K.Novelle; L. Seuffert S. 109; Mandry S. 347; Endemann BGB. 1 S. 41; Seuffert Arch. 46 Nr. 1.

Pfand- und Zurückbehaltungsrechte.

§ 49. (§ 41.)

I. Den im § 48 bezeichneten Pfandgläubigern stehen gleich:

1. die Reichskasse, die Staatskassen und die Gemeinden, sowie die Amts-, Kreis- und Provinzialverbände wegen öffentlicher Abgaben, in Ansehung der zurückgehaltenen oder in Beschlag genommenen zoll- und steuerpflichtigen Sachen;
2. diejenigen, welche an gewissen Gegenständen ein gesetzliches oder ein durch Pfändung erlangtes Pfandrecht haben; das dem Vermieter und dem Verpächter nach den §§ 559, 581, 585 des Bürgerlichen Gesetzbuchs zustehende Pfandrecht kann in Ansehung des Mieth- oder Pachtzinses für eine frühere Zeit als das letzte Jahr vor der Eröffnung des Verfahrens; sowie in Ansehung des dem Vermieter oder dem Verpächter in Folge der Kündigung des Verwalters entstehenden Entschädigungsanspruchs nicht geltend gemacht werden; das Pfandrecht des Verpächters eines landwirtschaftlichen Grundstücks unterliegt in Ansehung des Pachtzinses der Beschränkung nicht;
3. diejenigen, welche etwas zum Nutzen einer Sache verwendet haben, wegen des den noch vorhandenen Vorteil nicht übersteigenden Betrags ihrer Forderung aus der Verwendung, in Ansehung der zurückbehaltenen Sache,
4. diejenigen, welchen nach dem Handelsgesetzbuche in Ansehung gewisser Gegenstände ein Zurückbehaltungsrecht zusteht.

II. Die im Abs. 1 Nr. 1 bezeichneten Rechte

gehen den im Abs. 1 Nr. 2—4 und den im § 48 bezeichneten Rechten vor.

E. I. 49. P. 33 36. III. Nov. § 41. Begr. 24 25.

RG. 1 S. 83; 2 S. 93; 3 S. 289; 7 S. 19, 37, 88. 8 S. 79, 99; 9 S. 361, 424; 12 S. 223; 13 S. 40, 225; 14 S. 2; 15 S. 55; 16 S. 88; 17 S. 384; 18 S. 271 386; 20 S. 136; 25 S. 288; 29 S. 301; 34 S. 100; 37 S. 89; 38 S. 67, 71, 73; 39 S. 74; 40 S. 24.

Sammlung 14 S. 435.

Die Gleichstellung des Absonderungsanspruches in § 49 mit dem in § 48 beschränkt sich auch das konkursrechtliche Gebiet. Mot. S. 217. Fitting S. 174; v. Wilm. S. 202; Willenbch. S. 105. v. Sarw. S. 412. Sie umfaßt aber alle Beziehungen der Pfandgläubiger zur K.Masse. § 4, 48, 64, 118, 120, 127, 153. v. Wilm. S 202. Ueber die rechtliche Natur der hier gewährten Absonderungsrechte und über die Art und Weise ihrer Ausübung entscheidet das bürgerliche Recht. Mot. S. 218 v. Sarw. S. 413; Mandry S. 350; Willenbch. S. 105; Fitting S. 174; Pet. u. Kl. S. 216; v. Völd. 1 S. 509; v. Wilm S. 203. RG. JW. 1891 S. 10; RStr. 6 S. 303.

Die Novelle hat nun in Abs. II. eine Rangordnung insofern eingeführt, als sie im Anschlusse an § 6 des preußischen AG. z. KO. v. 6. März 1879 den unter Nr. 1 aufgeführten Ansprüchen mit Rücksicht darauf, daß die Zoll- und Steuerpflicht jeden trifft, dem ein Recht an der Sache zusteht, den Vorrang gegenüber allen anderen Absonderungsrechten in § 48, 49 eingeräumt hat. Begr. S. 24. Das nach § 14, 100 des Vereinszollgesetzes v. 10. Juli 1869 begründete Absonderungsrecht gewährt ein unbedingtes Vorrecht vor allen anderen konkurrierenden Absonderungsrechten. v. Sarw. S. 416; L. Seuffert S. 112. Die Rangverhältnisse der nach § 49 Absonderungsberechtigten bestimmen sich im übrigen nach bürgerlichem Rechte.* § 1208 BGB; § 366 II., III., 443, 623, 648, 696, 725, 776, 777 HGB. § 804 III. CPO. Mot. S. 219. L. Seuffert S. 112; Endemann BGB. 2 S. 577; Cosack HR. S. 161; Mandry S. 351; v. Wilm. S. 204; Willenbch. S. 105.

Notwendig ist für die Anwendung des § 49, daß das tatsächliche Verhältniß des Gläubigers zu der Sache, die Sachobligation, zur Zeit der Geltendmachung des Absonderungsrechtes bestanden hat. Veräußert der Verwalter die absonderungspflichtige Sache, so kann der Absonderungsberechtigte sein Recht auf den Erlös geltend machen. RG. 8 S. 99; 14 S. 2. L. Seuffert S. 107, 111; v. Sarw. S. 415; Willenbch. S. 105; Wolff S. 59.

I. Nr. 1. Dieses Zurückbehaltungsrecht gilt nur, wenn die zoll- und steuerpflichtigen Sachen von der zuständigen Behörde zurückbehalten oder in Beschlag genommen sind. § 14, 100 fg.,

---

*) Art. 140 bayer. AG. z. CPO. u. KO. v. 23. Februar 1879 ist durch Art. 166 Nr. XVI. des bayer. AG. z. BGB. aufgehaben. Becher, Materialien Lieferung 7 S. 97.

156 Vereinszollgesetz v. 1. Juli 1869 — BGB. S. 317; Art. 33 bis 40 der Reichs-Verfassung — RGB. S. 72; Prot. vom 15. Oktober und 25. November 1870 — BGB S. 651, 657 –. Prot. v 23. November 1870 — RBG. 1871 S. 25 —. Zollgesetz v. 15. Juli 1879 — RGB. S. 207; § 2, 3, 10, 11 Ges. betr. den Spielkartenstempel – RGB. S 133. Für direkte Steuern kann ein Absonderungsrecht nur durch Pfändungspfandrecht begründet werden. § 49 Nr. 2. Mot. S. 208. L. Seuffert S. 111; Fitting S. 175; Willenbch. S. 106; v. Wilm. S. 205.

II. Nr 2 umfaßt nun nach der Fassung durch die Novelle die bisher in Nr. 2 bis 6 enthaltenen Absonderungsrechte und das bisher in Nr 9 aufgeführte Pfändungspfandrecht, so daß diese Nummer als gegenstandslos in Wegfall kam. Weiter sind die bisher in Nr. 8 aufgeführten Pfandrechte ebenfalls in Nr. 2 übertragen worden. Begr. S. 24, 25.

1) Gesetzliche Pfandrechte.

a. Das auf die pfändbaren eingebrachten Sachen beschränkte Pfandrecht des Vermieters für seine Forderungen aus dem Mietverhältnisse. § 559 bis 562 BGB. L. Seuffert S. 109; Endemann BGB 1 S. 764. Das Pfandrecht des Verpächters für seine Forderungen aus dem Pachtverhältnisse an den eingebrachten Sachen einschließlich der nach § 811 Nr. 4 CPO. der Pfändung entzogenen Sachen und an den Früchten eins landwirtschaftlichen Grundstückes § 581 II., 585 BGB L Seuffert S. 109; Endemann BGB. 1 S. 769, 771. Dieses Pfandrecht des Vermieters und Verpächters kann in Ansehung des Miet- und Pachtzinses für eine frühere Zeit als das letzte Jahr vor Eröffnung des Verfahrens nicht geltend gemacht werden. Das letzte Jahr berechnet sich hinsichtlich des rückständigen und laufenden Zinses vom Tage der K Eröffnung an zurück. L. Seuffert S. 110; v. Sarw. S. 430; Wolff S. 420 AM v. Wilm. S. 209; Willenbch. S. 106. Der nach der K Eröffnung verfallende Zins ist Masseschuld. — § 59 Nr. 2 – jedoch ebenfalls durch das Absonderungsrecht geschützt Das Pfandrecht des Verpächters eines landwirtschaftlichen Grundstückes unterliegt in Uebereinstimmung mit § 585 BGB. in Ansehung des Pachtzinses der zeitlichen Beschränkung nicht. Begr. S. 25. Das Absonderungsrecht des Vermieters oder Verpfänders erstreckt sich nicht auf den ihm durch die Kündigung des Verwalters oder des Erwerbers entstehenden Entschädigungsanspruch. § 19, 21 III KO.; § 57 ZVG. L. Seuffert S. 110. Bisherige Rechtsprechung; RC 7 S. 19; 8 S. 99; 13 S. 39; 14 S. 3; 25 S. 289; 33 S. 116; 34 S. 100; 37 S. 88; 38 S. 66. RC. JW. 1888 S. 289; 1892 S. 480; Seuffert Arch. 40 S. 157; 42 S. 254, 44 S. 333; Rass K. 25 S. 460; 28 S. 1175; Mandry S. 350; v. Wilm. S 205 fg.

b. Das Pfandrecht des Pächters eines Grundstückes für die Forderungen gegen den Verpächter, die sich auf das mitgepachtete Inventar beziehen, an allen in seinen Besitz gelangten Inventarstücken. § 590 BGB. L. Seuffert S. 771, 110; Endemann BGB 1 S 771. Ist der Pächter Eigentümer des Inventares, so ist er aussonderungsberechtigt. § 43

c. Das Pfandrecht des Unternehmers eines von ihm hergestellten oder ausgebesserten Werkes für seine Forderungen aus dem Vertrage an den hergestellten oder ausgebesserten beweglichen Sachen, wenn sie bei der Herstellung oder zum Zwecke der Ausbesserung in seinen Besitz gelangt sind und sich noch darin befinden. § 647 BGB L. Seuffert S. 110; Endemann BGB. 1 S. 790: ROGH. 21 S. 68; v. Sarw. S. 436; v. Wilm. S. 212; Willenbch. S. 110.

d. Das Pfandrecht des Gastwirts für seine Forderungen für Wohnung und andere dem Gaste zur Befriedigung seiner Bedürfnisse gewährten Leistungen, mit Ausschluß der Auslagen, an den eingebrachten Sachen des Gastes. § 705 BGB. L. Seuffert 110; Endemann BGB. 1 S. 814; Cosack HR S. 522; Kohler S. 162; Pet. u. Kl. S. 227; v Wilm S. 211; Fitting S. 177; v. Sarw. S. 431; v. Völd. 1 S. 527; Willenbch. S. 109; RG. 1 S. 84.

e. Die handelsrechtlichen gesetzlichen Pfandrechte: Des Kommissionärs — § 397 HGB. — des Spediteurs — § 410 HGB. — des Lagerhalters — § 421 HGB. — des Frachtführers — § 440, 443 HGB. § 26 BSchG., des Verfrachters — § 623, 674 HGB. — des Vergütungsberechtigten in Havereifällen — § 725 HGB., § 89 BSchG. — der Schiffsgläubiger — 754, 755 HGB., § 20, 21 Strandungsordnung vom 17. Mai 1874, § 97, 102 fg. BSchG. — des Schiffseigners nach § 77 BSchG. und die Pfandrechte nach § 22 und § 28 des Flößereigesetzes vom 15. Juni 1895. L Seuffert S. 110; Mandry S. 349. Hierzu die Absonderungsrechte der Gläubiger der Innungs-Unterstützungskassen nach § 100 c Gew.-Ord, der Gläubiger einer Krankenkasse nach § 73 Krank.-Vers.-Gesetzes und das Absonderungsrecht nach § 133 Landwirtsch.-Unfall-Vers. Mandry S. 344; Willenbch. S. 100

II. Das durch ordnungsgemäße Pfändung seitens eines Beamten oder einer Behörde oder durch zulässige Privatpfändung erworbene Pfändungspfandrecht. § 804, 829, 930 CPO. § 325, 480 StPO; § 140 StGB.; Art. 89 EG. z. BGB. Mandry S. 349, 391 fg; L. Seuffert S. 110. Ob die Pfandanlage im Vollstreckungs-, Arrest- oder Verwaltungswege erfolgt, ist gleichgiltig. Art. 4 fg. bayer. AG. z CPO. und KO. vom 23. Februar 1879.

Die Pfändungsankündigung nach § 845 CPO. allein begründet kein Absonderungsrecht. Das Absonderungsrecht erstreckt sich auch auf den hinterlegten Erlös. RG. 12 S. 223; 14 S. 2; 16 S. 34, 68; 32 S. 103. L. Seuffert S. 111; Wolff S. 59; v. Sarw. S. 441.

III. Nr. 3 stimmt mit Nr. 7 des § 41 a. F. überein, deckt sich aber nicht mit der neugefaßten Bestimmung in Nr. 2. Begr. S. 25. § 1000, 1003 BGB. Voraussetzung für dieses, seiner Natur nach ein persönliches Recht des Gläubigers gegenüber dem Schuldner enthaltende Zurückbehaltungsrecht ist, daß die Verwendung den Nutzen einer zur K.Masse gehörigen beweglichen oder unbeweglichen Sache betrifft d. h. in ihrem wirtschaftlichen Effekt der K.Masse zu Gute kommt, daß dieser Vorteil zu der Zeit besteht, in welcher der Verwalter die Sache zur Masse einziehen will und daß der Berechtigte den Besitz nicht vor der K.Eröffnung verloren hat. Mot. z. I. E. d. BGB. 3 S. 411; Endemann BGB. 2 S. 365; Maenner S. 167; v. Wilm. S. 212; v. Sarw. S. 437; Willenbch. S. 110; Pet. u. Kl. 227; Fitting S. 178. Das Zurückbehaltungsrecht selbst hat seinen Grund im bürgerlichen Rechte. § 102; 273 II, III; 292 II; 304; 347; 450 II; 500; 501; 547 II; 601 II; 652 II; 850; 972; 994 bis 1003; 1049; 1057; 1210 II; 1216; 1466; 2022; 2125; 2185 BGB. L. Seuffert S. 111; Endemann BGB. 2 S. 365 fg.; Maenner S. 167 fg. Das Absonderungsrecht erstreckt sich lediglich auf den Vorteil, welcher der Masse zu Gute kommt, auf den Mehrwert zufolge der Verwendungen. L. Seuffert S. 112; v. Böld. 1 S. 534; Willenbch. 110; v. Wilm. S. 212. Der Absonderungsberechtigte ist für das Vorhandensein und die Höhe des Mehrwertes beweispflichtig. v. Sarw. S. 437. Vgl. § 223 für den N.Konkurs.

IV. Nr. 4. Die bisher hier enthalten gewesenen Pfandrechte sind durch die Novelle in Nr. 2 übertragen worden. Begr. S. 25. Das Absonderungsrecht aus diesen kaufmännischen Zurückbehaltungsrechten ergibt sich aus § 369 bis 372, 615 I, 627, 751, 888 HGB. Der Berechtigte muß auch hier zur Zeit der K.-Eröffnung, die Sache noch in seinem Besitz gehabt haben. RG. 8 S. 81; 15 S. 55; 20 S. 136; 35 S 57; Pet. u. Kl. S. 229; Willenbch. S. 111; Cosack HR. S. 151; L. Seuffert S. 112; Mandry S. 349 Dieses Zurückbehaltungsrecht erstreckt sich nicht auf bloße Beweis- und Legitimationsurkunden. RG. 3 S. 154; 10 S. 40; 29 S. 301; v. Wilm. S. 213.

Kann die Ausübung des Zurückbehaltungsrechtes — § 49 Nr. 1, 3 u. 4 — durch Sicherheitsleistung abgewendet werden, so ist der K.Verwalter dazu befugt. Der Zurückhaltungsberechtigte ist dann an der Sicherheit absonderungsberechtigt. § 273 III BGB; § 369 IV, § 615 I, 751 HGB. L. Seuffert S. 112.

§ 50. (§ 42.)

Untersagung der Cession der Ausländer.

Wer nach der Eröffnung des Konkursverfahrens oder mit Kenntnis des Eröffnungsantrages oder der

Zahlungseinstellung eine Konkursforderung dem im Auslande wohnenden Inhaber eines zur Konkursmasse gehörigen Gegenstandes oder in der Absicht, daß dieser die Forderung erwerbe, einer Mittelsperson abtritt, ist verpflichtet, zur Konkursmasse den Betrag zu ersetzen, welcher derselben dadurch entgeht, daß der Inhaber für die Forderung nach dem Rechte des Auslandes entgegen den Bestimmungen dieses Gesetzes ein Absonderungsrecht an dem Gegenstande ausübt. Die Vorschrift des § 33 findet entsprechende Anwendung.

RG. 9 S. 424; 13 S. 40.
Sammlung 9 S. 45.

Die K.O. gilt nicht im Ausland. § 5. Einem Ausländer, welcher sich im Besitze eines Massegegenstandes befindet, kann hieran nach dem ausländischen Rechte ein Absonderungsrecht zustehen, welches nach der K.O. nicht anerkannt ist. Mot. S. 220. L. Seuffert S. 106; Willenbch. S. 112; v. Sarw. S. 442; § 50 untersagt nun die Cession einer nur auf die Dividende teilnahmsberechtigten K.Forderung zur Anwendung eines ausländischen Absonderungsrechtes. v. Wilm. S. 216. Er bezweckt die Verhütung, daß ein inländischer K.Gläubiger sich nicht durch Benutzung ausländischen Rechtes zum Nachteil der übrigen für seine Forderung mittelbar eine abgesonderte Befriedigung verschaffen könne, auf welche er nach der KO. keinen Anspruch hat. Fitting S. 181. Deshalb muß der K.Gläubiger, der nach der Eröffnung des Verfahrens oder mit Kenntnis des Eröffnungsantrages oder der Zahlungseinstellung seine Forderung dem im Auslande wohnenden Inhaber eines zur K.Masse gehörigen Gegenstandes oder in der Absicht, daß dieser die Forderung erwerbe, einer Mittelsperson abtritt, der K.Masse den Betrag ersetzen, welcher ihr dadurch entgeht, daß der Inhaber ein Absonderungsrecht an dem Gegenstande ausübt. Der Begriff Abtretung umfaßt auch die Indossierung und die Uebertragung eines Inhaberpapieres. L. Seuffert S. 106. Der Abtretende und die Mittelsperson haften als Gesamtschuldner, wenn auch in ihrer Person die Umstände zutreffen, welche die Ersatzpflicht begründen. Mot. 220, 221. L. Seuffert S. 191. Fitting S. 182. Bei einer Teilung der Forderung unter mehrere Personen haftet jeder Teilnehmer nur für den von ihm zustehenden Anteil an der Forderung. v Wilm. S. 217; Willenbch. S. 112; Pet. u. Kl. S. 232. Die Ausschlußfrist des § 33 findet Anwendung. Vgl. für die Aufrechnung § 56.

Der Entschädigsanspruch wird im Konkurse ausschließlich vom Verwalter geltend gemacht und geht nicht auf den G.-Schuldner über. L. Seuffert S. 191. Der Schadensbetrag ergibt sich aus der Differenz zwischen der Summe, welche der Cessionar im Ausland aus dem Absonderungsgegenstand löst, und der Dividende, welche im Inland auf die Forderung des Cedenten gefallen wäre. Willenbch. S. 112. Allein dieser Anspruch auf Dividende kann bei der Geltendmachung des Ersatzanspruches nur insoweit berücksichtigt werden, als sie ihrer Höhe nach bereits feststeht; für den Rest bleibt dem ersatzpflichtigen Schuldner ein Masseanspruch nach § 59 Nr. 3. v. Sarw. S 443; Willenbch. S. 112; Oetker 1 S. 243; v. Wilm. S 217; Pet u. Kl. S. 232; Fitting S. 182. AM. Wolf 239 fg. u. L Seuffert S 107, der die durch Abschätzung zu ermittelnde K.Dividende bei der Schadensberechnung in Abzug bringt.

Absonderungsrecht der Gemeinschaftsteilhaber. § 51. (§ 44).*)

Wer sich mit dem Gemeinschuldner in einem Miteigentume, in einer Gesellschaft oder in einer anderen Gemeinschaft befindet, kann wegen der auf ein solches Verhältnis sich begründenden Forderungen abgesonderte Befriedigung aus dem bei der Teilung oder sonstigen Auseinandersetzung ermittelten Anteile des Gemeinschuldners verlangen.

E. I. 50, P 36. 291.

RG. 3 S. 286, 8 S. 103, 9 S. 92, 26 S. 113.

Das Absonderungsrecht der Gemeinschaftsteilhaber in Beziehung auf den in die K.Masse fallenden Anteil des G.Schuldners an der Gemeinschaft entstammt der Sachhaftung für die aus der Gemeinschaft herrührenden Ansprüche eines Teilhabers gegen einen anderen Teilhaber. § 756 BGB.; Prot. II. Les. Bd. 2 S 765 L. Seuffert S 112, 113. Diese Sachhaftung ist auch wirksam gegen den Sondernachfolger, bei der Teilung des Miteigentums eines Grundstückes jedoch nur unter der Voraussetzung, daß sie in das Grundbuch eingetragen wird. § 755 II, 756, 1010 II BGB. L. Seuffert S. 113; Endemann BGB. 1 S. 329; 2 S. 273; Maennr S 177 fg, 185. Der Absonderungsanspruch entsteht nur, wenn die Teilung oder Auseinandersetzung stattgefunden hat und der ermittelte Anteil des G.Schuldners in die Masse fällt. § 16. L. Seuffert S. 113; Mandry S 341; v. Sarw. S. 457; Willenbch. S. 115; v. Wilm S 220; Fitting S 180 Unter § 51 fallen alle Gemeinschaften nach Bruchteilen oder zur gesamten Hand, über bewegliche oder unbewegliche Sachen, ohne Rücksicht auf Grund, Art und Umfang. § 741, 1008 BGB. L. Seuffert S. 113; Mandry S. 341. Die Ansprüche aus der Gemeinschaft ergeben sich nach bürgerlichem Recht: § 733, 734, 748, 755, 1463 fg., 1467, 1476, 1499, 1504, 2038, 2050 fg. BGB L. Seuffert S. 113. Das Ab-

*) § 43 a. F. ist durch die Novelle aufgehoben worden Er ist durch § 1967 II, 1981 II, 1984 II, 1985 I BGB. und die Bestimmungen über den N Konkurs entbehrlich geworden Begr. S. 25. Uebergangsbestimmung: Art. V EG. z. K.Novelle Art. 194 bayer. AG. z. CPO. u. KO. vom 23. Februar 1879 ist durch Art. 166 Nr. XVI bayer. AG. z. BGB. aufgehoben.

sonderungsrecht entfällt, wenn sich ein Sonderanteil des G Schuldners am Gemeinschaftsvermögen nicht feststellen läßt Es entfällt auch mit der Wirkung, daß die Forderung nur als K Forderung geltend gemacht werden kann, wenn die Auseinandersetzung schon vor der K Eröffnung erfolgt ist. v Sarw. 461; v Wilm S 221; Willenbch. S. 115; Pet. u Kl. S. 237. AM. L. Seuffert S 113; v. Völd 1 S 555. Das Absonderungsrecht aus § 51 greift nicht Platz: bei Aktiengesellschaften, deren Aktionär der Schuldner ist, wegen seiner Ansprüche gegen die Aktiengesellschaft — § 213 HGB RG 22 S. 113; 37 S 62; ROHG 25 S. 292, 299; für den stillen Gesellschafter, der die Forderung wegen seiner Einlage nur als K-Forderung geltend machen kann — § 335, 340 HGB, für Forderungen aus dem Geschäftsverkehr des Einzelnen mit der Gemeinschaft RG 26 S. 113 — oder für Ansprüche der eingetragenen Genossenschaften im Konkurse eines Mitgliedes — RG 26 S. 115, dagegen für das Verhältnis der Mitglieder zu einander RG. 27 S. 55. v. Wilm. S. 222; Willenbch. S. 115.

Absonderungsberechtigt bis zur K.Beendigung sind die Teilhaber der Gemeinschaft Mandry S 341; v. Wilm. S. 220; Willenbch. S 115; Pet u. Kl. S. 238. Das Absonderungsrecht erstreckt sich auf den ermittelten Nettoanteil. RG. 8 S. 104; 26 S. 113 Ist dieser nicht zureichend, so kann der Teilhaber seine Forderung als K Forderung anmelden. Mot S 225. § 64, 153. RG. JW. 1893 S 428. Willenbch. 116; Mandry S. 341. Hat der Verwalter den Anteil des G.Schuldners veräußert, so geht das Absonderungsrecht des Teilhabers auf den Erlös aus dem Anteil über Pet. u. Kl. S. 239; v. Sarw. S. 464; v Wilm. S. 222. AM. v. Völd 1 S. 558.

Die Geltendmachung des Absonderungsrechtes ist Sache des Teilhabers; sie kann auch einredeweise gegenüber dem Verwalter erfolgen. RG. 8 S 102; 12 S 336. Mandry S 342; v. Sarw. S. 467

Vorbehalt für das Landesrecht. **§ 52.** (§ 45.)

Die Befriedigung der Lehen-, Stammguts-, oder Familienfideikommiß-Gläubiger erfolgt abgesondert aus dem Lehen, Stammgute oder Familienfideikommisse nach den Vorschriften der Landesgesetze.

E. I. 51. P. 36.

Die Landesgesetze — § 5 EG. z. KO.; Art. 59, 60 EG. z. BGB. — sind insbesondere für die Frage maßgebend, welche Forderungen absonderungsberechtigt sind und ob der G.Schuldner aus den absonderungspflichtigen Vermögensstücken unterhaltsberechtigt ist. RG. Bolze 6 Nr 1302. L. Seuffert S. 114; Pet. u. Kl. S. 339; Willenbch S. 116; v. Sarw. S. 469. Bayern: § 52 bis 63 der VII. Beilage zum V. Titel der Verf.Urk. Preußen: ALR. I 18 § 228 fg., 311 fg., II 4 § 104 fg. 213. Württemberg Art. 34 AG. z. CPO. mit Art. 44—48 des Exek.Ges. von 1825. Art. 72 fg. des Pfand.Entw.Ges. v. 1828.

Sechster Titel.

Aufrechnung.

Vorbemerkung.

Der sechste Titel regelt das konkursmäßige Aufrechnungsrecht des Gläubigers des G Schuldners. § 53 erweitert für den Konkurs die Aufrechnungsbefugnis, da ein giltig erworbenes Kompensationsrecht im Konkurse ein Deckungsanspruch gewährt. § 54 und 55 geben Beschränkungen hiezu und § 56 untersagt, wie § 50, die Cession von K.Forderungen an im Auslande wohnende Schuldner.

Die Novelle hat in diesem Titel nichts geändert.

Aufrechnung. **§ 53.** (§ 46.)

Soweit ein Gläubiger zu einer Aufrechnung befugt ist, braucht er seine Forderung im Konkursverfahren nicht geltend zu machen.

E. I. 52. P. 95. Mat. 171.

RG. 3 S. 113; 6 S. 69; 10 S. 47; 11 S. 114; 16 S. 68; 18 S. 1; 19 S. 124; 22 S. 227; 26 S. 116.

I. Der K.Gläubiger, der zur Zeit der K.Eröffnung zugleich Schuldner des G.Schuldners ist und sonach auf Kosten des G.-Schuldners den Gegenstand seiner Forderung bereits in seinem Vermögen hat, braucht nicht seine hierin thatsächlich liegende Befriedigung durch Berichtigung seiner Schuld an die K.Masse zu Gunsten der übrigen K.Gläubiger aufzugeben und sich mit seiner Forderung mit anteils weiser Befriedigung aus der Masse zu begnügen. Mot. S. 225 fg. Fitting S. 187. Die Aufrechnung deckt den Gläubiger durch das Zurückbehalten seiner eigenen Schuld, sondert diese aus der Reihe der Forderungen des G Schuldners ab, gewährt sohin eine Art von abgesonderter Befriedigung. v. Wilm. S. 223; Fitting S. 188; v. Sarw. S. 471; Willenbch. S. 116; Pet. u. Kl. S. 240; Mandry S 442; Kohler S. 123 fg.; Oetker 1 S. 231 fg. Diese konkursrechtliche Aufrechnung ist auf die Dauer des Konkurses beschränkt; sie behält ihre Wirkung auch nach der Beendigung des Konkurses. L. Seuffert S. 233. Sie erstreckt sich aber nur auf die Befugnis des Gläubigers des G.Schuldners, die Aufrechnung zu vollziehen. Sie berührt nicht die von dem Verwalter nach dem bürgerlichen Rechte vorzunehmenden Aufrechnung der Forderung des G.Schuldners gegen die Forderung eines K.Gläubigers. L. Seuffert S. 234; v. Wilm. S. 223; v. Sarw. S. 481; Willenbch. S. 117.

Die konkursrechtliche Aufrechnung des Gläubigers hat zur Voraussetzung, daß die gegenseitigen Forderungen vor der K.Eröffnung entstanden sind. § 392 BGB. L. Seuffert S. 230 v. Wilm. S. 223. Die Normen für die konkursrechtliche Kompensation, soweit sie nicht in § 53 bis 56 enthalten sind, ergeben sich aus § 268 II, 387 bis 396, 407, 417. 422, 770 II, 1137, 1142, 1211, 1224, 1249, 1376 Nr. 2, 1977, 2040 II BGB. L. Seuffert S. 230; Endemann BGB. 1 S. 642 fg., 655. Die aufzurechnenden Forderungen müssen zwischen denselben Personen bestehen — § 387 BGB. Endemann BGB. 1 S. 646 — brauchen aber nicht, von Anfang an unter diesen Parteien begründet gewesen zu sein. War die Aufrechnung bereits vor der K.Eröffnung vollzogen, so bleibt sie in Geltung, ist aber nach § 29 fg. anfechtbar. L. Seuffert S. 234.

Die konkursrechtlichen Aufrechnungsbestimmungen, welche das Deckungsrecht des Gläubigers erweitern, sind öffentlich rechtlicher Natur und schließen die vertragsmäßige Einräumung einer Kompensationsbefugnis aus RG. 40 S. 121, Seuffert Arch. 49 S. 128. Willenbch. S. 117; v. Wilm S. 225; v. Sarw. S. 472.

II. Die Aufrechnung vollzieht sich außerhalb des K.Verfahrens. Der K.Gläubiger braucht seine Forderung im K.Verfahren nicht geltend zu machen; er kann kraft eigenen Rechts ebenso wie ein Absonderungsberechtigter sich unmittelbar aus seiner Schuld für seine Forderung bezahlt machen. Die Aufrechnung wirkt wie eine Erfüllung. Endemann BGB 1 S. 642, 655. Das Aufrechnungsrecht des Gläubigers umfaßt auch die Forderungen, welche durch § 63 vom Konkurse ausgeschlossen sind. v. Wilm. S. 226; Fitting S. 188; L. Seuffert S. 230; Willenbch. S. 118; v. Sarw. S. 476. Falls die Forderung des Gläubigers die des Schuldners übersteigt, so kann der Gläubiger den überschießenden Betrag im K.Verfahren anmelden.

Die Aufrechnung erfolgt durch Erklärung gegenüber dem K.Verwalter. § 388 BGB. L. Seuffert S. 233; Endemann BGB. 1 S. 655. Die Aufrechnungserklärung kann mit der Forderungsanmeldung verbunden werden. In der Anmeldung allein liegt sowenig ein Verzicht auf das Aufrechnungsrecht wie in der Annahme von Abschlagszahlungen, wohl aber in der vorbehaltlosen Zahlung der Schuld, oder in der vorbehaltlosen Beteiligung am Z.Vergleich oder in der vorbehaltlosen Annahme der Vergleichsdividende. RG. 6 S. 253; 7 S. 243; 11 S. 119; 16 S. 68; 26 S. 116; RG. JW 1890 S. 278. L. Seuffert S. 233; v. Wilm. S. 227; Willenbch S. 118; v. Sarw. S. 480; Fitting S. 196. Die Aufrechnungserklärung ist bis zur K.Beendigung zulässig; auch die Feststellung der Forderung schließt die Aufrechnung nicht aus. Der K.Verwalter muß die zur Masse gehörige Forderung einklagen, wenn er die Aufrechnung nicht gelten lassen will. L. Seuffert S. 233.

Beschränkungen. **§ 54.** (§ 47.)

I. Die Aufrechnung wird nicht dadurch ausgeschlossen, daß zur Zeit der Eröffnung des Verfahrens die aufzurechnenden Forderungen oder die eine von ihnen noch betagt oder noch bedingt war, oder die Forderung des Gläubigers nicht auf einen Geldbetrag gerichtet war.

II. Eine betagte Forderung des Gläubigers ist zum Zwecke der Aufrechnung nach der Vorschrift des § 65 zu berechnen.

III. Zum Zwecke der Aufrechnung einer aufschiebend bedingten Forderung bei dem Eintritte der Bedingung kann der Gläubiger Sicherstellung insoweit verlangen, als die Forderung der von ihm einzuzahlenden Schuld gleichkommt.

IV. Eine nicht auf Geld gerichtete Forderung des Gläubigers ist zum Zwecke der Aufrechnung nach den Vorschriften der §§ 69, 70 zu berechnen.

E. I. 53. P. 96 Nr. 3.

RG. 6 S. 279, 8 S. 94.

§ 54 betrifft lediglich das Aufrechnungsrecht des Gläubigers, nicht das des Verwalters. In Abs. I wird die Zulässigkeit der Aufrechnung der betagten, bedingten und nicht auf Geld gerichteten Forderungen bestimmt; Abs II, III u. IV geben die Einzelbestimmungen hiezu. v. Sarw. S. 482; v Wilm. S. 228.

I. Betagte Forderungen. Die Aufrechnung findet statt mit betagten Forderungen und gegen betagte Forderungen. Mandry S. 445. L. Seuffert S. 231; Endemann BGB. 1 S. 655. Ist die Forderung des Gläubigers betagt, so gilt sie mit der K.-Eröffnung als fällig. § 65 Der Gläubiger kann mit dem Betrage aufrechnen, mit dem er im Konkurse konkurrieren kann, also mit dem Forderungsbetrage am Tage der Fälligkeit. v. Sarw. S. 482. Ist die Forderung verzinslich, so kann er mit Kapital und Zinsen bis zur K.Eröffnung aufrechnen; ist die Forderung unverzinslich, so muß sie um den Zwischenzins gekürzt werden. § 65 II. Betagte Forderungen, deren Fälligkeitstag ungewiß ist, sind nach § 69, Forderungen, die auf wiederkehrende Leistungen gerichtet sind, nach § 70 umzurechnen. L. Seuffert S 231; Willenbch. S. 119; v. Wilm. S. 229; v. Sarw. S. 482; Fitting S. 191; Mandry S. 445.

Ist die Forderung des G.Schuldners betagt, so wird sie mit ihrem Nennwert berechnet. Ein Abzug an ihr findet nicht statt; denn § 65 II gibt nur eine Vorschrift für eine betagte unverzinsliche Forderung des Gläubigers. L. Seuffert S. 231; v. Sarw. S. 483; Mandry S. 445. Ist die Forderung des Gläubigers, welche der betagten Forderung des G Schuldners gegenübersteht, fällig und verzinslich, so kann der Gläubiger nach § 55 Nr. 2 die Zinsen vom Tage der K Eröffnung an nicht mit aufrechnen. v Wilm. S. 228; v. Sarw S. 483; Willenbch. S. 119; Pet. u. Kl. S 246. AM. Endemann S. 200; v Völd 1 S 573.

II. Aufschiebend bedingte Forderungen. Ist die Forderung des Gläubigers zur Zeit der K.Eröffnung aufschiebend bedingt, so kann der Gläubiger erst aufrechnen, wenn die Bedingung eingetreten ist. Er muß also seine Schuld zur K Masse erfüllen, kann aber spätestens bis zur Einzahlung Zug um Zug Sicherheitsleistung nach § 232 fg. BGB. verlangen, daß ihm so viel von dieser Zahlung, als seine Gegenforderung ausmacht, für den Fall des Eintritts der Bedindung zur abgesonderten Befriedigung zurückbezahlt werde. L Seuffert S. 231; Endemann BGB 1 S. 655; v. Wilm S. 230; v. Sarw. S. 484; Willenbch. S 119 Der hinterlegte Betrag fließt unter der Voraussetzung des § 171 für die Schlußverteilung zur K.Masse zurück. Hat der Gläubiger seine Schuld erfüllt, ohne Sicherstellung verlangt zu haben, so kann er nicht mehr aufrechnen. L Seuffert S. 231.

Ist die Forderung des G.Schuldners aufschiebend bedingt, so kann der Gläubiger seine unbedingte Forderung im Konkurse anmelden Liquidiert er sie nicht, so ist er nach Eintritt der Bedingung bis auf den Betrag seiner Schuld gedeckt. Liquidiert er sie, so kann der Verwalter nur aufrechnen, wenn die Bedingung eingetreten ist. Ein Recht auf Sicherstellung steht dem Verwalter aus § 54 III nicht zu v. Sarw S. 485; Willenbch. S. 120; Mandry S 446; L. Seuffert S. 231; v. Wilm. S. 230.

Bestrittene — nicht festgestellte — Forderungen werden analog den bedingten behandelt. Mot. S. 234; RG. 6 S. 278; Endemann BGB. 1 S. 655; v. Wilm. S. 230; Willenbch. S. 120; Pet. u. Kl. S. 248.

Forderungen unter auflösender Bedingung werden im Konkurse wie unbedingte behandelt § 66

III. Das Aufrechnungsrecht des Gläubigers ist nicht davon abhängig, daß seine K.Forderung mit der Gegenforderung inhaltlich gleichartig ist. Eine nicht auf Geld gerichtete K.Forderung ist zum Zwecke der Aufrechnung gegen eine Geldforderung des G Schuldners nach § 69, 70 zu berechnen. Dieses Aufrechnungsrecht entfällt, wenn die Forderung des G Schuldners nicht auf einen Geldbetrag gerichtet ist L. Seuffert S 231; Mandry S. 446; v. Wilm. S. 230: Willenbch. S. 120; Pet. u. Kl S. 248.

§ 55. (§ 48.)

I. Eine Aufrechnung im Konkursverfahren ist unzulässig:

1. wenn jemand vor oder nach der Eröffnung des Verfahrens eine Forderung an den Gemeinschuldner erworben hat und nach der Eröffnung etwas zur Masse schuldig geworden ist;

2. wenn jemand dem Gemeinschuldner vor der Eröffnung des Verfahrens etwas schuldig war und nach derselben eine Forderung an den Gemeinschuldner erworben hat, auch wenn diese Forderung vor der Eröffnung für einen anderen Gläubiger entstanden war;
3. wenn jemand vor der Eröffnung des Verfahrens dem Gemeinschuldner etwas schuldig war und eine Forderung an den Gemeinschuldner durch ein Rechtsgeschäft mit demselben oder durch Rechtsabtretung oder Befriedigung eines Gläubigers erworben hat, falls ihm zur Zeit des Erwerbes bekannt war, daß der Gemeinschuldner seine Zahlungen eingestellt hatte, oder daß die Eröffnung des Verfahrens beantragt war. Die Vorschrift des § 33 findet entsprechende Anwendung.

II. Die Aufrechnung ist zulässig, wenn der Erwerber zur Uebernahme der Forderung oder zur Befriedigung des Gläubigers verpflichtet war und zu der Zeit, als er die Verpflichtung einging, weder von der Zahlungseinstellung noch von dem Eröffnungsantrage Kenntnis hatte.

E. I. 54. P. 97
RG. 1 S. 347; 22 S. 112; 26 S. 67; 33 S. 45; 38 S. 34; 40 S. 121.
Sammlung 9 S. 45.

§ 55 regelt die Fälle, in denen der Eintritt des Konkurses und der schon begründete K.Anspruch aller Gläubiger die wirksame Entstehung eines Kompensationsrechtes zu Gunsten eines Einzelnen ausschließt. RG. 40 S. 121; v. Sarw. S. 488. Die Aufrechnung ist ausgeschlossen und die Gleichwertigkeit der Rechtslage für die aufzurechnenden Forderungen beseitigt, wenn der Zeitpunkt der Koexistenz der beiderseitigen Forderungen in das Stadium der Konkursmäßigkeit fällt. Endemann BGB. 1. S. 655.

I. Nr. 1. Die Schuld ist erst nach der K.Eröffnung aus Rechtsgeschäften des Verwalters oder sonstigen Thatbeständen entstanden. Nach der K.Eröffnung kann kein Gläubiger mehr einen Absonderungs- oder Deckungsanspruch an einem Teile der Masse erlangen. RG. 1 S. 347; 26 S. 67; 33 S. 45. L. Seuffert S. 232; Mandry S 444; Willenbch. S. 121 Fitting S 192; v. Wilm. S. 231 Die Schuld darf sich nicht auf das konkursfreie Vermögen des G Schuldners beziehen; sie muß zur K.Masse zu erfüllen sein. Mot. S. 234; RG. JW. 1894 S. 201; Nass K. 25 S. 1007. Ausgeschlossen ist insbesondere die Aufrechnung eines nach der K.Eröffnung aus der Fortsetzung des Miet- oder Pachtverhältnisses geschuldeten Zinses mit einer vor der K.Eröffnung entstandenen Forderung des Mieters oder Pächters - RG. 1 S. 347; 33 S. 45; 40 S. 121 — oder die Aufrechnung auf ein aus der Masse gegebenes Darlehen aus einem vor der K.Eröffnung abgeschlossenen Darlehensvertrage mit einer K.Forderung. RG JW. 1886 S. 248. v. Wilm. S. 232; Willenbch. S. 121; v. Sarw. S. 491.

II. Nr. 2. Die Forderung an den G.Schuldner ist nach der K.Eröffnung entstanden, die Schuld an den G.Schuldner dagegen vor der K.Eröffnung. Diese Schuld gehört zur K.Masse und kann nicht aufgerechnet werden weder mit einer nach der K.Eröffnung gegen den G.Schuldner entstandenen Forderung, welche sich lediglich gegen das konkursfreie Vermögen richten kann, noch mit einer vor der K.Eröffnung für einen anderen Gläubiger entstandenen Forderung, welche erst nach der K.Eröffnung von dem Schuldner im Wege der Gesamt- oder Sonderrechtsnachfolge erworben wurde, Mot. S. 235. L. Seuffert S. 232; Mandry S. 444; Willenbch. S. 121; v. Sarw. S. 492; v. Wilm. S. 232; Fitting S. 192. Dadurch wird eine Verringerung der Masse durch den Aufkauf von Passivforderungen verhütet. Dieser Ausschluß der Aufrechnung umfaßt auch Forderungen, welche der Schuldner des G.Schuldners nach der K.Eröffnung von einer aufrechnungsberechtigten Person erwirbt, nicht aber den mit der Begebung entstandenen aufrechnungsfähigen Anspruch des Indossanten gegen die Vormänner und den Acceptanten aus einem vor der K.Eröffnung begebenen vom G.Schuldner ausgestellten Wechsel. ROHG. 24 S. 10 fg.; v Wilm. S. 233; v. Sarw. S. 492; Willenbch. S. 122; Pet. u. Kl. S. 252; v. Völd. 1 S. 584. An der zulässigen Aufrechnung zwischen Masseschulden und Masseforderungen wird durch § 55 Nr. 2 nichts geändert.

III. Nr. 3. Wenn Forderung und Schuld vor der K.Eröffnung entstanden sind, so ist die konkursmäßige Festlegung nicht eingetreten, die Aufrechnung daher zulässig. Allein die Aufrechnung ist als fraudulose anfechtbare Operation ausgeschlossen, wenn der Schuldner bei Erwerb der Forderung gewußt hat, daß der G. Schuldner seine Zahlungen eingestellt hatte oder daß der Antrag auf K.Eröffnung bereits gestellt war. Gleichgiltig ist, ob der Erwerb der Forderung durch Abtretung oder durch Befriedigung eines Gläubigers erfolgt ist. § 268 III, 246 II, 774, 1143, 1225, 1438, 1519, 1607 II, 1709 II BGB. L. Seuffert S. 232. Der Erwerb einer Forderung durch gerichtliche Ueberweisung — § 835 CPO — oder im Wege der Gesamtnachfolge fällt nicht darunter. Mot. S. 238. L. Seuffert S. 232 Der Verwalter ist für die Kenntnis auf Seite des Schuldners beweispflichtig. Willenbch. S. 122; v. Sarw. S. 495; Fitting S. 193; Mandry S. 448; v. Wilm. S. 234. Lediglich die Anfechtbarkeit aus § 30 ist gegeben, wenn der Gläubiger zuerst in Kenntnis der Zahlungseinstellung oder des Eröffnungsantrages die Forderung erworben hatte und dann erst dem G Schuldner etwas schuldig geworden ist. RG. 26 S. 81; RG. JW. 1895 S 82; v. Wilm. S. 233; Willenbch. S. 123; v Sarw. S. 492.

Der Versagungsgrund für die Aufrechnung aus dem Grunde der Kenntnis der Zahlungseinstellung entfällt, wenn der Erwerb der Forderung früher als sechs Monate vor der Eröffnung des Verfahrens erfolgte. Die Aufrechnung ist weiter zulässig, wenn der Erwerber zur Uebernahme der Forderung oder zur Befriedigung des Gläubigers gesetzlich oder vertragsmäßig verpflichtet war und zur Zeit, als er die Verpflichtung einging, weder von der Zahlungseinstellung noch von dem Eröffnungsantrage Kenntnis hatte. Die Beweislast hiefür trifft den Erwerber der Forderung, welcher die Aufrechnung geltend macht. Willenbch. S. 123; v Sarw. S. 496. A.M. v. Wilm. S. 234; v. Völd. 1 S. 588; Endemann S. 209.

Untersagung der Cession an Ausländer. **§ 56.** (§ 49.)

Die Bestimmung des § 50 findet entsprechende Anwendung auf den Fall, daß ein im Auslande wohnender Schuldner nach dem Rechte des Auslandes eine nach § 55 unzulässige Aufrechnung mit der ihm abgetretenen Konkursforderung vornimmt.

E. I. 55.

RG. 26 S. 67

Sammlung 9 S. 45.

Die Aufrechnung ist giltig, wenn ein im Auslande wohnender Schuldner, für den das deutsche Konkursrecht nicht gilt, auf eine von einem Inländer erworbene K.Forderung eine Aufrechnung vornimmt, die nach § 55 unzulässig, nach dem Rechte des Auslandes aber zulässig ist. Treffen jedoch die Voraussetzungen des § 50 zu, so ist der Cedent, welcher der inländischen Gerichtsbarkeit unterworfen ist, regreßpflichtig Er hat der K.Masse den Betrag zu erstatten, welcher ihr dadurch entgeht, daß der Schuldner nach dem Rechte des Auslandes eine nach § 55 unzulässige Aufrechnung mit der ihm abgetretenen Forderung vornimmt. § 33, 50 Diese Ersatzpflicht trifft den Veräußerer der Forderung auch dann, wenn er die Forderung nicht direkt an den im Auslande wohnenden Schuldner, sondern zunächst an eine Mittelsperson mit der Absicht abgetreten hat, daß der Schuldner sie erwerbe § 50. L. Seuffert S 107, 233; v. Wilm. S. 235; v. Sarw S. 497; Willenbch S. 123.

Siebenter Titel.

Massegläubiger.

Dieser Titel enthält die Bestimmungen über die Berichtigung der durch die Beschaffung, Verwaltung, Verwertung und Verteilung der Masse und durch das hierzu nötige Verfahren entstehenden Kosten und Verbindlichkeiten — Massekosten § 58 und Masseschulden § 59 v. Wilm S 235. Sie sind vorweg aus der K Masse zu berichtigen § 57. Die Berichtigungsnorm bei unzureichender K.Masse gibt § 60

Die Novelle hat in diesem Titel nichts geändert. Vgl für den N Konkurs § 224.

Massegläubiger. **§ 57.** (§ 50).

Aus der Konkursmasse sind die Massekosten und Masseschulden vorweg zu berichtigen.

E. I 56. P. 40.

RG. 2 S 24

Die Masseansprüche sind gerichtlich und außergerichtlich gegen den Verwalter geltend zu machen und ihre Befriedigung erfolgt außerhalb des K.Verfahrens. L. Seuffert S. 241; v Wilm. S 237; § 86, 133 Nr. 2, 159, 162, 166, 172, 191 I, 202, 204. Die Massegläubiger sind keine K Gläubiger und unterliegen nicht dem Anmelde- und Prüfungszwang. Vor ihnen kommen lediglich die Aus- und Absonderungsansprüche zur Deckung. RG. JW. 1890 S. 151. v Wilm. S. 237 Schuldner der Massegläubiger, deren Forderungen nach der K Eröffnung zur Abwicklung des Konkurses durch die Thätigkeit des Verwalters, des Gerichtes sowie aus anderen Umständen entstehen, sind nicht die K.Gläubiger, sondern der G Schuldner. Dieser ist den Massegläubigern, da er während und nach dem Konkurse der Träger des die Masse bildenden Aktiv- und Passivvermögens bleibt, persönlich verpflichtet und haftet ihnen für den aus der K.Masse erwachsenen Ausfall, gleichviel ob die Masse zur Deckung der Masseansprüche an sich unzureichend war oder ohne Berücksichtigung derselben verteilt wurde. RG 2 S 24; Mot. S. 240; Prot S 109. v. Wilm S. 236; Mandry S 353; Pet. u. Kl. S. 236; Fitting S. 127; Endemann, K Verfahren S. 359. AM v Sarw. S 489; Kohler S 387; Willenbch. S. 124; v. Völd 1 S. 592; L. Seuffert S. 240, der die Masseansprüche als Verbindlichkeiten der Gemeinschaft zur gesamten Hand erklärt, die ohne Verhaftung der K.Gläubiger und des G.Schuldners aus dem Gemeinschaftsvermögen zu verteilen sind, bevor solches Vermögen an die Gemeinschafter, d h. die K Gläubiger verteilt wird. Der G.Schuldner kann selbst Massegläubiger sein z. B auf Grund einer ihm bewilligten

Unterstützung — § 58, 132 — oder auf Grund seiner nach der K.Eröffnung in Anspruch genommenen Dienste. § 59 Nr. 1 v. Sarw. S. 498; Willenbch. S. 124; v. Wilm. S. 236; Mandry S. 352; Fitting S. 224. Die sämtlichen Masseansprüche werden aus der einheitlichen K.Masse befriedigt, gleichviel für welches Objekt der Masse sie entstanden sind. Die Bildung von Sondermassen in der K.Masse z. B. bei der Verwertung eines Absonderungsgegenstandes ist nicht zulässig. Betreibt der Verwalter die Verwertung nach § 116, 117, so sind die entstandenen Kosten eine Masseschuld nach § 59 Nr. 1, welche die ganze Masse belastet. Mot. S. 242; v. Wilm. S. 237; v. Sarw. S. 500; Willenbch. S. 125; Pet. u. Kl. S. 257; RG. JW. 1890 S. 151.

Massekosten.

§ 58. (§ 51).

Massekosten sind:

1. die gerichtlichen Kosten für das gemeinschaftliche Verfahren;
2. die Ausgaben für die Verwaltung, Verwertung, und Verteilung der Masse;
3. die dem Gemeindeschuldner und dessen Familie bewilligte Unterstützung.

E. I. 57. P 41.

RG. 17 S. 174; 30 S. 6.

Massekosten sind die Aufwendungen, welche für und durch das K.Verfahren entstehen. Mandry S. 352; v. Wilm. S. 238; v. Sarw. S. 501; Willenbch. S. 125; Fitting S. 128. L. Seuffert S. 242 definiert sie als Ansprüche, welche aus Rechtsverhältnissen zwischen der Gläubigerschaft einerseits und dem Gerichte, den Gemeinschaftsorganen und dem G.Schuldner andererseits entstehen.

I. Die gerichtlichen Kosten für das gemeinschaftliche Verfahren einschließlich des die Eröffnung vorbereitenden Verfahrens und der Nachtragsverteilung. Nr. 1. Darunter fallen die Gebühren und Auslagen des Gerichts einschließlich der dem Verwalter zur Last fallenden Gebühren der Beschwerdeinstanz, ferner die Gebühren und Auslagen der Gerichtsvollzieher. § 51, 57, 58 I, 79, 80 GKG. L. Seuffert S. 242. v. Wilm. S 239: v. Sarw. S. 501; Willenbch. S. 125. Der von einem Gläubiger bei dem Antrage auf K.Eröffnung gemäß § 82 Nr. 1 GKG., § 107, 198, 204 KO. geleistete Vorschuß gehört bei zureichender Masse zu den Massekosten, nicht aber ein vom G.Schuldner geleisteter Vorschuß. Hat ein dritter für den Antragsteller den Vorschuß geleistet, so ist der dritte nicht Massegläubiger; er kann sich nur an den Antragsteller halten — L. Seuffert S. 242, 243; v. Wilm. S. 240; Willenbch. S. 126; v. Sarw. S. 501 — und falls er für den G.Schuldner vorgestreckt hat, seine Forderung als K.Forderung geltend machen.

Nicht zu den Kosten des gemeinschaftlichen Verfahrens gehören: die Kosten des zur K.Beendigung führenden, auf Antrag des G Schuldners stattfindenden Z.Vergleichsverfahrens — L. Seuffert S. 243; v. Wilm. S. 238; Fitting S. 129; Willenbch. S. 125; v. Sarw. S. 501; Pet. u. Kl. S. 258. AM. v. Völd. 1 S. 600 —, die Kosten des einzelnen Gläubigers aus der Teilnahme am Verfahren § 63 Nr 2, die Kosten des Feststellungsprozesses, § 146, wenn sie dem unterliegenden Gläubiger zur Last fallen. Mot. S. 242, die Gebühren und Auslagen auf Anträge einzelner K.Beteiligter § 53, 54, 57, 58 I GKG., nicht das rückständige Honorar des Verwalters. v. Wilm. S. 239; Pet. u. Kl. S. 260; Willenbch. S. 125. AM Eccius in Rass. K. 33 S. 744; 34. S. 152.

II. Die außergerichtlichen Kosten, die Ausgaben für die Verwaltung, Verwertung und Verteilung der Masse Nr. 2. Darunter fallen die Gebühren und Auslagen des Verwalters und der G.Ausschußmitglieder, die Verwaltungs- und Wirtschaftskosten, Arbeits- und Gesindelöhne, Mietzinse, die gerichtlichen und außergerichtlichen Kosten der von dem Verwalter geführten Prozesse, soweit sie ihm zur Last fallen — § 10, 11, 146 —, Anwaltskosten, Saat- und Erntekosten, Versicherungsprämien, Steuern und Abgaben aus Grundbesitz und Gewerbetrieb, Einquartierungslasten der Grundstücke, die gerichtlichen und außergerichtlichen Kosten der auf Betreiben des Verwalters erfolgten Zwangsversteigerung und Zwangsverwaltung eines zur K Masse gehörigen Gegenstandes, soweit sie nicht aus dem Ertrage oder Erlöse des Gegenstandes gedeckt sind, nicht aber persönliche Steuern die keine Verwaltungskosten sind. Mot. S. 243. L. Seuffert S. 243; v. Sarw. S. 503; v. Wilm. S. 241; Willenbch. S. 126. Beiträge für die Unfallversicherung für die Zeit nach der Eröffnung, geschuldet aus der Fortsetzung des Gewerbetriebes durch den Verwalter, sind Massekosten, für die Zeit vor der Eröffnung K.Forderung. RG. 30 S. 6. Beiträge eines Gewerken zur Gewerkschaftskasse für die Bergwerksverwaltung, soweit sie für den Betrieb nach der K.Eröffnung erforderlich sind und verwendet werden, gehören hierher RG. 17 S. 174; v. Wilm. S. 240; Willenbch. S. 126. AM. L. Seuffert S. 245 und v Sarw. S. 508, welche diese Beiträge unter § 59 Nr. 2 subsumieren.

III. Die dem G.Schuldner und seiner Familie nach § 129 I, 132 I bewilligte Unterstützung Nr. 3. Der bisherige Anspruch des G.Schuldners nach § 1 II a F. auf Gewährung von Unterhaltsmitteln aus den Nutzungen seines zur K.-Masse gehörenden Nichtbrauchs am Vermögen seiner Frau fällt unter § 59 Nr. 3. L. Seuffert S. 244; v Sarw. S. 503; v. Wilm. S. 241. Uebergangsbestimmung hierfür: Art. VI. EG. z. K. Novelle; Art. 200 I EG. z. BGB. L. Seuffert S. 83.

Masseschulden. **§ 59. (§ 52.)**

Masseschulden sind:

1. die Ansprüche, welche aus Geschäften oder Handlungen des Konkursverwalters entstehen;
2. die Ansprüche aus zweiseitigen Verträgen, deren Erfüllung zur Konkursmasse verlangt wird oder für die Zeit nach der Eröffnung des Verfahrens erfolgen muß;
3. die Ansprüche aus einer rechtlosen Bereicherung der Masse.

E. I. 58. P 42 44.

RG. 2 S. 24, 269; 6. S. 112; 13 S. 32; 17 S. 174; 25 S. 23; 28 S. 150; 30 S. 6; 32 S. 1; 35 S. 24, 39 S 373, 380; 40 S. 6; 41 S. 2.

Masseschulden sind im Gegensatze zu den Massekosten alle anderen gemäß § 60 aus der Masse vorweg zu tilgenden Ansprüche. Mandry S 352; Willenbch. S. 126. Es sind obligatorische Ansprüche Dritter, welche aus der Masse zu befriedigen und aus einem der Rechtsgründe des § 59 entstanden sind. v Sarw. S. 504; L. Seuffert S. 242 Befriedigt der Verwalter einen Massegläubiger aus eigenen Mitteln, so kann er in dessen Rang nur einrücken, wenn er sich die Forderung des Massegläubigers abtreten läßt. L. Seuffert S. 243; Fitting S. 132. Teilw. AM. v. Sarw. S. 505; v. Wilm. S. 251 Das Anfechtungsrecht im Konkurse des Anfechtungsgegners enthält keine Masseschuld. RG. 40 S. 6.

I. Ansprüche Dritter aus Rechtsgeschäften oder Rechtshandlungen, welche der K.Verwalter als zur K.Abwickelung bestelltes öffentliches Organ — RG. 29 S 22 — entweder selbst oder durch Bevollmächtigte vornimmt Die K.Masse haftet für den Schaden, den der Verwalter in Ausführung seiner Verrichtungen einem dritten zufügt, und hat auch ein Verschulden des vom Verwalter bestellten Bevollmächtigten im gleichen Umfang wie eigenes Verschulden des Verwalters zu vertreten § 278 BGB.; RG. 2 S. 265; RG JW. 1887 S. 14; Rass K. 31 S. 395. L. Seuffert S. 127; v Wilm. S. 242; Willenbch S. 127; v. Sarw. S. 505. Der Geschäftskreis des Verwalters ergibt sich aus dem K.Zwecke, der Befriedigung der K.Gläubiger L Seuffert S. 244. Gleichgiltig ist für die Entstehung des Masseanspruches, ob die in diesem Geschäftskreis vorgenommene Handlung wirtschaftlich zweckentsprechend ist oder ob der Verwalter z. B. bei der Aufnahme eines Darlehens die Vorschriften der § 133 bis 135 beobachtet hat. § 136. L. Seuffert S. 245. Zu den Masseschulden nach § 59 Nr. 1 gehört auch der Kostenerstattungsanspruch des Gegners, wenn der Verwalter zur Kostentragung verurteilt wurde, ohne Rücksicht ob die Kosten bei einem vom Verwalter aufgenommenen Prozesse vor oder nach der K.Eröffnung entstanden sind. RG. JW. 1891 S 310; 1894 S. 56; L. Seuffert S. 245; Willenbch. S. 127; v Sarw. S. 506; v. Wilm. S. 242; Pet. u. Kl. S. 281; v. Völd. 1 S. 174; Rass. K. 33 S. 740.

II. Die Ansprüche aus zweiseitigen, vom G.-Schuldner vor der K.Eröffnung abgeschlossenen, noch nicht vollständig erfüllten Verträgen, deren Erfüllung vom Verwalter zur K.Masse verlangt wird, § 17, oder die Ansprüche aus zweiseitigen Verträgen, deren Erfüllung auch ohne Verlangen des Verwalters von beiden Teilen noch nach der K.-Eröffnung fortgesetzt werden muß, für die Zeit nach der K.-Eröffnung. L. Seuffert S. 245; Willenbch. S. 127; v. Wilm S. 242; v Sarw. S. 506 Ein derartiger Erfüllungszwang für die Zeit nach der Eröffnung des Verfahrens besteht für Pacht- und Mietverträge, wenn dem G Schuldner der von ihm gemietete oder gepachtete Gegenstand vor der Eröffnung überlassen war, § 19 ferner für die Pacht- und Mietverträge nach § 21 und für Dienstverträge nach § 22 KO Der nach § 19 bis zur Beendigung des Pacht- oder Mietverhältnisses eventuell bis zur K.Beendigung geschuldete Pacht- oder Mietzins, ferner die in dieser Zeit gegenüber dem Vermieter oder dem Verpächter entstehenden Ersatzverbindlichkeiten, insbesondere aus dem Abgang vom Inventar, sind Masseschulden. § 586 – 588 BGB L. Seuffert S 245; v. Sarw S. 509; Fitting S 133; v. Wilm 243; Willenbch. S. 128; Pet. und Kl. S. 264 Masseschulden sind weiter die Ersatzverbindlichkeiten nach § 27 KO., § 672 BGB und die Verbindlichkeiten aus Gemeinschaftsverhältnissen, die durch den Konkurs nicht aufgelöst werden, für die Zeit nach der K Eröffnung z B. Aktien- und Bergwerksnachzahlungen und die Ersatzansprüche des geschäftsführenden Gesellschafters aus der einstweiligen Fortführung der Geschäfte einer Gesellschaft, welche durch die Eröffnung des Konkurses über das Vermögen eines Gesellschafters aufgelöst wird § 28 KO.; § 728 II BGB. RG 2. S. 262; ROHG. 25 S. 292. L. Seuffert S 245; v. Wilm. S. 243; v. Sarw. S 508; Willenbch. S. 127. Ueber Gewährleistungsansprüche: § 365, 434, 435, 445, 459 fg., 481, 492, 2376 BGB.; RG. 18 S. 336; 32 S. 1; Pet. und Kl. S. 264; Willenbch S. 127; v Wilm. S. 242; v. Sarw. S. 505.

III. Die Ansprüche aus einer rechtlosen Bereicherung der K.Masse, nicht des G.Schuldners. Voraussetzung hierfür ist, daß ein fremder Wert ohne Rechtsgrund in die Masse geflossen ist. RG. 29 S 1. Die Entstehungsgründe für Verbindlichkeiten aus ungerechtfertigter Bereicherung ergeben sich aus § 7 II, 38, 46, 147 KO; § 323 III, 327, 531 II, 534 II, 684, 812 fg., 852 II BGB Der Umfang der Herausgabepflicht bemißt sich nach § 812, 817 bis 819 BGB. L. Seuffert S. 246; Endemann BGB. 1 S. 894 fg.

Verhältnismäßige Befriedigung.

§ 60. (§ 53.)

Sobald sich herausstellt, daß die Konkursmasse zur vollständigen Befriedigung aller Massegläubiger nicht ausreicht, tritt eine verhältnismäßige Befriedigung derselben in der Weise ein, daß zunächst die Masseschulden, dann die Massekosten, von diesen zuerst die baren Auslagen und zuletzt die dem Gemeinschuldner und dessen Familie bewilligte Unterstützung zu berichtigen sind.

E. I. 59 P. 45.

RG. 7 S. 163.

Die Massegläubiger nehmen am K.Verfahren nicht teil; sie sind für ihre Ansprüche gegen den Verwalter klageberechtigt. Vgl. Anm. zu § 57. Ihr selbständiges Befriedigungsrecht hat aber seine Grenze in der Zureichendheit der K.Masse. Stellt sich die Insuffizienz der Masse für die Massegläubiger heraus, so tritt eine verhältnismäßige Befriedigung derselben in der Rangordnung des § 60 ein. Die Insuffizienz kann sich durch Erklärung des Verwalters, Pfändung, Anzeige der Beteiligten erkennbar machen. Die Feststellung des Zeitpunktes der Insuffizienz und die Einleitung der verhältnismäßigen Befriedigung, die nicht in der förmlichen Verteilung nach § 151 fg. zu bethätigen ist, erfolgt durch einen mit der sofortigen Beschwerde anfechtbaren Beschluß des K.Gerichts. § 73 III. Mot. S. 248, 249. RG. JW. 1890. S. 151; 1891 S. 10. v. Wilm. S. 244; Willenbch. S. 129; v Sarw. S. 514. AM. S. Seuffert S. 249, der einen Gerichtsbeschluß nicht für notwendig erachtet. Der Verwalter muß nun bei Vermeidung einer Schadenshaftung gegenüber den Massegläubigern — § 82; RG 36 S. 96 — bei der Befriedigung folgende Rangordnung beobachten: den ersten Rang haben die Masseschulden, § 59, 224; den zweiten Rang die Massekosten, § 58 Nr 1 und 2, soweit sie in baren Auslagen bestehen, den dritten Rang die übrigen Massekosten nach § 58 Nr. 1 und 2 und den vierten Rang die dem G.Schuldner und seiner Familie bewilligte Unterstützung § 58 Nr. 3. Gleichrangige Massegläubiger werden im Verhältnisse ihrer Forderungen befriedigt. Der Erlös aus absonderungspflichtigen Gegenständen kann erst nach Deckung der Absonderungsansprüche zur Befriedigung der Massegläubiger herangezogen werden. RG. 1890 S. 151. Streitigkeiten über die Art der Verteilung, welche vom Verwalter zu bewirken ist, sind im Rechtswege zum Austrag zu bringen. Der Verwalter kann nach § 372 BGB. den Bestand hinterlegen. L. Seuffert S. 249; v. Wilm. S. 245; Willenbch. S. 129; Pet. u. Kl. S. 268. AM. v. Völd 1 S. 614. Hat ein Massegläubiger vor Feststellung der Insuffizienz ein Pfandrecht erworben, so bleibt ihm das Recht auf abgesonderte Befriedigung. Nachdem sich aber die Unzulänglichkeit herausgestellt hat, kann kein Massegläubiger ein dem § 60 widersprechendes Recht durch Zahlung, Arrest- oder Vollstreckungsanlage wirksam erlangen. Mot. S. 249. L. Seuffert S. 249; Willenbch. S. 129; Pet. u. Kl. S. 268; v. Wilm. S. 245. Ebenso ist ein Massegläubiger, der nach Eintritt der Unzulänglichkeit, gleichviel ob vor oder nach der Feststellung, entgegen der Rangordnung des § 60 Zahlung erhalten hat, wegen ungerechtfertigter Bereicherung herausgabepflichtig. § 812 fg. BGB. Mandry S. 352; Fitting S. 135; Willenbch. S. 129; v. Wilm. S. 245; v Sarw. S. 515; Pet u. Kl. S. 267; v. Völd. 1 S. 612.

Achter Titel.

Konkursgläubiger.

Vorbemerkung.

Dieser Titel bestimmt in § 61, 62 die Rangordnung für bevorrechtigte und nicht bevorrechtigte K.Forderungen, schließt in § 63 einzelne Arten von Forderungen von der Teilnahme im Konkurse aus, regelt in § 64 bis 67 die Befriedigung für absonderungsberechtigte, betagte und bedingte Forderungen, ferner in § 68 für Forderungen, für welche mehrere Schuldner solidarisch haften, in § 69 für die nicht auf einen Geldbetrag gerichteten und in § 70 für die Forderungen, deren Gegenstand wiederkehrende Hebungen sind.

Die Novelle hat in § 61 Nr. 1 das Vorrecht für Dienstbezüge auch für den Fall gewährt, daß es sich nicht um einen dauernden Dienst handelt, in Nr. 4 das Vorrecht des Tierarztes neu eingestellt und in Nr. 5 neben den Pflegebefohlenen nach der Diktion des BGB. auch die Mündel genannt

Rangordnung. **§ 61.** (§ 54.)

Die Konkursforderungen werden nach folgender Rangordnung, bei gleichem Rechte nach Verhältnis ihrer Beträge, berichtigt:

1. die für das letzte Jahr vor der Eröffnung des Verfahrens oder dem Ableben des Gemeinschuldners rückständigen Forderungen an Lohn, Kostgeld oder anderen Dienstbezügen der Personen, welche sich dem Gemeinschuldner für dessen Haushalt, Wirtschaftsbetrieb oder Erwerbsgeschäft zur Leistung von Diensten verdungen hatten;
2. die Forderungen der Reichskasse, der Staatskassen und der Gemeinden, sowie der Amts-, Kreis- und Provinzialverbände wegen öffentlicher Abgaben, welche im letzten Jahre vor der Eröffnung des Verfahrens fällig geworden sind oder nach § 65 als fällig gelten; es macht hier-

bei keinen Unterschied, ob der Steuererheber die Abgabe bereits vorschußweise zur Kasse entrichtet hat;

3. die Forderungen der Kirchen und Schulen, der öffentlichen Verbände und der öffentlichen, zur Annahme der Versicherung verpflichteten Feuerversicherungsanstalten wegen der nach Gesetz oder Verfassung zu entrichtenden Abgaben und Leistungen aus dem letzten Jahre vor der Eröffnung des Verfahrens;
4. die Forderungen der Aerzte, Wundärzte, Tierärzte, Apotheker, Hebammen und Krankenpfleger wegen Kur- und Pflegekosten aus dem letzten Jahre vor der Eröffnung des Verfahrens, insoweit der Betrag der Forderungen den Betrag der taxmäßigen Gebührnisse nicht übersteigt;
5. die Forderungen der Kinder, Mündel und der Pflegebefohlenen des Gemeinschuldners in Ansehung ihres gesetzlich der Verwaltung desselben unterworfenen Vermögens: das Vorrecht steht ihnen nicht zu, wenn die Forderung nicht binnen zwei Jahren nach Beendigung der Vermögensverwaltung gerichtlich geltend gemacht und bis zur Eröffnung des Verfahrens verfolgt worden ist;
6. alle übrigen Konkursforderungen.

E. I. 60—63 P. 72—74. Nov. § 54. Begr 26. Mat. 173.

RG. 1 S. 218, 322; 2 S. 93; 3 S. 34, 52, 294, 4 S. 423; 8 S. 114; 9 S. 78, 93; 10 S. 41, 11 S. 63, 17 S. 43, 192; 20 S. 135, 412, 21 S. 46, 22 S. 139; 23 S. 142; 27 S 122; 28 S. 87; 113, 148, 39 S. 71.

Sammlung 9 S. 332, 606; 10 S. 122; 12 S. 140, 476; 14 S. 519; 15 S. 396.

Die K.Eröffnung bindet die K.Gläubiger. Diese haben infolge ihrer Beteiligung am Konkurse kein Recht der Sondervollstreckung gegen den G.Schuldner und dessen konkursfreies Vermögen, sondern nur das Recht auf gleichmäßige Befriedigung aus der K.Masse. § 3, 11, 12, 14, 164; RG. 26 S. 67; 28 S. 284; 29 S. 73. Mandry S. 356; L. Seuffert S. 60. Aus Gründen des öffentlichen Wohles und zum Schutze gewisser Personen ist die Gleichmäßigkeit der Befriedigung der K.Gläubiger durch die Schaffung der fünf Vorrechtsklassen des § 61 durchbrochen worden. Mot. S. 253 fg. Das Vorrecht erstreckt sich auf das Kapital und die Accessorien nach § 62, die der Forderung zugerechnet werden. Jede frühere Klasse hat vor der späteren den Vorrang. In der gleichen Klasse werden die Forderungen, falls der Betrag hiefür nicht ausreicht, nur teilweise nach dem Verhältnis der Größe ihrer Beträge berücksichtigt. Willenbch.

S. 131; Mandry S. 360. Die Rangordnung gilt für in- und ausländische Forderungen — RG. 1 S. 322; 8 S 114; RG. JW 1891 S. 10 — ist absolut und der Parteivereinbarung nicht unterworfen. § 12, 13 EG z. KO; v. Wilm. S 247; v Sarw. S 518; Willenbch. S. 131; Pet. u. Kl S. 272. Die Vorrechte sind von der Forderung nicht trennbar und gehen mit dieser auf den Gesamt- oder Sondernachfolger über RG. JW 1891 S. 416; Mandry S. 360; Willenbch. S 131; v. Sarw. S. 520; v. Wilm. S. 247; v. Völd. 1 S. 620; Pet. u. Kl. S. 271 AM. RG. 3 S. 43. Doch kann jeder Gläubiger auf sein Vorrecht verzichten Pet. u. Kl S. 272 Die Berücksichtigung des Vorrechts erfolgt nur auf Antrag, nicht von Amtswegen. Nach der Abhaltung des allgemeinen Prüfungstermins ist nur mehr die Anmeldung von neuen Forderungen, nicht aber von Vorrechten gestattet. RG. 38 S 420. § 142 III. Ist eine ohne Vorrecht angemeldete Forderung als unstreitig festgestellt, so kann der nachträglichen Geltendmachung des Vorrechts der Einwand der rechtskräftig entschiedenen Sache entgegengesetzt werden. RG. 20 S 412

Für den N.Konkurs gilt noch die besondere Rangordnung des § 226.

I. Nr 1. Dienstbezüge Nach dem Vorgange des § 10 I Nr. 2 ZVG. hat die Novelle durch die neue Fassung der Nr 1 denjenigen, welche sich dem G.Schuldner für dessen Haushalt, Wirtschaftsbetrieb oder Erwerbsgeschäft zu Dienstleistungen verdingen, das Vorrecht wegen ihrer Forderungen an Lohn, Kostgeld oder anderen Dienstbezügen auch für den Fall gewährt, daß es sich nicht um einen dauernden Dienst handelt. Begründung S 26. Das Vorrecht ist nicht an den Abschluß eines Dienstvertrages im engeren Sinn geknüpft. RG 38 S. 113. Es erstreckt sich auf alle Dienstleistungen für den Haushalt, Wirtschaftsbetrieb oder das Erwerbsgeschäft des G Schuldners, — nicht blos auf das Gesinde, Fabrikarbeiter, Gesellen, Taglöhner oder Handlungsgehilfen, sondern auch auf Wirtschaftsbeamte, Hauslehrer, Erzieher, Schreiber u. s. w — nicht aber auf Ansprüche aus einem Werkvertrage. RG 27 S. 226; Rass K. 24 S 526. Willenbch. S. 132; L. Seuffert S. 60; v. Wilm. S. 248; Fitting S 96. AM. v. Sarw. S. 522. Das Vorrecht umfaßt alle Arten der vertragsmäßigen Dienstvergütung, Lohn, Honorar, Kostgeld, Diäten, Livree, Stamm- und Schießgeld, Tantieme, Deputat, Naturalbezüge u. s w., jedoch keine Schadensersatzansprüche. Mot. S. 266, 267; v Wilm. S. 248; Willenbch. S. 132; v. Sarw. S 522; Fitting S. 96. Das Vorrecht erstreckt sich zeitlich auf das erste Jahr vor der K.Eröffnung, im N.Konkurse vor dem Ableben des G.Schuldners. Gleichgiltig ist der Fälligkeitstermin für diese rückständigen Dienstbezüge; die Forderung muß nur innerhalb der Jahresfrist entstanden sein. Die Fortdauer des Dienstverhältnisses bis zur K.Eröffnung oder bis zum Ableben des G Schuldners ist nicht notwendig. RG. 22 S. 139, 142. L Seuffert S 60; Willenbch. S 132; v. Wilm. S. 248; Fitting S 96; v. Sarw. S. 521; Pet. u. Kl. S. 272; v. Völd. 1 S. 625. Das Vorrecht der Nr. 1 kommt auch nach § 55, 65, 72,

73 des Krankenversicherungsgesetzes vom 10. April 1892 den rückständigen Beiträgen für Gemeinde-, Orts-, Betriebs-, Bau- und Innungskrankenkassen zu.

II. Nr. 1. Oeffentliche Abgaben. Das Vorrecht entspringt aus dem politischen Charakter des Verbandes — Willenbch. S. 133; Pet. u. Kl. S. 275; v. Völd 1 S. 627 — und umfaßt alle Abgaben und Gefälle, auch Steuern und Zölle, welche im Gegensatze zu den auf Privatrechtstiteln beruhenden Gefällen ihren Grund im öffentlichen Rechte haben. Es erstreckt sich auf Gerichtskosten und Gebühren, insbesondere auf die Gebühren der freiwilligen Gerichtsbarkeit. Sammlung 9 S. 606; 12 S. 476; 14 S. 419. L. Seuffert S. 62; Frankenburger in der Deutschen Juristenzeitung 1898 S. 163. AM. gestützt auf die Motive S. 255, wornach diese Gebühren nur eine Vergütung für die vom Schuldner in Anspruch genommene Thätigkeit des Gerichts darstellen, daher nicht bevorrechtigt sind — RG. 21 S. 49; 28 S. 87; Fitting 98; v. Wilm S. 248; v. Sarw. S. 524; Willenbch. S. 133 Das Vorrecht erstreckt sich weiter auf den Steuererheber, welcher die Abgaben vorschußweise an die Kassen entrichtet hat und kommt auch nach § 5 den ausländischen Staatskassen und Gemeinden zu Gute. v Wilm. S. 250

Zeitlich umfaßt es die aus dem letzten Jahre vor der K.Eröffnung rückständigen, zur Zeit der K.Eröffnung bereits begründeten, wenn auch noch nicht fälligen Abgaben, z. B. die erst später fällig werdenden Beträge aus der Branntwein- oder Zuckersteuer. L. Seuffert S. 61; v. Wilm S. 249; Willenbch. S 133; Fitting S. 97; v. Völd. 1 S 630; v. Sarw. S. 524; Pet. u. Kl. S. 274. Gleichgiltig ist es für das Bestehen des Vorrechtsanspruches, ob für die Forderung, z. B. für rückständige Grundgefälle noch ein Absonderungsrecht begründet ist. Fitting S. 97; Willenbch. S. 132; Pet. u. Kl. S. 278.

III. Nr. 3. Das Vorrecht der Kirchen, Schulen und öffentlichen Verbände. Kirchen sind alle nach Landesrecht als öffentliche Körperschaften anerkannten christlichen Religionsgesellschaften. RG 17 S. 192; RG. JW. 1895 S. 498. L. Seuffert S. 62. Die israelitischen Gemeinden sind in Bayern Privatkirchengesellschaften. Roth, Zivilrecht 1 S. 294; Becher, Landeszivilrecht 1 S. 428; v. Sarw. S 526; Willenbch. S. 133. Schulen sind die vom Staate oder einem öffentlichen Verbande, z. B. von der Gemeinde, eingerichteten, nicht aber Privatschulen, denen ein Vorrecht nicht zukommt. L. Seuffert S. 62; v. Wilm. S. 251; Willenbch. S. 133; Mot S. 256. Oeffentliche Verbände sind alle auf staatlicher Anerkennung beruhenden, öffentlichen Interessen dienenden Vereinigungen. v. Wilm. S. 251. Darunter fallen: die juristischen Personen und Gemeinschaften des öffentlichen Rechts, Armenverbände, Wege-, Deich- und Meliorationsverbände, Gewerbe- und Handels-, Anwalts- und Aerztekammern, Innungen, Berufsgenossenschaften — RG. 22 S. 139 - , Knappschaftsvereine — Bolze 2 Nr 1992 — nicht aber die staatlich privilegierten Verbände, wie Eisenbahngesellschaften, Bodenkreditvereine, Aktiengesellschaften, wenn sie nur Privatinteressen dienen. L. Seuffert S. 62; v. Sarw S. 493; Willenbch S. 133; v. Wilm. S. 251; Pet. u. Kl. S. 275.

Das Vorrecht kommt den öffentlichen Feuerversicherungsanstalten nur zu, wenn sie im konkreten Falle nach Gesetz oder Statut zur Annahme der Versicherung verpflichtet waren. Gleichgiltig ist, ob die Versicherung Mobilien oder Immobilien betrifft, freiwillig oder zwangsweise, gegen Prämie oder auf Gegenseitigkeit erfolgt. Prot. S 49—52, 150—152. Staatliche Hagel- oder Viehversicherungsanstalten fallen unter den Begriff „öffentliche Verbände". L. Seuffert S. 62; v. Wilm. S. 251; Willenbch. S. 134; v Sarw S. 527.

Zeitlich erstreckt sich das Vorrecht auf die nach Gesetz oder Verfassung zu entrichtenden, aus dem letzten Jahre vor der K.Eröffnung rückständigen, innerhalb des letzten Jahres fällig gewordenen Abgaben und Leistungen. RG. 22 S. 139. Die Forderung muß der Kirche, Schule oder dem öffentlichen Verbande, nicht dem einzelnen Beamten, Geistlichen z. B Stolgebühren, oder dem Lehrer zustehen. Die Ansprüche des einzelnen Beamten sind nicht bevorrechtigt. Mot. S. 256; v. Sarw. S. 494; Willenbch. S. 134; Pet. u Kl. S. 276; v. Wilm. S. 251. AM. Fitting S. 98 bezüglich der Stolgebühren.

IV. Nr. 4. Kur- und Pflegekosten. Die Novelle hat hier das Vorrecht des Tierarztes neu eingestellt. Mat. S. 173. Unter den Begriff der gewerbs- oder gewohnheitsmäßigen Krankenpfleger fallen auch die Kranken- oder Diakonissenhäuser und andere Anstalten, welche regelmäßig Kranke zur Pflege aufnehmen. Fitting S 98; Willenbch. S. 134 Ob die Kur oder Pflege dem G.Schuldner persönlich oder lediglich seinen Familien- oder Hausangehörigen geleistet wurde, ändert an dem Vorrecht nichts Erforderlich ist lediglich für den Vorrechtsanspruch, daß den G.Schuldner zivilrechtlich die Zahlungspflicht trifft. L. Seuffert S. 63; v. Sarw. S. 530; v. Wilm. S. 252; Willenbch. S. 134; Fitting S. 99.

Zeitlich umfaßt das Vorrecht im Rahmen des taxmäßigen Ansatzes alle gegen den G Schuldner während des letzten Jahres vor der K Eröffnung entstandenen Kur- und Pflegekosten. Falls eine Taxe nicht besteht, kann das Ermäßigungsrecht auf Grund der gutachtlichen Aeußerung von Sachverständigen eintreten. v. Sarw. S. 530; v Wilm. S. 252; Willenbch. S. 134; Pet. u. Kl. S 278. AM. v. Völd. 1 S. 636.

V. Nr. 5. Forderungen der Kinder, Mündel und Pflegebefohlenen des G.Schuldners. Das BGB. bedient sich des Ausdrucks „Pflegebefohlene" nur zur Bezeichnung der Personen, für die eine Pflegschaft angeordnet ist. Die Novelle hat daher neben den Pflegebefohlenen die Mündel besonders genannt. Begr. S. 26.

Das Vorrecht erstreckt sich auf die Forderungen der Kinder, der Mündel und der Pflegebefohlenen des G.Schuldners in Ansehung ihres gesetzlich der Verwaltung desselben unterworfenen

Vermögens und umfaßt den Anspruch auf Herausgabe des Vermögens wie den auf Schadenersatz. L. Seuffert S. 63; v. Wilm. S. 253; v. Sarw. S. 531; Willenbch. S. 135; Fitting S. 99. Es ist nicht beschränkt auf Forderungen, welche aus der gesetzlichen Verwaltung entstanden sind, sondern schützt auch alle Forderungen des Kindes, Mündels oder Pflegebefohlenen, wenn die Forderung der gesetzlichen Verwaltung unterlegen hätte. Mat. S. 174. RG. 11 S. 63; 17 S. 42; 18 S. 375; 39 S. 70; RG. JW. 1892 S 274; Bolze 2 Nr. 1191; Seuffert Arch. 40 S. 126; 44 S. 477. Das gesetzliche Verwaltungsrecht des Vaters oder der Mutter an dem Vermögen der Kinder ergibt sich aus § 1627, 1628, 1638 bis 1648, 1681, 1684, 1685, 1693 BGB. und begreift auch das Recht des überlebenden Ehegatten auf die Verwaltung des Gesamtguts bei fortgesetzter Gütergemeinschaft in sich. In dem Gesamtgut ist der Anteil des Abkömmlings enthalten. § 1456, 1477 I BGB. L. Seuffert S. 63. Das gesetzliche Verwaltungsrecht des Vormundes, des Gegenvormundes und des Pflegers regeln § 1793, 1794, 1802 fg., 1897, 1911 fg.

Das Vorrecht erlischt, wenn die Forderung nicht binnen zwei Jahren nach Beendigung der Vermögensverwaltung entweder im Konkurse selbst oder durch einen bis zur K.Eröffnung fortgesetzten Prozeß erfolgt worden ist. Die Vorschriften über die Verjährung finden auf die Frist und die zur Wahrung der Frist erforderliche gerichtliche Geltendmachung entsprechende Anwendung. § 203 bis 207, 213 bis 215 BGB L. Seuffert S 63; Willenbch. S 135. Die Beendigung der Vermögensverwaltung bestimmt sich nicht nach dem thatsächlichen Aufhören, sondern nach dem Zeitpunkt, in welchem die Verwaltung kraft Gesetzes aufgehört hat und die Vermögensherausgabe verlangt werden kann. v. Wilm. S. 254; Willenbch. S 135; v. Sarw. S. 535; Pet. u. Kl S. 280; Kohler S. 340. Ein Anerkenntnis der Schuld erhält das Vorrecht nicht. L. Seuffert S 64.*)

VI. Nr 6. Den letzten Rang nehmen die übrigen K.Forderungen ein. Auf sie entfällt nach Verhältnis ihres Betrages der nach Befriedigung der Absonderungs- und Vorrechtsansprüche verbleibende Rest. Willenbch. S. 135; L Seuffert S. 64.

---

*) Hiezu: § 12, 13, 17 EG. z. KO. Bayern: Art. 232, 233 AG. z. CPO u. KO.; Bremen: § 69; Hamburg: § 32, 33; Hessen: Art. 44; Lübeck: § 2; Mecklenburg: § 22, 23; Oldenburg: Art. 53; Reuß ä. L.: § 26, 27.

Vorrecht der Ehefrau: Anhalt: § 8; Bayern: Art. 234; Bremen: § 69; Hamburg: § 30; Hessen: Art. 45; Lübeck: § 1; Mecklenburg: § 19, 20; Preußen: § 19, 21: Reuß ä. L.: § 26, 28 fg.; Sachsen: Ges. v. 11. März 1879; Sachsen-Altenburg: § 10 fg.; Sachsen-Meiningen: § 14; Sachsen-Weimar: § 28 fg.; Schaumburg-Lippe: § 97 fg.; Schwarzburg-Sondershausen: § 10.

§ 62. (§ 55.)

Mit der Kapitalsforderung werden an derselben Stelle angesetzt:

1. die Kosten, welche dem Gläubiger vor der Eröffnung des Verfahrens erwachsen sind;
2. die Vertragsstrafen;
3. die bis zur Eröffnung des Verfahrens aufgelaufenen Zinsen.

E. I. 64 P. 83.

RG. 9 S. 154; 12 S. 337, 15 S. 117, 17 S. 41, 20 S. 135, 21 S. 5; 26 S. 92; 35 S. 29; 36 S. 153.

I. Die Kosten der Einklagung und Beitreibung erwachsen durch die Nichterfüllung und sind in der Forderung enthalten. Darunter fallen die gerichtlichen und außergerichtlichen Kosten. § 91 – 107 CPO Gleichgiltig ist, ob über deren Erstattung bereits endgiltig entschieden ist. RG. JW. 1895 S. 504. Wird die angemeldete Kostenforderung widersprochen, so kann der Gläubiger ihre Feststellung durch Aufnahme des unterbrochenen Prozesses betreiben. § 146; Mot S. 269, 270; v. Wilm. S 255; Willenbch. S. 135; v. Sarw. S. 336. Beim Obsiegen des Gläubigers in diesem Kostenprozeß sind die vor der K.Eröffnung entstandenen Kosten K.Forderung, die nach der K.Eröffnung erwachsenen Masseschulden, § 59 Bei der Aufnahme des Rechtsstreites in der Hauptsache, in dem der Gläubiger gegen den Verwalter obsiegt, sind die sämtlichen Kosten Masseschuld. § 59. RG. JW. 1891 S. 310; 1894 S. 56; 1895 S. 226; Rass. K 33 S. 840; v. Wilm. S. 255, v. Sarw. S. 536; Willenbch. S 135; Pet. u Kl. S. 281. Vgl. § 10

II. Die Vertragsstrafen. § 341 BGB. L Seuffert S. 54 u. 64. Endemann BGB. 1 S. 305; Cosack 1 S. 325. Der Anspruch muß auf einem Vertrage beruhen und im Momente der K Eröffnung bereits vertragsmäßig für den Fall der nicht gehörigen Erfüllung der Forderung begründet sein RG. 21 S 5; 26 S 95. Ob die Strafe vor oder nach der K.Eröffnung verfällt, ist gleichgiltig RG. 21 S. 5; 26 S 92. v. Sarw. S 537; v. Wilm S 256; Willenbch. S. 136; Pet u. Kl. S. 282. AM. Fitting S. 98; v. Völd 1 S. 645 Ansprüche, welche auf einem richterlichen Urteil oder einer letztwilligen Verfügung beruhen, können nur als selbständige K Forderungen geltend gemacht werden. Willenbch. S 136; v. Sarw. S 537; v. Völd. 1 S 644. AM Oetker 1 S. 654 Die Zuwiderhandlung des Verwalters gegen ein nur gegen den G.Schuldner, nicht auch gegen dessen Gläubiger gerichtetes Untersagungsverbot kann nicht einen im Konkurse als K.Forderung oder als Masseschuld geltend zu machenden Anspruch begründen RG. 35 S. 29; RG. JW. 1895 S. 297.

III. Die sämtlichen bis zur K Eröffnung aufgelaufenen, nicht verjährten Zinsen ohne Rücksicht auf die Höhe des Zinsfußes und den Rechtsgrund der Zinspflicht.

v. Wilm. S. 266; v. Sarw. S. 538; Willenbch. S. 136. Für den Tag der K.Eröffnung können Zinsen nicht berechnet werden. RG. 36 S. 153; v. Völd. 1 S. 646; v. Sarw. S. 504; Pet. und Kl. S. 282. Gesetzliche Zinsen: § 246 BGB. § 352 BGB.

Ausgeschlossene Forderungen.

§ 63. (§ 56.)

Im Konkursverfahren können nicht geltend gemacht werden:

1. die seit der Eröffnung des Verfahrens laufenden Zinsen;
2. die Kosten, welche den einzelnen Gläubigern durch ihre Teilnahme an dem Verfahren erwachsen;
3. Geldstrafen;
4. Forderungen aus einer Freigebigkeit des Gemeinschuldners unter Lebenden oder von Todeswegen.

E. I 65. P. 86.

RG 8 S. 286, 12 S. 337, 14 S. 118, 15 S. 117.

Diese kraft Gesetzes ausgeschlossenen Forderungen sind keine K.Forderungen, nicht teilnahmeberechtigt, werden vom Z.Vergleich nicht ergriffen, bleiben gegenüber dem Schuldner in Kraft und sind daher außerhalb des Konkurses in den Neuerwerb des G.Schuldners vollstreckungsfähig. L Seuffert S 57; v. Wilm. S. 256; Pet und Kl. S. 283; Willenbch. S. 136; Fitting S 66. RG. JW. 1887 S. 115. Ihre Anmeldung ist wirkungslos und unterbricht die Verjährung nicht; dagegen sind diese Forderungen aufrechnungsfähig. § 54; § 209 BGB. L. Seuffert S. 230, 257. Ausgeschlossen sind:

I. Der Anspruch auf die seit der K.Eröffnung laufenden Zinsen, gleichviel ob diese auf Vertrag oder Gesetz beruhen. Die von dem Gläubiger selbst bezahlten Zinsen sind als Teil seiner Regreßberechtigung Entschädigungsforderungen und teilnahmeberechtigt z. B. der Zinsenersatzanspruch des Indossanten, welcher nach der K.Eröffnung einen Wechsel eingelöst hat, ebenso die durch ein Absonderungsrecht gesicherten Zinsen RG. 8 S. 236; RG. JW. 1888 S 296; Art. 51 WO v. Wilm. S. 257; v. Sarw. S. 538; Willenbch S. 137.

II. Der Anspruch auf Erstattung der Kosten, welche den einzelnen Gläubigern durch ihre Teilnahme am Verfahren erwachsen. Die Kosten eines Gläubigers für den Eröffnungsantrag sind vor der K.Eröffnung entstanden und können, wenn sie nicht Massekosten sind, § 58 Nr. Nr. 1, als K.Forderung liquidiert werden. v. Wilm. S. 239, 257; Willenbch. S. 137. AM. L. Seuffert S. 57, der sie als K.Forderung ausschließt.

III. Die Geldstrafen, welche bei ihrer Berücksichtigung mehr die Gläubiger als den G.Schuldner treffen würden, gleichviel ob sie im Straf- oder Kriminalrecht, im Disziplinar- oder Verwaltungsrecht ihren Grund haben. Also auch die Fälle der § 179 GVG, § 95 StPO., § 888, 890 CPO und die von einer Korporation gegen ihre Mitglieder verhängten Geldstrafen, sofern diese nicht Vertragsstrafen im Sinne des § 339 BGB. sind. L. Seuffert S. 57; v. Wilm. S. 257; v. Sarw. S. 539; Willenbch. S. 137 Mot. S. 270. Keine Geldstrafe ist die Einziehung — § 40, 295, 360 II, 367 II, 369 II StGB. — welche bei Rechtskraft des Urteils zur Zeit der K.Eröffnung einen Aussonderungsanspruch begründet, ferner die Buße nach § 188, 231 RGB nach Urheber-, Marken- und Erfinderrecht und nach § 14 Ges über den unlauteren Wettbewerb, da sie die rechtliche Natur einer Entschädigung hat, vgl. § 1 Anm. I. Mandry S 496 fg; Jäger S. 15; L Seuffert S 57; v. Wilm. S. 257; Pet. und Kl. S 285; v. Sarw. S. 539; Willenbch. S 138. Die Verfallserklärungen nach § 331 bis 335 StGB. sind Geldstrafen; die Vermögensbeschlagnahme — § 93, 140 StGB, § 325, 326 StPO. — kann nur unbeschadet der Rechte der K.Gläubiger erfolgen und übt auf den Fortgang des Verfahrens keinen Einfluß. v. Wilm. S. 257; v. Sarw. S. 539; Pet und Kl S 284; Willenbch. S. 138. AM L Seuffert S. 57 bezüglich der Verfallserklärungen.

IV Forderungen aus Freigebigkeiten des G.-Schuldners, welche die K.Gläubiger nicht beeinträchtigen sollen. Diese Zuwendungen unter Lebenden oder von Todeswegen müssen unentgeltlich in der Absicht erfolgt sein, den Erwerber aus dem Vermögen des Zuwendenden zu bereichern. L. Seuffert S 58. Der Begriff Freigebigkeit hier ist identisch mit dem Ausdruck „unentgeltliche Verfügung“ nach § 32. Diese Bestimmung findet Anwendung, wenn die Freigebigkeit bereits erfüllt ist Ist aus Freigebigkeit ein Wechsel gegeben, so ist damit das Freigebigkeitsversprechen bereits erfüllt und ein Einwand aus § 63 ausgeschlossen. v. Wilm. S. 257; Willenbch. S. 138; v Sarw. S. 541.

Ob eine Freigebigkeit vorliegt, ist nach den Umständen des Falles zu ermessen; der Beweggrund ist gleichgiltig. Mot. S. 271 L Seuffert S. 58. Einzelfälle von Freigebigkeiten z. B. § 82, 516. 517, 1939, 1940 mit § 524 BGB Die Steuerforderung des Staates aus einer wahrheitswidrigen zu hohen Versteuerung des Einkommens seitens des G.Schuldners ist rechtlich keine Freigebigkeit. RG. 14 S 118. Das Versprechen des Vaters oder der Mutter, der Tochter eine Aussteuer zu gewähren, ist kein Schenkungsversprechen, wenn der Versprechende zur Gewährung verpflichtet ist. § 1620 BGB. Das Versprechen, dem Kinde eine Ausstattung zu geben, ist insoweit eine Freigebigkeit, als die versprochene Ausstattung das den Umständen, insbesondere den Vermögensverhältnissen des Vaters oder der Mutter entsprechende Maß übersteigt. § 1624 I BGB. Das Versprechen einer Aussteuer oder Ausstattung seitens dritter Personen ist stets eine Freigebigkeit. L. Seuffert S. 58.

Für den Nachlaßkonkurs: § 226.

Absonderungsberechtigte. § 64. (§ 57.)

Ein Gläubiger, welcher abgesonderte Befriedigung beansprucht, kann die Forderung, wenn der Gemeinschuldner auch persönlich für sie haftet, zur Konkursmasse geltend machen, aus derselben aber nur für den Betrag verhältnismäßige Befriedigung verlangen, zu welchem er auf abgesonderte Befriedigung verzichtet, oder mit welchem er bei der letzteren ausgefallen ist.

E. I 66. P. 30. 185. 247 248.

RG 1 S. 183; 2 S. 64 5 S. 395; 6 S. 67, 7 S 90, 16 S. 36, 70, 22 S. 154; 23 S. 43, 26 S. 112, 24 S. 45, 36 S. 61; 37 S. 13.

Sammlung 9 S. 461, 11 S. 607, 634, 15 S. 570.

I. Der Absonderungsberechtigte ist K.Gläubiger, wenn ihm neben einem zur K Masse gehörigen Gegenstande auch der G.Schuldner persönlich haftet. Er hat in Ansehung seiner Forderung das Wahlrecht, ob er Deckung aus dem Absonderungsgegenstande oder aus der K Masse suchen will. Er kann aber im Konkurse nur für denjenigen Betrag seiner Forderung Befriedigung verlangen, zu welchem er auf die abgesonderte Befriedigung verzichtet oder mit welchem er bei der abgesonderten Befriedigung ausgefallen ist Mot 274; L. Seuffert S. 44; v. Wilm. S. 258; Willenbch. S. 139; v Sarw. S. 542; v. Völd. 1 S. 274. RG. 16 S 70. Ein gegenteiliger Vertrag zwischen G Schuldner und Absonderungsberechtigten ist für die K.Gläubiger ohne Wirkung RG. 6 S 66; 22 S. 154; 23 S 43; 26 S. 112.

Dasselbe gilt für Gläubiger, die ein Absonderungsrecht aus einem anderen Grunde als wegen Sachhaftung haben § 52; § 5 EG z. KO; Art 59, 60 EG z. BGB L Seuffert S 44, 114. Vgl RG. 24 S. 46. v Wilm. S. 259; Willenbch. S. 139; AM. v. Sarw. S 543; Pet und Kl. S. 286.

Bei einem Absonderungsrecht ohne Forderung an den G.-Schuldner oder bei einer Forderung ohne Absonderungsrecht an einem Massegegenstande z. B. Pfandrecht an Sachen Dritter, ist § 64 nicht anwendbar. RG. 7 S 90; RG. JW 1887 S 328.

Die Anmeldung der Forderung und ihr Tabelleneintrag erfolgt auf den vollen Betrag, ohne Rücksicht, ob zur Zeit der Anmeldung und Feststellung der Ausfall bereits feststeht, oder ein Verzicht auf abgesonderte Befriedigung vorliegt. RG. 26 S. 112; RG JW. 1895 S. 479 Die Teilnahmeberechtigung bemißt sich aber nur, vom Verzichte abgesehen, nach dem Ausfallsbetrag. L. Seuffert S 44. Bei der Feststellung wird in der Tabelle der Zusatz eingeschrieben, „Festgestellt mit der Beschränkung auf den Ausfall". Zweckmäßig ist, schon bei Eintragung in die Tabelle in der Rubrik „Bemerkungen" den absonderungspflichtigen Gegenstand zu erwähnen Willenbch. S. 139; RG. 22 S. 154. Stimmrechtsgewährung: § 96. Berücksichtigung bei Abschlags- und Schlußverteilung: § 153, 155, 156, 168 Nr. 3; RG. JW. 1884 S. 89. Vgl. § 212, 234, 236. Bl. f. RA 64 S 76 fg.

II. Der Verzicht auf das Absonderungsrecht oder einen Teil desselben kann durch konkludente Handlungen erfolgen, muß aber unzweifelhaft erkennbar, bestimmt und unbedingt sein. Stillschweigende Verzichte wirken nicht. Mot. S. 275. v. Wilm. S 260; L. Seuffert S. 436; Willenbch. S. 140; v. Sarw. S. 544 Der Verzicht gewährt dem K Gläubiger, dem der G.-Schuldner persönlich haftet, alle Rechte eines K Gläubigers, und wirkt auch nach der K.Beendigung. v. Wilm. S. 260; v. Völd. 1 S 657; Willenbch. S 140; v. Sarw. S. 544. Ob ein Verzicht im Einzelfalle vorliegt, ist Thatfrage; er kann in der vorbehaltslosen Annahme der Z.Vergleichsrate für den ganzen Betrag der Forderung gefunden werden. RG. 5 S. 394, 6 S. 66; 16 S. 71; 23 S 43; RG. JW 1891 S. 10, 11; 1896 S 35; Sammlung 9 S. 461; Seuffert Arch. 39 Nr 349; preuß. O.Trib. 43 S. 423. L. Seuffert S. 436; v. Wilm. S. 260.

Betagte Forderungen. **§ 65.** (§ 58)

1. Betagte Forderungen gelten als fällig
2. Eine betagte unverzinsliche Forderung vermindert sich auf den Betrag, welcher mit Hinzurechnung der gesetzlichen Zinsen desselben für die Zeit von der Eröffnung des Verfahrens bis zur Fälligkeit dem vollen Betrage der Forderung gleichkommt.

E. I. 67 P 224.
RG. 3 S. 35, 53, 357, 9 S. 249.

Diese für alle Modalitäten des K.Verfahrens von der Anmeldung bis zur Verteilung geltende Vorschrift bezweckt lediglich die Erledigung des gesamten Schuldenwesens im Rahmen des K.-Verfahrens Sie bezieht sich nur auf die K.Gläubiger, nicht auf den G.Schuldner außerhalb des K.Verfahrens, nicht auf Absonderungsberechtigte für ihren Absonderungsanspruch, auch nicht auf Dritte oder den Bürgen. RG 3 S. 356.

Betagte Forderungen, welche zur Zeit der K.Eröffnung begründet, jedoch noch nicht fällig sind, werden im Konkurse als fällig behandelt. Auch Forderungen, deren Fälligkeit von einer Kündigung abhängt, fallen darunter. Die K.Eröffnung gilt als Kündigung RG. 9 S. 229. L. Seuffert S. 47. v. Wilm. S. 261. Willenbch. S. 140. Bei unbestimmtem Fälligkeitstag kommt § 69 zur Anwendung. Mot. S. 278. Pet. und Kl. S. 290. v. Völd. 1 S. 659. v. Wilm. S. 262. L. Seuffert S. 48.

I. Betagte verzinsliche Forderungen sind zu ihrem vollen Nennwert anzumelden. L. Seuffert S. 47. Pet. u. Kl. S. 289. v. Sarw. S. 545. Dies gilt auch dann, wenn der vertragsmäßige Zinsfuß niedriger ist als der gesetzliche. Mot. S. 278. Willenbch. S. 141.

II. Betagte unverzinsliche Forderungen sind zu dem Betrage geltend zu machen, welcher mit Hinzurechnung der gesetzlichen Zinsen für die Zeit von der K.Eröffnung bis zum Verfalltage dem vollen Betrag der Forderung gleichkommt. Mot. S. 277. Die Berechnung erfolgt nach der Hoffmann'schen Formel

$$x = \frac{100\,y}{100 + z\,p}.$$

Hiebei bedeutet x den gesuchten Betrag, y den vollen Betrag der später fällig werdenden Forderung, z die Zahl der Jahre oder Monate bis zum Verfalltag — den Monat zu 30 und das Jahr zu 365 Tagen gerechnet — unter Setzung des Tages der K.Eröffnung als Anfangstermin, p den gesetzlichen Zinsfuß zu 4 % — § 246 BGB. — und zu 5 % bei beiderseitigen Handelsgeschäften. § 352 HGB. L. Seuffert S. 48; v. Wilm. S. 262; Willenbch. S. 141; v. Sarw. S. 546.

Auflösendbedingte Forderungen.

§ 66. (§ 59.)

Forderungen unter auflösender Bedingung werden wie unbedingte geltend gemacht.

E. I. 68. P. 260 Nr. 2.
RG. 26 S. 112.

Die Berücksichtigung dieser Forderungen unter auflösender Bedingung — § 158 II BGB. — auf die volle Höhe erfolgt bei der Beschlußfassung der Gläubiger und bei der Verteilung. Tritt die Bedingung während des Konkurses ein, so endigt die Forderung. § 158 II BGB. Diese Beendigung kann der Verwalter durch Widerspruch im Prüfungstermin oder nach demselben durch Erhebung der Widerspruchsklage nach § 767 CPO. geltend machen. Den verteilten Betrag kann der Verwalter zur Masse kondizieren. Bei Eintritt der Bedingung nach K.Beendigung sind die durch die Dividendenzahlung beeinträchtigten K.Gläubiger kondiktionsberechtigt. L. Seuffert S. 51.

Die Zurückbehaltung der Anteile auf eine auflösend bedingte Forderung tritt ein, wenn der Gläubiger zur Sicherheitsleistung verpflichtet ist, die Sicherheit aber nicht leistet. § 168 Nr. 4. Sie kann durch Bürgschaft oder Pfandbestellung erfolgen.

§ 765, 1113, 1204, 1209, 1986, 2217 BGB. Endemann BGB. 1 S. 328. Fischer-Henle BGB. S 74 Bei der Anmeldung und Prüfung der Forderung, eventuell im Klagewege nach § 146, muß die Frage erledigt werden, ob der resolutiv berechtigte Gläubiger zur Sicherheitsleistung verpflichtet ist RG. 26 S. 112. L Seuffert S. 51; v. Sarw S. 547; Willenbch. S 141; v. Wilm. S. 262. AM. Oetker 1 S 462.

Aufschiebend bedingte Forderungen.

§ 67. (§ 60.)

Forderungen unter aufschiebender Bedingung berechtigen nur zu einer Sicherung.

E. I. 69. P 205.

RG. 4 S. 123, 7 S. 80, 8 S. 94, 9 S. 75, 14 S. 174 — Plen.Entsch. —; 32 S. 34, 39 S. 40.

I. Forderungen unter einer aufschiebenden Bedingung, deren Entstehung von einer zur Zeit der K Eröffnung noch schwebenden Bedingung abhängt, sind K Forderungen, berechtigen aber nur zu einer Sicherung § 158 I BGB L. Seuffert S. 51; Endemann BGB. 1 S. 325, 328 Gleichgiltig ist, ob die Bedingung auf Gesetz, Vertrag oder letztwilliger Verfügung beruht Der Eintritt der Bedingung darf nur nicht von einer Thätigkeit des G Schuldners abhängen. Sonst ist die Forderung von der Teilnahme am K Verfahren ausgeschlossen, da jede Rechtshandlung des G.Schuldners, auch die Erfüllung einer Bedingung und demgemäß die Umwandlung einer aufschiebend bedingten Forderung in eine unbedingte, gegenüber den K.Gläubigern unwirksam ist. § 7 v. Wilm S. 263 v. Sarw. S. 548; Pet. u. Kl. S. 293; Willenbch. S. 142. AM Jäger S 46. L. Seuffert S 54. Fitting S. 74

II. Das Recht auf Sicherung im Konkurse besteht auch dann, wenn der Gläubiger zivilrechtlich zur Sicherheitsbestellung nicht verpflichtet ist oder wenn die Bedingung bereits entschieden, das Ergebnis aber noch unbekannt ist Prot. II Les. d E z. BGB. Bd. 1 S. 182 L. Seuffert S. 51. Die bedingte Forderung wird auf den vollen Betrag in die Tabelle eingetragen und zur Prüfung gebracht Bei jeder Abschlagsverteilung wird die volle Dividende für sie berechnet, der Anteil jedoch zurückbehalten, bis der Eintritt der Bedingung nachgewiesen wird. Dasselbe gilt für die Schlußverteilung. Die Berücksichtigung ist jedoch hier ausgeschlossen, wenn die Möglichkeit des Eintritts der Bedingung so entfernt ist, daß die bedingte Forderung einen gegenwärtigen Vermögenswert nicht hat. § 154, 168 Nr 2 L. Seuffert S. 52 Bei Eintritt der Bedingung ist die Dividende auszubezahlen; die K.Forderung ist unbedingt Bei Ausfall der Bedingung hört die Forderung auf und damit endet die Teilnahmeberechtigung des Gläubigers am K.Verfahren Die zurückbehaltenen Anteile werden für die Schlußverteilung verfügbar. L. Seuffert S. 52. Stimmberechtigung in der G.Versammlung § 96. Aufrechnung § 54 III.

III. Die Bürgen und Mitschuldner des G.Schuldners haben, soweit sie regreßberechtigt sind, gegen ihn einen aufschiebend bedingten Anspruch für den Fall künftiger Zahlung. Diesen Anspruch können sie aber im Konkurse des Hauptschuldners, für den nur eine einheitliche Schuld vorhanden ist, lediglich unter der Voraussetzung anmelden, daß der Gläubiger selbst mit seiner Forderung sich nicht meldet. RG. 9 S. 75; 14 S. 172 — Plen.-Entsch. — L Seuffert S. 52; v. Wilm. S. 264; Pet. u. Kl. S. 295; Willenbch S. 143. AM. RG. 7 S. 81.

Im Wechselverkehr ist der gegenüber seinen Nachmännern einlösungspflichtige Indossant berechtigt, seinen Regreßanspruch gegen den Acceptanten und gegen seine Vormänner in dem Konkurse einer dieser Personen anzumelden, auch wenn er durch den Besitz des Wechsels nicht mehr legitimiert ist. ROHG. 24 S. 1. Willenbch. S. 143; Fitting S. 75; v. Wilm. S. 264; v. Sarw. S. 524.

Ist der G.Schuldner selbst Mitbürge oder Mitschuldner für ein Schuldverhältnis, so ist die Forderung gegen ihn aufschiebend bedingt. Der K.Verwalter hat aber alle dem G.Schuldner zustehenden Einreden aus diesem Schuldverhältnisse. RG S. 123; RG JW. 1885 S 268; ROHG 1 S 102; 18 S. 171; 24 S. 98. v. Wilm. S 264; Willenbch. S. 143; Pet. u. Kl. S. 296; v. Völd. 1 S. 677

Solidare Schuldnerhaft. § 68. (§ 61.)

Wird über das Vermögen mehrerer oder einer von mehreren Personen, welche neben einander für dieselbe Leistung auf das Ganze haften, das Konkursverfahren eröffnet, so kann der Gläubiger bis zu seiner vollen Befriedigung in jedem Verfahren den Betrag geltend machen, den er znr Zeit der Eröffnung des Verfahrens zu fordern hatte.

E. I. 70. P. 87.

RG. 2 S. 181; 8 S. 291, 9 S. 41, 11 S. 18; 14 S. 174; 27 S. 141

I. Diese Bestimmung der solidaren Schuldnerhaftung im Konkurse hat eine dreifache Voraussetzung:

1. mehrere Schuldner müssen nebeneinander für dieselbe Forderung dergestalt haften, daß ein Jeder wegen des ganzen Betrages in Anspruch genommen werden kann. Gesamtschuldner oder Hauptschuldner und selbstschuldnerischer Bürge. § 421, 431 773 I Nr. 1 BGB.; L. Seuffert S. 56.

2. einer dieser Verpflichteten muß in Konkurs geraten sein;

3. der Gläubiger muß berechtigt sein, schon zur Zeit der K.Eröffnung über den einen Schuldner die Forderung gegen alle Schuldner geltend zu machen. Prot. S 55 fg Willenbch. S. 143; v. Wilm. S. 266; v. Sarw. S. 554. Der Rechtsgrund der Haftung ist gleichgiltig; Vertrags- oder Deliktsschulden gehören hieher, insbesondere auch Wechselschulden. Mot S. 285. RG 11 S. 18; 27 S. 141; RG. JW. 1890 S. 411

II. Geltendmachung. Der Gläubiger kann das, was er zu fordern hat, zum vollen Betrage in den verschiedenen Konkursen anmelden und bleibt ohne Rücksicht auf spätere Teilzahlungen mit diesem Betrage K.Gläubiger bis zu seiner vollen Befriedigung. Mot S 285. RG. 9 S 27; RG. JW. 1890 S 411 L. Seuffert S. 56. Die Teilnahmeberechtigung bemißt sich nach der Höhe der Forderung zur Zeit der K.Eröffnung; Teilzahlungen, die vor der K.Eröffnung erfolgt sind, vermindern die Forderung. RG 2 S. 179; 8 S. 291; 9 S. 41; 11 S. 18. Willenbch. S 144; v Wilm. S 268; Pet. u. Kl. S 297; L Seuffert S 56. Der Gläubiger hat in jedem Konkurse ein Bezugsrecht auf die volle Forderung; Teilzahlungen, welche er nach der K.Eröffnung von Seite eines anderen der Schuldner oder aus der Masse eines solchen erhalten hat, werden nicht angerechnet. RG. 9 S 77; RG. Bolze 11 Nr. 938. Ist der Gläubiger an einem Gegenstand absonderungsberechtigt, so kann er in dem Konkurse, zu dessen Masse der Gegenstand gehört und in dem er das Absonderungsrecht ausübt, eine K.Forderung nur auf die Höhe des Ausfalls geltend machen. § 64; in den anderen Konkursen, in denen er nicht absonderungsberechtigt ist, ist er auf den Vollbetrag teilnahmeberechtigt. L. Seuffert S. 57; Pet u. Kl. S. 297; Willenbch. S. 142.

III. Regreßrecht. Verbleibt in den Händen des befriedigten Gläubigers über die Höhe seiner Forderung ein Ueberschuß, so kann der Verwalter des Konkurses, aus welchem die Zuvielzahlung erfolgte, den Ueberschuß kondizieren. Verbleibt in einer Masse ein Ueberschuß, so tritt nach dem Rechtsverhältnis, welches der Gesamtschuld zu Grund liegt, ein Rückgriffsrecht von Masse zu Masse ein Mot. S. 279; § 426, 774 BGB; L Seuffert S. 57; v. Wilm. S 267; Pet. u. Kl. S. 299; v. Sarw. S. 556; Fitting S. 94; Rass.K. 33 S 745

Umwandlung.

§ 69. (§ 62.)

Forderungen, welche nicht auf einen Geldbetrag gerichtet sind, oder deren Geldbetrag unbestimmt oder ungewiß oder nicht in Reichswährung festgesetzt ist, sind nach ihrem Schätzungswerte in Reichswährung geltend zu machen.

E. I. 71 P 15, 61.

RG. 1 S. 23; 6 S. 125; 9 S. 76.

Die Verteilung im Konkurse geschieht in Geld. Die Teilnahmeberechtigung muß daher auf einen bestimmten Geldbetrag fixiert sein. Deshalb müssen Vermögensansprüche, die nicht auf einen Geldbetrag gerichtet sind oder deren Geldbetrag unbestimmt oder ungewiß oder nicht in Reichswährung festgesetzt ist, nach ihrem zur Zeit der K Eröffnung bestehenden Schätzungswert unter Berücksichtigung der Zeit der Leistung in Reichswährung umgesetzt werden Mot. S 290. Prot. S. 58. ROHG. 7 S. 345. L. Seuffert S. 37. v. Wilm. S. 269. Willenbch. S. 145. Diese Veranschlagung ist Sache des Gläubigers; bei einem Widerspruch gegen den angemeldeten Betrag erfolgt die Feststellung im Streitwege. § 146. L. Seuffert S. 37. v. Wilm. S. 269. Ohne diese Veranschlagung in Reichswährung ist weder ein Eintrag in die Tabelle noch eine Prüfung des Anspruches möglich. Willenbch. S. 146. Diese Umwandlung äußerte ihre Wirkung, wie in § 70, nur für das K Verfahren; dem G Schuldner gegenüber bleibt das ursprüngliche Obligationsverhältnis in Kraft. Mot. S. 292. v. Sarw. S. 558. Willenbch. S. 146. AM. L. Seuffert S 51. Die Umrechnung erfolgt in Reichsgoldwährung mit der Rechnungseinheit der Reichsmark Münzgesetz v. 9. Juli 1873 Art. 1, 14 — RGBl. S. 233 —, Ges. v. 4. Dezember 1871 – RGBl. S. 404. ROHG. 23. S 205; 24 S. 188; 25 S. 41. RG. 1 S. 23; 6 S. 125.

Kapitalisierung.

§ 70. (§ 63.)

Wiederkehrende Hebungen zu einem bestimmten Betrage und von einer bestimmten Zeitdauer werden unter Abrechnung der Zwischenzinsen (§ 65) durch Zusammenzählung der einzelnen Hebungen kapitalisiert. Der Gesamtbetrag darf den zum gesetzlichen Zinssatze kapitalisierten Betrag derselben nicht übersteigen.

E. I. 72. P. 62, 85, 251, 278, 398.

RG. 9 S. 76.

Nach dem Grundsatze der Fixierung der Teilnahmerechte auf bestimmte Geldbeträge sind nach Betrag und Zeitdauer bestimmte wiederkehrende Hebungen, deren Bezugsrecht in seiner Gesamtheit schon vor der K.Eröffnung begründet war und nicht jedesmal mit den einzelnen Terminen und Raten zur Entstehung gelangt, zu kapitalisieren Die Forderung, welche nicht mit einer bedingten zu verwechseln ist, besteht aus dem jetzigen Werte der Gesamtheit aller künftigen Hebungen, aus dem unter Anschlag der Zwischenzeiten und der anderen Thatumstände festzustellenden Kapitalbetrage. Mot. S. 292. Die Kapitalisierung erfolgt durch Zusammenzählung der einzelnen Hebungen unter Abrechnung der Zwischenzinsen nach dem gesetzlichen Zinsfuß zu 4 % — § 65 II; § 246 BGB. —, darf aber in ihrem Gesamtbetrag den zum gesetzlichen Zinssatze kapitalisierten Betrag der einzelnen Hebungen nicht übersteigen. L. Seuffert S. 50. Darunter fallen Bezüge auf Grund vertragsmäßiger oder testamentarischer Anordnung. v Wilm. S. 270. Die Veranschlagung ist Sache des Gläubigers; wird dem angemeldeten Betrage widersprochen, so erfolgt die Feststellung nach § 146. L. Seuffert S. 50. Dem G.Schuldner gegenüber bleibt wie in § 69 das ursprüngliche Verhältnis bestehen. Mot. S. 292. v. Sarw. S. 559. Willenbch. S. 146. AM. L. Seuffert S. 51.

Bei wiederkehrenden Hebungen von einer bestimmten Zeitdauer, aber von unbestimmtem Betrage wird der letztere zuerst nach § 69 festgestellt und dann der Wert der Gesamtforderung nach § 70 berechnet. Willenbch S. 146. Pet. u. Kl. S. 301.

Zweites Buch.

Konkursverfahren.

Erster Titel.

Allgemeine Bestimmungen.

Vorbemerkung.

Das Konkursverfahren beruht auf dem Prinzipe der unter gerichtlicher Kontrolle stehenden Selbstverwaltung Der Konkursverwalter hat die Verwaltung und Verwertung der Masse unter der Aufsicht des Gerichtes und der Mitwirkung der Gläubiger, des Gläubigerausschusses und der Gläubigerversammlung, vorzunehmen. Das Konkursgericht hat nur die administrative Leitung nach Maßgabe der Verfahrensvorschriften der KO., nicht aber die Entscheidung der zu dem Konkursverfahren in irgend einer Beziehung stehenden Streitsachen, die zu dem Prozeßgerichte kompetieren. Für die Feststellung streitig gebliebener Konkursforderungen im Prozeßverfahren begründet § 146 eine ausschließliche Zuständigkeit. v. Wilm S 271.

§ 71—77 geben nun die Vorschriften über die Zuständigkeit und die Normen über das gerichtliche Verfahren im Anschlusse an die Vorschriften der CPO, § 78—86 umgrenzen die Stellung des Konkursverwalters, § 87--92 die Befugnisse des Gläubigerausschusses, § 93—99 die der Gläubigerversammlung unter Statuierung eines ausdrücklichen Vetorechtes für das Gericht und § 100, 101 bestimmen die Rechtsstellung des Gemeinschuldners.

Die Novelle hat für die örtliche Zuständigkeit den primären Gerichtsstand der gewerblichen Niederlassung geschaffen, § 71, die Wirksamkeit der Entscheidung des Beschwerdegerichtes vorbehaltlich besonderer Anordnung auf sofortige Wirksamkeit erst mit der Rechtskraft statuiert, § 74, die Haftung des Konkursverwalters und der Gläubigerausschußmitglieder im Einklange mit § 154 ZVG. gebracht,

§ 82, 89, den Landesjustizverwaltungen für die Bemessung der Vergütung des K.Verwalters und der Mitglieder des Gläubigerausschusses die Aufstellung einer Gebührenskala ermöglicht § 85, 91 und die Anhörung der Gl.Versammlung über die Festsetzung der Auslagen und der Vergütung der Gläubigerausschußmitglieder für obligatorisch erklärt § 91.

Die Gerichtskosten des Konkursverfahrens regeln § 50–58, 79 fg. GKG. und die Gebühren der Rechtsanwälte im K.Verfahren § 53–62 RAGO., je in der Fassung vom 20. Mai 1898 — RGBl. S. 659 fg., 692 fg.

Zuständigkeit. **§ 71.** (§ 64.)

I. Für das Konkursverfahren ist das Amtsgericht ausschließlich zuständig, bei welchem der Gemeinschuldner seine gewerbliche Niederlassung oder in Ermangelung einer solchen seinen allgemeinen Gerichtsstand hat.

Sind mehrere Gerichte zuständig, so schließt dasjenige, bei welchem zuerst die Eröffnung des Verfahrens beantragt worden ist, die übrigen aus.

E. I. 73, 74. P. 115, 127, 320. Nov. § 64. Mat. 174

I. Sachlich zuständig ist das Amtsgericht, der Amtsrichter als Einzelrichter, der zu den Verhandlungen einen Gerichtsschreiber zuziehen muß. § 22 GVG. § 127, 165 CPO. Für den Konkurs über das Vermögen eines sich in einem Konsularbezirke aufhaltenden Reichsangehörigen oder Schutzgenossen ist der Konsul zuständig — G. v. 10. Juli 1879 — RGBl. S. 197 — § 1, 12, 14, 18, 19, 45; RG. JW. 1891 S. 200 — in den Schutzgebieten der an Stelle des Konsuls vom Reichskanzler ernannte Beamte — G. v. 17. April 1886 u. 15. März 1888.

II. Oertlich zuständig ist primär nach dem Beschlusse der RTK. das Amtsgericht der gewerblichen Niederlassung und erst in Ermanglung eines solchen das Amtsgericht des allgemeinen Gerichtsstandes des G.Schuldners. Die gewerbliche Niederlassung, der Mittelpunkt des wirtschaftlichen Daseins, hat der G.Schuldner da, wo sich Einrichtungen zu dem Betriebe seiner Fabrik, seines Handelsgeschäftes oder seines Gewerbes befinden und von wo aus unmittelbar Geschäfte geschlossen werden. Mat. S. 174. L. Seuffert S. 37. Diese Aenderung ist namentlich in solchen Fällen wichtig, in welchen die Schuldner in größeren Städten ihre gewerblichen Niederlassungen, indessen in Vororten ihren Wohnsitz haben. Die K.Eröffnung an dem in solchen Fällen von dem Orte der gewerblichen Niederlassung entfernten Amtsgericht hat bisher zu erheblichen Mißständen geführt. Mat. S. 175. Der allgemeine Gerichtsstand ist geregelt durch § 13—19 CPO. und § 7—11 BGB. Begr. der Nov. z. CPO. S. 12; Endemann BGB. 1 S. 181.

Bl f. RA. 64 S. 113 fg. Die örtliche Zuständigkeit für den Nachlaßkonkurs bemißt sich ausschließlich nach dem allgemeinen Gerichtsstand des Erblassers zur Zeit seines Todes — § 214 — und für das K.Verfahren gegen einen Schuldner, der im deutschen Reiche weder eine gewerbliche Niederlassung noch einen allgemeinen Gerichtsstand hat, aber im Inlande ein mit Wohn- und Wirtschaftsgebäuden versehenes Gut als Eigentümer, Nutznießer oder Pächter bewirtschaftet, ist das Amtsgericht zuständig, in dessen Bezirk das Gut sich befindet. § 238 III.

III. Die sachliche und örtliche Zuständigkeit sind ausschließlich, keiner Prorogation fähig — § 40 II CPO. und von Amts wegen zu berücksichtigen. Die Rechtskraft des Eröffnungsbeschlusses heilt den Mangel der Unzuständigkeit. L. Seuffert S. 38. Die Bestimmung des zuständigen Gerichtes durch das im Instanzenzuge zunächst höhere Gericht -- § 36 Nr 1, 2, 5, 6 CPO. — findet auch hier Anwendung. L Seuffert S. 38; v. Wilm. S. 274; Willenbch. S. 148. Die Staatsangehörigkeit ist bei der Beurteilung der Zuständigkeit ohne Belang vorbehaltlich des Rechtes der Exterritorialen nach § 18—21 GVG. v. Sarw. S. 564.

IV. Mehrfache Zuständigkeit. Sind mehrere Gerichte im deutschen Reiche zuständig, z B. im Falle mehrerer gewerblicher Niederlassungen oder Wohnsitze, so schließt dasjenige, bei welchem zuerst die Eröffnung des Verfahrens beantragt worden ist, die übrigen aus. Eine Verfügung des Gerichtes wird nicht vorausgesetzt Die Priorität des Antrages, nicht die Prävention des Gerichtes, begründet die Zuständigkeit. Diese Vorschrift gilt aber nur für die deutschen Gerichte unter einander Die Eröffnung eines Konkurses im Auslande hindert die Eröffnung eines Konkurses im Inlande nicht. v Sarw. S. 565; v Wilm. S. 274; Willenbch. S. 148.

Verfahrensvorschriften.

§ 72. (§ 65.)

Die Vorschriften der Civilprozeßordnung finden, soweit nicht aus den Bestimmungen dieses Gesetzes sich Abweichungen ergeben, auf das Konkursverfahren entsprechende Anwendung.

E. I. 97 P. 178—180.
RG. 37 S. 399.

Die Vorschriften des GVG. und der CPO. finden im K.Verfahren, das seiner rechtlichen Natur nach ein Teil der ordentlichen streitigen Gerichtsbarkeit ist, entsprechende Anwend ing. § 12, 24 GVG. § 2 EG hiezu. L. Seuffert S. 1 fg., 27 fg.

I. Gerichtsverfassungsgesetz. Anwendbar sind die Vorschriften über Rechtshilfe — § 157—159, Oeffentlichkeit und Sitzungspolizei § 170—185, Gerichtssprache — § 186 - 193, und Gerichtsferien § 204. Auf den Fortgang des K.Verfahrens sind die Gerichtsferien ohne Einfluß, wohl aber hemmen sie den Lauf den Fortgang der Feststellungsprozesse. v. Sarw. S. 567 Das K.-Gericht ist kein erkennendes Gericht; deshalb entscheidet über die Zulassung Unbeteiligter das freie Ermessen des Gerichts. v. Wilm. S. 275; Pet. u. Kl. S. 307; Willenbch. S. 163.

II. Civilprozeßordnung. Ihre Anwendung soll, auch abgesehen von den besonders bestimmten Abweichungen, eine dem Konkurszwecke sich anpassende, entsprechende sein, unterbleibt also, wenn die Anwendung wegen der Eigenart des K Verfahrens unmöglich oder sachwidrig ist. L Seuffert S 115 fg. v. Wilm. S. 275. Die Vorschriften der CPO. finden daher auf die konkursrechtlich geregelte Verwaltung und Verwertung der Masse, insoweit diese nicht die Formen der Zwangsvollstreckung trägt, keine Anwendung. § 117 fg. L. Seuffert S. 118; Fitting S. 235. Pet. u. Kl. S. 306. Abweichende Bestimmungen enthält die KO in Betreff der öffentlichen Bekanntmachungen und Zustellungen — § 73, 76, 77 — und über die Wertsberechnung § 148. Entsprechend anwendbar sind insbesondere die Vorschriften der CPO. über die Ausschließung und Ablehnung von Gerichtspersonen – § 41 fg. — über die Prozeßfähigkeit und die gesetzliche Vertretung – § 51—58, 79, 86, 90 - über Ladungen, Termine und Fristen – § 214 fg. – über die Folgen der Versäumnis und die Wiedereinsetzung in den vorigen Stand — § 230 fg, die Vorschriften über Beweisaufnahme und Glaubhaftmachung, § 286—294, § 355—494 innerhalb der dem K.Gericht durch § 75 eingeräumten Befugnisse über das Rechtsmittel der Beschwerde — § 567—577, über den Offenbarungseid und die Haft § 899—914 —, über die einstweiligen Verfügungen — 935 fg., ferner über das Recht auf Akteinsicht und auf Erteilung einer Abschrift des Gläubigerverzeichnisses § 299. L. Seuffert S. 115—124; v Wilm. S. 275; v. Sarw. S. 567; Pet u Kl. S. 305; Willenbch. S. 149. Das Armenrecht – § 114 fg. — kann jedem Beteiligten dem G.Schuldner nur für eine einzelne Prozeßhandlung bewilligt werden. L. Seuffert S. 116. Da die Entscheidungen des K.Gerichtes keine Urteile, sondern nur Beschlüsse sind, so sind die civilprozessualen Vorschriften über Urteile, Versäumnisurteile, über Berufung, Revision und Wiederaufnahme des Verfahrens unanwendbar L. Seuffert S. 121; v. Wilm. S. 276.

Entscheidung. Zustellung. Beschwerde. § 73. (§ 66.)

I. Die Entscheidungen im Konkursverfahren können ohne vorgängige mündliche Verhandlung erfolgen.

II. Die Zustellung geschieht von Amtswegen.

III. Gegen die Entscheidungen im Konkursverfahren findet, soweit dieses Gesetz nicht ein Anderes bestimmt, die sofortige Beschwerde statt.

I. Entscheidungen. Sie erfolgen im K.Verfahren ohne Rücksicht auf ihren Inhalt ohne obligatorische mündliche Verhandlung in Beschlußform. § 160 Nr. 5, 329 I, II CPO. L. Seuffert S. 121; v. Wilm. S. 276; Willenbch. S. 149. Unanwendbar sind daher § 132—135, 138, 145—148, 150 CPO. Mot. S. 298. Vor der Entscheidung ist, da kein Anwaltszwang besteht, der Vollmachtspunkt von Amtswegen zu prüfen; die zur Vertretung im K.Verfahren erteilte Vollmacht berechtigt auch zum Mitstimmen im Vergleichstermin. § 88 CPO. Für das Verfahren in den Terminen sind die Vorschriften der CPO. über die Protokolle — § 159—165, die von den Beteiligten nicht zu unterzeichnen sind — Mot. S. 414 — die Vorschriften über die Sitzungsleitung — § 136, 139—144, 156, 503 und über die Zulassung von Bevollmächtigten und Beständen — § 157 — entsprechend anwendbar § 72. Die Anhörung der Beteiligten vor der Entscheidung ist vorgeschrieben in § 84 II; 105 II; 203 II; 210 II; 217 II, III; 218 II, 230 II,2 36; sie kann auch, wie nach § 102, 225, 891 CPO, durch Eröffnung einer Frist zur mündlichen oder schriftlichen Erklärung erfolgen L. Seuffert S. 121; Willenbch. S. 149; v. Sarw. S. 568; v. Wilm S. 279. Mündliche Verhandlung d. h. eine Erörterung mit und vor dem K.Gericht ist bestimmt in § 97, 132, 141, 142, 162, 179, 182.

II. Zustellung. Alle Entscheidungen, auch die verbündeten, müssen nach Maßgabe der § 208—213 CPO. den Beteiligten von Amtswegen zugestellt werden. L. Seuffert S. 124; v. Wilm. S. 278; Willenbch. S. 149; Pet. u Kl. S. 309. AM. Oetker 1 S. 106, 502. Diese Vorschrift enthält daher eine Abweichung von § 329 III CPO. Prot. S. 59, 60. Das K.Gericht hat im Einzelfalle zu prüfen und zu entscheiden, wer Beteiligter ist. Regel ist die Zustellung an alle Beteiligten. Die Zustellung an alle Beteiligten wird ersetzt durch die öffentliche Bekanntmachung, auch im Falle der Notwendigkeit einer besonderen Zustellung. § 76 III. Die Niederlegung der Entscheidung, durch welche eine Berichtigung des Verteilungsverzeichnisses angeordnet wird, wirkt nach § 158 II wie eine Zustellung. v. Wilm. S. 279; Willenbch. S 149; Pet. u. Kl. S. 310. Teilw. AM. v. Sarw. S. 569.

III. Sofortige Beschwerde. § 73 III; § 577 CPO. Sie ist das ausschließliche Rechtsmittel gegen alle im K.Verfahren auf Grund der K.O. erlassenen Entscheidungen. Lediglich die Entscheidungen in § 95, 96, 163 I, 189 III, 190 I KO. und § 108 Genoss.Ges. sind im K.Verfahren unanfechtbar. L. Seuffert S. 122; v. Wilm. S. 279; Willenbch. S. 150; v. Sarw. S. 569. Kleinfeller in Bl. f. RA. Bd. 58 S. 337 fg. AM. Fitting S. 239; Kohler S. 523.

1. Beschwerdeberechtigt ist jeder Beteiligte, dessen Interesse durch die Entscheidung berührt wird. Bei Abweisung eines Antrages ist der Antragsteller stets beteiligt. L. Seuffert S. 122. Legitimiert sind im einzelnen der Verwalter, die K.Gläubiger und der G.Schuldner, dieser auch dann, wenn die Maßnahmen erst nach der K.Beendigung ihre Wirkungen äußere werden — v. Sarw. S. 570 — nicht aber die G.Versammlung und der G.Ausschuß als solcher. v. Wilm. S. 280; Willenbch S. 150. AM. Pet. u. Kl. S. 311.

2. Verfahren. § 567—577 CPO. Die Beschwerde ist an eine Notfrist von 2 Wochen gebunden und die Frist beginnt, mit Ausnahme der Fälle in § 158, 159, mit der Zustellung der Entscheidung. Die Notfrist ist gewahrt mit der Einreichung des Schriftsatzes bei dem Gerichtsschreiber § 207 II CPO. Die Beschwerdeabhilfe ist ausgeschlossen durch § 577 III CPO, mit Ausnahme der Fälle in § 18, 19 des Ges. v. 10. Juli 1879 betr. die Konsulargerichtsbarkeit. Die sofortige Beschwerde ausschließlich über den Kostenpunkt ist nun auch nach § 99 II u. III CPO. zulässig. RG. JW 1894 S. 359 für das bisherige Recht. Die Entscheidungen der Oberlandesgerichte über das Rechtsmittel der weiteren sofortigen Beschwerde sind nunmehr unanfechtbar. § 568, 577 CPO. Im K.Verfahren war die weitere Beschwerde bereits bisher ausgeschlossen durch § 189.

Die einfache fristlose Beschwerde ist im Rahmen des K.Verfahrens möglich, wenn die Entscheidungen nicht auf Grund der KO., sondern auf Grund eines anderen Gesetzes z. B. § 159, 160, 183 GVG.; § 380, 390, 409 CPO.; § 4 GKG. ergehen. L. Seuffert S. 122; v. Wilm. 279; Pet. u. Kl. S. 310; Willenbch. S. 150. vgl. RG. JW. 1896 S. 587.

Administrativbeschwerden über Verzögerungen oder Unthätigkeit des K.Gerichtes: Preußen, § 85 AG. z. GVG.; Bayern Art. 73, 74; Württemberg Art. 23; Baden § 17, 18 EG. z. GVG. L. Seuffert S. 121.

§ 74.

Die Entscheidung des Beschwerdegerichts wird erst mit der Rechtskraft wirksam. Das Beschwerdegericht kann jedoch die sofortige Wirksamkeit der Entscheidung anordnen.

Nov. § 66a. Mat. 173, 174.

Eingefügt durch die Reichstagskommission, soll diese Bestimmung die Möglichkeit einer wiederholten Abänderung der Entscheidung über die K.Eröffnung vermeiden. Die Wirksamkeit der Entscheidung des Beschwerdegerichtes ist an ihre Rechtskraft gebunden, jedoch unbeschadet der Befugnis des Beschwerdegerichtes — nach dem Vorbilde in § 26 des Reichsgesetzes über die freiwillige Gerichtsbarkeit, Begr. hiezu S. 19 — die sofortige Wirksamkeit der Entscheidung anzuordnen. Mat. S. 173, 174.

§ 75. (§ 67.)

Vornahme von Ermittelungen.

Das Konkursgericht kann zur Aufklärung aller das Verfahren betreffenden Verhältnisse die erforderlichen Ermittelungen, insbesondere die Vernehmung von Zeugen und Sachverständigen anordnen.

E. I. 75. P. 132. Abs. 6.

I. Art und Zeit der Vornahme In jedem Stadium des K.Verfahrens, also auch über einen Zwangsvergleichsvorschlag, können diese Ermittelungen von Amtswegen oder auf Antrag vorgenommen werden. v. Wilm. S. 281. Das K.Gericht kann jede andere zuständige Behörde ohne Erlassung eines Beweisbeschlusses um die Vernehmung von Zeugen oder Sachverständigen angehen, auf welche die Vorschriften in § 375 fg., 404 fg. CPO entsprechende Anwendung finden. Ebenso gilt hiefür die Gebührenordnung für Zeugen und Sachverständige vom 30. Juni 1878 in der Fassung vom 20. Mai 1898 — RGBl. S. 689 fg. — nach ihrer Bestimmung in § 1. Die Zeugen und Sachverständigen sind zu beeidigen, wenn nicht im einzelnen Falle sämtliche K.Beteiligte auf die Beeidigung verzichten. v. Sarw. S. 571; v. Wilm. S. 281; AM. v. Völd. Bd. 2 S. 32. Auch die Einsichtnahme der Handelsbücher ist zulässig; einer besonderen richterlichen Anordnung zur Vorlage derselben bedarf es bei der Stellung des K.Verwalters, des Gläubigerausschusses und der G.Versammlung im K.Verfahren nicht mehr § 47 HGB. Materialien hiezu in der Heymann'schen Ausgabe S. 23.

II. Beschwerde. Gegen die Anordnung der Ermittlung oder die Ablehnung eines Antrages ist sofortige Beschwerde zulässig. § 73. v. Wilm. S. 281.

Oeffentliche Bekanntmachung.

§ 76. (§ 68.)

I. Die öffentlichen Bekanntmachungen erfolgen durch mindestens einmalige Einrückung in das zur Veröffentlichung amtlicher Bekanntmachungen des Gerichts bestimmte Blatt; die Einrückung kann auszugsweise geschehen. Die Bekanntmachung gilt als bewirkt mit dem Ablaufe des zweiten Tages nach der Ausgabe des die Einrückung oder die erste Einrückung enthaltenden Blattes.

II. Das Gericht kann weitere Bekanntmachungen anordnen.

III. Die öffentliche Bekanntmachung gilt als Zustellung an alle Beteiligten, auch wenn dieses Gesetz neben ihr eine besondere Zustellung vorschreibt.

E. I. 93. P. 123. 148. 168. 183. 204.

RG. 36 S. 96.

Sammlung 16 S. 192.

I. Die öffentliche Bekanntmachung ersetzt die Vorschriften in § 204, 206 CPO. über die öffentliche Zustellung im K.Verfahren; sie ist vorgeschrieben in den Fällen der § 81, 93, 98, 111, 116, 139, 151, 163, 179, 198, 203, 205 und zulässig im

Falle des § 106 I. Die nach § 205 CPO. inhaltlich zu bestimmende, auszugsweise Einrückung in den Deutschen Reichsanzeiger ist angeordnet in § 111 II, 116, 163, 190, 205. In dem vor einem Konsul eröffneten Konkurse ist sie nicht erforderlich. § 45. Ges. v. 10. Juli 1879 — RGBl. S. 197. Die öffentlichen Bekanntmachungen erfolgen stets durch das K.Gericht von Amtswegen nur im Falle des § 151 durch den Verwalter Die auszugsweise Einrückung und die Wahl weiterer Bekanntmachungen z. B. in weiteren Blättern als dem Amtsblatt und Reichsanzeiger, durch Anschlag an der Börse — vgl § 112 oder Anheften an der Gemeindetafel liegen im Ermessen des Gerichtes — Bayern; Bel kannt. v. 4. August 1879 — Ges. u VBl. S. 748; Württemberg: Art. 2 des Ges. vom 18. Aug. 1879 — RegBl S. 208; Baden VO v. 26. Juni 1879 — Ges. u. VBl. S 318. — L. Seuffert S. 124; v. Wilm. S. 282; Pet. u. Kl. S. 314; Willenbch. S. 151; v. Sarw S. 573.

II. Wirkung und Fristenlauf. Jede öffentliche Bekanntmachung wirkt als Zustellung an alle Beteiligten. Sie gilt als bewirkt mit dem Ablaufe des zweiten Tages nach der Ausgabe des die Einrückung oder die erste Einrückung enthaltenden Blattes Maßgebend ist die thatsächliche Ausgabe, nicht der im Blatte aufgedruckte Datum. Der Tag der Ausgabe wird nicht mitgerechnet. § 188 BGB. Die zweiwöchige Beschwerdefrist — § 73 III — läuft von dem Zeitpunkte der bewirkten öffentlichen Bekanntmachung, wenn nicht schon vorher eine besondere Zustellung erfolgt ist, die dann die Beschwerdefrist in Lauf gesetzt hat. v. Wilm S. 283; Willenbch S 152; v Sarw. S. 575. AM. Pet u. Kl. S. 314; v. Böld 2 S 43. Diese besonderen Zustellungen -- instruktionell vorgeschrieben in § 111 III und § 179 I, ferner zulässig nach § 80, 83, 99, 142 I u. III, 162 — werden durch die erfolgte öffentliche Bekanntmachung ersetzt Besondere Vorschriften über den Lauf der Beschwerdefrist in § 158 u. § 189.

Besondere Zustellung. § 77. (§ 69.)

I. Wenn neben der öffentlichen Bekanntmachung eine besondere Zustellung vorgeschrieben ist, so kann dieselbe durch Aufgabe zur Post bewirkt werden. Einer Beglaubigung der Abschrift des zuzustellenden Schriftstücks bedarf es nicht.

II. Die dem Verwalter obliegenden Mitteilungen können unmittelbar und ohne besondere Form geschehen.

E. I. 18. P. 123, 148, 168, 183, 204.

I. Besondere Zustellungen. Für die nebenhergehenden in § 111, 179 vorgeschriebenen besonderen Zustellungen bewendet es im allgemeinen bei der einfachen und Kosten ersparenden Form der Zustellung durch Aufgabe zur Post § 175, 192. CPO. Einer Beglaubigung der Abschrift des zuzustellenden Schriftstückes bedarf es nicht, wohl aber ist die Beglaubigung der Abschrift der Zustellungsurkunde notwendig. § 190 CPO. Ersatz der besonderen Zustellungen durch Einschreibepostsendungen ist, wenn eine öffentliche Bekanntmachung stattfindet, mit Rücksicht auf die Wirkung derselben als Zustellung an alle Beteiligten zulässig. § 76 III; Willenbch. S. 152; L. Seuffert S. 124; 360.

II. Mitteilungen des Verwalters — § 133—135, 159 — können formlos z. B. durch Postkarten erfolgen. Die in § 121 vorgeschriebene öffentliche Bekanntmachung durch den K.Verwalter fällt unter § 76. v. Sarw. 574; v. Wilm. S. 283.

Konkursverwalter. § 78. (§ 70.)

I. Konkursverwalter wird von dem Gerichte ernannt.

II. Das Gericht kann demselben die Leistung einer Sicherheit auferlegen.

E. I. 76, 79 P. 128 fg., Mat. 177.
RG. 6 S. 408; 20 S. 109; 29 S. 29 fg.

Das Amt des Verwalters trägt einen öffentlichen Charakter. Der Verwalter steht nach außen und innen, soweit er nicht durch positive Bestimmungen — § 128, § 132—134 — gebunden ist, unabhängig da. v Sarw. S. 574. Er ist ein im öffentlichen Interesse geschaffenes Organ für die Durchführung der Zwecke des Konkurses, das seine Legitimation zur Ausübung der ihm übertragenen Funktionen unmittelbar aus dem Gesetze entnimmt. RG. 29 S. 36; vgl. § 6 II und Anm. hierzu.

I. Ernennung. Ohne an das Vorschlagsrecht der Gläubiger gebunden zu sein, — § 80, 110 —, ernennt das K.Gericht den Verwalter, bei dessen Auswahl auf die Art und den Umfang der Masseverhältnisse Rücksicht zu nehmen ist. Der Rechtsgrund für seine Befugnisse ist die Ernennung ohne die Notwendigkeit einer Beeidigung oder Verpflichtung. Willenbch. S. 152; v. Völd. 2 S. 47, 150 Zum K Verwalter können nicht ernannt werden: vollständig oder beschränkt geschäftsunfähige Personen, § 104, 106, 107 BGB; Personen, denen die bürgerlichen Ehrenrechte aberkannt sind, auf die Dauer des Ehrverlustes — § 34 Nr. 6 StGB. — und der G.Schuldner, wohl aber Gläubiger und Schuldner desselben und — ausnahmsweise — auch Verwandte. Mat. S. 177 fg; L. Seuffert S. 159. Die Notwendigkeit der Genehmigung der vorgesetzten Dienstesbehörde bei Ernennung von Beamten zum Verwalter bemißt sich nach Landesrecht. v. Wilm. S. 284. Eine Verpflichtung zur Annahme besteht reichsrechtlich nicht; in Württemberg sind die Gerichts- und Amtsnotare zur Annahme der K.Verwaltungen nach Art. 1 AG. z. KO. verpflichtet. v. Sarw. S. 574; Willenbch. S. 153. Gerichtsvollzieher: in Bayern bisher § 6 GVO. v. 6. Sept. 1879 — GVBl. S. 1091; in Preußen GVO. v. 14. Juli 1879 — JMBl. S. 194 fg.

Gegen die Ernennung haben die Gläubiger und der G.-Schuldner das Beschwerderecht. § 73 III; v. Wilm. S. 284.

II. Beginn und Beendigung der Funktion des Verwalters. Die Thätigkeit des Verwalters beginnt mit der Ernennung und Annahme der Funktion und erstreckt sich auf die ganze Dauer des K.Verfahrens. Der Verwalter kann nur mit Zustimmung des Gerichtes seine Funktion niederlegen — § 84 — haftet jedoch für allen aus der Abgabe der K.Verwaltung zur Unzeit entstehenden Schaden. v. Wilm. S. 285; v. Sarw. 575; AM. Pet. u. Kl. S. 319; Willenbch. S. 153, die eine Niederlegung ohne gerichtliche Zustimmung zulassen. Die K.Verwaltung endigt mit dem Tode des Verwalters, mit dessen Entlassung nach § 84, bei Aberkennung der bürgerlichen Ehrenrechte, § 34 Nr. 6 StGB., bei Eintritt einer Geisteskrankheit und mit der Beendigung des K.Verfahrens — § 163, 166, 190, 192, 205.

III. Sicherheitsleistung. Die nach Art und Höhe in das Ermessen des Gerichtes gestellte und von diesem auch wieder zu erlassende Sicherheitsleistung ist ihrer rechtlichen Natur nach prozessualisch, ihre Erstellung kann in den Formen der § 232—240 BGB. erfolgen und sie dient als Sicherheit für die gesamte Amtsführung des Verwalters. § 108 CPO findet jedoch keine Anwendung. v. Wilm. S 285; Willenbch. S. 153; v. Sarw. S. 578; Pet. u. Kl. S. 319. AM. L. Seuffert. S. 160.

Beschwerdeberechtigt gegen die Kautionsauflage ist der K.Verwalter, gegen die Nichtauflage der zurückgewiesene Antragsteller. § 73 III. v. Wilm. S. 285; Willenbch. S. 153.

Mehrere Konkursverwalter.

§ 79. (§ 71.)

Wenn die Verwaltung verschiedene Geschäftszweige umfaßt, so können mehrere Konkursverwalter ernannt werden. Jeder von ihnen ist in seiner Geschäftsführung selbständig.

E. I. 77. P. 136. 216.

Voraussetzung für die Ernennung mehrerer K.Verwalter ist, daß jedem derselben ein besonderer, in sich abgeschlossener Geschäftszweig übertragen werden kann. Die mehreren K.Verwalter führen die Verwaltung nicht kollegialisch und haften auch nicht gegenseitig. Jeder ist für seinen Geschäftszweig allein K.Verwalter und allein verantwortlich. L. Seuffert S. 159; v. Wilm. S. 286. Kompetenzstreitigkeiten unter ihnen entscheidet das K.-Gericht. § 78, 79. Ist eine Teilung der Geschäfte nach abgeschlossenen Geschäftszweigen nicht möglich, so kann sich der K.Verwalter der Unterstützung von Gehilfen bedienen, die seinen Anweisungen zu folgen haben und für die er civilrechtlich haftet z. B. § 278 BGB. Die Vertretung durch Bevollmächtigte in Einzelfällen ist zulässig — Willenbch. S. 154 —. Die Bestellung eines Vertreters für den Verwalter — Verwalter ad hoc — z. B. bei Interessenkollision ist jedoch nur durch das K.Gericht möglich. L.

Seuffert S. 159; v. Sarw. S. 576; Pet. u. Kl. S. 317. AM. v. Völd. 2 S. 51, 373.

Wahl eines anderen Verwalters.

§ 80. (§ 73.)

In der auf die Ernennung eines Verwalters folgenden Gläubigerversammlung können die Konkursgläubiger statt des Ernannten eine andere Person wählen. Das Gericht kann die Ernennung des Gewählten versagen.

E I. 78. P. 213.

RG. 4 S. 267

I. Die Wahl eines anderen Verwalters muß in der nicht über einen Monat hinaus anzusetzenden ersten G.Versammlung mit absoluter Majoritität erfolgen. § 94 II; 110. Außer dieser G.Versammlung ist auch die Berufung einer späteren Versammlung z. B. beim Ableben des bisherigen Verwalters für die Wahl eines neuen Verwalters zulässig § 93, 98. Jedoch kann die je auf die Ernennung des Verwalters folgende G.Versammlung das Wahlrecht jedem ernannten K.Verwalter gegenüber nur einmal ausüben. v. Wilm. S. 286. Die Neuwahl und die Ernennung des anderen Verwalters durch das Gericht bewirkt, daß der frühere Verwalter ohne Beschwerderecht von selbst entlassen ist. v. Wilm. S. 286, 290; v. Sarw. S. 576; Willenbch. S. 154, 157; Pet. u. Kl. S. 316, 323.

II. Der früher ernannte K.Verwalter bleibt in Funktion, wenn keine giltige Wahl zu Stande kommt oder die Ernennung des Gewählten versagt wird. Diese Versagung soll aber nur aus triftigen Gründen eintreten, deren Angabe im Beschlusse nicht vorgeschrieben, wohl aber mit Rücksicht auf die Nachprüfung in der Beschwerdeinstanz — § 73 III — ratsam ist. L. Seuffert S. 158; Willenbch. S. 154.

III. Beschwerdeberechtigt — § 73 III — sind gegen die Ernennung des gewählten oder eines anderen Verwalters oder gegen die Versagung der Ernennung der G.Schuldner und die K.Gläubiger, gleichviel, ob sie im Termine anwesend waren oder nicht, schließlich gegen die Zurückweisung seiner begründeten Ablehnung der neue Verwalter. Willenbch. S. 154; v. Wilm. S. 286.

Bekanntmachung und Bestallung.

§ 81. (§ 73.)

I. Der Name des Verwalters ist öffentlich bekannt zu machen.

II. Dem Verwalter ist eine urkundliche Bescheinigung seiner Ernennung zu erteilen. Er hat dieselbe bei der Beendigung seines Amts dem Gerichte zurückzureichen.

E. I 180. P 128, 130, 214.

Die öffentliche Bekanntmachung des Namens des Verwalters und die Einteilung einer urkundlichen Bescheinigung seiner Ernennung sind zum Zwecke einer allseitigen Legitimation des K.-Verwalters instruktionell vorgeschrieben und bei jedem Wechsel in der Person des Verwalters zu verfügen. Für den Anfang und die Beendigung der Funktion des Verwalters sind sie ohne Bedeutung Diese beginnt — § 78 — mit der Annahme der Ernennung. L Seuffert S. 160. Die Handlungen eines nicht oder nicht mehr zur Vertretung berechtigten K Verwalters sind für die K.Masse unverbindlich, wenn sie nicht vom wirklichen K.Verwalter genehmigt werden § 177 BGB. v. Wilm. S. 287; Willenbch. S. 155; v. Sarw. S. 577. Die Wirkung derartiger Rechtshandlungen für den Dritten bemißt sich nach § 178, 179 BGB Endemann BGB. Bd 1 S. 353.

Die Rückgabe der Bestallung, die nur den Wert eines Beweismittels für die Ernennung hat, ist nicht durch Ordnungsstrafen — § 84 —, sondern lediglich im Klageweg durch den neuen Verwalter erzwingbar. v Wilm. S. 287; Willenbch. S. 155.

Verantwortlichkeit des Verwalters.

§ 82. (§ 74.)

Der Verwalter ist für die Erfüllung der ihm obliegenden Pflichten allen Beteiligten verantwortlich.

E. I. 81. P. 132, 135. Nov. § 74. Bger. 26. Mot. z. ZVG. S. 311. RG. 34 S. 27; 36 S. 96; 39 S. 97, 102.

Diese Bestimmung ist durch die Fassung der Novelle im Einklang gebracht mit § 154 I ZVG., welcher die Verantwortlichkeit des Verwalters bei der Zwangsverwaltung regelt. Begr. S. 26. Der Verwalter muß sich mit dem Geschäftskreise des G Schuldners bekannt machen und nach seiner für das ganze Reichsgebiet einheitlich geregelten Verantwortlichkeit ist er für die Erfüllung der ihm obliegenden Pflichten allen Beteiligten verantwortlich. ROHG. 22 S. 411; RG. 39 S. 97. Seine Verantwortlichkeit umfaßt Handlungen und Unterlassungen RG. JW. 1894 S. 590. Der Verwalter hat Vorsatz und Fahrlässigkeit zu vertreten. Fahrlässigkeit ist gegeben, wenn er bei Besorgung der Geschäfte die im Verkehr erforderliche Sorgfalt außer Acht läßt. § 276 BGB. Die Schutzbestimmung des § 827 BGB. findet auf ihn Anwendung. L. Seuffert S. 161 Seine Verantwortlichkeit tritt gegenüber allen Beteiligten, insbesondere dem G.Schuldner, den K.Gläubigern und den Massegläubigern, ein. RG 34 S. 27; 36 S. 96. L Seuffert S 161. Nach der nunmehrigen Fassung des § 82 kann der Schadensersatzanspruch von jedem Beteiligten im ordentlichen

Klagewege verfolgt werden, nicht blos von dem neuen Verwalter gegen den alten Verwalter. L. Seuffert S. 161. AM. für die bisherige Fassung RG. Rass. K. 31 S. 1129; v. Wilm. S. 288; v. Sarw. S. 578; Willenbch. S. 155; Pet. u. Kl. 324.

Aufsicht des Gerichtes. **§ 83.** (§ 75.)

Der Verwalter steht unter der Aufsicht des Konkursgerichts.

P. 132, 135.

RG. 29 S. 83.

I. Umfang der Aufsicht. Das K.Gericht, das nur im Rahmen der § 99, 130, 135, 160, 161 eine beschränkte Verwaltungsbefugnis hat, ist in Verwaltungssachen keine obere Instanz über den Verwalter, hat daher nicht die Zweckmäßigkeit, sondern nur die Pflichtwidrigkeit der Handlungen oder Unterlassungen des Verwalters zu prüfen. Bei der Behebung direkter Verstöße gegen das Gesetz oder bei grober Vernachlässigung der Amtspflichten kann das Gericht ohne Einmischung in die eigentliche Verwaltung sehr wohl einschreiten, wird aber in der Regel einen Antrag abwarten und nicht von Amtswegen vorgehen. RG. 29 S. 83. L. Seuffert S. 161.

II. Ausübung der Aufsicht. Erzwingbar durch die Disziplinarmittel des § 84, jedoch nicht durch die Erteilung eines Verweises, gehen die Aufsichtsbefugnisse des K Gerichtes auf Auskunfts- und Rechenschaftslegung seitens des Verwalters zu jeder Zeit, auf Anhaltung desselben zur Pflichterfüllung und auf Sistierung gesetzwidriger Maßnahmen des Verwalters. § 132, 133, 135 II. v. Sarw. S. 578. Willenbch. S. 156. Das Gericht hat jedoch kein Recht, die Vornahme bestimmter Verwaltungsakte vom Verwalter zu verlangen. RG. 29 S. 83. v. Wilm. S. 289. Aus dem Privatverhalten des Verwalters kann lediglich ein Grund zur Entlassung, nicht aber zur Disziplinierung entnommen werden. v. Wilm. S. 289; Willenbch. S. 156.

Disziplinarmittel gegen den Verwalter. **§ 84.** (§ 76.)

I. Das Gericht kann gegen den Verwalter Ordnungsstrafen bis zu zweihundert Mark festsetzen. Es kann denselben vor der auf seine Ernennung folgenden Gläubigerversammlung von Amtswegen, später nur auf Antrag der Gläubigerversammlung oder des Gläubiger-Ausschusses seines Amts entlassen.

II. Vor der Entscheidung ist der Verwalter zu hören.

E. I. 82. P. 133, 215.

RG. 20 S. 109.

I. Ordnungsstrafe. Die Festsetzung derselben — Geldstrafe, nicht Verweis — erfolgt von Amtswegen oder auf Anregung der K.Gläubiger. Sie ist kein Zwangsmittel im Sinne des § 888 CPO., sondern eine wirkliche Strafe für eine begangene Pflichtwidrigkeit. Ohne Hinzutritt einer neu zu ahndenden Pflichtwidrigkeit unterliegt sie innerhalb des Höchstmaßes von 200 Mark dem Grundsatze ne bis in idem und ihre Umwandlung in eine Freiheitsstrafe ist nicht zulässig. v. Sarw. S. 579; v. Wilm. S. 289; Willenbch. S. 156. L. Seuffert S 161.

II. Entlassung des K.Verwalters. Sie erfolgt durch das K.Gericht aus jedem sachgemäßen Grunde, z. B. wegen Pflichtwidrigkeit, Unfähigkeit oder Ungebühr. v. Wilm. S. 289 Bis zu der auf die Ernennung des Verwalters folgenden G Versammlung hat das K Gericht von Amtswegen das Entlassungsrecht, später kann die Entlassung nur auf Antrag der G.Versammlung oder des G.Ausschusses erfolgen, ohne Rücksicht, ob die G.Versammlung einen neuen Verwalter gewählt hat oder ob der provisorisch vom Gerichte ernannte in Funktion geblieben ist. v. Sarw. S. 579. Das Gericht kann auch von Amtswegen eine G.Versammlung zur Stellung eines Antrages berufen. § 93. Bei Geisteskrankheit des Verwalters kann ohne Entlassung die Neuwahl vorgenommen werden. v. Sarw S. 579. AM. Pet. u. Kl. S. 325.

III. Anhörung des Verwalters. Sowohl bei der Festsetzung der Ordnungsstrafe wie bei der Entlassung ist die vorherige, schriftliche oder mündliche Anhörung des Verwalters instruktionell, — soweit thunlich, — vorgeschrieben. L. Seuffert S. 161 Willenbch. S. 157. Das K.Gericht kann den Verwalter bis zur Entlassung auch suspendieren oder andere vorläufige Sicherungsmaßnahmen treffen. v. Wilm. S. 290.

IV. Beschwerdeberechtigt — § 73 III — gegen die Ablehnung der Entlasiung ist jeder K Gläubiger, nicht aber gegen die Ablehnung der Verhängung einer Ordnungsstrafe. Pet. u. Kl. S. 324; ferner der Verwalter gegen die Festsetzung der Ordnungsstrafe und die Entlassung, jedoch ohne aufschiebende Wirkung. § 572 CPO. Willenbch. S. 157; v. Wilm. S. 290; L. Seuffert S. 161.

Honorar des Verwalters. **§ 85.** (§ 77.)

I. Der Verwalter hat Anspruch auf Erstattung angemessener barer Auslagen und auf Vergütung für seine Geschäftsführung. Die Festsetzung der Auslagen und der Vergütung erfolgt durch das Konkursgericht.

II. Die Landesjustizverwaltung kann für die dem Verwalter zu gewährende Vergütung allgemeine Anordnungen treffen.

E. I. 83. P. 134, 215. Nov. § 77. Begr. 26. Mat. 178.

I. Die gerichtliche Festsetzung ist obligatorisch. Die Gebühren und Auslagen des Verwalters gehören in dem festgesetzten Betrag zu den Massekosten. § 58 Nr. 2 Reicht die Masse nicht zu, so bleibt der Rest als K Forderung bestehen und der Neuerwerb des G.Schuldners, nicht aber der Staat oder die K.Gläubiger, sind haftpflichtig v Wilm. S. 291; Willenbch. S. 158; Pet. u. Kl. S. 326. Der zum K.Verwalter bestellte Rechtsanwalt hat als Verwalter auch noch Anspruch auf die Gebühren für die Prozesse, welche er für die Masse geführt hat, kann diese vom kostenpflichtigen Gegner beitreiben, darf aber nicht die Gelderhebungsgebühr nach § 70 RGO. aus der Masse verlangen, weil die Gelderhebung für die Masse in seine Verwalterthätigkeit fällt. v. Wilm. S. 291; Willenbch. S. 158; Pet. u. Kl. S. 328. Die Festsetzung von Abschlagszahlungen auf Vergütung und Auslagen vor Beendigung der Verwaltung ist zulässig.

II. Höhe der Vergütung. Eine Einigung des Verwalters mit den Konkursgläubigern über die Vergütung ist der K.Masse gegenüber ohne Wirkung. Die Bemessung der Vergütung, bei der die Leistungen des Verwalters und der Betrag der Masse in Betracht zu ziehen sind, ist an und für sich in das freie Ermessen des Gerichtes gestellt. Doch ermächtigt nun die Novelle mit der Neubestimmung in Abs. II. unter Ablehnung einer mit Rücksicht auf die Verschiedenheit der örtlichen Verhältnisse schwierigen reichsrechtlichen Regelung nach dem Vorbilde in § 14 EG. z. RSHO. die Landesjustizverwaltungen zu allgemeinen Anordnungen für die dem Verwalter zu gewährende Vergütung. Begr. S. 26; Mat. S. 178

III. Beschwerdeberechtigt — § 73 III — gegen die allen K.Beteiligten von Amtswegen zuzustellende gerichtliche Festsetzung sind der Verwalter, der G.Schuldner und die K.Gläubiger. Willenbch. S. 157; Rass. K 27 S. 324; v. Wilm. S. 291; L. Seuffert S. 162. Teilw. AM. Oetker 1 S. 104.

Schlußrechnung des Verwalters.

§ 86. (§ 78.)

Der Verwalter hat bei der Beendigung seines Amts einer Gläubigerversammlung Schlußrechnung zu legen. Die Rechnung muß mit den Belegen und, wenn ein Gläubigerausschuß bestellt ist, mit dessen Bemerkungen spätestens drei Tage vor dem Termine auf der Gerichtsschreiberei zur Einsicht der Beteiligten niedergelegt werden. Der Gemeinschuldner, jeder Konkursgläubiger und der nachfolgende Verwalter sind berechtigt, Einwendungen gegen die Rechnung zu erheben. Soweit in dem Termine Einwendungen nicht erhoben werden, gilt die Rechnung als anerkannt.

E. I. 84. P. 279, 199, 220.
RG. 8 S. 336, 20 S. 109.

I. Die Verpflichtung zur Legung der Schlußrechnung tritt ein bei Beendigung des K.Verfahrens oder innerhalb desselben bei einem Wechsel in der Person des Verwalters und geht auch auf dessen Erben über. v. Wilm. S 292; Willenbch. S. 158. AM. v. Sarw. S 580; Pet. u. Kl. S. 331. Eine Prüfung der Rechnung durch das K.Gericht findet nicht statt. Die Rechnung ist schriftlich abzufassen, auf der Gerichtsschreiberei niederzulegen und sie hat übersichtlich im Anschluß an das Inventar — § 124 — den Nachweis über die Verwertung der Masse und die Ausgaben zu enthalten. L. Seuffert S. 161; v. Wilm. S. 292. Die Rechnungslegung ist vom K.Gerichte durch Ordnungsstrafen — § 84 — und seitens der Beteiligten nach durchgeführtem Prozeß im Vollstreckungswege — § 880 CPO — erzwingbar. RG. 8 S. 336; Willenbch. S 158.

II. Einwendungsrecht. Die Bemängelung ist ein unentziehbares, individuelles Recht eines jeden K.Gläubigers und des G.Schuldners v. Wilm. S. 291. Voraussetzung für die Bemängelung ist ein noch gegenwärtiges Interesse zur Sache. Der vollständig befriedigte Gläubiger ist zur Rechnungsabnahme nicht mehr berechtigt; wohl aber besteht das Einwendungsrecht bei der K.Beendigung durch Zwangsvergleich Aussonderungsberechtigte und Massegläubiger sind nicht einwendungsberechtigt. Willenbch S. 158. Die Einwendungen, welche alle Erinnerungen gegen die Rechnung umfassen, müssen ausschließlich bei Meidung der Nichtberücksichtigung im Termine vorgebracht und substanziiert werden. Die Einwendungen, die das K Gericht nicht erledigen kann, sind im Prozeßwege auszustreiten, und was der nachfolgende Verwalter oder die K.Gläubiger, nicht aber der G.Schuldner, erstreiten, fällt in die Masse Sind die Voraussetzungen des § 259 II BGB. gegeben, so kann der Verwalter auch auf Ableistung des Offenbarungseides verklagt werden. L. Seuffert S. 162; Willenbch. S. 159; Pet. u. Kl. S 330; Fitting S. 255

III. Das statuierte Präjudiz der Rechnungsanerkennung trifft alle – auch die im Termine nicht zugegen gewesenen – Erinnerungsberechtigten, G.Schuldner, K Gläubiger und den nachfolgenden Verwalter Die wirkliche oder fiktive Rechnungsanerkennung ist wegen Irrtums oder Betrugs anfechtbar § 119, 123 BGB.; Willenbch. S 159; v. Völd. 2 S 85.

Gläubigerausschuß. § 87. (§ 79.)

I. Vor der ersten Gläubigerversammlung kann das Gericht aus der Zahl der Gläubiger oder der Vertreter von Gläubigern einen Gläubigerausschuß bestellen.

II. Die Gläubigerversammlung hat über die Bestellung eines Gläubigerausschusses zn beschließen. Die Mitglieder des Gläubigerausschusses sind von der

Gläubigerversammlung zu wählen. Zu Mitgliedern können Gläubiger oder andere Personen gewählt werden.

E. I. 85. P. 128, 136a, 212. Mat. 179.

RG. 20 S. 109; 30 S. 15; 31 S. 122.

I. Der G.Ausschuß bezweckt als Organ des K.Verfahrens die Befreiung der Gläubiger von jeder Bevormundung und die Entlastung des Gerichtes von der Besorgung fremder Angelegenheiten. Er ist, gleich der G.Versammlung, ein Verwaltungskörper, welcher im Interesse der Gläubiger als Organ für die Verwaltung dem K.Verwalter beigeordnet ist. RG. 20 S. 109; 31 S. 122; RG. JW. 1895 S. 329. v. Wilm. S. 293; L. Seuffert S. 163; Willenbch S. 4. Der G.Ausschuß ist ein von den Gläubigern unabhängiges gesetzliches Hilfsorgan der K.Verwaltung, also nicht lediglich Mandatar der Gläubiger. RG. 20 S. 109; 31 S. 122. Seine Bestellung ist nur im Konkurse über das Vermögen einer Genossenschaft obligatorisch. § 103 Genoss.Ges.

Zur Ermöglichung eines Mehrheitsbeschlusses — § 90 — muß der Ausschuß aus mindestens 3 Personen bestehen; unter 3 Personen besteht kein Ausschuß mehr. L. Seuffert S. 163; v. Sarw. S. 583; Willenbch. S. 159; Pet. u. Kl. S. 335; Fitting S. 257. AM. v Wilm. S. 294. Bei mehreren K.Verwaltern — § 79 — kann für jeden K.Verwalter ein Ausschuß bestellt werden. Die Wahl von Ersatzmännern ist zulässig. Die Befugnis zur Substitution muß die G.Versammlung gewähren. v. Wilm. S. 294; Willenbch. S. 160. AM. Pet. u. Kl. S. 335. Eine Verpflichtung zur Annahme der Wahl besteht nicht. Die Funktion kann jederzeit niedergelegt werden. L. Seuffert S 164 verlangt, daß jedes Mitglied insolange seine Pflichten erfüllen muß, bis seine Bestellung widerrufen ist. Der G.Ausschuß ist nicht der Gläubigerschaft, die kein Rechtssubjekt ist, verantwortlich, wohl aber kann seine Verantwortlichkeit vom Verwalter und den einzelnen Gläubigern in Anspruch genommen werden. RG. 20 S. 109. v. Wilm. S. 294. Ueber die Rechte und Pflichten der G.Ausschußmitglieder, die nicht vereidigt und verpflichtet werden, vgl. § 88.

II. Provisorischer G.Ausschuß. Gebunden an die Bestellung aus der Zahl der K.Gläubiger kann das K.Gericht aus wirtschaftlichen Zweckmäßigkeitsgründen sofort mit der K.Eröffnung einen G.Ausschuß bestellen. Die Mitglieder können nur aus der Zahl der dem Gerichte bekannten prozeßfähigen K Gläubiger oder deren Vertreter entnommen werden. L. Seuffert S. 163; Fitting S. 257; Pet u. Kl. S. 336; Willenbch. S. 159; v. Wilm. S. 294. Das Gericht kann die Ernennung widerrufen. § 92. Sie muß widerrufen werden, wenn sich herausstellt, daß der Gewählte kein Gläubiger ist. L. Seuffert S. 163. Ernennung, Widerruf und Funktion des G.Ausschusses dauern nur bis zur ersten G Versammlung; bis dahin hat der Ausschuß dieselben Rechte und Pflichten, wie ein von der G.Versammlung gewählter. Die erste G.Versammlung hat über die Beibehaltung des vom Gerichte bestellten Ausschusses und dessen Mitglieder zu beschließen. Ein Nichtbeschließen der G.Versammlung enthält die Erklärung, daß kein Ausschuß gewählt werden soll. Die Funktion des vom Gerichte bestellten Ausschusses ist zu Ende. L. Seuffert S. 164; v. Wilm. S. 295; Willenbch S 160.

III. Definitiver G Ausschuß. Seine Wahl liegt im Ermessen der ersten oder einer späteren nach § 93, 98 berufenen G.Versammlung. Diese hat auch das Entlassungsrecht — § 92 — und kann die Mitglieder des Ausschusses vermehren oder vermindern. L. Seuffert S. 164; v Wilm. S 295. Gegen ihre Beschlüsse hat das Gericht das Vetorecht des § 99 nicht, da die Wahl der gerichtlichen Prüfung entzogen ist. L Seuffert S 164; v Wilm. S. 307; Willenbch. S. 167; Fitting S. 247.

Jede prozeßfähige Person, also auch eine Frau, ist wählbar; der Verwalter, den der G Ausschuß zu überwachen hat, und der G.Schuldner, gegen den sich das Befriedigungsverfahren im Konkurse richtet, können nicht als Ausschußmitglieder gewählt werden. L Seuffert S. 164. AM. bezüglich des G.Schuldners, — der in Wirklichkeit ob der collidierenden Interessen wohl selten gewählt werden wird, — v. Wilm. S. 294; Pet. u. Kl. S. 335.

IV. Beschwerdeberechtigt — § 73 III — gegen die Bestellung und Zusammensetzung des provisorischen G.Ausschusses sind die K Gläubiger, der G.Schuldner u. Verwalter Die Beschlüsse der G Versammlung hinsichtlich des definitiven Ausschusses bedürfen der gerichtlichen Bestätigung nicht, sind also auch nicht anfechtbar. L. Seuffert S. 164.

Rechte und Pflichten des Ausschusses.

§ 88. (§ 80.)

I. Die Mitglieder des Gläubigerausschusses haben den Verwalter bei seiner Geschäftsführung zu unterstützen und zu überwachen. Dieselben können sich von dem Gange der Geschäfte unterrichten, die Bücher und Schriften des Verwalters einsehen und den Bestand seiner Kasse untersuchen.

II. Der Gläubigerausschuß ist berechtigt, von dem Verwalter Berichterstattung über die Lage der Sache und die Geschäftsführung zu verlangen. Er ist verpflichtet, die Untersuchung der Kasse des Verwalters wenigstens einmal in jedem Monate durch ein Mitglied vornehmen zu lassen.

E. I. 86. P. 217, 222 fg. Mat. 180.

RG. 20 S. 110; 36 S. 368.

Der Gl.Ausschuß soll nicht über, sondern neben dem K Verwalter stehen, diesen fortwährend kontrollieren und unterstützen.

I. Rechte und Pflichten der einzelnen Ausschußmitglieder Abs. 1. Unabhängig von einer Beschlußfassung nach § 90 stehen sie einem jeden Ausschußmitgliede selbständig zu.

RG 20 S. 110. v. Wilm. S. 295. Das Ueberwachungsrecht begreift auch die Kontrolle in sich, daß der K.Verwalter den berechtigten Anweisungen, insbesondere der Anweisung zur Hinterlegung der Masse thatsächlich Folge leistet. § 132. RG. 20 S. 110; L. Seuffert S. 165.

II. Rechte und Pflichten des Ausschusses. Abs. 2. Sie sind außerdem noch bestimmt in § 84, 86, 93, 100, 123, 129, 130, 133, 134, 137, 150, 159, 176, 177, 180, 184. Doch steht dem G.Ausschuß eine Befugnis, Verwaltungshandlungen an Stelle des Verwalters vorzunehmen oder ihm solche vorzuschreiben, nicht zu, und ebensowenig haben der G.Ausschuß oder dessen einzelne Mitglieder das Recht, dem K.Verwalter bei der Prozeßführung zum Zwecke der Unterstützung beizutreten. RG. 36 S 368. v. Wilm. S. 296; L. Seuffert S. 164. Ein nach § 132 II gefaßter Beschluß der G.Versammlung über die Berichterstattung und Rechnungslegung des K.Verwalters läßt die Rechte und Pflichten des Ausschusses nach § 88 unberührt v. Wilm S 296; Willenbch. S. 160.

Verantwortlichkeit der G.Ausschußmitglieder.

§ 89. (§ 81.)

Die Mitglieder des Gläubigerausschusses sind für die Erfüllung der ihnen obliegenden Pflichten allen Beteiligten verantwortlich.

E. I. 86. P. 214 Nr. 3. Nov. § 26, Begr. 26. Mot. z. ZVG. 331.

RG. 20 S. 108; 30 S. 25; 31 S. 122.

Gleichwie in § 82 ist auch hier durch die Novelle im Anschlusse an § 154 ZVG neu bestimmt, daß die Ausschußmitglieder für die Erfüllung der ihnen obliegenden Pflichten allen Beteiligten, insbesondere dem G.Schuldner und den K.Gläubigern, verantwortlich sind. Begr S. 26. RG. 20 S. 108; 31 S. 122. L. Seuffert S. 165. Die Ausschußmitglieder in ihrer Gesamtheit und als Einzelperson haften für Vorsatz und Fahrlässigkeit § 276 BGB.; vgl. § 82. Die Haftpflicht mehrerer Ausschußmitglieder ist solidarisch. RG. 20 S. 108; RG. Rass. K. 32 S. 1159. Dissentierende Mitglieder, welche bei der Beschlußfassung die Schädigung nicht gewollt und auch nicht ausgeführt haben, sind von der Haftpflicht befreit. v. Wilm. S. 297; Pet. u. Kl. S. 338; Willenbch. S. 161. AM. v. Völd. 2 S. 99. Jeder Beteiligte, der durch eine vorsätzliche oder fahrlässige Handlung oder Unterlassung eines Ausschußmitgliedes geschädigt ist, kann seinen Anspruch im ordentlichen Klagewege geltend machen. L. Seuffert S. 165. AM. nach der bisherigen Fassung RG. 20 S. 109; RG. Rass. K. 31 S. 1129; v. Wilm S. 296; Willenbch. S. 161; Pet. u. Kl. S. 339. Die Gesamtheit der Gläubigerschaft, die kein anerkanntes Rechtssubjekt und in ihrer Thätigkeit auf die ihr in dem K.Verfahren zugewiesenen Verwaltungsmaßnahmen beschränkt ist, kann die Erhebung der Klage nicht beschließen. Willenbch. S. 161.

Abstimmung im Gl.Ausschuß.

§ 90. (§ 82.)

Ein Beschluß des Gläubigerausschusses ist gültig, wenn die Mehrheit der Mitglieder an der Beschlußfassung Teil genommen hat, und der Beschluß mit absoluter Mehrheit der abgegebenen Stimmen gefaßt ist.

E. I. 87. P. 218.

I. Geschäftsordnung. Der Gl.Ausschuß ist innerhalb des ihm gesetzlich zugewiesenen Geschäftskreises vom K Gerichte unabhängig. Es ist ihm daher die Regelung seiner Geschäftsordnung überlassen, insbesondere die Form der Berufung, die Leitung der Verhandlungen, die Art der auch auf schriftlichem Wege zulässigen Abstimmung, die Beurkundung, Mitteilung und Ausführung der Beschlüsse. L. Seuffert S. 165.

II. Abstimmung. Das Gesetz normiert nur die unabänderlichen, gesetzlichen Bedingungen für die Giltigkeit des Beschlusses. Der Beschluß muß mit der Mehrheit der an der Abstimmung teilnehmenden Personen, nicht der Ausschußmitglieder überhaupt, gefaßt werden. Die Stimme des Vorsitzenden gibt bei Stimmengleichheit keinen Ausschlag. Allein die G.Versammlung entscheidet bei Meinungsverschiedenheiten im Ausschuß, insbesondere, wenn eine absolute Stimmenmehrheit im Ausschuß für einen notwendigen Beschluß nicht erzielt werden kann. v. Wilm. S. 297; v. Sarw. S. 586; Willenbch. S 161

III. Das K.Gericht hat gegenüber den Beschlüssen des G.Ausschusses ein vorläufiges Untersagungsrecht nach § 135 II, nicht aber das Vetorecht aus § 99.

Honorierung der Ausschußmitglieder.

§ 91. (§ 83.)

I. Die Mitglieder des Gläubigerausschusses haben Anspruch auf Erstattung angemessener barer Auslagen und auf Vergütung für ihre Geschäftsführung. Die Festsetzung der Auslagen und der Vergütung erfolgt nach Anhörung der Gläubigerversammlung durch das Konkursgericht.

II. Die Landesjustizverwaltung kann für die den Mitgliedern des Gläubigerausschusses zu gewährende Vergütung allgemeine Anordnungen treffen.

E. I. 89. P. 219. Nov. § 83. Begr. 26. Mat. 182.

I. Das Sonderrecht eines jeden Ausschußmitgliedes geht auf Erstattung der Auslagen und auf Vergütung für die Geschäftsführung. Die Frage, ob ein Verzicht hierauf vorliegt, ist vom Prozeßgerichte zu entscheiden. v. Wilm. S. 298; Willenbch. S. 162; AM. v. Völd. 2 S. 106.

II. Festsetzung. In Abweichung von dem bisher geltenden Rechte erfolgt nunmehr die Festsetzung nach Anhörung der G.Versammlung durch das K.Gericht. Den Gläubigern ist in einer Versammlung Gelegenheit zur Aeußerung zu geben und ist, wenn in dem dazu bestimmten Termin kein Gläubiger erscheint, die Anberaumung eines neuen Termines nicht erforderlich. Die Landesjustizverwaltung kann nunmehr, wie für die Honorierung des Verwalters, auch für die Honorierung der Ausschußmitglieder einen einheitlichen Tarif aufstellen. Begr. S. 26. § 85 II § 14 EG. z. ZVG. Die für die Auslagen und die Vergütung bewilligten und festgesetzten Beträge gehören zu den Massekosten. § 58 Nr. 2.

III. Beschwerde. Die Beteiligten — G.Schuldner, K.Verwalter, K.Gläubiger — haben gegen die Festsetzung des K.Gerichtes das Rechtsmittel der sofortigen Beschwerde. § 83 III. L. Seuffert S. 165.

Widerruf der Bestellung. **§ 92.** (§ 84.)

Die durch das Gericht erfolgte Bestellung zum Mitgliede des Gläubigerausschusses kann von dem Gerichte, die durch die Gläubigerversammlung erfolgte Bestellung zum Mitgliede des Gläubigerausschusses durch Beschluß der Gläubigerversammlung widerrufen werden.

E. I. 88. P. 912.

Der Widerruf der Bestellung zum Mitgliede des Gläubigerausschusses hat zu erfolgen:

I. durch das Gericht bis zur ersten G.Versammlung kraft der von ihm ausgegangenen Bestellung; § 87.

II. durch die G.Versammlung für die nach der ersten G.Versammlung fungierenden Ausschußmitglieder. § 87.

Der Widerruf ist, gleich der Wahl, freier Willensakt des Widerrufsberechtigten. Gegen den Widerruf gibt es keine Beschwerde- oder Widerspruchsberechtigung. Für den Widerruf ist absolute Stimmenmehrheit der G.Versammlung notwendig; für die Wahl genügt relative Stimmenmehrheit. § 94. Jedes Ausschußmitglied hat ein Kündigungsrecht, ist jedoch bei unzeitgemäßer oder grundloser Kündigung zum Schadensersatze nach Maßgabe der Grundsätze über den Auftrag verpflichtet. § 671 BGB. v Sarw. S. 588; Willenbch. S. 162; v. Wilm. S. 299. L. Seuffert S. 165 gibt gegen den Widerruf durch das Gericht das Beschwerderecht.

Gläubigerversammlung. **§ 93.** (§ 85.)

I. Ueber die Berufung der Gläubigerversammlung beschließt das Gericht. Die Berufung muß erfolgen, wenn sie von dem Verwalter, dem Gläubigerausschusse oder von mindestens fünf Konkursgläubigern, deren Forderungen nach der Schätzung des Gerichts den fünften Teil der Schuldenmasse erreichen, beantragt wird.

II. Die Berufung muß öffentlich bekannt gemacht werden. Der öffentlichen Bekanntmachung bedarf es nicht, wenn in einer Gläubigerversammlung eine Vertagung der Verhandlung angeordnet wird.

E. I. 90.
RG. 20 S. 109.

I. Die G.Versammlung ist nicht lediglich Mandatarin der Gläubiger, sondern ein im Interesse der Gläubiger für die K.Abwicklung bestelltes Verwaltungsorgan. RG. 20 S. 109. Sie ist kein Rechtssubjekt, sondern nur ein den K.Verwalter wählendes, unterstützendes und kontrolierendes Verwaltungsorgan, soweit nicht die Verwaltungsbefugnisse an den G.Ausschuß übertragbar oder ihm gesetzlich übertragen sind. v Sarw. S. 589. Die Funktionen der G.Versammlung, welche weder Vertreterin des Verwalters noch beschwerdeberechtigt ist, sind umgrenzt durch die Bestimmungen in § 80, 84, 87, 91, 92, 100, 131, 132, 133, 134, 137, 162, 182. RG. JW. 90 S. 376; v Wilm. S. 299; Willenbch. S. 162. Ihre Befugnisse enthalten auch die Berechtigung, dem G.Ausschuß Instruktionen zu geben, — v Sarw. S. 586 —, lassen aber die Rechte der einzelnen Gläubiger — § 86, 142, 147 — unberührt. Willenbch. S. 162

II. Die Berufung der G Versammlung, welche nicht öffentlich stattfindet, da sie keine Verhandlung vor dem erkennenden Gericht enthält, erfolgt stets durch das K Gericht entweder von Amtswegen in den gesetzlich vorgeschriebenen Fällen — § 86, 110, 162, 179 — oder in den dem Gericht angemessen erscheinenden Fällen, ferner auf Antrag des Verwalters oder des G Ausschusses oder auf Antrag von mindestens 5 K.Gläubigern mit dem gesetzlich vorgeschriebenen Forderungsbetrag, für dessen Bemessung die Zeit der Berufung entscheidend ist. Die Berechnung des 5. Teiles der Schuldenmasse sind die festgestellten Forderungen mit dem festgestellten Betrag, die noch nicht geprüften oder strittigen Forderungen nach gerichtlicher Schätzung in Ansatz zu bringen, gegen die es kein Beschwerderecht gibt. § 95, 96; L. Seuffert S. 166; v. Wilm. S. 300; Willenbch. S. 173. AM. v. Sarw. S. 589, der ein Beschwerderecht zuläßt. Die Beschlüsse einer vom Gerichte nicht durch öffentliche Bekanntmachung berufenen und geleiteten G Versammlung sind ohne rechtliche Wirkung. RG. JW. 93 S. 487; v. Wilm. S. 302.

III. Diese nach § 76 zu erlassende öffentliche Bekanntmachung muß insbesondere die Tagesordnung für die Versammlung enthalten. § 98; § 205 CPO. Bei der auch von Amtswegen möglichen Vertagung — § 227, 228 CPO. — kann die öffentliche Bekanntmachung unterbleiben, wenn bei der Vertagung der neue Termin bestimmt und die Tagesordnung nicht geändert wird. Willenbch. S. 163; v. Wilm. S. 301; L. Seuffert S. 167.

IV. Beschwerdeberechtigt — § 73 III — sind gegen die Ablehnung des Antrages auf Berufung der G.Versammlung die Antragsteller, gegen die Berufung, wenn die Voraussetzungen hierfür nicht gegeben sind, alle K.Beteiligte. v. Wilm. S. 300; L. Seuffert S. 166.

Beschlußfassung und Abstimmung.

§ 94. (§ 86.)

I. Die Gläubigerversammlung findet unter der Leitung des Gerichts statt.

II. Die Beschlüsse der Gläubigerversammlung werden mit absoluter Mehrheit der Stimmen gefaßt. Für die Wahl der Mitglieder des Gläubigerausschusses genügt relative Mehrheit der Stimmen.

III. Die Stimmenmehrheit ist nach den Forderungsbeträgen zu berechnen. Bei Gleichheit der Summen entscheidet die Zahl der Gläubiger.

E. I. 91 93.
RG. 20. S. 140.

I. Leitung der G.Versammlung. Die Befugnisse des Gerichts, dessen Leitung nur formell sein, insbesondere vorkommende Legitimationsstreitigkeiten erledigen und die Verhandlungsresultate urkundlich feststellen soll, sind umgrenzt durch die entsprechende Anwendung der § 136, 137, 139, 141—145, 149, 156, 157, 158, 159—165 CPO. Der Richter hat die Stellung des Gerichtsvorsitzenden und insbesondere die Befugnisse aus der Sitzungspolizei. § 136, 139 CPO.; § 177 fg. GVG.

Zutrittsberechtigt in der nicht öffentlichen Verhandlung sind der K.Verwalter, der G Schuldner, die G.Ausschußmitglieder, die K.Gläubiger und ihre Vertreter. Die Zulassung Unbeteiligter liegt im Ermessen des Gerichts. Pet. u. Kl. S. 307, 346; v. Wilm. S. 275; Willenbch. S. 163. Das Ergebniß der Verhandlung ist unter Zuziehung eines Gerichtsschreibers durch Aufnahme eines Protokolles zu beurkunden. § 72; § 159 fg. CPO.

II. Beschlußfassung der G.Versammlung. Die Fragestellung muß so gefaßt sein, daß sie ein Abstimmen mit Ja oder Nein ermöglicht. Bei einer Abstimmung über Summen, hat die Abstimmung von der höchsten oder niedersten Summe auszugehen, bis sich für eine in der Mitte liegende Summe eine Mehrheit entscheidet hat. v. Sarw. S. 590.

1. Art der Stimmenmehrheit. Mit einer Ausnahme ist ausschließliche Regel die absolute Stimmenmehrheit, sie ist gegeben, wenn die für einen Antrag im Termine ihre Stimmen abgebenden, persönlich erschienenen oder vertretenen Gläubiger mindestens einen Pfennig mehr zu fordern haben, als die Hälfte der Gesammtforderungen der im Termine erschienenen oder vertretenen Gläubiger ausmacht. Relative Stimmenmehr-

heit genügt lediglich zur Wahl der G.Ausschußmitglieder; sie setzt nur eine Mehrheit über die für Andere abgegebenen Stimmen voraus. Eine Sondermehrheit nach Personen- und Summenmajorität ist beim Z.Vergleich vorgeschrieben. § 182, 183.

2. Berechnung der Stimmenmehrheit. Die Mehrheit wird nicht nach Köpfen, sondern nach den Forderungsbeträgen der im Termine erschienenen oder vertretenen, bevorrechtigten und nicht bevorrechtigten K.Gläubiger berechnet. § 95—97. Erschienene, welche sich der Abstimmung enthalten, gelten als nichterschienen. Bei der Berechnung der Forderungen sind die im Konkurse zulässigen Nebenforderungen — § 62 — mit in Ansatz zu bringen. L. Seuffert S. 169; v. Wilm. S. 302; Willenbch. S. 164. Nur bei der Summengleichheit entscheidet die Kopfzahl der Gläubiger. Hier wird ein Vertreter mehrerer Gläubiger mehrfach, ein Gläubiger mit mehreren Forderungen einfach gezählt. L Seuffert S. 169. Bei Abstimmungen über Summen werden, sofern es sich um Leistungen aus der K.Masse handelt, die für die größte Summe abgegebenen Stimmen den für die zunächst geringere abgegebenen, sofern es sich aber um Leistungen an die K.Masse handelt, die für die niedrigste Summe abgegebenen Stimmen den für die zunächst höhere abgegebenen so lange hinzugerechnet, bis sich eine Mehrheit ergibt. § 198 GVG. v Wilm. S. 302; Willenbch. S. 164; Senst Handbuch für K-Richter S. 100.

Stimmberechtigung. **§ 95.** (§ 87.)

I. Zur Teilnahme an den Abstimmungen berechtigen die festgestellten Konkursforderungen. In Ansehung einer streitig gebliebenen Forderung wird bei der Prüfung mit den Parteien erörtert, ob und zu welchem Betrage ein bleibendes Stimmrecht für dieselbe zu gewähren ist. In Ermangelung einer Einigung entscheidet das Konkursgericht. Das Gericht kann die Enscheidung auf den weiteren Antrag einer Partei abändern.

II. Ob und zu welchem Betrage nicht geprüfte Konkursforderungen zum Stimmen in einer Gläubigerversammlung berechtigen, entscheidet auf den Widerspruch eines Konkursgläubigers oder des Verwalters das Gericht.

III. Eine Anfechtung der Entscheidungen findet nicht statt.

E. I. 92.

RG. 10 S. 87; 37 S. 16. 39 S. 47.

Sammlung 9 S. 461; 11 S. 634.

Die Stimmberechtigung geben noch nicht getilgte, bevorrechtigte und nicht bevorrechtigte K.Forderungen. Eine

Rechtsnachfolge in der Person des Gläubigers nach der K.Eröffnung ändert an der rechtlichen Natur der K.Forderung nichts. Mot. S. 316. Bei der Ueberweisung an Zahlungsstatt, die wie eine Cession wirkt, geht das Stimmrecht auf den Rechtsnachfolger über, bei der Ueberweisung zur Einziehung dagegen lediglich die Ermächtigung zur Ausübung des Stimmrechtes, das jedoch bei der Abstimmung über den Z.Vergleichsvorschlag, welcher die Gewährung eines Nachlasses bedingt, nur von dem Einziehungsberechtigten und dem Forderungseigner gemeinsam ausgeübt werden kann Sammlung Bd. 9 S. 461. v. Wilm. S. 303; Pet. u. Kl. S. 165; Willenbch S. 165 Mandry S 421 und 431.

Nicht stimmberechtigt sind Aussonderungs- und Masseansprüche, Forderungen nach § 63 — für den Nachlaßkonkurs § 226, 230 —, Absonderungsansprüche, mit denen nicht eine persönliche Forderung gegen den G.Schuldner verbunden ist § 64, 65 und verjährte Forderungen. RG. 39 S. 47. Die Zulassung nicht stimmberechtigter Gläubiger zur G.Versammlung liegt im Ermessen des Gerichtes. v. Wilm. S. 303; Willenbch. S. 165; Pet. u Kl S 303.

I. Unbedingtes Stimmrecht auf die Dauer des ganzen K.Verfahrens geben die festgestellten K.Forderungen. § 144 I L. Seuffert S. 167; v. Wilm. S. 303.

II. Streitig gebliebene, vom Verwalter oder einem Gläubiger widersprochene Forderungen — § 144 I, 146 — sind nur stimmberechtigt infolge Einigung zwischen den Parteien d. h. dem Liquidanten und dem Widersprechenden oder infolge gerichtlicher Entscheidung, welcher die Anhörung der Beteiligten voranzugehen hat Die Höhe der Stimmberechtigung ist bei der Einigung oder bei der gerichtlichen Entscheidung zu bestimmen. Die Einigung gewährt ein bleibendes Stimmrecht und bindet das Gericht. Das durch die gerichtliche Entscheidung verliehene Stimmrecht ist insolange bleibend, als nicht das Gericht auf Antrag eines widersprechenden Gläubigers, des Verwalters oder des Liquidanten selbst eine auch bei unveränderter Sachlage zulässige abändernde Entscheidung trifft. Prot. S. 70. L. Seuffert S. 167; Willenbch. S. 165. Bei Teilbestreitung einer Forderung ergeht, in Ermangelung einer Einigung, die Entscheidung nur über den bestrittenen Teil. v. Sarw. S. 593. Die Zurücknahme der Anmeldung oder die rechtskräftige Aberkennung der Forderung an und für sich oder als K Forderung beseitigen die Stimmrechtsgewährung. L. Seuffert S. 168. Die Unterscheidung der bestrittenen Forderungen nach § 146 152, kommt hier für die Stimmrechtsbewilligung nicht in Betracht. v. Sarw. S. 594.

III. Nichtgeprüfte — angemeldete oder nicht angemeldete — Forderungen sind insolange auf den vollen Betrag stimmberechtigt, als nicht ein stimmberechtigter K.-Gläubiger oder der Verwalter widerspricht. Auf diesen Widerspruch entscheidet das Gericht. Die Entscheidung gibt nur ein Stimmrecht für die jedesmal gegenwärtige G.Versammlung In einer späteren G.Versammlung tritt wieder die frühere Rechtslage ein.

Mot. S. 315. v. Wilm. S. 305. Willenbch. S. 165. L. Seuffert S. 168, der, gleich Oetker 1 S. 519, noch nicht angemeldete Forderungen von jeder Stimmberechtigung ausschließt. Der Widerspruch gegen das Stimmrecht ist kein Widerspruch gegen die Forderung. v. Sarw. S. 594.

IV. Beschwerde — § 73 III. Die Entscheidungen über das Stimmrecht und dessen Umfang sind unanfechtbar. L. Seuffert S. 169. Sie sind trotz ihrer Unanfechtbarkeit den Beteiligten zuzustellen. § 73 II.; v. Sarw. S. 593; Willenbch. S. 165; v. Wilm. S. 305. AM Oetker 1 S. 502.

Dagegen sind Beschlüsse, welche eine Entscheidung über das Stimmrecht gänzlich oder zur Zeit ablehnen oder einen Legitimationsstreit, wer als Inhaber der Forderung zuzuziehen ist, entscheiden mit der sofortigen Beschwerde anfechtbar. v. Wilm. S. 305; Willenbch. S. 165.

§ 96. (§ 88.)

I. Ob und zu welchem Betrage Forderungen, für welche abgesonderte Befriedigung beansprucht wird, in Ansehung ihres mutmaßlichen Ausfalls, sowie Konkursforderungen unter aufschiebender Bedingung zum Stimmen in einer Gläubigerversammlung berechtigen, entscheidet auf den Widerspruch eines Konkursgläubigers oder des Verwalters das Gericht.

II. Eine Anfechtung der Entscheidung findet nicht statt.

RG. 37 S. 16.

Sammlung 9 S. 461, 11 S. 634.

Für diese Forderungen — § 64, 67 — welche stimmberechtigt bis zum Widerspruche sind, gilt die Regel des § 95 II für nicht geprüfte K.Forderungen. RG. 37 S. 16. v. Sarw. 594. Die auf den Widerspruch ergehende, unanfechtbare Entscheidung gibt ein Stimmrecht nur für die jeweilige G.Versammlung. Willenbch. S. 166. Den Anmeldenden trifft die Verpflichtung zur Angabe und tunlichsten Glaubhaftmachung seines Ausfalls, für den er ein Stimmrecht beansprucht. v. Wilm. S. 305; L. Seuffert S. 168.

Stimmzählung.

§ 97. (§ 89.)

Gezählt werden nur die Stimmen der in der Gläubigerversammlung erschienenen Gläubiger. Die nicht erschienenen Gläubiger sind an die Beschlüsse gebunden.

E. I. 93.

RG. 20 S. 140.

Nach dem Prinzip der Unmittelbarkeit werden nur die im Termine persönlich oder durch legitimirte Vertreter abgegebenen

Stimmen gezählt. Nach der Annahme des Gesetzes, daß die Ausbleibenden sich den Beschlüssen der an der Versammlung teilnehmenden Gläubiger stillschweigend unterwerfen, sollen die Nichterschienenen an die Beschlüsse der Erschienenen gebunden sein. Es bleiben daher schriftliche Abstimmungserklärungen unberücksichtigt; ebenso werden erschienene Gläubiger, welche sich der Abstimmung enthalten, nicht mitgezählt. RG. 20 S. 140. Pet. u. Kl. S. 348. Bevollmächtigung nach Maßgabe der Vorschriften der CPO., die entsprechende Anwendung finden, ist zulässig. § 72. § 79—81, 52 CPO. Der Mangel der Vollmacht ist von Amtswegen zu berücksichtigen. § 88 CPO. Die Vertretung ohne Vollmacht ist nicht unzulässig, für Abstimmungen jedoch zu vermeiden; vor der Beschlußfassung muß die Vollmacht beigebracht werden. § 89 CPO. v. Sarw. S. 595; L. Seuffert S. 169; v. Wilm. S. 306. Die Verbeistandung durch eine prozeßfähige Person ist zulässig. § 90 CPO. Willenbch. S 166.

Bekanntmachung der Tagesordnung.

§ 98. (§ 90.)

Der Gegenstand, über welchen in der Gläubigerversammlung ein Beschluß gefaßt werden soll, muß bei der Berufung derselben öffentlich bekannt gemacht werden.

E. I. 94.

Die Bekanntmachung muß den bestimmten Gegenstand der Tagesordnung, nicht blos die allgemeine Kategorie des Beschlusses, ersehen lassen. Für eine Ergänzung der Tagesordnung ist eine erneute öffentliche Bekanntmachung notwendig. § 76. v. Wilm. S. 306. Ohne vorgängige Bekanntmachung der Tagesordnung kann ein giltiger Beschluß auch nicht mit Zustimmung der erschienenen Gläubiger gefaßt werden, da dieser die nicht erschienenen Gläubiger nicht binden würde. v. Sarw. S. 595; Willenbch. S. 166.

Untersagungsrecht des Gerichtes.

§ 99. (§ 91.)

Das Gericht hat die Ausführung eines von der Gläubigerversammlung gefaßten Beschlusses auf den in der Gläubigerversammlung gestellten Antrag des Verwalters oder eines überstimmten Gläubigers zu untersagen, wenn der Beschluß dem gemeinsamen Interesse der Konkursgläubiger widerspricht.

I. Voraussetzung und Umfang. Diese über die Stellung eines Kontrollorganes hinausgehende, dem Gerichte gegebene Machtbefugniß ist eine Ausnahmebestimmung, welche das Veto in das pflichtgemäße Ermessen des Gerichtes setzt, daher nicht ausdehnend zu interpretiren ist. Dieses Vetorecht dient zum Schutze abwesender oder majorisirter Gläubiger z. B. wenn die Majorität Sonderinteressen verfolgt. v Wilm S. 306; Willenbch. S. 167; L. Seuffert S. 171

Voraussetzung für dieses Untersagungsrecht ist:

1. daß der Verwalter oder ein überstimmter Gläubiger, der ein Stimmrecht nach § 95, 96 hatte, den Antrag auf Untersagung in der G.Versammlung gestellt haben, also dort anwesend waren;
2. daß ein positiver, der Ausführung bedürftiger Beschluß vorliegt und dieser dem gemeinsamen Interesse der Gläubiger widerspricht. v Wilm. S. 306; Pet. u. Kl. S. 352. Dieses Untersagungsrecht umfaßt sämmtliche, einer Ausführung bedürftige Beschlüsse der G Versammlung; nicht aber Beschlüsse, durch welche ein Antrag abgelehnt wird, nicht die der gerichtlichen Kognition entzogene Wahl eines Ausschußmitgliedes durch die G Versammlung — § 87 — oder die Wahl des vom Gerichte zu ernennenden Verwalters und das Gericht kann nur der Ausführung eines Beschlusses widersprechen, nicht aber anordnen, daß etwas geschehen soll. v. Wilm. S. 307; Willenbch. S. 167.

II. Beschwerde Gegen die Untersagung sind der Verwalter, falls er nicht Antragsteller ist, die zur Majorität gehörigen K Gläubiger, ferner die in der Versammlung nicht erschienenen Gläubiger, gegen die Abweisung des Antrages auf Ausübung des Vetorechtes die Antragsteller beschwerdeberechtigt § 73 III. v. Sarw S. 596; v. Wilm. S. 307; Willenbch. S 167; L. Seuffert S 171.

Auskunftspflicht des Gemeinschuldners.

§ 100. (§ 92.)

Der Gemeinschuldner ist verpflichtet, dem Verwalter, dem Gläubigerausschusse und auf Anordnung des Gerichts der Gläubigerversammlung über alle das Verfahren betreffenden Verhältnisse Auskunft zu geben.

E. I. 95. P. 132, 160, 223.

RG. 20 S. 109.

I. Die Rechte und Pflichten des Gemeinschuldners. Der zu persönlichen Dienstleistungen für die Masse nicht herangezogen werden kann, ergeben sich im Einzelnen aus § 6-8, 86, 101, 103, 104, 105, 109, 121, 123, 125, 130, 135, 141, 160, 165, 173, 180, 182, 189, 192, 206.

II. Auskunftspflicht. Die während des ganzen K.Verfahrens fortdauernde Verpflichtung des G.Schuldners zur Auskunftserteilung und zur Ableistung des Offenbarungseides — § 125 — beruht auf dem Konkurszwecke, der gemeinschaftlichen Befriedigung der Gläubiger durch Ermittelung und Verwertung des konkurspflichtigen Vermögens. § 1, 6. Die Art der Auskunft

— schriftlich oder mündlich — hängt von den Umständen ab und sie ist erzwingbar durch Haft — § 101 II — oder durch Entziehung der Unterstützung. § 129, 132. L. Seuffert S. 292; Willenbch. S. 168. Unmittelbar auskunftsberechtigt sind der Verwalter und der G.Ausschuß, die G.Versammlung jedoch zur Vermeidung von Differenzen erst auf Anordnung des Gerichts, welches auch die Art und den Umfang der Auskunft zu bestimmen hat. Die einzelnen Gläubiger sind nicht auskunftsberechtigt. Der G.Schuldner muß einer an ihn zur Auskunftserteilung ergangenen Ladung Folge leisten, kann aber, wenn er sich zu einer vom K.Verwalter oder dem Ausschusse verlangten Auskunft nicht für verpflichtet erachtet, die Entscheidung des Gerichtes anrufen. v. Wilm. S. 308; Willenbch. S. 168; Pet. und Kl. S. 354.

III. Beschwerdeberechtigt sind gegen die Ablehnung des Antrages auf Auskunft die K.Gläubiger, gegen die Anordnung der Auskunft der G.Schuldner. § 73 III. L. Seuffert S. 293.

Zwangsmaßregeln gegen den G.Schuldner.

§ 101. (§ 93.)

I. Der Gemeinschuldner darf sich von seinem Wohnorte nur mit Erlaubnis des Gerichts entfernen.

II. Das Gericht kann die zwangsweise Vorführung und nach Anhörung des Gemeinschuldners die Haft desselben anordnen, wenn er die ihm vom Gesetze auferlegten Pflichten nicht erfüllt, oder wenn es zur Sicherung der Masse notwendig erscheint.

E. I. 96. P 138—140.

I. Entfernungsverbot. Das Verbot der Entfernung ohne gerichtliche Erlaubnis bezweckt die Sicherung der Auskunftspflicht nach § 100 und umfaßt die Verlegung des Wohnsitzes ebenso, wie eine kurze Reise. v. Wilm. S 308. Die Interessen des G.-Schuldners wie der Masse sind hiebei zu berücksichtigen, doch soll dem G Schuldner die Freiheit der Bewegung nicht länger vorenthalten werden, als es absolut notwendig erscheint. v. Sarw. S. 597 Die Verletzung des Verbotes rechtfertigt Vorführung oder Haftandrohung. v. Wilm. S. 309; L. Seuffert S. 296.

II. Vorführung und Haft. Diese in das Ermessen des Gerichtes gestellten Maßnahmen werden entweder von Amts wegen oder auf Antrag des Verwalters, der Gläubiger oder des G.Ausschusses getroffen. v. Wilm. S 309. Die Anordnung der Haft findet statt als Sicherheitshaft, wenn zu besorgen ist, daß der G.Schuldner seine Freiheit zur Verbringung von Vermögensstücken, zur Einziehung von Ausständen oder zu nachteiligen Kollusionen oder Verdunkelungen mißbrauchen werde; als Zwangs- und Strafmittel findet sie statt, um den G.Schuldner zur

Auskunftserteilung anzuhalten oder wenn derselbe sich unbefugter Dispositionen oder Behinderungen des Verwalters schuldig gemacht hat. Die Bestimmungen in § 904 - 910, 912, 913, 933 CPO — jedoch hier ohne Aufnahme des Geldbetrages im Haftbefehl —, nicht aber die in § 888, 890 CPO. finden hiefür entsprechende Anwendung. § 72. L Seuffert S. 297.

Die Kosten der Sicherheits- und Zwangshaft sind Massekosten. § 58 Nr. 1. Die Verpflichtung zur Vorschußleistung — § 911 CPO. — entfällt für diese im Offizialbetriebe anzuordnende Haft. Pet. u. Kl. S. 356. Die Kosten der als Strafe angeordneten Haft fallen der Staatskasse zur Last, die einen Regreßanspruch an das konkursfreie Vermögen des G.Schuldners hat. § 497 StPO.; § 79 Nr. 8 GKG.; Willenbch. S. 169; v. Wilm. S. 309; L Seuffert S. 297

III. Beschwerde. Gegen die Anordnung der Vorführung oder der Haft haben der G.Schuldner und mit Rücksicht auf die Kosten auch der Verwalter und die K.Gläubiger, gegen die Ablehnung der Antragsteller das Rechtsmittel der sofortigen Beschwerde. § 73 III L. Seuffert S. 297; v. Wilm. S. 309; Willenbch. S. 168; v. Sarw. S. 598. AM. Pet. u. Kl. S. 356. der gegen die Ablehnung dem Antragsteller kein Beschwerderecht einräumt

---

Zweiter Titel.

Eröffnungsverfahren.

Vorbemerkung.

Der zweite Titel — § 102 bis § 116 — regelt das Eröffnungsverfahren. Konkursgrund ist beim Regelkonkurs die Zahlungsunfähigkeit, deren Eintritt insbesondere bei Zahlungseinstellung vermutet wird Die K.Eröffnung ist nur möglich entweder auf Antrag des G.Schuldners oder auf den eines Konkursgläubigers § 102, 103, 104 Dem ersteren Antrag kann, dem letzteren muß, abgesehen von der Ausnahme des § 105 III, eine Ermittlung des Sachverhaltes vorausgehen. § 105, 106. Die Anordnungen zum Vollzuge des Eröffnungsbeschlusses enthalten § 108 fg.

Die Novelle hat den § 106 I im Sinne der Auffassung des BGB. geändert, in § 107 die K.Eröffnung auch bei unzulänglicher Masse zugelassen, wenn ein zur Deckung der im § 58 Nr. 1, 2 bezeichneten Massekosten ausreichender Geldbetrag vorgeschossen wird, und die Führung eines Verzeichnisses über die vermögenslosen Schuldner angeordnet, in § 110 die Verbindung der ersten G.Versammlung, des Prüfungs- und des Zwangsvergleichstermines ermöglicht, die Eintragung und Löschung des allgemeinen Veräußerungsverbotes und der K.Eröffnung in den öffentlichen Büchern einheitlich geregelt, – § 113—115 — und den bisherigen § 105 in § 116 aufgenommen.

Konkursgrund. **§ 102.** (§ 94.)

I. Die Eröffnung des Konkursverfahrens setzt die Zahlungsunfähigkeit des Gemeinschuldners voraus.

II. Zahlungsungsunfähigkeit ist insbesondere anzunehmen, wenn Zahlungseinstellung erfolgt ist.

E. I. 100. P. 113, 319, 322, 323.

RG. 3 S. 398, 417; 6 S. 97; 7 S. 195; 8 S. 102; 11 S. 42; 22 S. 47; 25 S. 39; 36 S. 74. RStr. 3 S. 195; 9 S. 161; 14 S. 221.

Sammlung 9 S. 317; 10 S. 11, 471.

Voraussetzung für die K.Eröffnung ist das Vorhandensein des K.Grundes, beim Regelkonkurs die Zahlungsunfähigkeit, in den Fällen der § 207 I, 209, 213, § 63 I Ges. über die Gesellschaften m. beschränkter Haftung, § 98, 140 Genoss.Ges auch die Ueberschuldung, in denen der § 215, 236 I nur die Ueberschuldung, ferner das Vorliegen eines Antrages auf K. Eröffnung, das Vorhandensein genügender Masse – von der Vorschußleistung des § 107 Satz 2 abgesehen — und mindestens eines Gläubigers. Das Vorhandensein und Andringen mehrerer Gläubiger wird nicht erfordert. RG. 11 S. 40. RG. JW. 1884 S. 90. Motive z. I. E. des BGB. 5 S. 683. v. Wilm. S. 309, 312. Willenbch S. 171; Kohler S. 67; Oetker 1 S. 56. AM. L. Seuffert S. 141, der das Vorhandensein mehrerer Gläubiger für notwendig erachtet.

I. Die erste Voraussetzung der K.Eröffnung, die Zahlungsunfähigkeit, d. h. das Fehlen parater Mittel zur Bezahlung der sämtlichen zur Zeit fälligen Verbindlichkeiten muß im Momente der K.Eröffnung, nicht zur Zeit der Antragstellung gegeben sein. RG. 36 S. 74; RG. JW. 1888 S. 167; Rass.K. 32 S. 1163; Seuffert Arch. 43 S. 281. Die Zahlungsunfähigkeit unterscheidet sich von der Ueberschuldung, welche vorliegt, wenn die Summe der in einem Vermögen vorhandenen Werte, Aktiva, die Summe der daraus zu berichtigenden Schulden, Passiva, nicht erreicht. L. Seuffert S. 139; Dernburg Pand. 2 S. 271. Das Nichtberichtigen der fälligen Verbindlichkeiten muß bei der Zahlungsunfähigkeit in der Unmöglichkeit, Zahlungsmittel alsbald beschaffen zu können, seinen Grund haben. L. Seuffert S. 139. Diese liegt trotz der Vermögenszulänglichkeit auch dann vor, wenn sich das Vermögen nicht verwerten läßt, z. B. in unverkäufliche Immobilien angelegt ist, oder wenn das Vermögen des Schuldners nur aus unentziehbaren Gegenständen besteht oder wenn der Schuldner zwar mittels fremder Unterstützung zahlen könnte, diese aber zurückweist RG. 7 S. 195; RStr. 3 S. 195. L. Seuffert S. 173; Pet. u. Kl. S. 360; Willenbch. S. 169. Das Nichtzahlen aus

Chikane oder Nachlässigkeit oder infolge bestehender Gegenforderungen oder Einredeberechtigungen begründet keine Zahlungsunfähigkeit. Mot. S. 324. RG. JW. 1895 S. 479. Die Zahlungsunfähigkeit muß ein in sich abgeschlossener, nicht zu beseitigender, oder wenigstens nicht wieder beseitigter Zustand sein, zum Unterschiede von der Zahlungsstockung, die nur vorübergehender Natur, die alsbaldige Beschaffung der Zahlungsmittel noch ermöglicht. Prot. S. 72. L. Seuffert S. 139; v. Wilm S. 311; Willenbch. S. 170.

II. Die Zahlungsunfähigkeit tritt besonders zu Tage in Form der Zahlungseinstellung, d. h. in der vom Schuldner ausgehenden Erklärung der Zahlungsunfähigkeit. L. Seuffert S 139. Sie ist kein selbständiger K.Eröffnungsgrund neben der Zahlungsunfähigkeit. L. Seuffert S. 139. v. Wilm. S. 313. Ueber das Vorliegen der Zahlungseinstellung, die ausdrücklich oder durch schlüssige Handlungen z. B. Flucht, Schließen des Geschäftes erfolgen kann, entscheidet das K.Gericht nach freier Beweiswürdigung gemäß § 286 CPO. nach der Ansicht des Verkehrslebens und, wenn der Schuldner Kaufmann ist, nach der Anschauung der kaufmännischen Kreise RG. JW. 1889 S. 171; 1891 S. 250; 1894 S. 182; 1895 S. 505; ROHG. 10 S. 69; Annalen d. RG. 7 S. 274. L. Seuffert S. 139; v. Wilm. S. 313; Willenbch. S. 170. Die Zahlungseinstellung braucht nicht eine absolute zu sein; sie muß nur die Nichterfüllung der Verbindlichkeiten gegenüber der Allgemeinheit erhellen lassen. Mot. S. 324. RG. 6 S. 97. ROHG. 13 S. 227.

Der Nachweis der Zahlungseinstellung ersetzt den Nachweis der Zahlungsunfähigkeit, ist aber durch Gegenbeweis widerlegbar. RStr. 3 S. 294. Das Gericht muß trotz der Zahlungseinstellung die Zahlungsunfähigkeit und damit den K.Grund verneinen, wenn der Schuldner seine Zahlungen eingestellt hat, obwohl er zur Berichtigung der Schulden im Stande war. L. Seuffert S. 139.

III. Eine Verbindung der Konkurse gleich der Klagenhäufung kennt die KO nicht. v. Sarw. S. 603. Das Konkursverfahren kann nur über das Vermögen eines einzelnen Rechtssubjektes, nicht über das Vermögen mehrerer Rechtssubjekte eröffnet werden, gleichviel ob dieses Rechtssubjekt eine physische oder juristische Person ist, Kaufmannseigenschaft besitzt oder nicht oder nur ein Personenverein oder Verband ist, der wenn auch keine juristische Person, doch verklagsfähig ist und ein vollstreckungspflichtiges Sondervermögen besitzt. § 207 fg., 213, 214—236, 238 KO.; § 91 Genoss Ges.; § 63 Ges. über die Ges. m. beschr. Haftung; § 97 IV, 102 IV, 104 C Gew.Ord.; § 41, 43, 45 III, 46, 54, 73, 88, 733 BGB. RG. 8 S. 102; 11 S. 64. L. Seuffert S. 67 fg. u. S. 70 hins. des Konkurses über das Vermögen einer Gemeinschaft zur gesamten Hand; Jäger, der Konkurs der offenen Handelsgesellschaft — 1897 —; v. Wilm. S. 312; Kohler S. 68; Pet. u. Kl. S. 357; Willenbch. S. 171; Oetker 1 S. 74; v. Sarw. S. 603; Fitting S. 202; v. Völd. 1 S. 474.

Ueber die Bildung zweier Massen bei dem gesetzlichen Güterstand der Verwaltung und Nutznießung und der Errungenschaftsgemeinschaft vgl. § 2.

Antrag.

§ 103. (§ 95.)

I. Das Verfahren kann nur auf Antrag eröffnet werden.

II. Zu dem Antrage ist der Gemeinschuldner und jeder Konkursgläubiger berechtigt.

E. I. 99. P. 118, 321, 322.
RG. 3 S. 417.

I. Antragsberechtigung. Die K.Eröffnung erfolgt nicht von Amtswegen, sondern nur auf Antrag des G. Schuldners oder eines oder mehrerer Gläubiger. § 104 u. 105. Die Antragsberechtigung muß zur Zeit der K.Eröffnung vorhanden sein. Jeder Gläubiger wird sich daher über die Vermögenslage seines Schuldners informiert halten. K.Gläubiger sind hier solche Gläubiger, die bei erfolgter Eröffnung die Eigenschaft eines K.Gläubigers haben werden. § 3, 63. Gleichgiltig ist die Höhe der Forderung, deren Vollstreckbarkeit oder ob diese bedingt oder betagt ist. L. Seuffert S. 214. v. Wilm. S. 315.

Ueber die Antragsberechtigung im Nachlaß- und Gesamtgutskonkurse: § 217—220, 232, 233, 236; ferner beim Konkurse über das Vermögen einer juristischen Person, einer Aktiengesellschaft, offenen Handelsgesellschaft, Kommanditgesellschaft, einer eingetragenen Genossenschaft und einer Gesellschaft mit beschränkter Haftung. § 208—210, 213; § 100 I, 118 Gen.Ges.; § 63 Ges. betr. Gesellsch. m. beschr. Haftung.

II. Antragsverpflichtung. Diese besteht bei Meidung zivilrechtlicher ev. strafrechtlicher Haftung für nachbezeichnete Personen oder Organe: den Vorstand oder die Liquidatoren eines rechtsfähigen Vereins — § 42, 48, 276 BGB.; den Vorstand oder die Liquidatoren einer Stiftung — § 86 BGB. — je im Falle der Ueberschuldung; den Vorstand oder die Liquidatoren einer Aktiengesellschaft bei eintretender Zahlungsunfähigkeit — § 240, 241, 298, 315 HGB. — ebenso im gleichen Falle für die persönlich haftenden Gesellschafter oder Liquidatoren einer Kommanditgesellschaft auf Aktien — § 320, 325 HGB. —; den Vorstand oder die Liquidatoren einer Genossenschaft bei Zahlungsunfähigkeit oder Ueberschuldung — § 34, 99, 118, 140, 148 Gen.Ges. v. 1. Mai 1889 —; die Geschäftsführer einer Gesellschaft mit beschränkter Haftung bei Zahlungsunfähigkeit oder Ueberschuldung — § 43, 64, 71, 84 des Ges. v. 20. April 1892 — und im Nachlaßkonkurse, sobald sie von der Ueberschuldung Kenntnis erhalten haben, den Erben und den Nachlaßverwalter — § 1980, 1985, 121 BGB. — den Nachlaßpfleger und den nachlaßverwaltenden Testamentsvollstrecker. § 1833, 1915 I, 2219 BGB. L. Seuffert S. 135—138. Jäger RK. S. 25.

Vgl. Anm. II zu § 217. Die Unterlassung der Konkursansage kann unter den Voraussetzungen der § 239 fg. zur Bestrafung des G.-Schuldners und nach § 175 Nr 2 und 185 zur Unzulässigkeit und Verwerfung des Z.Vergleiches führen.

II. Allgemeine Verfahrensvorschriften. Der Antrag unterliegt nicht dem Anwaltszwang und kann schriftlich oder mündlich zu Protokoll des Gerichtsschreibers gestellt werden. Für partei- und prozeßunfähige Personen ist der gesetzliche Vertreter antragsberechtigt; bei zulässiger Bevollmächtigung ist der Mangel der Vollmacht von Amts wegen zu berücksichtigen. § 88 CPO Der Antragsteller ist mit drei Zehntel vorschußpflichtig § 8, 82 Nr. 1 GKG. und dafür Massegläubiger nach § 58 Nr 2. Die nach § 72 KO, § 114 fg. CPO. zulässige Bewilligung des Armenrechtes erstreckt sich auf diese Vorschußpflicht. L Seuffert S. 116. Pet. u. Kl S. 362. v. Sarw. S. 604. Willenbch. S 172. § 54, 59 RGO. Die in der gleichen Form wie die Antragsstellung zulässige Zurücknahme des Antrages auf Konkurseröffnung ist möglich bis zur Rechtskraft des Eröffnungsbeschlusses, also auch in der Beschwerdeinstanz. Prot S. 162. L. Seuffert S. 134. Willenbch. S. 172. AM. v. Wilm. S. 327 v Sarw. S. 605. v Völd. 2 S. 185. Pet. u. Kl. S. 361, welche die Zurücknahme nach Erlassung des Eröffnungsbeschlusses als unstatthaft erachten.

Weder der G.Schuldner noch die K.Gläubiger können auf ihr in öffentlichem Interesse geschaffenes Antragsrecht durch Vertrag wirksam verzichten L Seuffert S 134. Kohler S 88, 89. Willenbch. S. 174. Pet. u. Kl. S. 366. v. Sarw. S 611. Oetker 1 S. 175. AM. v. Wilm S. 319.

Antrag des G.Schuldners.

§ 104. (§ 96.)

Beantragt der Gemeinschuldner die Eröffnung des Verfahrens, so hat er ein Verzeichnis der Gläubiger und Schuldner, sowie eine Uebersicht der Vermögensmasse bei Stellung des Antrags einzureichen oder, wenn dies nicht thunlich ist, ohne Verzug nachzuliefern.

E. 1. 102, 104 -109. P. 116, 321, 326. Mat. 182

I. Der Nachweis der Zahlungsunfähigkeit ist dem antragstellenden G.Schuldner erlassen. Durch die ihm zur Pflicht gemachte Vorlegung oder unverzügliche Nachlieferung eines Vermögensstatus soll für das Verfahren die erste Grundlage geschaffen werden. v. Sarw. S 606. L. Seuffert S. 145. Besondere Vorschriften, wenn der Antrag nicht von allen, sondern bloß von einem oder mehreren derjenigen Personen gestellt werden, welche als gesetzliche Vertreter des G.Schuldners oder als gemeinschaftliche G.Schuldner in Betracht kommen: § 208 II, 210 II, 217 II KO.; § 100 II, 118 Genoss.Ges.; § 63 II Ges. über die Gesellsch. m. beschr. Haftung. L. Seuffert S. 146.

Ein formelles Erfordernis der K.Eröffnung ist die Vorlegung oder Nachbringung des Verzeichnisses und der Uebersicht nicht. Das Gericht kann auch die Eröffnung ohne Vorlage des Vermögensstatus beschließen, wenn es die Angaben des Schuldners für glaubwürdig erachtet. § 286 CPO. L. Seuffert S. 146; v. Wilm S. 316; Willenbch. S. 172; v. Sarw. S. 606. Das vorgelegte Verzeichnis bildet namentlich die Grundlage für die Zustellung nach § 111 III

II. Entscheidung. Das Gericht kann sofort entscheiden oder von Amts wegen Ermittlungen einleiten, insbesondere dem Schuldner eine Frist zur Vorlage des Vermögensstatus setzen. § 72, 73, 75, 106. L. Seuffert S. 142 fg. v. Wilm. S. 316; v. Sarw. S. 607. AM. Fitting S. 284; v. Völd. 2 S. 183. Die Ermittlungen haben sich aber auf das Notwendigste zu beschränken. Willenbch. S. 173.

Liegen nicht alle Voraussetzungen für die K.Eröffnung vor, so hat das Gericht sofort oder, wenn die eingeleiteten Ermittlungen das Fehlende nicht erbracht haben, nach Abschluß der Erhebungen, den Antrag als unbegründet zurückzuweisen. Der Beschluß der mit Rücksicht auf seine Anfechtbarkeit — § 109 — mit Gründen zu versehen ist, muß dem G.Schuldner zugestellt werden. § 73 II. Die Abweisung schließt die Wiederholung eines besser begründeten Antrags nicht aus. L. Seuffert S. 146; v. Wilm. S. 315; v. Sarw. S. 607; Willenbch. S. 172.

Sind alle Voraussetzungen, insbesondere die Zahlungsunfähigkeit oder deren äußere Erscheinungsform, die Zahlungseinstellung, nach der von Amtswegen anzustellenden richterlichen Prüfung gegeben, so beschließt das K.Gericht die Eröffnung des Konkurses. L. Seuffert S. 146; v. Wilm. S. 316.

Antrag eines K.Gläubigers.

§ 105. (§ 97.)

I. Der Antrag eines Gläubigers auf Eröffnung des Verfahrens ist zuzulassen, wenn die Forderung des Gläubigers und die Zahlungsunfähigkeit des Gemeinschuldners glaubhaft gemacht werden.

II. Wird der Antrag zugelassen, so hat das Gericht den Schuldner zu hören und, sofern dieser nicht seine Zahlungsunfähigkeit oder Zahlungseinstellung einräumt, die erforderlichen Ermittelungen anzuordnen.

III. Die Anhörung des Schuldners kann unterbleiben, wenn sie eine öffentliche Zustellung oder eine Zustellung im Auslande erfordert; in diesem Falle ist, soweit thunlich, ein Vertreter oder Angehöriger des Schuldners zu hören.

E. I. 103, 109. P. 118, 321 fg., 326.

RG. 7 S. 325, 11 S. 42.

Sammlung 9 S. 317; 10 S. 11, 471.

Bei dem Antrage des G.Schuldners ist die Erhebung eines Beweises über die Zahlungsunfähigkeit nicht vorgeschrieben, da dessen Interessen durch die K.Eröffnung an und für sich am meisten gefährdet werden. Der Antrag eines Gläubigers soll aber nicht ohne weiteres die rechtlich und wirtschaftlich schweren Folgen der K Eröffnung herbeiführen und deshalb muß der antragstellende Gläubiger seine Forderung und die Zahlungsunfähigkeit des G.-Schuldners glaubhaft machen. L Seuffert S 145. v. Wilm. S. 317. Vgl. § 208 II, 210 II, 213, 217 I, 218 II, 219, 220, 236.

I. Umfang der Glaubhaftmachung. Diese erstreckt sich auf die Gläubigereigenschaft. Antragsberechtigt ist, wer in dem zu eröffnenden Verfahren die Eigenschaft eines K.Gläubigers haben wird. L. Seuffert S. 125. Gleichgiltig ist die Höhe der Forderung, ob sie bedingt oder betagt, bevorrechtigt oder nicht bevorrechtigt oder absonderungsberechtigt ist, wenn nur der G.-Schuldner persönlich haftet. § 64 Die Forderung muß aber im Klageweg erzwingbar sein und darf keine klaglose Verbindlichkeit enthalten. L. Seuffert S 126; Kohler S. 88; Willenbch. S. 173; Pet. und Kl. S. 364; Oetker 1 S 174. Nicht antragsberechtigt sind die in § 63 Nr. 3 u. 4 bezeichneten Forderungsberechtigten. Ein Einwand der Stundung ist, abgesehen von der Frage, ob bei einer Stundung eine gegenwärtige Zahlungsunfähigkeit vorliegt, unbehelflich. v. Sarw. S 611; Willenbch. S. 173. Bei mehreren Gesamtgläubigern ist jeder antragsberechtigt, ebenso jeder Gläubiger bei einer Schuld mit unteilbarer Leistung. L. Seuffert S. 126.

Die Notwendigkeit der Glaubhaftmachung erstreckt sich weiter auf die Bescheinigung der Zahlungsunfähigkeit, insbesondere ihrer Erscheinungsform der Zahlungseinstellung. § 102.

Zu den Mitteln der Glaubhaftmachung, welche die Möglichkeit der sofortigen Beweiserhebung voraussetzt, gehören im Rahmen der Beweismittel des § 294 CPO. auch Bescheinigungen der verschiedensten Art, Bezugnahmen auf Gerichts- und Vollstreckungsakten, Bestätigungen der Polizeibehörden usw. RG. 7 S. 236; 30 S. 376, 415; RG. JW. 1896 S. 33. Ueber den notwendigen Anfang der Glaubhaftmachung und deren Ergebnis entscheidet das Gericht nach freiem Ermessen. § 286 CPO. v. Sarw. S. 610.

II. Verfahren. Erachtet das Gericht die eine oder beide Voraussetzungen nicht glaubhaft gemacht, so erfolgt Abweisung des Antrags. Gegen den dem Antragsteller von Amtswegen zuzustellenden Beschluß hat dieser die sofortige Beschwerde.

§ 73 III, 76 III, 109. L. Seuffert S. 145, 146; Pet. und Kl. S. 365; Willenbch. S. 174.

Genügt die Glaubhaftmachung, so erfolgt ohne Zwischenbeschluß auf Zulassung des Antrages obligatorisch das rechtliche Gehör des G.Schuldners über seine Zahlungsunfähigkeit entweder mündlich durch Einvernahme in einem Termine — was die Regel sein wird — oder durch Aufforderung zur schriftlichen Aeußerung binnen vorgesetzter Frist. Wird der Aufforderung zur Erklärungsabgabe keine Folge geleistet, so ist der gesetzlichen Vorschrift genügt. Nach seinem Ermessen kann das Gericht entweder noch Ermittlungen anordnen oder zu den Zwangsmitteln des § 108 greifen. v. Wilm. S. 319; Pet. und Kl. S. 366; Willenbch. S. 174. Das Zugeständnis des Schuldners über seine Zahlungsunfähigkeit kann genügen, schließt aber weitere Ermittlungen nicht aus. § 75; § 286 CPO. v. Sarw. S. 611; v. Wilm. S. 319; Willenbch. S. 175. Stellt der Schuldner seine Zahlungsunfähigkeit in Abrede, so sind weitere Ermittlungen erforderlich, wenn die Zahlungsunfähigkeit für das Gericht nicht bereits genügend glaubhaft gemacht ist. L. Seuffert S. 143; v. Wilm. S. 319. AM. v. Sarw. S. 611.

Ausnahmsweise unterbleibt die obligatorische Anhörung des Schuldners in den Fällen des Abs. III. Die Voraussetzung für die öffentliche Zustellung oder Zustellung im Ausland bemißt sich nach § 203 CPO Die Anhörung ist nicht erlassen, wenn der Schuldner einen bekannten Aufenthalt im deutschen Reiche hat Die ersatzweise Anhörung des Vertreters oder Angehörigen des Schuldners d. h. einer zur Familie oder zum Hauswesen gehörigen Person ist nicht obligatorisch, sondern in das Ermessen des Gerichtes gestellt. L. Seuffert. S. 142; v Wilm. S. 320; Willenbch. S. 175.

Ergibt die richterliche Schlußprüfung nach Anhör des Schuldners die Unbegründetheit des Antrags, so erfolgt Abweisung, andernfalls Erlassung des Eröffnungsbeschlusses. Beschwerde: § 109.

Sicherheitsanordnungen.

§ 106. (§ 98.)

I. Das Gericht kann die zwangsweise Vorführung und die Haft des Schuldners anordnen. Dasselbe kann alle zur Sicherung der Masse dienenden einstweiligen Anordnungen treffen. Es kann insbesondere ein allgemeines Veräußerungsverbot an den Schuldner erlassen.

II. Bei der Abweisung des Eröffnungsantrages

sind die angeordneten Sicherheitsmaßregeln aufzuheben.

E. I. 105. P. 137. Nov. § 98. Begr. 27. Mat. 187.
RG. 26 S. 425, 38 S. 34.
RStr. 20 S. 144.

Nach Stellung eines nach § 104, 105 zulässigen Antrages auf K.Eröffnung und vor der Beschlußfassung kann das hiefür ausschließlich zuständige K.Gericht in dem Zwischenstadium vor der Entscheidung sowohl gegen die Person des G.Schuldners als gegen dessen Vermögen die geeigneten Sicherheitsmaßregeln vorkehren. Der Umfang dieser Maßnahmen bemißt sich nach den Umständen des Einzelfalls; sie können von Amtswegen oder auf Antrag erfolgen, sollen aber den Kredit des G.Schuldners thunlichst schonen. Ein anderes Gericht als das K.Gericht könnte, außer auf Requisition des K.Gerichtes, Sicherheitsmaßnahmen nur unter den Voraussetzungen der § 916 fg. CPO. verhängen. Willenbch. S 175; v. Wilm. S. 321; Pet und Kl. S. 368.

I. Sicherungsmaßnahmen gegen die Person des G.Schuldners. Zwangsweise Vorführung und Haft des Schuldners sind Zwangsmittel zum Zweck der Gestellung desselben behufs seiner Vernehmung oder zum Zweck der Sicherung der Masse z. B bei unredlichen Manipulationen, Verschleppung von Sachen oder Vernichtung der Bücher v Sarw. S 613. Die Haft kann ohne vorgängiges Gehör verhängt werden; sie ist Sicherungs- nicht Strafmittel und auf sie finden § 904—910, 912, 913 CPO. entsprechende Anwendung. L. Seuffert S 143; v. Sarw. S. 613; v Wilm. S. 321; Willenbch. S. 177.

II. Sicherungsmaßregeln gegen das Vermögen. Diese einstweiligen Anordnungen z. B. Siegelungen, Sequestrationen, spezielle Veräußerungsverbote, welche nur im Wege der Zwangsvollstreckung vollziehbar sind, müssen zur Sicherung der Masse dienen, dürfen aber nicht in die Rechte Dritter eingreifen. Die Schließung eines Fabrik- oder Geschäftsbetriebes oder die Einstellung schwebender Zwangsvollstreckungen sind nicht zulässig. Mot. S. 330; v. Wilm. S. 321; Willenbch. S. 176; Fitting S. 286; v Völd. 2 S 197.

Das Gericht kann auch ein allgemeines Veräußerungsverbot erlassen, das jedoch keine Beschlagnahme im Sinne des § 137 RGB. oder drohende Zwangsvollstreckung gemäß § 288 StGB. enthält. RStr. 20 S. 244; RG. JW. 1890 S. 188. Das allgemeine Veräußerungsverbot ist gleich dem speziellen Veräußerungsverbot, das sich auf ein Grundstück oder auf ein im Grundbuch eingetragenes Recht des G Schuldners bezieht, im Grundbuch einzutragen. § 113 L. Seuffert S. 143. Die in Abs. I Satz 4 enthalten gewesene Vorschrift über die Beweislast ist durch die Novelle aufgehoben. Begr. S 27; Mat S. 187. Das Veräußerungsverbot wird sofort, nicht erst mit der öffentlichen Bekanntmachung wirksam. Begr. S. 27; § 135, 136, 892 BGB.; RG. 26

S. 425. Eine Verfügung über den vom Veräußerungsverbot betroffenen Gegenstand ist im Falle der K.Eröffnung den K.Gläubigern gegenüber unwirksam. Das Gleiche gilt nach dem Vorgange in § 15 von allen Rechten, die im Wege der Zwangsvollstreckung oder der Arrestanlage erworben werden, nachdem das Veräußerungsverbot an den Schuldner erlassen ist, also auch für das durch die Beschlagnahme erworbene Recht — § 10 Nr. 5 ZVG. — oder für die im Wege einer einstweiligen Verfügung erwirkte Vormerkung. § 14 II. Begr. S. 28. Gewahrt bleibt der gutgläubige Erwerb trotz Erlassung des Veräußerungsverbotes nach Maßgabe der § 892 fg., 982 fg. BGB.; § 366 HGB. Begr. zur Novelle der CPO. S. 158—160. L. Seuffert S. 144.

Diese Sicherungsmaßnahmen sind bei Zurücknahme oder Zurückweisung des Antrages auf Eröffnung von Amts wegen aufzuheben. Löschung im Grundbuch. § 113, 115.

Bei Zurücknahme oder Zurückweisung des Antrages hat der Antragsteller die Kosten des Eröffnungsverfahrens einschließlich der für die Sicherungsmaßnahmen zu tragen; im Falle der Eröffnung sind die Kosten der Sicherheitsmaßregeln Massekosten. § 58. Mot. S. 331. v. Wilm. S. 324; v. Sarw. S. 616.

III. Beschwerdeberechtigt — § 73 III — gegen die Verhängung dieser Sicherungsmaßnahmen ist der Schuldner, gegen die Abweisung seines auf die Verhängung gerichteten Antrages der Antragsteller.

Abweisung.

§ 107. (§ 99.)

I. Die Abweisung des Eröffnungsantrags kann erfolgen, wenn nach dem Ermessen des Gerichts eine den Kosten des Verfahrens entsprechende Konkursmasse nicht vorhanden ist. Die Abweisung unterbleibt, wenn ein zur Deckung der im § 58 Nr. 1, 2 bezeichneten Massekosten ausreichender Geldbetrag vorgeschossen wird.

II. Das Gericht hat ein Verzeichnis derjenigen Schuldner zu führen, bezüglich deren der Eröffnungsantrag auf Grund der Vorschrift des Abs. 1 Satz 1 abgewiesen worden ist. Die Einsicht des Verzeichnisses ist Jedem gestattet. Nach dem Ablaufe von fünf Jahren seit der Abweisung des Eröffnungsantrags ist die Eintragung in dem Verzeichnisse dadurch zu löschen, daß der Name unkenntlich gemacht wird.

E. I. 108. P. 306, 339. Nov. § 99. Begr. 28. Mat. 189.
RG. 11 S. 42.

I. Abweisungsermächtigung. Die Abweisung des Eröffnungsantrages muß mangels der Voraussetzungen der § 104, 105 erfolgen Der K.Richter hat jedoch außerdem die Ermächtigung, den Antrag zurückzuweisen, wenn nach seinem Ermessen eine den Kosten des Verfahrens entsprechende K Masse nicht vorhanden ist. Das Gericht hat daher eine summarische Berechnung des Wertes der Masse und der Kosten aufzustellen, dabei konkursfreie Gegenstände außer Ansatz zu lassen, absonderungspflichtige Gegenstände nur auf den Ueberschuß, dagegen das Ergebnis allenfallsiger Anfechtungsprozesse mit in Betracht zu ziehen. L. Seuffert S. 141; v. Wilm S. 324; Willenbch S 177. Dieser Zurückweisungsgrund ist an und für sich ausgeschlossen im Konkurse über eine Genossenschaft. § 100 Gen.Ges. Der zurückgewiesene Antragsteller ist kostenpflichtig. § 91 CPO.; § 53, 82 GKG.

II. Wegfall der Abweisungsermächtigung. Die Abweisung des Antrages muß nach der Novelle — gleichwie die Einstellung in § 204 oder die Abweisung des Wiederaufnahmeantrages beim Z.Vergleich in § 198 — unterbleiben, wenn ein zur Deckung der im § 58 Nr. 1, 2 bezeichneten Massekosten ausreichender Geldbetrag vorgeschossen wird. Ob der Antragsteller oder ein Dritter vorschießt, ist gleichgiltig Der geleistete Vorschuß ist Masseschuld § 59. Das Interesse der Gläubiger hat zu dieser Einschränkung des richterlichen Ermessens geführt. Zur Zeit der Entscheidung über den Eröffnungsantrag läßt sich häufig der Stand der Masse noch nicht genügend übersehen. Begr. S 28; L. Seuffert S. 141.

III. Beschwerdeberechtigt — § 73 III — gegen die Abweisung des Antrages ist der Antragsteller, gegen die Eröffnung — auch unter der Voraussetzung der Vorschußleistung – der G.-Schuldner — § 109.

IV. Verzeichnis konkursunfähiger Schuldner Die Bestimmung in Abs II ist das Correlat zu § 915 CPO, Verzeichnis betr. den Offenbarungseid. Begr. S. 29; Mat. S 189; Begr. z. Nov. d. CPO. S 161

Eröffnung. **§ 108.** (§ 100.)

I. Der Eröffnungsbeschluß hat die Stunde der Eröffnung anzugeben.

II. Ist dies versäumt worden, so gilt als Zeitpunkt der Eröffnung die Mittagsstunde des Tages, an welchem der Beschluß erlassen ist.

E. I. 104, 110, P. 119, 121 fg., 326, 328.

I. Der Inhalt des Eröffnungsbeschlusses, des Gründungsaktes für das K.Verfahren, ergibt sich aus seiner Zweckbestimmung. Thatbestand und Entscheidungsgründe sind nicht nötig. Formel: „Ueber das Vermögen des . . . . . wird der

Konkurs eröffnet.“ In Bayern hat der Eröffnungsbeschluß mit den Worten „Im Namen Seiner Majestät des Königs von Bayern“ zu beginnen. JM. Bl. 1879 S. 337.

II. Zeit der Erlassung. Der Eröffnungsbeschluß ist erlassen, sobald er vom Amtsrichter unterschrieben ist Die Eröffnung und die Wirkungen der Eröffnung treten mit der Unterschrift, nicht erst mit der Zustellung oder Verkündung des Beschlusses ein. Deshalb ist die genaue Feststellung des Zeitpunktes der K.Eröffnung und die Angabe der Stunde der Eröffnung im Beschlusse von besonderer Wichtigkeit. L. Seuffert S. 147; v. Wilm. S. 324; Willenbch. S. 178. AM. Oetker 1 S. 78. Nach der Unterfertigung ist eine Abänderung ist eine Abänderung des Beschlusses und eine Zurücknahme des Antrages nicht mehr zulässig. v. Sarw. S. 619; Pet. u. Kl. S. 372. AM. L. Seuffert S. 147, der die Unwiderruflichkeit insolange ausschließt, als der Beschluß nicht die Schwelle des Gerichtes überschritten hat. Die Angabe der Eröffnungsstunde enthält nicht eine richterliche Entscheidung, sondern die Beurkundung einer Thatsache, deren Anfechtung im Beschwerdewege möglich ist. Mot. S. 332. § 418 CPO. L. Seuffert S. 147; v. Wilm. S. 326; Willenbch. S. 178. AM. v. Sarw. S. 619; Pet. u. Kl. S 373. Ist in dem Beschlusse die Eröffnungsstunde nicht angegeben, so gilt kraft der Fiktion des Abs. II als Zeitpunkt der Eröffnung die Mittagsstunde des Tages, an welchem der Beschluß erlassen wurde. Gegen diese Fiktion ist ein Gegenbeweis nicht zulässig und sie kann nur mit dem Beschlusse selbst angefochten werden. Mot. S. 332 Willenbch. S 178; Wilm. S. 327. Der Tag der Zahlungseinstellung wird nicht vom K.Gericht, sondern im Streitfalle von dem Prozeßgericht festgesetzt. Mot. S 332–334. Willenbch. S. 178.

Beschwerde.

§ 109. (§ 101.)

Die sofortige Beschwerde steht gegen den Eröffnungsbeschluß nur dem Gemeinschuldner, gegen den abweisenden Beschluß nur demjenigen zu, welcher den Eröffnungsantrag gestellt hat.

E. I. 111. P. 124, 130.

RG. 1 S. 225, 234; 4 S. 363; 13 S. 324; 14 S. 387, 15 S. 431, 16 S. 318; 31 S. 411; 35 S 420, 36 S. 362.

I. Beschwerde gegen den Eröffnungsbeschluß. Nur der G.Schuldner ist beschwerdeberechtigt; war er selbst Antragsteller, so kann er seine Beschwerde nur darauf stützen, daß das K Gericht das Vorhandensein eines Antrages zu Unrecht angenommen oder die Zurücknahme seines Antrags nicht berücksichtigt hat. L. Seuffert S. 148; Willenbch. S. 178; v. Wilm. S 328. Haben mehrere Personen die Rechte und Pflichten des G.Schuldners, z. B. die persönlich haftenden Gesellschafter einer offenen Handelsgesellschaft, so ist jeder beschwerdeberechtigt. RG. JW 1895 S. 454. Die Beschwerdefrist läuft nach Maßgabe der Publikationswirkung in § 76 I u. III. Die Aufhebung des Eröffnungsbeschlusses in der Beschwerdeinstanz führt zur Rückgewähr der Masse an den G.Schuldner v. Wilm. S. 328.

II. Beschwerde gegen den Abweisungsbeschluß. Beschwerdeberechtigt ist lediglich der Antragsteller, nicht auch eine andere im vorbereitenden Verfahren gehörte Person. Lediglich dem Antragsteller ist der abweisende Beschluß zuzustellen, der einem neuerlichen Antrag nicht entgegensteht. L Seuffert S. 147; Willenbch. S. 178. AM bezüglich der Zustellung Pet. u. Kl. S. 375. Das Beschwerdegericht spricht, falls es die Beschwerde für begründet erachtet, die Eröffnung aus oder es überträgt, was schon mit Rücksicht auf die Anordnungen des § 110 die Regel sein wird, dem K.Gerichte die Eröffnung und beschränkt sich auf die Aufhebung des Abweisungsbeschlusses. § 575 CPO L. Seuffert S. 147; v. Wilm. S. 329. AM Willenbch S. 179 Der G.Schuldner hat gegen die abändernde Entscheidung die weitere Beschwerde, der Antragsteller nur beim Vorhandensein eines neuen selbständigen Beschwerdegrundes. § 568 II CPO. RG. 1 S 225, 234; 16 S. 318 L. Seuffert S. 147. v. Sarw S 179; Willenbch. 179. Rechtskraft der Entscheidung des Beschwerdegerichtes: § 74 Unanfechtbarkeit der Entscheidung des Oberlandesgerichtes über die weitere Beschwerde: § 568 IV CPO.

Anordnungen bei der Eröffnung.

§ 110. (§ 102.)

I. Bei der Eröffnung des Konkursverfahrens ernennt das Gericht den Konkursverwalter, verordnet einen nicht über einen Monat hinauszusetzenden Termin zur Beschlußfassung über die Wahl eines anderen Verwalters, sowie über die Bestellung eines Gläubigerausschusses, erläßt den offenen Arrest und bestimmt die Anmeldefrist und den allgemeinen Prüfungstermin.

II. Das Gericht kann die Termine verbinden, wenn die Konkursmasse von geringerem Betrage oder der Kreis der Konkursgläubiger von geringerem Umfange ist, oder wenn der Gemeinschuldner einen Zwangsvergleichsvorschlag eingereicht hat.

E. I. 104, 112. P 123, 128, 148, 164, 168, 329. Nov. § 102. Begr. 29.

I. Mit der Eröffnung des Konkurses sind gleichzeitig neben dem Eröffnungsbeschlusse vom Gerichte folgende Maßnahmen zu treffen: Ernennung des K Verwalters und eventuell eines provisorischen G.Ausschusses — § 78, 87 — Terminsbestimmung für die G.Versammlung – § 80, 131, 132 — Erlassung des offenen Arrestes – § 118, 119 —, Bestimmung der Anmeldefrist — § 138 —, deren Minimalfrist von 3 auf 2 Wochen herabgesetzt ist, die Bestallung für den Verwalter und die eventuelle Kautionsauflage für denselben — § 78, 71, die Hinterlegungsanordnung für den Verwalter, falls ein G.Ausschuß nicht bestellt ist — 129 II — und schließlich die Bestimmung des allgemeinen Prüfungstermins. § 138—141. Die Fristen berechnen sich nach § 187—192 BGB.; § 222 CPO.

II. Verbindung der Termine. Nach der Novelle hat das Gericht nunmehr auch die Befugnis zur Verbindung der Termine, wenn der G.Schuldner einen Z.Vergleichsvorschlag eingereicht hat. Im Interesse der Beteiligten liegt diese Verbindung der ersten G.Versammlung, des allgemeinen Prüfungs- und des Z.Vergleichstermins zur Beschleunigung des Verfahrens namentlich dann, wenn der Vorschlag Aussicht auf Annahme hat. § 180. Begr S. 29.

§ 111. (§ 103.)

I. Der Gerichtsschreiber hat die Formel des Eröffnungsbeschlusses, den offenen Arrest, die Anmeldefrist und die Termine sofort öffentlich bekannt zu machen.

II. Die Bekanntmachung ist, unbeschadet der Vorschriften des § 76 Abs. 1, auszugsweise in den Deutschen Reichsanzeiger einzurücken.

III. An die ihrem Wohnorte nach bekannten Gläubiger und Schuldner des Gemeinschuldners erfolgt besondere Zustellung.

E. I. 113. P 123, 128, 148, 164, 168, 329.

I. Die Formel des Eröffnungsbeschlusses ist dieser selbst unter Beiseitelassung der darin enthaltenen thatsächlichen und rechtlichen Ausführungen. v. Sarw. S. 623. Für Bayern: § 33 d. Gerichtsschr Ord. v. 14. Sept. 1879 — JMBl. S. 797. Die Bekanntmachung nach Abs. I ist unerläßlich und ihre Wirksamkeit hängt von der Beobachtung des § 76 I ab. Willenbch. S. 179. Die Insertion im deutschen Reichsanzeiger — Abs. II — ist wohl obligatorisch, jedoch nicht wesentlich und ihre Unterlassung gibt keinen Anfechtungsgrund. v. Wilm S. 330; v. Sarw. S. 623.

II. Die besondere Zustellung an die bekannten Gläubiger und Schuldner und gemäß § 109 auch an den G.Schuldner, erfolgt nach § 77. Die öffentliche Bekanntmachung — § 76 III — heilt den Mangel der Zustellung. Eine Pflicht zur Ermittelung des Wohnortes der Gläubiger und Schuldner besteht für das Gericht nicht. v. Sarw. S. 624.

§ 112. (§ 104.)

Der Gerichtsschreiber hat unter Bezeichnung des Konkursverwalters beglaubigte Abschriften der Formel des Eröffnungsbeschlusses den Behörden für die Führung des Handels- oder Genossenschaftsregisters oder ähnlicher Register und der Dienstbehörde des Gemeinschuldners mitzuteilen.

E. I. 104. P. 123. Mat. 190.

Die Wirkungen der K.Eröffnung sind von diesen, vom Gerichtsschreiber von Amtswegen zu bethätigenden Mitteilungen unabhängig.

I. Mitteilung an die Registerbehörde. Der Gerichtsschreiber hat unter Bezeichnung des K.Verwalters beglaubigte Abschriften der Formel des Eröffnungsbeschlusses an das vom 1. Januar 1900 an im ganzen Deutschen Reiche mit der Registerführung betraute Amtsgericht mitzuteilen; Handels- und Genossenschaftsregister § 125, 147 FGB; § 32 HGB.; § 10 II Genoss.Ges. -, Vereinsregister § 21, 55 fg. BGO.; § 159 FGB.; Börsenregister § 54 des Börs Ges.; Register für Binnenschiffe § 1, 120 BSchG Musterregister § 91 des Ges. v. 11. Januar 1876, betr das Urheberrecht an Mustern und Modellen. Im Konkurse einer Gesellschaft mit beschränkter Haftung ist die Eröffnung von Amtswegen in das Handelsregister einzutragen, ohne Veröffentlichung der Eintragung.

II. Mitteilung an die Staatsanwaltschaft ist vorgeschrieben: Preußen § 12 AG.; Mecklenburg § 15; Anhalt § 7; Schwarzburg-Sondershausen § 5; Lippe-Detmold § 11; Sachsen-Altenburg § 9; Schaumburg-Lippe § 76.

III. Mitteilung an die Dienstbehörde des G.-Schuldners erfolgt, wenn dieser ein Beamter ist. L. Seuffert S. 148. v. Sarw. S. 624

IV. Außerdem hat der Konkursrichter die Börsen bei Konkursen über Unternehmungen, deren Wertpapiere zum Handel an der Börse zugelassen sind, zu benachrichtigen: die Börsenvorstände von der K.Eröffnung, die Zulassungsstellen der Börsen von der Beendigung des Konkurses und dem Ergebnisse der Schlußrechnung. Bayern: JM v. 4. August u. 11 Dez. 1898 — JMBl. S 265 u 692.

Eintragung in das Grundbuch.

§ 113. (§ 106.)*)

I. Ein von dem Konkursgericht in Gemäßheit des § 106 erlassenes allgemeines Veräußerungsverbot, sowie die Eröffnung des Konkursverfahrens ist in das Grundbuch einzutragen:

---

*) § 105 a. F. ist nun als § 116 eingestellt.

1. bei denjenigen Grundstücken, als deren Eigenthümer der Gemeinschuldner im Grundbuch eingetragen ist;
2. bei den für den Gemeinschuldner eingetragenen Rechten an Grundstücken oder an eingetragenen Rechten, wenn nach der Art des Rechts und den obwaltenden Umständen bei Unterlassung der Eintragung eine Beeinträchtigung der Konkursgläubiger zu besorgen ist.

II. Das Konkursgericht hat, soweit ihm solche Grundstücke oder Rechte bekannt sind, das Grundbuchamt von Amtswegen um die Eintragung zu ersuchen.

III. Die Eintragung kann auch von dem Konkursverwalter bei dem Grundbuchamte beantragt werden.

Nov. § 106. Begr. 29, 30.

Die Eintragung erstreckt sich auf diejenigen Grundstücke und die ihnen gleichgestellten Rechte — § 1017 BGB. — Erbbaurecht und Art. 63, 68 EG. z. BGB. Begr S. 30 —, als deren Eigentümer der G.Schuldner im Grundbuch eingetragen ist. Bei den für den G.Schuldner eingetragenen Rechten an Grundstücken, z. B. Dienstbarkeiten, Hypotheken, Grund- und Rentenschulden, oder an eingetragenen Rechten kann die Eintragung unterbleiben, wenn nach Art des Rechts und den obwaltenden Umständen bei Unterlassung der Eintragung eine Beeinträchtigung der K.Gläubiger nicht zu besorgen ist. Bei Hypotheken, Grund- oder Rentenschulden, über welche ein Brief ausgestellt ist, kann der Verwalter den Brief in Besitz nehmen. Begr. S. 30. § 117. Die Requisition auf Eintragung in das Grundbuch ergeht von Amtswegen sowohl für das allgemeine Veräußerungsverbot als auch für die K.Eröffnung. Die Eintragung wird in der Regel zu einer Zeit herbeigeführt werden müssen, wo ein Verwalter noch nicht bestellt ist oder nicht funktioniert. Die Pflicht des K.Gerichtes beschränkt sich aber auf die ihm bekannten Grundstücke und Rechte des G.Schuldners Weitere Ermittlungen gehören zu den Aufgaben des Verwalters, der ebenfalls die Eintragung direkt bei dem Grundbuchamte beantragen oder bei dem K Gerichte anregen kann. Begr. S. 30. L. Seuffert S 140. Die Eintragungen sind gebührenfrei. § 115.

Die Wirkungen von Rechtshandlungen des G.Schuldners nach der K.Eröffnung, jedoch vor der Eintragung in das Grundbuch, bemessen sich nach § 7, 42.

§ 114.

Werden Grundstücke oder Rechte, bei denen eine Eintragung nach Maßgabe des § 113 Abs. 1, 2 bewirkt worden ist, von dem Verwalter freigegeben oder veräußert, so kann das Konkursgericht auf Antrag das Grundbuchamt um Löschung der Eintragung ersuchen.

Nov. § 106a. Begr. S. 31.

Die Bestimmung in § 113 betrifft nur die Eintragung des allgemeinen Veräußerungsverbotes und der K.Eröffnung in das Grundbuch. Was die Löschung der Eintragung betrifft, so kann, wenn Grundstücke oder Rechte von dem Verwalter freigegeben oder veräußert werden, der G.Schuldner oder der Erwerber nach Maßgabe der Vorschriften in § 894, 435, 445 BGB. die Löschung im Wege einer Berichtigung des Grundbuches verlangen. § 114 bestimmt daher zur Vereinfachung und Erleichterung der Löschung, daß das K.Gericht, soweit die Eintragung auf sein Ersuchen erfolgt ist, auf Antrag auch das Grundbuchamt um Löschung der Eintragung ersuchen kann. Begr. S. 31. Zu dem Antrage ist bei Freigabe der G.Schuldner, bei Veräußerung der Erwerber und für beide Fälle auch der Verwalter berechtigt. § 13 fg. GBO. L Seuffert S. 149 Die Löschung ist gebührenfrei. § 115.

Beschwerdeberechtigt — 73 III — gegen die Abweisung des Antrags ist der Antragsteller, gegen die Anordnung der Löschungsrequisition der Verwalter. L. Seuffert S. 149.

§ 115.

Die Eintragung und Löschung von Vermerken auf Grund der §§ 113, 114 geschieht gebührenfrei.

Nov. § 115. Mat. 190.

Diese Bestimmung ist namentlich mit Rücksicht auf die Höhe der Gebührensätze des preußischen Gerichtskostengesetzes v. 25. Juni 1895 — Ges. Bl. S. 203 — durch Beschluß der RTC. eingesetzt worden. Sie befreit die ohnehin durch Gerichtskosten und Verwaltergebühren stark in Anspruch genommenen K Massen von der Kostenpflicht für diese Vermerke. Andernfalls bestünde die Möglichkeit, daß eine hauptsächlich aus Grundstücken und eingetragenen Rechten bestehende K Masse unter Anwendung des § 59 des erwähnten Gerichtskostengesetzes in die Kosten für die Eintragungen des Konkursvermerkes aufgehen könnte. Mat. S. 190.

§ 116. (§ 105.)

Sobald eine den Eröffnungsbeschluß aufhebende Entscheidung die Rechtskraft erlangt hat, ist die Aufhebung des Verfahrens öffentlich bekannt zu machen. Die Vorschriften der §§ 111 Abs. 2, 112, 113, 191 finden entsprechende Anwendung.

E. I. 198–203. P 126. Nov § 106c. Begr. 31. Mat. 191.

RG. 36 S. 93; 39 S. 100.

I. Die Requisition auf Löschung der Eintragung hat auch dann zu ergehen, wenn der Eröffnungsbeschluß im Beschwerdeweg aufgehoben wird. § 105 a. F. ist deshalb hier eingestellt und auf § 113 verwiesen. Die Anwendbarkeit auf die Aufhebung eines rechtskräftig eröffneten K Verfahrens, auf die Einstellung und Wiederaufnahme des Verfahrens ergibt sich aus § 163, 190, 198, 205. Begr S. 31.

II. Die Berichtigung und Sicherstellung der Masseansprüche in den Fällen der Aufhebung des Eröffnungsbeschlusses oder der Einstellung des K.Verfahrens — § 205 – ist nunmehr durch die Einfügung des § 191 dem Verwalter gesetzlich auferlegt. Mat. S. 191. RG. 36 S. 93; 39 S 100; RG. JW 1896 S. 34. Damit ist die Erfüllung der von der K Masse eingegangenen Verbindlichkeiten gesichert. L. Seuffert S 150.

III. Die Rechtskraft der aufhebenden Entscheidung des Beschwerdegerichts tritt erst mit Ablauf der Rechtsmittelfrist oder mit Verwerfung der weiteren Beschwerde ein. § 73, 74; § 705 CPO. Die Entscheidungen der Oberlandesgerichte über das Rechtsmittel der weiteren Beschwerde sind unanfechtbar. § 568 IV, 577 CPO. Die öffentliche Bekanntmachung der Aufhebuug kann vom Beschwerdegericht selbst erlassen oder dem K.Gericht, wo sie der Gerichtsschreiber zu bethätigen hat, übertragen werden. L Seuffert S 149; Willenbch. S. 180.

IV. Wirkung. Die bis zur Rechtskraft der aufhebenden Entscheidung ergangenen Verfügungen des G.Schuldners bleiben giltig und können wegen fehlender Dispositiou desselben nicht angefochten werden. Von der Rechtskraft, nicht von der öffentlichen Bekanntmachung an, sind fernere Rechtshandlungen des Verwalters unverbindlich. v. Wilm. S. 331. Oetker 1 S. 117, 118.

Dritter Titel.

Teilungsmasse.

Vorbemerkung.

Die Bestimmungen im dritten Titel — § 117–137 — bezwecken die Sicherung, Feststellung und Versilberung des Vermögens des G.Schuldners, die Schaffung der Teilungsmasse — Aktivmasse — zum Zwecke der Befriedigung der Gläubiger. Im Einzelnen regeln § 118—125 nach der grundsätzlichen Anführung in § 117 die Feststellung und Sicherung, § 126–137 die Verwaltung und Verwertung der Masse. Diese Thätigkeit obliegt dem K.Verwalter, der in den Fällen der § 129, 130, 132—137 durch die Organe der K.Verwaltung, dem G.Ausschuß und der G Versammlung, in seinen Befugnissen beschränkt ist. Nach § 131 hat der Verwalter insbesondere der ersten G.Versammlung Bericht zu erstatten. Das Gericht hat nach dem Prinzip der Selbstverwaltung, auf dem das K Verfahren beruht, nur ausnahmsweise in den Fällen der § 121, 129, 130, 135 II ein Eingriffsrecht.

Die Novelle hat in der Neubestimmung zu § 117 die Veräußerung der Geschäftsbücher des G.Schuldners nur mit dem Geschäft im Ganzen und nur insoweit sie zu dessen Fortführung unentbehrlich sind, zugelassen, in § 128 die Veräußerung von Erbschaftsgegenständen im Konkurse des Vorerben verboten, wenn die Veräußerung im Falle des Eintritts der Nacherbfolge dem Nacherben gegenüber unwirksam ist, die Schließung des Geschäfts des G.Schuldners in der Regel von dessen vorheriger Anhörung abhängig gemacht und in dieser Richtung dem Gerichte, wenn der G.Schuldner einen Vergleichsvorschlag eingereicht hat, ein Untersagungsrecht gegeben — § 130 – und schließlich in § 134 dem Verwalter die Einholung der Genehmigung des G Ausschusses eventuell der Gläubigerversammlung auferlegt, wenn er das Warenlager des G.Schuldners im Ganzen veräußern will.

Inbesitznahme der Masse.

§ 117. (§ 107.)

I. Nach der Eröffnung des Verfahrens hat der Verwalter das gesamte zur Konkursmasse gehörige Vermögen sofort in Besitz und Verwaltung zu nehmen und dasselbe zu verwerten.

II. Die Geschäftsbücher des Gemeinschuldners dürfen nur mit dem Geschäft im Ganzen und nur insoweit veräußert werden, als sie zur Fortführung des Geschäftsbetriebs unentbehrlich sind.

E. I. 115. P. 131, 151 fg., 215, 220 fg. Nov. § 107. Begr. 7 u. 31.

RG. 29 S. 80; 37 S. 95 u. 399; 40 S. 365.

RStr. 19 S 85.

I. Sofort, d. h. so schnell als möglich, hat der K.Verwalter nach der K.Eröffnung die Masse in Besitz zu nehmen. Das Verfügungsrecht des Schuldners, an dessen Stelle der Verwalter tritt, hat nach § 6 aufgehört. Die Beschwerde gegen den Eröffnungsbeschluß hat keine aufschiebende Wirkung. Der Eröffnungsbeschluß ist sofort vollstreckbar; dem Verwalter, der allein, nicht das Gericht oder die K.Gläubiger, zur Inbesitznahme, Verwaltung und Verwertung berechtigt und verpflichtet ist, muß auf

Antrag sofort vollstreckbare Ausfertigung des Eröffnungsbeschlusses erteilt werden. § 724, 794 CPO. Diese Ausfertigung und die Bestallung bilden formell die Legitimation des Verwalters zu den Akten der Inbesitznahme, Verwaltung und Verwertung. L. Seuffert S. 283; v. Sarw. S. 632; v. Wilm. S. 333; Pet u. Kl. S. 381; Willenbch. S 182.

II. Inbesitznahme der Masse. Der Verwalter kann den Widerstand des G Schuldners entweder durch dessen Inhaftnahme — § 101 II — oder durch Zuziehung des Gerichtsvollziehers — § 883, 885 CPO. — überwinden. Mot. S. 342. L. Seuffert S. 283; v. Sarw. S. 131. Eine Ueberweisung des im Gewahrsam eines Dritten befindlichen Gegenstandes bedarf es nicht; denn die Konkurseröffnung ergreift ohne weiteres das ganze zur K.Masse gehörige Vermögen. RStr 19 S. 85. v. Wilm. S. 333. Ebensowenig bedarf er zur Einziehung von Forderungen des G Schuldners einer Ueberweisung. § 6 II; § 835 CPO. Gegen nicht zur Herausgabe bereite Dritte hat er nur den Klageweg nach § 809 CPO.; diesem Rechtsstreite kann der G.Schuldner nicht als Nebenintervenient beitreten. Mot. S. 342; RG. JW. 1891 S. 465; 1893 S. 160. L. Seuffert S. 283; Willenbch. S. 182.

1. Der Konkursverwalter wird kraft seiner Eigenschaft als öffentliches zur Masseabwicklung bestelltes Organ — RG. 29 S. 29; vgl. § 6 — unmittelbarer Besitzer und hat daher auch die Rechtsbehelfe des G Schuldners, auch zur Wiedererlangung von Sachen. § 868, 861, 862 BGB.; RG. JW. 1888 S. 289; Endemann BGB. 2 S. 117, 121, 123; Staudinger BGB. 3 S. 23; Männer S. 91. Die Umgrenzung seiner, wenn auch im fremden Interesse ausgeübten, Verfügungsgewalt ergibt sich aus der Zweckbestimmung des § 6 II. Der G. Schuldner bleibt mittelbarer Besitzer. § 868 BGB. L. Seuffert S. 283, welcher der Gläubigerschaft die Rechtsstellung des unmittelbaren Besitzers zuweist.

2. Die Verpflichtung zur Inbesitznahme umfaßt alle zur Masse gehörigen Vermögensbestandteile einschließlich der mit Absonderungsansprüchen beschwerten Objekten. § 3, 4. Im Zweifel spricht hinsichtlich der beim G.Schuldner vorgefundenen Vermögensstücke die Vermutung für die Massezugehörigkeit. Mot. S. 340 Fitting S. 295; Willenbch. S. 181. Die zur Masse nicht gehörigen, entweder dritten Personen eigentümlichen oder pfand- und konkursfrei zu belassenden Gegenstände hat der Verwalter, vorbehaltlich des Genehmigungsrechtes des G.Ausschusses und der Anhörung des G Schuldners — § 133, 135 —, den Berechtigten im Aussonderungswege zurückzugeben oder, falls sie konkursfrei sind und dem G.Schuldner gehören, diesem zu belassen. Die Gläubiger haben gegen den für die Inbesitznahme nach § 82 verantwortlichen Verwalter kein Klagrecht auf Heranziehung einzelner Teile zur K. Masse. RG. Kass. K. 31 S. 1129. Der Verwalter ist nicht zur Inbesitznahme von Sachen Dritter verpflichtet, die von der K.Eröffnung nicht ergriffen werden, und wird durch deren

Unterlassung dritten nicht haftpflichtig. L. Seuffert S. 284; Willenbch. S. 181; v. Wilm. S. 334; Pet u. Kl. S. 382.

3. Einwendungen des G. Schuldners über die Art und Weise der Inbesitznahme, insbesondere über die Frage der Massezugehörigkeit können nicht nach § 766 CPO., sondern nur im Klagewege zwischen G.Schuldner und Verwalter entschieden werden. RG. 37 S. 398; 40 S. 365; RG. Bolze 22 Nr. 822; Jäger S. 27. AM. L. Seuffert S. 280, 281.

III. Verwaltung der Masse. Die Umgrenzung der im einzelnen nicht detaillierten Verwaltungspflichten des Verwalters ergibt sich aus dem Konkurszwecke, der Funktion des Verwalters und dessen Verantwortlichkeit. § 6 II, 82 vgl. § 17, 19, 20, 59. v. Sarw. S. 632; Willenbch. S. 182.

IV. Verwertung der Masse. Der geeignete Zeitpunkt für die Verwertung, die nicht wie die Inbesitznahme sofort zu erfolgen hat, desgleichen die Art der Verwertung sind in das pflichtgemäße Ermessen des Verwalters gestellt. Die Verwertungsakte sind, auch wenn sie in der Form der Zwangsvollstreckung erfolgen, ihrer rechtlichen Natur nach keine Vollstreckungsakte, unterliegen daher auch nicht der Widerspruchsklage nach § 771 CPO. RG. JW. 1893 S. 153. v. Wilm. S. 335.

Die Geschäftsbücher des G. Schuldners, welche nach der Novelle — § 1 III — massezugehörig sind, können nicht selbständig z. B. als Makulatur, sondern nur mit dem Geschäfte im Ganzen und nur insoweit veräußert werden, als sie zur Fortführung des Geschäftes unentbehrlich sind. Wird das Geschäft nicht veräußert, so sind sie nach der Aufhebung des Konkurses vom G. Schuldner zurückzugeben. Begr. S. 7 und 31.

Offener Arrest. **§ 118.** (§ 108.)

Durch den offenen Arrest wird allen Personen, welche eine zur Konkursmasse gehörige Sache in Besitz haben oder zur Konkursmasse etwas schuldig sind, aufgegeben, nichts an den Gemeinschuldner zu verabfolgen oder zu leisten, auch die Verpflichtung auferlegt, von dem Besitze der Sache und von den Forderungen, für welche sie aus der Sache abgesonderte Befriedigung in Anspruch nehmen, dem Konkursverwalter innerhalb einer bestimmten Frist Anzeige zu machen.

E. I. 116, 117. P. 145—148.

Der mit dem Eröffnungsbeschlusse nach § 76, 111 öffentlich bekannt zu machende und den bekannten Schuldnern besonders zuzustellende offene Arrest begründet keine neuen Verbindlichkeiten und keine Pfandrechte an dem Vermögen des G. Schuldners. v. Wilm. S. 335. Er zerfällt in zwei Teile, das Verbot der Leistung an den G.Schuldner und das Gebot der Anzeige an den Verwalter. L. Seuffert S. 286.

I. Verbot der Leistung an den G.Schuldner. Es bezweckt die Verhütung rechtsirrtümlicher Zahlungen und Leistungen, wirkt nur deklarativ, seine Weglassung im Eröffnungsbeschlusse hat keine rechtliche Bedeutung und die Kenntnis oder Nichtkenntnis des Arrestes ist für die Anwendbarkeit des § 8 ohne Einfluß. L. Seuffert S. 172, 287; v. Wilm. S. 335; Pet. u. Kl. S. 383; Willenbch. S. 183.

II. Das Gebot von dem Besitze der Sache und von den Forderungen, für welche aus der Sache abgesonderte Befriedigung beansprucht wird, dem Verwalter innerhalb einer bestimmten Frist Anzeige zu machen, wird erst durch die Veröffentlichung des Arrestes begründet, trifft alle unmittelbaren — nicht mittelbaren — Besitzer einer unbeweglichen oder beweglichen Sache, hängt nicht davon ab, daß ein Absonderungsanspruch geltend gemacht wird und der Grund der Besitzerlangung ist für diese Anzeigepflicht gleichgiltig. § 854 fg., 868 BGB. L. Seuffert S. 287. v. Wilm. S. 335. Pet. u. Kl. S. 383. Die Weglassung dieses Gebotes in der öffentlichen Bekanntmachung kann den Rechtsnachteil des § 119 nicht herbeiführen. Die Anzeigepflicht erstreckt sich nicht auf die für den G.Schuldner eingegangenen, an diesen noch nicht ausgegebenen Postsendungen oder auf Transportsendungen, welche noch nicht der Disposition des Schuldners unterliegen, ebensowenig auf die aus einem anfechtbaren Geschäfte besessenen Sachen. Pet. u. Kl. S. 383, 384. L. Seuffert S. 287; v. Wilm. S. 336. Willenbch. S. 183. AM. v. Völd. 2 S. 255. Die hiernach anzeigepflichtigen Absonderungsberechtigten haben zugleich ihre Forderung anzuzeigen. Die formlosen an den Verwalter zu erstattenden Anzeigen können schriftlich oder mündlich erfolgen. Die Behauptung, die besessene Sache gehöre nicht zur Masse, befreit zwar von der Anzeigepflicht, kann aber neben der Strafbarkeit aus § 242 Nr. 1, Schadenshaftung begründen. v. Sarw. S. 635. Willenbch. S. 184.

Schadenshaftung.

§ 119. (§ 109.)

Wer die Anzeige über den Besitz von Sachen des Gemeinschuldners innerhalb der bestimmten Frist zu machen unterläßt, haftet für allen aus der Unterlassung oder Verzögerung der Anzeige entstehenden Schaden.

E. I. 118. P. 147.

Die vom Verwalter im ordentlichen Prozeßverfahren zu verfolgende Schadenshaftung auf Grund der unterlassenen oder verzögerten Anzeige setzt nicht den Nachweis eines Verschuldens des Verpflichteten oder die Kenntnis der Bekanntmachung des offenen Arrestes voraus. Die KO. nimmt grundsätzlich die Kenntnis der K.Eröffnung bei öffentlicher Bekanntmachung an; doch hat der in Anspruch Genommene den Gegenbeweis der Nichtkenntnis, der ihn von der Schadenshaftung befreit. § 8, 76. v. Wilm. S. 336. Willenbch. 184; Pet. u. Kl. S. 385. AM. L. Seuffert S. 288, der den klagenden Verwalter für beweispflichtig erachtet, daß der Beklagte die Bekanntmachung gekannt hat. v. Sarw. S. 636 versagt dem Beweise der Unkenntnis überhaupt die befreiende Wirkung. Die Ersatzpflicht trifft denjenigen Besitzer nicht, welcher überhaupt nicht wußte, daß die Sache dem G.Schuldner gehörte z. B. Pfandleihanstalten. L. Seuffert S. 289.

Die unterlassene oder verzögerte Anzeige muß für den eingetretenen Schaden — Verlust, Wertminderung z. B. durch Kursrückgang oder Kosten einer Nachtragsverteilung § 166 – kausal gewesen sein Die anderweitige Kenntnis des Verwalters über das Vorhandensein der Sache und deren Verwahrungsort durchbricht den notwendigen Causalzusammenhang an und für sich. L. Seuffert S. 289; Willenbch. S. 185 Endemann BGB. 1 S. 567.

Der Umfang des Schadensersatzes bemißt sich nach § 249 fg. BGB. und umfaßt auch nach § 252 den entgangenen Gewinn. Endemann BGB. 1 S. 558. § 287 CPO. Bei der Entscheidung der einzelnen Fälle ist davon auszugehen, ob der Verwalter nach seiner durch § 82 umgrenzten Verantwortlichkeit bei rechtzeitiger Anzeige die wertserhaltenden Maßnahmen vorgekehrt hätte. v. Wilm. S. 337; Willenbch. S. 184. v. Völd. 2 S. 248. L. Seuffert S. 288. Strafbestimmung gegen betrügliches Verschweigen in § 242 Nr. 1.

Vorzeigepflicht. **§ 120.** (§ 110.)

Gläubiger, welche abgesonderte Befriedigung aus einer in ihrem Besitze befindlichen Sache beanspruchen, haben dem Verwalter auf dessen Verlangen die Sache zur Ansicht vorzuzeigen und die Abschätzung derselben zu gestatten.

E. I, 117.

Diese eventuell bei Verweigerung der Vorzeigung im Klagewege durchzusetzende Verbindlichkeit, welche jeden Inhaber einer beweglichen oder unbeweglichen Sache trifft, der daraus abgesonderte Befriedigung beansprucht, geht nur auf Vorzeigen auf Verlangen des Verwalters nicht auf Herausgabe. Der Verwalter kann die Schätzung selbst vornehmen oder durch öffentliche Schätzer oder andere von ihm gewählte Personen vornehmen lassen. v. Sarw. S 637. L. Seuffert S. 289. Der Besitzer ist nicht verpflichtet, die Sache dem Verwalter nachzubringen oder deren Fortschaffung an den vom Verwalter bestimmten Besichtigungsort zu gestatten. L. Seuffert S. 289; v Wilm. S. 337; Willenbch. S. 185. Die Vorzeigepflicht trifft mit der aus § 809 BGB. sich ergebenden Vorzeigepflicht zusammen – L. Seuffert S. 289; Endemann BGB. 1 S. 892 fg. — und verfolgt den Zweck, da das Absonderungsrecht nur die Höhe der berechtigten Forderung erreicht und daher nur der Ueberschuß in die Masse fällt, den Verwalter über den allenfallsigen Ueberschuß zu unterrichten. v. Wilm. S. 337; Willenbch. S. 185; v. Sarw. S. 637.

§ 121. (§ 111.)

Beschlagnahme von Postsendungen und Depeschen.

I. Die Post- und Telegraphenanstalten sind verpflichtet, auf Anordnung des Konkursgerichts alle für den Gemeinschuldner eingehenden Sendungen, Briefe und Depeschen dem Verwalter auszuhändigen. Dieser ist zur Eröffnung derselben berechtigt. Der Gemeinschuldner kann die Einsicht und, wenn ihr Inhalt die Masse nicht betrifft, die Herausgabe derselben verlangen.

II. Das Gericht kann die Anordnung auf Antrag des Gemeinschuldners nach Anhörung des Verwalters aufheben oder beschränken.

E. I. 114, 119. P. 149, 152 Nr. 3.

I. Die Beschlagnahme von Postsendungen und Depeschen ist in der Regel notwendig, um dem G.Schuldner die faktische Disposition über die unter seiner Adresse eingehenden Postsendungen und Depeschen zu entziehen. Sie ermöglicht einen genauen Einblick in die Vermögensverhältnisse des G.Schuldners und in die noch schwebenden, noch nicht erfüllten Rechtsgeschäfte. Diese besondere Beschlagnahmeanordnung, die nicht Folge der K.-Eröffnung ist, sondern kraft richterlicher Anordnung des K.Gerichtes von Amtswegen oder auf Anregung des Verwalters eintritt, erstreckt sich nur auf die unter der Adresse des G.Schuldners, nicht aber unter fremder Adresse eingehenden Sendungen und wird in der Regel sofort mit der K.Eröffnung oder im Laufe des Verfahrens, auf die ganze K.Dauer oder nur auf eine beschränkte Zeit ohne Anhörung des G.Schuldners verhängt. L. Seuffert S. 289. v Wilm. S. 338. v. Sarw. S. 639. AM. v. Völd. 2 S. 257.

II. Wirkung. Die Beschlagnahmeanordnung ist dem Verwalter und G.Schuldner von Amtswegen zuzustellen — § 73 II; § 329 III CPO. — und den Post- und Telegraphenanstalten — in Bayern dem Oberpostamt — mitzuteilen, die nun kraft ihrer Amtspflicht die beschlagnahmten Sendungen an den Verwalter auszuhändigen haben. § 5 des Postgesetzes vom 28. Oktober 1871. Privatpostanstalten werden hierdurch nicht getroffen, allein bei Nichtbeachtung einer an sie ergehenden Beschlagnahmeanordnung schadensersatzpflichtig. L. Seuffert S. 290. Sendungen der Eisenbahn sind ohne Weiteres dem Verwalter auszuhändigen. Willenbch. S. 186. Pet. u. Kl. S 387.

Der Verwalter ist zur Eröffnung der Sendungen berechtigt, braucht hierzu den G.Schuldner nicht beizuziehen und ihm nur auf Verlangen Einsicht zu gestatten und die zur Masse nicht gehörigen Sendungen auszuhändigen. Ein Klagerecht hierauf hat der G.Schuldner nicht. Streitigkeiten hierüber zwischen ihm und dem Verwalter entscheidet das K.Gericht. § 83. v. Wilm. S. 338;

Willenbch. S 185; Pet. u. Kl. S. 388 L. Seuffert S. 291, der dem G.Schuldner auch eine vom K.Gericht als Vollstreckungsgerichte zu entscheidende Einwendungsberechtigung nach § 766 CPO gibt.

III. Eine Aufhebung der einmal getroffenen Anordnung von Amtswegen ist ausgeschlossen. Ihre Aufhebung oder Beschränkung kann nur auf Antrag des G.Schuldners nach Anhörung des Verwalters erfolgen. Die Abweisung des Antrages ist ohne Anhörung des Verwalters möglich L. Seuffert S. 291 v. Sarw. S. 639

IV. Beschwerdeberechtigt — § 73 III — sind:

1 Der G.Schuldner gegen die Anordnung der Beschlagnahme oder die Abweisung seines Antrages aus Abs. II. v. Sarw S. 638; v. Wilm. S. 338; Willenbch S 186. Teilw. AM. L. Seuffert S. 291, der dem G Schuldner ein Beschwerderecht gegen die Anordnung versagt

2. Der Verwalter gegen die Abweisung seines Antrages auf Erlassung der Anordnung, gegen die nur beschränkte Stattgabe seines Antrages und schließlich gegen einen, dem Antrage des G.Schuldners aus Abs. II ganz oder teilweise stattgebenden Beschluß. L. Seuffert S 291; v. Sarw. S. 638; v. Wilm. S. 338. AM. Pet. u. Kl S. 338, der eine Beschwerde des Verwalters nur für zulässig hält, wenn der erlassenen Beschlagnahmeanordnung eine Beschränkung beigefügt ist.

Siegelung. § 122. (§ 112.)

I. Der Verwalter kann zur Sicherung der zur Konkursmasse gehörigen Sachen durch eine zur Vornahme solcher Handlungen gesetzlich ermächtigte Person siegeln lassen.

II. Die Geschäftsbücher des Gemeinschuldners sind durch den Gerichtsschreiber zu schließen.

E. I. 121 fg. P. 137, 141—143.

I. Veranlassung und Umfang der fakultativen in das Ermessen des Verwalters gestellten mit einer Beschwerde nicht anfechtbaren Siegelung ist gegeben durch den Zweck der Sicherung der zur Masse gehörenden Sachen. Der Verwalter kann daher gänzlich von der Siegelung absehen oder einzelne Sachen nach seinem Ermessen von der Siegelung ausschließen, so die pfandfreien, nicht massepflichtigen, dem G.Schuldner verbleibenden Sachen, ferner dem Verderben ausgesetzte oder aussonderungspflichtige Gegenstände. Geld und Wertsachen sind in besondere Verwahrung zu nehmen und bis zur ersten G.Versammlung nach Maßgabe der ev. gerichtlichen Anordnung zu hinterlegen. § 129 II. L Seuffert S. 292. v. Wilm. S. 339.

II. Siegelungsberechtigt sind in Bayern: Gerichtsvollzieher und Gerichtsschreiber, diese mit gerichtlicher Ermächtigung — Art. 63, 66 AG. z. GVG. — ferner nunmehr auch Notare — Art. 1 Nr. 2 des neuen Not.Ges., in Preußen Notare, Gerichtsvollzieher und Gerichtsschreiber — § 70, 74, 108 AG. z. GVG.; in Württemberg die Notare, Gerichtsschreiber, die Mitglieder Gemeinderäte und Ratschreiber — Art. 6 AG. z. KO.; Hessen: § 27 AG. z. GVG.; Mecklenburg: § 8 EG. z. KO.; Elsaß-Lothringen: § 30 AG. z. GVG. Ueber die Siegelung und Entsiegelung, die ebenfalls Sache des Verwalters ist, muß ein Protokoll aufgenommen werden. § 124. Die Siegelanlage ist strafrechtlich geschützt durch § 136 StGB.

III. Die Schließung der Geschäftsbücher des G.Schuldners muß sofort nach der K.Eröffnung vom Gerichtsschreiber vorgenommen werden. Sie erstreckt sich auf alle Geschäftsbücher, nicht blos Handelsbücher des G Schuldners, nicht aber auf Bücher, welche dem G.Schuldner und anderen gemeinschaftlich gehören, und zugleich soll — instruktionell — der äußere Zustand der Bücher festgestellt werden. Mot. S. 344. L. Seuffert S. 292. Willenbch. S. 187. v Sarw. S 641; v. Wilm. S. 541. Diese Schließung — kein Bücherabschluß im technischen Sinn — erfolgt durch einen vom Gerichtsschreiber am Ende der Eintragungen beizusetzenden Vermerk, bezweckt die Verhinderung von Nachtragungen und ist von Bedeutung für die Strafbestimmungen in § 239 I Nr. 3, 4, § 240 I Nr. 3, 4 KO. L. Seuffert S. 292.

Masseaufzeichnung. **§ 123.** (§ 113.)

I. Der Verwalter hat die einzelnen zur Konkursmasse gehörigen Gegenstände unter Angabe ihres Werts aufzuzeichnen. Der Wert ist erforderlichen Falls durch Sachverständige zu ermitteln. Bei der Aufzeichnung ist eine obrigkeitliche oder eine Urkundsperson zuzuziehen. Der Gemeinschuldner ist zuzuziehen, wenn er ohne Aufschub zu erlangen ist.

II. Auf Antrag des Verwalters und, wenn ein Gläubigerausschuß bestellt ist, des letzteren, kann das Gericht gestatten, daß die Aufzeichnung unterbleibe oder ohne Zuziehung einer obrigkeitlichen oder einer Urkundsperson vorgenommen werde.

E. I. 128. P. 152, 155, 301, 335.

RG 20. R. 109.

I. Masseaufzeichnung. Auch bei unterbliebener Siegelung ist zur Feststellung der Masse, Kontrolle des Verwalters und zur Unterlage für dessen künftige Rechnungslegung die Aufzeichnung der sämtlichen zur K.Masse gehörigen Gegenstände — Sachen und Rechte — obligatorisch. Hat eine Siegelung stattgefunden, so ist mit der Entsiegelung Schritt für Schritt diese Masseaufnahme zu verbinden, die alle zur Teilungsmasse gehörigen, mit einem

Absonderungsrechte belasteten oder im Drittbesitze befindlichen Sachen — Immobilien oder Mobilien, Schuldurkunden, Wechsel u. s. w. — nicht aber aussonderungspflichtige oder konkursfrei zu belassende Gegenstände, umfassen muß. L. Seuffert S. 284. v Sarw S. 641. Dieser Pflicht muß der Verwalter genügen; er macht sich durch die Unterlassung haftpflichtig. § 84. v. Wilm. S. 340. Pet. u. Kl. S 391. Die Frage der Wertsermittelung und die Zuziehung der Sachverständigen unterliegt dem Ermessen des Verwalters. Mot. S. 344. Die Sachverständigen sind nicht zu beeidigen, da die Aufzeichnung kein Akt des Gerichtes ist und demgemäß die Bestimmungen in § 75 KO, § 410 CPO. nicht anwendbar sind. L. Seuffert S. 284; Willenbch. S 187; v. Wilm. S. 340. Wer den Charakter einer obrigkeitlichen oder einer Urkundsperson hat, bemißt sich nach Reichs- und Landesrecht. Darnach ist der Notar Urkundsperson. L. Seuffert S. 285, im Anschlusse an die Bestimmungen des BGB., welche die gerichtliche und notarielle Beurkundung gleichstellen; vgl auch § 167 fg. FGB. Die siegelungsberechtigten Personen des § 122 sind auch hier zuzulassen. v. Sarw. S 642. Bayern: Art. 63 AG. z. GBG. Die Zuziehung des G.Schuldners ist notwendig, wenn sie ohne Aufschub zu erlangen ist.

II. Die Dispensationsermächtigung des Abs. II ist möglich und ratsam, wenn der G Schuldner bereits eine zuverlässige Aufzeichnung gemacht, oder wenn seine Bücher glaubwürdig erscheinen oder wenn das Geschäft sofort im Ganzen verkauft werden soll. Sie kann sich auf die ganze Aufnahme oder einen Teil der Objekte oder auf die Wertangabe beziehen. Mot S. 345. Sie setzt aber einen Antrag des Verwalters und falls ein Ausschuß bestellt ist, den übereinstimmenden Antrag des Verwalters und des Ausschusses voraus. v. Wilm. S. 341; v. Sarw. S. 643; Willenbch. S. 188.

Gegen die Ablehnung des Antrages ist der Antragsteller, gegen die dem Antrage stattgebende Entscheidung jeder K.Gläubiger und der G Schuldner beschwerdeberechtigt. § 73 III. L. Seuffert S. 285.

Inventar-Bilanz.

§ 124. (§ 114.)

Dem Verwalter liegt die Anfertigung eines Inventars und einer Bilanz ob. Derselbe hat eine von ihm gezeichnete Abschrift des Inventars und der Bilanz und, wenn eine Siegelung und Entsiegelung stattgefunden hat, die Protokolle über dieselben auf der Gerichtsschreiberei zur Einsicht der Beteiligten niederzulegen.

E. I. 123. P. 153 IV. 155. Mat. 192.

Die Aufzeichnung nach § 123 gewährt mit den Büchern und Papieren des G Schuldners die hauptsächlichste Grundlage für das Inventar und die Bilanz, welche die Vermögenslage des G.-

Schuldners, wie sie sich durch den Konkurs den Gläubigern gegenüber gestaltet, zur klaren Anschauung bringen soll. Mot. S. 345.

I. Das Inventar ist eine übersichtliche, nach Titeln geordnete Aufstellung der zu einander gehörigen Gegenstände, Aktiva und Passiva. v. Wilm. S. 341.

II. Die unter Zugrundelegung der Vorschriften des Handelsgesetzbuches – § 39–41, 261 – zu erstellende Bilanz soll die Zusammenstellung und Abgleichung der Gesamtwertsbestände des Aktivvermögens und der Gesamtbeträge der Passiva enthalten. v. Wilm. S. 342

Die Erfordernisse des Inventares und der Bilanz ergeben sich im Uebrigen aus ihrer Bestimmung. Auch die Aussonderungsansprüche, denen der Verwalter noch nicht stattgegeben hat, sind vorzumerken. v. Sarw. S. 644 Namentlich empfiehlt es sich bei ihrer Erstellung das Verhältnis der Aktiva zu den Passiven durch Hervorhebung der absonderungspflichtigen Gegenstände der Masseschulden, der bevorrechtigten Forderungen ersichtlich zu machen, bei Korrealverbindlichkeiten z. B aus Wechseln die Mitverpflichteten und den Grund ihrer Haftung anzugeben, die Regreßrechte des G.Schuldners unter den Aktiven anzusetzen und eine gesonderte Anführung nach Mobiliar- und Immobiliarvermögen, Baargeld und Wertpapieren zu machen. Mot. S. 345 v. Wilm. S. 342; Willenbch S 188; Pet. und Kl. S. 392. v. Völd. 2 S. 270. Fitting S. 300. Bei der Erstellung des Inventars kann hinsichtlich des Aktivvermögens auf das nach § 123 aufgenommene Verzeichnis Bezug genommen werden. Inventar und Bilanz, die der G.-Schuldner bereits angefertigt hatte, können vom Verwalter berichtigt und verwendet werden. v. Sarw S. 644. Willenbch. S. 188.

III. Die Niederlegung von Inventar und Bilanz, sowie der Siegelungs- und Entsiegelungsprotokolle auf der Gerichtsschreiberei dient zur Information der K Gläubiger. Die K Beteiligten haben nach § 71 KO., § 299 CPO. das Recht, gegen Kostenerstattung hiervon Abschriften zu erlangen Mat. S. 192. v. Wilm. S 342 v. Sarw. S. 644. AM. bisher Mot S 346. Nunmehr ausdrücklich betont bei der Kommissionsberatung der Novelle. Mat. S. 192.

Offenbarungseid.

§ 125. (§ 115.)

Nach der Anfertigung des Inventars kann der Verwalter oder ein Konkursgläubiger den Gemeinschuldner in eine Sitzung des Amtsgerichts, bei welchem das Konkursverfahren anhängig ist, zur Leistung des Offenbarungseides laden.

E. I. 125—127 P. 126. Mat. 193.

RG 16 S. 221.

Nach der Anfertigung des Inventares, das die Grundlage für die Vollständigkeit der Angaben des G.Schuldners über sein Vermögen bilden soll, ist der G.Schuldner zur Ableistung des Offenbarungseides gesetzlich verpflichtet. Auf das Verfahren, das sich außerhalb des K Verfahrens vollzieht, finden § 899 – 914 CPO entsprechende Anwendung. L Seuffert S 294. Der Eid ist auf Grund des Inventares und der besonderen Angaben des G Schuldners zu leisten, der auch über seine Schulden, nicht nur über das Aktivvermögen, eidespflichtig ist. v. Wilm. S 342; v. Sarw. S. 645. Willenbch. S. 189. AM L. Seuffert S. 293. Die Eidesformel — § 807 CPO – lautet, daß der G.Schuldner sein zur K.Masse gehöriges Vermögen und seine Schulden vollständig angegeben und wissentlich nichts verschwiegen habe. v. Sarw S. 645

I. Zuständig ist das Amtsgericht, bei welchem das K.Verfahren anhängig ist, jedoch nach § 899 CPO. als Vollstreckungsgericht, nicht als K.Gericht. L. Seuffert S 294; v. Wilm. S. 343. Mot. S. 346.

II. Antragsberechtigt sind der Verwalter und die K.-Gläubiger einschließlich der Absonderungsberechtigten, nicht aber Aussonderungsberechtigte. Die Forderung muß angemeldet, nicht aber festgestellt sein. L. Seuffert S. 293; v. Wilm. S. 342; Willenbch S. 188. v. Sarw S 645 AM. Kohler S. 395; Oetker 1 S. 519, die für die Antragsberechtigung Feststellung verlangen. Der G Schuldner kann aber, so lange die Feststellung nicht erfolgt ist, die Antragsberechtigung des Gläubigers und damit seine Verpflichtung zur Leistung des Eides in Abrede stellen. Pet und Kl. S. 393.

III. Verfahren. Das Vollstreckungsgericht hat durch einen mit der sofortigen Beschwerde anfechtbaren Beschluß über den Widerspruch zu erkennen. wenn der G.Schuldner seine Verpflichtung zur Leistung des Eides z. B mangels Legitimation des Antragstellers bestreitet § 793, 900 II CPO. Erst nach Eintritt der Rechtskraft des Beschlusses erfolgt die Eidesleistung; sie ist nach richterlicher Anordnung schon vorher möglich, wenn bereits ein früherer Widerspruch gegen denselben Antragsteller rechtskräftig verworfen ist. § 900 II CPO. L Seuffert S. 295. Gegen den im Termine nicht erscheinenden oder die Leistung des Eides grundlos verweigernden Schuldner hat das Gericht auf Antrag die Zwangshaft anzuordnen, die 6 Monate nicht übersteigen darf und früher endigt, sobald der G.Schuldner den Eid leistet § 901, 902, 913. Die einmalige Leistung des Eides befreit den G Schuldner von jeder weiteren Eidesleistung in diesem K.Verfahren. § 903 I L. Seuffert S. 295.

Ueber die Verpflichtung der Erben, Vorstandsmitglieder und Liquidatoren der Gesellschaften zur Leistung des Offenbarungseides: § 208, 214; L. Seuffert S 73 und 74; Jäger NK. S. 49.

IV. Kosten. Gerichtsgebühren werden für das Verfahren nicht erhoben. § 56 GKG. Die Haftkosten hat der Antragsteller — der Verwalter aus Massemitteln § 58 Nr. 1 — Monat für Monat vorauszubezahlen. § 911 CPO. L Seuffert S. 295; Willenbch. S. 189. Preußen: JMBl 1883 S. 81 und 339; Bayern: GVBl. 1879 S. 649; Sachsen: JMBl. 1893 S. 27.

Betreibungsrecht des Verwalters.

§ 126. (§ 116.)

Die Zwangsverwaltung und die Zwangsversteigerung der zur Masse gehörigen unbeweglichen Gegenstände kann bei der zuständigen Behörde durch den Konkursverwalter betrieben werden.

E. I. 128. P. 263—271. Mat. 195. Mot. z. I. E. d. ZVG. 365 fg. Denkschr. hiezu 69 fg.

RG. 5 S. 395; 12 S. 258; 19 S. 295; 31 S. 91.

Der Verwalter hat das Recht, nicht aber die Pflicht, die Immobiliarvollstreckung zu betreiben. Er kann ein bereits anhängiges Verfahren aufnehmen oder ihm beitreten, da sonst dieses Verfahren nach § 14 nicht fortgesetzt werden könnte. Das auf den Antrag eines Absonderungsberechtigten eingeleitete Verfahren wird durch die K.Eröffnung nicht aufgehalten. Der Verwalter hat das Betreibungsrecht in das unbewegliche Vermögen — § 864 CPO. — auch dann, wenn kein Absonderungsrecht an den Immobilien besteht. Er kann die unbeweglichen Gegenstände mit Zustimmung des Ausschusses oder der G Versammlung auch aus freier Hand verkaufen. § 134 N. 1. Entsch. des oberst. bayer. LG. vom 20. Juli 1898 — BlfRA. 64 S. 77; L. Seuffert S. 305; v. Wilm. S. 345; Willenbch. S. 190; v. Sarw. S 647.

I. Nunmehrige reichsrechtliche Regelung. Die Zwangsvollstreckung in das unbewegliche Vermögen durch Zwangsversteigerung und Zwangsverwaltung ist nunmehr einheitlich geregelt durch § 172—174 ZVG v. 24. März 1897. Unbewegliche Gegenstände im Sinne des § 126 sind diejenigen, welche der Zwangsvollstreckungsvollstreckung in das unbewegliche Vermögen unterliegen. § 864 CPO. L. Seuffert S. 305. Die mit der Vollstreckungsklausel versehene Ausfertigung des Eröffnungsbeschlusses ist der Vollstreckungstitel. v. Wilm. S. 346; Willenbch. S. 190 AM. L. Seuffert S. 283 und 305, der die Ausfertigung bei Vorlage der dem Verwalter nach § 81 II erteilten Legitimation für entbehrlich hält. Antragsberechtigt ist der K.Verwalter, der seine Legitimation bei dem Vollstreckungsgericht durch Vorlage der nötigen Urkunden nachzuweisen hat. § 81 KO. § 16, 17, 146, 162 ZVG. Henle ZVG. S. 168. Der Verwalter vereinigt die Rolle des betreibenden Gläubigers und des Schuldners in seiner Person; er ist Exequendus, wenn ein Absonderungsberechtigter die Z.Versteigerung oder Z.Verwaltung betreibt. § 172. L. Seuffert S. 307. Henle ZVG. S. 168. RG. JW. 1888 S. 136; 1891 S. 11. Der Verwalter ist nicht Vertreter der Absonderungsberechtigten. RG. JW. 1889 S. 170.

Eine Beschlagnahme ist gegenüber dem infolge der K.Eröffnung über sein Vermögen nicht dispositionsberechtigten G.-Schuldner nicht erforderlich. Der Versteigerungsvermerk wird in das Grundbuch oder Schiffsregister eingetragen. Für die Abgrenzung der laufenden und rückständigen Leistungen — § 10 I Nr. 4, § 13 ZVG. — und für die Bestimmung der von der Versteigerung mitergriffenen Gegenstände z. B. Früchte, Zubehör — § 55 ZVG. — und des Erlöschens der hieran bestehenden Rechte, ist die Zustellung des Beschlusses, durch den auf Antrag des Verwalters die Z.Versteigerung oder Z.Verwaltung angeordnet wird, an den K.Verwalter in derselben Weise maßgebend, wie sonst die Beschlagnahme. § 173. Mot. z. I. E. d. ZVG. S. 356 fg. Denkschr. S. 69. L. Seuffert S. 305; Henle S. 169.

Der absonderungsberechtigte Gläubiger, dem der G.Schuldner persönlich haftet und der für seine Forderung gegen den G.Schuldner ein vom K.Verwalter anerkanntes Recht auf Befriedigung aus dem Grundstück hat, kann zur Feststellung seines Ausfalls verlangen, daß bei der Berechnung des geringst zulässigen Gebotes nur die seinem Anspruche vorgehenden Rechte berücksichtigt werden; in diesem Falle ist das Grundstück auch mit der verlangten Abweichung auszubieten. Mangels dieses Antrages verbleibt es bei den allgemeinen Vorschriften über das geringste Gebot § 174; Mot. z. I. E. d. ZVG S. 358. Denkschr. S. 69, 70. L. Seuffert S. 306 Henle ZVG. S. 169.

Bei Eröffnung des Nachlaßkonkurses geht die Rolle des Antragstellers hinsichtlich einer vorher von dem Erben, Nachlaßpfleger oder verwaltungsberechtigten Testamentsvollstrecker beantragten Z.Versteigerung in ein Nachlaßgrundstück auf den Verwalter über. § 175, 178. Denkschr. S. 70, 71. L. Seuffert S. 307; Henle S. 171 und 173. Hinsichtlich der der landesrechtlichen Regelung vorbehaltenen Grundstücke: Art 1 fg. des bayer. Ausführungsgesetzes zur GrB. Ord. und zum ZVG. vom 9. Juni 1899.

II. Uebergangszeit. Das Reichsgesetz über die Zwangsversteigerung und Zwangsverwaltung setzt ein fertiges Grundbuch voraus. Bis zur Anlage des Grundbuches in den einzelnen Bundesstaaten bleiben die landesrechtlichen Subhastationsordnungen in Geltung. Art 186, 187, EG. z. BGB.; § 82 GBO; § 1 EG. z. ZVG.; Art I EG. zur Novelle der CPO. Preußen: § 180—183, 202, 145 des Ges. v. 13. Juli 1883; Bayern: Art 169—173 SHO; Württemberg: Art 32 SHO; Baden: § 75 AG.; Sachsen-Weimar: § 88 — 90 SHO.; Mecklenburg: § 88, 89; Elsaß-Lothringen: § 30 SHO.

Verwertung beweglicher Absonderungsobjekte.

§ 127. (§ 117.)

I. Der Verwalter ist berechtigt, die Verwertung eines zur Masse gehörigen beweglichen Gegenstandes, an welchem ein Gläubiger ein durch Rechtsgeschäft bestelltes Pfandrecht oder ein diesem gleichstehendes Recht beansprucht, nach Maßgabe der Vorschriften über die Zwangsvollstreckung oder über den Pfandverkauf zu betreiben. Der Gläubiger kann einer solchen Verwertung nicht widersprechen, vielmehr seine Rechte nur auf den Erlös geltend machen.

II. Ist der Gläubiger befugt, sich aus dem Gegenstande ohne gerichtliches Verfahren zu befriedigen, so kann auf Antrag des Verwalters das Konkursgericht dem Gläubiger nach dessen Anhörung eine Frist bestimmen, innerhalb welcher er den Gegenstand zu verwerten hat. Nach dem Ablaufe der Frist findet die Vorschrift des ersten Absatzes Anwendung.

E. I. 129 P. 263—271. Nov. § 117. Begr 31. Mat. 195.
RG. 2 S. 35; 5 S. 395, 14 S. 2, 20 S. 136; 25 S. 22.

I. Das Betreibungsrecht des Verwalters besteht neben dem Rechte des Absonderungsberechtigten, unbeschadet der Befugnis des Verwalters das Absonderungsrecht abzulösen. Mot. S. 349. RG. JW. 1890 S. 151. Fitting S. 186. § 133 Nr. 2, 135, 136. Das Betreibungsrecht erstreckt sich auf die beweglichen massezugehörigen Gegenstände — Sachen und Rechte —, an denen ein Gläubiger — nach der Fassung der Novelle — ein durch Rechtsgeschäft bestelltes Pfandrecht — § 1204 fg BGB. — oder ein diesem gleichstehendes Recht beansprucht § 49. L. Seuffert S. 308

Der Verwalter, der ein nicht beanspruchtes Absonderungsrecht nicht zu berücksichtigen braucht — RG. 14 S. 1 —, hat das Verwertungsrecht in doppelter Form entweder nach Maßgabe dor Vorschriften über die Zwangsvollstreckung — § 814 I, 816 II, 817, 819—825, 835, 841, 844, 856—858 CPO. und für registrirte Schiffe § 162—171 ZVG — oder wie die Novelle mit Rücksicht auf erzielte ungünstige Ergebnisse neubestimmt hat, nach Maßgabe der Vorschriften über den Pfandverkauf. Begr. S. 32. L. Seuffert S. 308, 309. § 1219—1221, 1233—1241, 1295 BGB. Die Verwertung in den Formen und mit der Wirkung der Zwangsvollstreckung ist aber rechtlich keine Zwangsvollstreckung, da der Vollstreckungsschuldner fehlt Eine Widerspruchsklage des Absonderungsberechtigten ist ausgeschlossen. RG JW. 1888, S. 136; 1893 S. 153. AM RG JW. 1886 S. 414. Mot. S 349. § 771 CPO. v. Wilm. S. 347; Fitting S. 185; v. Sarw. S. 652; Willenbch. S. 191; Pet. und Kl. S 396. Der Absonderungsberechtigte kann seine Rechte nur auf den Erlös geltend machen. Verweigert der Drittbesitzer der absonderungspflichtigen Sache die Herausgabe, so muß der Verwalter auf Herausgabe klagen L Seuffert S. 309; v. Wilm. S. 347 AM Oetker 1 S. 147, 148.

II. Ausnahme Abs. II Dieses Betreibungsrecht des Verwalters ist beschränkt für den Fall, daß sich der Absonderungsberechtigte ohne gerichtliches Verfahren d. h. ohne jede das Verfügungsrecht des Gläubigers beschränkende gerichtliche Mitwirkung aus dem Gegenstande befriedigen darf § 368 HGB. § 1219—1221, 1228, 1233—1241 BGB. L. Seuffert S. 310; v. Wilm. S. 349; Willenbch. S. 192; v. Sarw. S. 653. Gleichgiltig ist, ob dieses Befriedigungsrecht auf Gesetz oder Vertrag oder Privileg z. B. Bankgesetz v. 14. März 1875. § 20, RGBl. S. 183 beruht, wenn es nur vor der K.Eröffnung entstanden ist. ROH. 14 S 29; v. Wilm. S. 348.

Der die Fristbestimmung enthaltende gerichtliche Beschluß braucht keine Androhung des Präjudizes zu enthalten und ist vom Gerichte oder vom Verwalter dem Gläubiger zuzustellen. Nach Ablauf der Frist hat der Verwalter das Verwertungsrecht nach Abs. I. Auch nach Ablauf der Frist, so lange der Verwalter mit der Verwertung noch nicht begonnen hat, kann der Absonderungsberechtigte die Verwertung noch betreiben. L. Seuffert S. 310 und 357; v. Wilm S 349; Willenbch. S 192.

Gegenstände der Nacherbschaft.

§ 128.

Ist der Gemeinschuldner Vorerbe, so darf der Verwalter die zur Erbschaft gehörigen Gegenstände nicht veräußern, wenn die Veräußerung im Falle des Eintritts der Nacherbfolge nach § 2115 des Bürgerlichen Gesetzbuchs dem Nacherben gegenüber unwirksam ist.

E. I. z. BGB. § 1829 I. Mot. V 116. Nov § 117 a. Begr 33. Begr z. Nov d. CPO 117.

Der Vorerbe ist wirklicher Erbe und falls über sein Vermögen der Konkurs eröffnet wird, gehört zur K.Masse auch die ihm angefallene Erbschaft. Ueber die zur Erbschaft gehörenden Gegenstände kann aber der Vorerbe nur innerhalb der Beschränkungen des § 2112–2115 BGB. verfügen. Nach § 2115 BGB. ist nun eine Verfügung über einen Erbschaftsgegenstand, die im Wege der Zwangsvollstreckung oder der Arrestanlage oder durch den K.Verwalter erfolgt, im Falle des Eintritts der Nacherbfolge insoweit unwirksam, als sie das Recht des Nacherben vereiteln oder beeinträchtigen würde. Begr S. 33. Begr z. Nov. d. CPO. S. 117; § 773 CPO.; L. Seuffert S. 301; Jäger NK. S 105. Endemann BGB. 3 S. 175, 183. Sie ist jedoch unbeschränkt wirksam, wenn der Anspruch eines K.Gläubigers oder ein an einem Erbschaftsgegenstande bestehendes Recht geltend gemacht wird, das im Falle des Eintritts der Nacherbfolge dem Nacherben gegenüber wirksam ist.

I. Der K.Verwalter darf daher die zur Erbschaft gehörenden Gegenstände nur veräußern, wenn die Veräußerung bei Eintritt der Nacherbfolge dem Nacherben gegenüber wirksam ist, dessen Rechte nicht beeinträchtigt oder vereitelt. Mot. V. S. 117 Der K.Verwalter ist andernfalls auf die Verwertung der Nutzungen aus dem nicht veräußerlichen Erbschaftsgegenstande durch Verpachtung oder Z.Verwaltung angewiesen, insoweit nicht diese Nutzungen als für den notdürftigen Unterhalt unentbehrlich pfand- und konkursfrei zu belassen sind § 1 KO.; § 850 I Nr 3, 857 III, IV CPO RG Bolze 7 Nr 1213; 22 Nr. 822. L. Seuffert S. 303; Jäger NK. S 105 Der Vorerbe ist auf die Herausgabe dieser unpfändbaren Nutzungen gegen den Verwalter klageberechtigt RG. 37 S. 398. Die unwirksame Veräußerung wird auch dann nicht zulässig, wenn der Erblasser den Nacherben auf den Ueberrest eingesetzt und damit den Vorerben von den in § 2136 BGB. bezeichneten Verpflichtungen und Beschränkungen befreit oder ausdrücklich bestimmt hat, daß der Vorerbe zur freien Verfügung über die Erbschaft berechtigt sein soll. § 2137 BGB. Fischer-Henle BGB. S. 900. Jäger KK. S. 106. Stirbt der Vorerbe während des K.Verfahrens, so ist ist der Nacherbe auf die noch vorhandenen Erbschaftsgegenstände aussonderungsberechtigt. Jäger KK. S. 106. Dernburg Preuß. Privatrecht III S. 472. AM. RG. 36. S. 123 fg. unter Verneinung des Aussonderungsrechtes.

II. Wirkung. Diese Schutzbestimmung wirkt wie ein gesetzliches Veräußerungsverbot — § 135, 136 BGB. — und die Verfügung über einen dem Verbot unterliegenden Erbschaftsgegenstand ist den Personen gegenüber unwirksam, um deren Schutz es sich handelt. § 326, 772, 773 CPO; Begr. hiezu S. 116; § 52 GBO. Der Nacherbe hat die Widerspruchsklage nach § 771, 773 CPO. Der Vorerbe kann sich an das K.Gericht — § 83 — wenden; in seiner Eigenschaft als G.Schuldner ist er jedoch, da kein Vollstreckungsakt vorliegt, nicht einwendungsberechtigt. § 766 CPO. RG. 37 S. 95; 40 S. 367. AM. Seuffert S. 281 u. 303

Provisorische Maßnahmen.

§ 129. (§ 118.)

I. Bis zur Beschlußfassung durch eine Gläubigerversammlung kann der Verwalter mit Genehmigung des Gerichts oder, wenn von dem Gerichte ein Gläubigerausschuß bestellt ist, mit dessen Genehmigung dem Gemeinschuldner und der Familie desselben notdürftigen Unterhalt aus der Konkursmasse gewähren.

II. Bis zur Beschlußfassung durch eine Gläubigerversammlung hat der Verwalter nach seinem Ermessen das Geschäft des Gemeinschuldners zu schließen oder fortzuführen und die Gelder, Wertpapiere und Kostbarkeiten nach Anordnung des Gerichts zu hinterlegen. Ist von dem Gerichte ein Gläubigerausschuß bestellt, so beschließt dieser über die Schließung oder die Fortführung des Geschäfts und über die Hinterlegung der Gelder, Wertpapiere und Kostbarkeiten.

E. I. 130. P. 132, 136 a, 144, 161, 162, 221, 224, 225, 244.

RG. 2 S. 25; 13 S. 26; 20 S. 109; 29 S. 80.

Die Bestimmung in § 129 gibt Verwaltungsvorschriften bis zur ersten G.Versammlung. Der K.Verwalter ist, wenn ein Beschluß in der ersten G.Versammlung nicht erfolgt zu einer weiteren Vornahme der Angelegenheit bis zur Beschlußfassung in einer späteren G.Versammlung befugt. v Sarw S. 654. L. Seuffert S. 317. v. Wilm. S. 350; Pet. u. Kl. S. 403

I. Der dem G.Schuldner und dessen Familie zu gewährende notdürftige Unterhalt ist nach Lage der Standesverhältnisse zu bemessen, setzt einen Notstand voraus, kann sich auf die Gewährung einer Wohnung erstrecken — § 149 ZVG. — und muß in seinem Umfange lediglich zur Erfüllung der notwendigsten Lebensbedürfnisse ausreichen. § 1611 BGB. Mot. IV. S. 699. L. Seuffert S. 319. v. Sarw. S. 655. Willenbch. S. 193. Eine Vergütung für Dienstleistungen des G.Schuldners z. B. bei dessen Weiterverwendung im Geschäfte, fällt nicht unter den Begriff Unterstützung, kann aber bei deren Bemessung in Betracht gezogen werden. Bei Ableben des G.Schuldners kann auch dessen Familie eine Unterstützung gewährt werden. Mot. S 350, 351. Die Familie umfaßt Frau und Kinder und auch andere Verwandte, welche mit dem G.Schuldner zusammenleben, gleichviel ob er für sie alimentationspflichtig ist oder nicht. v. Wilm. S. 351; Pet. u. Kl. S. 400; Willenbch. S. 193; L. Seuffert S. 318. AM. v. Sarw. S. 655. Die bewilligte Unterstützung fällt unter die Massekosten. § 58 Nr. 3.

1. Verfahren. Der G.Schuldner hat auf die Gewährung der Unterstützung keinen Rechtsanspruch. Die Initiative hiezu liegt ausschließlich im Willen des K.Verwalters, der weder vom Gerichte noch vom G.Ausschuß hiezu angehalten werden kann, der aber andernfalls den Beteiligten nach § 82 verantwortlich ist. L. Seuffert S. 319; v. Sarw S. 654. v. Wilm. S 350.

Voraussetzung für die Gewährung ist ein Antrag des Verwalters und die Genehmigung des Gerichts oder falls ein G.Ausschuß vom Gerichte bestellt oder von der G.Versammlung gewählt ist, an Stelle der gerichtlichen Genehmigung die des Ausschusses. L. Seuffert S. 319 AM. v. Wilm. S. 350 hinsichtlich des gewählten Ausschusses. Der gewährte Unterhalt ist jederzeit entziehbar und gelten hiefür die gleichen Voraussetzungen wie für die Bewilligung.

2. Beschwerdeberechtigt — § 73 III — gegen eine gerichtliche Ablehnung der vom Verwalter bewilligten Unterstützung sind der Verwalter und der G.Schuldner. v. Sarw. S 655. v. Wilm. S. 350. Willenbch. S. 193. AM. L. Seuffert S. 320, der ein Beschwerderecht des G Schuldners verneint, v. Fitting S. 215. Gegen die gerichtliche Genehmigung gibt es keine Beschwerde. L. Seuffert S. 320. Bewilligen der Verwalter oder der Ausschuß die Unterstützung nicht, so hat der G Schuldner keinerlei Beschwerde und muß den Beschluß der G.Versammlung abwarten. § 132.

II. Die Bestimmung über die Fortführung des Geschäftes hat provisorisch der Verwalter oder der G.Ausschuß, falls ein solcher bestellt ist, endgiltig die G.Versammlung zu treffen. Unter Geschäft ist hier jede zu gewerblicher oder kaufmännischer Thätigkeit dienende Einrichtung zu verstehen. L. Seuffert S. 320. v. Sarw. S. 655. Der Verwalter, der bei der Fortführung des Geschäftes den gewerbe- und steuerrechtlichen Vorschriften nachkommen muß, ist berechtigt, neue die K.Masse und den G Schuldner bindende Verpflichtungen einzugehen. § 6. Pet u. Kl. S. 193. Willenbch. S. 193 Gerichtliches Untersagungsrecht gegen den Schluß des Geschäftes. § 130

III. Die Hinterlegung — bei jeder Bank — hat der G.Ausschuß und falls ein socher nicht bestellt ist, das Gericht zu bestimmen Zu den Kostbarkeiten gehören auch Münzen und Medaillen und Antiquitäten § 814 CPO. RG. 13 S 26. Willenbch S. 194. v Wilm. S. 352. Ueber die Anlegung von Bargeld können das Gericht oder der G.Ausschuß keine Anordnungen treffen. In der Regel wird aber die Hinterlegungsstelle Depositalzinsen zahlen. L. Seuffert S. 322.

Sistierung der Geschäftsschließung.

§ 130.

I. Soll nach § 129 das Geschäft des Gemeinschuldners geschlossen werden, so hat der Verwalter vor der Beschlußfassung des Gläubigerausschusses oder, wenn ein Gläubigerausschuß nicht bestellt ist, vor der Schließung des Geschäfts dem Gemeinschuldner, sofern derselbe ohne Aufschub zu erlangen ist, von der beabsichtigten Maßregel Mitteilung zu machen.

II. Das Gericht kann auf Antrag des Gemeinschuldners die Schließung des Geschäfts untersagen, wenn der Gemeinschuldner einen Zwangsvergleichsvorschlag eingereicht hat.

Nov § 118 a. Begr. 32.

I. Sistierung der Geschäftsschließung. Nach § 129 hat bis zur Beschlußfassung der G.Versammlung der Verwalter oder, wenn ein G.Ausschuß bestellt ist, dieser nach freiem Ermessen über die Schließung oder Fortführung des Geschäftes zu bestimmen. Bisher hatte der G.Schuldner kein Recht gegen die Schließung des Geschäftes die Entscheidung des K.Gerichtes anzurufen. Namentlich, wenn ein Z.Vergleich eingereicht ist, haben der G Schuldner und die K.Gläubiger ein lebhaftes Interesse, eine vorzeitige Schließung des Geschäftes zu verhindern. Im Anschlusse an die Vorschrift in § 135 hat nun der K.Verwalter vor der Beschlußfassung des G.Ausschusses oder wenn ein solcher nicht bestellt ist, vor der Schließung des Geschäftes dem G.Schuldner von der beabsichtigten Maßregel Mitteilung zu machen. Diese kann unterbleiben, wenn der G Schuldner nicht ohne Aufschub zu erlangen ist, da sonst leicht eine Verzögerung des Verfahrens eintritt. Begr. S. 33. Ferner hat die Novelle dem K Gerichte die Befugnis eingeräumt, die

Schließung des Geschäftes auf Antrag des durch die vorausgegangene Mitteilung bereits informierten G.Schuldners zu untersagen, wenn dieser einen Z.Vergleichsvorschlag eingereicht hat. Das Gericht wird hievon insbesondere Gebrauch machen, wenn Aussicht auf Annahme des Vorschlages besteht. Begr. S. 32. Ueber die endgiltige Schließung des Geschäftes hat, wie bisher, die erste G.-Versammlung Beschluß zu fassen. § 132.

II. Beschwerdeberechtigt — § 73 III — sind gegen die Ablehnung des Antrages der G Schuldner, gegen die Untersagung der Schließung des Geschäftes der Verwalter und die Ausschußmitglieder

Erste G.Versammlung.

§ 131. (§ 119.)

In der ersten Gläubigerversammlung hat der Verwalter über die Entstehung der Zahlungsunfähigkeit des Gemeinschuldners, über die Lage der Sache und über die bisher ergriffenen Maßregeln zu berichten.

E. I 131. P. 163, 835.

Die mündliche Erstattung des Berichtes in der ersten G.-Versammlung ist die Regel, doch kann auch ein schriftlicher Bericht verlesen werden. Die Erstattung des Berichtes, der mit den Anträgen des K.Verwalters zur Tagesordnung der ersten G.Versammlung am besten abschließen wird, bildet den Beginn des Termins. Jeder Gläubiger und das K Gericht haben zur Klarstellung der Sache das Fragerecht. An die Berichterstattung schließen sich die Wahlen — § 80, 87 — und dann die Beschlußfassung nach § 132. L. Seuffert S. 321. Mot. S. 351, 352. v. Sarw. S. 658; v. Wilm. S. 352.

§ 132. (§ 120.)

I. Die Gläubigerversammlung beschließt über eine dem Gemeinschuldner und dessen Familie zu bewilligende Unterstützung, über die Schließung oder die Fortführung des Geschäfts und über die Stelle, bei welcher, sowie über die Bedingungen, unter welchen die Gelder, Wertpapiere und Kostbarkeiten hinterlegt oder angelegt werden sollen.

II. Die Gläubigerversammlung beschließt, in welcher Weise und in welchen Zeiträumen der Verwalter ihr oder einem Gläubigerausschusse über die Verwaltung und Verwertung der Masse Bericht erstatten und Rechnung legen soll.

E. I. 132. P 132, 136a, 144, 161, 162, 221, 224, 225, 244.

RG. 20 S. 109. 29 S. 80.

I. Die G.Versammlung, wenn nicht die erste, so eine spätere, beschließt über die in § 132 aufgeführten Maßnahmen und kann insbesondere eine von § 137 abweichende Bestimmung treffen. Sie kann auch beschließen, die in § 132 bezeichneten Gegenstände der Beschlußfassung des G Ausschusses oder des Verwalters anheimzugeben. L. Seuffert S. 319. v. Sarw. S. 658. Bis zur Beschlußfassung bleiben die provisorischen Maßnahmen, also auch die dem G.Schuldner bewilligte Unterstützung in Kraft. L. Seuffert S. 244 u. 318.

II. Unterstützung. Die G.Versammlung ist nicht wie der Verwalter, der Ausschuß und das Gericht an den Begriff notdürftige Unterstützung — § 1611 BGB. — gebunden; doch gilt das Vetorecht des Gerichtes. § 99. Gegen den Beschluß der G.-Versammlung, Ablehnung der Unterstützung oder Bewilligung einer zu geringen Summe, hat der G.Schuldner kein Beschwerderecht. L. Seuffert S. 318; Willenbch. S. 194; Pet. u. Kl. S. 401.

III. Hinterlegung und periodische Berichterstattung und Rechnungslegung. Die Gläubiger können die Sicherheit der Hinterlegungs- oder Anlegungsstelle am besten ermessen, wobei auch die Möglichkeit der Kontrole des Verwalters in Betracht zu ziehen ist. Die in das Ermessen der G.Versammlung gestellte periodische Berichterstattung und Rechnungslegung in Verbindung mit der Kassenkontrolle des G.Ausschusses nach § 88 ist eine wesentliche Schutzmaßregel gegen Unredlichkeiten des Verwalters. Die G.Versammlung kann die Abnahme des Berichtes und der jeweiligen Rechnungslegung ebenfalls dem G.Ausschusse übertragen. v. Sarw. S. 659.

Genehmigung des G.Ausschusses.

§ 133. (§ 121.)

Der Verwalter hat, falls ein Gläubigerausschuß bestellt ist, dessen Genehmigung einzuholen:

1. wenn Gegenstände, deren Verkauf ohne offenbaren Nachteil für die Masse ausgesetzt werden kann und nicht durch die Fortführung des Geschäfts veranlaßt wird, verkauft werden sollen, bevor der allgemeine Prüfungstermin abgehalten oder ein vor dem Schlusse desselben eingereichter Zwangsvergleichsvorschlag erledigt ist;
2. wenn die Erfüllung von Rechtsgeschäften des Gemeinschuldners verlangt, Prozesse anhängig gemacht, deren Aufnahme abgelehnt, Vergleiche oder Schiedsverträge geschlossen, Aussonderungs-, Absonderungs- oder Masseansprüche anerkannt, Pfandstücke eingelöst, oder Forderungen veräußert

werden sollen, und es sich in diesen Fällen um einen Wertgegenstand von mehr als dreihundert Mark handelt.

E. I 133, 134. P 157—159, 222, 223, 256, 264, 273 fg.
RG. 20 S. 109, 29 S. 80, 36 S 368.

I. Die Bestimmungen in § 133--135 sichern eine den Interessen der Gläubiger entsprechende Realisierung der Masse durch Verwaltungsvorschriften für den innern Geschäftsgang. § 133 enthält die Beschränkung des K.Verwalters durch den G.-Ausschuß; ist ein solcher nicht bestellt, so handelt der Verwalter mit Ausnahme der Fälle in § 134 nach freiem Ermessen vorbehaltlich der durch § 135 statuierten vorherigen Mitteilung an den G.Schuldner. Die Nichtbeachtung dieser Vorschriften begründet eine zivilrechtliche und disziplinäre Verantwortlichkeit des Verwalters — § 82—84 — nicht aber eine Ungiltigkeit der Rechtshandlung dritten Personen gegenüber, auch wenn diese die Nichtbeachtung gekannt haben. § 136. RG. 20 S. 108; 29 S. 80; RG. JW. 1882 S. 91. L Seuffert S 315; Pet. u. Kl S. 306; v Sarw. S. 658. Diese Vorschriften beschränken daher die gesetzliche Vollmacht des Verwalters ohne Wirkung nach außen, lassen aber die Erteilung einer weitergehenden Vollmacht durch den Ausschuß oder die G.-Versammlung zu. v. Sarw. S. 664. Die jeder Zeit bis zur Vornahme der Rechtshandlung widerufliche und auch nachträglich mögliche Genehmigung enthält die Vollmacht, eine Handlung vorzunehmen, oder die Zustimmung zu einer unbedingt oder mit dem Vorbehalt der Genehmigung vorgenommenen Handlung. § 184 BGB. v. Sarw. S. 663; Pet. u. Kl. S 407; Willenbch. S. 197.

Voraussetzung für die Genehmigung ist aber, daß der Verwalter die Vornahme der Handlung will. v Wilm S. 354. Er kann zu diesen Handlungen, auch zur Erhebung eines Prozesses, nicht gezwungen werden, in dem auch die Mitglieder des Ausschusses dem Verwalter nicht als Nebenintervenienten beitreten können RG. 36 S 368. Freigebige Verfügungen mit Ausnahme der üblichen Verwaltungsakte z. B Weihnachtsgeschenke, darf der Verwalter auch mit Genehmigung des Ausschusses oder der G-Versammlung nicht vornehmen. RG. JW. 1886 S 196. v. Wilm. S. 354; Willenbch. S. 197.

II. Zu Nr 1. Frühzeitiger Verkauf von Gegenständen. Entscheidend für die Bemessung der wirtschaftlichen Notwendigkeit ist der Zeitpunkt des gewollten Verkaufes. Ein Ausverkauf fällt nur darunter, wenn er dem ordentlichen Betrieb bei Fortführung des Geschäftes entspricht. L. Seuffert S 311; v. Wilm. S. 354; v. Sarw. S. 661; Willenbch. S 196.

III. Zu Nr. 2. Die Pflicht des K.Verwalters zur Einholung der Genehmigung des G.Ausschusses besteht für alle Verwaltungshandlungen der Nr. 2 nur bei einem Wertsgegenstande von mehr als 300 Mark. Der Wert muß zur Zeit der gewollten Handlung vorhanden sein und ist er eventuell durch Sachverständige zu ermitteln Bei Forderungen ist nicht der Nominal- sondern der Verkaufswert anzusetzen. Die Festsetzung des Wertes kann durch das K.Gericht – § 83 – bei einem Rechtsstreite gegen den ersatzpflichtigen Verwalter auch durch das Prozeßgericht erfolgen. Pet. u. Kl. S. 407; Willenbch. S. 198; v. Völd. 2 S. 328. Mot. S. 354.

1. Die Erfüllung von Rechtsgeschäften. Ihre Nichterfüllung begründet nur K.Forderungen, ist daher die Regel, die Erfüllung dagegen Masseschulden. ROH. 25 S. 288; § 17, 59 Nr. 2; Mot. S. 354. Die Nichterfüllung oder die Kündigung von Miet-, Pacht- und Dienstverträgen ist nicht genehmigungspflichtig. § 19—22. L. Seuffert S. 313; Willenbch. S. 199; v. Wilm. S. 354.

2. Das Anhängigmachen eines Prozesses durch Klage, Widerklage und im Mahnverfahren. Die Prozesse können das Aktivvermögen, die Teilungsmasse, oder die Passivmasse betreffen. § 146 VI; 256 CPO. L Seuffert S. 311; v. Wilm. S. 355; Willenbch. S. 196; Pet. u. Kl. S. 408. AM v. Sarw. S. 650; v. Völd. 2 S. 234, welche die Genehmigungspflicht auf Prozesse über die Aktivmasse beschränken. Die Führung eines Prozesses, in dem der Verwalter verklagt ist, die Unterlassung eines Prozesses oder die Fortführung eines schwebenden Rechtsstreites sind nicht genehmigungspflichtig. Die Stellung des Verwalters im Prozesse bemißt sich nach § 51, 56, 473, 479 CPO. Die Genehmigung hat der Verwalter dem Prozeßgerichte nicht nachzuweisen, dessen Prüfung sich auch hierauf nicht zu erstrecken hat. RG 20 S. 110; L. Seuffert S. 316; v. Wilm. S. 359.

3. Die Ablehnung der Aufnahme von Prozessen ohne Rücksicht auf die Parteirolle des G.Schuldners nach Maßgabe der § 10 u. 11 K.O., § 13 II Anfecht.Ges. L. Seuffert S. 312; v. Wilm. S. 355; Willenbch. S. 196. AM. v. Sarw. S. 661. Aufnahmeberechtigt ist der Verwalter, wenn der G.Schuldner Kläger oder Beklagter ist — § 10 u. 11 — ablehnungsberechtigt nur im Falle des § 10.

3. Das Anerkenntnis umfaßt nicht bloß das gerichtliche, — § 309 CPO. — oder ein formelles Schuldanerkenntnis — § 781 BGB. — sondern auch — wie beim Vergleiche — jedes außergerichtliche in formloser Weise z. B. durch Unterlassen eines Widerspruches erklärte Anerkenntnis. RG. JW. 1893 S. 428. L. Seuffert S. 312; v. Wilm. S. 356; Willenbch. S. 196; Pet. u. Kl. S. 408.

4. Die Veräußerung von Forderungen oder Ansprüchen durch eine von der gewöhnlichen Art der Verwertung abweichende Verwertung z. B. durch Kauf, Tausch oder Hingabe an Zahlungsstatt, nicht aber durch Wechselbegebung. Die Beitreibung einer Forderung fällt nicht darunter. Mot. S. 354, 355. L. Seuffert S. 313; Willenbch. S. 197; v Wilm. S. 356. Ueber die Veräußerungen von Forderungen mit periodisch wiederkehrenden Leistungen vgl. § 134 Nr. 1.

§ 134. (§ 122.)

Der Verwalter hat die Genehmigung des Gläubigerausschusses oder, wenn ein solcher nicht bestellt ist, die Genehmigung einer Gläubigerversammlung einzuholen:

1. wenn ein unbeweglicher Gegenstand aus freier Hand, oder das Geschäft oder das Waarenlager des Gemeinschuldners im Ganzen, oder das Recht auf den Bezug wiederkehrender Einkünfte veräußert werden soll;
2. wenn Darlehen aufgenommen, fremde Verbindlichkeiten übernommen, zur Masse gehörige Gegenstände verpfändet, oder Grundstücke erstanden werden sollen.

E. I. 134. P. 157—159. 222. 223. 256. 264. 273 fg. Nov. § 134. Begr. 33. RG. 9. S. 104; 20 S. 109; 29 S. 80.

Entgegen der Vorschrift in § 133 ist hier der Verwalter, wenn kein G.Ausschuß bestellt ist, nicht handlungsberechtigt und zur Einholung der Genehmigung der G.Versammlung verpflichtet. Ist ein G.Ausschuß bestellt, so steht die Behandlung der Fälle in § 134 denen des § 133 gleich. v. Wilm. S. 356. Gegen die Beschlüsse der G.Versammlung hat das Gericht das Vetorecht. § 99. Die Verletzung der Vorschrift macht den Verwalter civilrechtlich und disziplinär verantwortlich, benimmt aber der Rechtshandlung Dritten gegenüber nicht die Giltigkeit. § 82—84, 126. L. Seuffert S. 315.

I. Veräußerung von Massebestandteilen Abs. I.

1. Die Veräußerung unbeweglicher Gegenstände aus freier Hand, im Gegensatz zur Zwangsversteigerung, umfaßt auch die freiwillige öffentliche Versteigerung. Die Immobiliareigenschaft bemißt sich nach § 864, 865 CPO. Mot. S. 355. L. Seuffert S. 313; v Wilm. S. 357; v Sarw. S. 664; Willenbch. S. 197. AM. Fitting S. 211; Pet. u. Kl. S. 409. § 1211 BGB. kann mit Rücksicht auf die Mot. S. 355 hier nicht herangezogen werden. L Seuffert S. 312. Erntevorräte, Inventarstücke fallen nicht darunter. Pet. u. Kl. 440; v. Wilm. S. 357.

2. Die Veräußerung des Geschäftes oder des Waarenlagers im Ganzen. Im Interesse der Gläubiger ist durch die Novelle dem Verwalter nunmehr auch die Verpflichtung zur Einholung der Genehmigung des Ausschusses oder der G.Versammlung gemacht, wenn das Waarenlager des G.Schuldners im Ganzen veräußert werden soll. Hat der G.Schuldner neben dem Hauptgeschäft ein Zweiggeschäft, so ist die Genehmigung auch dann erforderlich, wenn es sich um die Veräußerung des Zweiggeschäftes oder des Waarenlagers des Zweiggeschäftes handelt. Begr. S. 33. Der Ausverkauf oder der Verkauf im Einzelnen fällt

nicht darunter. Durch die Ausschließung einzelner Teile beim Verkaufe wird dagegen die Veräußerung im Ganzen nicht geändert. Mot. 355. Die Veräußerung der Firma mit dem Geschäfte ist nur mit Einwilligung des G.Schuldners möglich. § 23 HGB. RG. 9 S. 104. vgl. Anm. I zu § 1.

3. Die Veräußerung des Rechtes auf den Bezug wiederkehrender Einkünfte z. B. einer Leibrente, setzt voraus, daß die Forderung übertragbar ist und der Zwangsvollstreckung unterliegt. § 832, 857 CPO.; § 399 BGB.; v. Wilm. S. 357; Willenbch. S. 197; L. Seuffert S. 313.

II. Belastungen der Masse. Abs. II. Gestrichen ist durch die Novelle die bisherige Bestimmung in Nr. 2 hinsichtlich der Aufgabe von Erbschaften und Vermächtnissen für die Masse mit Rücksicht auf die Neubestimmung in § 9, wonach die Ausschlagung der vor der K.Eröffnung angefallenen Erbschaften oder Vermächtnissen nur dem G.Schuldner zusteht. Begr. S. 33.

1. Die Uebernahme fremder Verbindlichkeiten, welcher der Darlehensaufnahme angereiht ist, umfaßt die privative und die kumulative Schuldübernahme, ferner die Erfüllungsübernahme. § 414–417, 329 BGB. L. Seuffert S. 314.

2. Die Verpfändung eines Massegegenstandes — beweglichen oder unbeweglichen — ist auch die Bestellung einer Hypothek oder Grundschuld. L. Seuffert S. 314.

3. Das Erstehen von Grundstücken umfaßt den Erwerb im Wege der freiwilligen Veräußerung oder der Zwangsversteigerung. L. Seuffert S. 314; v. Wilm. S. 358; Willenbch. S. 198; Pet. u. Kl. S. 411.

Verständigung des G.Schuldners.

§ 135. (§ 123.)

I. Der Verwalter hat in den Fällen der §§ 133, 134 vor der Beschlußfassung des Gläubigerausschusses oder der Gläubigerversammlung, und in den Fällen des § 133, wenn ein Gläubigerausschuß nicht bestellt ist, vor der Vornahme der Rechtshandlung dem Gemeinschuldner, sofern derselbe ohne Aufschub zu erlangen ist, von der beabsichtigten Maßregel Mitteilung zu machen.

II. Das Gericht kann auf Antrag des Gemeinschuldners, sofern nicht die Gläubigerversammlung die Genehmigung erteilt hat, die Vornahme der Rechtshandlung vorläufig untersagen und zur Beschlußfassung über die Vornahme eine Gläubigerversammlung berufen.

E. I. 135. P. 160.

RG. 2 S. 24; 20 S. 109; 29. S. 50.

Diese Bestimmung schützt den G Schuldner gegen übereilte Maßnahmen des K.Verwalters und des G.Ausschusses. v. Wilm. S. 358.

I. Der G. Ausschuß und die G. Versammlung können vom Verwalter die Befolgung des § 135 verlangen und die Beschlußfassung vertagen, wenn eine Mitteilung an den ohne Aufschub zu erlangenden Schuldner nicht so rechtzeitig erfolgt ist, daß derselbe seine Ansicht zu ihrer Kenntnis bringen konnte. v. Sarw. S. 667 Die Mitteilung kann formlos – schriftlich oder mündlich – erfolgen. Sie kann unterbleiben, sofern die Aeußerung des G.-Schuldners nicht ohne Aufschub d h. nicht ohne Nachteile für die Masse eingeholt werden kann L. Seuffert S. 314; v. Wilm. S. 358. Willenbch. S. 198.

II. Die Bestimmung in Abs. II schafft ein beschränktes Anrufungsrecht des G.Schuldners an die G.Versammlung. Das Gericht kann nach seinem Ermessen auf Antrag des G.Schuldners auch die vom G.Ausschuß genehmigte Rechtshandlung, so lange sie noch nicht von der G.Versammlung genehmigt ist, vorläufig untersagen, muß aber bei jeder Untersagung eine G.Versammlung berufen. Gegen den Beschluß der G.Versammlung hat der G Schuldner kein Widerspruchsrecht, wohl aber das Gericht nach § 99 ein Vetorecht. Die vom Verwalter trotz der Untersuchung vorgenommene Rechtshandlung ist nach außen giltig, macht den Verwalter jedoch disziplinar verantwortlich § 84. L. Seuffert S. 315. v Sarw S. 667 u. 668.

III. Beschwerdeberechtigt – § 73 III – gegen die vorläufige Untersagung ist der Verwalter, gegen die Zurückweisung seines Antrages der G Schuldner. L. Seuffert S. 315. v. Sarw. S. 668. v. Wilm. S. 359. AM Fitting S. 214.

§ 136. (§ 124.)

Durch die Vorschriften der §§ 133—135 wird die Gültigkeit einer Rechtshandlung des Verwalters dritten Personen gegenüber nicht berührt.

E. I. 133. 134.

RG. 20 S. 110; 29 S. 80.

I. Die Beobachtung der Vorschriften in § 133–135, die nur Kautelen für den innern Geschäftsgang sind, ist keine Bedingung für die Giltigkeit der Rechtshandlung des Verwalters dritten Personen gegenüber Insbesondere kann die Legitimation des Verwalters zur Klagestellung vom Prozeßgegner nicht wegen mangelnder Zustimmung des G.Ausschusses beanstandet werden und das Gericht hat diese Ermächtigung zur Prozeßführung nicht zu prüfen. § 51, 56 CPO RG. 20 S. 110. RG. JW. 1882 S. 91. L. Seuffert S. 316. v Sarw S. 669. Willenbch. S. 198. Die Kenntnis oder Unkenntnis des Dritten von der Sachlage ändert an dieser Rechtswirkung nichts. L Seuffert S. 316; v. Sarw S.

668. Der Dritte hat also keinerlei Einrederecht. Ebensowenig gibt die Nichtbeachtung der Vorschriften in § 133—135 dem Verwalter, den Gläubigern oder dem G.Schuldner ein Anfechtungsrecht. L. Seuffert S. 315; Willenbch. S. 198. Doch kann die Rechtshandlung unter der aufschiebenden Bedingung der Genehmigung des G.Ausschusses oder der G.Versammlung vom Verwalter vorgenommen werden. Je nach dem Ausfall oder dem Eintritt der Bedingung bemißt sich dann die Giltigkeit der Rechtshandlung. Die Beisetzung einer Bedingung zu einer Rechtshandlung, die keine Bedingung zuläßt z. B. § 388, 925 II BGB.. macht die Rechtshandlung von Anfang an unwirksam. L Seuffert S 316; v Wilm. S. 360. Nicht nur Dritten, sondern auch den Behörden, insbesondere dem Grundbuchamte gegenüber, legitimiert sich der Verwalter ausschließlich durch seine Bestallung, ohne die Verpflichtung zur Erweisung der Genehmigung. L. Seuffert S. 316; v. Wilm. S. 360.; Willenbch. S. 198.

II. Die Verletzung der Vorschriften der § 133—135 macht den Verwalter, ganz abgesehen von seiner disziplinären Verantwortlichkeit - § 82—84 — nach innen dem G Schuldner und den K Gläubigern gegenüber schadenersatzpflichtig und G.Ausschuß oder G.Versammlung können dem Verwalter die Anerkennung der Rechtshandlung verweigern. Ihre nachträgliche Genehmigung beseitigt die Schadensersatzpflicht. L. Seuffert S. 315 u. 316; v. Sarw. S. 669.

Hinterlegungsstelle. **§ 137.** (§ 125.)

Wenn ein Gläubigerausschuß bestellt ist, und die Gläubigerversammlung nicht ein Anderes beschließt, bedürfen Quittungen des Verwalters über den Empfang von Geldern, Wertpapieren oder Kostbarkeiten von der Hinterlegungsstelle und Anweisungen des Verwalters auf die Hinterlegungsstelle zu ihrer Gültigkeit der Mitzeichnung eines Mitgliedes des Gläubigerausschusses.

E. I. 136. 137 } P. 161 221. 224.

RG. 8 S. 89; 20 S. 109.

Diese Vorschrift bezieht sich ausschließlich auf den Verkehr des Verwalters mit der nach § 119, 132 bestimmten Hinterlegungsstelle, findet daher keine Anwendung auf den Verkehr des Verwalters mit anderen Personen. Hier ist der Verwalter im Geldverkehr gemäß § 117 unbeschränkt ermächtigt. Ihre Anwendbarkeit ist beschränkt auf den Fall der Bestellung eines G.Ausschusses; doch kann die G.Versammlung auch in diesem Falle von der Anwendung dieser Bestimmung ganz absehen oder sie beschränken, vorbehaltlich des Vetorechtes des Gerichtes nach § 99. L. Seuffert S. 325; v. Wilm. S. 360. Diese Schutzbestimmung erstreckt sich auf jede Geldentnahme von der Hinterlegungsstelle — mit oder ohne Anweisung im Sinne des § 783 BGB. Die Hinterlegungsstelle hat sich zu informieren, ob ein G.Ausschuß bestellt ist. RG. 8 S. 89. Eine Mitteilungspflicht an die Hinterlegungsstelle besteht weder für das Gericht noch für den Verwalter. AM. bezüglich des Verwalters L. Seuffert S. 325. Das K.Gericht darf aber ein Ersuchen der Hinterlegungsstelle um Bekanntgabe der für die Anwendung des § 137 gefaßten Beschlüsse nicht unbeantwortet lassen Pet. u. Kl. S 412; v. Sarw. 670; v. Wilm. S 360; Willenbch. S. 199. Die Hinterlegungsstelle wird, wenn die Quittungen oder Anweisungen von einem Ausschußmitgliede nicht gegengezeichnet sind, der Masse gegenüber von ihrer Leistungspflicht nicht befreit. L. Seuffert S 325. Die Mitunterzeichnung durch ein anderes Mitglied als das vom G.Ausschuß bezeichnete benimmt der Quittung die Giltigkeit nicht, macht aber dieses Mitglied schadensersatzpflichtig. Pet. u. Kl. S 412; Willenbch. S. 199.

Auf Wechsel, welche der Verwalter auf die Hinterlegungsstelle zieht, ist § 137 nicht anwendbar Art. 21 WO. L. Seuffert S. 324. Willenbch. S. 199; v. Wilm. S. 360; v. Sarw. S. 671; Pet. u. Kl. S. 412. AM. v. Völd. 2 S. 347.

Vierter Titel.

Schuldenmasse.

Vorbemerkung.

Der vierte und fünfte Titel umfassen das eigentliche K.Verfahren zum Zwecke der Befriedigung der K.Gläubiger. Nach der Grundauffassung des Gesetzes ist das K Verfahren eine unter richterlicher Autorität sich vollziehende Auseinandersetzung des seine Zahlungen einstellenden Schuldners mit allen Gläubigern desselben. v. Sarw. 672; v Wilm. S 361 Anmeldefrist, Prüfungstermin mit dem für den G.Schuldner nach § 165 geschaffenen Wiedereinsetzungsrecht gegen die Versäumung des Prüfungstermins, gesonderte Austragung der Feststellungsprozesse und schließlich das Verteilungsverfahren sind die Stationen des Weiterganges. Im Prüfungstermine werden die bis zum Ablauf der Frist angemeldeten und wenn ein Widerspruch nicht erhoben wird, die nachträglich angemeldeten Forderungen geprüft § 139, 141, 142. Das Prüfungsergebnis ist in die Tabelle einzutragen § 145. Wird die Forderung vom Verwalter oder einem K.Gläubiger bestritten, so vollzieht sich die Beseitigung des Widerspruches und die Feststellung der bestrittenen Forderung im Prozesse außerhalb des K.Verfahrens. § 146. Wird die Forderung dagegen vom Verwalter oder einem K Gläubiger nicht widersprochen, so gilt sie als festgestellt. § 144.

Die Novelle hat in diesem Titel mit der Neubestimmung in § 138 I die Minimalanmeldefrist von drei auf zwei Wochen herabgesetzt.

Anmeldefrist. **§ 138.** (§ 126.)

Die Frist zur Anmeldung der Konkursforderungen beträgt zwei Wochen bis drei Monate. Der Zeitraum zwischen dem Ablaufe der Anmeldefrist und dem allgemeinen Prüfungstermine soll mindestens eine Woche und höchstens zwei Monate betragen.

E. I. 138. P. 164—168. Nov. § 126. Begr. 33.

RG. 5 S. 366; 39 S. 40.

I. Die Anmeldefrist ist keine Notfrist und gegen ihre Versäumung gibt es keine Wiedereinsetzung § 233 CPO. L. Seuffert S. 252; v. Wilm. S. 362. Die Folgen der Versäumung der Anmeldefrist und des Prüfungstermins enthalten § 142, 152. Die Anmeldefrist gilt nur für K.Forderungen, nicht für Aussonderungs- oder Masseansprüche. Denn nur erstere gehören in die Tabelle. v. Wilm. S. 361.

II. Die Berechnung der Frist erfolgt nach § 76 I. Für ihre Bemessung, die im Ermessen des Gerichtes liegt, ist der Wohnort der Gläubiger und die Größe der Masse maßgebend. Zur rascheren Abwicklung des Verfahrens, namentlich bei kleinen Konkursen, und zur Erleichterung der Verbindung der ersten G.Versammlung mit dem Prüfungstermin und, wenn ein Vergleichsvorschlag eingereicht ist, mit dem Z.Vergleichstermin, ist nunmehr durch die Novelle die Minimalfrist für die Forderungsanmeldung auf 2 Wochen herabgesetzt Begr S 33. Die Nichteinhaltung der Frist zwischen dem Ablauf der Anmeldefrist und dem Prüfungstermin begründet keine Nichtigkeit für das Verfahren. RG. 5 S. 366. Anmeldungen vor der K.Eröffnung sind wirkungslos, jedoch nach der K.Eröffnung und vor Beginn der Anmeldefrist wirksam. Willenbch. S. 200; Pet. u. Kl. S. 415; v. Sarw. S. 676; Fitting S. 303.

III. Beschwerdeberechtigt — § 73 III — gegen Zuwiderhandlungen in der Fristbestimmung sind die K.Beteiligten — Verwalter, G.Schuldner, K.Gläubiger —, welche die Einhaltung der bestimmten Fristen verlangen können. v. Wilm S. 362; L. Seuffert S. 252; Willenbch. S. 200; Pet. u. Kl. S. 415.

Anmeldung. **§ 139.** (§ 127.)

Die Anmeldung hat die Angabe des Betrages und des Grundes der Forderung sowie des beanspruchten Vorrechts zu enthalten. Sie kann bei dem Gerichte schriftlich eingereicht oder zum Protokolle des Gerichtsschreibers angebracht werden. Die urkundlichen Beweisstücke oder eine Abschrift derselben sind beizufügen.

E. I. 139. P. 169.

RG. 20 S. 412; 38 S. 420; 39 S. 40 fg.
RStr. 8 S. 92 — Plen.Entsch., 9 S. 38; 10 S. 166.

I. Zweck und Resultat der Forderungsanmeldung und des Feststellungsverfahrens ist die Bestimmung der Teilnahmeberechtigung der K.Gläubiger mit rechtskräftiger Wirkung. v. Wilm. S. 363. Die rechtliche Eigenschaft der Forderung wird durch die Anmeldung nicht geändert. RG. JW. 1882 S. 192. Eine bestimmte Form für die beim K.Gericht, nicht beim Verwalter, in deutscher Sprache einzureichende Anmeldung ist nicht vorgeschrieben; sie kann schriftlich — auch telegrafisch RStr. 8 S. 92; 9 S. 38; 10 S 166; — oder zu Protokoll des Gerichtsschreibers erfolgen. Entscheidend für den Zeitpunkt der Anmeldung ist der Einlauf oder die Protokollierung bei Gericht. Mot. S 359. Die Anmeldung kann auch durch einen Bevollmächtigten geschehen, der die Vollmacht spätestens im Prüfungstermine vorlegen muß. § 88 II. CPO L. Seuffert S 253; v. Wilm. S. 366; Willenbch. S. 200; Fitting S. 394; RG. JW. 1887 S 475.

II. Inhalt der Anmeldung. Die Angabe des Betrages in Reichswährung, des Grundes der Forderung und des beanspruchten Vorrechtes, das nicht von Amtswegen berücksichtigt wird, ist wesentlicher Inhalt der Anmeldung. § 61 Nr. 1—5; 69 Mot. S. 359. Das beanspruchte Vorrecht muß bestimmt bezeichnet sein. RG. JW 1890 S. 256 Die nachträgliche Anmeldung eines Vorrechts ist ausgeschlossen, wenn die ohne Vorrecht angemeldete K.-Forderung in die Tabelle als unstreitig festgestellt worden ist; denn § 142 II gestattet nur die nachträgliche Anmeldung von Forderungen. RG. 38 S. 420. Vgl. § 226.

Die Angabe des Grundes d. h. des Klagegrundes im Sinne des § 253 II CPO. erfordert die Individualisierung des anzumeldenden Anspruches. RG. 39 S. 40. L. Seuffert S. 253; v. Wilm. S. 365. Ohne Angabe von Grund und Betrag liegt keine ordnungsgemäße Anmeldung vor und ist kein Eintrag in die Tabelle und keine Prüfung der Forderung möglich. v. Wilm. 365; Willenbch. S. 200. Eine Verpflichtung für das Gericht, unvollständige Anmeldungen zur Ergänzung zurückzugeben, besteht nicht. Die Nachbringung der urkundlichen Beweisstücke oder deren Abschriften ist nicht ausgeschlossen. Das Unterlassen der Beifügung oder Nachbringung macht die Anmeldung nicht ungültig RG 39 S. 40 fg. L. Seuffert S 253.

Nicht wesentlicher Inhalt der Anmeldung ist die entsprechende Beobachtung der für die vorbereitenden Schriftsätze geltenden Vorschriften. § 130 Nr. 1, 5, 6 CPO. v. Wilm. S. 366.

Rechtsnachfolger brauchen die Forderung nicht von Neuem anzumelden, müssen sich aber im K.Verfahren legitimieren Willenbch. S 201 Oetker 1 S. 523, 543. AM. Pet. u. Kl. S. 419

III. Wirkung der Anmeldung auf die Verjährung. Die nach Form und Inhalt ordnungsmäßige Anmeldung unterbricht die Verjährung gegenüber dem G Schuldner und den K.-Gläubigern. § 209 II Nr 2 BGB. L Seuffert S. 254; Endemann BGB. 1 S. 344. Die Unterbrechung dauert bis zur K.Beendigung. § 163, 190, 202, 204. Ist bei K.Beendigung noch ein Feststellungsprozeß anhängig — § 146 —, so dauert die Unterbrechung auch nach der Beendigung des Konkurses fort. § 211, 214 III BGB. L. Seuffert S. 254 Die Aufhebung des Eröffnungsbeschlusses in der Beschwerdeinstanz macht die Anmeldung wirkungslos und damit die Unterbrechung als nicht geschehen. L. Seuffert S 254. Planck BGB. § 214 Note 1.

IV. Zurücknahme der Anmeldung. Jeder Zeit bis zur K.Beendigung möglich, schließt die Zurücknahme eine neue Forderungsanmeldung nicht aus und enthält keinen Verzicht auf die Forderung, sondern nur auf die durch die Anmeldung erworbenen Rechte L. Seuffert S. 254; Willenbch. S. 201; Pet u Kl. S 419 AM. Oetker 1 S. 370, der eine Wiederanmeldung ausschließt. Infolge der Zurücknahme der Anmeldung gilt die Unterbrechung der Verjährung als nicht erfolgt. § 214 II BGB.

§ 140. (§ 128.)

I. Die Anmeldungen sind in der Gerichtsschreiberei zur Einsicht der Beteiligten niederzulegen.

II. Der Gerichtsschreiber hat jede Forderung sofort nach der Anmeldung derselben in der Rangordnung des beanspruchten Vorrechts in eine Tabelle einzutragen, welche innerhalb des ersten Dritteils des zwischen dem Ablaufe der Anmeldefrist und dem Prüfungstermine liegenden Zeitraums auf der Gerichtsschreiberei zur Einsicht der Beteiligten niederzulegen und abschriftlich dem Verwalter mitzuteilen ist.

E. I, 140. P. 170.

I. Recht auf Abschriftserteilung und Einsichtsnahme. Der Verwalter kann sich auf Kosten der Masse von den einzelnen Anmeldungen Abschrift geben lassen. Mot. 361. Als Beteiligte haben ein Einsichtsrecht der Verwalter, die K.Gläubiger und der G.Schuldner, dagegen nicht Absonderungsberechtigte und Anfechtungsbeklagte L Seuffert S. 254. Fitting S. 305. Willenbch. S. 201; v. Wilm. S. 367. Pet. u. Kl. S. 241. AM. v. Völd. 2 S 363; v. Sarw. S. 678.

II. Tabelleneinrichtung. Die Einzelvorschriften sind den Landesjustizverwaltungen überlassen: Preußen: § 29 der Geschäftsordnung f. d. Gerichtsschreiberei. Bayern: § 43 der Gerichtsschreiberei-Ordnung — JM. Bl. 1879 S. 814. Baden: § 108 der Dienstanweisung für die Gerichtsschreibereien v. 19. Juli 1879. Sachsen: § 114 der Instruktion f. G. Elsaß-Lothringen: § 19 der Geschäftsordnung f. Gerichtsschr Vgl. Formular im Anhang.

Bei Anmeldung mehrerer Forderungen desselben Gläubigers sind die Forderungen einzeln vorzutragen. Das Gleiche gilt, wenn für einen Teil der Forderung ein Vorrecht beansprucht wird. Bei unvollständigen Angaben werden die diesbezüglichen Rubriken offen gelassen. Willenbch. S. 201. v. Wilm. S. 367.

III. Tabellenführung. Organ der Tabellenführung ist unter Aufsicht des Richters der Gerichtsschreiber, d. h. jeder zur betreffenden Thätigkeit ermächtigte Beamte der Gerichtsschreiberei. RG. JW. 1895 S. 385. Er ist dafür verantwortlich und ersatzpflichtig, daß alle angemeldeten Forderungen eingetragen werden. Der Richter hat aber die Erfüllung dieser Verpflichtung zu überwachen, da im Prüfungstermin alle angemeldeten Forderungen der Prüfung unterstellt werden müssen. RG. JW. 1894 S. 63; Nass. K. 38 S. 1178.

Unvollständige Anmeldungen, denen ein wesentliches Anmeldungserfordernis nach § 140 fehlt, sind nicht eintragungsfähig. Das K.Gericht, nicht der Gerichtsschreiber, der nur eine registrierende Thätigkeit ausübt, weist sie zurück, wogegen der K.Gläubiger beschwerdeberechtigt ist. § 73 III. Willenbch. S. 201 Oetker 1 S. 273. AM. v. Wilm. S. 368. Pet. u. Kl. S. 423. L. Seuffert S. 254, der den Gerichtsschreiber schlechtweg für eintragungspflichtig erachtet, dem K.Gericht aber das Recht vindiziert, eine derartige in die Tabelle aufgenommene Anmeldung von der Prüfung auszuschließen.

IV. Die Nichtbeachtung der Frist des Abs. II berechtigt die Beteiligten oder das Gericht, die Vertagung des Prüfungstermines auf Kosten des säumigen Gerichtsschreibers zu veranlassen. Mot. S. 360. § 102 CPO. Das Gericht kann die Vertagung von Amtswegen oder auf Antrag eines Beteiligten beschließen. L. Seuffert S. 255. Auch der G.Schuldner ist antragsberechtigt v. Sarw. S. 678; v. Wilm. S. 368. Die Kostenpflicht des Gerichtsschreibers wird aber nicht durch Verurteilung aus § 102 CPO., sondern nur durch Klagestellung des Verwalters auf Ersatzleistung festgestellt. Willenbch. S. 202. Pet. u. Kl. S. 202.

Prüfungstermin. § 141. (§ 129.)

I. In dem Prüfungstermine werden die angemeldeten Forderungen ihrem Betrage und ihrem Vorrechte nach einzelnen erörtert.

II. Der Gemeinschuldner hat sich über die Forderungen zu erklären.

E. I. 141, 142, 148. P 170—180.

RG. 22 S. 155.

Das Prüfungsverfahren ist ein Offizialverfahren. Es findet nur ein allgemeiner Prüfungstermin statt. Die Erörterung im Termine ist mündlich; sofort vornehmbare Ermittelungen sind nicht ausgeschlossen. Der Prüfungstermin dauert so lange, bis die sämtlichen angemeldeten K.Forderungen geprüft und durch Feststellung oder durch Bestreitung erledigt sind. § 144. Mot. S. 360 fg.; v. Sarw. 679. L. Seuffert S. 258 fg.

I. Personen des Termins. Die notwendige Anwesenheit des Verwalters ist nach § 84 erzwingbar. Seine Erklärungen vor dem Termin sind ohne Bedeutung. Versäumt der Verwalter den Termin, so muß dieser wiederholt werden und der Verwalter haftet, falls ihn ein Verschulden trifft, für Schäden und Kosten. Die Teilnahme der einzelnen Gläubiger ist fakultativ. § 143. Ihr Schweigen gilt als Zustimmung zu den Erklärungen des Verwalters. Ihre Teilnahme ist selbständig und ihr Widerspruch macht trotz des Anerkenntnisses des Verwalters die Forderung zu einer streitigen Mot. S. 362. Die Anwesenheit des G. Schuldners im Termin ist nicht obligatorisch, jedoch wünschenswert und nach § 101 erzwingbar. Gegen die unverschuldete Versäumung des allgemeinen oder eines besonderen Prüfungstermines hat er das Wiedereinsetzungsrecht nach § 165. Die K Gläubiger und der G.Schuldner können sich durch Bevollmächtigte vertreten lassen; ebenso, was aber regelmäßig zu vermeiden sein wird, der K.Verwalter. Ist dieser selbst K.Gläubiger, so muß das K.Gericht für ihn einen Vertreter bestellen. § 79, 88 II CPO. v. Sarw. S. 680; L. Seuffert S. 259; v Wilm. S 369; v Völd 2 S 374; Fitting S. 256; Willenbch. S. 202.

II. Verfahren im Termin. Die angemeldeten Forderungen werden ihrem Betrage und ihrem Vorrecht nach einzeln erörtert. Sie werden Post für Post nach der Tabelle durchgenommen; die anwesenden Beteiligten werden darüber gehört und eine gütliche Beilegung des Streites ist dem Gerichte nicht verwehrt Auch wenn weder ein K.Gläubiger noch der G.Schuldner erschienen ist, kann der Prüfungstermin abgehalten werden. L Seuffert S. 259. Die Prüfung erstreckt sich auf alle rechtzeitig angemeldeten, wenn auch noch nicht in die Tabelle eingetragenen, bevorrechtigten und nicht bevorrechtigten K Forderungen, nicht aber auf Aussonderungs- oder Absonderungsansprüche Die Eintragung ist dann im Termine zu bethätigen. RG 22 S. 155; JW. 1885 S. 354; Rass. K. 30 S 448. Nicht rechtzeitig angemeldete K.Forderungen einschließlich der im Termine angemeldeten gelangen zur Prüfung, wenn weder der Verwalter noch ein K.Gläubiger Widerspruch erhebt. § 142 I L. Seuffert S. 258; Pet. u. Kl. S. 524; Willenbch. S. 203. Jede Aenderung der Anmeldung durch Erhöhung des Betrages, Angabe eines anderen Grundes der Forderung oder Beanspruchung eines neuen Vorrechtes ist als neue Anmeldung zu behandeln. § 142. L. Seuffert S. 254; v. Wilm. S. 365; Willenbch. S. 201; v. Sarw. S. 676. AM. Pet. u. Kl. S. 430 Eine irrtümlich eingetragene Forderung wird nur insoweit der Prüfung unterstellt, als die Nichthergehörigkeit der Forderung konstatiert wird. v. Sarw. S. 681.

Die Forderung wird streitig durch den Widerspruch des Verwalters oder eines K Gläubigers und sie ist in diesem Falle als streitig in die Tabelle einzutragen. Der Widerspruch des G.Schuldners, der nur zum Zwecke der Aufklärung gehört wird, oder seine Nichterklärung haben nur rechtliche Bedeutung bezüglich seiner Haftung nach dem Konkurse. Deshalb ist sein Widerspruch in der Tabelle nnter der Rubrik „Bemerkungen“ vorzutragen. § 100, 144, 164; Mot. 362; Rass. K. 36 S. 135. An die Bestreitung der Forderung schließt sich sofort die Erörterung über die Stimmrechtsgewährung. § 95.

Die Verhandlung wird von dem K. Richter geleitet. Ueber die Verhandlung ist ein Protokoll aufzunehmen, dessen Teil die Tabelle ist. § 145; § 159, 509 CPO. v Sarw S. 679. Weist der K Richter eine Forderung von der Prüfung zurück, so ist der liquidierende Gläubiger beschwerdeberechtigt. § 73 II, III. L. Seuffert S. 260.

III. Die Vertagung des allgemeinen oder besonderen Prüfungstermins kann von Amtswegen oder auf Antrag erfolgen. Die öffentliche Bekanntmachung des neuen Termines entfällt, wenn die Anberaumung des neuen Termines in der G.Versammlung bei der Vertagung erfolgt ist. § 93 II; § 227, 228 CPO.

Umfang der Prüfung. **§ 142.** (§ 130.)

I. In dem Prüfungstermine sind auch diejenigen Forderungen, welche nach dem Ablaufe der Anmeldefrist angemeldet sind, zu prüfen, wenn weder der Verwalter noch ein Konkursgläubiger hiergegen Widerspruch erhebt; anderenfalls ist auf Kosten des Säumigen ein besonderer Prüfungstermin zu bestellen.

II. Auf nachträglich beanspruchte Vorrechte und sonstige Aenderungen der Anmeldung findet die vorstehende Bestimmung entsprechende Anwendung.

III. Gläubiger, welche Forderungen nach dem Prüfungstermine anmelden, tragen die Kosten des besonderen Prüfungstermins.

E. I 144, 148. P. 176, 177.

RG. 20 S. 412; 38 S. 420.

I. Die zeitliche Begrenzung für die Anmeldung neuer Forderungen ist mit der Feststellung des Schlußverzeichnisses und mit der Annahme des Z.Vergleichs gegeben. § 162, 184. Pet u. Kl. S. 429; Willenbch. S 203. AM. Oetker 1 S. 285. Mangels eines Widerspruchs seitens des Verwalters oder eines K.Gläubigers sind auch die nach Ablauf der Anmeldefrist angemeldeten Forderungen und Vorrechte einschließlich der im Prüfungstermine angemeldeten der Prüfung zu unterstellen. Der Widerspruch braucht nicht begründet zu sein. Andernfalls ist auf Kosten des Säumigen ein besonderer Prüfungstermin anzuberaumen, der öffentlich bekannt zu machen ist. § 76, 85 II; § 54, 95 II GKG. L. Seuffert S. 258; v. Sarw. S. 682; v Wilm. S. 372; Willenbch. S. 203. AM Pet. u. Kl. S. 430; Oetker 1 S. 282, die eine öffentliche Bekanntmachung nicht für notwendig erachten, da der Termin nur eine Fortsetzung des allgemeinen Prüfungstermins sei. § 110, 111.

II. Eine Aenderung der Anmeldung — vgl. § 141 — liegt auch dann vor, wenn nach dem allgemeinen Prüfungstermin eine Aenderung in der Person des Gläubigers eingetreten ist. Die behauptete Rechtsnachfolge ist in einem besonderen Prüfungstermin zur Prüfung und Feststellung zu bringen. v. Wilm. S. 373; Pet. u. Kl. S. 430; Willenbch. S. 204. AM. Oetker 1 S. 513 fg. Ueber die Zurücknahme der Anmeldung vgl. § 139.

III. Nach Abhaltung des allgemeinen Prüfungstermins ist nur mehr die Anmeldung von neuen Forderungen, nicht aber von Vorrechten gestattet. Abs. III. RG. 38 S. 420. Die Gläubiger tragen hier ebenfalls die Kosten des besonderen Prüfungstermins, zu denen aber die Kosten der einzelnen Gläubiger nicht gehören. § 63 Nr. 2. v. Wilm. S. 374. AM. v. Sarw. S. 682; Pet. u. Kl. S 440; Willenbch. S. 204; Fitting S. 308; Oetker 1 S. 282.

§ 143. (§ 131).

Die Prüfung einer angemeldeten Forderung findet statt, wenngleich der anmeldende Gläubiger im Prüfungstermine ausbleibt.

Diese Bestimmung entspricht dem Offizialverfahren bei der Prüfung der Forderungen. Sie findet im allgemeinen und besonderen Prüfungstermin Anwendung. Der ausgebliebene Gläubiger kann dann die notwendigen Aufklärungen nicht geben und riskiert eine Bestreitung. Ist die Forderung festgestellt, so tritt die Wirkung des § 145 II ein. Wurde sie bestritten, so tritt für den Gläubiger die Feststellungspflicht nach § 146 ein. Der ausgebliebene Gläubiger kann nicht auf seine Kosten eine Erneuerung der Prüfung in einem besonderen Termin veranlassen. L. Seuffert S. 259; v. Sarw. S 683; v. Wilm. S 374; Pet. u. Kl. S. 428; Willenbch. S. 204. AM. v. Völd. 2 S. 380.

Feststellung.

§ 144. (§ 132.)

I. Eine Forderung gilt als festgestellt, soweit gegen sie im Prüfungstermine ein Widerspruch weder von dem Verwalter noch von einem Konkursgläubiger erhoben wird, oder soweit ein erhobener Widerspruch beseitigt ist.

II. Ist die Forderung vom Gemeinschuldner im Prüfungstermine bestritten, so kann ein Rechtsstreit, welcher über dieselbe zur Zeit der Eröffnung des Konkursverfahrens anhängig war, gegen den Gemeinschuldner aufgenommen werden.

E. I. 142, 13. P. 173, 174.

RG. 13 S. 315; 16 S. 360; 20 S. 143; 25 S. 155; 24 S. 407; 25 S. 17; 26 S. 112; 27 S. 117; 29 S. 76; 37 S. 2; 38 S. 420.

I. Die Feststellung erfolgt durch stillschweigende Anerkennung und Präklusion, wenn im Prüfungstermin der Verwalter und alle im Termine anwesenden oder vertretenen K.Gläubiger nicht widersprechen v. Wilm. S 375. Nicht eine ausdrückliche Anerkennung, sondern lediglich das Nichterheben eines Widerspruches wird zur Feststellung erfordert. Die Feststellung der Forderung bestimmt nach Maßgabe des beanspruchten Betrags und Vorrechts deren Rang und Anteilsverhältnis an der Masse. RG. 38 S. 420; v. Sarw. S. 683. Sie wirkt für den Konkurs allen K Gläubigern gegenüber wie ein rechtskräftiges Urteil. RG. 37 S. 2. § 145. Die Wirkung der Feststellung nach K Beendigung regelt § 164. L. Seuffert S. 265. Bei der Anmeldung einer Forderung als Ausfallsforderung erfolgt die Feststellung nur für den später zu berechnenden Ausfallsbetrag. RG Bolze 9 Nr 935; Willenbch. S. 205; Pet. u. Kl. S 431

II. Widerspruch. Der nur im Prüfungstermin gegen die Höhe der Forderung und das beanspruchte Vorrecht zulässige Widerspruch muß mündlich in diesem Termine vorgebracht werden und ist zeitlich möglich bis zu dem Tabelleneintrag nach § 145 I, der über die konkrete zur Prüfung gestellte Forderung nach Abschluß der Erörterung zu erfolgen hat L. Seuffert S. 264; v. Wilm. S 375; Willenbch. S. 205; v. Sarw. S 684 Ein vor dem Termine erhobener, in diesem nicht vertretener Widerspruch ist ohne Wirkung. Ein bedingt abgegebenes Anerkenntnis gilt als Widerspruch. RG. 26 S. 112. Pet. u. Kl. S 431. Der Widerspruch bedarf keiner Begründung; das Gericht kann aber einen gütlichen Ausgleich versuchen und Aufklärungen verlangen. Die Angabe von Gründen schließt eine weitere Begründung im Feststellungsprozeß nicht aus. L. Seuffert S. 261, 264; v. Wilm S. 375. Die Erklärungen des Widersprechenden im Prüfungstermin haben für den Feststellungsprozeß die Qualität außergerichtlicher Geständnisse. RG. 6 S. 197; v. Wilm. S. 375; v. Sarw. S. 684; Planck Zivilprozeßrecht 1 S. 336 fg. Die Nichterhebung des Widerspruchs im Prüfungstermine beseitigt das Widerspruchsrecht ohne Anspruch auf Wiedereinsetzung in den vorigen Stand und ohne die Möglichkeit einer nachträglichen Geltendmachung im Wege der Nebenintervention im Rechtsstreite eines anderen Widersprechenden. L Seuffert S. 264; v. Sarw. S. 689.

Widerspruchsberechtigt sind der K.Verwalter und die K.Gläubiger, die ihre Forderungen angemeldet haben, gleichviel ob die Forderung geprüft, stimmberechtigt, festgestellt oder bestritten ist. Auch bevorrechtigte Gläubiger sind widerspruchsberechtigt, im Feststellungsprozesse aber dem Einwande des mangelnden Interesses und der fehlenden Sachlegitimation ausgesetzt. v Sarw. S. 684; Willenbch. F. 205; Pet. u. Kl S. 426; Oetker 1 S. 491; v. Wilm S. 375; L. Seuffert S. 263, insbesondere Anm. 8 über die divergierenden Ansichten.

Der erhobene Widerspruch wird durch Zurücknahme oder durch Urteil beseitigt § 146. Jeder Widersprechende —

Verwalter oder K.Gläubiger — kann den Widerspruch entweder noch im Termine oder nach demselben durch eine schriftlich oder zu Protokoll des Gerichtsschreibers abgegebene Erklärung zurücknehmen. Die Zurückziehung ist von Amtswegen in die Tabelle zu vermerken; einer Zustellung der Zurücknahme an den Gläubiger der bestrittenen Forderung bedarf es nicht. L. Seuffert S. 265; v Sarw. S. 685; Willenbch. S. 205. AM. v. Wilm. S. 376; Pet. u. Kl. S. 431, die Zustellung verlangen.

III. Der G.Schuldner, der die Beanspruchung eines Vorrechtes an und für sich nicht bestreiten kann, hat lediglich ein Widerspruchsrecht mit Rücksicht auf die Vollstreckung nach der K Beendigung. § 164 II, 194. L. Seuffert S. 260, 264. Sein Widerspruch beseitigt die Vollstreckbarkeit nach der K.Beendigung. § 164. Gegen die Versäumung des allgemeinen oder besonderen Prüfungstermines hat daher auch der G.Schuldner ein Wiedereinsetzungsrecht. § 165. Zur Erlangung eines Vollstreckungstitels gegen den widersprechenden G Schuldner, der hiedurch die konkursmäßige Feststellung gegen sich vereitelt hat, kann der Gläubiger den zur Zeit der K.Eröffnung anhängigen, durch diese unterbrochenen Rechtsstreit über die bestrittene Forderung aufnehmen und fortsetzen. § 240, 252 CPO. RG. 29 S. 76. Bolze 5 Nr. 1420. L. Seuffert S. 182, 188. Des Nachweises eines besonderen Interesses an der Aufnahme bedarf es nicht. RG. 13 S 315.

Dieses Aufnahmerecht steht aber nur dem Gläubiger, nicht dem G.Schuldner zu. RG. 16 S 358; 24 S 405. L. Seuffert S. 265. v. Wilm. S. 377; v. Sarw. S. 688; Willenbch S. 206. Ist ein Prozeß noch nicht anhängig, so kann der Gläubiger den widersprechenden G Schuldner schon während des K Verfahrens auf Zahlung verklagen. Das Urteil kann aber nur auf Zahlung nach beendigtem Konkurse lauten. RG 24 S 45; 29 S. 76; JW. 1889 S. 207 L. Seuffert S 265; v. Sarw. S. 688; Pet. u. Kl. S. 436; v. Wilm. S. 377. Wird die Forderung außer vom G.-Schuldner noch von einem K.Gläubiger oder vom Verwalter bestritten, so muß der anhängige Rechtsstreit nach § 146 gegen alle Widersprechenden aufgenommen werden. Der Verwalter und der G Schuldner sind im gleichzeitigen Verfahren Streitgenossen nach § 61 CPO. Soweit der Prozeß die Masse berührt, vertritt der Verwalter den G.Schuldner; im übrigen, soweit der Prozeß gegen den G.Schuldner verfolgt wird, hat dieser seine Interessen selbst zu wahren. RG. 13 S. 315; 24 S. 405. RG. JW 1895 S. 266; Bolze 5 Nr. 1420; Rass. K. 39 S 690. v. Wilm. S. 377; Willenbch. S. 206; Oetker 1 S. 360.

Eintragung in die Tabelle.

§ 145. (§ 135.)

I. Das Gericht hat nach der Erörterung einer jeden Forderung das Ergebnis in die Tabelle einzutragen. Auf Wechseln und sonstigen Schuldurkunden ist von dem Gerichtsschreiber die Feststellung zu vermerken.

II. Die Eintragung in die Tabelle gilt rücksichtlich der festgestellten Forderungen ihrem Betrage und ihrem Vorrechte nach wie ein rechtskräftiges Urteil gegenüber allen Konkursgläubigern.

E I. 143. P 175.

RG. 20 S. 412; 21 S. 337; 22 S. 155, 27 S. 91, 36 S. 61; 37 S. 2, 387; 38 S. 420; 39 S. 42. Sammlung 11 S. 634.

I. Die Eintragung des Ergebnisses der Prüfung in die Tabelle erfolgt ohne Angabe einer Begründung durch das Gericht. Die Tabelle ist ein Bestandteil des über die Verhandlung aufzunehmenden Protokolls, dessen Inhalt sich aus § 159 Nr. 1—4, 509 CPO ergibt und das im einzelnen neben der Anführung der Präsenz und der Bezugnahme hinsichtlich der geprüften Forderungen auf die Nummern der Tabelle insbesondere die Modifikationen der Anmeldungen zu enthalten hat. Mot. S. 360. Bei bestrittenen Forderungen oder Vorrechten ist zu vermerken, inwieweit und von wem Widerspruch erhoben wurde. Auch der Widerspruch des G.Schuldners ist vorzutragen und in der Rubrik „Bemerkungen" bei bestrittenen Forderungen die Stimmrechtsgewährung vorzumerken. Mot. S. 363. L. Seuffert S. 265. Absonderungsrechte, deren Eintrag wirkungslos ist, gehören nicht in die Tabelle RG. JW. 1884 S 271; 1885 S. 7. Der Vermerk der Feststellung auf Wechseln oder sonstigen Schuldurkunden erfolgt zur Erleichterung der Uebertragung nur im Falle der Feststellung, nicht des Widerspruches. L. Seuffert S. 256. Gegen die Eintragungen in die Tabelle, die keine formulierte Entscheidung des K.Gerichts enthalten, findet keine Beschwerde statt. L. Seuffert S. 260, 265; Oetker 1 S. 286. AM. v. Wilm. S. 379; v. Sarw. S. 690; Pet. u. Kl. S. 434 fg.

II. Wirkung der Eintragung und Feststellung. Zur Erlangung der Rechtskraftwirkung muß die Forderung tabellarisch festgestellt sein. RG. 22 S. 155; 39 S. 42; für die Vollstreckung ist ein mit der Vollstreckungsklausel versehener Auszug aus der Tabelle noch nötig. § 299, 724 CPO; v. Wilm. S. 380. Die Eintragung wirkt rücksichtlich der Feststellung des Betrages und des Vorrechtes wie ein rechtskräftiges Urteil gegenüber allen K.Gläubigern, ohne die Notwendigkeit einer Verkündung und Zustellung — RG. 36 S. 61; 37 S. 2; 39 S 42; JW. 1895 S. 479; Sammlung 11 S. 634 — bindet den Liquidanten auf die Feststellung und den G.Schuldner auch für die Zeit nach der K.Beendigung — RG. 16 S. 32; 20 S. 412; JW. 1882 S. 261; 1892 S. 274; Seuffert Arch. 39 S. 227; L. Seuffert S. 266; Fitting S 105; Willenbch S. 207; v. Wilm. S. 381; Pet. u. Kl. S. 431 — schließt einen Widerspruch seitens des Verwalters oder eines K.Gläubigers und nach der Eintragung die nachträgliche Anmeldung eines Vorrechtes aus — RG. 20 S. 412; 27 S. 91; 38 S. 420; JW. 1894 S. 16; v. Sarw. S. 689; L. Seuffert S. 267 — und begründet infolge der Rechtskraftwirkung, auch für die eingetragenen Ausfallsforderungen, die Judikatsklage. RG. 36 S. 61, 62; RG. JW. 1895 S. 479; Sammlung 11 S. 634.

Einwendungen gegen den festgestellten Anspruch z. B. wegen Zahlung kann der K.Verwalter nach § 767 CPO. nur dann geltend machen, wenn die Gründe, auf denen sie beruhen, erst nach der Eintragung entstanden sind. RG. 21 S. 336. v. Wilm. S. 380; Willenbch S. 208. L. Seuffert S. 267, der dieses Klagerecht auch den K Gläubigern gibt.

Eine Anfechtung der eingetragenen Feststellung ist weder durch die Rechtsmittel der CPO. noch durch Einspruch, sondern nur durch Wiederaufnahme des Verfahrens mit der Nichtigkeits- und Restitutionsklage möglich. § 578 fg. CPO. RG. 21 S. 331 fg.; 37 S. 387. Rass.K 38 S. 298. Klageberechtigt ist der Verwalter und jeder K.Gläubiger, auch der Gläubiger, dessen Forderung festgestellt ist, sowie der G Schuldner L. Seuffert S. 267; v. Sarw. S. 689; Pet. u. Kl. S. 433; v. Wilm. S. 381; Willenbch. S. 208; Kohler S. 566. AM. Oetker 1 S. 393, der die Wiederaufnahme ausschließt.

II. Irrtümliche Eintragungen in die Tabelle muß das Gericht von Amtswegen berichtigen; der Berichtigungsbeschluß ist allen Beteiligten zuzustellen. § 72, 73 II; § 319 I, II CPO. Jeder Beteiligte, auch der G.Schuldner, wenn es sich um seinen Widerspruch handelt, ist hiergegen beschwerdeberechtigt, ebenso der Antragsteller, dessen Berichtigungsantrag zurückgewiesen wurde. § 73 III. v Sarw. S. 689; Willenbch. S. 208; Fitting S. 313. AM. v Wilm. S. 382; Pet. u. Kl S. 434, welche unter Bezugnahme auf die nach § 73 III KO nicht anwendbare Vorschrift des § 319 III ein Beschwerderecht gegen die Ablehnung der Berichtigung verneinen.

Feststellungsprozeß. **§ 146.** (§ 134.)

I. Den Gläubigern streitig gebliebener Forderungen bleibt überlassen, die Feststellung derselben gegen die Bestreitenden zu betreiben. Zu diesem Behufe hat das Gericht den Gläubigern einen Auszug aus der Tabelle in beglaubigter Form zu erteilen.

II. Auf die Feststellung ist im ordentlichen Verfahren Klage zu erheben. Für die Klage ist das Amtsgericht, bei welchem das Konkursverfahren anhängig ist und, wenn der Streitgegenstand zur Zuständigkeit der Amtsgerichte nicht gehört, das Landgericht ausschließlich zuständig, zu dessen Bezirke der Bezirk des Konkursgerichts gehört.

III. War zur Zeit der Eröffnung des Konkursverfahrens ein Rechtsstreit über die Forderung anhängig, so ist die Feststellung derselben durch Aufnahme des Rechtsstreits zu verfolgen.

IV. Die Feststellung kann nur auf den Grund gestützt und nur auf den Betrag gerichtet werden, welcher in der Anmeldung oder dem Prüfungstermine angegeben ist.

V. Die Bestimmungen des ersten, dritten und vierten Absatzes finden auf Forderungen, für deren Feststellung ein besonderes Gericht, eine Verwaltungsbehörde oder ein Verwaltungsgericht zuständig ist, entsprechende Anwendung.

VI. Der Widerspruch gegen eine Forderung, für welche ein mit der Vollstreckungsklausel versehener Schuldtitel, ein Endurteil oder ein Vollstreckungsbefehl vorliegt, ist von dem Widersprechenden zu verfolgen.

VII. Die obsiegende Partei hat die Berichtigung der Tabelle zu erwirken.

E. I 145. P 227—236.

RG. 1 S. 438, 8 S. 385; 9 S. 372; 10 S. 402, 11 S. 399; 12 S. 337; 13 S. 315; 16 S. 118, 360; 22 S. 155, 24 S. 61, 405, 27 S. 350, 28 S. 422; 32 S. 231, 349, 34 S. 409; 36 S. 65; 39 S. 41.

Sammlung 9 S. 352, 11 S. 433; 12 S. 144; 13 S. 84.

Die Forderungsanmeldung enthält lediglich den Antrag auf Feststellung und Berücksichtigung bei der Verteilung unter der Voraussetzung der Anerkennung. v. Sarw. S. 691. Das Prüfungsverfahren ist beendet mit der Feststellung oder dem Widerspruche und dem Eintrage in die Tabelle. Die Feststellung der von dem Verwalter oder einem Gläubiger widersprochenen, nachträglich nicht anerkannten Forderungen erfolgt außerhalb des K.Verfahrens durch Spezialprozesse. Der Widerspruch des G.Schuldners ändert an der Feststellung nichts. § 144, 164 II, 194, 206. Das Gericht erteilt den Gläubigern streitig gebliebener Forderungen einen vom Gerichtsschreiber zu beglaubigenden Tabellenauszug, in dem die Widersprechenden angegeben werden. Die Feststellung im Prozesse herbeizuführen, ist Sache des Anmeldenden, im Falle des § 146 VI. des Widersprechenden RG. 16 S. 358.

I. Abs. I. Die Klage im Feststellungsprozesse ist keine Feststellungsklage nach § 256 CPO.; sie bezweckt nicht die Feststellung eines Rechtsverhältnisses, sondern die Zulassung zur konkursmäßigen Befriedigung. RG. 24 S. 61. L. Seuffert S. 269; Oetker 1 S. 309; Willenbch. S. 209; v. Wilm. S. 384; v. Sarw. S. 693. AM Pet. u. Kl S. 446; Kohler S. 561. Der Klageantrag geht auf Feststellung der Forderung oder des Vorrechts und damit auf Beseitigung des Widerspruchs, im Falle des § 67 auf Feststellung der Sicherungsberechtigung. v. Wilm. S. 384; Willenbch. S 209; v. Sarw S. 694.

Klageberechtigt ist ausschließlich der anmeldende Gläubiger. RG. 16 S. 358. Die Klage richtet sich, da nur die Beseitigung des Widerspruchs gegenüber allen Bestreitenden zur

Feststellung der Forderung führt, gegen sämtliche Opponenten. Die Beklagten sind Streitgenossen nach § 62 CPO., so lange sich dabei keine Verschiedenheit der Widersprüche ergibt. L. Seuffert S. 268, 269, Pet. u. Kl. S. 439; Willenbch. S. 210; v. Sarw. S. 695. RG. 5 S. 414. Der Gläubiger kann alle Opponenten gleichzeitig oder, vorbehaltlich der Verbindungsbefugniß des Prozeßgerichtes nach § 147 CPO., einzeln oder nacheinander verklagen. L. Seuffert S. 270; v. Sarw. S. 695. Klagt der Gläubiger gegen die einzelnen Widersprechenden in besonderen Prozessen, so ist die Forderung erst festgestellt, wenn die Prozesse gegen sämtliche Opponenten durchgeführt sind und der Gläubiger in allen ein obsiegendes Urteil erwirkt hat. Andererseits wirkt das zu Gunsten eines Widersprechenden ergangene Urteil auch zu Gunsten der übrigen Widersprechenden. RG. 5 S. 414. L. Seuffert S. 270; v. Wilm. S. 393 ;v. Sarw. S. 694; Willenbch. S. 210. Der nicht widersprechende Gläubiger hat kein Recht, dem Opponenten als Nebenintervenient beizutreten, wohl aber ein anderer widersprechender Gläubiger; das den Widerspruch für begründet erklärende Urteil wirkt auch zu seinen Gunsten. L. Seuffert S. 272; v. Wilm. S. 385; v. Sarw. S 695; Willenbch. S. 210. Der Gläubiger, welcher der Forderung nicht rechtzeitig widersprochen hat, bleibt mit seinem Widerspruchsrechte ausgeschlossen. § 144; RG. 28 S. 422.

Hat der G.Schuldner mit widersprochen, so ist der Prozeß auch gegen ihn zu richten, läßt aber die Masse unberührt. Prot. S. 173. Den G.Schuldner vertritt der Verwalter; das mit den Masseinteressen sich nicht deckende Sonderinteresse muß der G Schuldner selbst wahrnehmen. RG 13 S. 315; Bolze 5 S. Nr. 1420; Willenbch. S. 210. § 164, 194, 206.

Der widersprechende Beklagte hat, ohne an das Vorbringen im Prüfungstermin gebunden zu sein, alle Einwendungen gegen die angemeldete Forderung, ihren Betrag und das beanspruchte Vorrecht, dessen Nichtbestehen er im Widerklagswege geltend machen kann. RG. 16 S. 116. Der Einwand des Opponenten, daß der G.Schuldner lediglich auf die Höhe des Nachlaßstandes haftet, ist im Feststellungsprozeß, nicht in der Zwangsvollstreckungsinstanz, zu erledigen. RG. 24 S. 60; RG. JW. 1892 S. 218; Nass. K. 34 S. 936. Einreden aus dem Verwaltungs- und Verfügungsrechte des K.Verwalters kann der Opponent nicht geltend machen. § 6 II; Willenbch. S. 212; v. Wilm. S. 385. AM. v. Völd. 1 S. 564.

II. Abs. II. Für die im ordentlichen Verfahren zu erhebende Klage ist ausschließlich zuständig das Amtsgericht, bei dem das K.Verfahren anhängig ist, und wenn der Streitgegenstand nicht zur Zuständigkeit der Amtsgerichte gehört — § 148 — das Landgericht — Civilkammer, nicht die Kammer für Handelssachen, zu dessen Bezirk das K.Gericht gehört. Mot. S. 366; v. Wilm. S. 387; Willenbch. S. 211; v. Sarw. S. 696; Fitting S. 109. AM. bezüglich der Handelskammer Kohler S. 563. L. Seuffert S. 270. Eine Aenderung dieses ausschließlichen Gerichtsstandes durch Prorogation ist nicht möglich. § 40 CPO. v. Sarw. S. 666; Willenbch. S 211. AM. L. Seuffert S. 271; Kohler S. 563; v. Völd. 2 S 403. Das Prozeßgericht hat von Amtswegen zu prüfen, ob die Zuständigkeit begründet ist. RG. 1 S. 438. Ausgeschlossen sind daher die Prozeßarten des Urkunden- oder Wechselprozesses, des Mahn- und Schiedsgerichtsverfahrens. RG. 32 S. 40; RG. JW 1894 S. 426.

III. Abs. III. Aufnahme eines zur Zeit der K Eröffnung im Inlande anhängigen, durch die K Eröffnung unterbrochenen Rechtsstreites. § 240 CPO. Aufnahmeberechtigt ist ausschließlich der anmeldende Gläubiger, nicht der Opponent oder der Verwalter. Einer neuen Klage des Liquidanten steht die Einrede der Rechtshängigkeit entgegen. Der Liquidant ist nicht einem Aufnahmeantrage des Widersprechenden aus § 239 II CPO. unterworfen. RG. 16 S. 361, 363. L. Seuffert S. 271; v. Wilm. S. 386; Willenbch. S. 211; v Sarw. S. 697. Für im Ausland anhängige Prozesse bedarf es einer neuen Klage nach Abs. II. L. Seuffert S. 271; Oetker 1 S. 345; Willenbch. S. 212; v. Sarw. S. 697; Kass. K. 33 S. 626; Pet. u. Kl. S. 444.

Die Aufnahme geht gegen alle Opponenten, gegen den widersprechenden Verwalter, die widersprechenden K.Gläubiger, die als selbständige, ein eigenes Interesse verfolgende Partei in den anhängigen Rechtsstreit hereingezogen werden — Pet. u. Kl. S. 443 — und gegen den widersprechenden G.Schuldner, falls sich der Liquidant gegen diesen mit Rücksicht auf § 164, 194, 206 einen Vollstreckungstitel verschaffen will. L. Seuffert S. 271; v. Sarw S. 697; Willenbch. S. 212; v. Wilm. S 386. Der Klageantrag richtet sich jetzt auf die Zulassung der konkursmäßigen Befriedigung; seine Erweiterung durch Inanspruchnahme eines Vorrechts ist zulässig. Mot. S. 365; Prot. S. 173. § 268 Nr. 23 CPO. L. Seuffert S. 271; Willenbch. S. 212; v. Sarw. S. 694, 696. Die Aufnahme erfolgt durch Zustellung eines Schriftsatzes — § 250 CPO — entweder gleichzeitig an alle Widersprechenden oder an die einzelnen nacheinander. Die Rechtslage ist dann die gleiche, wie bei der gesonderten Klagestellung nach Abs. I. L. Seuffert S. 271

Zuständig ist — ohne Rücksicht auf eine Minderung des Streitwerts gemäß § 148 — das Gericht, bei welchem der Rechtsstreit zur Zeit der Aufnahme anhängig ist. Die bei der Kammer für Handelssachen anhängigen Rechtsstreite können bei dieser aufgenommen, unter der Voraussetzung des § 103 GVG aber an die Zivilkammer verwiesen werden. L. Seuffert S. 271. Beim Urkunden- u. Wechselprozeß in erster Instanz erfolgt die Ueberleitung in das ordentliche Verfahren. § 596, 599 CPO. In zweiter Instanz ist dies nicht mehr möglich; deshalb ist unter Klagszurücknahme eine neue Klage nach Abs. II zu stellen. RG. 5 S. 351; 32 S. 231. L. Seuffert S. 271; Oetker 1 S. 344; Willenbch. S. 212; v. Wilm S. 387; v. Sarw S. 697; Pet u. Kl. S 442. Im Mahnverfahren muß der anmeldende Gläubiger, der den Zahlungsbefehl erwirkt hatte, die Feststellung nach § 696, 697 CPO. betreiben. War vom

G.Schuldner bereits vor der K.Eröffnung Widerspruch erhoben, so ist das Verfahren schon im ordentlichen Verfahren anhängig § 695 bis 697 CPO Nach Ablauf der sechsmonatigen Frist des § 697 CPO ist Klage nach Abs. II zu stellen. L. Seuffert S. 271; Oetker 1 S. 344; Willenbch. S. 212; v Wilm. S. 387.

IV. Abs. IV. Für die Klage nach Abs. II, die Aufnahme nach Abs. III, den Anspruch nach Abs. V, nicht aber nach Abs. VI hat die Forderungsanmeldung, die Verhandlung im Prüfungstermin und der Eintrag in die Tabelle das Streitsverhältnis persönlich und sachlich umgrenzt. RG. 39 S. 40; RG. JW. 1894 S. 16; Rass. K. 38 S 1174. An Summe oder an Vorrecht kann weder etwas Anderes noch ein Mehr in der Klage oder bei der Aufnahme verlangt werden. Willenbch. S. 213; L. Seuffert S. 272; Pet. u. Kl. S. 449. Insbesondere ist im Feststellungsprozesse eine Aenderung des Schuldgrundes ausgeschlossen. RG. 39 S. 40. Wohl aber ist innerhalb des festgelegten Streitverhältnisses eine Berichtigung oder Ergänzung des thatsächlichen Vorbringens möglich. RG. 10 S. 395; Bolze 3 Nr. 1516; ROHG. 5 S. 253; 6 S. 283; 10 S. 44; 13 S. 223 — Substituierung des Bereicherungsanspruches nach Art. 83 WO. einer angemeldeten Wechselforderung. v. Wilm. S. 388. v. Sarw. S. 698; Willenbch. S. 213; Pet. u. Kl. S. 448.

V. Abs. V. Sondergericht und Verwaltungsstellen. § 14 GVG. RG. vom 29. Juli 1890 betr. die Gewerbegerichte. Verwaltungsgerichte: Bayern Ges. vom 8. Nov. 1878 betr. die Errichtung eines Verwaltungsgerichtshofes.

Die Zuständigkeit der besonderen Gerichte, der Verwaltungsbehörden oder Verwaltungsgerichte besteht sowohl für die Feststellung nach Abs. II, als auch für die Aufnahme eines anhängigen Verfahrens nach Abs. III — RG. 32 S. 349 — erstreckt sich aber nicht auf den Streit über die Berechtigung einer Forderung zur Teilnahme am Konkurs oder über ein streitiges Vorrecht. Hiefür sind die ordentlichen Gerichte zuständig, außer es wäre die Entscheidung über den Vorrechtsstreit ausdrücklich den besonderen Gerichten vorbehalten. L. Seuffert S. 273. v Sarw. S. 689; Willenbch. S. 213; v. Wilm. S. 389; Pet. u. Kl. S. 438. Die Feststellung eines widersprochenen Anspruches auf eine verfallene Kaution — § 122 StPO. — oder auf eine nach § 443 fg. StPO. zuerkannte Buße erfolgt im Klagewege nach Abs. II vor dem ordentlichen Gericht. Oetker 1 S. 345; Willenbch. S. 213; Pet. u. Kl. S. 443.

Die Vorschrift des Abs. VI gilt auch für die vollstreckbaren Titel der Sondergerichte und Verwaltungsstellen, vor denen nach Maßgabe der hiefür geltenden Vorschriften der Widerspruch gegen den Vollstreckungstitel zu verfolgen ist. v Wilm. S. 389.

VI. Abs. VI. Titulierte Forderungen. L. Seuffert S. 268; Oetker 1 S. 299. Die Parteirollen sind hier getauscht. Nicht der Liquidant, sondern der Opponent hat den Widerspruch zu verfolgen. Der Widerspruch berührt die Teilnahmeberechtigung des Liquidanten nicht. § 152, 168 Nr. 1. Der Liquidant kann aber selbst auf Beseitigung des Widerspruches klagen; er hat ein Interesse daran, daß nicht im letzten Augenblick der Widerspruch betrieben und die Dividendenauszahlung nach § 168 Nr. 1 sistiert wird. § 256, 280 CPO RG 34 S 410, Seuffert Arch. 50 Nr. 61; Bl f RA X. Erg.Bd. S. 289. L. Seuffert S. 275; Willenbch. S. 214.

Voraussetzung ist, daß der Gläubiger für seine der Prüfung unterstellte, widersprochene Forderung dem K.Gerichte vor oder im Prüfungstermin einen mit der Vollstreckungsklausel versehenen Schuldtitel, ein Endurteil oder einen Vollstreckungsbefehl vorgelegt hat. L. Seuffert S. 274 Dazu gehören: rechtskräftige — § 704, 705 CPO. — oder vorläufig vollstreckbare Endurteile — § 708, 709 CPO. — Vorbehaltsurteile — § 302, 540, 599 CPO — Versäumnisurteile — § 342, 343 CPO — Vollstreckungstitel nach § 794, 801 CPO., § 164 II, 194, 206 KO., § 122 II, 495 StPO — die Vollstreckungstitel der Sondergerichte, Verwaltungsstellen und Verwaltungsgerichte z. B. Art. 4 fg. bayer AG. z. CPO. u. KO. Art. 46 des bayer. Verwaltungsgerichtshofsgesetzes, nicht aber bedingte Endurteile oder Urteile ausländischer Gerichte. RG. 16 S 361; Rass K 33 S. 612 fg. L. Seuffert S. 274; Oetker 1 S 349; v. Wilm. S. 390; Willenbch. S. 214; v. Sarw. S 699.

Die Art der Verfolgung des Widerspruchs hängt von der Lage des einzelnen Falles ab. v. Sarw. S. 700; L. Seuffert S 274. Die Mittel der Verfolgung sind die gleichen, wie sie der G Schuldner gehabt hätte, wenn kein Konkurs eröffnet worden wäre. Willenbch. S. 214; v. Wilm. S. 390. Darunter fallen die Anfechtung des Titels durch Einspruch, Beschwerde, Berufung, Revision, Nichtigkeits-, Restitutions- und Widerspruchsklage — § 767, 796, 797 CPO. —, die Anfechtung des mit Vorbehalt ergangenen Urteils im Nachverfahren — § 302, 541, 600 CPO —, die Anfechtung der Vollstreckungsklausel durch Einwendungen nach § 732, 797 II oder im Klagewege nach § 768, 796 III, 797 III CPO und die Anfechtung der Forderung selbst durch den Verwalter im Anfechtungswege nach § 29 fg L. Seuffert S. 274; RG. 27 S. 350; 34 S. 409; Rass. K 38 S. 1172; RG. JW. 1891 S. 486; v. Wilm S. 390; v. Sarw. S. 701; Willenbch. S. 214.

Der Klageantrag des Widerspruchsklägers lautet, die K.Forderung als unbegründet zu erklären, den erhobenen Widerspruch als begründet zu erklären, oder das ergangene Urteil aufzuheben oder den vollstreckbaren Schuldtitel den Gläubigern gegenüber für unwirksam zu erklären. v. Sarw. S. 701 Ist bereits ein Rechtsstreit über die titulierte Forderung anhängig, so muß der Widersprechende den Widerspruch durch Aufnahme des Prozesses verfolgen. L. Seuffert S. 274.

Die Verfolgung des Widerspruchs ist nicht in dem Gerichtsstand nach Abs. II, sondern in dem für die betreffenden Rechtsverfolgungen selbst begründeten Gerichtsstand geltend zu machen Mot. S. 367. v Wilm. S. 391; Willenbch. S 215; v. Sarw. S. 700.

Mehrere Opponenten können gemeinsam oder getrennt die Widerspruchsklage erheben. Sie sind Streitgenossen nach § 62

CPO. unter der in Anm. I erwähnten Voraussetzung. L. Seuffert S. 275. Wird der Widerspruch für begründet gefunden, so fällt die K.Forderung weg; wird der Widerspruch aller Opponenten beseitigt und zurückgewiesen, dann ist die Forderung allen K.Gläubigern gegenüber festgestellt L. Seuffert S. 275; v. Sarw. S. 700; Willenbch. S 215; v. Wilm. S. 391. Ist aber nur der Vollstreckungstitel beseitet, über das Bestehen der Forderung dagegen nicht entschieden, so muß nun der anmeldende Gläubiger die Feststellung nach Abs. II, III betreiben. L. Seuffert S. 275; Willenbch. S. 215; v. Wilm. S. 389; Fitting S. 110; Pet. u. Kl. S. 451.

VII. Abs. VII. Sache des Interessenten ist es, die Berichtigung der Tabelle herbeizuführen. Dem Verwalter kann nicht zugemutet werden, sich über den Ausgang der einzelnen zwischen den Gläubigern schwebenden Feststellungsprozesse informiert zu halten. Mot. S. 367. Die Kosten der Berichtigung sind Massekosten. Willenbch. S. 215. Die Berichtigung erfolgt durch das K.Gericht, dem die antragsbegründenden Urkunden vorzulegen sind. Mot. S. 367. Die Entscheidung des Gerichts ist allen Beteiligten zuzustellen. v. Sarw. S. 701; v. Wilm. S. 392; Willenbch. S. 215. AM. L. Seuffert S. 276; Oetker 1 S. 372.

Beschwerdeberechtigt gegen die Berichtigung oder Ablehnung der Berichtigung — § 73 III — sind alle K.Beteiligten mit Ausnahme des G.Schuldners, der an der Berichtigung oder deren Ablehnung nicht interessiert ist. v. Sarw. S. 701; Willenbch. S. 215; v. Wilm. S. 392; Pet. u. Kl. S. 452 AM. L. Seuffert S. 276 und Oetker 1 S. 372, die nur gegen die Ablehnung eine Beschwerde zulassen.

Wirkung des Feststellungsurteils.

§ 147. (§ 135.)

Soweit durch ein Urteil rechtskräftig eine Forderung festgestellt oder ein Widerspruch für begründet erklärt ist, wirkt dasselbe gegenüber allen Konkursgläubigern. War der Prozeß nur gegen einzelne Gläubiger geführt, so können diese den Ersatz ihrer Prozeßkosten aus der Konkursmasse insoweit verlangen, als der letzteren durch das Urteil ein Vorteil erwachsen ist.

E. I. 146. P. 237.

RG. 5 S. 413; 20 S. 413; 21 S. 337.

I. Feststellung. Die Forderung oder das Vorrecht — 146 II, III, V und VI — ist durch Urteil festgestellt, wenn sämmtliche im Prüfungstermin seitens der Gläubiger oder des Verwalters — nicht seitens des G.Schuldners — erhobene Widersprüche beseitigt sind. Die Feststellung kann erst nach Ueberwindung aller Opponenten erfolgen. L. Seuffert S. 276. Der anmeldende Gläubiger hat gegenüber allen K.Gläubigern die Einrede der rechtskräftig entschiedenen Sache. Andrerseits ist das zu Gunsten eines

Widersprechenden ergangene Urteil auch für die anderen Widersprechenden wirksam RG 5 S. 413. L. Seuffert S. 271, 276; v. v. Sarw. S. 702; v. Wilm S. 395; Willenbch. S. 216; Pet u. Kl. S. 453

II. Ueber die Kosten des Feststellungs- und Widerspruchsprozesses wird nach § 91 fg CPO entschieden. Die dem Verwalter zur Last fallenden Kosten sind Masseschulden. § 59 Nr. 1. Die den einzelnen widersprechenden Gläubigern erwachsenen Kosten fallen diesen zur Last § 63 Nr 2; Willenbch. S 216. Der Gläubiger hat aber hier einen Erstattungsanspruch gegen die K Masse, falls nicht der Verwalter an dem gewonnenen Prozesse Anteil genommen hat. Mot. S. 368. Der Gläubiger kann den Ersatz seiner Prozeßkosten aus der K.Masse als Masseschuld — § 59 Nr 3 — insoweit verlangen, als der Masse durch das Urteil ein Vorteil erwachsen ist. Notwendig ist aber, daß zuvor der für die Masse durch die Forderungs- oder Vorrechtsaberkennung erwachsene Vorteil ermittelt ist Die Erstattungspflicht des Prozeßgegners wird durch diese Vorschrift nicht getroffen v Wilm. S. 395; Willenbch S. 216; L Seuffert S 277, 278; v. Sarw. S. 703.

§ 148. (§ 136.)

Festsetzung des Streitwertes.

Der Wert des Streitgegenstandes eines Prozesses über die Richtigkeit oder das Vorrecht einer Forderung ist mit Rücksicht auf das Verhältnis der Teilungs- zur Schuldenmasse von dem Prozeßgerichte nach freiem Ermessen festzusetzen.

E. I. 147.

RG. 10 S. 68.

Sammlung 11 S. 627.

Das Prozeßgericht hat nach mündlicher Verhandlung mit Rücksicht auf die ausschließliche Zuständigkeit der Feststellungsklage — § 146 II — den Streitwert von Amtswegen festzusetzen. Maßgebend, auch für die Bemessung der Revisionssumme, ist nicht der Nonimalwert der Forderung, sondern die voraussichtliche Konkursdividende RG. 10 S. 68; RG. JW. 1893 S. 200; 1894 S. 17. Sammlung 11 S. 627. Der Wert eines Vorrechtes richtet sich nach dem Unterschiede zwischen dem Betrage, der auf die Forderung mit Vorrecht und dem Betrage, der auf die Forderung ohne Vorrecht fallen wird. L. Seuffert S. 270; v. Wilm. S. 395. Diese Bemessung durchbricht die Grundsätze der § 2—9 CPO. und findet keine Anwendung auf einen Streit um ein Absonderungsrecht und in Prozessen gegen den G.Schuldner selbst. RG. Seuffert Archiv. 46 S 371. v. Sarw. S. 703; Willenbch. S. 217. Sie kann für die einzelnen Instanzen verschieden sein. — RG. JW. 1893 S. 126 — und gilt auch für die Aufnahme eines zur Zeit der K.Eröffnung bereits anhängigen Prozesses. § 143 III; § 263 Nr. 2 CPO.; v. Sarw. S. 703. Der Prozeßgegner kann durch eine andere Wertsangabe den Einwand der sachlichen Unzuständigkeit bringen. § 274 CPO. Diese Wertsfestsetzung hat übrigens keinen Einfluß darauf, wie viel an die Gläubiger im Konkurse zu verteilen ist und ebensowenig auf die Rechtsverhältnisse nach der K.Beendigung. § 164. v. Wilm. S. 396.

Entscheidend für die Berechnung ist der Zeitpunkt der Klageerhebung, § 3 CPO. v Wilm. S. 596; v. Sarw. S. 703; Willenbch. S. 217. AM. RG. Kass K 38. S. 1180. Die Wertsfestsetzung ist nicht nur maßgebend für die sachliche Zuständigkeit — § 23, 70 GVG. — sondern auch für die Höhe der Gerichts- und Anwaltsgebühren. § 9, 54 GKG.; § 10. 59 RAGO. RG. JW. 1893. S. 200. Willenbch. S. 217.

Fünfter Titel.

Verteilung.

Vorbemerkung.

Das Gesetz unterscheidet drei Verteilungen, Abschlagsverteilungen — § 158 — die Schlußverteilung — § 161 — Nachtragsverteilungen — § 170 — und daneben noch Abschlagszahlungen auf festgestellte bevorrechtigte Forderungen. § 170.

So oft eine hinreichende Masse vorhanden ist, muß zur Beschleunigung der Verteilung eine Abschlagsverteilung vorgenommen werden. Für jede Verteilung gibt der Verwalter ein Verzeichnis der zu berücksichtigenden Forderungen, deren Gesamtsumme und den verfügbaren Massebestand bekannt. § 151. Hieran schließt sich das Einwendungsverfahren und die Berücksichtigung weiterer Forderungen innerhalb der Fristen der § 157, 158 und dann die Festsetzung und Bekanntmachung des Prozentsatzes. § 159, 160. Nach der Mitteilung des Prozentsatzes werden KGläubiger und Massegläubiger mit ihren jetzt erst dem Verwalter bekannt werdenden Ansprüchen von dem dermalen zu verteilenden Massebestand ausgeschlossen. In dieser Struktur des Verfahrens behandeln § 152—158, 162 die Feststellung der Passivmasse, § 153—156, 158, 161—163, 166, 171 im Einzelnen die Bildung der Teilungsmasse für die konkrete Verteilung, § 149—151, 167, 168, 170 die allgemeinen Vorschriften für die Verteilung und § 163 u. 164 die Vorschriften für die Beendigung des Verfahrens. L. Seuffert S. 345. v. Sarw. S. 707. v. Wilm. S. 397. Willenbch. S. 227.

Die Novelle hat in § 154, 156 u. 171 die Berücksichtigung aufschiebend bedingter Forderungen bei der Schlußverteilung ausgeschlossen, wenn die Möglichkeit des Eintritts der Bedingung eine so entfernte ist, daß die bedingte Forderung einen gegenwärtigen Vermögenswert nicht hat. Ferner hat sie in § 165 dem G.Schuldnur ein Wiedereinsetzungsrecht gegen die Versäumung des Prüfungstermins gegeben.

Abschlagsverteilung. **§ 149.** (§ 137.)

Nach der Abhaltung des allgemeinen Prüfungstermins soll, so oft hinreichende baare Masse vorhanden ist, eine Verteilung an die Konkursgläubiger erfolgen.

E. I 149. P 239, 253.

RG. 37 S. 96.

Die Abschlagsverteilungen, die erst nach dem allgemeinen Prüfungstermin vorgenommen werden können, sollen in der Regel so oft stattfinden, als eine hinreichende baare Masse vorhanden ist Die Initiative zu einer Verteilung gebührt dem K.Verwalter. § 149, 161, 166. Für die Unterlassung der Verteilung sind der G.Ausschuß und der Verwalter verantwortlich; letzterer kann auch disziplinär hiezu angehalten werden. § 150, 82, 84. L. Seuffert S. 347. v. Wilm S. 398. Doch haben die K.Gläubiger kein Klagerecht auf Vornahme der Verteilung gegen den Verwalter. RG. JW 1890 S 114 Rass. K. 34 S. 1201 Bl. f. RA 10 Erg.Bd. S 365. L. Seuffert S 346. v. Wilm. S. 398. Willenbch. S. 218. Mit Rücksicht auf die Präklusivfristen in § 152, 158 kann die erste Abschlagsverteilung früher als drei Wochen nach dem Schluß des allgemeinen Prüfungstermins nicht stattfinden. v Sarw S. 708. Vor dem allgemeinen Prüfungstermin sind nur Abschlagszahlungen auf bevorrechtigte Forderungen mit gerichtlicher Ermächtigung zuläſſig § 170. Nur für die Vornahme der Schlußverteilung ist die Genehmigung des Gerichtes notwendig § 161; ein gerichtliches Sistierungsrecht gegen die Vornahme einer Abschlagsverteilung ist durch § 160 geschaffen.

Im Einzelnen ist die verschiedene Lage der Fälle und das Interesse der Gläubiger für die schleunige Verteilung maßgebend. Ein bestimmter Prozentsatz ist nicht vorgeschrieben. Bei Bemessung der jeweiligen Verteilungssumme sind auch die Masse-Aussonderungs- und Absonderungsansprüche in Betracht zu ziehen. § 4, 170, 172. Wenn auch das in § 149–172 geregelte Verfahren nur die K.-Gläubiger betrifft, so sind doch nach § 172 indirekt hieran auch die Massegläubiger beteiligt. v Wilm. S 398.

Organ der Verteilung. **§ 150.** (§ 138.)

Zur Vornahme einer Verteilung hat der Verwalter, wenn ein Gläubigerausschuß bestellt ist, dessen Genehmigung einzuholen.

E. I 151. P 241

RG. 29 S. 83.

I. Der Verwalter ist die leitende und betreibende Persönlichkeit des Verteilungsverfahrens; ihm gebührt die Initiative. Allein das K.Gericht hat das Aufsichts- und Disziplinarrecht § 83, 84 RG 29. S 83. L. Seuffert S. 346; v. Wilm. S. 398; Willenbch S. 218 Er ist, wenn kein G.-Ausschuß bestellt ist, zu Abschlagsverteilungen berechtigt, das Gericht, dessen Genehmigung die Schlußverteilung nach § 161 stets unterliegt, kann jedoch die Abschlagsverteilung im Falle des § 160 sistieren.

II. Die Genehmigung des G. Ausschusses, wenn ein solcher bestellt ist, ist zu jeder Abschlags- und zur Schlußverteilung notwendig. Die Vornahme der Schlußverteilung unterliegt auch hier der gerichtlichen Genehmigung. Der Verwalter hat behufs Erlangung der Genehmigung dem Ausschusse die erforderlichen Mitteilungen zu machen. Gleichgiltig ist, ob die Genehmigung vor oder nach Einleitung des Verteilungsverfahrens erfolgt. L. Seuffert S. 347 Die Versagung der Genehmigung bewirkt, daß die Verteilung nicht stattfinden kann. Der Verwalter kann sich aber gemäß § 93 an das dem Ausschuß übergeordnete Organ die G.Versammlung, wenden, um von dieser die Genehmiguung zur Verteilung zu erhalten. L.Seuffert S. 347; v.Sarw.S. 769; Pet. u.Kl S 456; v. Völd.2 S. 23. AM. v. Wilm. S. 399; Willenbch. S. 218; Fitting S. 316; Oetker 1 S 405, welche das Recht der G.Versammlung, die Genehmigung des Ausschusses zu ersetzen, verneinen. Die Vornahme einer Verteilung durch den Verwalter ohne die erforderliche Genehmigung des G.Ausschusses, der den Verwalter zur Vornahme einer Verteilung wohl veranlassen, nicht aber zwingen kann, macht sie zu einer gesetzwidrigen und den Verwalter ersatzpflichtig; doch beseitigt nachträgliche Genehmigung diesen Mangel. L. Seuffert S. 347.

Verzeichnis. **§ 151.** (§ 139.)

Vor der Vornahme einer Verteilung hat der der Verwalter ein Verzeichnis der bei derselben zu berücksichtigenden Forderungen auf der Gerichtsschreiberei zur Einsicht der Beteiligten niederzulegen und die Summe der Forderungen sowie den zur Verteilung verfügbaren Massebestand öffentlich bekannt zu machen.

E. I. 151. P. 241 fg.
RG. 21 S. 338.

I. Verzeichnis Diese Vorschrift gilt für jede Verteilung — Abschlags- und Schlußverteilung. v. Wilm. S 398. L. Seuffert S. 348, 363. Das Verzeichnis bildet die Unterlage der Verteilung. § 158, 162. Die Grundlage für die Aufstellung des vom Verwalter anzufertigenden Verzeichnisses ist die Tabelle. In das Verzeichnis sind sämmtliche Forderungen aufzunehmen, welche nach Maßgabe des Prüfungsergebnisses — § 152–156 — bei der vorzunehmenden Verteilung dividendenberechtigt sind. L. Seuffert S. 348; v Wilm. S. 399: v. Sarw. S. 710; Willenbch. S. 218; Fitting S. 317. Also die in der Tabelle festgestellten Forderungen, die titulierten d. h die streitig gebliebenen, mit einem Vollstreckungstitel versehenen Forderungen § 146 VI, die streitig gebliebenen, mit dem nach § 152 erforderlichen Nachweis der Prozeßverfolgung belegten Forderungen, ferner Forderungen unter auflösender Bedingung, auch wenn der Gläubiger seiner Verpflichtung zur Sicherheitsleistung nicht genügt, die absonderungsberechtigten Forderungen nach Maßgabe des dem Verwalter glaubhaft zu machenden Ausfallsbetrages, § 153 II, schließlich die Forderungen unter aufschiebender Bedingung mit dem auf die unbedingte Forderung fallenden Betrag. Die absonderungsberechtigten und aufschiebend bedingten Forderungen werden aber nur in das Verzeichnis für Abschlagsverteilungen aufgenommen, in das für die Schlußverteilung nur unter den Voraussetzungen der § 153 I, 154 II L. Seuffert S. 348 fg.; Willenbch. S. 218; v. Sarw. S. 711; v. Wilm S. 400. In dem Verzeichnis muß das Rangverhältnis ersichtlich, daher das einzelne Vorrecht angegeben und hervorgehoben sein, welche Beträge nach § 155 an früher nicht berücksichtigte Gläubiger — Nachzügler — auszuzahlen sind. Im N.-Konkurse müssen auch die Forderungen, welche als zurückgesetzte in Betracht kommen, als solche im Verzeichnis bezeichnet sein. § 226; L. Seuffert S. 348. Jede Abschlagsverteilung erfordert ein neues Verzeichnis; Verweisungen auf frühere Verzeichnisse sind nicht statthaft. Pet. u. Kl. S 459; Willenbch. S. 219; Kohler S. 574.

II. Niederlegung und öffentliche Bekanntmachung. Die Niederlegung des Verzeichnisses auf der Gerichtsschreiberei verschafft jedem Gläubiger die Gelegenheit zur Einsichtnahme und die Möglichkeit zur Erwirkung einer Berichtigung desselben. § 158, 162. Mot. S. 374; L. Seuffert S. 352. Die nach der Niederlegung zu erlassende öffentliche Bekanntmachung — § 76 I — hat die Summe der aufgenommenen Forderungen und den zur Verteilung verfügbaren Massebestand zu enthalten. Der Bekanntmachung hat nach § 149 die Genehmigung des G Ausschusses vorauszugehen. Die Gläubiger erlangen durch die Bekanntmachung ein nur durch die Vorschriften in § 159, 160 beschränktes Recht auf Vornahme der Verteilung. v. Wilm S. 401; Willenbch S. 219. Die Unterlassung der Niederlegung oder der öffentlichen Bekanntmachung macht den Verwalter schadensersatzpflichtig und die rechtswidrig bevorzugten Gläubiger rückgabepflichtig. RG. Raff. K. 34 S. 1205; L. Seuffert S. 352; v. Wilm S 399; Willenbch. S. 219.

III. Einwendungen gegen das Verzeichnis können nur die Berücksichtigung oder Nichtberücksichtigung von Forderungen, nicht aber die Auszahlung oder Zurückbehaltung von einzelnen Beiträgen betreffen. Diese Fragen gehören in das Verteilungsverfahren eventuell unter die Kognition des Prozeßgerichtes. RG. 21 S. 338 L. Seuffert S. 354. 355; v. Wilm 400; Willenbch. S. 221; v. Sarw. S. 712.

Streitig gebliebene Forderungen.

§ 152. (§ 140.

Konkursgläubiger, deren Forderungen nicht festgestellt sind und für deren Forderungen ein mit der Vollstreckungsklausel versehener Schuldtitel, ein Endurteil oder ein Vollstreckungsbefehl nicht vorliegt, haben bis zum Ablaufe einer Ausschlußfrist von zwei Wochen nach der öffentlichen Bekanntmachung dem Verwalter den Nachweis zu führen, daß und für welchen Betrag die Feststellungsklage erhoben oder das Verfahren in dem früher anhängigen Prozesse aufgenommen ist. Wird der Nachweis nicht rechtzeitig geführt, so werden die Forderungen bei der vorzunehmenden Verteilung nicht berücksichtigt.

E. I. 152, 153. P. 241

RG. 21 S. 331.

§ 152 bestimmt positiv, welchen Anforderungen jeder K.-Gläubiger für seine Berücksichtigung bei der angekündigten Verteilung genügt haben muß, negativ schließt er die Forderungen aus, welche bei der Verteilung nicht zu berücksichtigen sind. Er stellt eine Ausschlußfrist von zwei Wochen für alle Gläubiger auf, welche innerhalb dieser Frist für ihre zur Berücksichtigung bei der bevorstehenden Verteilung noch nicht geeigneten Forderungen diese Teilnahmeberechtigung noch erlangen wollen. v. Wilm. S. 402; v. Sarw. S. 714. Voraussetzung für die Teilnahmeberechtigung an der Verteilung ist an und für sich, daß die Forderung geprüft ist. § 152 schließt daher Forderungen aus, die noch nicht geprüft sind, gleichviel ob sie angemeldet oder mit einem Vollstreckungstitel versehen sind — L. Seuffert S. 353; v. Sarw. S. 715; v. Wilm. S. 402; Pet. u. Kl. S. 460; Willenbch. S. 220 — und trifft positiv die geprüften aber streitig gebliebenen Forderungen, für welche ein Vollstreckuugstitel — § 146 VI — nicht vorliegt. Festgestellte Forderungen sind stets und auch dann zu berücksichtigen, wenn der Verwalter die Tilgung behauptet. Lediglich das Einverständnis des Gläubigers oder ein aus § 767 CPO auf den Wegfall der Forderung ergangenes Urteil beseitigt ihre Teilnahmeberechtigung. RG. 21 S. 331; RG, JW. 1894 S. 16; 1895 S. 507. v. Wilm. S. 403; Willenbch. S. 220.

I. Die auch für § 153 bis 155 und mit der Verlängerung um eine Woche für § 158 maßgebende Ausschlußfrist von zwei Wochen beginnt mit dem Ablaufe des zweiten Tages nach der Ausgabe des die Einrückung enthaltenden Blattes. § 76 I. Sie ist eine gesetzliche, in den Gerichtsferien laufende, durch Parteiübereinkommen nicht abzuändernde Frist. § 222, 223, 224 CPO.; § 204 GVG. Sie ist keine Notfrist und gegen ihre Versäumung gibt es keine Wiedereinsetzung in den vorigen Stand. § 223, 233 CPO. Für die Fristberechnung gilt § 222 CPO. mit § 187 fg. BGB. L. Seuffert S. 352; v. Wilm. S. 404; Willenbch. S. 220; v. Sarw. S. 716.

II. Der Nachweis muß innerhalb der Ausschlußfrist dem Verwalter, nicht dem Gerichte, erbracht werden. Dem Verwalter ist die Urkunde über Zustellung der Feststellungsklage oder des Aufnahmeschriftsatzes oder im Falle der Klagserhebung in der mündlichen Verhandlung vor dem Amtsgericht beglaubigte Abschrift des Protokolles vorzulegen. § 250, 253, 500, 501 CPO; Willenbch. S. 220. Haben mehrere die Forderung bestritten, so genügt der Nachweis der Beschreitung des Rechtsweges gegen Einen der Opponenten. § 168 Nr. 1. v. Sarw. 717; v. Wilm. S. 405; Willenbch. S. 220; Pet. u. Kl. S. 461. Die Führung des Nachweises erbringt für den Gläubiger das Recht, seine Berücksichtigung im Einwendungswege nach § 158, 162 zu verlangen. Die Verpflichtung zur Erbringung des Nachweises entfällt, wenn der Verwalter selbst Partei ist Hier ersetzt die an ihn selbst erfolgte Zustellung den Nachweis v. Wilm. 504; Willenbch. S 221.

II. Ausschluß. Nur bezüglich der jeweiligen Abschlagsverteilung, — dagegen definitiv für die Schlußverteilung —, sind die K.Gläubiger bestrittener Forderungen, welche sich innerhalb der Frist nicht gemeldet haben, bei der Verteilung mit der Wirkung ausgeschlossen, daß die zur Verteilung überwiesenen Beträge vor jeder Rückforderung gesichert sind. Mot. S. 376. L. Seuffert S. 352. Nachtragsverteilung: § 166; Massegläubiger: § 172

§ 153. (§ 141.)

Absonderungsberechtigte.

I. Gläubiger, von welchen abgesonderte Befriedigung beansprucht wird, haben bis zum Ablaufe der Ausschlußfrist dem Verwalter den Nachweis ihres Verzichts oder ihres Ausfalls nach Maßgabe des § 64 zu führen. Wird der Nachweis nicht rechtzeitig geführt, so werden die Forderungen bei der vorzunehmenden Verteilung nicht berücksichtigt.

II. Zur Berücksichtigung bei einer Abschlagsverteilung genügt es, wenn bis zum Ablaufe der Ausschlußfrist dem Verwalter der Nachweis, daß die Veräußerung des zur abgesonderten Befriedigung dienenden Gegenstandes betrieben ist, geführt und der Betrag des mutmaßlichen Ausfalls glaubhaft gemacht wird.

E. I. 66, 153. P 99, 185, 247, 248.

RG. 5 S. 395; 16 S. 70.

Sammlung 9 S. 461, 10 S. 444, 11 S. 607, 634.

Die K.Gläubiger, welche an Massegegenständen absonderungsberechtigt sind, sind den allgemeinen Vorschriften über die Berücksichtigung bei der Verteilung unterworfen. § 152. Ihr Befriedigungsrecht ist aber durch § 64 modifiziert. Der Gläubiger muß entweder auf sein Absonderungsrecht verzichtet haben, dann gilt die ganze Forderung als ausgefallen, oder er muß den Nachweis der Höhe seines Ausfalls führen v. Sarw. S. 718; L. Seuffert S. 350, 357, 363. Die Wirkungen im einzelnen regeln § 153, 156, verschieden nach Abschlags- und Schlußverteilung. § 153 I betrifft jede Verteilung, § 153 II nur Abschlagsverteilungen. Sammlung 11 S. 634. v. Wilm. S 406; Willenbch. S. 221; v. Sarw. S. 719.

I. Abs. I. Bei der Schlußverteilung müssen Verzicht oder Ausfall nach § 64 dem Verwalter bis zum Ablauf der Ausschlußfrist nachgewiesen werden. § 152. Der Nachweis des Ausfalls setzt voraus, daß der Ausfall in unabänderlicher Weise feststeht. v. Sarw. S. 720. Ein Mobiliarverteilungsverfahren nach § 872 CPO. muß zur Ermessung des Ausfalles durchgeführt sein; beim Zwangsversteigerungsverfahren wird sich für Hypotheken aus der Höhe des Strichschillings vor Durchführung des Verteilungsverfahrens der Ausfall berechnen lassen. v. Sarw. S. 720; Willenbch. S. 221; v. Wilm. S. 407. Der Verzicht, zu dessen Erklärung ein Bevollmächtigter besonders ermächtigt sein muß, gibt das Recht auf vorzugsweise Befriedigung aus dem absonderungspflichtigen Gegenstande auf und muß unbedingt und unzweifelhaft erkennbar dem Verwalter gegenüber in rechtsgiltiger Form erklärt sein. Mot. S. 275. L. Seuffert S. 436; v. Sarw. S 544, 720; v. Wilm. S. 407; Willenbch. S. 140, 221. Vgl. Anm. II zu § 64. Wird der Nachweis nicht rechtzeitig geführt, so wird die Forderung bei der Schlußverteilung nicht berücksichtigt; wird er erbracht, so erfolgt Berücksichtigung und Auszahlung der treffenden Dividende an den Gläubiger. L. Seuffert S. 363; v. Wilm. S. 407; Willenbch. S. 222; v. Sarw. S. 720; Fitting S. 318.

II. Abs. II Abschlagsverteilung. Die Erfordernisse sind hier geringer zur Ermöglichung einer kautionsartigen, provisorischen Berücksichtigung. v. Wilm. S. 407. Es genügt, wenn bis zum Ablauf der Ausschlußfrist dem Verwalter der Nachweis für den Betrieb der Veräußerung des Absonderungsgegenstandes und in den Glaubhaftmachungsmitteln des § 294 CPO. die Glaubhaftmachung der Höhe des mutmaßlichen Ausfalls geliefert wird. L Seuffert S. 357. Gleichgiltig ist, von wem — Gläubiger, Verwalter oder einem dritten Absonderungsberechtigten — die Veräußerung betrieben wird. L. Seuffert S. 357; v. Sarw. S. 721; v. Wilm. S. 407; Willenbch. S. 222. Das Betreiben der Veräußerung hat insbesondere begonnen, wenn der Verwalter dem Gläubiger eine Frist nach § 127 II zur Verwertung bestimmen läßt, oder bei der Veräußerung im Wege der Zwangsvollstreckung, wenn eine auf die Erlangung eines vollstreckbaren Titels abzielende Thätigkeit des Absonderungsberechtigten vorliegt. v. Sarw. S. 721; v. Wilm. S. 407; Willenbch. S. 222; AM. L. Seuffert S 358; Pet. u. Kl. S. 462.

Bei geführtem Nachweis wird die Forderung auf den mutmaßlichen Ausfall unter die teilnahmeberechtigten Forderungen aufgenommen. Die Anteile werden nach § 168 Nr 3 zurückbehalten. Sie werden für die Schlußverteilung frei, wenn nicht bei dieser bis zum Ablauf der Ausschlußfrist der Nachweis des Verzichtes oder des erlittenen Ausfalls dem Verwalter geführt wird. § 153 I, 156. L. Seuffert S. 358. Wird der Nachweis nicht erbracht, so bleibt die Forderung von der Berücksichtigung bei der Abschlagsverteilung ausgeschlossen. L. Seuffert S. 357; v. Wilm. S. 407; Willenbch. S. 222; v. Sarw. S. 720; Fitting S. 319.

Vgl. hiezu § 234, 236. L. Seuffert S. 351.

Aufschiebend bedingte Forderungen.

§ 154. (§ 142.)

I. Forderungen unter aufschiebender Bedingung werden bei einer Abschlagsverteilung zu dem Betrage berücksichtigt, welcher auf die unbedingte Forderung fallen würde.

II. Bei der Schlußverteilung ist die Berücksichtigung ausgeschlossen, wenn die Möglichkeit des Eintritts der Bedingung eine so entfernte ist, daß die bedingte Forderung einen gegenwärtigen Vermögenswert nicht hat.

E. I. 69, 162. P 86, 260 Nr 1. Nov § 142. Begr. 34.
RG. 8 S. 94, 39 S. 40.

I. Forderungen unter auflösender Bedingung werden bei der Verteilung als unbedingte berücksichtigt. § 66, 151, 152 Die Anteile werden unter der Voraussetzung des § 168 Nr 4 zurückbehalten. L. Seuffert S. 51; v. Sarw. S. 722; v. Wilm. S. 408. § 158 fg. BGB.

II. Forderungen unter aufschiebender Bedingung werden bei der Abschlagsverteilung gleich unbedingten behandelt, doch werden die auf sie treffenden Anteile zurückbehalten. § 67, § 168 Nr. 2. L Seuffert S 358 u. 363. v. Wilm. S. 408. v. Sarw. S. 722. Willenbch. S. 223.

Nach dem bisherigen Rechte wurden Forderungen unter aufschiebender Bedingung bei der Schlußverteilung nur berücksichtigt, sofern dem Verwalter bis zum Ablauf der Ausschlußfrist der Eintritt der Bedingung nachgewiesen wurde oder soweit der G.-Schuldner nach dem bürgerlichen Rechte zu einer Sicherheitsleistung verpflichtet war. Nach dem BGB. gewährt eine aufschiebend bedingte Forderung, ohne Unterschied, ob ihr eine Verfügung unter Lebenden oder von Todeswegen zu Grunde liegt, als solche dem Gläubiger keinen Anspruch auf Sicherheitsleistung und es würden für die Zukunft, wenn es bei der bisherigen Bestimmung geblieben, Forderungen unter aufschiebender Bedingung bei der Schlußverteilung in der Regel nicht zu berücksichtigen sein.

Die Novelle hat daher aus Billigkeitsgründen bestimmt, daß für Forderungen unter aufschiebender Bedingung — § 158 fg. BGB. — bei der Schlußverteilung die Beträge, welche auf die unbedingte Forderung fallen würden, bis zur Entscheidung über die Bedingung zurückzubehalten und zu hinterlegen sind. Die Berücksichtigung bei der Schlußverteilung ist aber ausgeschlossen, wenn die Möglichkeit des Eintritts der Bedingung eine so entfernte ist, daß die bedingte Forderung einen gegenwärtigen Vermögenswert nicht hat. § 156, 168 Nr. 2, 169. Begr. S. 35. L. Seuffert S. 52, 358 u. 362. Vgl. § 1986 II BGB; § 120 ZVG.

Nachzahlung von Abschlagsdividenden.

§ 155. (§ 143.)

Gläubiger, welche bei einer Abschlagsverteilung nicht berücksichtigt worden sind, können nachträglich, sobald sie die Vorschriften der §§ 152, 153 erfüllt haben, die bisher festgesetzten Prozentsätze aus der Restmasse verlangen, soweit diese reicht und nicht infolge des Ablaufs einer Ausschlußfrist für eine neue Verteilung zu verwenden ist.

E. I. 155. P. 254, 255.

I. Die Nachzahlung von Abschlagsdividenden auf die Höhe der nach § 159 festgesetzten Prozentsätze an die bei einer Abschlagsverteilung nicht berücksichtigten K.Gläubiger findet auf Antrag, nicht von Amtswegen und nur dann statt, wenn die Gläubiger die Voraussetzungen der § 152, 153 erfüllt haben. Das Recht auf Nachzahlung aus der Restmasse einschließlich der freiwerdenden und zurückfließenden Beträge — § 156, 166 — erstreckt sich auf alle früheren Dividenden. Die Nachzahlung ist abhängig von der Suffizienz der Restmasse und davon, daß für eine neue beabsichtigte Verteilung die Ausschlußfrist nicht abgelaufen ist. Auf die hiefür nötige Masse kann dann ein Anspruch auf Nachzahlung nicht geltend gemacht werden. L. Seuffert S. 365; v. Wilm. S. 411. Ist das Zureichen der Masse zweifelhaft, so kann die Suffizienz oder Insuffizienz nur in Form der Schlußverteilung unter Bekanntmachung nach § 151 festgestellt werden. § 161, 172. Die Kosten der Bekanntmachung hat der beantragende Gläubiger zu tragen. v. Wilm. S. 411: v. Sarw. S. 724; Willenbch. S. 224. Ist die Restmasse zur Berichtigung der dem Gläubiger vorenthalten gewesenen Dividende unzureichend, so muß der Gläubiger sich mit dem begnügen, was vorhanden ist und kann eine Rückzahlung bezahlter Dividenden nicht verlangen. Im Falle mehrerer Nachzahlungsanträge wird bei Unzureichendheit der Restmasse in der Rangordnung des § 61 verteilt oder nach der Größe der gleichberechtigten Forderungen repartiert. Mot. S. 378. v. Sarw. S. 724; v Wilm. S. 410; Willenbch. S. 223.

II. Der Verwalter macht sich durch die Nichtberücksichtigung des § 155 dem hiedurch benachteiligten Gläubiger haftpflichtig, wenn auch ein Klagerecht auf Leistung der Nachzahlung nicht besteht. RG. Kass.K. 34 S. 1201; v. Wilm. S. 410; Willenbch. S. 224. AM. Oetker 1 S. 516. War der Gläubiger mit seinem begründeten Nachzahlungsanspruch unberücksichtigt geblieben, so ist er gegen die übrigen Gläubiger, die zu viel erhalten haben, konditionsberechtigt. RG. JW. 1890 S. 114. v. Wilm S. 411.

§ 156. (§ 144.)

Die Anteile, mit welchen Gläubiger bei Abschlagszahlungen nach Maßgabe des § 153 Abs. 2 oder des § 154 Abs. 1 berücksichtigt worden sind, werden für die Schlußverteilung frei, wenn bei dieser die Voraussetzungen des § 153 Abs. 1 nicht erfüllt sind oder nach Maßgabe des § 154 Abs. 2 die Berücksichtigung der bedingten Forderung ausgeschlossen ist.

E. I. 153, 162. Nov § 144. Begr 35.

Die Aenderungen des § 156 ergeben sich aus der Aenderung des § 154 und dessen neuer Fassung. Begr S. 35. Die Bestimmung des § 156 ist die Folge der Grundsätze der § 152, 153 und trifft für die Schlußverteilung die absonderungsberechtigten Forderungen, für welche der Nachweis des Ausfalls oder des Verzichtes nicht geführt ist und die aufschiebend bedingten Forderungen, deren Bedingung noch in Schwebe ist, wenn die Berücksichtigung der Forderung wegen Unwahrscheinlichkeit des Eintritts der Bedingung ausgeschlossen ist. L. Seuffert S. 358. v. Sarw. S. 725.

Aenderung des Verzeichnisses.

§ 157. (§ 145.)

Binnen drei Tagen nach dem Ablaufe der Ausschlußfrist hat der Verwalter die auf Grund der vorstehenden Bestimmungen erforderlichen Aenderungen des Verzeichnisses zu bewirken.

E. I 157, 158. P. 242 fg.

Der Verwalter darf das Verzeichnis innerhalb der 3 tägigen Frist nur auf Grund der § 152—156, nach Ablauf der Frist überhaupt nicht mehr ändern. Das abgeänderte Verzeichnis ist auf der Gerichtsschreiberei niederzulegen. § 151 Die Einwendungen gegen das rechtzeitig geänderte Verzeichnis bemessen sich nach § 158, 162. Die Erledigung dieser Einwendungen schließt dann das Verzeichnis definitiv ab, nachdem der Ablauf der Ausschlußfrist bereits für die vorzunehmende Verteilung die thatsächliche Präklusion der nicht geprüften und der vom Gläubiger nicht nachgewiesenen Forderungen bewirkt hat. Spätere Aenderungen des Verwalters, die nach Ablauf der 3 tägigen Frist vorgenommen werden, bleiben unberücksichtigt. L Seuffert S. 353; v Wilm. S. 412; Willenbch. S. 224; v Sarw S. 465; Pet. u. Kl. S. 465.

Einwendungen gegen das A. Verzeichnis.

§ 158. (§ 146.)

I. Bei einer Abschlagsverteilung sind Einwendungen gegen das Verzeichnis bis zum Ablaufe einer Woche nach dem Ende der Ausschlußfrist bei dem Konkursgerichte zu erheben.

II. Das Gericht entscheidet über die Einwendungen. Die Entscheidung, durch welche eine Berichtigung des Verzeichnisses angeordnet wird, ist auf der Gerichtsschreiberei niederzulegen. Die Beschwerdefrist beginnt mit dem Tage, an welchem die Niederlegung der Entscheidung erfolgt ist.

E. I. 158. P. 242 fg.

RG. 21 S. 331.

§ 158—160 enthalten Bestimmungen für die Abschlagsververteilung, § 161, 162 für die Schlußverteilung. Bei der Schlußverteilung sind die Einwendungen im Schlußtermine vorzubringen. § 162. Die Einwendungen richten sich gegen den Verwalter und die durch die verlangte Abänderung zu benachteiligenden Gläubiger. Sie sind zulässig gegen das ursprüngliche — § 152 — und gegen das ergänzte Verzeichnis — § 157. Sie können nur die Nichtberücksichtigung der eigenen, die Berücksichtigung einer fremden Forderung oder die Verletzung der gesetzlichen Rangordnung — § 61, 224 — betreffen. L. Seuffert S. 355. Einwendungen über die Auszahlung oder Zurückbehaltung von Anteilen, auf Beseitigung der im Prüfungstermin erfolgten Feststellung, insbesondere die Behauptung der Tilgung der Forderung sind ausgeschlossen und der Entscheidung im Streitwege zugewiesen. § 767 CPO. RG. 21 S. 336; L. Seuffert S. 355; v. Sarw. S. 728; v Wilm. S. 412; Pet. u. Kl. S. 466; Willenbch. S. 225. Ausgeschlossen sind auch Einwendungen, welche sich darauf stützen, daß nach Ablauf der Ausschlußfrist die zur Berücksichtigung einer Forderung erforderlichen Nachweise nachgebracht worden seien. L. Seuffert S. 335; v. Wilm. S. 412. Die Einwendungsfrist, gleich der Ausschlußfrist eine gesetzliche Frist – vgl. § 152 – berechnet sich nach § 222 CPO., § 187 fg. BGB. und läuft vom Ende der Ausschlußfrist, nicht vom Ende der dreitägigen Frist des § 157. Willenbch. S. 225.

I. Einwendungsberechtigt sind die im Verzeichnisse zu berücksichtigenden, an der Abänderung des Verzeichnisses vermögensrechtlich interessierten K.Gläubiger. Die Forderung des Gläubigers muß bereits geprüft sein. Ein an besserer Stelle eingesetzter Gläubiger ist nicht berechtigt, die Berücksichtigung einer an schlechterer Stelle eingesetzten Forderung zu bekämpfen. L. Seuffert S. 354. Nicht einwendungsberechtigt sind K.Gläubiger mit nicht geprüften oder bereits befriedigten Forderungen, die an dem Verzeichnisse nicht interessierten, vorweg zu befriedigenden Massegläubiger und der G.Schuldner, dessen Widerspruch die Feststellung einer Forderung nicht verhindern kann. L. Seuffert S. 354, 355; Willenbch. S. 225; v. Sarw. S. 728; v. Wilm. S. 413; Pet. u. Kl. S. 466; Fitting S. 323.

II. Verfahren. Ueber die schriftlich oder zu Protokoll des Gerichtsschreibers – § 496 CPO. – anzubringenden Einwendungen wird nicht im Prozeßverfahren, sondern unter Ausschluß des Prozeßweges vom K.Gericht in Beschlußform entschieden. RG.

JW. 1890 S. 114. Kass.K. 34 S. 1201 Mündliche Verhandlung — § 73 —, richterliches Gehör der Beteiligten und die Anordnung von Ermittelungen — § 75 — sind in das Ermessen des Gerichtes gesetzt, das auch aus anderen Gründen, als den vorgebrachten, der Einwendung stattgeben kann. L Seuffert S. 355; Oetker 1 S. 408; Willenbch. S. 225. Die Entscheidung ist den Beteiligten, dem Einwendenden und seinen Gegnern von Amtswegen zuzustellen. § 74 II. Außerdem sind die Entscheidungen, welche eine Berichtigung des Verzeichnisses anordnen, auf der Gerichtsschreiberei niederzulegen, auch wenn die der Einwendung stattgebende Entscheidung durch die höhere Instanz getroffen wurde. v. Sarw S. 729; Willenbch. S 225; v. Wilm. S. 413. AM L Seuffert S. 355; Pet. u. Kl. S. 467; Oetker 1 S. 410; Kohler S. 577; Fitting S. 324, welche lediglich die Zustellung bei Zurückweisung der Einwendung für erforderlich erachten.

III. Beschwerdeberechtigt — § 73 III — sind im Falle der Zurückweisung der Einwendung die Einwendenden, im Falle der Anordnung einer Aenderung des Verzeichnisses alle Gläubiger und der Verwalter. v. Sarw. S. 730; Willenbch. S 225; v. Wilm. S 413 AM. bezüglich des Beschwerderechtes des Verwalters L. Seuffert S. 356; Oetker 1 S. 410. Die Beschwerdefrist beginnt bei der Zurückweisung der Einwendung mit der Zustellung an den Gläubiger, bei Stattgebung der Einwendung und Anordnung der Berichtigung mit der Niederlegung der Entscheidung auf der Gerichtsschreiberei. L. Seuffert S. 356; v. Sarw. S. 730; v. Wilm. S. 413.

IV. Wirkung. Die Ausführung der Abschlagsverteilung setzt voraus, daß die Grundlage derselben, das Verzeichnis der zu berücksichtigenden Gläubiger feststeht. v. Sarw. S. 730 Der Ablauf der Einwendungsfrist und die rechtskräftige Entscheidung über die erhobenen Einwendungen präkludieren weitere Einwendungen für die vorzunehmende Verteilung und stellen das Verzeichnis urteilsmäßig fest. v. Wilm. S. 414; Willenbch. S. 225. Die in dem Verzeichnis berücksichtigten Gläubiger sind gegen eine Kondiktion von Seite nicht berücksichtigter K Gläubiger oder des Verwalters in der Regel gesichert v. Sarw. S. 731; L. Seuffert S. 375; Willenbch. S. 225; v. Wilm S. 414. Vgl. § 161. Anm. IV.

Prozentsatz.

§ 159. (§ 147.)

I. Für eine Abschlagsverteilung bestimmt der Verwalter und, wenn ein Gläubigerausschuß bestellt ist, dieser auf Antrag des Verwalters den zu zahlenden Prozentsatz.

II. Der Verwalter hat den Prozentsatz den berücksichtigten Gläubigern mitzuteilen.

E. I. 154. P. 242 fg

RG. 20 S. 109.

Regelmäßig erst nach Ablauf der Frist zur Erhebung von Einwendungen, doch bei verfügbarer Masse auch schon vorher kann der Prozentsatz festgesetzt werden. L. Seuffert S 359. v. Wilm. S. 414; Willenbch. S. 226; Pet und Kl. S. 466 AM. Fitting S. 325. v. Völd. S. 462. Die öffentliche Bekanntmachung — § 151 — umgrenzt den zur Verteilung verfügbaren Betrag. Mehr darf nicht verteilt werden; ein inzwischen eingetretener Zuwachs bleibt außer Betracht. Mot. 374. Willenbch. S. 226. Die formlos, nicht durch öffentliche Bekanntmachung erfolgende Mitteilung des Prozentsatzes an die berücksichtigten — bevorrechtigten und nicht bevorrechtigten — K.Gläubiger ermöglicht diesen die Erhebung der ihnen gebührenden Dividende, die sie abholen müssen. Vgl. Anm. zu § 167. Nach der Mitteilung des Prozentsatzes, welche den Zeitpunkt der Ausschließung für die dem Verwalter unbekannten Massegläubiger — § 172 — und den Beginn des Vollzuges der Abschlagsverteilung im Sinne des § 51 Nr. 3 GKG. bildet, ist eine Aenderung des Prozentsatzes ausgeschlossen. L. Seuffert S. 359. Willenbch. S. 227. v. Sarw. S. 764. v Wilm. S. 415.

I. Berechnung des Prozentsatzes. Aus dem verfügbaren Massebestand werden nach Abzug der zu berichtigenden Verwaltungsausgaben, Massekosten und Masseschulden, die auch erst nach der öffentlichen Bekanntmachung zur Kenntnis des Verwalters gelangen können, zunächst die zu berücksichtigenden bevorrechtigten Forderungen befriedigt. Fitting S. 326. Willenbch. S. 226. Das Verhältnis des Restbetrages zu den zu berücksichtigenden nicht bevorrechtigten Forderungen ergibt den Prozentsatz für die letzteren. Er kann so bemessen werden, daß er den verfügbaren Massebestand nicht erschöpft und seine Fixierung empfiehlt sich auf eine möglichst runde Zahl, welche eine rasche Berechnung der einzelnen Dividenden ermöglicht. Mot S. 380. L. Seuffert S 359 v Sarw. S. 732. v. Wilm. S. 415. Willenbch. S. 227.

II. Die Bestimmung des Prozentsatzes geschieht durch den Verwalter und wenn ein G.Ausschuß bestellt ist, durch diesen auf Antrag des Verwalters, der dem Ausschuß einen bestimmten Prozentsatz vorzuschlagen hat. Der Ausschuß kann keinen anderen — höheren oder niederen — Prozentsatz als denjenigen festsetzen, mit welchem der Verwalter einverstanden ist Der Antrag des Verwalters bindet den Ausschuß. L. Seuffert S. 359. v. Wilm. S 415. Pet. u. Kl. S. 468. Willenbch S. 226 v. Völd 2 S. 462. AM v. Sarw. S. 733. Dem Gerichte kommt bei der Festsetzung des Prozentsatzes kein Mitwirkungsrecht zu und seine Entscheidung darüber kann von keinem Gläubiger angerufen werden. Ein Erinnerungs- oder Beschwerderecht der Gläubiger gegen die Festsetzung zu niederer Dividendenbezüge ist ausgeschlossen. L. Seuffert S. 380. v. Sarw. S. 732. Willenbch. S. 226. v Wilm S 414. AM. v. Völd 2 S. 263. Oetker 1 S. 412.

Aussetzung der Abschlagsverteilung.

§ 160. (§ 148.)

Das Gericht kann auf Antrag des Gemeinschuldners, wenn derselbe einen Zwangsvergleich vorgeschlagen hat, die Aussetzung einer Abschlagsverteilung anordnen, sofern nicht schon die Ausschlußfrist abgelaufen ist.

E. I. 151

I. Diese Aussetzung der Abschlagsverteilung durch eine in das freie Ermessen des Gerichts gestellte Entscheidung hat zur Voraussetzung, daß ein gemäß § 174 substantiierter, nach § 175 zulässiger Z.Vergleichsvorschlag vom G.Schuldner eingereicht ist und daß der Antrag des G Schuldners, der ausschließlich antragsberechtigt ist, und die gerichtliche Entscheidung vor Ablauf der Ausschlußfrist erfolgen. § 152. v. Wilm. S 416; Willenbch. S. 227; Oetker 1 S 414. AM. v Sarw. S 734; L. Seuffert S. 360; Pet. u. Kl. S. 468; v. Völd. 2 S. 466, welche lediglich die Antragstellung, nicht aber die gerichtliche Entscheidung, vor Fristablauf für nötig erachten. Diese gerichtliche Anordnung ist der alleinige Grund, daß nach der Bekanntmachung eine Abschlagsverteilung ausgesetzt werden darf

II. Beschwerdeberechtigt — § 73 III — gegen die Zurückweisung des Antrages auf Aussetzung sind der G Schuldner, gegen die Anordnung der Aussetzung der Verwalter und die K.-Gläubiger. L. Seuffert S. 361; v. Wilm. S 416; Willenbch. S. 227; AM. Fitting S. 328. Oetker 1 S. 414.

III. Die Aussetzung wird durch den Beschluß über den Z.Vergleich beendigt. Wird dieser angenommen, so ist die Abschlagsverteilung gegenstandslos und der Z.Vergleich auszuführen. Wird der Vergleich verworfen, so hört die Aussetzung auf und die Ausschlußfrist beginnt von neuem zu laufen. § 249 I CPO. L. Seuffert S. 361. Sowohl die Aussetzung als die Aufnahme des ausgesetzten Verteilungsverfahrens sind öffentlich bekannt zu machen. § 73 II, 76 III. Fitting S. 328; Willenbch S 227

Schlußverteilung.

§ 161. (§ 149.)

I. Die Schlußverteilung erfolgt, sobald die Verwertung der Masse beendigt ist.

II. Die Vornahme der Schlußverteilung unterliegt der Genehmigung des Gerichts.

E. I 156. P 241 fg. 272—276.

RG. 6 S. 313, 23 S. 60.

I. Die Schlußverteilung erfolgt, sobald die Verwertung der realisierbaren Masse beendigt ist. Mot. S. 380. Der Ausgang der über die Aktivmasse anhängigen Prozesse muß in der Regel abgewartet werden, nicht aber der Ausgang der Feststellungsprozesse über bestrittene Forderungen. § 146, 152, 168 Nr 1. L. Seuffert

S. 362; Willenbch. S. 226; v. Wilm. S. 420; v. Sarw. S. 736. Im Schlußtermin — § 162 - haben die Gläubiger über die nicht verwertbaren Vermögensstücke Beschluß zu fassen. Wird eine Verwertung nicht beschlossen, so sind sie dem G Schuldner zur freien Verfügung zu überlassen. Mot. S. 381; RG. JW. 1888 S. 288. Das gilt auch, wenn die Gläubiger über die Veräußerung eines Bezugsrechtes im Ganzen — § 132 Nr 1 — keinen Beschluß gefaßt haben. L. Seuffert S 381; v. Sarw. S. 736; Willenbch. S. 226; v. Wilm. S 417.

II. Die Vornahme der Schlußverteilung — zu unterscheiden vom Vollzuge der Schlußverteilung durch den Verwalter § 167 — unterliegt der Genehmigung des Gerichts. Die Schlußverteilung involviert eine definitive, nicht wieder zu heilende Präklusion aller bis dahin nicht geltend gemachten Ansprüche gegenüber der K.Masse. Mot. S. 380. Die gerichtliche Genehmigung setzt einen Antrag des Verwalters voraus. Der Verwalter hat, falls ein G.Ausschuß bestellt ist, dessen Genehmigung zu seinem Antrage einzuholen — § 150 — und dem Gerichte gegenüber durch Darlegung der Sachlage den Antrag zu begründen und zu diesem Behufe die Schlußrechnung und das Schlußverzeichnis nebst Belegen und den Bemerkungen des Ausschusses mit vorzulegen. L. Seuffert S. 362; Willenbch. S. 229; v. Sarw. S 737; v. Wilm. S. 419. Das Gericht hat bei Erteilung der Genehmigung zu prüfen, ob die Verwaltung der realisierbaren Masse beendigt ist. Willenbch. S. 229. Die Genehmigung ist dem Verwalter zuzustellen. L. Seuffert S 363. AM. v Wilm. S. 419, der auch Zustellung an den G.Schuldner verlangt. Nach der Zustellung ist der Beschluß für das Gericht unabänderlich und muß der Schlußtermin — § 162 — angesetzt werden. v Wilm. S. 419. AM Oetker 1 S. 415.

III. Beschwerdeberechtigt — § 73 III — ist gegen die Verweigerung der Genehmigung lediglich der Verwalter. Die K.-Gläubiger haben weder gegen die Genehmigung noch gegen die Verweigerung ein Beschwerderecht. § 150, 161 II. L. Seuffert S. 363; v. Wilm. S. 419; Willenbch. S. 229; Oetker 1 S. 415; Fitting S. 330 AM. v. Sarw. S. 739; Pet. und Kl. S. 471; v. Völd. 2 S. 470. Der G.Schuldner, der bei dem Verteilungsverfahren nicht mitzureden hat, hat keinerlei Beschwerderecht L. Seuffert S. 363; Fitting S. 330. AM. v. Wilm. S. 418; v. Sarw S. 739, Willenbch. S. 229.

IV. Die endgiltige Ausschlußwirkung erstreckt sich auf absonderungsberechtigte Forderungen, für welche der Nachweis nach § 153 I nicht erbracht ist, auf aufschiebend bedingte Forderungen, wenn die Möglichkeit des Eintritts der Bedingung so entfernt ist, daß die Forderung keinen gegenwärtigen Vermögenswert hat — § 154 II —, auf die nicht geprüften Forderungen — § 152 — und auf die streitigen, vom Gläubiger zu betreibenden, bis dahin als rechtshängig nicht nachgewiesenen Forderungen. § 152. L. Seuffert S. 363; v. Wilm. S. 419; Willenbch. S. 229. Das Verteilungsverzeichnis schließt eine Kondiktion gegen die hierin berücksichtigten Gläubiger an und für sich aus. Lediglich bei Irrtümern in der Ausführung der Verteilung sind der Verwalter im Interesse der Masse und die benachteiligten K.Gläubiger in ihrem Interesse konditionsberechtigt. Mot. S. 247. RG. 6 S. 313; 23 S. 60; RG. JW. 1889 S. 179; 1890 S. 196; Kass. K. 34 S. 984. L. Seuffert S. 376; v. Wilm. S. 421; Willenbch. S. 228; Kohler S. 578. Der G.Schuldner ist nicht konditionsberechtigt; er hat keinen Anspruch auf den aus der Masse zu Unrecht bezahlten Dividendenbetrag. v. Wilm. S. 426; Willenbch. S. 228; Oetker 1 S. 423; AM. v. Sarw. S. 750; Pet. und Kl. S. 478; v. Völd. 2 S. 493 und L. Seuffert S. 376, der dem G.Schuldner die Kondition gibt, wenn er die Forderung im Prüfungstermin oder im Wiedereinsetzungswege bestritten hat.

Schlußrechnung und Schlußtermin.

§ 162. (§ 150.)

I. Zur Abnahme der Schlußrechnung, zur Erhebung von Einwendungen gegen das Schlußverzeichnis und zur Beschlußfassung der Gläubiger über die nicht verwertbaren Vermögensstücke bestimmt das Gericht einen Schlußtermin, welcher nicht unter drei Wochen und nicht über einen Monat hinaus anzuberaumen ist.

II. Die Bestimmungen des § 158 Abs. 2 finden auf die Schlußverteilung Anwendung.

E. I. 157—159. P. 241 fg. 272—276.

RG. 6 S. 313; 21 S. 339; 23 S. 60.

Vor dem Schlußtermin muß die Ausschlußfrist und eine weitere Frist von drei Tagen abgelaufen sein. § 152, 157. Die Abhaltung des Schlußtermins, in dem eine G.Versammlung stattfindet, ist unerläßlich und auch dann notwendig, wenn die Restmasse durch Nachzahlung von Dividenden ganz erschöpft ist. § 155. Mot. S. 381. L. Seuffert S. 381. v. Wilm. S. 482. Er muß öffentlich bekannt gemacht werden; die Bekanntmachung gilt als Zustellung an alle Beteiligte. § 93, 94, 97—99. Die notwendigen Geschäfte des Schlußtermins sind:

I. Die Abnahme der Schußrechnung, die mit Belegen und, falls ein G.Ausschuß bestellt ist, mit dessen Bemerkungen zu versehen sind. § 86. Die Einwendungen hiegegen sind bei Vermeidung der Präklusion im Schlußtermine vorzubringen und nicht vom K.Gericht, sondern vom Prozeßgericht zu erledigen. v. Sarw. S. 739.

II. Das vom Verwalter gemäß § 151 auf der Gerichtsschreiberei niederzulegende Schlußverzeichnis tritt an Stelle der Tabelle und hat als unumstößliche Grundlage der Schluß- und Nachtragsverteilung alle von der Ausschließung — § 152 — nicht betroffenen Forderungen in ihren Restbeträgen zu enthalten. Einwendungen hiegegen können nur im Schlußtermine mündlich vorgebracht werden und sind, sofern sie das Verzeichnis betreffen, am K.Gericht § 158 II, andernfalls vom Prozeßgericht zu entscheiden. Willenbch. S. 229; v. Sarw. S. 741; v. Wilm. S. 421. Trotz der zulässigen Verkündung der Entscheidung im Termin bedarf diese der Zustellung und, falls sie auf Berichtigung des Verzeichnisses lautet, der Niederlegung auf der Gerichtsschreiberei. § 73; § 329 CPO.; v. Sarw. S. 741; Willenbch. S. 229. Einwendungen eines Absonderungsberechtigten, daß Einnahme-Posten zur Masse genommen sind, während ihm ein Absonderungsrecht daran zustehe, sind nicht Einwendungen gegen das Schlußverzeichnis, sondern Einwendungen gegen die Schlußrechnung. RG JW 1887 S. 41.

III. Verfügung über nicht verwertbare Vermögensstücke Die Uebernahme derselben durch einzelne Gläubiger im Schlußtermine ist zulässig. Die G Versammlung kann auch beschließen, daß ihre nachträgliche Verwertung versucht werde. Mot. S. 381. L. Seuffert S. 381. Andernfalls sind sie — vorbehaltlich des Vetorechtes des Gerichtes § 99 — der freien Verfügung des G.Schuldners zu überlassen, gleichviel ob sie in körperlichen Sachen oder Forderungen z B. nicht veräußerten Rentenbezügen bestehen. § 134 Nr. 1 Wenn über nicht verwertete, dem Verwalter jedoch bekannte Vermögensstücke ein abweichender Beschluß nicht gefaßt wird, so fallen sie nach K Beendigung an den G.Schuldner zurück. Nicht bekannte Vermögensstücke dagegen fallen zur Nachtragsverteilung. § 166. v Sarw. S. 740; Willenbch. S. 230; L. Seuffert S. 382; v. Wilm. S. 418.

Konkursaufhebung.

§ 163. (§ 151.)

I. Nach der Abhaltung des Schlußtermins beschließt das Gericht die Aufhebung des Konkursverfahrens. Eine Anfechtung des Beschlusses findet nicht statt.

II. Der Beschluß und der Grund der Aufhebung sind öffentlich bekannt zu machen.

III. Die Vorschriften der §§ 111 Abs. 2, 112, 113 finden entsprechende Anwendung.

E. I. 197 199. 200. P. 277

RG 27 S. 113; 28 S. 68; 31 S. 42; 32 S. 74, 429.

I Aufhebung des Verfahrens. Die Schlußverteilung erledigt den Konkurs und hat die Aufhebung des Verfahrens zur notwendigen Folge. Mot. S 381. Die Aufhebung erfolgt durch einen nicht anfechtbaren Beschluß des K Gerichtes. Dieser Beschluß ist aber erst möglich nach Abhaltung des Schlußtermines und nach dem Vollzug der Schlußverteilung, den der Verwalter dem Gerichte nachzuweisen hat Prot. S. 107 v. Wilm S. 423; Willenbch. S. 230; v. Sarw. S. 743; Endemann S. 577; Fitting S. 334 AM. L. Seuffert S. 383, der den Vollzug der Schlußverteilung vor Erlassung des Aufhebungsbeschlusses nicht für erforderlich erachtet. Demgemäß müssen auch die Einwendungen gegen das Schlußverzeichnis vor der Aufhebung erledigt sein, nicht aber die Einwendungen gegen die Schlußrechnung und die hieraus entstandenen Prozesse. v. Wilm. S. 423; Willenbch. S. 230; v. Sarw. S. 743, der auch für das Zuwarten bis zur Erledigung der Einwendungen gegen die Schlußrechnung ist. AM. L. Seuffert S. 383.

II. Die Bekanntmachung der K.Aufhebung erfolgt durch mindestens einmalige — auch auszugsweise — Einrückung in das zur Veröffentlichung amtlicher Bekanntmachungen des Gerichtes bestimmte Blatt, ferner durch auszugsweise Einrückung in den Reichsanzeiger. § 76 I, 111 II. Die Bekanntmachung in den übrigen Blättern, in denen die K.Eröffnung veröffentlicht wurde, ist empfehlenswert. Mot. S. 381. Der Aufhebungsbeschluß ist den K.-Gläubigern und dem G.Schuldner nicht zuzustellen; er tritt in Wirksamkeit mit dem Ablaufe des zweiten Tages nach der Ausgabe des die Einrückung oder die erste Einrückung enthaltenden Blattes. § 76. L. Seuffert S. 384; v. Wilm. S. 423; Pet. und Kl. S. 474; Willenbch. S. 231; Fitting S. 335; v. Völd. 2 S. 482. AM. v. Sarw. S. 744, der die Wirkung mit der Fassung des Aufhebungsbeschlusses eintreten läßt.

III. Die Wirkungen der K.Aufhebung treten für alle K.Beteiligte von Rechtswegen ein. Die Beschränkungen, welche die K.Eröffnung dem G.Schuldner und den K.Gläubigern auferlegt hat, kommen in Wegfall. § 164, 166, 169. L. Seuffert S. 385 fg; Willenbch. S. 230; v. Sarw. S. 744; v. Wilm. S. 423; Fitting S. 336. Vollzugsanordnungen: § 111 II, 112, 113.

1) Der G.Schuldner erhält die nicht verwerteten Massegegenstände, eventuell den nach Befriedigung aller K.Gläubiger übrig gebliebenen Barüberschuß zur freien Verfügung zurück. Korporationen, Stiftungen oder Gemeinschaften, welche durch die K.Eröffnung die Rechtsfähigkeit verloren haben oder aufgelöst worden sind, werden durch die K.Aufhebung nicht wieder rechtsfähig oder wieder hergestellt. L. Seuffert S. 235 fg, 385.

2) Die Funktion des Verwalters ist beendigt. § 6. Sein Verwaltungs- und Verfügungsrecht dauert nur für die Nachtragsverteilungen fort. § 166. Der Verwalter ist deshalb auch zur Fortführung der schwebenden Feststellungsprozesse weiter befugt. § 169. RG. 27 S. 113; 28 S. 70; 32 S. 72. Im Uebrigen erlischt die Befugnis des Verwalters zur Prozeßführung für die Masse. RG. 27 S. 113. v. Sarw. S. 745; Willenbch. S. 231. v. Wilm. S. 418; L. Seuffert S. 386.

3) Das Recht eines jeden Gläubigers auf Sonderbefriedigung lebt, insoweit es nicht im Konkurse Deckung gefunden hat, wieder auf und kann unabhängig von den andern Gläubigern geltend gemacht werden. § 12, 14, 164 I. L. Seuffert S. 387; v. Wilm. S. 424; Willenbch. S. 231; v. Sarw. S. 745. Vgl. Anm. zu § 65, 69, 70.

4) Die Thätigkeit des G.Ausschusses und der G.Versammlung ist zu Ende.

5) Die Unterbrechung der die K.Masse betreffenden Pro-

zesse hört auf. § 240 CPO.; § 13 II Anf. Ges. L. Seuffert S. 386; v. Wilm. S. 424.

6) Die Unterbrechung der Verjährung, welche durch die Anmeldung zum Konkurse eingetreten ist, wird beendigt. § 214 I BGB Die Unterbrechung dauert auch nach der K.Beendigung für die im Feststellungsprozesse befangenen, widersprochenen Forderungen fort. § 168 Nr. 1 KO.; § 211, 214 III BGB. L. Seuffert S. 386.

Nachforderungsrecht. **§ 164.** (§ 152.)

I. Nach der Aufhebung des Konkursverfahrens können die nicht befriedigten Konkursgläubiger ihre Forderungen gegen den Schuldner unbeschränkt geltend machen.

II. Für die Gläubiger, deren Forderungen festgestellt und nicht von dem Gemeinschuldner im Prüfungstermine ausdrücklich bestritten worden sind, findet gegen den Schuldner aus der Eintragung in die Tabelle die Zwangsvollstreckung unter entsprechender Anwendung der §§ 724—793 der Zivilprozeßordnung statt.

III. Für Klagen auf Erteilung der Vollstreckungsklausel, sowie für Klagen, durch welche die die Forderung selbst betreffenden Einwendungen geltend gemacht werden, oder der bei der Erteilung der Vollstreckungsklausel als bewiesen angenommene Eintritt der Thatsache, von welcher die Vollstreckung aus der Eintragung in die Tabelle abhängt, oder die als eingetreten angenommene Rechtsnachfolge bestritten wird, ist das im § 146 Abs. 2 dieses Gesetzes bezeichnete Gericht zuständig.

E. I. 102. P. 280. 201.

RG. 1 S. 349; 6 S. 147, 11 S. 44; 13 S. 315; 15 S. 117, 332; 16 S. 35; 21 S. 339; 22 S. 154; 22 S. 406, 407, 25 S. 7; 27 S. 118; 28 S. 68; 35 S. 80; 36 S. 61; 39 S. 24.

Sammlung 9 S. 494; 10 S. 62; 11 S. 98; 14 S. 546; 15 S. 750.

I. Nachforderungsrecht. Diese Bestimmung regelt das Nachmahnungsrecht für die nicht befriedigten Gläubiger und die Wirksamkeit der ergangenen Feststellungen und Urteile gegen den G.Schuldner nach vollzogener Verteilung. Das Nachforderungsrecht ermöglicht vorbehaltlich der Vollstreckungsbeschränkungen in § 811, 812, 850–852, 859–863 CPO. die unbeschränkte Geltendmachung der Forderungen der nicht befriedigten Gläubiger gegen den G.-Schuldner beim regelmäßigen Verlaufe des K.Verfahrens nach Aufhebung desselben. RG. 35 S. 80; 39 S. 24; L. Seuffert S. 388; v. Sarw. S. 744; v. Wilm. S. 424; Willenbch. S. 231; Fitting S. 336; Pet. und Kl. S. 475. Die Einrede der Kompetenz, welche aus einem nach dem früheren Rechte durchgeführten Konkurs erworben ist, bleibt auch unter der Herrschaft der KO. bestehen. L. Seuffert S. 388; Pet und Kl S. 475; v. Sarw. S. 746; Mandry S. 432 RG. 6 S. 147.

Das Nachforderungsrecht gilt für alle nicht befriedigten K.Gläubiger, gleichviel, ob sie angemeldet hatten oder nicht. Dagegen erstreckt sich das Nachforderungsrecht nicht auf die vom Konkurse ausgeschlossenen und unberührt gebliebenen Forderungen nach § 63. RG 1 S. 349; ROHG. 20 S 69 v. Sarw S. 745; Willenbch. S 232; v. Wilm. S. 425.

Voraussetzung für die Geltendmachung des Nachforderungsrechtes ist, daß die Forderungen festgestellt und nicht vom G.Schuldner, entweder im Prüfungstermin oder im Wiedereinsetzungswege, bestritten worden sind. § 165. Das Bestreiten oder die Aberkennung des beanspruchten Vorrechts — § 61 — oder des Ranges der Forderung — § 226 — schließt die Feststellung nicht aus. L. Seuffert S. 388. Als Versäumnisfolge des Nichtbestreitens der Forderung durch den G.Schuldner tritt gegen ihn die Wirkung der Feststellung ein. L Seuffert S. 389. Sie wirkt gegen den G.-Schuldner wie ein rechtskräftiges Urteil — RG 11 S 44; 16 S. 32; 22 S 174; 24 S 45; 39 S. 24; RG JW 1895 S. 329 —, erstreckt sich auf alle festgestellten Forderungen, auch die in § 65, 69, 70 erwähnten — v. Sarw S. 743; Willenbch. S 232; Pet. und Kl. S 745; v Wilm. S 427. AM Fitting S. 230 — und gibt dem K Gläubiger nur das Vollstreckungsrecht aus Abs. II, schließt daher ein Zurückgehen auf das ursprüngliche Rechtsverhältnis — § 65, 69, 70 — aus. L. Seuffert S. 394; Willenbch. S. 232; Oetker 1 S 449; v Sarw. S. 744; Fitting S 230; Pet. und Kl. S. 745; v. Wilm. S 427 Hiezu RG. 35 S. 80.

II. Die Geltendmachung des Nachforderungsrechtes erfolgt entweder auf Grund einer vollstreckbaren Ausfertigung eines die Feststellung der Forderung enthaltenden Tabellenauszuges — § 724—726, 738, 742, 745 II, 749 CPO; L. Seuffert S. 392 — oder auf Grund eines vor oder während des Konkurses gegen den G.Schuldner erlangten Vollstreckungstitels oder auf Grund freiwilliger Vollstreckbarkeitserklärung des G.Schuldners nach der K.Aufhebung gemäß § 794 Nr. 5 oder mangels eines Schuldtitels infolge Nichtanmeldung durch Klagestellung. RG. 22 S 135. L. Seuffert S. 392; v. Wilm. S. 425; Willenbch. S. 232, 233; v. Sarw. S. 748. Der G.Schuldner kann sich einer solchen Klage gegenüber nicht auf die Rechtskraft eines die Feststellungsklage abweisenden Urteils berufen. L. Seuffert S. 393; Pet. und Kl. S. 478; v Sarw. S. 750; Willenbch. S. 233.

III. Abs. III. Die hier enthaltene Zuständigkeitsbestimmung — § 731, 767, 768 CPO. — begründet einen ausschließlichen Gerichtsstand, der auch bei einem Domizilwechsel des G.Schuldners fortdauert, und beseitigt die Zuständigkeitsnormen in § 767 I, 768 CPO. L. Seuffert S. 393; Willenbch. S. 233; v. Wilm. S. 429.

Wiedereinsetzung. **§ 165.**

Hat der Schuldner den Prüfungstermin versäumt, so ist ihm auf Antrag die Wiedereinsetzung in den vorigen Stand zu erteilen. Die Vorschriften des § 232 Abs. 2 und der §§ 233–236 der Civilprozeßordnung finden entsprechende Anwendung. Der den Antrag auf Wiedereinsetzung enthaltende Schriftsatz ist dem Gläubiger zuzustellen, dessen Forderung nachträglich bestritten werden soll. Das Bestreiten in diesem Schriftsatze steht, wenn die Wiedereinsetzung erteilt wird, dem Bestreiten im Prüfungstermine gleich und ist in die Tabelle einzutragen.

Nov. § 152a. Begr 35. Mat. 199.

I. Wiedereinsetzung. Diese ausschließlich auf den G.-Schuldner beschränkte Bestimmung ist durch die Novelle eingefügt worden. Ihre Zweckbestimmung ergibt sich aus dem in § 164 II, 194 geschaffenen Vollstreckungsrecht für die vom G.Schuldner im Prüfungstermin nicht widersprochenen Forderungen. Sie will dem G.Schuldner, der ohne sein Verschulden durch Naturereignisse und andere unabwendbare Zufälle — höhere Gewalt RG. 21 S. 14; § 429 HGB. — am Erscheinen im Prüfungstermin verhindert war, den nachträglichen Widerspruch sichern und gewährt ihm gegen die Versäumnisfolge die Wiedereinsetzung in den vorigen Stand. Das Verschulden eines Vertreters gibt keinen Wiedereinsetzungsgrund. § 232 II CPO. Der G Schuldner, der im Termin erschien, und die Bestreitung unterließ, hat das Wiedereinsetzungsrecht nicht. L. Seuffert S. 390. Die zweiwöchige Wiedereinsetzungsfrist beginnt mit dem Tage, an welchem das Hindernis behoben ist. Nach Ablauf eines Jahres seit dem Termine kann die Wiedereinsetzung nicht mehr beantragt werden. § 234 CPO.; L. Seuffert S. 390. Der an das K.Gericht zu richtende Antrag ist dem Gläubiger von Amtswegen zuzustellen, dessen Forderung nachträglich bestritten wird. Ebenso ist die Entscheidung von Amtswegen diesem Gläubiger und dem G.Schuldner zuzustellen. Die Anberaumung eines neuen Prüfungstermins ist ausgeschlossen; die Anordnung der Wiedereinsetzung und der im Vollzuge dieser Anordnung zu bethätigende Eintrag in die Tabelle ersetzt das Bestreiten im Prüfungstermin. Begr. S. 35. Mat. S. 199. L. Seuffert S. 391.

II. Beschwerdeberechtigt — § 73 III — gegen die Gestattung der Wiedereinsetzung ist der Gläubiger, dessen Forderung nachträglich bestritten wurde, gegen die Versagung der G.Schuldner.

Nachtragsverteilung. **§ 166.** (§ 153.)

I. Wenn nach dem Vollzuge der Schlußverteilung Beträge, welche von der Masse zurückbehalten sind, für dieselbe frei werden, oder Beträge, welche aus der Masse gezahlt sind, zur Masse zurückfließen, so sind dieselben von dem Verwalter nach Anordnung des Konkursgerichts auf Grund des Schlußverzeichnisses zur nachträglichen Verteilung zu bringen. Die über die Verwaltung und Verteilung solcher Beträge abzulegende Rechnung unterliegt der Prüfung des Konkursgerichts.

II. Dasselbe gilt, wenn nach der Schlußverteilung oder der Aufhebung des Verfahrens zur Konkursmasse gehörige Vermögensstücke ermittelt werden.

E. I 160. P. 278.

RG 21 S. 339, 25 S. 7; 27 S. 115; 28 S. 69, 36 S. 21.

Die Nachtragsverteilung im Gegensatz zur Abschlags- und Schlußverteilung ist ein Ausnahmeverfahren. Ihrer rechtlichen Natur nach ist sie eine Fortsetzung der Schlußverteilung. § 162 Der Ausschluß bei der Schlußverteilung wirkt auch für die Nachtragsverteilungen fort. Sie sind erforderlich, wenn und so oft sich nach dem Beginne des Vollzugs der Schlußverteilung d. h. nach der Mitteilung der Berechnung für die Schlußverteilung an die berücksichtigten Gläubiger, eine verteilbare Masse ergibt. L. Seuffert S. 369; v. Sarw. S. 751; Willenbch. S. 233; v. Wilm S. 429; Fitting S. 337

1. Verteilbare Masse. Diese kann sich für Nachtragsverteilungen nach dem Vollzuge der Schlußverteilung oder nach der Aufhebung des K.Verfahrens bilden:

1. Wenn zurückbehaltene Beträge für die Masse freigeworden sind: über eine streitig gebliebene Forderung wird im Feststellungs- oder Widerspruchsprozeß zum Nachteil des K.Gläubigers entschieden; § 152, 168 Nr. 1; eine aufschiebend bedingte, im K.Verfahren angemeldete oder zur Aufrechnung verwendete Forderung fällt infolge Nichteintritts der Bedingung aus, § 54 III, 154, 168 Nr. 2, 171; die auflösende Bedingung einer K Forderung, für die der Gläubiger die ihm obliegende Sicherheit nicht geleistet hatte und für welche die Anteile zurückbehalten wurden, tritt ein § 168 Nr 4. Willenbch. S. 233; L. Seuffert S. 370; v. Sarw. S. 752.

2. Wenn aus der K.Masse bezahlte Beträge zur Masse zurückfließen: Die Feststellung einer Forderung wird durch eine Wiederaufnahmeklage aufgehoben; die auflösende Bedingung einer durch Auszahlung von Dividenden gedeckten K.Forderung tritt ein § 66; der Verwalter hat irrtümlich einem Gläubiger mehr bezahlt als ihm gebührte und dieser ist wegen ungerechtfertigter Be-

reicherung rückerstattungspflichtig. L.Seuffert S. 370, 371; Willenbch. S. 234

3. Wenn zur K.Masse gehörige Vermögensstücke — Sachen oder Rechte — ermittelt d. h neu entdeckt werden. Der Verwalter darf von deren Vorhandensein in der K.Masse nichts gewußt haben. RG. 25 S. 7. L. Seuffert S. 371; Willenbch. S. 234; Pet. u. Kl. S. 480; v. Wilm. S. 432.

Der G.Schuldner erlangt nach der K.Aufhebung die freie Verfügung über sein Vermögen und damit auch über die Vermögensstücke zurück, welche, nachträglich ermittelt, zur Nachtragsverteilung gehören. Hat der G.Schuldner durch Rechtsakt über sie verfügt, bevor sie der K.Verwalter zur Nachtragsverteilung zieht, so ist regelmäßig die Nachtragsverteilung ausgeschlossen. RG. 36 S. 21. Der K.Gläubiger, welcher die Eigenschaft eines derartigen Vermögensstückes, Objekt einer Nachtragsverteilung zu sein, kennt und es trotzdem zu seiner Befriedigung in Beschlag nimmt, handelt arglistig und kann von seinen erworbenen Rechten gegenüber der K.Masse keinen Gebrauch machen. RG. 25 S. 7; Kohler S 438; Willenbch. S. 234. AM. Pet. u. Kl. S. 480.

II. Vollzug der Nachtragsverteilung. Die gerichtliche Anordnung ist notwendig, da die Thätigkeit des G.Ausschusses und der G.Versammlung zu Ende ist. Die Anordnung des K.Gerichtes erfolgt von Amtswegen oder auf Antrag eines K.-Gläubigers oder des Verwalters und erstreckt sich auf die Verteilung selbst, auf die Zeit derselben und die Festsetzung der Teilungssumme. v. Sarw. S. 753; Willenbch. S. 234; L. Seuffert S. 371; v. Wilm. S. 430. Der bisherige Verwalter tritt wieder in Funktion und ist auch honorarberechtigt. Lebt er nicht mehr, so muß das Gericht einen Verwalter ad hoc ernennen. § 6 II; Mot. S 386; L. Seuffert S. 372; v. Wilm. S. 431; Willenbch. S. 234. Seuffert Arch. 49 S. 128. Die Ausführung geschieht in der für alle Verteilungen vorgeschriebenen Art — § 167 bis 169 — jedoch ohne die Notwendigkeit einer nochmaligen Bekanntmachung der Summe der Forderungen. Dagegen muß mit Rücksicht auf den Ausschluß allenfallsiger Massegläubiger die nachträgliche Teilungssumme bekannt gemacht werden. § 151, 172. Die unabänderliche Grundlage jeder Nachtragsverteilung bildet das Schlußverzeichnis mit allen seinen präkludierenden Wirkungen. Mot. S. 386. v. Sarw. S. 754; L. Seuffert S. 353; Willenbch. S. 234; v. Wilm. S. 431.

III. Beschwerdeberechtigt — § 73 III — sind gegen die Anordnung einer Nachtragsverteilung der Verwalter und der G.Schuldner, gegen die Ablehnung des Antrages der Verwalter und die beteiligten K.Gläubiger. v. Sarw. S. 753; Willenbch. S 235; v. Wilm. S. 430; Pet. u. Kl. S. 481. AM. L. Seuffert S. 372; Oetker 1 S. 419; Fitting S. 339.

Vollzug der Verteilung.

§ 167. (§ 154.)

Der Vollzug einer jeden Verteilung erfolgt durch den Verwalter.

E. I. 159, 161, 163—165.
RG 21 S. 339.

Die § 167—169 regeln den Vollzug der Abschlags-, Schluß- und Nachtragsverteilungen, die als ein Akt der Exekutive dem Verwalter übertragen sind. Lediglich für die Schlußverteilung — § 161 — ist die Genehmigung des Gerichtes erforderlich

I. Vollzugsorgan ist der Verwalter. Der Gläubiger hat ein Recht auf Auszahlung seiner Dividende in barem Gelde und braucht sich Anweisungen auf die Hinterlegungsstelle nicht gefallen zu lassen. Erfüllungsort für die Leistung der Dividende ist der Ort, wo die Konkursverwaltung geführt wird. § 269 I BGB. L. Seuffert S. 375. Eine Zusendungspflicht besteht nicht; der Gläubiger, dessen Wunsch der Verwalter entspricht, hat die Gefahr und die Kosten der Uebersendung zu tragen. L. Seuffert S. 375. Willenbch. S 235. v. Wilm. S. 432. v. Sarw. S. 735. Rechtsnachfolger, die bezüglich der Forderung eingetreten sind, haben sich als solche zu legitimieren. § 410, 412, 2353 BGB. L. Seuffert S. 375.

II. Der Vollzug der Verteilung beginnt mit der Mitteilung des festgesetzten Prozentsatzes oder des entfallenden Dividendenbetrages an jeden K Gläubiger. Der Verwalter kann dabei den Gläubigern einen Termin oder eine Frist zur Erhebung des Geldes setzen, muß dieses aber auch zu einer andern Zeit auszahlen. v. Sarw. S. 755. Willenbch. S. 235.

III. Vollzugsstreitigkeiten zwischen einem erhebungsberechtigten Gläubiger — § 151 — und dem Verwalter, deren Behebung im Aufsichtswege durch das K.Gericht nicht möglich ist, — § 83, 84 — werden im Prozeßwege erledigt. Der Gläubiger kann gegen den Verwalter auf Zahlung, der Verwalter gegen den Gläubiger auf Erhebung seines Anteils klagen. RG. JW. 1896 S. 34. L. Seuffert S. 374; v. Wilm. S. 432; v. Sarw. S. 755; Pet. u. Kl. S 482; Willenbch. S. 235.

Zurückbehaltung von Anteilen.

§ 168. (§ 155)

Die Anteile

1. auf Forderungen, welche in Folge eines bei der Prüfung erhobenen Widerspruchs im Prozesse befangen sind,
2. auf Forderungen, welche von einer aufschiebenden Bedingung abhängen,

3. auf Forderungen, für welche eine abgesonderte Befriedigung beansprucht und der Vorschrift des § 153 Abs. 2 genügt ist,
4. auf Forderungen unter auflösender Bedingung, sofern der Gläubiger zu einer Sicherheitsleistung verpflichtet ist und die Sicherheit nicht leistet,

werden zurückbehalten.

E. I. 162, 153. P. 246 fg., 250 fg., 255.
RG. 5 S. 395; 8 S. 94; 21 S. 339.

Diese Vorschrift enthält das Zurückbehaltungsgebot für die bezeichneten Forderungsanteile. Die Zurückbehaltung darf nur aus einem der Gründe des § 168 erfolgen. Der Streit, ob für die im Verzeichnis aufgenommenen Forderungen der Anteil zurückzubehalten oder auszuzahlen ist, ist im Prozesse auszutragen. RG. 21 S. 338; L. Seuffert S. 380; v. Wilm. S. 433. Die Zurückbehaltung dauert bis zum Wegfall des Zurückbehaltungsgrundes. Die Bestimmungen in Nr. 1, 2 und 4 gelten für alle Verteilungen, in Nr. 3 nur für Abschlagsverteilungen. Willenbch. S. 236; L. Seuffert S. 377.

I. Nr. 1. Dieser Zurückbehaltungsgrund gilt für alle im Prozesse befangenen, vom Verwalter oder einem Gläubiger widersprochenen Forderungen. Der Rechtsstreit auf den Widerspruch des G.Schuldners allein hindert die Auszahlung nicht.

1. Die nicht mit einem Vollstreckungstitel versehenen, bestrittenen Forderungen werden an und für sich nur berücksichtigt, wenn bis zum Ablauf der Ausschlußfrist der nach § 152 erforderliche Nachweis dem Verwalter geführt wird. Bei erbrachtem Nachweis sind die Anteile zurückzubehalten, bis alle Widersprüche beseitigt sind. L. Seuffert S. 376; Willenbch S. 236; v. Wilm. S. 433; v. Sarw. S. 757.

2. Die mit einem Vollstreckungstitel versehenen, widersprochenen Forderungen — § 146 VI — werden ohne Rücksicht auf den Widerspruch insolange durch Auszahlung der Dividendenanteile berücksichtigt, bis der Opponent den Titel der Forderung rechtskräftig beseitigt. L. Seuffert S. 376. Betreibt aber der Opponent oder einer von mehreren das Verfahren — § 146 VI — so werden die Anteile zurückbehalten. Zu diesem Behufe muß der Opponent dem Verwalter die Verfolgung des Widerspruches nachweisen; er ist hiebei an die Ausschlußfrist des § 152 nicht gebunden. Die Zurückbehaltung dauert bis zur rechtskräftigen Entscheidung über den erhobenen Widerspruch. Wird dem Widerspruche des Opponenten stattgegeben, so bleibt die Forderung unberücksichtigt. Wird der Widerspruch zurückgewiesen, so erfolgt Auszahlung, gleichviel, ob noch andere, die den Widerspruch im Klageweg nicht verfolgt haben, widersprochen haben. L. Seuffert S. 377; v. Wilm. S. 433; Willenbch. S. 236; v. Sarw. S. 756.

II. Nr 2. § 67, 154, 156. Die Zurückbehaltung bei der Schlußverteilung ist nur zulässig, wenn die Möglichkeit des Eintritts der Bedingung nicht so entfernt ist, daß die Forderung keinen gegenwärtigen Vermögenswert hat. § 154 II. L. Seuffert S. 377.

III. Nr 3. Diese Vorschrift gilt nur für Abschlagsverteilungen. § 153 II, 156. Bei der Schlußverteilung wird die Forderung des Absonderungsberechtigten nur berücksichtigt, wenn der Verzicht auf das Absonderungsrecht oder der bei der abgesonderten Befriedigung erlittene Ausfall nachgewiesen ist. § 153 I. L. Seuffert S. 377; v. Sarw. S. 758; v. Wilm S. 433.

IV. Nr. 4. Der Verwalter hat zu beweisen, ob den Gläubiger aus der auflösend bedingten Forderung nach bürgerlichem Recht eine Verpflichtung zur Sicherheitsleistung trifft. § 66. L. Seuffert S. 377; v Sarw. S. 758; v Wilm. S. 434; Endemann BGB. 1 S. 328. Die Hinterlegung dauert bis zur Entscheidung, ob die Bedingung eintritt, die Anteile kommen eventuell zur Nachtragsverteilung. § 166.

Hinterlegung.

§ 169. (§ 156.)

Die Beträge, welche bei dem Vollzuge der Schlußverteilung zurückzubehalten sind, oder welche bis zu diesem Zeitpunkte nicht erhoben werden, hat der Verwalter nach Anordnung des Gerichts für Rechnung der Beteiligten zu hinterlegen.

E. I. 165, 169.

I. Hinterlegung. Für die nur bei den Abschlagsverteilungen zurückbehaltenen Beträge gilt § 132 I. Sie bleiben in der Masse und etwaige Zinserträgnisse wachsen dieser, nicht den Gläubigern zu. L. Seuffert S. 380; Willenbch. S 237; v. Wilm S. 434. Die hier angeordnete Hinterlegung erstreckt sich auf die bei dem Vollzuge der Schlußverteilung nach § 168 Nr. 1, 2, 4 zurückbehaltenen oder die bis zu diesem Zeitpunkte, d h. von Beginn bis zum Ende des Vollzuges der Schlußverteilung, nicht erhobenen Dividenden beträge, gleichviel ob sie aus der Schlußverteilung oder aus früheren Abschlagsverteilungen stammen. L Seuffert S. 380. v. Wilm S. 435. AM. v Sarw. S 760; Willenbch. S. 237, welche die Hinterlegung sofort nach der Mitteilung der Berechnung für die Schlußverteilung für geboten erachten. Die Hinterlegung erfolgt für Rechnung der Beteiligten, die Gefahr und Kosten der Hinterlegung tragen, aber auch die erwachsenen Zinsen ziehen. Willenbch. S. 237. Auf die Hinterlegung, die nicht nur bei der amtlichen Hinterlegungsstelle, sondern auch bei einer Privatbank angeordnet werden kann, sind die Vorschriften der § 375—381 BGB. analog anwendbar Der Verwalter darf auf das Recht zur Zurücknahme nur verzichten, wenn ein Betrag zur Auszahlung an den Gläubiger reif ist. L. Seuffert S. 381.

II. Verfahren Die Hinterlegung erfolgt nach Anordnung des Gerichtes durch den Verwalter Sie dauert bis zur Beseitigung des Hindernisses, das der Auszahlung entgegensteht. Nach der Beseitigung des Hindernisses steht aber dem KGericht nicht die Befugnis zu, dem Bezugsberechtigten eine Frist zur Erhebung unter Androhung des Verlustes zu bestimmen. v. Sarw. S. 761; Pet. u. Kl. S. 484; Willenbch. S. 237.

III. Beschwerdeberechtigt — § 73 III — gegen die gerichtliche Anordnung und ihre Modalitäten — Ort und Art der Hinterlegung — sind die Beteiligten, der Bezugsberechtigte, der Verwalter und die übrigen K.Gläubiger, die wegen des eventuellen Rückfließens der Beträge zur Masse ein Interesse an der ordnungsgemäßen Hinterlegung haben. L. Seuffert S. 380; Willenbch. S. 237; v. Sarw. S. 761; Pet. u. Kl. S. 484. AM. Fitting S. 345; Oetker 1 S. 420.

§ 170. (§ 157.)

Zahlungen auf festgestellte bevorrechtigte Forderungen kann der Verwalter mit Ermächtigung des Gerichts unabhängig von den Verteilungen leisten.

E. I. 150. P. 240.

RG. 29 S. 80.

I. Diese Bestimmung gestattet aus Billigkeitsrücksichten ohne Statuierung eines Klagerechtes außerhalb des eigentlichen Verteilungsverfahrens mit gerichtlicher Ermächtigung die Zahlung auf festgestellte bevorrechtigte Forderungen durch den Verwalter vor Berechnung der Dividende. Mot. S. 373. Das KGericht entscheidet nach freiem Ermessen und wird die Ermächtigung in der Regel zu erteilen haben, wenn die Forderung und das Vorzugsrecht festgestellt ist und die Befriedigung anderer mit besserem Vorzugsrechte vorgehender oder gleichberechtigter Gläubiger nicht gefährdet wird. v Sarw. S. 763; L. Seuffert S 367.

II. Beschwerdeberechtigt — § 73 III — gegen die Ablehnung des Antrags sind der Verwalter oder der antragstellende Gläubiger, gegen die Genehmigung der Auszahlung die hiedurch gefährdeten Gläubiger. v Sarw. S. 762; Willenbch. S. 238; v. Wilm. S. 436. AM. Oetker 1 S. 493.

§ 171. (§ 158.)

Beträge, welche zur Sicherstellung eines bedingt zur Aufrechnung befugten Gläubigers nach Maßgabe des § 54 Abs. 3 hinterlegt worden sind, fließen für die Schlußverteilung zur Konkursmasse zurück, wenn die Möglichkeit des Eintritts der Bedingung eine so entfernte ist, daß die bedingte Forderung einen gegenwärtigen Vermögenswert nicht hat.

P. I. 153. Nov. § 158. Begr. 35.

Der § 171 in seiner nunmehrigen durch die Novelle geschaffenen Fassung wendet die Vorschrift in § 154 II für eine aufschiebend bedingte Forderung ohne Compensationsverhältnis auch auf den Fall an, daß ein Schuldner des G.Schuldners gegen seine Schuld mit einer ihm zustehenden aufschiebend bedingten Forderung aufrechnen will, seine Schuld bezahlt und dagegen Sicherheit für die Aufrechnung nach § 54 III durch Hinterlegung eines Betrages erlangt hat. Begr. S. 35. v. Wilm. S. 437. Die hinterlegten Beträge fließen für die Schlußverteilung zur K.Masse zurück, wenn die Bedingung bei der Schlußverteilung noch in der Schwebe ist und die Berücksichtigung der Forderung wegen Unwahrscheinlichkeit des Eintritts der Bedingung ausgeschlossen ist. L. Seuffert S. 231 u. 358.

Ausschließung der Masseansprüche.

§ 172. (§ 159.)

Masseansprüche, welche nicht bis zu der Festsetzung des Prozentsatzes oder der Beendigung des Schlußtermins oder der Bekanntmachung einer Nachtragsverteilung zur Kenntnis des Verwalters gelangt sind, können nicht auf den Massebestand geltend gemacht werden, welcher zur Auszahlung des festgesetzten Prozentsatzes erforderlich ist oder den Gegenstand der Schlußverteilung oder der Nachtragsverteilung bildet.

E. I. 153.
RG. 2 S. 24; 32 S. 74.

I. Die Präklusion der Masseansprüche — Massekosten und Masseschulden — § 58, 59 — hat zur Voraussetzung, daß der Anspruch nicht rechtzeitig zur Kenntnis des Verwalters gelangt. Sie schließt die Massegläubiger von dem bezeichneten Massebestande aus, beseitigt aber nicht den persönlichen Anspruch der ausgeschlossenen Massegläubiger an den G.Schuldner. v. Wilm. S. 437; v. Sarw. S. 766; vgl. § 57. Die berücksichtigten K.-Gläubiger sind gegen einen Rückforderungsanspruch seitens der präkludierten Massegläubiger gesichert. L. Seuffert S. 241. Die ihm rechtzeitig, gleichviel in welcher Form bekannt gewordenen Masseansprüche hat der Verwalter bei eigener Verantwortlichkeit zu befriedigen und können die nicht befriedigten Massegläubiger gegen ihn Arrest erwirken — § 917, 920 CPO. — und gegen die berücksichtigten K.Gläubiger wegen ungerechtfertigter Bereicherung klagen. v. Sarw. S. 765; v. Wilm. S. 437; Pet. u. Kl. S. 487; Willenbch. S. 238; RG. 34 S. 74; RG. JW. 1895 S. 185.

II. Die Präklusion tritt ein:

1. bei Abschlagsverteilungen mit dem Zeitpunkt der Mitteilung des festgesetzten Prozentsatzes an die Gläubiger und mit der Wirkung des Ausschlusses von dem zur Auszahlung des Prozentsatzes erforderlichen Betrag, nicht von der übrigen Restmasse. § 152, 155, 159 II.

2. bei der Schlußverteilung mit dem Schlusse des Schlußtermins — § 136 IV CPO Sie erstreckt sich hier auf die ganze Masse, welche zur Schlußverteilung kommt, nicht aber auf die Werte der Nachtragsverteilung. Eine Wiedereröffnung des Schlußtermins nach § 156 CPO. gibt es nicht. v. Sarw. S. 765. Willenbch. S. 238; Pet. u. Kl. S. 486.

3. bei Nachtragsverteilungen mit dem Zeitpunkt der Bekanntmachung der Nachtragsverteilung. § 76. Die Ausschließung umfaßt die sämtlichen bei der Nachtragsverteilung auszuzahlenden oder zurückzubehaltenden Beträge. L. Seuffert S. 371; v. Sarw S. 766; v. Wilm. S. 438; Willenbch. S. 239.

Sechster Titel.

Zwangsvergleich.

Vorbemerkung.

Die in jedem Konkursverfahren mit Ausnahme des Konkurses über eine Genossenschaft — § 116 des Reichs-Gesetz vom 1. Mai 1889 betr die Erwerbs- und Wirtschaftsgenossenschaften in der Fassung vom 20. Mai 1898 — RGBl. S. 836 — zulässige Zwangsvergleich ist eine ordnungsgemäße Erledigung des Verfahrens mit der Wirkung, daß die K.Forderungen aller nicht bevorrechtigten K.Gläubiger — der zustimmenden oder nicht zustimmenden, gleichviel, ob sie am K.Verfahren sich beteiligt haben oder nicht — auf die Höhe der Vergleichsdividende beschränkt werden, die Rechte der Gläubiger gegen Mitschuldner und Bürgen des G Schuldners, sowie die Rechte aus einer Forderungssicherung durch Pfandrecht, Hypothek, Grund oder Rentenschuld unberührt bleiben. § 193. Der Zwangsvergleich ist ein zwischen dem G Schuldner und dem Gläubiger geschlossener Vertrag, durch welchen nach Zustimmung der Mehrheit der Gläubiger auf Grund einer vor dem Gerichte nach vorhergegangener sachlicher Prüfung erfolgten Bestätigung alle nicht bevorrechtigten Gläubiger gebunden werden. L. Seuffert S. 400, 406; v. Sarw. S. 767; Willenbch. S. 240; Pet. u. Kl. S. 489. AM. v Wilm. S. 439, der dem bestätigten Vergleiche Judikatseigenschaft zuerkennt

Das Verfahren gliedert sich in die richterliche Prüfung, ob keine Zurückweisungsgründe bestehen, § 173—176, in die Anberaumung des Vergleichstermines, in die Abstimmung nach Summen- und Personenmajorität, § 177 - 183, die Konstatierung des Abstimmungsresultates und der Annahme des Vergleiches, § 184, und den zu verkündenden gerichtlichen Beschluß über Verwerfung oder Bestätigung des Vergleiches, § 185—189. Nachdem die Bestätigung des Vergleiches rechtskräftig geworden ist, tritt die Aufhebung des K.Verfahrens ein, § 189—195, dessen Wiederaufnahme aus dem Grunde der rechtskräftigen Verurteilung des G Schuldners wegen betrüglichen Bankerutts in § 197—201 vorgesehen ist.

Die Novelle hat die Zusammenlegung der ersten G Versammlung, des allgemeinen Prüfungs und des Vergleichstermins ausdrücklich gestattet, § 110, 180, andererseits die Vorschriften über den Zwangsvergleich wesentlich verschärft, die Unzulässigkeit bereits angenommen, wenn gegen den G Schuldner wegen betrüglichen Bankerutts eine gerichtliche Untersuchung anhängig ist, § 175 Nr. 2, durch die Neufassung des § 179 eine bessere Information der K.Gläubiger ermöglicht, den zustimmenden Ehegatten des G-Schuldners oder dessen Sonderrechtsnachfolger bei Berechnung der Majoritäten ausgeschlossen, § 183, und, ausgehend von der Ansicht, daß nur der redliche G.Schuldner der Wohlthat des Zwangsvergleiches teilhaftig werden soll, in § 187 für das Gericht einen weiteren obligatorischen und außerdem einen fakultativen Verwerfungsgrund geschaffen.

Aus der Einreichung des Vergleichsvorschlags ergeben sich besondere Wirkungen auf den Gang des Verfahrens nach § 110 II, 130, 133 Nr. 1, 135 II, 160.

Die Einstellung des K.Verfahrens auf Grund Zustimmung aller Gläubiger — § 202 — ist kein Zwangsvergleich, daher auch ohne dessen rechtliche Wirkungen aus § 193, 194. v Sarw. S. 776.

Zeitliche Zulässigkeit. § 173. (§ 160.)

Sobald der allgemeine Prüfungstermin abgehalten und so lange nicht die Vornahme der Schlußverteilung genehmigt worden ist, kann auf den Vorschlag des Gemeinschuldners zwischen diesem und den nicht bevorrechtigten Konkursgläubigern ein Zwangsvergleich geschlossen werden.

E. I. 166. P. 181, 185, 197

RG. 14 S. 178, 23 S. 43.

Sammlung 9 S. 43, 461.

I. Zeitliche Zulässigkeit Der Z.Vergleich ist erst möglich nach Gewinnung einer sicheren Grundlage für den Umfang der Gläubigerschaft, sohin nach erfolgter Anmeldung und Prüfung der K Forderungen. Der Vergleich kann daher frühestens nach Abhaltung des allgemeinen Prüfungstermins — § 110 II, 180 — spätestens vor der Genehmigung des K.Gerichtes, daß die Schlußverteilung einzuleiten und der Schlußtermin abgehalten werden soll, § 161 II, 162, abgeschlossen werden. Der nach der Genehmigung eingereichte Z.Vorschlag ist als unzulässig zurückzuweisen. Pet. u. Kl. S 491; Willenbch S 239; v Wilm. S. 441; L. Seuffert S. 413.

II. Beteiligt am Z.Vergleichsverfahren sind der G.Schuldner, die nichtbevorrechtigten K.Gläubiger — § 61 Nr 6 — nicht aber die bevorrechtigten Gläubiger — § 61 Nr. 1—5, 191 II — die Massegläubiger — § 191 I —, die Aussonderungsberechtigten

— § 43 — und die nicht als K.Gläubiger aufgetretenen Absonderungsberechtigten — § 4, 64, 193. Der Z.Vergleich beseitigt das Absonderungsrecht nicht und wirkt nur hinsichtlich des Ausfalls. Dagegen unterstellt der Verzicht auf das Absonderungsrecht die Forderung vollständig der Wirkung des Zwangsvergleiches. RG. 23 S. 43; RG. Bolze 11 Nr. 933; v. Sarw. S. 775; Pet. u. Kl. S. 492. Das Stimmrecht des Absonderungsberechtigten bemißt sich nach § 96.

III. Antragsberechtigt ist ausschließlich der G.Schuldner in Person oder dessen gesetzlicher Vertreter oder Bevollmächtigter, nicht aber der Vergleichsbürge. Bei Handelsgesellschaften kann der Z.Vergleich nur auf Vorschlag aller persönlich haftenden Gesellschafter, beim Nachlaßkonkurs nur auf Vorschlag aller Erben geschlossen werden. § 211, 230. Der Antrag kann schriftlich oder zu Protokoll des Gerichtsschreibers von der K.Eröffnung an bis zur gerichtlichen Genehmigung der Schlußverteilung gestellt werden. § 178; § 496, 501, 503 CPO.

IV. Zurücknahme. Kraft der Vertragsnatur des Z.Vergleichs ist der Vergleichsvorschlag bis zur erfolgten Annahme zurückziehbar. § 176, 182; L. Seuffert S. 415; v. Sarw. S. 767; Pet. u. Kl. S. 489; Willenbch. S. 240. AM. v. Wilm. S. 439, der die Zurücknahme bis zur gerichtlichen Bestätigung nach der Judikatseigenschaft des Vergleiches zuläßt. Der Tod des G.Schuldners bewirkt den Wegfall des Vergleichsvorschlages, wenn nicht dessen Aufnahme durch alle Erben erfolgt. § 230. Pet. u. Kl. S. 494; Willenbch. S. 240. Das Ableben nach der Annahme ändert an der Rechtswirkung und der Notwendigkeit der Bestätigung nichts. v. Sarw. S. 781; v. Wilm. S. 445.

Inhalt des Vorschlags. § 174. (§ 161.)

Der Vergleichsvorschlag muß angeben, in welcher Weise die Befriedigung der Gläubiger erfolgen, sowie ob und in welcher Art eine Sicherstellung derselben bewirkt werden soll.

E. I. 167. P. 181 III, 200.

Der Z.Vergleich bezweckt die Beseitigung des K.Verhältnisses durch die Befriedigung der Gläubiger. Es läßt die Qualität und den Rechtsgrund der Forderungen unberührt. v. Wilm. S. 443. Die Befriedigung kann durch den G.Schuldner oder einen Dritten erfolgen. L. Seuffert S. 414.

I. Wesentlicher notwendiger Inhalt des Z.Vergleichsvorschlages, der die Grundlage des Vergleichsverfahrens zu bilden hat, ist demnach die bestimmte Angabe:

1. in welcher Weise die Befriedigung der Gläubiger erfolgen,

2. ob und in welcher Weise eine Sicherstellung derselben bewirkt werden soll. Ein Vergleich des Inhaltes, daß das Geschäft des G.Schuldners auf Rechnung der Gläubiger fortgeführt werden

soll, ist nicht zulässig. v. Sarw. S. 777. Ebensowenig kann die Erfüllung des Vergleiches, die kein Teil des K.Verfahrens ist, zur Bedingung der Aufhebung des Verfahrens gemacht werden. v. Wilm. S. 443. Mangels des notwendigen Inhaltes ist der Vorschlag zurückzuweisen. Die Zurückweisung ist aber keine Verwerfung im Sinne des § 176 und schließt eine neue Vergleichsofferte nicht aus. Bis zur Abstimmung — § 182 — ist eine Aenderung des Vorschlages wohl möglich, setzt aber zur Information der Gläubiger eine neue öffentliche Bekanntmachung voraus, daß der abgeänderte Vorschlag auf der Gerichtsschreiberei zur Einsicht aufliegt. § 179 II. Die Stellung ungünstigerer Bedingungen, als im Erstvorschlage enthalten, bedeutet die Zurücknahme des bisherigen und die Einreichung eines neuen Vorschlags. Pet. u. Kl. S. 493; Willenbch. S. 241.

II. Beschwerdeberechtigt — § 73 III — gegen die Zurückweisung ist der G.Schuldner.

Unzulässigkeitsgründe. **§ 175.** (§ 162.)

Ein Zwangsvergleich ist unzulässig:

1. so lange der Gemeinschuldner flüchtig ist oder die Ableistung des Offenbarungseides verweigert;
2. so lange gegen den Gemeinschuldner wegen betrüglichen Bankerutts eine gerichtliche Untersuchung oder ein wiederaufgenommenes Verfahren anhängig ist;
3. wenn der Gemeinschuldner wegen betrüglichen Bankerutts rechtskräftig verurteilt worden ist.

E. I. 168. P. 189. Nov. § 162. Mat. 200, 304.

Der Zwangsvergleich enthält eine Begünstigung des G.Schuldners und einen Eingriff in die wohlerworbenen Rechte der Gläubiger und setzt daher voraus, daß der G.Schuldner nicht unredlich gehandelt und seinen Gläubigern einen Ueberblick über die Aktivmasse nicht versagt hat. v. Sarw. S. 778. Die hier statuierten Unzulässigkeitsgründe deren Vorhandensein das Gericht von Amtswegen festzustellen hat, bewirken die Zurückweisung des unzulässigen Vorschlages, wogegen der G.Schuldner beschwerdeberechtigt ist. § 73 III; § 75. Willenbch. S. 241.

I. Zu Nr. 1. Mit dem flüchtig gegangenen oder die Ableistung des Offenbarungseides verweigernden G.Schuldner ist der Z.Vergleich nicht durchführbar. Flüchtig ist der G.Schuldner auch dann, wenn er sich ohne gerichtliche Genehmigung von seinem Wohnorte entfernt und, sofern sein Aufenthalt bekannt ist, auf Aufforderung nicht zurückkehrt. Die Rückkehr beseitigt das Hindernis. § 101, 125; v. Sarw. S. 778. v. Völd. 2. S. 547; L. Seuffert S. 416.

II. Zu Nr. 2. Eingefügt durch die Nov., da sich oft erst im Laufe des K.Verfahrens herausstellt, ob eine Untersuchung einzuleiten ist, ist nunmehr bereits mit dem Anhängigsein einer gerichtlichen Untersuchung gegen den G.Schuldner wegen betrüglichen Bankerutts der Z.Vergleich unzulässig. § 239; Mat. S. 304. 176 fg., 402, 410 II StPO. L. Seuffert S. 416.

III. Zu Nr. 3. Die in dem gegenwärtigen Konkursfall ergangene rechtskräftige Verurteilung des G.Schuldners aus § 239 beseitigt die Zulässigkeit des Vergleiches für dieses K.Verfahren überhaupt. Die Verurteilung zu einem anderen Konkurse ist kein Hindernis. v. Sarw S. 779; Willenbch. S. 241; L. Seuffert S. 416; Pet. u. Kl. S 495. AM. v. Wilm. S. 444. Eine Begnadigung ist einflußlos. Die Verurteilung wegen einfachen Bankerutts kann nur einen Verwerfungsgrund bilden. § 240, 187, 188. Die Wirkung des nachträglichen Eintritts der Thatumstände in Nr. 2 und 3 sehen § 186 Nr. 2 und § 197 vor.

Vorprüfung des V.Vorschlages.

§ 176. (§ 163.)

Auf Antrag des Verwalters und, wenn ein Gläubigerausschuß bestellt ist, des letzteren kann das Gericht den Vergleichsvorschlag zurückweisen, wenn bereits in dem Konkursverfahren ein Vergleichsvorschlag von den Gläubigern abgelehnt oder von dem Gerichte verworfen oder von dem Gemeinschuldner nach der öffentlichen Bekanntmachung des Vergleichstermins zurückgezogen worden ist.

E. I. 168 Nr. 3. 170. P. 189 Nr. 3.
RG. 20 S. 109.

I. Vorprüfung durch Verwalter und Ausschuß. Ist diese Vorprüfung des Vorschlages auf Betreiben des G.Schuldners nicht schon vor der Einreichung bei Gericht erfolgt, so hat das Gericht beim Vorhandensein einer der 3 Voraussetzungen des § 176 den Vorschlag, ehe es eine weitere Verfügung trifft, zunächst dem Verwalter, der sich mit dem Ausschusse hierüber zu benehmen hat, unter Bestimmung einer Frist zur Erklärungsabgabe mitzuteilen. Das Gericht ist ohne Antrag des Verwalters und des Ausschusses, falls ein solcher bestellt ist, zur Zurückweisung nicht berechtigt, jedoch trotz dieses Antrages hiezu nicht verpflichtet Die Zurückweisung wirkt nicht präklusiv und der Vorschlag kann jeder Zeit mit gleichem oder verbessertem Inhalt wiederholt werden. v. Sarw. S. 780; v Wilm S. 445; Willenbch. S. 242; L. Seuffert S. 417.

II. Beschwerdeberechtigt — § 73 III — sind gegen die Zurückweisung des V Vorschlages der G Schuldner, gegen die Ablehnung des Antrages auf Zurückweisung der Verwalter und der G Ausschuß.

Z.Vergleichsverfahren. **§ 177.** (§ 164.)

I. Wird der Vergleichsvorschlag nicht zurückgewiesen, so hat der Gläubigerausschuß sich über die Annehmbarkeit des Vorschlags zu erklären.

II. Erklärt der Gläubigerausschuß den Vorschlag nicht für annehmbar, so ist ein Widerspruch des Gemeinschuldners gegen die Verwertung der Masse nicht zu berücksichtigen.

E. I. 169. 171.

RG. 20 S. 109.

I. Die Zurückweisung des Vergleichsvorschlages erfolgt von Amtswegen mangels genügender Substanziierung — § 174 — und aus den Unzulässigkeitsgründen des § 175, ferner nach Antrag § 176. Liegt ein solcher Zurückweisungsgrund nicht vor, so wird das Z.Vergleichsverfahren — § 177—180, § 182—189 — durchgeführt.

II. Das Verfahren beginnt mit der Aufforderung des Gerichtes an den G.Ausschuß zur Erklärung über die Annehmbarkeit des Vergleichsvorschlages. v. Wilm. S. 446. Diese Erklärung hat nur die Bedeutung eines nicht erzwingbaren Gutachtens. § 178, 179. L. Seuffert S. 418; Willenbch. S. 242 Die Einvernahme des Verwalters, den der Ausschuß ebenso wie den G.Schuldner, über den Vorschlag hören kann, ist nicht vorgeschrieben. Auch bei Nichteingang einer Erklärung oder bei einem ablehnenden Gutachten erfolgt die Fortsetzung des Verfahrens und die Entscheidung über den Vorschlag durch Abstimmung in der G.Versammlung. Die ablehnende Erklärung des G.Ausschusses beseitigt den Widerspruch des G.Schuldners gegen die Verwertung der Masse; bei Nichteingang einer Erklärung kann jedoch das Gericht die Fortsetzung der Verwertung vorläufig untersagen § 135 II. L. Seuffert S 418; v. Sarw. S. 781; v. Wilm. S. 446; Pet. u. Kl. S. 497; Willenbch. S. 242. AM. Fitting S. 356. Das Recht des Gerichtes, die Schließung des Geschäftes auf Antrag des G.Schuldners nach Einreichung des V.Vorschlages zu untersagen, ist von der Erklärung des Ausschusses unabhängig. § 130 II.

§ 178. (§ 165.)

Der Vorschlag und die Erklärung des Gläubigerausschusses sind auf der Gerichtsschreiberei zur Einsicht der Beteiligten niederzulegen.

E. I. 172. P. 181.

RG. 20 S. 109.

Diese Niederlegung dient zur Information der Gläubiger, die auch das Inventar und die Bilanz auf der Gerichtsschreiberei einsehen können. § 124. Sie muß spätestens mit der öffentlichen Bekanntmachung, des Vergleichstermins nach § 179 erfolgen.

§ 179. (§ 166.)

Vorbereitung des Termins.

I. Der Vergleichstermin soll nicht über einen Monat hinaus anberaumt werden. Der Termin ist öffentlich bekannt zu machen. Zu demselben sind der Gemeinschuldner, der Verwalter, sowie unter Mitteilung des Vergleichsvorschlags und des Ergebnisses der Erklärung des Gläubigerausschusses die nicht bevorrechtigten Konkursgläubiger, welche Forderungen angemeldet haben, besonders zu laden.

II. In der Bekanntmachung ist zu bemerken, daß der Vergleichsvorschlag und die Erklärung des Gläubigerausschusses auf der Gerichtsschreiberei des Konkursgerichts zur Einsicht der Beteiligten niedergelegt seien.

E. I. 173, 174. P 181. Nov. § 166. Begr. 36. Mat. 201.
RG. 20 S. 109.

Zur bessern Vorbereitung des Termins und vollständigeren Information der Gläubiger ist nunmehr auch die besondere Ladung des K.Verwalters und des G.Schuldners und die Anführung in der öffentlichen Bekanntmachung, daß Vorschlag und Erklärung des Ausschusses auf der Gerichtsschreiberei zur Einsicht der Beteiligten niedergelegt sind, durch die Novelle angeordnet. Begr. S. 36; Mat. 201.

I. Oeffentliche Bekanntmachung und Ladung. Erstere erfolgt in dem gemäß § 76 bezeichneten Blatt, nicht im Reichsanzeiger. Von Amtswegen sind besonders zu laden der G.Schuldner, der Verwalter und die nicht bevorrechtigten K.Gläubiger, welche Forderungen angemeldet haben Die besondere Ladung wird übrigens durch die öffentliche Bekanntmachung, welche auch als Ladung für den Vergleichsbürgen — § 194 — gilt, für alle Fälle ersetzt. § 76 III. Willenbch. S. 243. Die Ladungsfrist ist vom zweiten Tage nach der öffentlichen Bekanntmachung zu berechnen § 76. Der G.-Schuldner oder ein Vertreter desselben muß im Vergleichstermine anwesend sein. L. Seuffert S. 420; v. Wilm. S 447 unter Bezugnahme auf den Wortlaut des § 173 „Z.Vergleich zwischen dem G.-Schuldner und den K.Gläubigern". Die persönliche Anwesenheit des G.Schuldners ist erzwingbar nach § 100, 101; der Verwalter kann ihn im Termine nicht vertreten. AM. Willenbch. S. 243; Fitting S. 358; welche die Anwesenheit des G Schuldner oder eines Vertreters desselben im Termine nicht für notwendig erachten, so daß der schriftliche V Vorschlag die Grundlage der Erörterung und Abstimmung zu bilden hat. Dagegen ist die Anwesenheit des Verwalters nicht schlechtweg erforderlich, wohl aber in den meisten Fällen schon im Interesse der Sache unerläßlich. Willenbch. S. 243; Pet. u. Kl. S 499; v. Wilm. S 447.

II. Verfahren im Vergleichstermin; Feststellung der Stimmrechte — § 182 Nr. 2 — soweit dies nicht schon im Prüfungstermin geschehen ist. § 95 II, 96; dann Begründung des V Vorschlages durch den zur Auskunftserteilung verpflichteten G.-Schuldner § 100, 101 — oder dessen Vertreter; hierauf auf Verlangen der K Gläubiger Erklärung des Verwalters und der Ausschußmitglieder über die Annehmbarkeit des Vorschlages und die Masseverhältnisse und hieran anschließend die Abstimmung über den Vorschlag, dessen Fassung ein Stimmen mit Ja oder Nein ermöglichen muß, eventuell in getrennten Abstimmungen über die verschiedenen selbständigen Stipulationen und dann in einer Schlußabstimmung über die angenommenen Stipulationen. v Wilm. S. 447; v. Sarw. S. 789 Die Stimmabgabe der Gläubiger, deren Legitimation aus der Tabelle hervorgeht, muß im Termine entweder in Person oder durch einen mit schriftlicher Vollmacht versehenen Vertreter erfolgen. Vorherige schriftliche Erklärungen bleiben bei der Abstimmung unberücksichtigt. L. Seuffert S 424 Ueber die Verhandlung ist nach den Vorschriften der § 160, 162, 163 CPO. ein Protokoll aufzunehmen, welches den Hergang der Verhandlung und das Resultat der Abstimmung zu beurkunden hat.

Verbindung der Termine.

§ 180. (§ 167.)

Auf Antrag des Gemeinschuldners und, wenn ein Gläubigerausschuß bestellt ist, des letzteren kann das Gericht den Vergleichstermin mit dem allgemeinen Prüfungstermine verbinden.

E. I. 173.

RG. 20 S. 109.

I. Diese Verbindung des Vergleichstermins mit dem allgemeinen Prüfungstermin dient zur Beschleunigung des Verfahrens, wird aber in der Regel nur bei kleineren Konkursen sich empfehlen. Voraussetzung hierfür ist ein übereinstimmender Antrag des G.Schuldners und des G Ausschusses, falls ein solcher bestellt ist. Die Beschlußfassung über den Vergleichsvorschlag kann jedoch nicht vor Beendigung des Prüfungstermins erfolgen. v. Wilm. S. 448; v Sarw. S. 788. Durch die Ermöglichung der Verbindung der ersten G.Versammlung, des Prüfungs- und des Vergleichstermines — § 110 II -- und die Herabsetzung der Minimalanmeldefrist auf 2 Wochen in § 138 kann nunmehr die Konkursbeendigung durch Zwangsvergleich noch innerhalb Monatsfrist erfolgen. § 76 I, 110, 138. Begr. S. 29, 33.

II. Beschwerdeberechtigt — § 73 III — sind gegen die Ablehnung des Antrages der G.Schuldner und die G.Ausschußmitglieder. v. Sarw. S 785; Willenbch. S. 244. AM. v. Völd. 2 S. 568. L Seuffert S. 420 gibt nur dem G.Schuldner das Beschwerderecht.

Inhalt des Vergleiches.

§ 181. (§ 168.)

Der Vergleich muß allen nicht bevorrechtigten Konkursgläubigern gleiche Rechte gewähren. Eine ungleiche Bestimmung der Rechte ist nur mit ausdrücklicher Einwilligung der zurückgesetzten Gläubiger zulässig. Jedes andere Abkommen des Gemeinschuldners oder anderer Personen mit einzelnen Gläubigern, durch welches diese bevorzugt werden sollen, ist nichtig.

E. I. 176. P. 186 Nr. 3.

RG. 6 S. 68, 228; 14 S. 178; 25 S. 262; 28 S. 96; 29 S. 38; 30 S. 22; 37 S. 144; 39 S. 19, 22; 41 S. 42fg.

Sammlung 9 S. 43.

I. Gleichheit der Rechte. Nach dem konkursrechtlichen Anspruche der Gläubiger auf gemeinschaftliche Befriedigung muß der Vergleich allen von ihm betroffenen nichtbevorrechtigten K.-Gläubigern gleiche Rechte gewähren. Dieses Erfordernis der unbedingten Gleichheit begreift die Höhe der Vergleichsdividende und die Modalitäten der Zahlung in sich. Die Bestellung mehrerer gleichsicherer Bürgen je mit der Haftung für verschiedene Gläubiger oder die Uebernahme der Haftung durch mehrere Bürgen in der Art, daß jeder für einen bestimmten Prozentsatz aller Forderungen einsteht, sind nicht unzulässig. Willenbch. S. 244; Kohler K.Recht S 484. AM. v. Sarw. S. 785.

Der Vergleich trifft alle nicht bevorrechtigten, bekannten oder unbekannten K.Gläubiger ohne Rücksicht, ob sie angemeldet oder nicht angemeldet, zugestimmt oder nicht zugestimmt haben. Die Zurücknahme der Anmeldung oder ein Verzicht auf Befriedigung im K.Verfahren ändert hieran nichts. Nur ein Verzicht auf den Anspruch selbst beseitigt die Vergleichswirkung. v. Wilm. S. 448. Willenbch. S. 244. AM. v. Völd. 2 S 569.

Die Gewährung ungleicher Rechte ist nur mit der Zustimmung aller zurückgesetzten auch der im Vergleichstermine nicht anwesenden Gläubiger zulässig. Die Einwilligung kann mündlich im Termine oder in einer schriftlichen Erklärung erteilt werden, die dann als Nebenabkommen einen Teil des gerichtlichen Vergleiches bildet. L. Seuffert S. 421; v Sarw. S. 786; Willenbch. S. 245.

II. Jedes andere Abkommen des G.Schuldners oder anderer Personen mit einzelnen Gläubigern, durch welche diese z. B. durch Leistung einer besseren Sicherheit oder durch Vollzahlung oder durch Zusage einer höheren Summe als die Vergleichsdividende bevorzugt werden sollen, ist nichtig. Notwendig ist, daß objektiv eine Bevorzugung vorliegt und daß subjektiv das Bewußtsein der Bevorzugung auf Seite des G.Schuldners oder des bevorzugten Gläubigers vorhanden ist. RG. 41 S. 42fg. v. Sarw. S. 787. AM. Mandry S. 418; v. Wilm. S. 449; Willenbch. S. 245, welche das subjektive Erfordernis verneinen. Ohne die Notwendigkeit eines ursächlichen Zusammenhanges zwischen der Bevorzugung und dem

Zustandekommen des Vergleiches, sind derartige, auch verschleierte, Abkommen lediglich wegen der Möglichkeit der Beeinflussung des Zwangsvergleiches absolut nichtig. L. Seuffert S. 422. Diese Nichtigkeit ist nicht heilbar. § 139 BGB Sie tritt auch dann ein, wenn der Z.Vergleich nicht zu Stande kommt oder der bevorzugte Gläubiger sich an der Abstimmung nicht beteiligt. RG. 28 S. 100; 30 S. 22; 37 S 144; 39 S. 19 fg RG. JW. 1893 S. 427; Rass.K 29 S. 1034. Notwendig ist aber, daß sich zur Zeit des Vergleichsabschlusses eine Bevorzugung des Gläubigers z. B durch Aufkaufen seiner Forderung durch Verwandte des G Schuldners zu höherem Preise ergibt. RG. 30 S. 22 — und daß die Vereinbarung mit dem abzuschließenden Vergleiche in Verbindung steht RG JW. 1886 S. 297; 1888 S. 17; 1889 S 69. Nach Abschluß des Z.Vergleiches kann der G Schuldner einzelnen Gläubigern Vollzahlung giltig versprechen. v Sarw S 787; Willenbch. S. 245; v Wilm. S. 450 AM. Pet. u. Kl. S. 502.

Außergerichtliche zur Abwendung des Konkurses abgeschlossene Vergleiche erfordern keine Gleichheit der Rechte und fallen nicht unter § 181 RG. 6 S. 228 JW 86 S. 21; 1887 S. 100; 1894 S. 438; v Sarw. S. 788; v. Wilm. S. 450; Willenbch. S. 246.

III. Wirkung der Nichtigkeit. Infolge der ev. im Prozeßwege festzustellenden Nichtigkeit kann auf Erfüllung der Begünstigungsversprechen nicht geklagt, das Geleistete nicht kondizirt werden. RG. 28 S 99; 30 S. 24; JW. 88 S 17; 1893 S. 269. § 817 BGB. L. Seuffert S. 423. Die Kontrahenten sind bei gegebenem Thatbestand aus § 241, 243 strafbar.

Im Vergleichsverfahren selbst ist der Vergleich von Amtswegen zu verwerfen, wenn für ein derartiges aus dem Vergleiche sich ergebendes Begünstigungsabkommen nicht die Einwilligung aller zurückgesetzten Gläubiger vorliegt. § 186. Andernfalls sind die Gläubiger zu dem Antrage auf Verwerfung berechtigt. § 188 Nr 1.

Annahme des Vergleiches.

§ 182. (§ 169.)

I. Zur Annahme des Vergleichs ist erforderlich, daß

1. die Mehrzahl der in dem Termine anwesenden stimmberechtigten Gläubiger dem Vergleiche ausdrücklich zustimmt, und
2. die Gesamtsumme der Forderungen der zustimmenden Gläubiger wenigstens drei Vierteile der Gesamtsumme aller zum Stimmen berechtigenden Forderungen beträgt.

II. Wird nur eine der Mehrheiten erreicht, so kann der Gemeinschuldner bis zum Schlusse des Termins die einmalige Wiederholung der Abstimmung in einem neuen

Termine verlangen. Das Gericht hat denselben zu bestimmen und im Termine zu verkünden.

E. I 177 P 186 -188.

RG. 4 S. 301, 18 S. 398, 19 S. 362; 20 S. 140, 39 S. 19 fg.

Sammlung 9 S. 43.

Im V Termine reiht sich an die Erörterung über den V.-Vorschlag die Abstimmung und die Konstatierung über die Annahme des Vergleiches.

I. Die Stimmberechtigung ergibt sich aus § 95—97 mit dem Abmaße, daß nur die nicht bevorrechtigten K.Gläubiger stimmberechtigt sind. § 61 Nr. 6, 173. Absonderungsberechtigte nehmen auf den Ausfall am Z.Vergleiche Teil, sind daher auch bei der Berechnung der Stimmenmehrheit nur mit dem mutmaßlichen Ausfall anzusetzen. Pet. u. Kl. S 504 Die Vorberechnung der Summenmehrheit vor dem Termine wird sich empfehlen. Die Entscheidung über die Stimmrechte erfolgt jedoch erst im Termine. Willenbch. S. 247; v. Sarw S. 790 L. Seuffert S 423.

II. Die Annahme des Vergleiches erfordert die Erreichung der Personen- und Summenmajorität:

1. Personenmehrheit: es muß mehr als die Hälfte der im Termine anwesenden oder vertretenen stimmberechtigten Gläubiger dem Vergleiche ausdrücklich zugestimmt haben. Gläubiger, welche sich vor der Abstimmung entfernen oder sich der Stimmabgabe enthalten, gelten als nicht anwesend. RG 20 S. 140; L. Seuffert S. 424; v. Sarw. S. 791; v. Wilm. S 451; Willenbch. S. 247. AM. v. Völd. 2 S. 580. Die Abstimmung durch Bevollmächtigte auf Grund der für das K Verfahren ausgestellten Vollmacht oder durch den gesetzlichen Vertreter ist zulässig. § 54, 81, 83 CPO.; RG. 19 S 362. Nach der K Eröffnung geteilte K Forderungen geben nach der Zahl der Teilgläubiger Personalstimmrechte Bei einer unteilbaren Obligation § 432 BGB.; Mot. II S. 171 fg. — haben die mehreren Mitberechtigten nur ein von ihnen gemeinschaftlich auszuübendes Stimmrecht; falls sie sich nicht einigen, sind sie als nicht stimmend zu behandeln. v. Sarw. S. 792; v. Wilm S. 451; Willenbch. S. 247. Das Stimmrecht bei einer arrest-, zwangs- oder vertragsweise gepfändeten Forderung ist an die Zustimmung des Forderungseigners gebunden und kann nur gemeinschaftlich ausgeübt werden, soferne nicht die Forderung im Zwangsvollstreckungswege an Zahlungsstatt zur Einziehung überwiesen ist. RG. 18 S. 398; Sammlg. 9 S. 43; Mandry S. 421 fg. Die Personenmehrheit berechnet sich nach der Kopfzahl der erschienenen oder vertretenen Gläubiger. Der Bevollmächtigte hat nach der Zahl seiner Mandanten und falls er selbst Gläubiger ist, für sich ein eigenes Personalstimmrecht. Willenbch. S. 247. Der Vergleichsbürge, der zugleich K Gläubiger ist, behält sein Stimmrecht RG. 4 S 301; RG. JW. 1889 T. 154. v. Sarw. S. 793; Willenbch. S. 248.

2. Summenmehrheit: es muß die Gesamtsumme der Forderungen der zustimmenden Gläubiger wenigstens drei Vierteile der Gesamtsumme aller überhaupt stimmberechtigten Forderungen

betragen gleichviel, ob die Gläubiger im Termine erschienen oder nicht erschienen sind, abgestimmt oder sich der Stimmabgabe enthalten haben. Der zustimmende Ehegatte des G.Schuldners ev. dessen Rechtsnachfolger bleibt bei Berechnung der beiden Majoritäten außer Betracht. § 183.

III. Vertagung der Abstimmung. Die Erzielung keiner der beiden Majoritäten beseitigt den Vergleich. Bei Erreichung einer der Majoritäten kann der G.Schuldner die einmalige Wiederholung der Abstimmung in einem neuen sofort zu verkündenden und nicht öffentlich bekannt zu machenden Termine verlangen. In diesem neuen Termin, zu dem Ladungen nicht erforderlich sind, ist die Verhandlung in allen Teilen zu wiederholen; die früheren Erklärungen haben an sich keine Wirkung und eine Abänderung des V.Vorschlages ist nur zu Gunsten der Gläubiger möglich, v. Wilm. S. 453; v. Sarw. S. 793; Pet. u. Kl. S. 508; Willenbch. S. 248. Wird in diesem zweiten Termine wieder nur eine Mehrheit erreicht, so ist der Vorschlag definitiv gefallen und nur unter der Voraussetzung des § 176 ein neuer V.Vorschlag zulässig.

Gegen die Zurückweisung des Vertagungsantrages ist der G.Schuldner beschwerdeberechtigt. § 73 III. L. Seuffert S. 426.

Beschränkung des Ehegattenstimmrechtes.

§ 183.

I. Bei der Berechnung der nach § 182 Abs. 1 Nr. 1, 2 erforderlichen Mehrheiten bleibt der Ehegatte des Gemeinschuldners außer Betracht, wenn er dem Vergleiche zugestimmt hat.

II. Das Gleiche gilt von demjenigen, welchem der Ehegatte des Gemeinschuldners während des Konkursverfahrens oder in dem letzten Jahre vor der Eröffnung des Verfahrens eine Forderung gegen den Gemeinschuldner abgetreten hat, soweit das Stimmrecht auf der abgetretenen Forderung beruht. Diese Vorschrift findet keine Anwendung, wenn der Ehegatte zu der Abtretung durch das Gesetz oder durch einen Vertrag verpflichtet war, welcher früher als ein Jahr vor der Eröffnung des Konkursverfahrens geschlossen wurde.

Nov. § 169 a. Mat. 204, 311.

Im Zusammenhange mit den Normen über die Erschwerung des Zwangsvergleiches und im Anschluß an das frühere preußische Recht, da bei dem zustimmenden reichen Ehegatten möglicherweise fraudulose Tendenzen zu vermuten sind, bestimmt der durch die RTC. eingeführte § 183, daß bei der Berechnung der Summen-

und Personenmajorität des § 182 der dem Vergleiche zustimmende Ehegatte außer Betracht zu bleiben hat. Der gegen den Vergleich stimmende Ehegatte wird in Betracht gezogen.

Dieser Ausschluß bei der Majoritätenberechnung trifft auch den Rechtsnachfolger des Ehegatten unter der Voraussetzung:

1) daß die Forderungsabtretung im letzten Jahre vor der K.Eröffnung — § 108 — oder während des K.Verfahrens erfolgt ist;
2) daß das Stimmrecht auf der abgetretenen Forderung beruht.

Der Ausschluß trifft jedoch den Rechtsnachfolger nicht, wenn der Ehegatte zu der Abtretung durch Gesetz oder Vertrag verpflichtet war und wenn dieser Vertrag früher als ein Jahr vor der K.Eröffnung geschlossen wurde. Dann wird auch der zustimmende Rechtsnachfolger gezählt. Mat. S. 204fg.; 311. L. Seuffert S. 425.

Bestätigung des Gerichts.

§ 184. (§ 170.)

I. Der angenommene Zwangsvergleich bedarf der Bestätigung des Konkursgerichts.

II. Das Gericht entscheidet, nachdem es die Gläubiger, den Verwalter und den Gläubigerausschuß in dem Vergleichstermine oder einem zu verkündenden Termine gehört hat.

E. I. 178, 179. P. 190fg.

RG. 20 S. 109.

I. Die gerichtliche Bestätigung des angenommenen Vergleiches dient zum Schutze der Gläubiger. v. Sarw S. 794. Sie erfolgt nach der Offizialthätigkeit des Gerichtes ohne Antrag. Das Gericht hat den Vergleich von Amtswegen aus den Gründen der § 186, 187, auf Antrag aus den Gründen des § 188 zu verwerfen. Andernfalls muß die Bestätigung des Vergleiches erfolgen. Die Begründung der Entscheidung ist mit Rücksicht auf § 189 ratsam. v. Sarw. S 795; L. Seuffert S. 427.

II. Verfahren Im Vergleichstermin oder ev. in einem zu verkündenden, nicht besonders bekannt zu machenden Termin entscheidet das Gericht nach vorausgegangener obligatorischer Anhörung der Gläubiger, des Verwalters und des Gl.Ausschusses, sowie des G.Schuldners, der stets Beteiligter ist. L. Seuffert S. 427; v Wilm. S. 454 v Sarw S. 794. Diese Anhörung hat die Information für die gerichtliche Entscheidung zu erbringen; doch braucht eine Aeußerung nicht erfolgt zu sein. Die Anträge sind im Termine zu stellen. Schriftliche Anträge werden nur berücksichtigt, wenn sie im Termine von einem der anwesenden Gläubiger vertreten werden. Willenbch. S 249; v. Sarw S. 794; v. Wilm. S. 454; Pet. u. Kl. S. 510.

III. Kosten. § 8, 51 Nr. 2, 95 GKG.; § 56, 58, 59 RGO. Die Kosten des Z.Vergleichsverfahrens sind keine Massekosten. § 58

Nr. 1. Besondere Gerichtsgebühren werden nicht erhoben. Die Barauslagen hat der G.Schuldner als Antragsteller zu tragen. § 81, 84 GKG v. Wilm. S. 238, 454, 468; Willenbch. S. 125 und 255; v. Sarw. S. 501 AM. v. Völd. 1 S. 600.

§ 185. (§ 171.)

Der Beschluß, durch welchen der Zwangsvergleich bestätigt oder verworfen wird, ist zu verkünden.

E. I. 178. P. 171.

Die Verkündung hat, wenn möglich, sofort im Vergleichstermin oder in einem besonderen Verkündungstermin — § 184 II — zu erfolgen. Die Angabe von Gründen bei der Verkündung ist nicht vorgeschrieben, wohl aber mit Rücksicht auf die nach § 189 zulässige sofortige Beschwerde ratsam. Ein besonderer Antrag auf Bestätigung ist nicht notwendig. Die Verwerfung kann nur aus den Gründen der § 186—188 erfolgen, andernfalls ist der Vergleich zu bestätigen. Eine Zustellung an die Beteiligten und eine öffentliche Bekanntmachung ist neben der Verkündung nicht erforderlich. Die Entscheidung des Beschwerdegerichts ist jedoch zuzustellen. § 189, 73 II. v. Wilm. S. 455, 458; v. Sarw. S. 795; L. Seuffert S. 432.

Verwerfung von Amtswegen.

§ 186. (§ 172.)

Der Vergleich ist zu verwerfen:

1. wenn die für das Verfahren und den Abschluß des Vergleichs gegebenen Vorschriften nicht beobachtet sind, und das Fehlende nicht ergänzt werden kann;
2. wenn ein Fall der Unzulässigkeit eines Zwangsvergleichs nachträglich eingetreten ist.

E. I. 180. P. 193.

Diese Verwerfungsgründe sind aus öffentlichem Interesse geschaffen, die Mängel durch Parteiverzicht daher nicht heilbar. Bei Zustimmung sämtlicher Gläubiger ist nur Einstellung nach § 202 möglich. Die Verwerfung erfolgt von Amtswegen ohne Antrag. v. Wilm. S. 456.

I. Zu Nr. 1. Die Formalvorschriften für das Verfahren und den Abschluß des Vergleiches sind in § 173—185 enthalten. Das Gericht entscheidet nach pflichtgemäßem Ermessen, ob die Nichtbeobachtung der einzelnen Vorschrift wesentlich ist und zur Verwerfung zwingt. Die Nachholung des Fehlenden durch nochmalige Abstimmung ist ausgeschlossen. Diese ist überhaupt nur unter der Voraussetzung des § 182 II zulässig. Die Nachholung formaler prozessualer Punkte z. B. Nachbringen einer Vollmacht oder der

Legitimation eines gesetzlichen Vertreters — § 54, 88 CPO — ist zulässig ebenso die Nachbringung der ausdrücklichen Einwilligung sämtlicher zurückgesetzter Gläubiger bei einer Verletzung des § 181. Die Ergänzung des Fehlenden von Amtswegen oder auf Antrag ist auch in der Beschwerdeinstanz zulässig. § 189, § 570 CPO v. Wilm. S. 456; Pet. und Kl. S 511; Willenbch. S. 249.

II. Zu Nr. 2. Diese Bestimmung trifft Fürsorge für den Fall, daß ein Unzulässigkeitsgrund aus § 175 nach dem Schlusse des Vergleichstermines eingetreten ist. v. Sarw S. 798; L Seuffert S 429.

§ 187.

Der Vergleich ist zu verwerfen, wenn er den Gläubigern nicht mindestens den fünften Teil ihrer Forderungen gewährt und dieses Ergebnis auf ein unredliches Verhalten des Gemeinschuldners, insbesondere darauf zurückzuführen ist, daß der Gemeinschuldner durch ein solches Verhalten die Eröffnung des Konkursverfahrens verzögert hat. Der Vergleich kann verworfen werden, wenn das gleiche Ergebnis auf ein leichtsinniges Verhalten des Gemeinschuldners zurückzuführen ist.

Nov. § 172a. Mat. 208 fg. 306.

Der Zwangsvergleich ist wirtschaftlich von großer Bedeutung. Er erhält dem G.Schuldner das Vermögen als Ganzes und ermöglicht ihm dadurch die Fortführung des Geschäftes. Diese Möglichkeit entfällt bei der K.Abwicklung durch Verteilung. Das gewerbsmäßige Konkursmachen mit geringprozentigen Akkorden führte aber zu einer Eindämmung des Z.Vergleiches und damit zur Schaffung eines Zwanges auf den G Schuldner, wenn er sich die Vorteile des Z.Vergleiches wahren will, den Konkurs rechtzeitig anzumelden, sobald er sieht, daß es nicht weitergeht, anstatt, wie bisher, die Masse bis zum Ende herabzuwirtschaften. Aus diesen Momenten ist der Kreis der Gründe, welche im öffentlichen Interesse zur Verwerfung des Vergleiches führen, durch die Schaffung des obligatorischen und fakultativen Verwerfungsgrundes des § 187 erweitert worden. Mat. S 208 fg. 306

I. Obligatorischer Verwerfungsgrund. Der Vergleich muß von Amtswegen, auch wenn alle Gläubiger zugestimmt haben, verworfen werden, wenn er den Gläubigern nicht mindestens den fünften Teil ihrer Forderungen gewährt und dieses Ergebnis auf ein unredliches Verhalten des G.Schuldners, insbesondere darauf zurückzuführen ist, daß der G.Schuldner durch ein solches Verhalten die Eröffnung des K.Verfahrens verzögert hat. Unredliches Verhalten setzt eine vorsätzliche, aktive oder unterlassende

Thätigkeit des G.Schuldners voraus. Lediglich exemplifikativ ist die Hinauszögerung angeführt. Dem Richter ist durch die Aufnahme der Befriedigungsquote von 20 % in das Gesetz ein fester Anhalt gegeben. Der Vergleich kann bestätigt werden, auch wenn er weniger als den fünften Teil der Forderungen gewährt, wenn nur kein unredliches Verhalten des G.Schuldners vorliegt. Mat. S. 215.

II. Fakultativer Verwerfungsgrund. Der Vergleich kann von Amtswegen verworfen werden, wenn er den Gläubigern nicht mindestens den fünften Teil ihrer Forderungen gewährt und dieses Ergebnis auf ein leichtsinniges Verhalten des G.Schuldners zurückzuführen ist. Leichtsinniges Verhalten setzt ein Unbekümmertsein um die weiteren wirtschaftlichen Folgen voraus. RStr. 29 S. 17. Hier will der G.Schuldner das Hinauszögern des Konkurses nicht; die K.Eröffnung ist ihm gleichgiltig. Bei dem unredlichen Verhalten will er die Hinauszögerung der drohenden K.Eröffnung und sein unredliches Verhalten ist das Mittel zur Erreichung dieses Zweckes. Auch bei einer Befriedigungsquote unter 20 % ist die Bestätigung zulässig, wenn ein leichtsinniges Verhalten des G.Schuldners nicht vorhanden ist. Mot. S. 215.

Bei mehreren G.Schuldnern z. B. im Konkurse einer offenen Handelsgesellschaft genügt das unredliche oder leichtsinnige Verhalten eines G.Schuldners als Verwerfungsgrund. L. Seuffert S. 429. Das Correlat zu dieser Neubestimmung ist die Neuaufnahme der Strafnorm in § 240 Nr. 2.

Verwerfung auf Antrag.

§ 188. (§ 173.)

I. Der Vergleich ist auf Antrag eines nicht bevorrechtigten Konkursgläubigers, welcher stimmberechtigt war oder seine Forderung glaubhaft macht, zu verwerfen:

1. wenn der Vergleich durch Begünstigung eines Gläubigers oder sonst in unlauterer Weise zu Stande gebracht ist;
2. wenn der Vergleich dem gemeinsamen Interesse der nicht bevorrechtigten Konkursgläubiger widerspricht.

Der Antrag ist nur zuzulassen, wenn die Thatsachen, auf welche derselbe gegründet wird, glaubhaft gemacht werden.

E. I. 180. P. 193.

RG. 39 S. 21 fg; 41, 42.

Die Verwerfung kann nur auf den bis zur Verkündung des Bestätigungsbeschlusses zulässigen Antrag eines nicht bevorrechtigten Gläubigers erfolgen, dessen Forderung durch den Z.Vergleich ergriffen wird. Voraussetzung ist aber, daß der Gläubiger zur Zeit der Abstimmung stimmberechtigt war oder seine Forderung glaubhaft macht, gleichviel ob diese geprüft oder angemeldet ist. Selbst ein zustimmender Gläubiger kann den Antrag auf Verwerfung stellen, wenn seine Zustimmung durch Betrug oder aus Irrtum erfolgt ist. Der Antrag muß bei Meidung der Nichtberücksichtigung mündlich im Termine gestellt und begründet werden. v. Sarw. S. 799; Willenbch. S. 250; v. Wilm. S 457 Weitere Voraussetzung für die Zulässigkeit des Antrages ist die Glaubhaftmachung der Begründungsthatsachen. § 294 CPO Eine ihm notwendig erscheinende Ergänzung der Glaubhaftmachung kann der Richter im Wege der Erhebung von Amtswegen nach § 75 veranlassen. Ohne Glaubhaftmachung der Begründungsthatsachen hat er den Antrag als unzulässig zurückzuweisen. v Sarw. S. 803.

I. Zu Nr 1. Die Begünstigung trifft die Fälle des § 181. Das Bewußtsein der Bevorzugung muß zur Erfüllung dieses Begriffes auf Seite eines der Teilnehmer an der Begünstigung vorhanden gewesen sein. RG. 41 S. 42; vgl. § 181. Die unlautere Handlungsweise umfaßt die nicht strafbaren, jedoch unerlaubten Fälle, wie das Stimmkaufen oder Auskaufen eines Gläubigers. Diese Handlungsweise oder die Begünstigung müssen für das Zustandekommen des Z.Vergleichs kausal gewesen sein. L. Seuffert S. 430; v. Wilm. S. 457; Willenbch. S. 250; Pet. und Kl. S. 513; Kohler S. 489 Der Betrug nach § 196 ist enger als die hier genannte Begünstigung oder unlautere Handlungsweise. RG. 39 S. 21.

II. Zu Nr. 2. Das Ermessen des Gerichts hat zu entscheiden, ob der Vergleich nach seinem Inhalte dem gemeinsamen Interesse der nicht bevorrechtigten K.Gläubiger widerspricht z B. bei nicht genügender Sicherung der Erfüllung oder wenn die Vergleichsdividende zu dem aus der K.Masse zu erwartenden Resultate in einem wesentlichen Mißverhältnisse steht. v. Wilm. S. 457; L. Seuffert S. 430.

Anfechtung des Beschlusses.

§ 189. (§ 174.)

I. Die sofortige Beschwerde gegen den Beschluß, durch welchen der Vergleich bestätigt oder verworfen ist, steht dem Gemeinschuldner und jedem nicht bevorrechtigten Konkursgläubiger zu, welcher stimmberechtigt war oder seine Forderung glaubhaft macht.

II. Die Frist zur Einlegung der Beschwerde beginnt mit der Verkündung des Beschlusses.

III. Eine Anfechtung der Entscheidung des Beschwerdegerichts findet nicht statt.

E. I. 182. P. 195.

I. Beschwerdeberechtigt — § 73 III — sind:
1. Der G.Schuldner gegen den Beschluß auf Verwerfung des Vergleichs;

2. die nicht bevorrechtigten K.Gläubiger, die entweder stimmberechtigt sein oder in Ermangelung einer Stimmberechtigung ihre Forderung glaubhaft machen müssen. Für sie muß ein Beschwerdegrund bestehen, gleichviel ob sie den Antrag auf Verwerfung oder Bestätigung schon im Termine gestellt haben. Sie können den Antrag auch erst im Beschwerdewege nachbringen. § 188 § 570 CPO. L. Seuffert S. 432; Willenbch. S 251; v. Wilm. S. 458; AM v. Sarw S 804; Pet. und Kl. S 515 Nicht beschwerdeberechtigt sind der Verwalter und der G.Ausschuß, denen hier nur eine gutachtliche Stellung eingeräumt ist

II. Verfahren. Die 2wöchentliche B Frist läuft von der Verkündung des Beschlusses für alle im Termine anwesenden oder nicht anwesenden Beteiligten — G.Schuldner und K Gläubiger. In der Beschwerdeinstanz soll eine nochmalige erschöpfende Erörterung der gesamten Sachlage stattfinden. Die § 186—188 gelten auch für die Beschwerdeinstanz, die deshalb ohne Rücksicht auf den Antrag aus den Gründen der § 186, 187 den Vergleich verwerfen kann. v Sarw S. 805; Willenbch. S. 251. Die sofort rechtskräftige Entscheidung des Beschwerdegerichts ist den Beteiligten von Amtswegen zuzustellen. § 73 II.

Aufhebung des Verfahrens.

§ 190. (§ 175.)

I. Sobald der Vergleich rechtskräftig bestätigt ist, beschließt das Gericht die Aufhebung des Konkursverfahrens. Eine Anfechtung des Beschlusses findet nicht statt.

II. Der Beschluß und der Grund der Aufhebung sind öffentlich bekannt zu machen.

III. Die Vorschriften der §§ 111 Abs. 2, 112, 113 finden entsprechende Anwendung.

E. I. 197. 199 200. P 199.

RG. 27 S. 113, 31 S. 42.

I. Der Z.Vergleich beendigt das K.Verfahren. Die Aufhebung kann von vorgängiger Leistung der angebotenen Sicherheit, nicht aber von der Befriedigung der Gläubiger abhängig gemacht werden. Die Aufhebung erfolgt im ersteren Falle erst nach der Sicherstellung. Mot. S. 421. § 190 I, 195. Willenbch. S. 252. Der Vorbehalt der kassatorischen Klausel — vgl. § 195 — steht der Aufhebung nicht entgegen v. Völd. 2 S. 602; v. Sarw. S. 806.

II Aufhebungsverfahren. Die Vornahme der Schlußverwaltungsgeschäfte hat aber der K Aufhebung voranzugehen. RG. 27 S. 113; 31 S. 42. Nach der rechtskräftig gewordenen Bestätigung des Z.Vergleiches hat der K.Verwalter entweder im Vergleichstermin oder in einer besonderen G Versammlung Schlußrechnung zu legen — § 86 Mot S. 308 — und für die Berichtigung oder Sicherstellung der im § 191 bezeichneten Ansprüche zu sorgen. Sodann erfolgt durch unanfechtbaren Beschluß die K.Aufhebung unter Anordnung und Vollzug derselben Maßnahmen wie bei der K.Beendigung durch Schlußverteilung — § 163 — also insbesondere Publikation im Reichsanzeiger und Amtsblatte, Mitteilung an die Registerbehörden — § 112 — und Requisition an das Grundbuchamt um Löschung des Eröffnungsvermerkes § 113. Der gleichzeitige Eintritt der Wirkung der K Aufhebung gegen alle K.Beteiligte bemißt sich nach § 76 I RG. 27 S. 113; RG. JW. S 185. v Wilm. S. 460. v. Sarw. S. 806; Willenbch. S. 252; L. Seuffert S. 433.

§ 191. (§ 176.)

I. Der Verwalter hat aus der Konkursmasse die Masseansprüche zu berichtigen. Die bestrittenen Masseansprüche sind sicher zu stellen.

II. Die bevorrechtigten Konkursforderungen sind, insoweit sie festgestellt sind, zu berichtigen, insoweit sie glaubhaft gemacht sind, sicher zu stellen.

E. I 198. P 199.

RG. 2 S. 24, 27 S. 114. 31 S. 42, 36 S. 94, 39 S. 100.

Diese Ansprüche werden durch den Vergleich nicht berührt. § 57 fg. Ihre Befriedigung erfolgt aus der vorhandenen K.Masse, die Sicherstellung nach § 108 CPO., § 234 I, III, 235 BGB. Der Verwalter ist für die Sicherstellung und Berichtigung dieser Ansprüche disziplinär und zivilrechtlich verantwortlich — § 83, 84 — und die Gläubiger haben gegen ihn ein Klagerecht und das Recht auf Arrestanlage – vgl. § 172, 205. Diese Verpflichtung setzt aber voraus, daß dem Verwalter diese Ansprüche bis zur Wiedereinsetzung des G.Schuldners in die freie Verfügung über die K Masse bekannt geworden sind § 192. RG. 27 S. 114; 31 S. 42 v. Sarw. S. 807; v. Wilm. S 460; Willenbch. S 252. AM. Fitting S. 369

I. Masseansprüche § 57 fg Alle vom Verwalter bestrittenen Masseansprüche, müssen bis zur Beseitigung des Widerspruches sichergestellt werden Die Glaubhaftmachung des Masseanspruches ist hiefür nicht notwendig. Willenbch. S. 253. Fitting S 369 Der freiwerdende Betrag fällt dem G Schuldner zu.

II. Bevorrechtigte festgestellte — wenn auch vom G.-Schuldner widersprochene — K Forderungen — § 61 Nr. 1–5 — sind zu berichtigen, nicht festgestellte — angemeldete oder sonst bekannte — bevorrechtigte K.Forderungen dagegen nur unter Voraussetzung der Glaubhaftmachung sicherzustellen. L. Seuffert S. 433; v. Wilm S. 460; Willenbch. S. 253, v Sarw S. 807.

§ 192. (§ 177.)

Soweit der Zwangsvergleich nicht ein Anderes bestimmt, erhält der Gemeinschuldner das Recht zurück, über die Konkursmasse frei zu verfügen.

E. I. 201 P 198
RG. 7 S. 35, 27 S 114, 31 S. 41

Der Z.Vergleich bewirkt K.Beendigung. Zeitlich mit der Erlassung des Aufhebungsbeschlusses — § 163 II — erhält der G.Schuldner die nach wie vor in seinem Eigentum verbliebene K.Masse zu freiem Verfügungsrecht zurück, soweit der Z.-Vergleich nicht ein Anderes bestimmt d. h unbeschadet der den Gläubigern durch den Vergleich eingeräumten Rechte zur Sicherung seines Vollzugs. L Seuffert S. 434; v. Sarw S 808; v. Wilm S. 461. Nach der Aufhebung des Verfahrens hat der Verwalter, dessen Thätigkeit beendigt ist, dem G.Schuldner die Masse auszuantworten RG. JW 1895 S. 62. Die Dispositionsbefugnis des Verwalters nach § 6 II ist erloschen Der Verwalter kann Rechtsstreite über die Masse nicht fortführen; der G.Schuldner tritt von selbst in den Rechtsstreit ein RG. 27 S. 113; 31 S 41; § 240, 241 CPO L Seuffert S 229, 242, 273; v. Wilm S 461; v. Sarw S 808; Willenbch S 252; Fitting S. 371. Insbesondere ist nicht die Erfüllung des Vergleiches, die ausschließlich den G.-Schuldner trifft, Sache des Verwalters. Ist der Verwalter durch den Inhalt des Z.Vergleiches beauftragt, die Masse unter die Gläubiger zu verteilen, so handelt er lediglich als Beauftragter des G Schuldners, dem die Erfüllung des Vergleiches zukommt. RG. JW. 1893 S. 486; v. Wilm S 461; Willenbch S 253.

Wirkung des Zwangsvergleiches.

§ 193. (§ 178.)

Der rechtskräftig bestätigte Zwangsvergleich ist wirksam für und gegen alle nicht bevorrechtigten Konkursgläubiger, auch wenn dieselben an dem Konkursverfahren oder an der Beschlußfassung über den Vergleich nicht teilgenommen oder gegen den Vergleich gestimmt haben. Die Rechte der Gläubiger gegen Mitschuldner und Bürgen des Gemeinschuldners, sowie die Rechte aus einem für die Forderung bestehenden Pfandrecht, aus einer für sie bestehenden Hypothek, Grundschuld oder Rentenschuld oder aus einer zu ihrer Sicherung eingetragenen Vormerkung werden durch den Zwangsvergleich nicht berührt.

E. I. 183. P 197, 198. Nov 178. Begr. 36. Mat 217.
RG. 5 S. 115, 6 S. 66; 8 S. 314, 14 S. 172, 21 S. 8, 22 S. 325, 23 S. 43, 119 35 S. 216 fg.
Sammlung 9 S. 461, 11 S. 634

I. Dem Z.Vergleich, der den Schuldgrund und die Beschaffenheit der Forderung nicht ändert, sind nach Maßgabe seines Inhalts unterworfen:

1 Die nicht bevorrechtigten K.Gläubiger, gleichviel ob sie an dem K.Verfahren oder an der Beschlußfassung über den Vergleich teilgenommen oder gegen den Vergleich gestimmt haben. L Seuffert S 435. Der Z.Vergleich ergreift auch bedingte, nicht fällige, in Geld schätzbare Forderungen und Ansprüche auf wiederkehrende Leistungen nach Maßgabe der Möglichkeit ihrer Geltendmachung im Konkurse. § 65, 69, 70. v. Wilm S. 463; Willenbch. S. 253. L. Seuffert S. 435.

2. Absonderungsberechtigte nur insoweit, als sie entweder auf die abgesonderte Befriedigung verzichtet haben oder als sie bei der abgesonderten Befriedigung einen Ausfall erlitten haben. § 64. In der vorbehaltslosen Annahme der Vergleichsdividende liegt an und für sich noch kein Verzicht auf das Absonderungsrecht, das durch den Z.Vergleich nicht berührt wird Der Wille muß darauf gegangen sein; die Entscheidung hierüber ist Thatfrage. RG. 5 S. 394; 6 S. 66; 16 S. 68; 23 S. 43; Sammlung 9 S 461; Seuffert Arch. 39 S. 481; RG JW 1896 S. 35. L. Seuffert S 436; v. Wilm. S 462; v. Sarw. S. 811; Willenbch. S 254.

Dem Z.Vergleich sind nicht unterworfen: Die bevorrechtigten K.Gläubiger § 173, die Massegläubiger § 57—60, die Aussonderungsberechtigten § 43, die Absonderungsberechtigten in Ausübung ihres Absonderungsrechtes § 47 fg, die nicht konkursfähigen Forderungen § 63, die nach der K.Eröffnung entstandenen Forderungen § 3, und die durch Aufrechnung im Konkurse erloschenen oder die aufrechnungsberechtigten, im Aufrechnungswege während des K.Verfahrens nicht geltend gemachten Forderungen § 53 fg. L Seuffert S. 437; Pet. u. Kl. S. 523; RG. JW 1892 S. 363

Ueber die Wirkung im N.Konkurse vgl. § 230 Anm. III; ferner im Konkurse über das Vermögen einer offenen Handelsgesellschaft usw. § 211 II

II. Wirkung des Zwangsvergleiches.

1. Auf die Forderung. Der G.Schuldner ist von der nachträglichen Erstattung des Akkordausfalles befreit Die Restforderung ist weder klagbar noch vollstreckbar Doch bleibt eine natürliche Verbindlichkeit zurück und die gezahlte Restsumme ist nicht kondizierbar. Das BGB., das selbst klaglose Verbindlichkeiten kennt z. B. § 534, 656 I, 762, 763, 1624, hat hieran nichts geändert. RG. 8 S 314; 35 S. 316 L Seuffert S. 443; Kohler S. 462; Pet. u. Kl. S. 521; Willenbch. S. 254. Endemann BGB 1 S. 417 fg., v. Buchka, Gemeines Recht und BGB. S. 52. In einem neuen Konkurse kann aber die Forderung nur auf die Höhe der Akkordsumme geltend gemacht werden. Pet u Kl. S 521. Ein im Ausland geschlossener Zwangsvergleich hindert den Gläubiger nicht, das im Inlande befindliche Vermögen des Schuldners bis zu seiner vollen Befriedigung in Anspruch zu nehmen, wenn

er sich nicht den Vorschriften des ausländischen Rechtes unterworfen hat. RG. 21 S 8.

Die Erstattung ihrer Kosten können die Gläubiger nach der K.Beendigung nur insoweit verlangen, als ihnen dies im Z.-Vergleich vorbehalten ist. v. Wilm. S. 463; Willenbch. S. 255.

2 Auf Mitschuldner, Bürgen und Sicherungsrechte. Die Rechte der vom Vergleiche betroffenen Gläubiger gegen Mitschuldner und Bürgen des G Schuldners, ferner aus einem für die Forderung bestehenden Pfandrecht, aus einer für sie bestehenden Hypothek oder Grundschuld oder aus einer zu ihrer Sicherung im Grundbuch oder im Schiffsregister eingetragenen Vormerkung werden durch den Z.Vergleich nicht berührt Zum Ausschlusse der nach § 1137, 1211 BGB an und für sich möglichen Einrede aus dem Z.Vergleich ist die Neubestimmung in Satz 2 eingefügt. Begr S. 36. Gleichgiltig ist, ob der Gläubiger dem Vergleiche zugestimmt oder das K.Gericht zu Unrecht den Vergleich bestätigt hat Seuffert Arch. 39 S. 482. Die Einrede des Erlasses aus dem Z.Vergleich ist dem Mitschuldner und Bürgen versagt. § 423, 767, 768 BGB. L. Seuffert S 440. Mitschuldner ist auch derjenige, welcher einem Gläubiger für seine Forderung an den G.Schuldner ein Pfand bestellt hat, ohne sich persönlich zu verbürgen. RG 22 S 325; 23 S 119; RG JW. 1889 S. 67, 307; 1891 S. 555; 1892 S. 181. v. Wilm. S. 464; v. Sarw. S. 811; Willenbch. S. 255. Die Regreßforderung der Mitschuldner und Bürgen gegen den G.Schuldner wird dagegen von dem Z.-Vergleich mit betroffen. Mot. S. 423; v. Wilm. S. 465; Willenbch S 255. Diese müssen also voll zahlen, während sie vom G. Schuldner nur die Vergleichsdividende erhalten.

§ 194. (§ 179.)

Aus dem rechtskräftig bestätigten Zwangsvergleiche findet für die Konkursgläubiger, deren Forderungen festgestellt und nicht von dem Gemeinschuldner in dem Prüfungstermine ausdrücklich bestritten worden sind, gegen den Gemeinschuldner und diejenigen, welche in dem Vergleiche für dessen Erfüllung neben dem Gemeinschuldner ohne Vorbehalt der Einrede der Vorausklage Verpflichtungen übernommen haben, die Zwangsvollstreckung unter entsprechender Anwendung der §§ 724 bis 793 der Civilprozeßordnung und des § 164 Abs. 3 dieses Gesetzes statt.

E. I. 183. P. 201
RG. 22 S. 153.

Gegenstand der Vollstreckungsbefriedigung ist der Inhalt des Zwangsvergleiches, Voraussetzung für die Vollstreckung ein Vollstreckungstitel und die Erteilung der Vollstreckungsklausel.

I. Vollstreckungstitel. Für die im Prüfungstermin festgestellten und vom G.Schuldner im Prüfungstermin oder im Wiedereinsetzungswege nicht widersprochenen K.Forderungen erfolgt die Vollstreckung aus dem Tabelleneintrag — § 164, 165 — jedoch mit dem Abmaße, daß der rechtskräftig bestätigte Zwangsvergleich den Umfang der Vollstreckungsbefriedigung bestimmt. Der Vollstreckungstitel setzt sich also aus dem rechtskräftigen Z.Vergleich und dem Tabelleneintrag zusammen. L. Seuffert S. 444; Willenbch. S. 255. Für vom G.Schuldner widersprochene — festgestellte oder nicht festgestellte — Forderungen muß der Gläubiger zur Vollstreckungsanlage aus dem Vergleiche erst einen gegen den G.Schuldner wirkenden Vollstreckungstitel erwerben. § 704 fg; § 794 Nr. 1, 2, 4, 5 CPO. RG 22 S. 135. Die Klage kann er gegen den widersprechenden G.Schuldner schon während des Konkurses erheben. Den auf Widerspruch des Verwalters anhängigen, zur Zeit der K.Aufhebung noch nicht beendigten Feststellungsprozeß kann der Gläubiger nach der K Aufhebung gegen den G.Schuldner fortführen. v. Sarw S. 814; Willenbch. S. 256. Teilw. AM. v. Wilm. S. 466, der für die Umwandlung der Feststellungsklage in die Leistungsklage in diesem fortgeführten Rechtsstreite ist.

II. Ausdehnung des Vollstreckungstitels auf den Vergleichsbürgen. Gegen den G.Schuldner findet, ohne Rücksicht auf die Feststellung der Forderung vor oder nach dem V Abschlusse die Vollstreckung schlechtweg statt, gegen den V.Bürgen jedoch nur für die vor dem V.Abschlusse festgestellten und vom G.-Schuldner nicht widersprochenen Forderungen. Gegen den Bürgen wirkt also nur, wenn er sich nicht unbedingt für alle festgestellten oder nicht festgestellten Forderungen verbürgt hat, ein vor dem Vergleichsabschlusse erlangter Vollstreckungstitel. Mot. S. 424; v. Sarw. S. 815; Willenbch. S 256; v. Wilm. S. 465; v. Völd. 2 S 620. AM Fitting S. 374. Die Einrede der Vorausklage ist, wenn nicht ausdrücklich vorbehalten, ausgeschlossen. § 771, 773 BGB. L. Seuffert S. 445; Endemann BGB. 1 S. 865. Der Vergleichsbürge, der K.Gläubiger ist, verliert seinen vollstreckungsfähigen Dividendenanspruch aus dem Vergleiche nicht. RG. JW. 1896 S. 5; Willenbch. S 256.

§ 195. (§ 181.)*)

Eine Klage auf Aufhebung des Zwangsvergleichs aus dem Grunde der Nichterfüllung desselben findet nicht statt.

E. I. 185. P. 201.

---

*) § 180 d. KO. a. F. ist aufgehoben; als seinerzeitige Uebergangsbestimmung für das geltende Landesrecht ist er durch Art. VI EG. z. K.Novelle ersetzt. Begr. S 37.

Die Nichterfüllung des Z.Vergleiches ist kein gesetzlicher oder stillschweigender Grund zur Aufhebung desselben, auch dann nicht, wenn ein neuer Konkurs über das Vermögen des G.Schuldners eröffnet wird Seine Erfüllung kann nach § 194 erzwungen werden. v. Sarw S 818 Dagegen bewirkt die Beifügung der von Amtswegen nicht zu berücksichtigenden vertragsmäßigen kassatorischen Klausel d. h. der Bedingung, daß der Z.Vergleich im Falle der Nichterfüllung für nicht geschlossen gelten soll, bei Nichterfüllung des Vergleiches den Wegfall der Forderungsreduktion und die Vollberücksichtigung der Forderung in einem neuen K.Verfahren, nicht aber die Rückgängigmachung des aufgehobenen K Verfahrens. v Wilm. S 468; v. Sarw. S. 818; Willenbch. S. 257; Pet. u. Kl. S 526; L. Seuffert S. 145.

Anfechtung wegen Betrugs.

§ 196. (§ 182.)

I. Wenn der Zwangsvergleich durch Betrug zu Stande gebracht ist, so kann jeder Gläubiger den vergleichsmäßigen Erlaß seiner Forderung anfechten, unbeschadet der ihm durch den Vergleich gewährten Rechte.

II. Die Anfechtung ist nur zulässig, wenn der Gläubiger ohne Verschulden außer Stande war, den Anfechtungsgrund in dem Bestätigungsverfahren geltend zu machen.

E. I. 186. P. 203, 204.

RG. 4 S. 437; 5 S. 393, 28 S. 96, 30 S. 24; 39 S. 17 fg.

I. Betrug im zivil- oder strafrechtlichen Sinne — § 263 StGB. — entkräftet relativ den Z.Vergleich. Betrug im zivilrechtlichen Sinne, enger als Begünstigung und unlautere Handlungsweise nach § 188 Nr 1 RG 39 S. 21, ist jede arglistige Täuschung im Sinne des § 123 BGB. L. Seuffert S. 446. Gleichgiltig ist, ob der Betrug vom G Schuldner oder einer anderen Person ausgegangen ist Pet. u. Kl. S. 528. Nicht notwendig ist ferner der in der Sache gegebene Nachweis der Erstrebung oder Erlangung eines besonderen Vermögensvorteils v Sarw. S. 819 Erforderlich ist dagegen der Nachweis, daß ein Betrug das Zustandekommen des Vergleiches bewirkt hat. RG. 39 S. 23. RG. JW. 1885 S 132. Es muß also ein Causalsammenhang zwischen Betrug und Abstimmung bestehen. Dieser Causalzusammenhang braucht aber nicht soweit zu gehen, daß ohne die Einwilligung des begünstigten Gläubigers — § 188 Nr. 1 — der Z.Vergleich nicht angenommen worden wäre RG. 39 S. 23.

II. Die Anfechtungsberechtigung ist nicht beschränkt auf das Rechtsverhältnis zwischen Betrüger und Betrogenem und ihr Erfolg erstreckt sich nur auf den anfechtenden Gläubiger v. Sarw. S. 819. Anfechtungsberechtigt ist daher jeder nicht bevorrechtigte K.Gläubiger, welcher nachweist, daß ein Betrug das Zustandekommen des Z.Vergleiches bewirkt hat — RG. 39 S. 23, gleichviel ob er selbst betrogen ist oder nicht. Das Anfechtungsrecht geht nur auf die Aufhebung des vergleichsgemäßen Erlasses der Forderung, richtet sich ausschließlich gegen den G Schuldner und läßt die durch den Z.Vergleich, insbesondere gegen den Vergleichsbürgen erworbenen Rechte unberührt. L. Seuffert S. 447; v Sarw. S 820; v. Wilm. S 469; Willenbch. S. 259.

III. Die Geltendmachung der Anfechtung aus dem ursprünglichen Klagerechte erfolgt im ordentlichen Prozesse entweder durch Klage, — beim Vorhandensein der Voraussetzungen auch durch Feststellungsklage — § 256 CPO; RG. 4 S 437; 5 S. 393 — oder im Wege der Replik gegen die der Klage auf Zahlung des Ganzen entgegengesetzte Einrede aus dem Vergleichserlasse. v. Wilm. S. 470; v. Sarw. S. 820. Die Beschränkung des Anfechtungsrechtes in Abs. II entspricht dem in § 582 CPO. für die Restitutionsklage gegebenen Grundsatze. Das Verschulden des Vertreters gilt als eigenes Verschulden. § 232 CPO v. Sarw. S. 820. Diese Beschränkung braucht nicht von Amtswegen, sondern nur auf Einrede des Gegners berücksichtigt zu werden. Den anfechtenden Gläubiger trifft dann die Beweislast. Willenbch. S 259; v. Völd. 2 S. 631. Die Kenntnis des Anfechtungsgrundes im Bestätigungsverfahren oder in der Beschwerdeinstanz präkludiert diese nachträgliche Anfechtungsberechtigung. v. Wilm S. 470.

Verurteilung wegen betr. Bankerutts.

§ 197. (§ 183.)

I. Die rechtskräftige Verurteilung des Gemeinschuldners wegen betrüglichen Bankerutts hebt für alle Gläubiger den durch den Zwangsvergleich begründeten Erlaß auf, unbeschadet der ihnen durch den Vergleich gewährten Rechte.

II. Auf Antrag eines Gläubigers kann das Konkursgericht Sicherheitsmaßregeln gegen den Gemeinschuldner schon vor der rechtskräftigen Verurteilung desselben anordnen.

E. I, 187. P 202.

I. Die Wirkung der Erlaßaufhebung tritt entgegen der Rechtswirkung nach § 196 gegenüber allen Gläubigern ohne Anfechtungsklage und ohne besonderen Ausspruch von Rechtswegen mit der rechtskräftigen Verurteilung des G Schuldners aus § 239 ein. Diese Verurteilung muß sich aber auf den in Frage stehenden Konkursfall beziehen. Die Aufhebung des Erlasses tritt aber nicht von Amtswegen, sondern nur wie in § 196, auf Antrag des sich auf die Erlaßaufhebung berufenden Gläubigers ein. § 198. v. Wilm S. 470; v. Sarw. S. 820; Willenbch. S. 258.

II. Die nach rechtskräftiger Freisprechung des G.Schuldners von Amtswegen wiederaufzuhebenden Sicherheitsmaßregeln für die erlassenen und rückständigen Forderungsbeträge können nur auf Antrag eines vom Z.Vergleich getroffenen Gläubigers angeordnet werden. § 106, 200 II. Bereits das aus § 239 anhängige Ermittlungsverfahren rechtfertigt den Antrag, für den ein Arrestgrund nicht dargetan werden muß. Auf der Antrag nur eines Gläubigers gibt dem K.Gerichte die allgemeine Sicherungsbefugnis nach § 106. v. Sarw. S. 822; Willenbch. S. 259; Pet. u. Kl. S. 531; Oetker 1 S. 198. AM. v. Wilm S. 471.

III. Beschwerdeberechtigt — § 73 III — sind gegen die Ablehnung seines Antrages der Gläubiger und gegen die Sicherungsanordnung der G.Schuldner. Pet. u. Kl. S. 531; L. Seuffert S. 448.

Wiederaufnahme des Verfahrens.

§ 198. (§ 184.)

I. Im Falle der rechtskräftigen Verurteilung wird, wenn genügende Masse vorhanden ist oder ein zur Deckung der im § 58 Nr. 1, 2 bezeichneten Massekosten ausreichender Geldbetrag vorgeschossen wird, das Konkursverfahren auf Antrag eines Konkursgläubigers wieder aufgenommen.

II. Die Wiederaufnahme erfolgt durch Beschluß des Gerichts. Auf den Zeitpunkt der Wiederaufnahme und die Bekanntmachung derselben finden die Vorschriften der §§ 108, 111—113 entsprechende Anwendung.

E. I. 188. P. 202. 206 fg. Nov. § 184. Begr. 37.

I. Voraussetzung der Wiederaufnahme des K.Verfahrens vor dem früheren K.Gerichte ist die rechtskräftige Verurteilung des G.Schuldners aus § 239 und ein Antrag eines K.Gläubigers des früheren Verfahrens, gleichviel ob er seine Forderung schon in diesem Verfahren angemeldet hatte. Die Notwendigkeit der Glaubhaftmachung entfällt bei erfolgter Feststellung im früheren Verfahren. v. Sarw. S. 823. Ueber den Antrag selbst ist nach § 104, 105 ohne nochmalige Feststellung der Zahlungsunfähigkeit zu verhandeln. L. Seuffert S. 450; v. Wilm. S. 472. Außerdem muß eine genügende Masse vorhanden sein oder nach der durch die Novelle im Anschlusse an § 107 I, § 204 geschaffenen Bestimmung ein zur Deckung der im § 58 Nr. 1, 2 bezeichneten Massekosten ausreichender Geldbetrag vorgeschossen sein. Begr. S. 37. Beim Vorhandensein dieser Voraussetzungen muß die Wiederaufnahme erfolgen. Formel: Nach der rechtskräftigen Verurteilung des N. N. wegen betrüglichen Bankerutts wird gegen denselben das laut Bekanntmachung vom . . in Folge rechtskräftig bestätigten Z.Vergleiches aufgehobene K.Verfahren wieder aufgenommen. v. Sarw. S. 824. Der Wiederaufnahmebeschluß hat, wie der K.Eröffnungsbeschluß, die Stunde der Wiederaufnahme zu enthalten. § 108.

II. In dem wiederaufgenommenen Verfahren, das nur eine Fortsetzung des früheren Verfahrens, nicht ein neues K.Verfahren ist, gehören zur K.Masse: Das frühere massepflichtige und das bis zur Wiederaufnahme erworbene neue konkurspflichtige Vermögen des G.Schuldners. Mot. S. 429 Ein inzwischen eröffnetes neues K Verfahren muß in das wiederaufgenommene Verfahren übergeleitet und demgemäß eingestellt werden, da für das neue K.-Verfahren infolge der Wiederaufnahme keine Masse vorhanden ist. L. Seuffert S. 449; v. Wilm. S. 472. Willenbch. S. 260; v. Sarw. S. 823; Pet. u. Kl. S. 532. AM. v. Völd. S. 2 S. 634. Kosten; GKG. § 8, 58 Nr. 1. 95 I.

III. Beschwerdeberechtigt — 73 III § 109 — sind gegen die Wiederaufnahme der G Schuldner, gegen die Ablehnung der Wiederaufnahme der antragstellende K.Gläubiger.

§ 199. (§ 185.)

Für die Anfechtung von Rechtshandlungen, welche in der Zeit von der Aufhebung bis zur Wiederaufnahme des Konkursverfahrens vorgenommen sind, sowie für die in diesem Zeitraum entstandenen Aufrechnungsbefugnisse gilt, wenn nicht inzwischen eine Zahlungseinstellung erfolgt ist, als Tag der Zahlungseinstellung der Tag des ersten die Verurteilung des Gemeinschuldners aussprechenden Urteils.

E. I. 189. P. 207

Die vom G.Schuldner in der Zwischenzeit bis zur Wiederaufnahme vorgenommenen Rechtshandlungen sind an und für sich rechtsgiltig, jedoch nach § 29—42 anfechtbar. An Stelle der K.-Eröffnung bezw. des Eröffnungsantrages tritt der Zeitpunkt der Wiederaufnahme bezw. der Antrag auf Wiederaufnahme. Für die Zahlungseinstellung kann ein früherer Zeitpunkt als der Tag des ersten die Verurteilung des G.Schuldners aussprechenden Urteils nachgewiesen werden. Diese Bestimmungen gelten auch für die in der Zwischenzeit entstandenen Aufrechnungsbefugnisse. § 50, 55 Nr. 3, 56. v Wilm. S. 473; v. Sarw. S. 825; L Seuffert S. 451.

§ 200. (§ 186.)

I. An dem aufgenommenen Verfahren nehmen die Gläubiger, für und gegen welche der Vergleich wirksam war, mit dem noch nicht getilgten Betrage ihrer ursprünglichen Forderungen Teil.

II. Die neuen Gläubiger des Gemeinschuldners sind zur Teilnahme an dem Verfahren berechtigt. Dieselben haben keinen Anspruch auf Befriedigung aus einer für die Erfüllung des Zwangsvergleichs bestellten Sicherheit.

E. I. 190. P 206. 208.

I. Gläubiger aus dem früheren Verfahren. Teilnahmeberechtigt auf die Höhe des durch die Akkordzahlung nicht getilgten Restes ihrer Forderung sind die K.Gläubiger des früheren Verfahrens, auch auf die bis zur Wiederaufnahme erwachsenen Zinsen und Kosten. § 198, 108. v. Wilm. S. 473. Die bevorrechtigten K.Gläubiger behalten ihre Vorrechte und die noch nicht befriedigten Massegläubiger können vorweg Befriedigung aus der Masse verlangen Zu einer Zurückzahlung bereits empfangener Vergleichsdividenden sind die K.Gläubiger nicht verpflichtet. In Ansehung einer ihnen durch den Z.Vergleich bestellten besonderen Sicherheit stehen sie den neuen Gläubigern, wie sonstige Absonderungsberechtigte gegenüber. § 47, 48. Mot. S. 429. L. Seuffert S. 452; v. Sarw. S. 825. Willenbch. S. 260; v. Wilm. S. 474.

II. Neue Gläubiger, d. h. solche, deren Forderungen in der Zwischenzeit nach der Eröffnung des durch den Z.Vergleich abgeschlossenen Konkurses bis zu dessen Wiederaufnahme entstanden sind, sind an dem wiederaufgenommenen Verfahren teilnahmeberechtigt L. Seuffert S. 451.

§ 201. (§ 187.)

I. Das Verfahren ist so weit als nötig zu wiederholen.

II. Früher geprüfte Forderungen werden nur hinsichtlich einer inzwischen eingetretenen Tilgung von neuem geprüft.

E. I. 191 P. 206.

RG. 21 S. 331

Die Wiederholung des durch die Wiederaufnahme fortgesetzten Verfahrens ist durch die Ausdehnung des Verfahrens auf neues Vermögen und durch den Hinzutritt neuer Gläubiger geboten. Der Umfang der Wiederholung bemißt sich nach dem Einzelfall. L. Seuffert S. 452; Willenbch. S. 260; v. Sarw. S. 827; v. Wilm. S. 474.

I. Verfahren. Unerläßlich sind ein neuer offener Arrest, eine neue Bilanzziehung, eine neue Anmeldungsfrist und ein neuer allgemeiner Prüfungstermin. Nicht notwendig ist die Wahl eines neuen Verwalters oder eines neuen G.Ausschusses, deren Funktionen wieder aufleben. Eine Neuwahl ist nr bei Unmöglichkeit des Wiedereintrittes in die frühere Funktion erforderlich. Das Inventar, die Vermögensaufzeichnung und die alte Tabelle sind zu ergänzen eventuell neu anzulegen. Die wiederholte Ableistung des Offenbarungseides — § 125 — ist mit Rücksicht auf die inmitteliegenden Veränderungen der Masseverhältnisse zulässig. Pet. u. Kl. S. 535. Willenbch. S. 261; L. Seuffert S. 453.

II. Anmeldung und Prüfung der Forderungen. Für die neuen K.Forderungen ist das Anmeldungs- und Prüfungsverfahren zu wiederholen, nicht aber für die bereits in dem früheren Verfahren angemeldeten Forderungen. v. Wilm. S. 474. Das Ergebnis der Prüfung — Feststellung oder Bestreitung — bezüglich einer im Erstverfahren geprüften Forderung bleibt in voller rechtlicher Wirkung. Die neue Prüfung hinsichtlich dieser Forderungen erstreckt sich nur auf eine inzwischen eingetretene Tilgung und der Bestreitende, den die Beweislast für die behauptete Tilgung trifft, hat den als nicht begründet anerkannten Widerspruch im Klageweg nach § 767 CPO. geltend zu machen. RG. 21 S. 331. L. Seuffert S. 452; Willenbch. S. 261; v. Sarw. S. 827; v. Wilm. S. 475.

III. Die Beendigung des wiederaufgenommenen Verfahrens, das sich im Uebrigen in seinem Verlaufe von dem regelmäßigen Verfahren nicht unterscheidet, erfolgt durch Schlußverteilung oder Einstellung — § 161 fg., § 202 fg. — nicht aber durch einen nach § 175 Nr 3 unzulässigen Z.Vergleich. v Sarw. S. 827.

Siebenter Titel.

Einstellung des Verfahrens.

Vorbemerkung.

Ordentliche Beendigungsgründe des K.Verfahrens sind die Verteilung und der Zwangsvergleich, außerordentliche die Einstellung auf Grund der Einwilligung der vorhandenen Gläubiger — § 202, 203 — oder wegen ungenügender Masse — § 204

Nach dem Zusatze der Novelle zu § 204 hat jedoch die Einstellung zu unterbleiben, wenn ein zur Deckung der im § 58 Nr. 1, 2 bezeichneten Massekosten ausreichender Geldbetrag vorgeschossen wird, und soll außerdem die G.Versammlung vor der Einstellung gehört werden. Ferner ist im Anschlusse an § 116, 191 die Neubestimmung in § 205 aufgenommen, daß die Berichtigung und Sicherstellung der Masseansprüche und bevorrechtigten Forderungen durch den Verwalter vor der K.Aufhebung zu erfolgen hat.

Die Bestimmungen in § 205, 206 enthalten die Vollzugsvorschriften für die beiden Fälle der Einstellung.

Einstellung mit Zustimmung der K.Gläubiger. **§ 202.** (§ 188.)

I. Das Konkursverfahren ist auf Antrag des Gemeinschuldners einzustellen, wenn er nach dem Ablaufe der Anmeldefrist die Zustimmung aller Konkursgläubiger, welche Forderungen angemeldet haben, beibringt. Inwieweit es der Zustimmung oder der Sicherstellung von Gläubigern bedarf, deren Forderungen angemeldet aber nicht festgestellt sind, entscheidet das Konkursgericht nach freiem Ermessen.

II. Das Verfahren kann auf Antrag des Gemeinschuldners vor dem Ablaufe der Anmeldefrist eingestellt werden, wenn außer den Gläubigern, deren Zustimmung der Gemeinschuldner beibringt, andere Gläubiger nicht bekannt sind.

E. I. 192. P. 210.
RG. 39 S. 100.

Derartige außergerichtliche Vergleiche sind wichtig mit Rücksicht auf die strengen Anforderungen für den Zwangsvergleich. Notwendige Voraussetzung für diese Einstellung ist:

I. Ein Antrag des G.Schuldners, der ausschließlich antragsberechtigt ist. Der Antrag kann in schriftlicher Form oder zu Protokoll des Gerichtsschreibers gestellt werden und ist zulässig bis zum Vollzug der Schlußverteilung oder bis zur rechtskräftigen Bestätigung des Z.Vergleiches.

II. Die vom G.Schuldner beizubringende Zustimmung aller nicht vollständig befriedigten K.Gläubiger. Die Gläubiger aus § 63 Nr. 3 u. 4 sind keine K.Gläubiger. Die in einfacher schriftlicher Form aufzustellende Zustimmung muß ausdrücklich und vorbehaltslos sein, ist unwiderruflich, keiner Bedingung, wohl aber der Beisetzung eines Endtermins fähig und als eine rechtsgeschäftliche Willenserklärung bis zur Einstellung des Verfahrens nach § 119 fg., 143, 144 BGB. anfechtbar. L. Seuffert S. 456; Willenbch. S. 262; v. Wilm S. 478. Die Einstellung muß aber alsbald nach der Zustimmungserklärung beantragt werden, deren Echtheit der Richter im Ermittlungswege prüfen kann. § 75; L. Seuffert S. 454; Pet. u. Kl. S. 537. Der Umfang der Zustimmung ist verschieden, je nachdem die Einstellung nach oder vor dem Ablauf der Anmeldefrist erfolgt: —

1 nach Ablauf der Anmeldefrist — § 110 I, 138 — muß der G.Schuldner die Zustimmung aller bevorrechtigten und nicht bevorrechtigten K.Gläubiger beibringen, welche bis zum Ablauf der Widerspruchsfrist ihre Forderungen angemeldet haben und deren Forderungen festgestellt sind. Bezüglich der nicht festgestellten — nicht geprüften oder widersprochenen — K.Forderungen entscheidet das Ermessen des Gerichtes über die Notwendigkeit der Zustimmung oder Sicherstellung. L. Seuffert S. 456; v. Wilm. S. 477;

Willenbch. S. 262. Das Gericht wird dem G.Schuldner die Beibringung der Zustimmung oder des Nachweises der Sicherstellung namentlich dann aufgeben, wenn die nicht festgestellte Forderung als bestehend und nachgewiesen zu erachten ist. Das Erfordernis der Zustimmung nach Abs. I gilt auch für den Fall, daß der Einstellungsantrag vor Ablauf der Anmeldefrist gestellt wurde, die Entscheidung aber erst nach Ablauf der Frist erfolgt. L. Seuffert S. 457; v. Wilm. S. 478. AM. v. Sarw. S. 831.

2. vor Ablauf der Anmeldefrist muß der G.Schuldner die Zustimmung aller zur Zeit des Einstellungsbeschlusses bekannten Gläubiger beibringen. Das Gericht kann von dem Vorhandensein weiterer Gläubiger aus den Geschäftsbüchern und der Korrespondenz des G.Schuldners, aus dessen Angaben bei der K.-Eröffnung — § 104, 105 — und aus dem Inventar Kenntnis erlangen. Auch ihre Zustimmung muß der G.Schuldner beibringen. Eine Ersetzung der Zustellung durch Sicherheitsleistung ist hier ausgeschlossen. v. Sarw. S. 831. AM. L. Seuffert S. 458; Pet. u. Kl. S. 537.

Ist der Antrag nach Abs. I oder II begründet, so ist die Einstellung obligatorisch. Der vom G.Schuldner geführte Nachweis, daß er alle Gläubiger befriedigt hat, steht dem Nachweis der Zustimmung aller Gläubiger gleich. v. Wilm. S. 477; Willenbch. S. 262; v. Sarw. S. 829.

§ 203. (§ 189.)

I. Der Antrag ist öffentlich bekannt zu machen und mit den zustimmenden Erklärungen auf der Gerichtsschreiberei zur Einsicht der Konkursgläubiger niederzulegen. Die Konkursgläubiger können binnen einer mit der öffentlichen Bekanntmachung beginnenden Frist von einer Woche Widerspruch gegen den Antrag erheben. Im Falle des § 202 Abs. 1 steht der Widerspruch jedem Gläubiger zu, welcher bis zum Ablaufe der Frist eine Forderung angemeldet hat.

II. Das Gericht beschließt über die Einstellung nach Anhörung des Gemeinschuldners und des Verwalters. Im Falle eines Widerspruchs ist auch der widersprechende Gläubiger zu hören.

E. I. 193—195. P. 210.

RG. 39 S. 100.

Wird der Antrag nicht als unbegründet durch einen mit der sofortigen Beschwerde anfechtbaren Beschluß zurückgewiesen, — § 73 III — so muß den Interessenten Gelegenheit zur Wahrung ihrer Interessen gegeben werden. Deshalb ist zur Instruktion des Antrages, zur Information und Einsichtnahme für die Beteiligten — K.Gläubiger, G.Ausschuß, K.Verwalter und G.Schuldner —

neben der öffentlichen Bekanntmachung die Niederlegung des Antrages und der Zustimmungserklärungen auf der Gerichtsschreiberei angeordnet.

I. Widerspruchsberechtigt innerhalb der nach § 76 KO., § 222 CPO, § 187—190 BGB. zu berechnenden einwöchentlichen Frist sind bei einem Antrage nach Ablauf der Anmeldefrist alle Gläubiger, welche bis zu dem Ablauf der Widerspruchsfrist ihre Forderungen angemeldet haben, bei einem Antrage vor Ablauf der Frist alle Gläubiger, deren Forderungen vor dem Einstellungsbeschlusse, also auch nach Ablauf der Widerspruchsfrist, bekannt und angemeldet wurden Die Widerspruchsfrist ist keine Ausschlußfrist, sie soll nur den Kreis derjenigen Anmeldenden, deren Zustimmung nötig ist, durch eine hiefür präklusivische Frist abschließen. Das Gericht hat daher auch einen nachträglich eingegangenen Widerspruch zu berücksichtigten, dessen Nachholung nach § 570 CPO. in der Beschwerdeinstanz zulässig ist. v. Wilm. S. 479; L Seuffert S. 459; Willenbch S. 263; Pet. u Kl. S 538. AM. Kohler S. 506; Oetker S. 400.

Der in schriftlicher Form oder durch Erklärung zu Protokoll des Gerichtsschreibers zulässige Widerspruch bezweckt die Verhinderung der vom G.Schuldner beantragten Einstellung durch Versagung der Zustimmung entweder mangels eigener Einwilligung oder aus der statthaften Rüge, daß die Zustimmung eines anderen Gläubigers fehlt. v Wilm. S. 479; Pet u Kl S. 539; Willenbch. S. 263. AM L Seuffert S 459; Oetker 1 S 401.

II. Beschlußfassung Das Gericht prüft von Amtswegen, ob alle Voraussetzungen für die Einstellung gegeben sind, kann nach § 75 eigene Ermittelungen anstellen, hört den G.Schuldner und Verwalter und, wenn ein Widerspruch erhoben ist, auch den widersprechenden Gläubiger, und muß, wenn die Zustimmung aller berechtigten Gläubiger erfolgt ist, die Einstellung beschließen. § 202. Der Widerspruch eines Gläubigers, dessen Zustimmung erforderlich ist, hindert die Einstellung. L. Seuffert S. 460; v. Wilm. S 478; v Sarw. S 833. Ein Prüfungsrecht über die rechtliche und wirtschaftliche Bedeutung der Einstellung für die K.Gläubiger steht dem K.Gericht nicht zu. v. Wilm. S 479; Willenbch. S 264. AM. v Sarw. S. 834. Das Wort „kann" in § 202 II beschränkt sich lediglich auf die Erwägung der Frage, ob noch andere Gläubiger als bekannt anzunehmen sind, nicht auf die Prüfung der Sache selbst. L. Seuffert S. 460; v Wilm. S 477; Willenbch. S 264. AM. v. Sarw. S. 834; Pet. u. Kl. S. 539; Fitting S. 386. Die Zustellung des Einstellungsbeschlusses an alle Beteiligten erfolgt durch öffentliche Bekanntmachung. § 76 III, 205 I. L. Seuffert S. 461; v Wilm S. 480. v. Sarw. S. 834. AM Willenbch. S 264; Pet. u. Kl. S. 542; Fitting S. 387, die eine besondere Zustellung nach § 73 II für notwendig erachten.

III. Beschwerdeberechtigt — § 73 III — sind mit dem Rechte des Vorbringens neuer Thatsachen in der Beschwerdeinstanz — § 570 CPO — gegen die Ablehnung der Einstellung der G.-Schuldner, gegen die Verfügung der Einstellung jeder K.Gläubiger, dessen Zustimmung zu der Einstellung erforderlich und nicht vorhanden ist, dagegen nicht der Verwalter und der G.Schuldner. L. Seuffert S. 462; Willenbch. S. 264; v. Wilm. S. 450; Fitting S. 386; v. Sarw. S 835.

Einstellung wegen ungenügender K.Masse. **§ 204.** (§ 190.)

I. Das Gericht kann das Konkursverfahren einstellen, sobald sich ergibt, daß eine den Kosten des Verfahrens entsprechende Konkursmasse nicht vorhanden ist. Die Einstellung unterbleibt, wenn ein zur Deckung der im § 58 Nr. 1, 2 bezeichneten Massekosten ausreichender Geldbetrag vorgeschossen wird.

II. Vor der Einstellung soll die Gläubigerversammlung gehört werden.

E. I. 196, 197. Nov § 190. Begr 28, 57 Mat. 218.

I. Diese jeder Zeit ohne Antrag von Amtswegen mögliche Einstellung wird namentlich zu erfolgen haben, wenn sich ergibt, daß für die nicht bevorrechtigten Gläubiger nichts übrig bleibt. Entscheidend ist das richterliche Ermessen. Entsprechend dem Zusatze in § 107 I ist aber nach der Neubestimmung der Novelle die Einstellung ausgeschlossen, wenn ein zur Deckung der im § 58 Nr. 1, 2 bezeichneten Massekosten ausreichender Geldbetrag vorgeschossen wird. Begr. S. 28, 57.

Vor der Einstellung ist jedoch nunmehr instruktionell die Anhörung der G.Versammlung vorgeschrieben; die Unterlassung begründet ein Beschwerderecht. Der Verwalter hat vor der Einstellung — bei unzureichendem Massebestand eventuell anteilsweise — die Masseansprüche zu berichtigen und die bestrittenen Masseansprüche sicher zu stellen. § 60, 191, 205 II. Begr. S. 57. Mat. S. 218. L. Seuffert S. 464. Die Formen einer Schlußverteilung brauchen nicht beobachtet zu werden. Mot. 437 Die Gläubiger haben keinesfalls die Kosten des Verwalters zu tragen. v. Wilm. S. 481. Nach der rechtskräftigen Einstellung des Verfahrens kann nur ein neuer Konkurs eröffnet werden. Auch ein Gläubiger, der mit der Einstellung des ersten Konkurses einverstanden war, ist antragsberechtigt. RG JW. 1886 S 55; Willenbch. S 264; Pet. u. Kl. S. 540. Der Beschluß wird durch die öffentliche Bekanntmachung zugestellt. § 76 III. L. Seuffert S. 461, 464; v Wilm. S. 481; v. Sarw. S. 836; Oetker 1 S. 402. AM. Willenbch. S. 264; Pet. u. Kl S. 542; Fitting S 387

II. Beschwerdeberechtigt — § 73 III – sind gegen die Einstellung der Verwalter, der G.Schuldner und die K.Gläubiger. v. Sarw. 836; v. Wilm. S. 481; L. Seuffert S. 465, der nur dem Verwalter das Beschwerderecht versagt. Gegen die Ablehnung des Antrages auf Einstellung hat der Antragsteller das Beschwerderecht. v. Sarw. S. 836. AM. Willenbch. S 264; Fitting S. 387; Pet. u. Kl. S. 542. Ueber den Lauf der Beschwerdefrist vgl. § 205 Anm. II.

Wird der Einstellungsbeschluß in der Beschwerdeinstanz aufgehoben, so ist das bisherige K.Verfahren fortzusetzen. Die Wirkungen der Einstellung gelten als beseitigt; die inmitteliegenden Verfügungen des G.Schuldners über Massegegenstände bleiben wirksam. L. Seuffert S. 462, 465; v. Wilm. S. 482; Willenbch. S 262.

§ 205. (§ 191.)

I. Der Einstellungsbeschluß und der Grund der Einstellung sind öffentlich bekannt zu machen.

II. Die Vorschriften der §§ 111 Abs. 2, 112, 113, **191** finden entsprechende Anwendung.

E. I. 198—200. Mat. 218.

RG. 39 S. 100.

Sammlung 16 S. 192.

I. Diese öffentliche Bekanntmachung des Einstellungsbeschlusses und des Grundes der Einstellung gilt für die Fälle der § 202, 204. Sie darf nur nach Rechnungsstellung und Entlastung des Verwalters und nach Berichtigung und Sicherstellung der Masseansprüche erfolgen. Die Einfügung des § 191 durch die Novelle hier war die Konsequenz der Aufnahme dieser Bestimmung in § 116. Mat. S. 218 Bevorrechtigte K.Gläubiger kommen hier nicht in Frage, da ihre Befriedigung dem Wesen der Einstellung widerspricht. L. Seuffert S. 461; v. Wilm. S. 481; vgl. § 164, 190. Die Bekanntmachung im Reichsanzeiger ist obligatorisch. v. Sarw. S. 837.

II. Die Beschwerde, welche gegen den Aufhebungsbeschluß nach § 163 nicht statt hat, ist gegen den Einstellungsbeschluß zulässig. Die Beschwerdefrist läuft für alle Beteiligte von der wirksamen öffentlichen Bekanntmachung an. § 73 III, 76 III. RG. JW. 1889 S. 139. L. Seuffert S. 461; v. Wilm. S. 481; Oetker 1 S. 402. AM. Pet. u. Kl. S. 542. Ueber die Beschwerdeberechtigung vgl. § 203, 204.

§ 206. (§ 192.)

I. Der Gemeinschuldner erhält das Recht zurück, über die Konkursmasse frei zu verfügen.

II. Die Vorschriften des § 164 finden entsprechende Anwendung.

E. I. 201, 202.

Die Einstellung des K.Verfahrens beseitigt die Folgen des § 6. Die Wirkung tritt ein mit der erfolgten öffentlichen Bekanntmachung ohne Rücksicht auf eine eingelegte Beschwerde, die keine aufschiebende Wirkung hat. § 572 CPO. Die Kosten des Verfahrens treffen den G.Schuldner und sind von der an ihn herauszugebenden Masse in Abzug zu bringen. L. Seuffert S. 481; v. Wilm. S. 481; Willenbch. S. 265; Pet. u. Kl. S. 539. Im Uebrigen vergl. § 164.

Achter Titel.

Besondere Bestimmungen.

Vorbemerkung.

Der achte Titel enthält die besonderen Vorschriften über den Konkurs der Aktiengesellschaften — § 207, 208 —, über den Konkurs der offenen Handelsgesellschaften, der Kommanditgesellschaften und Kommanditgesellschaften auf Aktien — § 209 bis § 212 —, über den Konkurs der juristischen Personen und verklagsfähigen Vereine — § 213 —, über den Nachlaßkonkurs und den Konkurs über das Gesamtgut der fortgesetzten Gütergemeinschaft — § 214 bis 236 — über den Konkurs im Ausland und über den Konkurs über Niederlassungen — § 237, 238.

Die Novelle hat in § 209, 210 als Konkursgrund für die Kommanditgesellschaft auf Aktien auch die Ueberschuldung aufgenommen, durch die Fassung des § 212 konkursrechtlich den Wegfall des Art. 122 des bisherigen HGB. zum Ausdruck gebracht, den § 213 über den Konkurs der juristischen Personen und verklagsfähigen Vereine neueingefügt, in § 214 bis 236 im Anschlusse an das Recht des BGB. den Nachlaßkonkurs und den Konkurs über das Gesamtgut der fortgesetzten Gütergemeinschaft einheitlich geregelt und die Fassung des § 238 der Neufassung des § 71 angepaßt.

I. **Aktiengesellschaft.** **§ 207.** (§ 193.)

I. Ueber das Vermögen einer Aktiengesellschaft findet das Konkursverfahren außer dem Falle der Zahlungsunfähigkeit in dem Falle der Ueberschuldung statt.

II. Nach Auflösung einer Aktiengesellschaft ist die Eröffnung des Verfahrens so lange zulässig, als die Verteilung des Vermögens nicht vollzogen ist.

E. I 281–285, 325.

RG. 3 S. 54, 195, 4 S. 68; 9 S. 18, 13 S. 29; 14 S. 418, 16 S. 1, 25 S. 34.

1. K. Grund für die Eröffnung des Konkurses über das Vermögen einer Aktiengesellschaft — § 178 fg. HGB — ist die Zahlungsunfähigkeit — § 102 — oder die sich aus der vom Vorstand zu legenden Bilanz ergebende Ueberschuldung, d. h das Ueberwiegen der Passiva über die Aktiva. § § 239, 240, 260 II, 263 II, 264, 266 I, 313 HGB. RG. 3 S 195; 4 S. 68. L. Seuffert S. 139; Willenbch. S. 266; v. Sarw. S. 841; v. Wilm. S. 483; Cosack HR. S 662.

Zeitlich ist die K Eröffnung möglich während des Bestehens der Gesellschaft und nach ihrer Auflösung während der Liquidation, so lange eine Teilungsmasse noch konstituiert werden kann. Mot. S. 442; RG. 3 S. 54; 16 S. 1; ROHG. 16 S. 284; v. Sarw.

S. 842; v. Wilm. S 485; Willenbch. S. 266; Fitting S. 389; § 294, 298 I, II, IV HGB Bei der Fusion mehrerer Gesellschaften ist der Konkurs über das Vermögen einer derselben so lange zulässig, als dies Vermögen noch unter gesonderter Verwaltung steht. § 306 IV HGB; v Wilm. S. 485; Willenbch. S. 266; Pet. u. Kl. S. 544; v. Völd 2 S. 673; Cosack HR S. 664.

II. G.Schuldner ist die Aktiengesellschaft. Sie wird im Konkurse von den Vorstandsmitgliedern oder den Liquidatoren vertreten Diese haben die Rechte und Pflichten des G.Schuldners wahrzunehmen, insbesondere die Pflicht zur Auskunftserteilung, zum Verbleiben am Wohnorte und zur Ableistung des Offenbarungseides. § 100, 101, 125 KO.; § 231, 295 HGB.; Mot. S. 443. L. Seuffert S. 69; v. Wilm. S 483; Willenbch. S. 265; Cosack HR. S. 663; RStr. 16 S. 125; vgl. § 244

III. Der K.Verwalter hat das zur K Masse gehörige Vermögen in Besitz und Verwaltung zu nehmen — § 117 — die rückständigen Einlagen auf die Aktien, vorbehaltlich der statutenmäßigen Einzahlungsfristen einzufordern — RC. 4 S. 67; RHG. 20 S. 270; 22 S. 135; 25 S. 158; Kohler S. 349; Cosack HR. S. 662 — und die Regreßrechte der Gesellschaft gegen die Mitglieder des Vorstandes und des Aufsichtsrates geltend zu machen. § 241, 249 HGB. Willenbch. S. 266. Die Ansprüche der Aktionäre, soweit sie nicht auf rückständige Zinsen und Dividenden gehen, sind keine K.Forderungen ROHG 18 Nr 41; Cosack HR. S 662; Gareis HR S. 370; v. Wilm. S. 485; RC 22 S. 114.

IV. Die K.Eröffnung löst die Aktiengesellschaft auf — § 292 Nr 3 HGB,; sie kann aber bei K.Beendigung durch Z.Vergleich oder Einstellung fortgesetzt werden. § 307 II HGB Cosack HR. S. 664.

§ 208. (§ 194.)

I. Zu dem Antrage auf Eröffnung des Verfahrens ist außer den Konkursgläubigern jedes Mitglied des Vorstandes und jeder Liquidator berechtigt.

II. Wird der Antrag nicht von allen Mitgliedern des Vorstandes oder allen Liquidatoren gestellt, so ist derselbe zuzulassen, wenn die Zahlungsunfähigkeit oder Ueberschuldung glaubhaft gemacht wird. Das Gericht hat die übrigen Mitglieder oder Liquidatoren nach Maßgabe des § 105 Abs. 2, 3 zu hören.

E. 1. 281—285. P. 325.

RC. 22 S. 114.

I. Antragsberechtigt bei dem nach § 71 KO., § 17 CPO. zuständigen K.Gericht ist neben den K.Gläubigern jedes Vorstandsmitglied und jeder Liquidator Prokuristen und Aktionäre, wenn sie nicht K.Gläubiger sind — vgl Anm III zu § 208 — sind nicht antragsberechtigt. v. Wilm. S. 485; Willenbch. S. 267; Pet.

und Kl S. 544; v. Sarw S. 843; Cosack HR. S. 662. AM. v. Völd. 2 S. 674. Die Antragsverpflichtung des Vorstandes oder der Liquidatoren ergibt sich aus § 240 II, 298 II, 315 Nr. 2 HGB.

II. Verfahren. Der Antragsteller — Vorstandsmitglied oder Liquidator — muß die Voraussetzungen der K Eröffnung glaubhaft machen, wenn sich die übrigen Vorstandsmitglieder oder Mitliquidatoren nicht seinem Antrage anschließen. Dasselbe gilt von dem Antrage des K.Gläubigers. § 105. Ueber den Antrag sind alle Vorstandsmitglieder oder Liquidatoren, schriftlich oder mündlich, zu hören. Die Ermittelungspflicht des Gerichtes nach § 105 II tritt auch hier ein, wenn die Zahlungsunfähigkeit oder Ueberschuldung nicht eingeräumt wird. L. Seuffert S. 138, 142, 145, 146; v. Wilm. S. 485; Willenbch. S. 267; v. Sarw S. 843; Cosack HR. S. 662. Das Verfahren gestaltet sich im Uebrigen nach dem des Regelkonkurses Der Z. Vergleich ist unzulässig, wenn nur in der Person eines der Vorstandsmitglieder oder Liquidatoren ein Unzulässigkeitsgrund vorliegt. L. Seuffert S. 417; v. Sarw. S. 844; Willenbch. S. 267; Pet. u. Kl. S. 345; v. Wilm. S. 486; Fitting S 389.

Offene Handels- und Kommanditgesellschaft.

§ 209. (§ 198.)

I. Im Falle der Zahlungsunfähigkeit einer offenen Handelsgesellschaft, einer Kommanditgesellschaft oder einer Kommanditgesellschaft auf Aktien findet über das Gesellschaftsvermögen ein selbständiges Konkursverfahren statt. Ueber das Vermögen einer Kommanditgesellschaft auf Aktien findet das Konkursverfahren auch im Falle der Ueberschuldung statt.

II. Die Vorschrift des § 207 Abs. 2 findet entsprechende Anwendung.

E. 221. P. 286, 287. Nov. § 198. Begr. 37. Mat. 218.

RG. 1 S. 72; 3 S. 57; 5 S. 55; 9 S. 144; 16 S. 1; 17 S. 39, 367, 18 S. 140; 28 S. 132; 29 S. 314; 30 S 34; 34 S 362; 36 S. 30; 37 S. 84.

Die Abänderung in § 209 bringt die Vorschriften der KO. hinsichtlich der Kommanditgesellschaft auf Aktien mit den Vorschriften des HGB. in § 240 II, 325 Nr. 8 in Einklang. Demnach ist bei der Kommanditgesellschaft auf Aktien, wie bei der Aktiengesellschaft — § 207 — auch die Ueberschuldung Konkursveranlassung. Begr. S. 37. Ueber das Gesellschaftsvermögen kann nach § 209 der Konkurs eröffnet werden, auch wenn über das Privatvermögen der einzelnen Gesellschafter ein Konkurs nicht eröffnet wird Der Konkurs über das Gesellschaftsvermögen ist selbständig und getrennt von dem allenfallsigen Konkurse über das Privatvermögen der persönlich haftenden Gesellschafter zu eröffnen und zu behandeln. Mot. S. 450, 451. RG. 7 S. 88; 29 S. 311; 30 S. 34. L. Seuffert S. 73; v. Wilm. S. 507; v. Sarw. S. 858; Fitting S. 397; Willenbch.

S. 283; Cosack HR. S. 567, 585, 699, Jäger, Konkurs der offenen Handelsgesellschaft.

I. Konkursgrund ist bei der offenen Handelsgesellschaft — § 105 fg. HGB. — und bei der Kommanditgesellschaft — § 161 fg. HGB. — die Zahlungsunfähigkeit, bei der Kommanditgesellschaft auf Aktien — § 320 fg. HGB. — neben der Zahlungsunfähigkeit auch die Ueberschuldung. § 240 II, 325 Nr. 8 HGB.; Begr. S 37.

II. K. Masse ist das Gesellschaftsvermögen, nicht das Privatvermögen der Gesellschafter Zur Teilungsmasse gehören die Gesellschaftsaktiva, einschließlich der Einlagen der Gesellschafter und Kommanditisten, nicht aber die Privataktiva der einzelnen Gesellschafter. Cosack HR. S. 567. Der K.Verwalter kann daher diese Einlagen einfordern und zur Masse ziehen. RG. 1 S. 69; 17 S. 39; RG JW 1893 S. 309; v. Wilm. S. 508; Willenbch. S. 282; Pet. u. Kl. S. 573. Zur Schuldenmasse gehören nur die Gesellschaftsschulden, nicht die Privatschulden der einzelnen Gesellschafter. Cosack HR. S. 567 Zeitlich ist die K.Eröffnung auch nach der Auflösung der Gesellschaft bis zur beendigten Aufteilung des Gesellschaftsvermögens möglich. RG. 3 S. 54; 16 S. 1; 28 S. 132, 134 S. 362; v. Sarw. S. 859; Fitting S. 389.

III. G Schuldner mit allen Rechten und Pflichten sind die Gesellschafter, offene Handelsgesellschafter und Komplementare, nicht die Kommanditisten. RG. 3 S. 57; 9 S 144; 17 S. 367; 18 S. 140. RG. JW. 1895 S. 238. v Wilm. S. 508; Fitting S 398; Willenbch. S 283; Cosack HR. S. 567; Jäger, der Konkurs der offenen Handelsgesellschaft S. 68. Die Pflicht zur Auskunftserteilung kommt jedem persönlich haftenden Gesellschafter, nach der Auflösung jedem Liquidator zu. Mot. S. 445, 447. Der Offenbarungseid ist von den vertretungsberechtigten, geschäftsführenden Gesellschaftern zu leisten. Pet. u. Kl. S. 574; Willenbch. S. 284; Fitting S. 398; v. Wilm. S. 509.

§ 210. (§ 199.)

I. Zu dem Antrage auf Eröffnung des Verfahrens ist außer den Konkursgläubigern jeder persönlich haftende Gesellschafter und jeder Liquidator berechtigt.

II. Wird der Antrag nicht von allen persönlich haftenden Gesellschaftern oder allen Liquidatoren gestellt, so ist derselbe zuzulassen, wenn bei der offenen Handelsgesellschaft oder der Kommanditgesellschaft die Zahlungsunfähigkeit, bei der Kommanditgesellschaft auf Aktien die Zahlungsunfähigkeit oder die Ueberschuldung glaubhaft gemacht wird. Das Gericht hat die übrigen persönlich haftenden Gesellschafter oder die Liquidatoren nach Maßgabe des § 105 Abs. 2, 3 zu hören.

E. I. 221. P 286. Nov. § 199. Begr. 37

RG. 7 S. 92, 29 S. 39, 36 S. 30.

I. Antragsberechtigt bei dem nach § 71 KO., § 17 CPO. zuständigen K.Gericht sind die Gesellschaftsgläubiger, nicht die Privatgläubiger eines Gesellschafters. Dem antragstellenden Gesellschaftsgläubiger muß im Momente der K.Eröffnung ein Vermögensanspruch gegen die Gesellschaft zustehen. Kommanditisten — § 164, 170 bis 172 HGB. — haben kein Antragsrecht Antragsberechtigt sind weiter die persönlich haftenden Gesellschafter — § 116, 131 fg., 145, 163, 164, 170, 320 fg. HGB. — ohne Rücksicht auf ihre Vertretungsbefugnis und Bestellung zum Liquidator. Der Antragsteller, wie der nach Abs. II zu Hörende müssen zur Zeit der K.Eröffnung noch persönlich haftende Gesellschafter sein. RG. 29 S. 88. Antragsberechtigt ist schließlich jeder Liquidator — § 145, 149, 320 fg, 331 HGB. — nicht aber bei der Kommanditgesellschaft auf Aktien der Aufsichtsrat oder die Generalversammlung. L. Seuffert S. 132, 142, 145, 146; v Wilm. S. 509; v Sarw. S. 859; Willenbch. S. 284; Fitting S. 398; Cosack HR S. 567, 585, 699.

II. Verfahren. Die Abänderung durch die Novelle in Abs. II ergibt sich aus der Aenderung in § 208. Bei dem Antrage eines K.Gläubigers auf K.Eröffnung sind alle persönlich haftenden Gesellschafter oder Liquidatoren, bei dem Antrage eines oder mehrerer Gesellschafter oder Liquidatoren die übrigen persönlich haftenden Gesellschafter oder Liquidatoren zu hören. Die Ermittelungspflicht des Gerichtes tritt ein, wenn diese nicht den Konkursgrund einräumen L Seuffert S 145, 146. Im Uebrigen gelten für das Verfahren die Vorschriften des Regelkonkurses.

Zwangsvergleich. § 211. (§ 200.)

I. Ein Zwangsvergleich kann nur auf Vorschlag aller persönlich haftenden Gesellschafter geschlossen werden.

II. Der Zwangsvergleich begrenzt, soweit er nicht ein Anderes festsetzt, zugleich den Umfang der persönlichen Haftung der Gesellschafter.

E. I. 223. P. 289, 290. Nov. § 200. Begr. 38

RG 23 S. 119; 28 S. 130; 29 S. 38; 41 S. 27.

Die Novelle hat den § 211 der Sprachweise des BGB. und des HGB. angepaßt. Begr. S. 38 Im Konkurse über das Vermögen einer offenen Handelsgesellschaft, einer Kommanditgesellschaft und einer Kommanditgesellschaft auf Aktien muß der Vergleichsvorschlag von allen persönlich haftenden Gesellschaftern ausgehen. Die allgemeinen Vorschriften in § 173 bis 201 finden Anwendung. Der Z.Vergleich ist unzulässig, wenn auch nur in der Person eines persönlich haftenden Gesellschafters ein Unzulässigkeitsgrund vorliegt. L Seuffert S 417; v. Wilm. S. 510; Fitting S. 399; Willenbch S. 285. AM v. Sarw. S. 861

Der Z.Vergleich wird abgeschlossen mit den persönlich haftenden Gesellschaftern. Die Gesellschaftsgläubiger können von jedem nur die Akkordsumme verlangen Mot. S. 448. Die Zustimmung der Kommanditisten oder der etwaigen Liquidatoren bedarf es nicht. Mot. S. 448. v. Wilm. S. 510. Cosack HR. S. 568, 585, 700. Der Z.Vergleich im Gesellschaftskonkurse bewirkt eine Minderung der persönlichen Haftung der Gesellschafter Abs. II Diese Minderung kommt aber nicht dem schon vor der K.Eröffnung ausgeschiedenen Gesellschafter zu Gute. RG. 29 S. 38. v. Sarw. S 861; v Wilm. S. 510; Willenbch. S. 285. AM L. Seuffert S. 441; Jäger „der Konkurs der offenen Handelsgesellschaft" S. 163 fg.: Cosack HR. S. 574. Die Haftung des vorher ausgeschiedenen Gesellschafters als Mitschuldner — § 193 — wird durch den Z.-Vergleich nicht berührt v. Sarw S 861.

Die K.Beendigung durch Schlußverteilung löst die Gesellschaft unbedingt auf und läßt nur noch die Haftung der einzelnen Gesellschafter übrig. v. Wilm. S. 510 Bei K.Beendigung durch Z.Vergleich oder Einstellung kann die Gesellschaft fortgesetzt werden. RG. 28 S. 130; v. Sarw. S. 861; v. Wilm. S. 510.

§ 212. (§ 201.)

I. In dem Konkursverfahren über das Privatvermögen eines persönlich haftenden Gesellschafters können die Gesellschaftsgläubiger, wenn das Konkursverfahren über das Gesellschaftsvermögen eröffnet ist, Befriedigung nur wegen desjenigen Betrags suchen, für welchen sie in dem letzteren Verfahren keine Befriedigung erhalten.

II. Bei den Verteilungen sind die Anteile auf den vollen Betrag der Gesellschaftsforderungen zurückzubehalten, bis der Ausfall bei dem Gesellschaftsvermögen feststeht.

III. Im Uebrigen finden auf die bezeichneten Forderungen die Vorschriften der §§ 64, 96 entsprechende Anwendung.

E. I. 224. P 228, 291. Nov. § 201. Begr. 38.

RG. 5 S. 52, 23 S. 31, 41 S. 28.

Sammlung 11 S. 92; 15 S. 772.

Gesellschaftskonkurs und Konkurs über das Privatvermögen des einzelnen Gesellschafters sind von einander unabhängig. Die Gesellschaftsgläubiger sind befriedigungsberechtigt aus dem Gesellschafts- und dem Privatvermögen der einzelnen Gesellschafter, die Privatgläubiger nur aus dem Privatvermögen. Art. 122 des bisherigen HGB hat bestimmt, daß im Falle des Konkurses über das Vermögen einer offenen Handelsgesellschaft die Gesellschaftsgläubiger aus dem Privatvermögen der Gesellschafter nur wegen des Ausfalls, den ihre Forderungen im Gesellschaftskonkurs erleiden, Befriedigung suchen können. Begr. S. 38. Diese Bestimmung ist im neuen HGB. gestrichen. Denkschrift zum Entwurfe des HGB. — Heymannsche Ausgabe — S. 46; Cosack HR S. 569; Gareis HR. S. 223. Nach dem neuen HGB. sind die Gesellschaftsgläubiger befugt, auch während der Dauer des Gesellschaftskonkurses ihre Forderungen gegen jeden persönlich haftenden Gesellschafter zum vollen Betrag geltend zu machen, nicht blos auf den Ausfall, den sie im Gesellschaftskonkurse erleiden. Begr. S. 38; Cosack HR. S. 569. Lediglich bei gleichzeitigem Schweben des Gesellschaftskonkurses und des Konkurses über das Privatvermögen des Gesellschafters bleibt es bei dem bisherigen Grundsatze der Befriedigung auf den Ausfall. Die Novelle hat durch die Neufassung des § 212 den Grundsatz in dieser Beschränkung zum Ausdruck gebracht. Begr. S. 38. L. Seuffert S. 45; Cosack HR. S. 569; Gareis HR. S. 223.

Demgemäß können die Gläubiger der offenen Handelsgesellschaft, der Kommanditgesellschaft und der Kommanditgesellschaft auf Aktien im Konkurse über das Vermögen eines persönlich haftenden Gesellschafters, wenn der Konkurs auch über das Gesellschaftsvermögen eröffnet ist, Befriedigung nur auf den Betrag des Ausfalls im Gesellschaftskonkurse erhalten. Im Privatkonkurse werden die Anteile auf den vollen Betrag der Gesellschaftsforderungen berechnet, jedoch zurückbehalten, bis der Ausfall bei dem Gesellschaftsvermögen feststeht. Sobald dieser feststeht, wird die auf den Ausfall treffende Dividende berechnet und ausbezahlt. Die ursprünglich auf den Vollbetrag berechnete Dividende wird also auf die Dividende aus dem Ausfall ermäßigt. Die auf diese Weise nach dem Vollzuge der Schlußverteilung freiwerdenden Beträge kommen zur Nachtragsverteilung. L. Seuffert S. 45, 378; Fitting S. 400; v. Sarw. S. 866; Cosack HR. S. 568; Gareis HR. S. 223. AM. v. Wilm. S. 512; Willenbch. S. 286. Der Gesellschaftsgläubiger kann auch gegenüber dem Verwalter des Gesellschaftskonkurses auf die Geltendmachung seiner Forderung im Gesellschaftskonkurse ganz oder teilweise verzichten. § 64. Auf die Höhe des Verzichtes liegt ein Ausfall für den Privatkonkurs vor. Demgemäß ist der Gesellschaftsgläubiger auf die Höhe des Verzichts im Privatkonkurse teilnahmeberechtigt. Die Nichtanmeldung der Forderung im Gesellschaftskonkurse enthält noch keinen Verzicht. L. Seuffert S. 45; Jäger „Der Konkurs der offenen Handelsgesellschaft" S. 152; v. Sarw. S. 866; v. Wilm. S. 212; Willenbch. S. 286; Fitting S. 400. Bei mehreren Privatkonkursen kommt § 68 zur Anwendung. L. Seuffert S. 45.

Ueber das Stimmrecht entscheidet nach der Höhe des mutmaßlichen Ausfalls auf den Widerspruch eines K.Gläubigers oder des Verwalters das K.Gericht. § 96. v. Wilm. S. 512; Fitting S. 400; Willenbch. S. 286.

Juristische Personen.

§ 213.

Auf das Konkursverfahren über das Vermögen einer juristischen Person, sowie eines

Vereins, der als solcher verklagt werden kann, finden die Vorschriften der §§ 207, 208 entsprechende Anwendung.

Nov. § 201a. Begr. 38.

Diese Bestimmung ist durch die Novelle eingefügt. Die besonderen Bestimmungen, welche für das K.Verfahren einer Aktiengesellschaft gelten, passen auch für das K.Verfahren über das Vermögen einer juristischen Person. Mit Rücksicht auf die Bestimmungen in § 50. 735 CPO. sind auch Vereine, die nicht rechtsfähig, wohl aber verklagsfähig sind, in Ansehung des K.Verfahrens über das Vereinsvermögen den juristischen Personen gleichgestellt. Begr. S. 38. Begr. zur Nov. d. CPO. S. 16; Kommissionsbericht hiezu S. 31, 32; Denkschrift z. BGB. S. 14. Endemann BGB. 1 S. 200; § 54, 705 fg BGB.; Art. 10 EG. z BGB.

Konkursgrund ist die Zahlungsunfähigkeit oder die Ueberschuldung. § 207 II. L. Seuffert S. 139. Antragsberechtigt ist neben den K.Gläubigern das zur Vertretung bei Gericht berufene Organ, der Vorstand der juristischen Person oder des verklagsfähigen Vereines. § 26 II BGB. Die Parteirechte des verklagsfähigen Vereines sind durch § 50 CPO. möglichst weit bemessen worden, obwohl die Rechte und Pflichten des nicht rechtsfähigen Vereines in Wirklichkeit Rechte und Pflichten der einzelnen Mitglieder sind. § 54, 705 fg BGB.; Kom.Bericht zur Zivilprozeßnovelle S. 31, 32; Fischer-Henle BGB. § 54; Endemann BGB. 1 S. 200. Zeitlich ist die K.Eröffnung möglich, bis die Verteilung des Vermögens vollzogen ist, also über das Vermögen eines Vereines auch nach Auflösung oder Entziehung der Rechtsfähigkeit — § 41, 43, 73 BGB. —, über das Vermögen einer aufgehobenen oder erloschenen Stiftung bis zur Beendigung der Liquidation § 86 BGB. Fällt das Vermögen an den Fiskus, so sind die Vorschriften über den N.Konkurs entsprechend anzuwenden. § 45 III, 46, 88, 1936, 1942 II, 1964, 1966, 2016, 2149 BGB; § 214 fg. KO.; L. Seuffert S. 69. 71, 72. Hiezu: Art. IV EG. z. K.Novelle; Art. 5 fg. bayr. AG. z. BGB. G.Schuldner ist die juristische Person oder der dieser gleichgestellte verklagsfähige Verein. Ihre Vorstandsorgane vertreten sie im K.Verfahren, haben daher auch die Rechte und Pflichten des G.Schuldners, insbesondere die Auskunftspflicht, wahrzunehmen. Hiezu Jaeger, der Konkurs der offenen Handelsgesellschaft S. 24 fg.; L. Seuffert S. 72, 75, der den einzelnen Gemeinschaftern als Subjekten des Gemeinschaftsvermögens die Stellung des G.Schuldners einräumt. Der Z.Vergleich ist unzulässig, wenn in der Person eines der Vorstandsmitglieder ein Unzulässigkeitsgrund gegeben ist. L. Seuffert S. 417.

Bezüglich der registrierten Gesellschaften und der anerkannten Vereine nach den bayr. Gesetzen vom 29. April 1869 vgl. Anm. II zu Art. II des EG. zu dem Gesetze betreffend Aenderungen der Konkursordnung.

II. Der Nachlaßkonkurs § 214—236.

Vorbemerkung.

Der Erbe haftet für die Nachlaßverbindlichkeiten — Schulden des Erblassers, die den Erben als solchen treffenden Verbindlichkeiten, insbesondere die Verbindlichkeiten aus Pflichtteilsrechten, Vermächtnissen und Auflagen, ferner die Kosten der Beerdigung und die Verbindlichkeiten aus dem Dreißigsten § 1967—1969 BGB. — persönlich und unbeschränkt. § 1967, § 1975, 1976 fg. BGB. Jäger-Erbenhaftung und Nachlaßkonkurs S. 1—29. Die gegenteilige auf die Ausführung in der Denkschrift S. 263 und in der Begründung der Novelle zur CPO. S. 120, sowie auf § 1994, 2000 BGB. gestützte, voran von Hachenburg in seinen Vorträgen S. 369 fg vertretene Ansicht behauptet eine auf den Nachlaßbestand beschränkte Schuldenhaftung des Erben. Die Sache liegt rechtlich aber so, daß der Erbe unbeschränkt haftet, durch die Geltendmachung der Haftungsbeschränkungsmittel jedoch seine unbeschränkte Haftung in eine auf den Nachlaßbestand beschränkte verwandeln kann. Strohal Erbrecht d. BGB. S. 128. Er hat zu diesem Behufe die allgemeinen Haftungsbeschränkungsmittel, die Nachlaßverwaltung bei zweifelhafter Suffizienz der Erbschaft — § 1975—1988 BGB.; § 75 FGB. —, den Nachlaßkonkurs bei Ueberschuldung — § 214—235 — und bei der Unzureichendheit der Masse zur Kostendeckung die Abzugseinrede § 1990. Diese allgemeinen Haftungsbeschränkungsmittel beschränken die Haftung für die Nachlaßverbindlichkeiten gegenüber allen Nachlaßgläubigern auf den Nachlaßbestand.

Die besonderen Haftungsbeschränkungsmittel, welche die Haftung nur gegenüber einzelnen Nachlaßgläubigern beschränken, sind das Ausschlußurteil nach gerichtlichem Gläubigeraufgebot — § 1970—1973 BGB.; § 989—1000 CPO. — und die Ausschlußfrist nach § 1974, wenn eine Nachlaßverbindlichkeit nicht binnen 5 Jahren seit dem Erbfalle angemeldet worden ist.

Die Inventarerrichtung ist an sich kein selbständiges Haftungsbeschränkungsmittel mehr § 1994 fg BGB.; Art. 147 EG. z. BGB.; § 72 fg. FGB.; Jäger, Erbenhaftung und NK. S. 2, 14 fg. Die ungetreue Inventur oder die Verweigerung und die absichtliche Verzögerung der Auskunft bewirkt den Verlust der Möglichkeit der Haftungsbeschränkung gegenüber allen N Gläubigern, die Verweigerung des Offenbarungseides zur Erhärtung des Inventares nur gegenüber dem Antragsteller. § 2005, 2006 BGB.; § 15, 72 FGB.

Vor der Annahme der Erbschaft kann ein Anspruch, der sich gegen den Nachlaß richtet, nicht gegen den Erben gerichtlich geltend gemacht werden. § 1958 BGB.; § 239 V, 747, 749, 778, 779 CPO.; § 17 ZVG. Nach der Annahme der Erbschaft hat der Erbe gegen die Vollstreckungsanlage für eine Nachlaßverbindlichkeit die Schutzfrist des § 2014 BGB; Jäger NK. S. 3. Die Geltendmachung der Haftungsbeschränkungsmittel im Prozeß- und Vollstreckungswege regeln unter dem Präjudize der Präklusion § 780, 781 CPO. Jäger S 20.

Die Novelle hat im Anschlusse an das einheitliche Erbrecht des BGB. die Vorschriften über den Nachlaßkonkurs in ausführlicher Weise neu geregelt. Im Interesse der N.Gläubiger ist beim Vorhandensein mehrerer Erben auch nach der Teilung des Nachlasses die K.Eröffnung möglich Ob die Erben beschränkt oder unbeschränkt haften, die Erbschaft bereits angenommen oder noch nicht angenommen haben, ist für die K.Eröffnung gleichgiltig. Ueber einen Erbteil findet dagegen kein K Verfahren statt. § 216, 235. Zu dem Antrage auf Eröffnung sind neben den Erben die Nachlaßgläubiger, der Nachlaßverwalter, ein anderer Nachlaßpfleger und der verwaltungsberechtigte Testamentsvollstrecker berechtigt. § 217. Das Antragsrecht der N.Gläubiger ist jedoch zeitlich auf 2 Jahre seit der Erbschaftsannahme beschränkt. § 220. Nach der Natur des Nachlaßkonkurses ist der Kreis der in § 59 bezeichneten Masseschulden erweitert — § 224 — und sein Zweck, die Befriedigung der Nachlaßgläubiger vor den Erbberechtigten, hat zu der in § 226 geschaffenen Rangordnung geführt, wonach insbesondere die Pflichtteilsberechtigten und Vermächtnißnehmer, die auch bei einem Zwangsvergleiche über den Nachlaß nicht teilnehmen, hinter die eigentlichen vollberechtigten Nachlaßgläubiger zurücktreten. § 226, 230. Bei einem Erbschaftskaufe tritt konkursrechtlich der Erbschaftskäufer an die Stelle der Erben. § 232. Die Vorschriften über den N Konkurs finden schließlich im Falle der fortgesetzten Gütergemeinschaft auf den Konkurs über das Gesamtgut entsprechende Anwendung. § 236.

I. Voraussetzung und Wirkung des N.Konkurses. Voraussetzung für jeden N.Konkurs, d. h. für den Konkurs über einen rechtlich gesondert zu behandelnden Nachlaß ist ohne Rücksicht auf Erbschaftsannahme und Art der Erbenhaftung, daß der Nachlaß den Gläubigern für ihre Forderungen haftet. § 216. Der N.Konkurs ist ein Sonderkonkurs, wird auf den Namen — nicht auf die Firma — des Erblassers in dem ausschließlichen Gerichtsstand der Erbschaft über den Nachlaß als Ganzes, auch nach dessen Teilung, nicht aber über die einzelnen Erbteile eröffnet und bewirkt die Sonderung des Nachlasses vom Erbenvermögen der bisher eingetretenen Konfusion und Konsolidation, sowie der durch die Aufrechnung herbeigeführten Veränderungen der Masse. § 214, 225, 235; § 13–16, 27, 40 CPO.; § 17 II HGB.; § 1976, 1977, 1984, 2013 BGB.; Jäger NK. S. 30 fg. und 55 fg. Der Nachlaß dient infolge der Sonderung lediglich zur Befriedigung der Nachlaßgläubiger, nicht aber zur Befriedigung der persönlichen Gläubiger des Erben. § 1975 fg., 2013 BGB. Stirbt der G.Schuldner nach der K.Eröffnung, so geht der Regelkonkurs weiter v. Sarw. S. 867 AM. Jäger NK. S. 30. der den Uebergang in einen Nachlaßkonkurs annimmt. Durch die Eröffnung des Nachlaßkonkurses werden die über den Nachlaß anhängigen Rechtsstreite unterbrochen. § 240 CPO.; § 207 BGB.; Mot. I S. 323; RG. JW. 83 S 26 — nicht aber ein anhängiges Zwangsversteigerungsverfahren. § 175 ZVG. Jäger NK. S. 12. Uebergangsbestimmung Art. VI EG. z. K.Novelle.

II. Gemeinschuldner und Konkursverwalter. Der Erblasser gilt, insoweit es sich um Rechtsverhältnisse und Rechtshandlungen hinsichtlich seines Vermögens vor dem Tode handelt, als G.Schuldner. RG. 25 S. 34 fg.; RG. JW. 85 S. 92; § 29, 45, 46, 50, 55, 56, 61 Nr. 1. 63 Nr. 4, 183; Jäger NK. S. 48. Die Rechte und Pflichten, welche im Regelkonkurse dem G.Schuldner zukommen, treffen nach dem Erbanfalle den Erben. Seine Rechtshandlungen insbesondere sind nach der Eröffnung gegenüber den K.Gläubigern unwirksam und stehen denen des G.Schuldners gleich. Er muß den Offenbarungseid im Konkurse leisten, ist den persönlichen Beschränkungen des G.Schuldners und den Strafvorschriften in § 239—244 und in § 10, 11 des Depotgesetzes vom 5. Juli 1896, nicht aber den öffentlich rechtlichen Konkursfolgen unterworfen. § 7, 29 fg., 100, 101, 106. 121, 122, 125, 135, 141 II, 144 II; 164, 165, 173, 194, 206, 230. RG. 25 S. 34; RG. JW. 85 S. 92; Jäger NK. S. 18 u. 149; L. Seuffert S. 74. Endemann BGB. 3 S. 438 fg.

Diese Rechte und Pflichten des G.Schuldners treffen auch jeden einzelnen der mehreren Miterben. Der Widerspruch des einzelnen gegen die K.Forderung beseitigt deren Feststellung gegenüber den übrigen Miterben. Jäger NK. S. 50. Der Zwangsvergleichsvorschlag muß von allen Miterben ausgehen. § 230. Der Nachlaßpfleger — § 1960 BGB. — hat die Rechte und Pflichten des Erben-G.Schuldners, ist aber nicht den konkursrechtlichen Strafbestimmungen, sondern nur den allgemeinen Strafnormen unterworfen. Der Nachlaßverwalter, dessen Funktion mit der Eröffnung des N.Konkurses erlischt — § 1988 I BGB — und der eventuell antragsberechtigte Testamentsvollstrecker — § 217 — kommen für die Zeit nach der K.-Eröffnung für die Rechtsstellung des G.Schuldners nicht in Betracht. Jäger NK. S. 51.

Der K.Verwalter ist auch hier, wie im Regelkonkurs, das im öffentlichen Interesse geschaffene Organ zur Durchführung des Konkurszweckes — RG. 29 S. 29; JW. 94 S. 601. v. Sarw. S. 86; Willenbch. S. 4 u. 27 — nicht aber der Vertreter des Erben und der Gläubiger. RG. 18 S. 172. Jäger NK. S. 54; v. Wilm. S. 513. vgl. § 6.

III. Die Teilungsmasse. Die K.Masse besteht aus den zur Zeit der K.Eröffnung noch beim Erben vorhandenen Nachlaßgegenständen einschließlich der ohne Rechtshandlungen des Erben erwachsenen Mehrungen und Ersatzansprüche und der Rückgewähransprüche nach § 222. Jäger NK. S. 51 fg.; L. Seuffert S. 77. Nicht massepflichtig sind die unpfändbaren Nachlaßgegenstände, wohl aber die Geschäftsbücher des Erblassers. vgl. Anm. zu § 1.

IV. Die Beendigung des N.Konkurses erfolgt durch Schlußverteilung — § 163 — durch Zwangsvergleich — § 190 —, durch Einstellung bei Zustimmung aller K.Gläubiger — § 202 — oder bei Unzulänglichkeit der Nachlaßmasse zur Kostendeckung. § 204. Die Rechtswirkungen der K.Aufhebung durch Verteilung oder Zwangsvergleich regeln. § 1989, 2013, 2000, 2063 BGB. Bei der Einstellung infolge Zustimmung der Gläubiger haftet der Erbe, wie vor der K.Eröffnung — § 1975 BGB. —, bei der Einstellung nach § 204 hat er das Recht der Abzugseinrede. § 1990 fg., 2013 BGB.; Jäger S. 6 u. 87; L. Seuffert S. 442.

Zuständigkeit. **§ 214.** (§ 202.)

II. Für das Konkursverfahren über einen Nachlaß ist das Amtsgericht ausschließlich zuständig, bei welchem der Erblasser zur Zeit seines Todes den allgemeinen Gerichtsstand gehabt hat.

E. I. 14. 73. P. 319. 320. 114. 115.

Ausschließlich zuständig ist das Amtsgericht, bei welchem der Erblasser zur Zeit seines Todes den allgemeinen Gerichtsstand gehabt hat. § 13—16 27, 40 II CPO.; § 73 FGB. Nicht zuständig ist das K.Gericht des nunmehrigen Erben oder primär das der gewerblichen Niederlassung. § 71. Bei mehrfachem Wohnsitz entscheidet die Prävention. § 71. Beim Fehlen eines inländischen Gerichtsstandes ist der Konkurs über den inländischen Nachlaß unter der Voraussetzung des § 238 II, III zulässig. Andernfalls kann nur eine Einzelvollstreckung in die inländischen Nachlaßgegenstände erfolgen. § 778, 779 CPO., Jäger N.Konkurs S. 48; L. Seuffert S. 38, 256; Endemann BGB. 3 S. 441.

Nachlaßüberschuldung. **§ 215.** (§ 203.)

Die Eröffnung des Verfahrens setzt die Ueberschuldung des Nachlasses voraus.

E. I. 100. P. 322. 323. 114 Nr. 2. 357. Mot. V. 405 fg., 654. Prot. 2. Les. V. 880 fg.

RG. 13, 272; 25, 38.

I. Die Ueberschuldung ist ausschließlicher K.Eröffnungsgrund. Die Erbschaftsschulden müssen die Aktivmasse überwiegen. Die Ueberschuldung muß vorliegen zur Zeit der K.-Eröffnung, nicht zur Zeit des Erbfalls. Bei Zahlungsunfähigkeit ohne Ueberschuldung ist die Nachlaßverwaltung das angebrachte Haftungsbeschränkungsmittel. L. Seuffert S. 140; Jäger NK. S. 36.

II. Die Ueberschuldung berechnet sich nach dem Nachlaßwert zur Zeit der K.Eröffnung Eine vom Erblasser getroffene Wertbestimmung ist nicht maßgebend. § 2311 II. BGB. Bedingte, betagte und ungewisse auf wiederkehrende Hebungen gerichtete Rechte und Verbindlichkeiten sind nach § 65, 67, 69, 70, KO., § 2313 BGB, in Ansatz zu bringen. Passiva sind: Die Masseschulden — § 59, 224 —, die voll- und minderberechtigten K.Forderungen — § 225 —227 — insbesondere auch die Verbindlichkeiten aus Pflichtteilsrechten, Vermächtnissen und Auflagen § 226 Nr. 4 u. 5. Der K.Eröffnungsgrund ist auch dann gegeben, wenn die Ueberschuldung lediglich auf Vermächtnissen und Auflagen oder auf ausgeschlossenen Nachlaßverbindlichkeiten beruht. Nur braucht dann der Erbe, den

Nachlaßkonkurs nicht zu beantragen — § 1980 I, 1973, 1974 BGB., und er hat gegenüber den Vermächtnis- und Auflagegläubigern das Recht der Abzugseinrede. § 1992; Mot. V. S. 654. Jäger S. 37.

III. Zahlungseinstellung. Die Wirkung ihrer Vermutung aus § 102 II entfällt für den Nachlaßkonkurs. Die Zahlungseinstellung des Erblassers kann jedoch Beweismittel für die Nachlaßüberschuldung sein und sie behält, gleich der Zahlungseinstellung des Erben nach dem Erbfall, bei der Eröffnung des N.Konkurses ihren vollen Wert für die Anfechtung der vom Erblasser oder dem Erben vorgenommenen Rechtshandlungen und die Zulässigkeit der Aufrechnung — § 30, 33, 50, 55 Nr. 3, 56, 199 — und für die Strafbestimmungen in § 239 fg. RG. 25 S. 38: RG. Bolze 1 Nr. 543; 10 Nr. 251; RG. JW. 85 S. 92; Jäger NK. S 37; v. Wilm. S. 514; v. Sarw. S. 869; Willenbch. S. 287.

§ 216. (§ 204.)

I. Die Eröffnung des Verfahrens wird nicht dadurch gehindert, daß der Erbe die Erbschaft noch nicht angenommen hat, oder daß er für die Nachlaßverbindlichkeiten unbeschränkt haftet.

II. Bei dem Vorhandensein mehrerer Erben ist die Eröffnung des Verfahrens auch nach der Teilung des Nachlasses zulässig.

E. I. z. BGB. § 2109. 2150. Mot. V. 622. 641. 682 fg. Prot. 2. Les. V 763. 879. Nov. § 204. Begr. 39.

RG. 18 S. 272; 25 S. 36.

I. Eröffnung vor und nach der Erbschaftsannahme. Die nunmehrige Fassung, daß der N.Konkurs schon vor der Annahme der Erbschaft für zulässig erklärt ist, war durch § 1943, 1958 fg. BGB. veranlaßt. Die Ungewißheit über Annahme oder Ausschlagung oder über die Person des Erben ändert an der Zulässigkeit der K.Eröffnung nichts — § 1960 BGB. — ebensowenig die Schutzbestimmungen in § 1958 — vorläufige Klags- und Vollstreckungsbefreiung des Erben — und die in § 2014 gewährte Frist zur Vergewisserung über den Nachlaßbestand. Begr. S. 39. Jäger NK. S. 33; L. Seuffert S. 68.

II. Eröffnung ohne Rücksicht auf die beschränkte und unbeschränkte Haftung des Erben. Die Zulässigkeit der K.Eröffnung auch bei unbeschränkter Haftung des Erben für die Nachlaßverbindlichkeiten sichert den N.Gläubigern die im geltenden Rechte auf anderem Wege gewährte Möglichkeit, im Verhältnisse zu den Gläubigern des Erben unter allen Umständen abgesonderte Befriedigung aus dem Nachlasse zu suchen. Sie haben bei gleichzeitigem Konkurse über das Vermögen des Erben und über den Nachlaß in letzterem das Absonderungsrecht. § 234. Ist über das Vermögen des unbeschränkt haftenden Erben kein

Konkurs eröffnet, so wird dem N.Gläubiger, der im N.Konkurse angemeldet hat, während der Konkursdauer die Sondervollstreckung in das Erbenvermögen, gleichwie dem K.Gläubiger im Regelkonkurse, versagt sein. § 3, 14; v. Wilm S. 76; v. Sarw. S. 120; Willenbch. S. 38. AM Jäger NK S. 32 und L. Seuffert in der Zeitschrift f. Civ.P. Bd. 22 S. 501, die dem N.Gläubiger trotz der Anmeldung im Konkurse während der K Dauer ein Beitreibungsrecht gegen den unbeschränkt haftenden Erben einräumen

III. Eröffnung ohne Rücksicht auf die Nachlaßteilung. Entgegen dem bisherigen Rechte, wornach ein Erbteilskonkurs zulässig war — v. Wilm. S. 513 — ist jetzt nur über den Nachlaß als Ganzes, nicht über die einzelnen Erbteile der Konkurs zulässig. § 235. Die Eröffnung des N.Konkurses ist auch beim Vorhandensein mehrerer Erben vor oder nach der Teilung zulässig. Die unter den Miterben bestehende Erbengemeinschaft — § 2032 fg.; § 2058 fg. BGB. — schließt Konkurse über einzelne Erbteile aus und erheischt im Interesse der N Gläubiger, daß zu ihren Gunsten der Nachlaß auch dann noch als eine einheitliche Masse behandelt wird, wenn vor der Berichtigung der N.Verbindlichkeiten die Teilung bewirkt ist. Begr. S 39. Die K.Eröffnung nach der Teilung ist für den Erben — wohl aber für den N.Gläubiger § 222 — zeitlich nicht begrenzt und die Durchführung des Konkurses, auch nach der N.Teilung, hat die Wirkungen der Haftungsbeschränkung § 1979, 1989, 2000, 2013, 2059 II, 2060 Nr. 3 BGB. Die Bildung der K.-Masse nach der Teilung vollzieht sich durch den Verwalter. § 6, 117. Jäger NK. S. 35, 36. Endemann BGB. 3 S. 441.

Antrag auf Eröffnung.

§ 217. (§ 205.)

I. Zu dem Antrag auf Eröffnung des Verfahrens ist jeder Erbe, der Nachlaßverwalter, sowie ein anderer Nachlaßpfleger, ein Testamentsvollstrecker, dem die Verwaltung des Nachlasses zusteht, und jeder Nachlaßgläubiger berechtigt.

II. Wird der Antrag nicht von allen Erben gestellt, so ist er zuzulassen, wenn die Ueberschuldung glaubhaft gemacht wird. Das Gericht hat die übrigen Erben, soweit thunlich, zu hören.

III. Steht die Verwaltung des Nachlasses einem Testamentsvollstrecker zu, so ist, wenn der Erbe die Eröffnung des Verfahrens beantragt, der Testamentsvollstrecker, wenn der Testamentsstrecker den Antrag stellt, der Erbe zu hören.

E. I. 99. 102 fg. P. 321. 326. 335 II. 338. Nov. § 205. Begr. 39. 40. Mot. V 541. Prot. 2. Les. V 284. 543. 668. 762. 816. 826. 831. 870.

RG 5 S. 190; 18 S. 269; 34 S. 29.

Wie beim Regelkonkurs, ist auch beim N.Konkurs Voraussetzung ein zulässiger Eröffnungsantrag. § 103 I.

I. Antragsberechtigt sind:

1. Der Erbe — der Alleinerbe oder jeder der Miterben — ohne Rücksicht auf beschränkte oder unbeschränkte Haftung oder auf erfolgte oder nicht erfolgte N.Teilung. Auch der Fiskus ist in seiner Eigenschaft als notwendiger Erbe bei N.Ueberschuldung zum Eröffnungsantrag berechtigt. § 1936, 1942 II BGB. Mot. V. S. 381: Jäger NK. S. 38. Strohal Erbrecht S. 4, 16. Ueber die Antragsberechtigung der Ehefrau als Erbin § 218.

2. Der Nachlaßverwalter, sowie ein anderer Nachlaßpfleger — § 1975 fg., 1960 fg. BGB. — welche den Erben und nicht den Nachlaß vertreten. § 1922, 1942, 1960 II BGB. Mot. V. S. 541. Begr. S. 39. Mehrere Pfleger vertreten in der Regel nur gemeinschaftlich, sind also auch dann nur in der Gesamtheit antragsberechtigt. § 1915 u. § 1797 fg. BGB. Jäger NK. S. 40; Begr. S. 40; L. Seuffert S. 126. Endemann BGB. 3 S. 439.

3 Der Testamentsvollstrecker, dem die Verwaltung des Nachlasses im Ganzen zusteht. § 2197 fg. BGB. Mehrere Testamentsvollstrecker sind in der Regel nur in ihrer Gesamtheit antragsberechtigt. Das Amt des Testamentsvollstreckers erlischt nicht sofort mit der K.Eröffnung; kraft seiner Stellung als Vertreter des Erben ist er gegen den Eröffnungsbeschluß beschwerdeberechtigt. § 109. § 2204 fg. BGB. Mot. V. S. 266 u. 236. Begr. S. 40. Jäger NK S. 41. L. Seuffert S. 126.

4. Jeder Nachlaßgläubiger, gleichviel, ob der Nachlaß geteilt oder ungeteilt ist, der Erbe angenommen oder noch nicht angenommen hat oder beschränkt oder unbeschränkt haftet Antragsberechtigt sind daher auch Gläubiger mit ihren Forderungen aus Vermächtnissen, Auflagen und Pflichtteilsansprüchen, ferner ausgeschlossene N.Gläubiger, jedoch in der Beschränkung des § 219 I. Ein kraft des Ausschlußurteils oder der Ausschlußfrist ausgeschlossenen N.Gläubiger — § 1973, 1974 BGB. — oder ein Gläubiger aus Vermächtnissen oder Auflagen kann die Eröffnung des N.Konkurses nur beantragen, wenn über das Vermögen des Erben das K Verfahren eröffnet ist. § 219 I, 226 Begr. S. 41. Jäger NK. S. 41; L. Seuffert S. 127. Die Antragsberechtigung der Pflichtteilsberechtigten setzt die Glaubhaftmachung einer im N.Konkurse zu berücksichtigenden Pflichtteilsforderung und die N.Ueberschuldung voraus, ist also nur möglich, wenn die N.Ueberschuldung auf Vermächtnissen und Auflagen beruht, denen der Pflichtteilsanspruch im Range vorgeht, so daß der N.Konkurs vermeidbar ist. § 105 I, 217 II, 226 § 1980, 1992 BGB. L. Seuffert S. 129. Jäger NK. S. 44.

II. Antragsverpflichtung. Der Erbe ist, wie der N.Verwalter, nachdem er von der Ueberschuldung des Nachlasses Kenntnis erlangt hat, verpflichtet, sofort d. h. ohne jedes Zögern bei Meidung der Schadenshaftung gegenüber den N.Gläubigern die Eröffnung des N.Konkurses zu beantragen. § 1980, 1985 II BGB.; Planck BGB. § 121 Note 1; Jäger NK. S 45; L. Seuffert S. 137. Die gleiche

Verpflichtung trifft den Nachlaßpfleger und den nachlaßverwaltenden Testamentsvollstrecker unter Verhaftung gegenüber dem Erben, nicht aber gegenüber den N.Gläubigern — § 1833, 1915 I, 2219 BGB. — ferner den Verwalter im Konkurse über das Vermögen des Erben. § 82. RG. 34 S. 29. Jäger NK. S. 45. Die Antragsverpflichtung aus § 1980 BGB. entfällt in den Fällen der § 1980 I, 1992, 1973, 1974, 1990, 1991, 2013 BGB.; Jäger NK. S. 46.

III. Verfahren bei der N.Konkurseröffnung.

1. Auf Erbenantrag. Der Antrag des Alleinerben oder der sämtlichen Miterben führt unter der Voraussetzung, daß der Nachlaß überschuldet ist, ohne Glaubhaftmachung zur K.Eröffnung, § 215, 75 Der Antrag eines oder mehrerer der Miterben setzt die Glaubhaftmachung der Ueberschuldung voraus § 217 II. Die übrigen Miterben sind nach der Bestimmung der Novelle nur, soweit thunlich, zu hören, da die Einvernahme einer größeren Anzahl von Erben auf Grund der Vorschrift in § 105 II, III nicht selten zu Verzögerungen und Schwierigkeiten geführt hat. Begr. S. 40. In beiden Fällen ist der neben dem Erben stehende antragsbefugte Testamentsvollstrecker über den Antrag zu hören. § 217 III Jäger NK. S. 46; L. Seuffert S. 145.

2 Der Antrag des antragsberechtigten Testamentsvollstreckers erfordert die Glaubhaftmachung der N.-Ueberschuldung und soweit thunlich die vorherige Anhörung des Erben oder der sämtlichen Miterben. § 217 II, III; Jäger NK S. 47.

3. Der Antrag eines Nachlaßgläubigers setzt die Glaubhaftmachung der Ueberschuldung und der Gläubigereigenschaft voraus. § 105 I, 215, 217 II; § 1994, 2010 BGB.; Jäger NK S 47; L. Seuffert S. 145.

Die Maßnahmen des K.Gerichtes bei und nach der Eröffnung des N.Konkurses ergeben sich aus § 108 fg.

§ 218.

I. Ist eine Ehefrau die Erbin und gehört der Nachlaß zum eingebrachten Gute oder zum Gesamtgute, so kann sowohl die Ehefrau als der Ehemann die Eröffnung des Verfahrens beantragen, ohne daß die Zustimmung des anderen Teiles erforderlich ist. Das Gleiche gilt, wenn der Nachlaß zum Gesamtgute gehört, auch nach Beendigung der Gemeinschaft.

II. Wird der Antrag nicht von beiden Ehegatten gestellt, so ist er zuzulassen, wenn die

Ueberschuldung glaubhaft gemacht wird. Das Gericht hat den anderen Ehegatten, wenn thunlich, zu hören.

E. I. z. BGB. § 2148, 2149. Mot. V. 679 fg. Prot. 2 Les. V. 806. 807. Nov. § 205a. Begr. 40.

Die Ehefrau kann eine ihr angefallene Erbschaft bei jedem Güterstand ohne die Zustimmung des Ehemannes annehmen. § 1406 I, 1453, 1519 II, 1559 BGB. Für die Nachlaßverbindlichkeiten haftet das eingebrachte bezw. das Gesamtgut auch dann, wenn der Mann der Annahme nicht zugestimmt hat. § 1412, 1460 I, 1552, 1559 BGB. Deshalb hat der Ehemann zur Ermöglichung der Haftungsbeschränkung auf den Nachlaß das Recht neben der Ehefrau die K.Eröffnung zu beantragen. Begr. S. 40; § 1975, 2008 BGB.; § 999 CPO.; Mot. V. 681. In den Fällen der Gütergemeinschaft muß ihm, wenn der Nachlaß zum Gesamtgute gehört, das Antragsrecht auch noch nach der Beendigung der Gemeinschaft und Teilung des Gesamtgutes zu Gebote stehen, da hier seine Haftung für die Verbindlichkeiten der Frau fortdauert. § 1459, 1475, 1480, 1530, 1549 BGB. Begr. S. 40; Jäger NK. S. 39; L. Seuffert S. 127. Endemann BGB. 3 S. 439, 457.

I. Voraussetzung für die von einander unabhängige Antragsberechtigung des Ehemanns und der Ehefrau ist, daß diese Erbin ist — § 1416 Nr. 1, 1453, 1519, 1549 BGB. — und daß der Nachlaß zum eingebrachten Gute — gesetzlicher Güterstand der Verwaltung und Nutznießung § 1363, 1369 — Errungenschaftsgemeinschaft § 1521, 1526 I, Fahrnisgemeinschaft § 1551, 1553 Nr. 2 — oder zum Gesamtgute — allgemeine Gütergemeinschaft § 1438, 1440; Fahrnisgemeinschaft § 1549 fg. — gehört. Begr. S. 40. Gleichzeitig ist, ob vor oder nach dem Erbanfall der Güterstand begründet wird. Mot. V. 679. Die vor, nicht aber nach der Erbschaftsannahme zwischen den Ehegatten getroffenen Vereinbarung, daß der Nachlaß Vorbehaltsgut sein soll, schließt die Antragsberechtigung des Mannes aus. Mot. V. S. 679. Jäger NK. S. 39; Planck BGB § 1413.

II. Verfahren. Der Eröffnungsantrag ist ohne Glaubhaftmachung zulässig, wenn ihn beide Ehegatten stellen. Stellt ihn nur einer der Ehegatten, so muß die Ueberschuldung glaubhaft gemacht werden und das Gericht hat, wenn thunlich, den anderen Ehegatten vor der K.Eröffnung zu hören. L. Seuffert S. 145. Den erbenden Ehegatten trifft die Antragsverpflichtung des § 1980 BGB. vgl. § 217.

§ 219.

I. Ein Nachlaßgläubiger, der im Aufgebotsverfahren ausgeschlossen ist oder nach § 1974 des Bürgerlichen Gesetzbuchs einem ausgeschlossenen Gläubiger gleichsteht, kann die Eröffnung des

Verfahrens nur beantragen, wenn über das Vermögen des Erben das Konkursverfahren eröffnet ist. Das Gleiche gilt von einem Vermächtnisnehmer, sowie von demjenigen, welcher berechtigt ist, die Vollziehung einer Auflage zu fordern.

II. Ist eine Ehefrau die Erbin und gehört der Nachlaß zum Gesamtgute, so können die im Abs. 1 bezeichneten Gläubiger den Antrag nur stellen, wenn über das Vermögen des Ehemanns das Konkursverfahren eröffnet ist.

E. I. z. BGB. § 2128, 2150 I Mot. V 651 fg. Prot. 2 Les. V 762. 783. 802. 820. Nov § 205 b. Begr. S. 40. 41

Nach § 1973, 1974 BGB. haftet der Erbe einem im Aufgebotsverfahren ausgeschlossenen oder einem ausgeschlossenen gleichstehenden N.Gläubiger nur insoweit, als nach der Befriedigung der nicht ausgeschlossenen Gläubiger ein Ueberschuß des Nachlasses verbleibt Diesen Ueberschuß hat er zum Zwecke der Befriedigung des Gläubigers im Wege der Zwangsvollstreckung nach den Vorschriften über die ungerechtfertigte Bereicherung — § 812 fg. BGB. — herauszugeben; die Herausgabe der noch vorhandenen N.Gegenstände kann er jedoch durch Zahlung des Wertes abwenden. Damit ist eine Antragsberechtigung der ausgeschlossenen oder diesen gleichgeachteten N.Gläubiger nicht wohl vereinbar, für die aber andrerseits ein Schutzbedürfnis besteht, wenn über das Erbenvermögen der Konkurs eröffnet wird. Demgemäß sind diese Gläubiger zur Stellung eines Antrages auf Eröffnung des N.Konkurses nur dann berechtigt, wenn über das Vermögen des Erben oder im Falle des Abs. II über das Vermögen des Ehemannes der Konkurs eröffnet ist. Begr. S. 41. 42 Das Gleiche gilt für die Antragsberechtigung der Vermächtnisnehmer und der aus einer Auflage Berechtigten. L. Seuffert S. 127, 128. Endemann BGB. 3 S. 439, 462.

I. Nachlaßgläubiger. § 1971—1974. Diese in der Antragsberechtigung beschränkten N.Gläubiger sind im N.Konkurse als minderberechtigte N.Gläubiger nach § 226 IV. bezugsberechtigt. Die ausgeschlossenen N.Gläubiger sind jedoch berechtigt, einen Konkurs über den nach Befriedigung der Nichtausgeschlossenen verbleibenden Ueberschuß zu beantragen. Jäger NK. S. 42. AM. Lothar Seuffert, Zeitschrift f. deutsch. CP. Bd. 22 S. 504, der dies verneint.

II. Vermächtnisnehmer und Auflagenberechtigte. § 1939, 1940, 2141 fg, 2192 fg. BGB Auch diese Personen sind in ihrer Eigenschaft als N.Gläubiger — § 1967 II — nach § 217 I bei Ueberschuldung des Nachlasses an und für sich antragsberechtigt. Die Geltendmachung dieses Rechtes wird aber, insbesondere, wenn sich eine Ueberschuldung erst durch Einbeziehung der betreffenden N.Verbindlichkeiten ergibt, dem mutmaßlichen Willen des Erblassers widersprechen. In der Regel haben auch die genannten Beteiligten kein begründetes Interesse daran, ihrerseits die K.Eröffnung zu beantragen, da der Erbe, falls er sich ihnen gegenüber auf seine beschränkte Haftung beruft, entweder selbst die N.Verwaltung oder den N.Konkurs beantragen oder ihre Befriedigung, soweit der Nachlaß reicht, nach § 1992 BGB. in der Rangordnung des N.-Konkurses herbeiführen muß Begr. S. 42. Jäger. NK S. 42. § 1981, 1984 BGB. § 784 II CPO. Anders verhält es sich, wenn der Erbe selbst in Konkurs geraten ist. Hier bietet die Antragsberechtigung und die K.Eröffnung einen Ersatz für das nach dem gemeinen Rechte und verschiedenen Landesgesetzen den Vermächtnisnehmern zustehende Separationsrecht. Begr. S. 42; L. Seuffert S. 128 und a. a. O. S. 505.

III. Bei einer in allgemeinen Gütergemeinschaft, Errungenschafts- oder Fahrnisgemeinschaft, lebenden Ehefrau fällt der von ihr ererbte Nachlaß, wenn er zum Gesamtgut gehört, in die K.Masse des Ehemannes. Der Konkurs der Ehefrau läßt das Gesamtgut unberührt. § 2 II u. III. Die in Abs. I bezeichneten, beschränkt antragsberechtigten Personen haben auch hier aus dem gleichen Grunde nur dann ein Antragsrecht, wenn das K.Verfahren über das Vermögen des Ehemannes eröffnet ist. Begr S. 42. Jäger NK S. 43.

Beschränkung des Antragsrechtes.

§ 220.

Die Eröffnung des Verfahrens kann von einem Nachlaßgläubiger nicht mehr beantragt werden, wenn seit der Annahme der Erbschaft zwei Jahre verstrichen sind.

E. I. z. BGB. § 2150; Mot. V. 641, 683. Prot. 2. Les. V. 732, 762. Nov. § 205c. Begr. 42.

Der Grund des § 1981 II BGB., wornach die Nachlaßgläubiger den Antrag auf Anordnung der Nachlaßverwaltung nicht mehr stellen können, wenn seit der Annahme der Erbschaft zwei Jahre verstrichen sind, trifft in gleicher Weise auch das Antragsrecht der Nachlaßgläubiger auf Eröffnung des N.Konkurses. Begr. S. 42. Die Sonderung des Erbenvermögens vom Nachlasse ist um so schwerer durchführbar, je länger die Vereinigung gedauert hat. Deshalb ist auch hier die Antragsberechtigung der Nachlaßgläubiger auf den Zeitraum von zwei Jahren seit der Annahme der Erbschaft beschränkt. § 1943 BGB. Die Antragsberechtigung des Erben ist dagegen, wie für den Antrag auf Anordnung der Nachlaßverwaltung, ohne Rücksicht auf die vorgenommene Nachlaßverteilung zeitlich nicht beschränkt. § 216 II, 217 I; § 1981 I BGB.; Mot. V S. 641. Das Correlat hiezu bildet die zeitlich unbeschränkte Antragspflicht des Erben oder des Nachlaßverwalters. § 1980, 1985 II BGB.; Jäger NK. S. 44; L. Seuffert S. 129, 145.

Beschränkung der abgesonderten Befriedigung.

§ 221.

I. Auf Grund einer nach dem Eintritte des Erbfalls gegen den Nachlaß erfolgten Maßregel der Zwangsvollstreckung oder der Arrestvollziehung kann abgesonderte Befriedigung nicht verlangt werden.

II. Eine nach dem Eintritte des Erbfalls im Wege der einstweiligen Verfügung erlangte Vormerkung ist unwirksam.

E. I. z. BGB. § 2110. Mot. V 623 fg. Prot. 2. Les. V. 765, 784, 811. Nov. § 205 d. Begr. 42. Mat 219.

An und für sich würde es den allgemeinen Bestimmungen entsprechen, daß ein N.Gläubiger oder ein persönlicher Gläubiger des Erben, der nach dem Eintritt des Erbfalls bezw. der Annahme der Erbschaft im Wege der Zwangsvollstreckung oder Arrestvollziehung ein Recht auf Befriedigung aus einem N.Gegenstande erlangt, berechtigt wäre, im N.Konkurs abgesonderte Befriedigung aus dem Gegenstande zu verlangen. § 1922, 1943, 1961 BGB. § 778 CPO Im Falle der Ueberschuldung des Nachlasses ist es aber eine Forderung der Billigkeit, daß nicht durch derartige Vollstreckungsmaßnahmen die übrigen Gläubiger benachteiligt werden. Diese Bestimmung beseitigt deshalb für den bezeichneten Fall das Recht auf abgesonderte Befriedigung im N.Konkurs und versagt aus den gleichen Gründen auch einer nach dem Eintritte des Erbfalls im Wege der einstweiligen Verfügung erlangten Vormerkung die Wirksamkeit. Begr. S. 42; L. Seuffert S. 102, 177.

Die Vollstreckungsmaßregeln der Erben- und Nachlaßgläubiger in den Nachlaß gewähren daher im N.Konkurse kein Absonderungsrecht — § 4, 47 fg. — gleichviel, ob der Erbe den N.Gläubigern beschränkt oder unbeschränkt haftet. Voraussetzung für die Anwendbarkeit dieser ausschließlich auf den N.Konkurs beschränkten Bestimmung ist aber, daß die Zwangsvollstreckung nicht bereits beendigt ist, sonst ist der Nachlaßgläubiger, wenn nicht die Anfechtbarkeit aus § 30, 31, 37 gegeben, zur Rückgewähr der Vollstreckungsleistung nicht verpflichtet, wohl aber der persönliche Gläubiger des Erben, der nach der N.Konkurseröffnung kein Zugriffsrecht auf den Nachlaß hat. § 812 BGB. Jäger NK S. 61, 62.

I. Zwangsvollstreckung und Arrestvollziehung. Hierunter fallen Pfändungen, Arrest- und Zwangshypotheken, § 866, 932 CPO., die Anordnung der Zwangsversteigerung und Zwangsverwaltung — § 10 I Nr. 5, 162, 22, 27 ZVG. — auch wenn die Beschlagnahme schon vor der K.Eröffnung wirksam geworden ist. § 13 ZVG. Jäger NK S. 59. Lediglich das Absonderungsrecht auf Grund einer Vollstreckungsmaßregel, nicht aber ein anderweitig z. B. durch Vertrag begründetes Absonderungsrecht fällt unter diese Bestimmung. Für die hieraus eingeleitete Vollstreckung gelten die allgemeinen Bestimmungen in § 126, 127; § 172—174 ZVG.

RG. JW. 1890 S. 51; v. Wilm. S. 76. Jäger NK. S. 59. Die Vollstreckungsmaßnahmen — für die N.Verwaltung § 1984 BGB.; § 784 CPO. — werden nicht aufgehoben und sie behalten ihre Wirkung bei Zwangsvergleich — § 190 — und Einstellung des N.Konkurses — § 202. Lediglich der Weiterbetrieb und damit die Erlangung eines Absonderungsrechtes ist ausgeschlossen. Der Verwalter bleibt hinsichtlich der im Vollstreckungswege vergeblich in Anspruch genommenen Massegegenstände allein verfügungsberechtigt. § 6, 117, 126; § 172—174 ZVG; RG. 36 S. 358. Jäger NK. S. 60.

II. Unwirksamkeit einer Vormerkung. Die im Wege der einstweiligen Verfügung nach Eintritt des Erbfalls im Grundbuch oder im Schiffsregister erwirkte Vormerkung ist im Nachlaßkonkurse aus den gleichen Gründen den Nachlaß- und Erbengläubigern gegenüber kraftlos und unwirksam, wie die Anlage einer Zwangsvollstreckung oder eines Arrestvollzuges. § 883, 885, 888 BGB.; § 18, 19, 41 GBO.; § 100, 123 FGB.; § 894 fg., 935 fg. CPO. Begr. S 42. In Kraft bleiben dagegen die auf Grund einer Bewilligung des Erben oder Erbenvertreters vor der K.Eröffnung eingetretenen Vormerkungen vorbehaltlich der Anfechtungsmöglichkeit und der Verantwortlichkeit des Erben gegenüber der Masse. § 885, 1978, 1985 BGB. Jäger NK. S. 62. Endemann BGB. 3 S. 416.

Anfechtbarkeit.

§ 222.

Hat der Erbe vor der Eröffnung des Verfahrens aus dem Nachlasse Pflichtteilsansprüche, Vermächtnisse oder Auflagen erfüllt, so ist die Leistung in gleicher Weise anfechtbar wie eine unentgeltliche Verfügung des Erben.

Prot. 2. Les. V. 831. Nov. § 205e. Begr. 42, 43.

Pflichtteilsberechtigte — § 2303 fg. — Vermächtnisnehmer — § 2147 fg. — und die aus einer Auflage Berechtigten — § 2192 fg. BGB. — können Befriedigung aus dem Nachlasse nur insoweit verlangen, als nach der Berichtigung der übrigen N.Gläubiger ein Ueberschuß verbleibt. Demgemäß stehen sie im N.Konkurse an letzter Stelle allen anderen Gläubigern im Range nach. § 226. Die von dem Erben in der Annahme der Zureichendheit des Nachlasses gemachten Zahlungen aus Nachlaßmitteln auf Pflichtteilsansprüche, Vermächtnisse und Auflagen gelten als für Rechnung des Nachlasses erfolgt. Der Erbe ist zur Erstattung nicht verpflichtet und für Leistungen aus seinem Vermögen als Massegläubiger ersatzberechtigt. § 224 Nr. 1; § 1967 II, 1979 BGB.; Begr. S. 43. Jäger NK. S. 57. Zur Verhütung einer Benachteiligung der vorrangigen Gläubiger sind die seitens des Erben vor der Eröffnung des N.Konkurses aus dem Nachlasse erfolgten Leistungen auf Pflichteilsansprüche, Vermächtnisse und Auflagen in der gleichen Weise anfechtbar wie eine unentgeltliche Verfügung des Erben. § 32 Nr 1, 37 II, 41

Voraussetzung für dieses nicht auf den Fall des § 1979 BGB. beschränkte, in einem Jahre seit der Eröffnung des N.Konkurses nach § 41 verjährbare Anfechtungsrecht ist, daß eine Benachteiligung der K.Gläubiger und eine Minderung der N.Masse eingetreten ist. Es erstreckt sich gegen den redlichen Empfänger unter dessen Verhaftung auf die Bereicherung auf die im letzten Jahre vor der N.Konkurseröffnung erhaltenen Leistungen — § 32 Nr 1, 37 II —, nicht aber auf frühere Leistungen, die nur aus § 31 Nr 1 angefochten werden können, und ist auch dann von Bedeutung, wenn der Erbe wegen Berichtigung einer Verbindlichkeit den N.-Gläubigern verantwortlich ist, da die Geltendmachung der aus der Verantwortlichkeit des Erben sich ergebenden Ansprüche leicht mit Weiterungen verbunden ist und bei Zahlungsunfähigkeit des Erben überhaupt nicht zum Ziele führt. Begr. S. 43. Jäger NK. S. 58 L. Seuffert S. 215, 223. Endemann BGB. 3 S. 442, 444, 451

Verbot des Zurückbehaltungsrechtes.

§ 223.

Dem Erben steht wegen der ihm nach den §§ 1978, 1979 des Bürgerlichen Gesetzbuchs aus dem Nachlasse zu ersetzenden Aufwendungen ein Zurückbehaltungsrecht nicht zu.

E. I z. BGB. § 2112. Mot. V. 658. P. 2. Les. V 765, 766. Nov § 205 f. Begr. 43, 44.

Der Erbe ist den Nachlaßgläubigern nach § 1978 BGB. für die bisherige Verwaltung des Nachlasses verantwortlich, für die Zeit vor der Annahme der Erbschaft nach Maßgabe der Vorschriften über die auftragslose Geschäftsführung — 677 fg. BGB. — von der Annahme ab jedoch nach den Grundsätzen über den Auftrag § 662 fg. Andrerseits ist er, soweit er nach diesen Vorschriften Ersatz verlangen kann, für seine Aufwendungen nach § 1978 III BGB aus dem Nachlasse ersatzberechtigt und er hat nach § 273 BGB. im Allgemeinen das Recht, die Herausgabe des Nachlasses zu verweigern, bis ihm die Aufwendungen ersetzt sind. Allein im N.-Konkurse würde durch die Ausübung des Zurückbehaltungsrechtes die K.Abwicklung erheblich verzögert und der Verwalter unter Umständen genötigt werden, zum Zwecke der Berichtigung der Ersatzforderungen des Erben Geld auf Kredit der Masse aufzunehmen. Da andrerseits der Erbe auch die Einreichung seines Ersatzanspruches unter die Masseschulden — § 224 Nr. 1 — genügend gesichert ist, so ist das Zurückbehaltungsrecht des Erben für den N.-Konkurs ausgeschlossen. Begr. S. 44, 44. L. Seuffert S. 247 und in der Zeitschrift für deutsche CP. 22 S 510.

Das Verbot des Zurückbehaltungsrechtes erstreckt sich auf alle Gegenstände, die der Erbe in seiner Eigenschaft als Erbe besitzt. § 857 BGB. Die auf Grund eines besonderen mit dem Erblasser abgeschlossenen Vertrages im Besitz des Erben befindlichen Gegenstände, auf die er Aufwendungen gemacht hat, darf er nach § 273 BGB. im N.Konkurse zurückbehalten und ist er hieran aus § 49 Nr 3 absonderungsberechtigt. Jäger NK. S. 85, der die Bestimmung des § 223 mit Rücksicht auf die Herausgabepflicht des

Erben nach § 6, 117 nicht für notwendig erachtet und in der Annahme dieser Bestimmung nur die Beseitigung eines jeden Zweifels erblickt. Endemann BGB. 3 S. 442.

Masseschulden.

§ 224.

Masseschulden sind außer den im § 59 bezeichneten Verbindlichkeiten:

1. die dem Erben nach den §§ 1978, 1979 des Bürgerlichen Gesetzbuchs aus dem Nachlasse zu ersetzenden Aufwendungen;
2. die Kosten der standesmäßigen Beerdigung des Erblassers;
3. die im Falle der Todeserklärung des Erblassers dem Nachlasse zur Last fallenden Kosten des Verfahrens;
4. die Kosten der Eröffnung einer Verfügung des Erblassers von Todeswegen, der gerichtlichen Sicherung des Nachlasses, einer Nachlaßpflegschaft, des Aufgebots der Nachlaßgläubiger und der Inventarerrichtung;
5. die Verbindlichkeiten aus den von einem Nachlaßpfleger oder einem Testamentsvollstrecker vorgenommenen Rechtsgeschäften;
6. die Verbindlichkeiten, welche für den Erben gegenüber einem Nachlaßpfleger, einem Testamentsvollstrecker oder einem Erben, der die Erbschaft ausgeschlagen hat, aus der Geschäftsführung dieser Personen entstanden sind, soweit die Nachlaßgläubiger verpflichtet sein würden, wenn die bezeichneten Personen die Geschäfte für sie zu besorgen gehabt hätten.

Mot. z. I. E. d. BGB. I. 45 fg.; V. 629–631. Prot. 2. Les. V. 768. Nov. § 205 g. Begr 44.

Der Kreis der Masseschulden wird hier für den N.Konkurs erweitert. Begr. S. 44. Sie sind mit und neben den in § 59 bezeichneten Masseschulden gleichrangig und bei Insuffizienz des Nachlasses zur Deckung aller Masseschulden unter Ausschluß der Massekosten — § 58 — anteilsmäßig, nicht etwa nach der Ziffernfolge zu berichtigen. § 60. Jäger NK. S. 80.

I. Zu Nr. 1 Der Erbe, der, wenn auch nur mittelbar die Geschäfte der N.Gläubiger besorgt hat, hat für seine nach § 1978, 1979, 2013, 670, 683, 256, 257 BGB. aus dem Nachlasse zu ersetzenden Aufwendungen einen Masseanspruch. Die Gesichtspunkte, auf denen die Vorschriften des § 59 beruhen, treffen auch gegenüber diesen Erstattungsansprüchen zu. Die K.Masse würde auf Kosten des Erben bereichert sein, wenn dieser seine Forderungen nur als K Forderungen geltend machen könnte und kein Erbe würde sich mehr bei zweifelhafter Suffizienz um den Nachlaß kümmern. Begr. S. 44. Jäger NK S. 60. Der Erbe hat hiefür kein Zurückbehaltungsrecht. § 223. L. Seuffert S. 246.

II. Zu Nr. 2. Entsprechend der Volksanschauung, zugleich aber auch im öffentlichen Interesse, sind die in § 1968 BGB. als N.Verbindlichkeiten bezeichneten Kosten der standesmäßigen, d h. nicht der notdürftigen, sondern der Lebensstellung des Verstorbenen entsprechenden Beerdigungskosten als Masseschulden erklärt. § 1610, 1968, 2022 BGB. Mot. V S. 555 fg. L. Seuffert S. 40 Trauerkleider für vermögenslose Angehörige und das Gesinde des Erblassers können je nach der Lebensstellung des Verstorbenen und nach dem Herkommen am Beerdigungsorte zu diesen Kosten gehören. Jäger NK. S 61. Endemann BGB. 3 S. 403.

III. Zu Nr. 3. Aus Gründen der Billigkeit gehören diese im Wege des Aufgebotsverfahrens für die Todeserklärung des Erblassers entstandenen Kosten zu den Masseschulden. § 13—19 BGB.; § 960 fg. CPO. Mot. I S. 45; L. Seuffert S. 247.

IV. Zu Nr 4. Die gleiche Behandlung als Masseschuld erfolgt für diese Verlassenschaftskosten, der Eröffnung einer Verfügung des Erblassers von Todeswegen — § 2259 fg., 2273, 2300 BGB —, der gerichtlichen Sicherung des Nachlasses — § 1960 BGB.; Art. 140 EG. z. BGB. —, einer Nachlaßpflegschaft — § 1960—1962 — und einer Nachlaßverwaltung — § 1975, 1981, 1988 —, des Aufgebots der N.Gläubiger — § 1970; § 989 fg. CPO — und die Kosten der Inventarerrichtung — § 1993 fg.; Mot. V. S. 630 —, da die der K.Eröffnung vorangehende Verwaltung des Nachlasses, aus der diese Kosten erwachsen, in ihrem Ergebnis auch den N.Gläubigern zu Gute kommt. Begr. S. 44. Jäger NK. S. 79.

V. Zu Nr. 5. Nach dem gleichen Prinzipe der zu vermeidenden Bereicherung der K.Masse sind Masseschulden die Verbindlichkeiten aus Rechtsgeschäften des Nachlaßpflegers — § 1960 fg., 1981 fg — oder des Testamentsvollstreckers — § 2197 fg., 2206 fg. BGB. —, welche diese mit dem Dritten, dem Massegläubiger, abgeschlossen haben. § 1967 II BGB.; Mot. V. S. 603; Begr. S. 44; Jäger NK S. 80.

VI. Zu Nr. 6. Diese den endgiltig annehmenden Erben belastenden Verbindlichkeiten — § 1943 BGB. — kommen als Masseschulden insoweit in Betracht, als die Geschäftsführung den N.Gläubigern gegenüber berechtigt war. Jäger NK. S. 80. Darunter fallen die Honoraransprüche und die Ersatzansprüche der Nachlaßpfleger, Nachlaßverwalter und Testamentsvollstrecker für

Aufwendungen — § 1960 II, 1975, 1835, 1915, 2218, 1959 I, 1987, 2221, 670, 683 BGB. L. Seuffert S. 247, 248. Bei Berichtigung dieser Verbindlichkeiten seitens des beschränkt haftenden Erben aus eigenen Mitteln hat dieser einen Erstattungsanspruch als Massegläubiger nach § 225 II. Jäger NK. S. 80. Begr. S. 44.

Ansprüche des Erben.

§ 225.

I. Der Erbe kann die ihm gegen den Erblasser zustehenden Ansprüche geltend machen.

II. Hat der Erbe eine Nachlaßverbindlichkeit berichtigt, so tritt er, soweit nicht die Berichtigung nach § 1979 des Bürgerlichen Gesetzbuchs als für Rechnung des Nachlasses erfolgt gilt, an die Stelle des Gläubigers, es sei denn, daß er für die Nachlaßverbindlichkeiten unbeschränkt haftet.

III. Haftet der Erbe einem einzelnen Gläubiger gegenüber unbeschränkt, so kann er dessen Forderung für den Fall geltend machen, daß der Gläubiger sie nicht geltend macht.

E. I. z. BGB. § 2115. Mot. V 633 fg. Prot. 2. Les. V 766, 769, 778. Nov. § 205 h. Begr. 44, 45,

Mit der Eröffnung des N.Konkurses gelten nach § 1976 BGB. die infolge des Erbfalls durch Vereinigung von Recht und Verbindlichkeit erloschenen Rechtsverhältnisse als nicht erloschen. Nachlaß und Erbenvermögen stehen sich als zwei rechtlich getrennte von einander unabhängige Vermögenssubstrate gegenüber. Demgemäß kann der Erbe die ihm gegen den Erblasser zustehenden Ansprüche im N.Konkurse geltend machen, gleichviel ob er den N.-Gläubigern beschränkt oder unbeschränkt haftet. § 1976, 2013 BGB. Begr. S. 45. Kraft dieser Vermögenssonderung ist er in seinen Ansprüchen gegen die K.Masse nicht G.Schuldner, trotzdem er im N.Konkurse die Rechte und Pflichten des G.Schuldners trägt. Jäger NK. S. 81; L. Seuffert S. 41, 43, 129.

I. Ansprüche gegen den Erblasser. Der Erbe kann nach Maßgabe der ihm zustehenden Ansprüche die Rechtsstellung eines Aussonderungs- und Absonderungsberechtigten, § 43 fg., 47 fg., eines Massegläubigers, § 59 Nr. 2, 224, oder eines bevorrechtigten oder nicht bevorrechtigten K.Gläubigers — § 61 — haben.

II. Ansprüche des beschränkt haftenden Erben aus Berichtigung einer N.Verbindlichkeit. Nach § 1979

BGB. müssen N.Gläubiger die vor der K.Eröffnung durch den Erben bewirkte Berichtigung einer N.Verbindlichkeit als für Rechnung des Nachlasses erfolgt gelten lassen, wenn der Erbe den Umständen nach hatte annehmen dürfen, daß der Nachlaß zur Berichtigung aller N.Verbindlichkeiten ausreiche. Der Erbe hat dann dem Nachlasse gegenüber einen Ersatzanspruch und kann diesen Anspruch als Masseforderung geltend machen. § 224 Nr. 1 § 1978 III BGB. Trifft dagegen die Voraussetzung des § 1979 BGB. nicht zu, so ist dieser Erstattungsanspruch ausgeschlossen. In dem letzteren Falle soll aber der beschränkt haftende Erbe an die Stelle des von ihm befriedigten Gläubigers treten. Der Erbe erhält den Betrag erstattet, der auf den befriedigten Gläubiger im Konkurse gefallen wäre. Dadurch wird verhütet, daß die dem befriedigten Gläubiger gleich- oder nachstehenden Gläubiger auf Kosten des Erben um den Betrag bereichert werden, der auf die Forderung jenes Gläubigers entfallen wäre, wenn er sich am N.Konkurse beteiligt hätte. Begr. S. 45.

Der Erbe tritt also kraft gesetzlicher Ermächtigung vollständig an die Stelle des Befriedigten, dessen Forderungsrecht mit seinen Accessorien, insbesondere Absonderungs- oder Vorzugsrechten auf ihn übergeht. § 401, 412 BGB. Er erlangt die Gläubigerstellung des Befriedigten mit allen Rechten und Nachteilen der K.Beteiligung, bei Teilzahlungen jedoch nur auf den Teilbetrag, während der N.Gläubiger auf den Restbetrag K.Gläubiger bleibt. Jäger NK. S. 83. Ob die Befriedigung vor oder nach der K.-Eröffnung erfolgt, ist für den Forderungsübergang ohne Bedeutung. Voraussetzung ist aber für diesen gesetzlichen Eintritt in das Obligationsverhältnis des befriedigten Gläubigers, daß der Erbe infolge Verwirkung der allgemeinen Haftungsbeschränkung nicht unbeschränkt haftet. § 2013 BGB. Dieser Forderungsübergang findet auch dann statt, wenn der Erbe nur e i n z e l n e n N.Gläubigern gegenüber unbeschränkt haftet. § 2006 II, 2013 II BGB. Jäger NK. S. 82, 83. Endemann BGB. 3 S. 410.

III. G e l t e n d m a c h u n g e i n e r N a c h l a ß f o r d e r u n g s e i t e n s d e s E r b e n, d e r d i e s e m e i n z e l n e n N.G l ä u b i g e r g e g e n ü b e r u n b e s c h r ä n k t h a f t e t. Aus dem gleichen Grunde der Verhinderung einer Bereicherung, wie unter Ziff. II, hat der Erbe, wenn er einem einzelnen Gläubiger gegenüber infolge Verwirkung der Möglichkeit der Haftungsbeschränkung unbeschränkt haftet und von diesem trotz der Eröffnung des N.Konkurses in Anspruch genommen werden kann, das Recht, dessen Forderung im N.Konkurse für den Fall geltend zu machen, daß der Gläubiger sie nicht geltend macht. § 2006 III, 2013 BGB; Begr. S. 45. Diese Geltendmachung der gläubigerischen Forderung ist also nicht davon abhängig, daß der Erbe den Gläubiger vorher befriedigt hat. Jäger NK. S. 84.

Rangordnung. **§ 226.**

I. In dem Verfahren kann jede Nachlaßverbindlichkeit geltend gemacht werden.

II. Nachstehende Verbindlichkeiten werden erst nach allen übrigen Verbindlichkeiten und in folgender Rangordnung bei gleichem Range nach Verhältnis ihrer Beträge, berichtigt:

1. die seit der Eröffnung des Verfahrens laufenden Zinsen der im § 61 bezeichneten Forderungen;
2. die gegen den Erblasser erkannten Geldstrafen;
3. die Verbindlichkeiten aus einer Freigebigkeit des Erblassers unter Lebenden;
4. die Verbindlichkeiten gegenüber Pflichtteilsberechtigten;
5. die Verbindlichkeiten aus den vom Erblasser angeordneten Vermächtnissen und Auflagen.

III. Ein Vermächtnis, durch welches das Recht des Bedachten auf den Pflichtteil nach § 2307 des Bürgerlichen Gesetzbuchs ausgeschlossen wird, steht, soweit es den Pflichtteil nicht übersteigt, im Range den Pflichtteilsrechten gleich. Hat der Erblasser durch Verfügung von Todeswegen angeordnet, daß ein Vermächtnis oder eine Auflage vor einem anderen Vermächtnis oder einer anderen Auflage erfüllt werden soll, so hat das Vermächtnis oder die Auflage den Vorrang.

IV. Die Verbindlichkeiten, in Ansehung deren der Gläubiger im Wege des Aufgebotsverfahrens ausgeschlossen ist oder nach § 1974 des Bürgerlichen Gesetzbuchs einem ausgeschlossenen Gläubiger gleichsteht, werden erst nach den im Abs. 2 Nr. 1—3 bezeichneten Verbindlichkeiten und, soweit sie zu den im Abs. 2 Nr. 4, 5 bezeichneten Verbindlichkeiten gehören, erst nach den

Verbindlichkeiten berichtigt, mit denen sie ohne die Beschränkung gleichen Rang haben würden. Im übrigen wird durch die Beschränkung an der Rangordnung nichts geändert.

E. I. z. BGB. § 2117, 2128. Mot. V 605, 636 fg., 651 fg. Prot. 2, Les. V 769, 783. Nov § 205 i. Begr. 45—47.|

Bei Ueberschuldung des Nachlasses ist nach § 1975 fg. BGB. die Eröffnung des Nachlaßkonkurses für den Erben der regelmäßige Weg zur Erlangung der allgemeinen Haftungsbeschränkung gegenüber den N.Gläubigern. Deshalb ist zur Erzielung einer vollständigen Vereinigung des Nachlasses allen N.Gläubigern die Teilnahme am K.Verfahren gestattet. Allein diese Erweiterung darf nicht dahin führen, daß durch die Befriedigung derjenigen Gläubiger, welche ohne diese Bestimmung nach § 63 im Konkurse unberücksichtigt bleiben würden, die übrigen K.Gläubiger eine Beeinträchtigung erleiden. Sie werden daher erst nach allen anderen Gläubigern befriedigt. Begr. S. 46. Der Abs. II setzt daher nach den Entstehungsgründen der einzelnen Ansprüche eine Rangordnung für die Befriedigung im N.Konkurse fest: für die regelmäßigen vollberechtigten und die minderberechtigten K.Forderungen, welche erst aus dem nach Deckung der vollberechtigten K.-Forderungen verbleibenden Masserest zu befriedigen sind. Diese minderberechtigten Ansprüche sind K.Forderungen, den Wirkungen des K.Verfahrens z. B. wegen Unterbrechung der Verjährung — § 207, 209, 214, 218 BGB. — unterworfen — § 62 fg. —, auf den vollen Betrag in der G.Versammlung stimmberechtigt — § 94 fg. —, von der Teilnahme an dem Zwangsvergleiche mit Ausnahme der in Abs. II Nr. 1 bezeichneten Forderungen jedoch ausgeschlossen. § 230 II. L. Seuffert S. 64. Jäger NK. S. 69, 71; Mot. V S. 630 fg. Endemann BGB. 3 S. 404 fg.

I. Die vollberechtigten K.Forderungen. Ihre Reihenfolge bemißt sich nach den allgemeinen Grundsätzen in § 57 bis 61, 224; Massegläubiger — § 57–60, 224, dann bevorrechtigte — § 61 Nr. 1—5 — und schließlich nicht bevorrechtigte K.-Gläubiger — § 61 Nr. 6. Jäger NK. S. 69; L. Seuffert S. 64.

II. Die minderberechtigten K.Forderungen. Sie kommen erst nach den vollberechtigten K.Forderungen, bei gleichem Range nach dem Verhältnis ihrer Beträge in nachstehender Rangordnung zum Zuge. Jäger NK. S. 69.

1. Zinsen. Nr. 1. Die gemäß § 63 Nr. 1 im Regelkonkurse ausgeschlossenen, seit der K.Eröffnung erwachsenen Zinsen der vollberechtigten K.Forderungen. Die vor der K.Eröffnung erwachsenen Zinsen haben Gleichrang mit der Hauptforderung, ebenso die Zinsen aus den Masseschulden. § 59, 62 Nr. 3, 224. Die Zinsen minderberechtigter K.Forderungen sind nach § 227 geltend zu machen. Mot. V S. 637; Jäger NK. S. 69, 71; Begr. S. 46.

2. Geldstrafen. Nr. 2. Die gegen den Erblasser bei Lebzeiten rechtskräftig erkannten Geldstrafen nach dem Prinzipe des

N.Konkurses in Abweichung von § 63 Nr. 3. § 30 StGB. Die rechtskräftig erkannte Buße fällt unter § 61 Nr. 6, die Kostenforderung des Aerars — § 497 StPO — dagegen unter § 61 Nr. 2. Sammlung 9 S. 606; 12 S. 476; 14 S. 419. L Seuffert S. 62; Frankenburger in der deutsch. Jur.Ztg. 1898 S. 163; vgl. § 61 Nr. 2. AM. RG. 21 S. 46; 28 S. 87; v. Wilm. S. 250; Willenbch. S. 133.

3. Freigebigkeiten des Erblassers unter Lebenden, die im Regelkonkurse nach § 63 Nr. 4 ausgeschlossen sind. Nr. 3. Das Versprechen einer Ausstattung ist nur insoweit Freigebigkeit, als die Ausstattung das übliche Maß und insbesondere die Vermögensverhältnisse des Verpflichteten übersteigt. § 1624 BGB. Mot. V S. 637; L. Seuffert S. 214. Jäger NK S. 70. Die Freigebigkeiten von Todeswegen werden erst an 5. u. 6. Stelle berücksichtigt.

4. Die Ansprüche in Absatz IV. Vor den Verbindlichkeiten aus Pflichtteilsrechten, Vermächtnissen und Auflagen müssen aber unter allen Umständen die von dem Erblasser selbst herrührenden Schulden berichtigt werden. Es kommen daher an 4. Rangstelle die im Aufgebotsverfahren ausgeschlossenen oder die den ausgeschlossenen gleichstehenden Gläubiger in Betracht, es sei denn, daß der Anspruch des in seinem Rechte beschränkten Gläubigers sich selbst auf ein Pflichtteilsrecht, eine Auflage oder ein Vermächtnis gründet. § 1970—1974 BGB.; Begr. S. 47. L. Seuffert S. 65; Jäger NK. S. 70. In diesem Falle hat die Beschränkung zur Folge, daß der Gläubiger erst nach den Gläubigern befriedigt wird, mit denen er ohne die Beschränkung gleichen Rang haben würde. Begr. S. 47. Die zur vierten Rangstelle gehörigen ausgeschlossenen und die ihnen gleichgestellten Gläubiger behalten unter einander den Rang, der sich nach § 61, 226 III, für nicht ausgeschlossene Gläubiger ergibt. Begr S. 47. L. Seuffert S. 65; Jäger NK. 70.

5. Die Verbindlichkeiten aus Pflichtteilsrechten und Vermächtnissen, welche den Pflichtteil ersetzen. Nr. 4 u. Abs. III. Der Vorrang der Pflichtteilsansprüche vor den Vermächtnissen und Auflagen ergibt sich aus § 2318 BGB. Gleichen Rang wie der Pflichtteil hat jedoch auch auf den Pflichtteilsbetrag das Vermächtnis, durch welches das Recht des Bedachten auf den Pflichtteil nach § 2307 BGB. ausgeschlossen wird § 226 III; § 2307 BGB. Begr. S. 47 Ausgeschlossene Pflichtteilsansprüche rangieren nach den nicht ausgeschlossenen Pflichtteilsansprüchen, jedoch vor den nicht ausgeschlossenen Vermächtnissen und Auflagen. § 226 IV § 227, 228. Jäger NK. S. 71.

6. Die Verbindlichkeiten aus den Vermächtnissen und Auflagen. Nr. 5 u. Abs. III Sie haben den letzten Rang und sind in der Regel unter sich gleichrangig. Hat jedoch der Erblasser durch Verfügung von Todeswegen angeordnet, daß ein Vermächtnis oder eine Auflage vor einem anderen Vermächtnis oder einer anderen Auflage erfüllt werden soll, so gebührt dem

Vermächtnis oder der Auflage der Vorrang. § 226 III, § 2189 BGB. Diesen vom Erblasser angeordneten Vermächtnissen und Auflagen stehen die in § 1932, 1969 BGB. geregelten gesetzlichen Vermächtnisse gleich. Begr. S. 47. Mot V S. 638. Nichtausgeschlossene Vermächtnisse und Auflagen rangieren vor den ausgeschlossenen Vermächtnissen und Auflagen § 226 IV; 227, 228. Jäger NK. S. 71.

§ 227.

Mit den im § 226 Abs. 2 Nr. 2—5, Abs. 4 bezeichneten Forderungen werden die bis zur Eröffnung des Verfahrens aufgelaufenen und die seit der Eröffnung laufenden Zinsen an derselben Stelle angesetzt.

E. I. z. BGB. 2117 III. Mot. V 638 fg Prot. 2 Les. V 769 Nov § 205 k. Begr. 47

Der Nachlaßkonkurs bezweckt die vollständige Vereinigung aller Nachlaßverbindlichkeiten. Demgemäß bestimmt diese Vorschrift, daß mit den vorbezeichneten minderberechtigten Forderungen die bis zur K.Eröffnung aufgelaufenen und die seit der Eröffnung laufenden Zinsen, gleichviel ob die Zinspflicht auf Gesetz oder Rechtsgeschäft beruht, an derselben Stelle angesetzt werden. Begr. S. 47. § 226 I, 62 Nr. 3; § 246 fg., 288 fg. BGB.; § 352 fg. HGB.; Art. 51 fg. WO Aus dem Zwecke des N.Konkurses folgt auch, daß die minderberechtigten K.Gläubiger die ihnen vor der K.Eröffnung erwachsenen Kosten und die Vertragsstrafen im N.-Konkurse zugleich mit der Hauptforderung geltend machen können § 62 Nr. 1 u. 2; Jäger S 72; L Seuffert S. 66. Endemann 3 S. 404.

Verwendung der Rückgewähr.

§ 228.

I. Was infolge der Anfechtung einer von dem Erblasser oder ihm gegenüber vorgenommenen Rechtshandlung zur Konkursmasse zurückgewährt wird, darf nicht zur Berichtigung der im § 226 Abs. 2 Nr. 4, 5 bezeichneten Verbindlichkeiten verwendet werden.

II. Auf dasjenige, was der Erbe auf Grund der Vorschriften der §§ 1978—1980 des Bürgerlichen Gesetzbuchs zu der Masse zu ersetzen hat, haben die Gläubiger, die im Wege des Aufgebotsverfahrens ausgeschlossen sind oder nach § 1974 des Bürgerlichen Gesetzbuchs einem ausgeschlossenen Gläubiger gleichstehen, nur insoweit Anspruch, als der Erbe auch nach den Vorschriften über die Herausgabe einer ungerechtfertigten Bereicherung ersatzpflichtig sein würde.

E. I. z. BGB. § 2117 III. Mot. V 638 fg. Prot. 2. Les. V 769. Nov. 203 l. Begr. 48.

I. Zur Berichtigung von Pflichtteilsansprüchen und Vermächtnissen, — § 226 II Nr. 4 u. 5 — die grundsätzlich im N.Konkurse geltend gemacht werden dürfen, darf dasjenige, was infolge der Anfechtung einer von dem Erblasser oder ihm gegenüber vorgenommenen Rechtshandlung zur K.Masse zurückgewährt wird, nicht verwendet werden, denn die Anfechtbarkeit soll nur zum Schutze derjenigen dienen, die bereits Gläubiger des Erblassers waren Begr S. 48. Dagegen kommt die Anfechtung einer vom Erben oder ihm gegenüber vorgenommenen Rechtshandlung allen N.Gläubigern, auch den Pflichtteilsberechtigten und Vermächtnisnehmern zu gute. Jäger NK. S. 73. Voraussetzung aber für diese vom Verwalter geltend zu machende Anfechtung ist nicht der Nachweis eines besonderen Interesses an der Anfechtung wegen Ueberschuldung; der Anfechtungsgegner kann jedoch den Nachweis des mangelnden Anfechtungsinteresses erbringen. Jäger NK. S. 73, 74; v. Wilm. S. 111. AM. L. Seuffert in der Zeitschrift f. deutsch. CPO. 22 S. 515. Endemann BGB. 3 S. 402, 404.

Die Rückgewähr an den Anfechtungsgegner bemißt sich nach den Grundsätzen des Anfechtungsrechtes in § 38, 39; der Anfechtungsgegner kann Massegläubiger oder einfacher K.Gläubiger sein. Was nach Befriedigung der anderen Gläubiger in der Masse übrig bleibt, ist dem Anfechtungsgegner zurückzuerstatten, auch wenn er die Benachteiligungsabsicht gekannt hat. L. Seuffert S. 225 und in der genannten Zeitschrift. S. 515. Teilw. AM Jäger NK. S. 73; der unter Bezugnahme auf § 134, 138, 1989 BGB. den Ueberschuß nach K.Beendigung dem Erben überläßt und lediglich dem redlichen Empfänger auf den nach Befriedigung aller Anfechtungsinteressenten verbliebenen Rest des zur Masse zurückgewährten Betrages eine Condiktionsberechtigung nach § 812 BGB. gibt.

II. Beschränkung der ausgeschlossenen und der diesen gleichstehenden Gläubiger — § 1970—1974 BGB. Die Eröffnung des N.Konkurses hat die Wirkung, daß der Erbe den N.Gläubigern, wie ein Beauftragter oder unbeauftragter Geschäftsführer, für die bisherige Verwaltung des Nachlasses verantwortlich ist und sich insbesondere schadensersatzpflichtig macht, wenn er nicht unverzüglich, nachdem er von der Ueberschuldung des Nachlasses Kenntnis erlangt hat, die K.Eröffnung beantragt. Begr. S. 48. § 1978—1980, 2013 BGB. Der Erbe haftet aber außerhalb des Konkurses den ausgeschlossenen oder den ihnen gleichstehenden Gläubigern gemäß § 1973 II BGB. in dieser Richtung nur wegen ungerechtfertigter Bereicherung. Er hat diesen Gläubigern, die sonst auf seine Ersatzleistungen vollen Anspruch hätten, nach den

Vorschriften über ungerechtfertigte Bereicherung nur dasjenige herauszugeben, was nach Befriedigung der nicht ausgeschlossenen Gläubiger von dem Nachlaß übrig bleibt. Deshalb haben auch im N.Konkurse diese Gläubiger auf die Ersatzleistungen des Erben zur Masse nach § 1978—1980 nur insoweit Anspruch, als der Erbe auch nach den Vorschriften über die Herausgabe einer ungerechtfertigten Bereicherung ersatzpflichtig ist. § 818 BGB. Denn die Haftung, die außerhalb des N.Konkurses den Erben trifft, kann im Konkurse nicht gesteigert werden. Bgr. S. 48. Jäger NK. S. 74.

§ 229.

Die in dem Aufgebotsverfahren zum Zwecke der Ausschließung von Nachlaßgläubigern angemeldeten und nicht ausgeschlossenen Forderungen gelten als auch im Nachlaßkonkurs angemeldet, sofern das Aufgebot von dem Gerichte, bei welchem der Konkurs anhängig wird, erlassen und das Verfahren nicht vor der Eröffnung des Konkursverfahrens ohne Erlassung des Ausschlußurteils erledigt ist.

Nov. § 205 m. Bgr. 49.

Aus Gründen der Billigkeit erspart diese Vorschrift den Nachlaßgläubigern, welche in dem Aufgebotsverfahren zum Zwecke der Ausschließung von Nachlaßgläubigern sich gemeldet haben, eine nochmalige Anmeldung ihrer Forderungen in dem späteren Nachlaßkonkurse. Begr. S. 49 § 139; § 1970 fg. BGB.; § 989 fg. CPO.

I. Voraussetzung für diese Erleichterung ist, daß das Aufgebots- und K.Gericht ein und dasselbe Gericht sind, — § 214; § 900 CPO.; § 72, 73 FGB. — daß das Aufgebotsverfahren nicht vor der K.Eröffnung ohne Erlassung des Ausschlußurteils erledigt und daß die Anmeldung im Aufgebotsverfahren ordnungsmäßig erfolgt ist. § 996 CPO. War das Aufhebungsverfahren vor der K.Eröffnung rückgängig gemacht, so sind damit auch die in dem Verfahren erfolgten Anmeldungen gegenstands- und für den N.Konkurs wirkungslos geworden. Das Gleiche gilt für Forderungen, die im Aufgebotsverfahren zwar angemeldet, aber ausgeschlossen wurden, weil die Forderungsanmeldung nicht den gesetzlichen Vorschriften entsprach. § 995 CPO. Begr. S. 49. Jäger NK. S. 75.

II. Wirkung. Die Anmeldung im Aufgebotsverfahren erspart die Anmeldung im N.Konkurse, soweit die Individualisierung der beiden Anmeldungen nach Forderungsgrund und Betrag übereinstimmt. § 139; § 996 CPO. Die Geltendmachung eines Vorrechtes nach § 61 Nr 1—5 verpflichtet in dieser Richtung zur Nachtragsanmeldung. Jäger NK S. 75; RG. Bolze 10 Nr. 885; L. Seuffert S. 256.

Z.Vergleich. **§ 230.** (§ 206.)

I. Ein Zwangsvergleich kann nur auf den Vorschlag aller Erben geschlossen werden.

II. Die Gläubiger, welchen die im § 226 Abs. 2 Nr. 2—5, Abs. 4 bezeichneten Forderungen zustehen, nehmen an dem Zwangsvergleiche nicht Teil, sie sind jedoch vor der Bestätigung zu hören. Macht einer von ihnen glaubhaft, daß der Zwangsvergleich sein berechtigtes Interesse verletzt, so ist auf seinen Antrag der Zwangsvergleich zu verwerfen; gegen die Bestätigung steht ihm die sofortige Beschwerde nach § 189 zu.

E. I. z. BGB. 2117 IV. Mot. V. 639. Nov. § 206. Begr. 49. 50.

Die Novelle hat die Worte „oder Nachlaßvertreter" beseitigt, weil das BGB. eine N.Vertretung in Ansehung einzelner Erbteile nicht kennt, sondern nur eine Vertretung in Bezug auf den ganzen Nachlaß. § 1922; 1944. Sind aber mehrere N.Pfleger bestellt, so entscheiden darüber, inwieweit sie gemeinschaftlich zu handeln haben, die Vorschriften des BGB. in § 1797, 1915. Bgr 49. Der Testamentsvollstrecker, der nicht berechtigt ist, Verpflichtungen einzugehen, für die der Erbe unbeschränkt haftet, kann ebensowenig ein Z.Vergleichsvorschlag einreichen, wie der N.Pfleger nach § 1960 II BGB. Die Funktion des N.Verwalters erlischt mit der Eröffnung des N.Konkurses. § 1988 I BGB. L. Seuffert S. 412 und in der Zeitschrift für deutsch. CP. 22 S 517 AM. Jäger NK S. 87.

I. Vorschlag und Inhalt. Nur auf Vorschlag aller Erben kann ein Z.Vergleich geschlossen werden. Mehrere Erben, welche eine Gemeinschaft zur gesamten Hand bilden, können einen Z.Vergleich nur in ihrer Gesamtheit und nur unter einheitlichen Vergleichsbedingungen vorschlagen. Jäger NK S. 87; Kleinfeller in der deutsch. Jur Ztg. 1896 S 498 Demgemäß bewirkt der Widerspruch, der Verwerfungs- und Anfechtungsgrund und die Verurteilung aus § 239 in der Person eines Miterben den Eintritt der in § 175, 176, 186, 196, 197 vorgesehenen Rechtswirkungen. L. Seuffert S. 411, 412; Jäger NK. S. 87; RG 39 S. 23.

II. Der Abschluß des Z.Vergleichs erfolgt zwischen den die Rechte und Pflichten des G.Schuldners tragenden Erben und den nicht bevorrechtigten K.Gläubigern. § 173. Die minderberechtigten K.Gläubiger in § 226 II Nr. 2—5, IV werden durch den Z.Vergleich nur dann berührt, wenn bei der Durchführung des K.Verfahrens nach vollständiger Befriedigung der ihnen vorgehenden Gläubiger ein Ueberschuß verbleibt. Ihre Teilnahme ist daher in der Regel eine Unbilligkeit gegen den Erben, wie gegen die vorgehenden Gläubiger Die Novelle versagt ihnen deshalb die Teilnahme am Z.Vergleiche, schreibt aber vor, daß sie vor der Bestätigung zu hören sind. Begr. S. 50. Diese Berechtigung auf Anhörung steigert sich aber zur Berechtigung, die Verwerfung des Z.Vergleiches zu verlangen, wenn die minderberechtigten K.Gläubiger glaubhaft machen, daß der Z.Vergleich ihr berechtigtes Interesse d. h. die begründete Aussicht, bei normaler Konkurserledigung durch Verteilung noch Berücksichtigung zu finden, verletzt. Jäger NK. S. 88. Begr. S. 50. Die Erbringung der Glaubhaftmachung führt zur Verwerfung des Vergleiches. § 188. Erfolgt dem Antrag des Gläubigers entgegen die Bestätigung, so steht diesem gegen den Bestätigungsbeschluß die sofortige Beschwerde zu. § 189. Diese Erklärungen können nur im Termin abgegeben werden; vor dem Termin eingereichte, in diesem nicht vertretene Erklärungen werden nicht berücksichtigt. L. Seuffert S. 426.

III. Wirkung des Z.Vergleiches. Der Vergleich trifft alle angemeldeten und nicht angemeldeten K.Forderungen — § 193, 226 I—II Nr. 1 — nicht aber die minderberechtigten stimmunfähigen K.Forderungen nach § 226 II Nr. 2—5 mit Rücksicht auf § 1989 BGB. L. Seuffert S. 439 und in der Zeitschrift f. deutsch. CP. 22 S 518. AM. Jäger NK. S 89 Der Erbe erlangt die freie Verfügung über die Masse zurück Endemann BGB. 3 S. 405.

Nacherbfolge.

§ 231.

Die Vorschriften des § 223, des § 224 Nr. 1 und des § 225 Abs. 2, 3 gelten für den Vorerben auch nach dem Eintritte der Nacherbfolge.

Prot. 2. Ler. V. 826. Nov. § 206 a. Bgr 50.

Der Vorerbe bleibt bis zum Eintritt der Nacherbfolge Erbe und hat daher die Rechte und Pflichten eines G.Schuldners in dem vor Eintritt der Nacherbfolge eröffneten N.Konkurse § 2100 fg.; 2139 BGB. Mit dem Eintritte des Falles der Nacherbfolge hört der Vorerbe auf, Erbe zu sein. Die mit dem Erbfall für den Vorerben eingetretene Konfusion und Konsolidation gilt als nicht erfolgt § 2143 BGB. In dem nach Eintritt der Nacherbfolge eröffneten N.Konkurse hat der Nacherbe die Rechte und Pflichten des G.Schuldners. Für den Vorerben bleiben bei eingetretener Nacherbfolge die Vorschriften in § 223, 224 Nr 1, § 225 II, III maßgebend Der Vorerbe kann daher infolge des Wegfalls der Konfusion die ihm zustehenden Gläubigeransprüche, insbesondere die ihm gegen den Erblasser zustehenden Ansprüche und weiter die in § 224 Nr. 1, 225 II, III bezeichneten Forderungen im N.Konkurse verfolgen, hat aber wegen der ihm aus dem Nachlaß zu ersetzenden Aufwendungen kein Zurückbehaltungsrecht, jedoch das Recht, seine Ersatzansprüche wegen dieser Aufwendungen als Masseforderungen geltend zu machen § 224; Begr. S. 50; Jäger NK. S. 104.

Erbschaftskauf.

§ 232.

I. Hat der Erbe die Erbschaft verkauft, so tritt der Käufer in Ansehung des Verfahrens an seine Stelle.

II. Der Erbe ist wegen einer Nachlaßverbindlichkeit, die im Verhältnisse zwischen ihm und dem Käufer diesem zur Last fällt, in derselben Weise wie ein Nachlaßgläubiger zu dem Antrag auf Eröffnung des Verfahrens berechtigt. Das gleiche Recht steht ihm auch wegen einer anderen Nachlaßverbindlichkeit zu, es sei denn, daß er unbeschränkt haftet oder daß eine Nachlaßverwaltung angeordnet ist. Die Vorschriften des § 223, des § 224 Nr. 1 und des § 225 gelten für den Erben auch nach dem Verkaufe der Erbschaft.

E. I. z. BGB. § 498 III. 2150 IV, Mot. II. 363 fg. V. 685 fg. Prot. 2 Les. II. 127. V. 767. 825. 826. Nov. § 206 b. Begr. 50. 51. Mat. 221.

I. Zweck der Bestimmung. Der Erbe, welcher die Erbschaft verkauft, bleibt Erbe. Der Käufer, in dessen Hand der Nachlaß gelangt, haftet aber für die N.Verbindlichkeiten in gleicher Weise wie der Erbe. § 2382, 2383 BGB. Zur Vereinfachung des Verhältnisses bestimmt daher § 232, daß der Käufer in Ansehung des K.Verfahrens an die Stelle des Erben tritt. Die N.Gläubiger werden dadurch in keiner Weise beeinträchtigt. Begr. S. 50. Der Erbschaftskauf und die diesem gleichgestellten Verträge — § 233; § 2371—2384, 2385 BGB. — bewirken keine Uebertragung des Erbrechts, sondern lediglich eine obligatorische Verpflichtung des Erben auf Uebertragung der N.Gegenstände. Mot. 2 S. 363 fg. Die Veräußerung des Anteils an einer noch nicht auseinandergesetzten Erbschaft seitens des Miterben bewirkt dagegen die Uebertragung kraft eines einheitlichen, dinglich wirkenden Aktes auf den Erwerber § 2033 I BGB. Jäger NK. S. 107. Der Erwerber wird Miterbe an Stelle des Veräußerers, trägt sohin an und für sich die Rechte und Pflichten eines G.Schuldners. § 217 II, 230 I. So wenig wie dieser Fall, fällt auch der weitere nicht unter § 232: die Veräußerung einzelner N.Gegenstände, deren Erwerb für den Käufer keine Haftpflicht für die N.Verbindlichkeiten begründet. Jäger NK. S. 107, 108; Mot. II S. 634. Endemann 3 S. 370.

II. Rechtsstellung des Erbschaftskäufers. Der N.-Konkurs wird gegen den Erbschaftskäufer beantragt und eröffnet. Der Käufer tritt mit Abschluß des Vertrages an Stelle des Erben, hat an dessen Stelle die Rechte und Pflichten des G.Schuldners und ist zwangsvergleichsberechtigt. § 173, 230 I. Der Verkäufer hat jedoch nach § 2384 BGB. bei Vermeidung seiner Schadensersatzverbindlichkeit, den Vertragsabschluß im Interesse der N.Gläubiger unverzüglich dem Nachlaßgerichte anzuzeigen. § 121 BGB. § 72 fg. FGB. Die Verpflichtung zur Beantragung des N.Konkurses, die nach § 1980, 2013 BGB. sonst den Erben trifft, lastet auf dem Käufer. Jäger NK. S. 109. 111. Der Eröffnungsantrag des Käufers ist, gleich dem des G.Schuldners, nach § 217 I, 103 II zulässig.

III. Rechtsstellung des Erben. Dieser kann als Schuldner die Eröffnung nicht beantragen. Nach § 2378 BGB. fallen die N.Verbindlichkeiten im Verhältnisse zwischen dem Erben und dem Käufer regelmäßig dem letzteren zur Last. Nach Außen haftet der Erbe neben dem Erbschaftskäufer als Gesamtschuldner. § 421, 2382 BGB. Jäger NK. S. 109. Planck BGB. § 419 Note 1; § 421 Note 1. Lediglich als Nachlaßgläubiger ist der Erbe zu dem Antrage auf Eröffnung berechtigt, muß aber seine Forderung und die Ueberschuldung des Nachlasses glaubhaft machen. § 105, 217 II. Begr. S. 51. L. Seuffert S. 131; Jäger S. 109. Es ist zu diesem Antrage innerhalb der 2jährigen Frist des § 220 im Einzelnen berechtigt: —

1) wenn ihm ein Anspruch gegen den Erblasser — § 225 I — oder ein Ersatzanspruch nach § 224 Nr. 1 oder die Befugnis zusteht, eine N.Forderung nach § 225 II u. III im N.Konkurse geltend machen. § 232 II Satz 3. Begr. S. 51. Jäger NK. S. 109. L. Seuffert S. 129. Der Erbe ist hier N.Gläubiger; die Art seiner Schuldenhaftung ist gleichgiltig;

2) wenn eine N.Verbindlichkeit vorhanden ist, die im Verhältnis zwischen dem Erben und dem Käufer diesem zur Last fällt oder eine andere Nachlaßverbindlichkeit besteht, für die der Erbe nicht unbeschränkt haftet oder für die ihm nicht bereits durch die Anordnung einer N.Verwaltung die Möglichkeit einer Haftungsbeschränkung auf den Nachlaß gewahrt ist. § 232 II Satz 1 und 2. Begr. S. 51; § 1975 BGB.; L. Seuffert S. 129; Jäger NK. S. 109. Der Erbe ist hier lediglich in Ansehung des Eröffnungsantrages, nicht aber weiter, einem N.Gläubiger gleichgestellt und er kann nicht als regreßberechtigter Mitschuldner seine Forderung neben dem N.Gläubiger anmelden. RG. 14 S. 175; 32 S. 87; 37 S. 3. Jäger NK. S. 111.

a) Der Erbe kann verlangen, daß der Käufer die ihn im Verhältnisse zum Erben treffenden N.Verbindlichkeiten berichtigt und den Erben von seiner Haftung befreit, falls nicht der Erbe dafür haftet, daß sie nicht bestehen. § 2376, 2378, 439 BGB. L. Seuffert S. 130. Der Erbe hat daher gegenüber dem Käufer die Stellung eines N.-Gläubigers und das Antragsrecht, ohne Rücksicht auf seine beschränkte oder unbeschränkte Haftung. Dieses auf dem eventuellen Regreßrechte des Erben gegen den Käufer beruhende Antragsrecht entfällt, wenn die Regreßverpflichtung des Käufers durch Vereinbarung ausgeschlossen ist. L. Seuffert S. 130.

b) Aber auch wegen derjenigen N.Verbindlichkeiten — Pflichtteilsrechte, Vermächtnisse und Auflagen, welche nach

§ 2376, 2383 BGB im Verhältnisse zwischen dem Käufer und dem Erben von Letzterem zu tragen sind, ist der Erbe antragsberechtigt Er haftet dem Käufer für das Nichtbestehen derartiger Verbindlichkeiten, ist dem Käufer regreßpflichtig und muß ein Mittel haben, seine Haftung den N Gläubigern gegenüber zu beschränken. Die Antragsberechtigung des Erben entfällt daher hier bei dessen unbeschränkter Haftung, bei der erfolgten Anordnung einer N.Verwaltung oder wenn die Haftung des Erben für derartige Verbindlichkeiten durch Vertrag beseitigt ist. Begr. S. 51; L. Seuffert S. 130, 131. und in der Zeitschrift CPR. 22 S. 519. Jäger NK. S. 110.

Wegen des Bestehens einer im Aufgebotsverfahren ausgeschlossenen oder nach § 1974 BGB. dieser gleichstehenden N.Verbindlichkeit — § 219 — kann der Erbe die Eröffnung des N Konkurses nur beantragen, wenn über das Vermögen des Erbschaftskäufers der Konkurs eröffnet ist L. Seuffert S. 131; Jäger NK. S. 110. AM. Mat. S. 221, wornach der Erbe ein unbedingtes Antragsrecht hat.

§ 233.

Die Vorschriften des § 232 finden entsprechende Anwendung, wenn Jemand eine durch Vertrag erworbene Erbschaft verkauft oder sich zur Veräußerung einer ihm angefallenen oder anderweit von ihm erworbenen Erbschaft in sonstiger Weise verpflichtet hat.

E. I. z. BGB. § 498 III, 500 I, 2150 IV. Prot. 2 Les. II 129 Nov § 206 c. Begr 51, 52.

Die Vorschriften des § 232 finden gemäß § 2385 BGB. auf die nachbezeichneten Fälle entsprechende Anwendung:

I. wenn Jemand eine durch Vertrag erworbene Erbschaft verkauft z. B. Verkauf einer Erbschaft seitens des Erbschaftskäufers;

II. wenn Jemand sich zur Veräußerung einer ihm angefallenen oder anderweit von ihm erworbenen Erbschaft in sonstiger Weise verpflichtet hat z. B. Veräußerung der Erbschaft in Schenkungswege seitens des Erben § 2378, 2385 II BGB.

Der Dritterwerber der Erbschaft hat die Rechte und Pflichten eines G.Schuldners, der Erbschaftskäufer, der weiter veräußert hat, die Rechtsstellung des Erben. § 232 II. Begr. S. 51 Jäger NK. S. 111. L. Seuffert S. 132.

§ 234.

Absonderungsrecht im Erbenkonkurs.

I. In dem Konkursverfahren über das Vermögen des Erben finden, wenn auch über den

Nachlaß das Konkursverfahren eröffnet, oder wenn eine Nachlaßverwaltung angeordnet ist, auf Nachlaßgläubiger, denen gegenüber der Erbe unbeschränkt haftet, die Vorschriften der §§ 64, 96, 153, 155, 156, des § 168 Nr. 3 und des § 169 entsprechende Anwendung.

II. Das Gleiche gilt, wenn eine Ehefrau die Erbin ist und der Nachlaß zum Gesamtgute gehört, auch in dem Konkursverfahren über das Vermögen des Ehemanns.

E. I z. BGB. § 2150. Mot V 682 fg. P. 2 Les. V 824. Nov § 206d Begr 52

I. Konkurrenz zwischen Nachlaß- und Erbenkonkurs. Ist neben dem N.Konkurse, sei es vorher oder nachher, auch das K.Verfahren über das Vermögen des Erben eröffnet, so können die N.Gläubiger, denen der Erbe unbeschränkt haftet, ihre Forderungen sowohl im N.Konkurs als in dem Konkurs über das Vermögen des Erben geltend machen, während die Gläubiger des Erben von der Teilnahme an dem N.Konkurs ausgeschlossen sind. Ebenso gestaltet sich die Lage, wenn mit dem K Verfahren über das Vermögen des Erben eine N Verwaltung zusammentrifft, da auch diese eine Ausscheidung des Nachlasses zum Zwecke der Befriedigung der N.Gläubiger unter Ausschluß der Erbengläubiger mit sich bringt. §1984 fg. BGB. Begr S 52. Die N.Gläubiger, deren Verhältnis zu den übrigen K.Gläubigern im Erbenkonkurse der Stellung von Absonderungsberechtigten vergleichbar ist, § 68, würden vor den Gläubigern des Erben in unbilliger Weise bevorzugt sein, wenn sie doppelt in beiden Konkursen liquidieren könnten. Sie sind daher im Erbenkonkurse ausdrücklich den Absonderungsberechtigten gleichgestellt. Der N Gläubiger kann im Nachlaß- wie im Erbenkonkurse wohl seine ganze Forderung anmelden - RG 22 S. 154; 37 S. 16 — allein er kann jedoch im Erbenkonkurse, wenn ihm der Erbe unbeschränkt haftet, Befriedigung nur insoweit verlangen, als er auf Geltendmachung seiner Forderung im N.Konkurse verzichtet oder bei dieser Geltendmachung einen Ausfall erlitten hat. § 64. Jäger NK. S. 101; L Seuffert S 44, 47, 351 Der Verzicht ist ausdrücklich dem K.Verwalter zu erklären, übrigens auch durch schlüssige konkludente Handlungen möglich. RG. 1 S 83; 9 S. 86; 16 S 70; 37 S. 13; RG JW 1890 S 11; 1893 S 502; 1896 S. 35. RG. Bolze 11 Nr. 933; 17 Nr 852. v. Wilm. S. 250; Willenbch S. 140; Jäger NK S. 101. Die Stimmberechtigung im Erbenkonkurse bemißt sich nach § 95 und auf Widerspruch erfolgt die Festsetzung nach § 96. RG. 37 S. 16 Für die Abschlagsverteilungen gelten die Vorschriften in § 153, 155, 156. Bei der Schlußverteilung im Konkurs über das Vermögen des Erben werden die Forderungen der N.Gläubiger nur dann berücksichtigt, wenn sie dem Verwalter des Erbenkonkurses den Nachweis ihres Verzichtes oder ihres Ausfalls nach § 64 führen. Andernfalls werden die zurückbehaltenen Beträge zu Gunsten der übrigen K.Gläubiger frei. § 156; Begr. S. 52. v. Wilm. S. 407, 433; Jäger NK. S. 102; Pet. u. Kl. S. 483. Die Abschlagszahlungen im N.Konkurse mindern den Ausfallsbetrag für den Erbenkonkurs. Endemann BGB. 3 S. 444.

II. Konkurrenz zwischen den Gläubigern des von der Ehefrau ererbten und zum Gesamtgute gehörigen Nachlasses und den Gläubigern des Ehemanns im Konkurse. Ist eine Ehefrau die Erbin und gehört der Nachlaß zum Gesamtgute, so haftet für die N.Verbindlichkeiten, da sie Gesamtgutsverbindlichkeiten sind, der Ehemann auch persönlich neben der Ehefrau. § 1438, 1440, 1459, 1461, 1549 fg. 2008 BGB. Daher können, wenn über das Vermögen des Mannes das K.Verfahren eröffnet wird, die N.Gläubiger, denen der Mann unbeschränkt haftet, ihre Forderungen sowohl in diesem Konkurs als in dem auf den Nachlaß bezüglichen Verfahren — N.Konkurs oder N.Verwaltung — geltend machen. Begr S. 53. Das Verhältnis ist hier das gleiche wie bei der Konkurrenz zwischen Erben- und N.Konkurs. Demgemäß finden die Bestimmungen des Abs. I auch hier Anwendung und haben die N.Gläubiger im Konkurse des Ehemannes die Rechtsstellung der in Abs. I bezeichneten Absonderungsberechtigten. Begr. S. 53; L. Seuffert S. 44.

Ist von der unbeschränkt haftenden Ehefrau als Erbin der Nachlaß nicht zum Gesamtgute erworben worden, so fallen die N.Gläubiger bei Konkurrenz zwischen N.Konkurs und Nachlaßverwaltung einerseits und Konkurs über das Vermögen der Frau andererseits als Absonderungsberechtigte unter Abs. I. Bei gleichzeitigem K.Verfahren über das Vermögen beider Ehegatten findet in § 68 Anwendung. Jäger NK. S. 103.

Kein Erbteilskonkurs.

§ 235.

Ueber einen Erbteil findet ein Konkursverfahren nicht statt.

E. I. z. BGB. § 2119. Mot. V 642. Prot. 2 Les. V 774, 879. Nov. § 206 e. Begr. 53.

Bisher sind selbständige Konkurse über einzelne Erbteile zulässig gewesen, wenn der Erbteil im Verhältnis zu den Anteilen der anderen Miterben und im Verhältnis zu dem eigenen Vermögen des Erben für den Zugriff der Nachlaßgläubiger ein getrenntes selbständiges Vermögen gebildet hat. Jäger NK S. 35 und dessen Voraussetzungen des Nachlaßkonkurses. § 8; v. Wilm. S. 514. Endemann BGB. 3 S. 441, 503.

Nach dem BGB. — § 2032 fg — ist das Rechtsverhältnis der Miterben eine Gemeinschaft zur gesamten Hand. Die Miterben haften als Gesamtschuldner für die gemeinschaftlichen Nachlaßverbindlichkeiten. § 2058, 421—426 BGB.; Cosack BGB. S. 199 fg. Demgemäß ist nur ein Konkurs über den Gesamtnachlaß nicht nur vor dessen Teilung, sondern auch nach der Teilung ohne zeitliche Begrenzung zulässig und der Konkurs über einen Erbteil ausgeschlossen — § 216 II; § 747 CPO: § 1979, 1989, 2000, 2013, 2059 II BGB.; Begr. S. 53. Die möglicherweise schwierige Bildung der K.Masse erfolgt auch nach der Teilung der Erbschaft durch den K.Verwalter § 6, 117, 118. Die Miterben haben, gleich dem Alleinerben, im N.Konkurse die Rechte und Pflichten des G.Schuldners. § 61, 100, 101, 117 KO.; § 1978 bis 1980, 2013 BGB.; L Seuffert S. 68, 71; Jäger NK. S. 36.

Gesammtgutskonkurs. **§ 236.**

Die Vorschriften der §§ 214—234 finden im Falle der fortgesetzten Gütergemeinschaft auf das Konkursverfahren über das Gesammtgut entsprechende Anwendung. Konkursgläubiger sind nur die Gesammtgutsgläubiger, deren Forderungen schon zur Zeit des Eintritts der fortgesetzten Gütergemeinschaft bestanden. Zu dem Antrag auf Eröffnung des Verfahrens ist ein Gläubiger nicht berechtigt, dem gegenüber der überlebende Ehegatte zu dieser Zeit persönlich haftete. Die anteilsberechtigten Abkömmlinge sind zu dem Antrage nicht berechtigt; das Gericht hat sie, soweit thunlich, zu hören.

Nov. § 206 f. Begr. 53 fg.

Bei der Fortsetzung der allgemeinen Gütergemeinschaft — § 1483—1518 — und der Fahrnisgemeinschaft — § 1557 BGB. — zwischen dem überlebenden Ehegatten und den gesetzlich zur Beerbung des verstorbenen Ehegatten berufenen Abkömmlingen haftet für die Gesammtgutsverbindlichkeiten der bisherigen ehelichen Gütergemeinschaft nicht nur das Gesammtgut, sondern auch der überlebende Ehegatte persönlich Begr S 53. Die Fortsetzung der allgemeinen Gütergemeinschaft tritt vorbehaltlich der Ablehnungsbefugnis des überlebenden Ehegatten von Rechtswegen — § 1483, 1484 — die der Fahrnisgemeinschaft nur kraft Ehevertragsbestimmung ein. § 1557. Jäger NK. S. 98, 112. Prot II Les. Bd. 4 S 377 fg. Auf diese persönliche Haftung des überlebenden Ehegatten, die ihren Grund lediglich in dem Eintritte der fortgesetzten Gütergemeinschaft hat, finden die für die Haftung des Erben für die N.Verbindlichkeiten geltenden Vorschriften mit der Maßgabe entsprechende Anwendung, daß an die Stelle des Nachlasses das Gesamtgut in dem Bestande tritt, den es zur Zeit des Eintritts der fortgesetzten Gütergemeinschaft hat. § 1489 BGB. Begr. S 53. Staudinger BGB. 4 S. 258. Der überlebende Ehegatte hat daher zur Beschränkung seiner persönlichen Haftung für diese Gesammtgutsverbindlichkeiten die allgemeinen und besonderen Haftungsbeschränkungsmittel — § 1973—1975, 1990, 2013 BGB. — und insbesondere ist er zur Beantragung des über das Gesammtgut zulässigen, selbständigen Konkurses berechtigt. Begr. S. 54 Jäger NK. S 113. Auf diesen Gesammtgutskonkurs finden die Vorschriften über den N.Konkurs — § 214—234 — entsprechende Anwendung.

Die K.Eröffnung bewirkt die Sonderung des Gesammtgutes von dem übrigen Vermögen des überlebenden Ehegatten, nicht aber die Beendigung der fortgesetzten Gütergemeinschaft. § 1489, 1975 fg., 2013. Jäger NK. S. 116.

I. Konkurseröffnung vor dem nach § 214 zuständigen Gericht. Voraussetzung hierfür ist die Ueberschuldung des Gesammtgutes, ohne Rücksicht, ob der überlebende Ehegatte die Fortsetzung der Gütergemeinschaft noch ablehnen kann oder die Möglichkeit der Haftungsbeschränkung bereits verwirkt hat. § 216 I; § 1484, 1489, 1943, 2013 BGB. Jäger NK S. 116.

Antragsberechtigt — dieser nach § 1980, 1985 BGB. auch antragsverpflichtet — sind der überlebende Ehegatte, ferner die Gläubiger, deren Forderungen schon zur Zeit des Eintrittes der fortgesetzten Gütergemeinschaft bestanden, innerhalb der 2jährigen Frist des § 220 unter der Voraussetzung der Glaubhaftmachung der Ueberschuldung und ihrer vor Eintritt der fortgesetzten Gütergemeinschaft entstandenen Eigenschaft als Gesamtgutsgläubiger. § 105 I, 217 II, ausgeschlossene Gesamtgutsgläubiger schließlich nur unter der Voraussetzung des § 219. Begr. S. 54. L. Seuffert S. 43 und 133; Jäger NK. S. 116. Bei dem Gläubigerantrag sind soweit thunlich, der überlebende Ehegatte und die anteilsberechtigten Abkömmlinge zu hören. § 217 II, 236. Diese haben keine persönliche Haftung für die bestehenden Gesammtgutsverbindlichkeiten und sie sind nur dann antragsberechtigt, wenn sie K.Gläubiger sind. § 103 II. Begr. S. 54. Jäger NK. S. 117.

II. Konkursmasse ist das Gesammtgut nach seinem Umfange zur Zeit des Eintrittes der fortgesetzten Gütergemeinschaft, insoweit es konkurspflichtig ist. Begr. S. 53. § 1489 BGB. L. Seuffert S 77. Jäger NK. S. 117. Die Massezugehörigkeit bemißt sich also hier nach dem Zeitpunkte des Eintrittes der fortgesetzten Gütergemeinschaft und erstreckt sich nicht auf die Neuerwerbungen nach diesem Zeitpunkte § 1489 II. Jäger NK. S. 117. Nicht berührt wird die K.Masse durch den Konkurs über das Vermögen eines gemeinschaftlichen Abkömmlings, über den Nachlaß des verstorbenen Ehegatten — § 1483 I, BGB.; § 16, 51 KO. — und durch den Konkurs über das Vermögen des überlebenden Ehegatten, der nach § 2 III auch das Gesammtgut ergreift. Hier kann der K.Verwalter die Eröffnung des Gesammtgutskonkurses beantragen und die Gesammtgutsgläubiger haben dann im Konkurse des überlebenden Ehegatten wie im Erbenkonkurse, die Absonderungsberechtigung. § 234. Jäger NK. S. 115.

III. Gemeinschuldner mit seinen Rechten und Pflichten ist der überlebende Ehegatte, nicht der anteilsberechtigte Abkömmling. Begr. S. 54. L. Seuffert S. 71 und 75. Jäger NK. S 116.

IV. Konkursgläubiger. Teilnahmeberechtigt sind nur solche Gesammtgutsgläubiger, deren Forderungen schon zur Zeit des Eintrittes der fortgesetzten Gütergemeinschaft entstanden waren.

§ 3, 236. Begr. S. 54. Auch der überlebende Ehegatte kann K.-Gläubiger sein z. B. § 225 I oder wegen Ersatzansprüchen nach § 224 Nr. 1, § 1978, 1979 BGB. Massegläubiger sein. L. Seuffert S. 43. Jäger NK. S. 117. Die Gläubiger, denen der überlebende Ehegatte bereits beim Eintritt — also nicht infolge Eintritts — der fortgesetzten Gütergemeinschaft persönlich gehaftet hat, sind weder antrags- noch teilnahmeberechtigt. Ihre Rechtslage wird durch den Eintritt der fortgesetzten Gütergemeinschaft nicht verändert, ihnen gegenüber braucht der überlebende Ehegatte kein Haftungsbeschränkungsmittel und sie können den Konkurs über das gesamte Vermögen ihres Schuldners beantragen. § 2, 3. Auch die nach dem Eintritt der fortgesetzten Gütergemeinschaft entstandenen Forderungen sind nicht teilnahmeberechtigt. Begr. S. 54. L. Seuffert S. 43; Jäger NK. S. 114 und 117. Dann der Gesammtgutskonkurs ist ein allgemeines Haftungsbeschränkungsmittel gegen die persönliche Haftung des überlebenden Ehegatten, welche diesen lediglich aus dem Grunde der Fortsetzung der Gütergemeinschaft trifft. Begr. S. 53. Jäger NK. 112

Konkurs im Ausland. **§ 237.** (§ 207.)

I. Besitzt ein Schuldner, über dessen Vermögen im Auslande ein Konkursverfahren eröffnet worden ist, Vermögensgegenstände im Inlande, so ist die Zwangsvollstreckung in das inländische Vermögen zulässig.

II. Ausnahmen von dieser Bestimmung können unter Zustimmung des Bundesrats durch Anordnung des Reichskanzlers getroffen werden.

E. I. 219, 220. P. 292—296.

RG. 1 S. 126, 437, 6 S. 401; 9 S. 227, 401; 14, 405, 412, 424, 16 S. 61, 338, 392; 18 S. 148, 21 S. 8; 24 S. 12.

Ein im Ausland gegen einen Ausländer oder gegen einen Angehörigen des deutschen Reiches eröffnetes K.-Verfahren hat volle Wirkung auch gegen die inländischen Gläubiger und bezüglich des im Inland befindlichen Vermögens des G.Schuldners. Mot S. 456. L. Seuffert S. 32; v. Wilm. S. 13, 517; v. Sarw. S. 872; Kohler S. 601; Pet. u. Kl. S. 584; Willenbch. S. 289. Böhm, Zeitschrift für internationales Privatrecht 5 S. 344 fg.; Endemann BGB. 1 S. 76.

Der ausländische Verwalter ist, insolange als im Inland eine Zwangsvollstreckung noch nicht begonnen hat, berechtigt, das inländische Vermögen zur ausländischen K.Masse zu ziehen. Pet. u. Kl. S 586; Fitting S. 406. AM. Kohler S. 630 ROHG. 2 S. 68; RG. 14 S. 424; 16 S. 392. RG. JW. 1882 S. 150. 1885 S. 93; 1886 S 293; Bolze 1 Nr. 2186. Doch ist die ausländische K.Eröffnung von den deutschen Gerichten als wirkungslos zu behandeln. L. Seuffert S. 320. Die inländischen und ausländischen Gläubiger des Schuldners können daher ohne Rücksicht auf das im Ausland eröffnete K.Verfahren in das inländische Vermögen die Zwangsvollstreckung betreiben. RG. 1 S. 437; 6 S. 401; 14 S. 410, 424; 16 S. 392. Der Schuldner, der durch die K Eröffnung im Ausland die Verfügungsmacht über sein Vermögen nicht verliert, ist in allen inländischen Prozessen der richtige Kläger und Beklagte. RG. 6 S. 401, 9 S. 401; 14 S. 412, 424; 16 S. 338. RG Bolze 1 Nr 40; RG. JW. 1885 S. 212. L. Seuffert S. 32; v. Sarw. S 874; v Wilm. S. 518; Willenbch. S. 289; Pet. u. Kl. S. 585; AM. v. Völd. 2 S 713. Die K Eröffnung im Auslande unterbricht auch nicht die im Inlande anhängigen Prozesse des Schuldners, gleichviel ob sie inländisches Vermögen oder die Aktiv- oder die Passivmasse des ausländischen Konkurses betreffen. RG. 6 S. 406; 14 S. 407; 16 S. 337. L. Seuffert S. 33.

Der im Auslande abgeschlossene Zwangsvergleich bindet die Gläubiger nicht hinsichtlich des Zugriffes auf das inländische Vermögen, gegen das sie ihre Forderungen auf den Vollbetrag verfolgen können, wenn der Vergleich im Auslande einer im Inlande nicht anerkannten richterlichen Bestätigung bedurft hat. L. Seuffert S. 33; Kohler S. 636. AM. v. Wilm. S. 518.

Ausnahmen von der Bestimmung über die Zulässigkeit der Zwangsvollstreckung können sowohl durch eine Anordnung nach Abs. II als auch durch Staatsverträge getroffen werden. Die Staatsverträge der Bundesstaaten bleiben maßgebend. RG 24 S. 12; Pet. u. Kl. S. 584; v. Wilm. S. 517; Kohler S. 625. AM. L. Seuffert S 34, der annimmt, daß die landesrechtlichen Verträge durch das reichsrechtliche Konkursrecht außer Kraft gesetzt sind. Uebereinkunft zwischen Preußen und Oesterreich v. 12. Mai u. 16. Juni 1844. GS. 165.

Konkurs über Niederlassungen. **§ 238.** (§ 208.)

I. Das Konkursverfahren umfaßt nur das im Inlande befindliche Vermögen, wenn der Schuldner im Deutschen Reiche eine gewerbliche Niederlassung, aber keinen allgemeinen Gerichtsstand hat.

II. Hat ein Schuldner im Deutschen Reiche weder eine gewerbliche Niederlassung noch einen allgemeinen Gerichtsstand, so findet ein Konkursverfahren über das im Inlande befindliche Vermögen des Schuldners statt, wenn er im Inlande ein mit Wohn- und Wirtschaftsgebäuden versehenes Gut als Eigentümer, Nutznießer oder Pächter bewirtschaftet. Für das Verfahren ist das Amtsgericht ausschließlich zuständig, in dessen Bezirke das Gut sich befindet.

III. Ist im Auslande ein Konkursverfahren eröffnet, so bedarf es nicht des Nachweises der Zahlungsunfähigkeit zur Eröffnung des inländischen Verfahrens.

Nov. § 208. Mat. 174, 224.

RG. 6 S. 401; 14 S. 405; 16 S. 61; 21 S. 21; 24 S. 383; 30 S. 379.

§ 238, in seiner nunmehrigen Fassung dem § 71 angepaßt, knüpft an § 21 CPO. an, geht aber inhaltlich über denselben hinaus. v Sarw. S. 876; RG. JW. 1887 S. 475. Die Anwendbarkeit des § 238 kann durch Staatsverträge ausgeschlossen werden. v. Sarw. S. 878. Für die K Eröffnung im Inlande ist es gleichgiltig, ob der Schuldner Inländer oder Ausländer ist, wenn die Zuständigkeit für den Regelkonkurs nach § 71 oder für den Sonderkonkurs nach § 238 gegeben ist. Das im Auslande befindliche Vermögen ist zwar durch die inländische Gesetzgebung von der Masse nicht ausgeschlossen, allein der Zuständigkeit des inländischen K.Gerichtes nicht unterworfen. Inland- und Auslandkonkurs sind von einander unabhängig und können nebeneinander im Gange sein. Jeder Konkurs ergreift das in dem betreffenden Staate befindliche Vermögen. Der Gläubiger des Auslandskonkurses ist auch im Inlande anmeldeberechtigt, muß sich aber die Dividende des Auslandkonkurses abziehen lassen. L. Seuffert S. 70, 88; Willenbch. S 290; v Wilm. S 520; v. Sarw. S. 874; Pet. u. Kl. S. 587; Fitting S. 404; Kohler S. 633 fg. Hiezu: RG. 21 S. 21; Mat. S. 174, 224

I. Voraussetzung für den Sonderkonkurs des § 238 ist, daß der Schuldner im Inland keinen allgemeinen Gerichtsstand hat — § 13—19 CPO. —, daß er aber im Inland entweder eine gewerbliche Niederlassung oder ein landwirtschaftliches Gut nach Maßgabe des Abs. II im Betriebe hat. Eine gewerbliche Niederlassung hat der Schuldner da, wo sich Einrichtungen zum Betriebe seiner Fabrik, seines Handelsgeschäftes oder eines anderen Gewerbes befinden. Von dieser Niederlassung aus müssen unmittelbar Geschäfte geschlossen werden, eine Geschäftsverbindung zwischen ihr und dem inländischen Gläubiger braucht aber nicht zu bestehen. Die Niederlassung darf also nicht ausschließlich der Fabrikation und der Versendung der Fabrikate oder der Vermittelung für die in der ausländischen Hauptniederlassung auszuführenden Geschäfte dienen. RG. 30 S. 372; RG. JW. 1887 S. 475; 1894 S. 421; L. Seuffert S. 37; v Wilm. S. 522; Willenbch. S. 291; Kohler S .633. Das landwirtschaftlichen Zwecken dienende Gut muß mit Wohn- und Wirtschaftsgebäuden versehen sein und vom Schuldner als Eigentümer, Pächter, Afterpächter oder Nutznießer entweder persönlich oder durch einen Vertreter auf eigene Rechnung bewirtschaftet werden. Deshalb fällt die Verpachtung des eigenen Gutes oder die Gutsverwaltung für einen Anderen nicht darunter. v. Wilm. S. 522, Pet. u. Kl. S. 586; Willenbch S. 291; v. Sarw. S. 877. Befinden sich mehrere derartige Niederlassungen oder Wirtschaftsbetriebe desselben Inhabers im Inland, so kann nur ein Konkurs eröffnet werden. Es entscheidet die Priorität nach § 71 II. v. Wilm. S. 522; Kohler S. 633; v. Sarw. S. 876.

Die allgemeinen Vorschriften über die Eröffnung und Durchführung des K.Verfahrens kommen auch hier zur Anwendung. Der Nachweis der Zahlungsunfähigkeit wird jedoch durch die Thatsache der bereits im Ausland stattgefundenen K.Eröffnung ersetzt. Willenbch. S. 291; v. Wilm. S. 522. Die Frage, ob im Ausland ein Konkurs eröffnet ist, ist nach ausländischem Rechte zu beurteilen. L. Seuffert S. 32.

II. Die K.Masse umfaßt das gesamte inländische Vermögen des G.Schuldners, nicht bloß die Vermögenskomplexe der gewerblichen Niederlassung oder des landwirtschaftlichen Gutes. L. Seuffert S. 74. In dem K.Verfahren sind alle Forderungen in- oder ausländischer Gläubiger anmeldeberechtigt, ohne Rücksicht darauf, ob sie in einer Beziehung zur gewerblichen Niederlassung oder zur Bewirtschaftung des Gutes stehen. RG. JW. 1887 S. 475; Willenbch. S. 291; Pet. und Kl. S. 587; v. Wilm. S. 521. Ist im Inland ein Konkurs nach § 238 eröffnet, so kann der ausländische K.Verwalter das im Inland befindliche Vermögen nicht zu dem ausländischen Konkurse ziehen v. Sarw. S. 877.

Drittes Buch.

Strafbestimmungen.

Vorbemerkung.

Das dritte Buch enthält die Strafbestimmungen, § 239 den Thatbestand des betrüglichen, § 240 den des einfachen Bankerutts, § 241 das Vergehen der Gläubigerbegünstigung, § 242 das Verbrechen der Schuldnerbegünstigung, § 243 das Vergehen des Stimmenkaufes und § 244 die Ausdehnung der strafrechtlichen Verantwortlichkeit auf den Vorstand einer Aktiengesellschaft usw

Die Novelle hat in § 240 Nr 1 die Wette dem Spiel gleichgestellt, in § 240 Nr 2 einen besonderen strafbaren Thatbestand neu aufgenommen, das Strafmaximum in § 240 auf fünf Jahre Gefängnis erhöht, bei dem Thatbestande der Nr. 1, 2 des § 240 die Aberkennung der bürgerlichen Ehrenrechte zugelassen und bei dem Delikte des einfachen Bankerutts wie bei dem Vergehen der Gläubigerbegünstigung — § 241 — die Möglichkeit der Zubilligung mildernder Umstände und der Verhängung einer Geldstrafe bis zur Höhe von 6000 Mark eröffnet.

Betrüglicher Bankerutt.

§ 239. (§ 209.)

I. Schuldner, welche ihre Zahlungen eingestellt haben, oder über deren Vermögen das Konkursverfahren eröffnet worden ist, werden wegen betrüglichen Bankerutts mit Zuchthaus bestraft, wenn sie in der Absicht, ihre Gläubiger zu benachteiligen,

1. Vermögensstücke verheimlicht oder bei Seite geschafft haben,
2. Schulden oder Rechtsgeschäfte anerkannt oder aufgestellt haben, welche ganz oder teilweise erdichtet sind,

3. Handelsbücher zu führen unterlassen haben, deren Führung ihnen gesetzlich oblag, oder
4. ihre Handelsbücher vernichtet oder verheimlicht oder so geführt oder verändert haben, daß dieselben keine Uebersicht des Vermögenszustandes gewähren.

II. Sind mildernde Umstände vorhanden, so tritt Gefängnisstrafe nicht unter drei Monaten ein.

RStr 1 S. 379; 2 S. 118, 198, 338, 3 S. 191, 250, 294; 4 S. 41, 120; 6 S. 94; 9 S. 134, 161, 430; 13 S. 41; 16 S. 188; 20 S. 387; 21 S. 291; 25 S. 43; 27 S. 263; 28 S. 59; 29 S. 103, 347; 31 S 410.

§ 239 enthält die Strafvorschrift für das Verbrechen des betrüglichen Bankerutts. Der Bankerutt — betrüglicher oder einfacher — wird wegen Gefährdung des Befriedigungsrechtes der Gläubiger bestraft. Eine Beschädigung der Gläubiger braucht nicht eingetreten zu sein RStr. 14 S. 80; 24 S. 255 v. Wilm. S. 525. Subjekte des Bankerutts sind Kaufleute und Nichtkaufleute; in den Fällen der § 239 Nr 3 u. 4, § 240 Nr 3 u. 4 muß der Schuldner zur Zeit der Handlung oder Unterlassung Kaufmann gewesen sein. Der wirkliche Geschäftsführer ist auch dann strafrechtlich verantwortlich, wenn das Geschäft auf den Namen einer vorgeschobenen Person geführt wird. RStr. 25 S. 121; 26 S. 287; 29 S. 103. Der Uebergang von einer zur anderen Bankerutthandlung enthält nur eine Veränderung des rechtlichen Gesichtspunktes — § 264 StPO. — nicht die Bezichtigung einer neuen That. § 265 StPO. RStr. 11 S. 251; 21 S. 387; v. Wilm. S. 525.

I. Zahlungseinstellung oder K.Eröffnung sind Thatbestandsmerkmale RStr. 3 S. 350; 7 S. 392; 16 S. 190; Rchspr 7 S 642. v. Sarw. S. 881. Der Begriff der Zahlungseinstellung — § 102 —, über deren Vorhandensein der Strafrichter selbständig zu entscheiden hat, erheischt, daß der Schuldner seine Zahlungen eingestellt und mit der Erfüllung seiner Verbindlichkeiten der Allgemeinheit gegenüber aufgehört hat RStr. 3 S. 197, 294; 9 S. 161; 14 S. 221; Rchspr. 1 S. 18. Ein Verschulden des Schuldners an der Entstehung der Zahlungseinstellung oder ein Kausalzusammenhang zwischen dieser oder der K.Eröffnung mit den Handlungen des betrüglichen Bankerutts ist nicht erforderlich. RStr. 3 S. 350; 4 S. 419; 5 S. 414; 7 S 393; 9 S 134, 162; 13 S. 359; 15 S. 66; 16 S 190; Rchspr 4 S. 35, 49; 7 S. 644; 10 S. 215 Willenbch. S. 293; v. Sarw. S. 884; v Wilm. S. 525. Gleichgiltig ist auch, ob die Zahlungseinstellung oder K Eröffnung den strafbaren Handlungen vorausgegangen oder nachgefolgt ist. RStr 3 S. 250. Die K.Eröffnung bindet den Strafrichter, der kein Recht der Nachprüfung hat, ob der Beschluß zu Recht ergangen ist. Liegen beide Alternativen - Zahlungseinstellung und K Eröffnung — vor, so entscheidet für den Zeitpunkt der Vollendung dasjenige Ereignis, welches sich zuerst zugetragen hat. RStr. 3 S. 250; 24 S. 433; Rchspr. 2 S. 340; 3 S. 49;

7 S 392 Willenbch. S. 294; Oppenhoff, Commentar z. StGB. S. 684.

II. Die Absicht, die Gläubiger zu benachteiligen — vgl. § 31 KO. — darf sich nicht ausschließlich gegen einen einzigen Gläubiger richten, braucht aber auch nicht alle Gläubiger zu umfassen. Der Schuldner muß den Willen der Benachteiligung gehabt haben, demnach bei Thatbegehung das Bewußtsein der erfolgten oder bevorstehenden Zahlungseinstellung und der Benachteiligung als notwendiger Folge seiner Handlung. Der eventuelle Vorsatz genügt RStr. 24 S. 7, 225. Oppenhoff S. 717; v. Wilm. S. 526; Willenbch. S. 294; Pet. und Kl. S 601. Der Eintritt des beabsichtigten, benachteiligenden Erfolges ist nicht erforderlich. Richtet sich der Wille des Schuldners nur auf die Begünstigung eines einzigen Gläubigers, und ist hiemit nicht auch der Wille verbunden, andere Gläubiger durch die Beiseiteschaffung des zur Begünstigung verwendeten Vermögensstückes zu benachteiligen, so ist nur die spezielle Strafvorschrift des § 241 anwendbar RStr. 6 S. 94; Rchspr. 4 S. 257 v. Wilm S. 526; Willenbch. S. 294

III. Nr 1. Die Vermögensstücke müssen zur K Masse, nicht zum konkursfreien oder neuerworbenen Vermögen des G. Schuldners gehören. RStr. 2 S. 118. Das Verheimlichen setzt die Absicht voraus, das Vermögensstück der Wahrnehmung des K Verwalters oder der K. Gläubiger zu entziehen, das Beiseiteschaffen die Absicht, die Sache der Erreichbarkeit und Verfügungsgewalt der K. Beteiligten zu entziehen. Weder eine Heimlichkeit noch eine Ortsveränderung ist notwendig. RStr. 2 S. 118; 3 S. 250; Oppenhoff S. 718; v. Sarw. S 882; Willenbch. S. 295; v. Wilm. S 526. Der Dritte, welcher Vermögensstücke verheimlicht, ist aus § 242 strafbar, kann aber auch Gehilfe des Schuldners sein Oppenhoff S. 719; Willenbch. S 295. RStr. 9 S. 430; 21 S. 291 Wegen Hehlerei an den beiseitegeschafften Vermögensstücken. RStr 25 S. 43.

IV. Nr 2. Die erdichteten Rechtsgeschäfte müssen abgeschlossen und für den Zweck der Benachteiligung von Gläubigern geltend gemacht werden. RStr. 2 S. 342; 24 S 433. v. Sarw. S. 882; v. Wilm. S. 526; Willenbch. S. 295. Die Erdichtung muß dem Angeklagten bewiesen werden. Verjährte Forderungen fallen nicht unter die erdichteten Forderungen. Oppenhoff S. 719; v. Sarw. S. 882.

V. Nr. 3 Die Buchführungspflicht trifft nur den Vollkaufmann — die Kaufleute kraft Gesetzes, kraft zwangsweiser und freiwilliger Eintragung im Handelsregister, § 1—3 HGB. — nicht die Kaufleute minderen Rechts, die Handwerker und Kleingewerbetreibenden des § 4 HGB. Denkschrift z. HGB. S. 7, 21; Cosack HR. S. 33; Gareis, HR. S. 71 und Ausgabe des HGB. S. 25; Staub in der deutschen Jur Ztg. 1898 S. 421. Der Firmeneintrag — § 5 HGB. — ist für den Strafrichter nicht bindend. Denkschrift S. 9. RStr. 4 S. 120; Rchspr. 4 S. 92. Die Buchführungspflicht trifft insbesondere die offenen Handelsgesellschafter, die persönlich haftenden Mitglieder der Kommanditgesellschaft. Verantwortlich für die Buchführung ist ohne Rücksicht auf die allenfallsige Arbeitsverteilung jeder persönlich haftende Teilnehmer. RStr. 13 S. 309; 29 S. 347; Rchspr. 1 S. 197, 628; 5 S. 359. v. Wilm. S. 527; Willenbch. S. 296; v. Sarw. S. 883. Unkenntnis der Buchführung oder Irrtum über die rechtliche Eigenschaft des Geschäftsbetriebes oder über die hiemit verbundene Buchführungspflicht oder die Anstellung eines geeigneten Buchhalters entlasten nicht. RStr. 4 S. 421; 5 S. 407; 8 S. 109. AM. Rchspr. 4 S. 92.

Für den Unterschied zwischen Handwerks- und Fabrikbetrieb ist nicht allein der Maschinenbetrieb oder die Höhe des Umsatzes, sondern die Art und der Umfang des Gesamtbetriebes entscheidend. RStr. 1 S. 381; 8 S. 147; 22 S. 309; 24 S. 80, 356; 25 S. 4; 31 S. 178; Rchspr. 5 S. 488; 7 S. 65; 8 S 541. v. Sarw. S. 883; v. Wilm. S. 527; Willenbch. S. 298. Kaufleute minderen Rechts im einzelnen nach der bisherigen Rechtsprechung auf Grund des Art. 10 des alten HGB., der jedoch durch § 4 des neuen HGB. eine wesentliche Abänderung erfahren hat, indem der Kreis der Kaufleute minderen Rechtes nur mehr die beiden Kategorien der Handwerker und der Kleingewerbetreibenden umfaßt — Denkschrift z. HGB. S. 8; Cosack HR. S. 33; Gareis HR. S. 71; Gareis HGB. S. 21 — Höcker, Trödler, Hausierer RStr. 20 S. 168, 387; 31 S. 108; Rchspr. 9 S. 690; Handelsleute von geringerem Gewerbebetrieb, RStr. 4 S 120; 20 S. 387; 31 S. 178; Rchspr. 3 S. 720; 7 S. 65; 8 S. 541.

Die Buchführungspflicht über das Hauptgeschäft erstreckt sich mindestens auch auf die Buchung des in dem Nebengeschäft enthaltenen Wertes. RStr. 5 S. 407; 25 S. 3, 170. Welche Bücher zu führen sind, ergibt die Art, der Umfang und der Zweig des Handelsbetriebes im konkreten Falle. Für die ordnungsmäßige Buchführung genügt jedes geltungsberechtigte System der Buchführung. § 38 HGB. RStr. 25 S. 36. Denkschrift z. HGB. S. 21; Cosack HR. S. 76; Gareis HR. S. 67; Gareis HGB. S. 56. Vorgeschrieben ist außer Inventar und Bilanz lediglich das Briefkopierbuch; allein nach der Vorschrift des § 38 I HGB. muß jeder Kaufmann mindestens noch ein Buch führen, aus dem die Handelsgeschäfte und die Vermögenslage des Kaufmanns nach den Grundsätzen ordnungsmäßiger Buchführung ersichtlich sind. § 38, 39 bis 44 HGB. RStr. 5 S. 408 — Kassabuch —; 17 S. 301; Rchspr. 2 S. 376, 417, 563; 3 S. 304; 6 S. 695; 10 S. 296, 585. Die Buchführungspflicht erstreckt sich auch noch auf die Zeit nach Aufgabe des kaufmännischen Betriebes bis zur Erfüllung der aus diesem entstandenen Verbindlichkeiten. RStr. 2 S. 50; 4 S. 41. Oppenhoff S. 722; v. Sarw. S. 883; v. Wilm. S. 527; Willenbch. S. 298. Besondere Buchführungsvorschriften: § 1 Nr. 2, 10 des Depotgesetzes vom 5. Juli 1896 — RGBl. S. 183 fg. —; § 33 des Börsengesetzes vom 22. Juni 1896 — RGBl. S. 157 — in der Fassung des Art. 14 EG. z. HGB. über das von den Kursmaklern zu führende Tagebuch.

VI. Nr. 4. Diese Handlungen sind auch dann strafbar, wenn der Schuldner gesetzlich zur Führung von Handelsbüchern nicht verpflichtet war. Oppenhoff S 723; v. Sarw. S. 883; Willenbch. S. 299; v. Wilm. S 528; Pet. und Kl. S. 608. Die Vernichtung der Bücher ist — außer bei der K Beendigung durch Schlußverteilung oder erfülltem Z.Vergleich — auch nach Ablauf der zehnjährigen Aufbewahrungsfrist des § 44 HGB. strafbar. RStr. 9 S. 134; 11 S. 386; 22 S. 436; Rchspr. 8 S. 451.

Die Handelsbücher müssen für sich allein eine Uebersicht des Vermögensstandes gewähren. RStr Bl. f. RA. 63 S. 171. Sie müssen so geführt sein, daß jeder sachverständige Dritte die Uebersicht gewinnen kann. Die Ermöglichung der Vermögensübersicht durch den Schuldner schließt dessen Strafbarkeit nicht aus RStr. 4 S. 120. Die Uebersicht muß die ganze Vermögenslage einschließlich des Privatverbrauches, der Gefälligkeitsaccepte und Wechselkommissionsgeschäfte umfassen RStr. 5 S. 407; v. Sarw. S. 883. Die Uebersicht muß infolge Führung oder Veränderung unmöglich sein Eine Erschwerung der Uebersicht genügt nicht. Unrichtigkeiten oder eine absichtliche Einstellung falscher Werte ist nur unter der Voraussetzung der Unmöglichkeit der Uebersicht strafbar. RStr. 5 S. 415; 15 S. 174; Rchspr. 2 S. 523; 3 S 304; 7 S 492; 8 S. 61; 10 S 297 v. Wilm. S. 528; Willenbch S. 299.

VII. Konkurrenz. Beim Zusammentreffen mehrerer Bankerutthandlungen im Rahmen derselben Zahlungseinstellung oder K.Eröffnung — § 239 **Nr. 1 bis 4**; § 240 Nr 1 bis 4 — ist nur eine Strafthat gegeben. RStr 1 S. 101; Rchspr 1 S. 77, 627; 2 S 32, 207, 441 Realkonkurrenz liegt jedoch vor, wenn ein Kaufmann verschiedene Geschäfte betrieben hat und für die verschiedenen Geschäfte getrennte K.Eröffnungen und verschiedene Bankerutthandlungen erfolgt sind. RStr. 11 S 8; v. Wilm. S. 525. Idealkonkurrenz mit § 240 und § 241 ist möglich. RStr. 1 S. 101; 6 S. 97; 7 S. 393; 11 S. 8; 13 S 242; Rchspr. 1 S. 207; 4 S. 257; 5 S. 52, 86; 6 S. 573. v. Sarw. S. 884; v. Wilm. S. 525; Willenbch. S. 293. Versuch — § 43 StGB. — ist zulässig RStr 13 S. 41. Teilnahme durch Mitthäterschaft — RStr. 31 S. 410 —, Anstiftung oder Beihilfe ist möglich. Oppenhoff S. 718; Willenbch S. 295. RStr. 9 S. 430; 21 S. 291. Zuständigkeit — § 80 GVG — Schwurgericht. Der Gerichtsstand der begangenen That ist begründet, wo die Zahlungseinstellung oder K Eröffnung erfolgte oder wo die Bankerutthandlung vorgenommen wurde RStr. 16 S. 188; Willenbch. S. 294; Pet. u. Kl. S. 595. Die Verjährung — § 67 StGB., 15 Jahre — beginnt mit der Zahlungseinstellung bezw der K.Eröffnung, wenn diese der Bankerutthandlung nachgefolgt ist. RStr. 3 S. 351; 7 S 392; 16 S. 190; Rspr. 4 S. 48; v. Wilm. S. 524; v. Sarw. S 884. Strafe: 1 bis 15 Jahre Zuchthaus, bei mildernden Umständen, 3 Monat bis 5 Jahr Gefängnis.

Einfacher Bankerutt. **§ 240.** (§ 210).

I. Schuldner, welche ihre Zahlungen eingestellt haben, oder über deren Vermögen das Konkursverfahren eröffnet worden ist, werden wegen einfachen Bankerutts mit Gefängnis bestraft, wenn sie

1. durch Aufwand, Spiel oder Wette oder durch Differenzhandel mit Waren oder Börsenpapieren übermäßige Summen verbraucht haben oder schuldig geworden sind;
2. in der Absicht, die Eröffnung des Konkursverfahrens hinauszuschieben, Waren oder Wertpapiere auf Kredit entnommen und diese Gegenstände erheblich unter dem Werte in einer den Anforderungen einer ordnungsmäßigen Wirtschaft widersprechenden Weise veräußert oder sonst weggegeben haben;
3. Handelsbücher zu führen unterlassen haben, deren Führung ihnen gesetzlich oblag, oder dieselben verheimlicht, vernichtet oder so unordentlich geführt haben, daß sie keine Uebersicht ihres Vermögenszustandes gewähren, oder
4. es gegen die Bestimmung des Handelsgesetzbuchs unterlassen haben, die Bilanz ihres Vermögens in der vorgeschriebenen Zeit zu ziehen.

II. Neben der Gefängnisstrafe kann in den Fällen der Nr. 1, 2 auf Verlust der bürgerlichen Ehrenrechte erkannt werden.

III. Sind mildernde Umstände vorhanden, so kann auf Geldstrafe bis zu sechstausend Mark erkannt werden.

E. I. 259. P. 308. 309. Nov. § 210. Begr. 55. Mat. 229 fg.

RStr. 1 S. 49, 101, 282. 379, 421, 2 S. 30, 50, 198; 3 S. 294, 350, 4 S. 41, 281, 418; 5 S. 407, 415, 6 S. 94; 7 S. 90, 8 S. 147, 424, 9 S. 134, 11 S. 5, 142, 161, 251, 386; 12 S. 78; 13 S. 235, 308, 354, 14 S. 80, 221; 15 S. 64, 174, 277, 309; 16 S. 55, 188, 238, 269, 277, 426; 17 S. 301; 20 S. 168, 387; 21 S. 209, 387; 22 S. 12, 271, 309, 436, 439. 24 S. 80, 25 S. 3, 36, 76, 121, 170, 395; 26 S. 3, 37, 93, 187, 222, 385, 27 S. 181, 228, 320; 28 S. 429; 29 S. 222, 305, 347, 30 S. 170; 31 S. 7, 108, 151, 179.

Der einfache Bankerutt, in der Hauptsache ein Polizeidelikt, kann vorsätzlich — Nr. 2 — oder fahrlässig begangen werden. Die Absicht, die Gläubiger zu benachteiligen, ist nicht erforderlich.

Zu seiner Erfüllung genügt das Zusammentreffen der Zahlungseinstellung oder K.Eröffnung mit einer der Bankerutthandlungen der Nr 1 bis 4. Lediglich diese Bankerutthandlungen, nicht aber die Zahlungseinstellung oder K.Eröffnung, müssen auf einem im Bestreitungsfalle festzustellenden, vorsätzlichen oder fahrlässigen Verschulden des Schuldners beruhen. RStr. 4 S. 418; 5 S. 407; 8 S. 147; 13 S. 241, 354 — Plen.Entsch.; 14 S 87; 16 S. 277; Rchspr. 4 S. 35, 92; 5 S 425; 8 S 24; 9 S. 5. v. Sarw. S. 885; v. Wilm. S. 529; Willenbch. S. 300; Pet. u. Kl. S. 612.

I. Nr. 1. Die Novelle hat hier nach dem Vorgang in § 762 BGB. die Wette dem Spiel gleichgestellt. Begr. S. 55. Die übermäßigen Summen müssen außer Verhältnis zu dem Vermögen des Schuldners stehen. RStr 7 S 90; 14 S. 87; Rchspr. 9 S. 546. v. Sarw S. 885; v. Wilm. S. 529; Willenbch. S. 300.

1. Der Aufwand, d. h. übertriebene Ausgaben in persönlichen, häuslichen oder geschäftlichen Angelegenheiten braucht nicht dauernd zu sein; auch ein einmaliger Verbrauch übermäßiger Summen fällt darunter. RStr. 7 S. 91; 14 S. 87; 15 S 309; 16 S. 238; Rchspr. 6 S. 383, 470; 8 S. 462; 10 S. 215. Das Maß des nach den Lebensverhältnissen des Schuldners Notwendigen und Ueblichen ist für die Bemessung der Uebermäßigkeit des Aufwands in Betracht zu ziehen. RStr. 15 S 309; Rchspr 9 S. 155. Willenbch S 301. Gleichgiltig ist, ob der übermäßige Aufwand vor oder nach der Zahlungseinstellung erfolgt ist — Rchspr 8 S. 462; 10 S. 215 — und aus welchem Motiv z. B. Krediterhaltung, die übertriebenen Ausgaben gemacht wurden RStr. 29 S. 347; Rchspr. 6 S. 470. Weder ein Kausalzusammenhang zwischen Aufwand und Zahlungseinstellung noch das Bewußtsein des Schuldners von der Uebermäßigkeit des Aufwandes ist erforderlich. RStr. 14 S. 80. Rchspr. 8 S. 257; 9 S. 546; 10 S. 215. v. Wilm. S. 529; Willenbch. S. 301; v. Sarw. S. 885. Auch der übermäßige Aufwand der Hausangehörigen fällt darunter, wenn ihn der Schuldner verhindern konnte. RStr. 31 S. 151.

2. Spiel oder Wette. § 762 BGB. Unter Spiel fällt jedes Hazard-, Karten-, Lotterie- und Würfelspiel, nicht aber das Börsenspiel, das unter den Differenzhandel fallen kann. Das Spiel muß übermäßige Ausgaben verursachen, also ein Spielen mit Verlust sein. RStr 15 S. 277; 27 S. 181; Rchspr 8 S. 767. v Sarw. S. 885; Willenbch. S. 301; v. Wilm. S. 530; Pet u Kl. S. 616; v. Böld. 3 S 30.

3. Differenzhandel mit Waaren oder Börsenpapieren d. h. Papiere, deren Handel und Kursnotierung an der Börse zugelassen ist. § 36 fg Börsen-Gesetz; Cosack HR. S. 376; JW. 1894 S 541. Ueber Differenzgeschäfte: § 764 BGB.; § 69 Börsen-Gesetz. Art. 14 EG. z. HGB. v. 13. Mai 1897; Endemann BGB. 1 S. 848; Cosack HR S. 400; Gareis HR. S. 549, 569; RC. 34 S. 82. Zur Anwendung des § 240 Nr. 1 muß die Absicht des Schuldners nicht auf wirkliche Lieferung, sondern nur auf die Leistung der Differenz am Verfalltage gerichtet sein. Lediglich die

Absicht des Schuldners entscheidet. RStr. 1 S. 282; 15 S. 277; Rchspr. 1 S 563; 4 S. 516; 8 S. 767. Gleichgiltig ist, ob das Differenzgeschäft klagbar ist und ob der Verlust durch spätere Gewinne ausgeglichen wurde. RStr. 14 S. 83; 22 S 12. Ein einziges Differenzgeschäft mit dem Verluste einer übermäßigen Summe genügt; jede Prolongation eines Börsengeschäftes enthält ein selbständiges Geschäft. RStr. 14 S. 80; Rchspr 8 S. 257; v. Wilm. S. 530; Willenbch. S. 301; v. Sarw. S. 886; Pet. und Kl S. 616.

II. Nr. 2. Die neue, hier durch die Novelle eingefügte Strafvorschrift richtet sich nach dem Vorbilde anderer Gesetzgebungen gegen eine Handlungsweise, durch welche zahlungsunfähige Gläubiger ihren Schuldnern nicht selten schweren Vermögensschaden zufügen, ohne daß es im einzelnen Falle möglich ist, die Vorschriften des StGB. über Betrug zur Anwendung zu bringen, Begr. S 55; Mat. S. 229 fg. Ein Korrelat hiezu ist die Bestimmung in § 187 über die Verwerfung des Z Vergleiches. Die neue Strafvorschrift, welche weiter ist als der Thatbestand des Betrugs, tritt einer derartigen Gefährdung der Gläubiger entgegen Objektiv ist erforderlich: die Entnahme von Waren oder Wertpapieren auf Kredit und die Veräußerung oder Weggabe dieser Gegenstände unter dem Werte in einer den Anforderungen einer ordnungsgemäßen Wirtschaft widersprechenden Weise. Der Begriff „Veräußerung“ umfaßt entgeltliche Geschäfte, der Begriff „Weggabe“ auch die unentgeltlichen Geschäfte. Das objektive Thatbestandsmerkmal in einer den Anforderungen einer ordnungsgemäßen Wirtschaft widersprechenden Weise findet sich auch in § 568, 1036, 2049 BGB Mat. S. 229. Subjektiv ist notwendig; die im Einzelfalle nachzuweisende Absicht, die K.Eröffnung hinauszuschieben. Sie ist gegeben, sobald der Wille des Schuldners sich dahin richtet, der K.Eröffnung für jetzt zu entgehen Die Strafbarkeit wird nicht dadurch beseitigt, daß der Schuldner hiebei in der Hoffnung handelt, mit Hilfe der gewonnenen Frist vielleicht dem Konkurs überhaupt zu entgehen. Weder die Absicht zu täuschen, noch die Kenntnis der Zahlungsunfähigkeit wird erfordert. Begr. S. 55. Mat. S. 230, 231

III. Nr 3 bezieht sich wie Nr. 4 nur auf Kaufleute. Abweichend von § 239 Nr. 4 ist hier erforderlich, daß der Schuldner zur Buchführung gesetzlich verpflichtet ist. v. Wilm. S. 530 Hiefür genügt die Feststellung, daß der Angeklagte Kaufmann ist. Rchspr. 2 S. 32, 376; 4 S. 48 Ueber die Buchführungspflicht vgl. Anm. V zu § 239. Die Handelsbücher müssen die Uebersicht allein gewähren; diese Wirkung muß im Momente der Zahlungseinstellung noch fortdauern. RStr. 4 S. 14; 5 S. 415; 15 S. 64; 26 S. 385; 29 S. 222, 305; RStr. in Bl. f. RA. 63 S 171; Rchspr. 3 S 190, 720. Zur Buchführung im einzelnen gehört auch die Vornahme der Abschreibungen — § 40 II HGB.; RStr. 13 S. 454 — und die Aufbewahrung nach § 44 HGB RStr. 15 S. 64. v. Wilm. S. 351. Weder die eigene Unfähigkeit zur Buchführung noch die des angestellten Buchhalters entlastet. RStr 4 S. 421 — Plen.Entsch.; 13

S. 241; Rchspr. 2 S. 523; 7 S. 730; 8 S. 331. Die Unterlassung der Führung des Briefkopierbuches ist nicht strafbar, wenn die übrigen Bücher die Uebersicht gewähren. RStr. 11 S. 142, 161; Rchspr 10 S. 585. Der Rechtsirrtum über die Verpflichtung zur Buchführung bewirkt hier keine Straffreiheit. RStr. 5 S 410 Dagegen kann die Täuschung durch den buchführenden Teilhaber entlasten. RStr 1 S. 49; 13 S. 354 v. Sarw S 883; v. Wilm S 531.

IV. Nr. 4. Das Unterlassen der Bilanzziehung — § 39 fg HGB. – muß der Zahlungseinstellung vorausgegangen sein, mit deren Eintritt ohne Rücksicht auf ein Verschulden des Schuldners die That vollendet ist. Nichtvollendung der Bilanz steht der Unterlassung gleich. RStr. 4 S. 418; 5 S 407; 7 S. 87; 7 S. 434. Rchspr. 3 S. 52; 4 S 35. v. Sarw. S. 887; Willenbch. S. 302; v Wilm. S 532. Die Bilanz muß einen Abschluß enthalten, der das Verhältnis des Vermögens und der Schulden darstellt; sie muß eine sofortige, nicht erst durch Rechnungsoperationen zu ermittelnde, Uebersicht des Vermögens gewähren § 39 HGB. RStr 15 S. 174; Rchspr. 4 S. 592; v. Wilm. S. 532; Cosack HR. S 75; Gareis HR S 67 Unterschrift ist in der Regel nicht notwendig. RStr 7 S. 87; 8 S. 424. Rchspr 2 S. 417; 4 S. 727. Die Grundlage der Bilanz bildet das Inventar Bilanz und Inventar sind alljährlich, — nach der Beschaffenheit des Warenlagers das Inventar ausnahmsweise alle zwei Jahre — für den Schluß eines jeden Geschäftsjahres zu erstellen § 39 HGB.; RStr. 2 S. 30; 30 S. 170; Rchspr. 1 S. 129; 2 S. 417; 4 S. 492. Die Bilanz muß zum ersten Male beim Beginn des Handelsgeschäftes d. h. nicht im Augenblick des Beginnes des Gewerbes, sondern in einem billigerweise zu bemessenden Zeitabschnitt nach Beginn gezogen werden. RStr. 27 S. 228. Die Eröffnungsbilanz ist auch notwendig bei Erbgang oder Neuübernahme eines Geschäftes — RStr 28 S. 429 – oder bei Uebergang von der Gesellschaft zur Einzelkaufmannschaft oder bei K.Beendigung durch Z.Vergleich. RStr. 16 S. 55; 25 S. 76 Der Schuldner wird durch Krankheit nur dann entschuldigt, wenn er nicht im Stande war, die Bilanz durch eine andere geeignete Person herstellen zu lassen. RStr. 7 S. 730. Das Nichtaufbewahren von Bilanz und Inventar fällt möglicherweise unter § 240 Nr. 3. Rchspr 5 S. 226 v Wilm. S. 531; v. Sarw. 887; Willenbch. S 302.

V. Konkurrenz. Mehrere Bankerutthandlungen aus § 240 Nr. 1 bis 4 in Bezug auf eine Zahlungseinstellung oder eine K.Eröffnung bilden nur eine strafbare That. RStr. 1 S. 77; Rchspr. 1 S. 77; 627; 2 S 32. Idealkonkurrenz mit § 239, 241 möglich — Rchspr. 4 S. 257; 5 S. 52 — Realkonkurrenz dagegen ausgeschlossen. RStr. 6 S. 94; Rchspr. 7 S. 399 Realkonkurrenz mit Anstiftung zu § 243 ist zulässig. RStr. 29 S. 305. Beihilfe für denjenigen möglich, der vorsätzlich das Delikt aus § 240, insbesondere aus Nr. 2, begeht. RStr. 27 S. 320. Verjährung — § 67 StGB. — fünf Jahre; Beginn mit der Zahlungseinstellung oder K.Eröffnung RStr. 3 S. 350; 7 S. 391; Rchspr. 3 S. 49; 4 S. 48. Zuständigkeit — § 73 Nr. 1 GVG. —

Strafkammer. Strafe — nach der Novelle. Begr. S. 55; Mat. S. 233 — durch die Streichung der Worte bis zu 2 Jahren und die Einfügung des Abs. II erweitert — 1 Tag bis 5 Jahr Gefängnis und in den Fällen der Nr. 1,2 fakultativ Aberkennung der bürgerlichen Ehrenrechte; ferner nach der Novelle nunmehr auch mildernde Umstände: 3 Mark bis 6000 Mark Geldstrafe. Mat. S. 233.

Gläubigerbegünstigung. **§ 241.** (§ 211.)

I. Schuldner, welche ihre Zahlungen eingestellt haben, oder über deren Vermögen das Konkursverfahren eröffnet worden ist, werden mit Gefängnis bis zu zwei Jahren bestraft, wenn sie, obwohl sie ihre Zahlungsunfähigkeit kannten, einem Gläubiger in der Absicht, ihn vor den übrigen Gläubigern zu begünstigen, eine Sicherung oder Befriedigung gewährt haben, welche derselbe nicht oder nicht in der Art oder nicht zu der Zeit zu beanspruchen hatte.

II. Sind mildernde Umstände vorhanden, so kann auf Geldstrafe bis zu sechstausend Mark erkannt werden.

E. I. 259. P. 308. 340. Nov. § 211 Mat. 236.

RStr. 1 S. 191; 2 S. 439, 2 S. 190, 4 S. 1, 61, 5 S. 116, 275, 435; 6 S. 94, 149; 7 S. 142; 9 S. 161; 15 S. 90, 16 S. 402, 17 S. 220; 20 S. 214, 310, 23 S. 60; 24 S. 7; 28 S. 61, 29 S. 413, 30 S. 48, 261. RC. 11 S. 177.

I. Diese Bestimmung trifft das strafbare Verhalten des Schuldners, gleichviel ob er Kaufmann oder Nichtkaufmann ist, gegen einzelne seiner Gläubiger im Verhältnis zu den anderen Gläubigern. Gläubiger im Sinne dieser Bestimmung — zurückgesetzte und begünstigte — sind neben den eigentlichen K.Gläubigern alle Gläubiger, auch bedingt berechtigte — Bürgen - oder absonderungsberechtigte Gläubiger. RStr. 15 S. 90; 16 S. 402; Rchspr 8 S. 617; 9 S 643; JW. 1889 S 61; v. Wilm S. 533; Willenbch. S. 303; v. Sarw. S. 887. AM. RStr 14 S. 292.

II. Notwendig ist objektiv und subjektiv zur Erfüllung des Thatbestandes:

1) die erfolgte Zahlungseinstellung oder K Eröffnung. Hiezu Anm. I zu § 239 Diese muß aber im Zeitpunkt der Begünstigung nicht vorliegen. Der Schuldner muß in diesem Momente nur zahlungsunfähig und sich dessen bewußt gewesen sein. Die Zahlungsunfähigkeit, das Fehlen parater Mittel zur Tilgung fälliger Schulden und die Unmöglichkeit der sofortigen Beischaffung derartiger Mittel, muß zur Zahlungseinstellung oder K.Eröffnung geführt haben. RStr. 3 S. 191, 194; 4 S. 67; 5 S. 449; Rchspr. 5 S. 449. Der Schuldner muß seine Zahlungsunfähigkeit wirklich gekannt haben; ein positives Kennen ist erforderlich, ein Annehmenmüssen bei gehöriger Aufmerksamkeit genügt nicht. RStr. 3 S 194; v. Sarw. S. 888. Die Vornahme

der Begünstigung ist der zeitlichen Begrenzung der zehntägigen Anfechtungsfrist des § 30 Nr. 2 nicht unterworfen; ihre Vornahme innerhalb dieser Frist kann aber als Beweismoment benützt werden. RStr. 3 S. 194. Die Vornahme der Begünstigungshandlung nach der Zahlungseinstellung oder K Eröffnung erbringt den Nachweis der Kenntnis der Zahlungsunfähigkeit an und für sich. v. Sarw. S. 888; Willenbch. S. 303; v. Wilm. S. 533.

2) Die Absicht des Schuldners, den Gläubiger vor den übrigen zu begünstigen. Diese Absicht setzt voraus das Bewußtsein des Schuldners, daß er durch die Leistung an den Gläubiger die übrigen Gläubiger benachteilige, und daß der Gläubiger auf diese Begünstigung keinen Anspruch hat. Die Begünstigung braucht aber nicht Motiv und Endzweck der Handlung zu sein. RStr. 7 S. 142; 24 S. 7; Rchspr. 4 S. 162, 737; 6 S. 708; 8 S. 617. Der gute Glaube des Schuldners, der Gläubiger habe ein Recht auf die ihm gewährte Sicherung oder Befriedigung schließt die Strafbarkeit aus. RStr. 17 S 220; 23 S. 64; Rchspr 5 S. 90. Willenbch. S. 302; v Wilm. S. 532; v. Sarw. S. 888.

3) Die Gewährung der Sicherung oder Befriedigung setzt Wissen des andern Teils voraus. RStr. 29 S. 413. Die Gewährung tritt nicht mit der Erlangung der Deckungsmöglichkeit, sondern erst mit der Verschaffung der Deckung aus dem Vermögen des Schuldners ein. RStr. 30 S. 48. Ein Schaden für Andere braucht nicht erwachsen zu sein. RStr. 30 S. 261 Alle Arten der Sicherung und Befriedigung fallen darunter. auch die Unterlassung eines Widerspruchs gegen einen Zahlungsbefehl, die zu einer Sicherung oder Befriedigung führt. RStr. 28 S. 61. Notwendig ist, daß der Gläubiger die effektive Leistung, welche die Sicherung oder Befriedigung enthält, nicht oder nicht in der Art oder nicht zu der Zeit zu beanspruchen hatte. Die Fälligkeit der Forderung gibt nur einen Befriedigungs- keinen Deckungsanspruch. v. Wilm. S. 533; Willenbch. S. 303. v. Sarw. S. 889; Pet und Kl. S. 620.

a) Sicherung im einzelnen: Bestellung von vertragsmäßigen Pfandrechten, Hypotheken und Einräumung von Zurückbehaltungsrechten. RStr. 4 S. 61; 5 S. 116; 20 S. 301; 30 S 261; Rchspr. 2 S. 626; 3 S. 212, 671. Die Gewährung eines nicht benützten Zwangsvollstreckungstitels fällt nicht darunter — RStr. 5 S. 116; 17 S. 220; 20 S. 301 — wohl aber die notarielle Unterwerfung unter die sofortige Zwangsvollstreckung mit wahrheitswidriger Fälligkeitsangabe. RStr. 4 S. 61; v. Wilm. S. 533. Willenbch. S. 303; v. Sarw. S. 889.

Gesetzlich begründet ist der Sicherungsanspruch der Ehefrau im gesetzlichen Güterstande der Verwaltung und Nutznießung nach § 1418 Nr. 1 BGB. — vgl. § 32 Nr. 2 KO. — und der Sicherheitsregreß nach Art. 29, 98 WO. RStr. 3 S. 191.

b) Befriedigung im einzelnen. Erfüllung klagloser oder aufschiebend bedingter Forderungen, Hingabe an Zahlungsstatt für Geldschulden oder vorzeitige Befriedigung — RStr. 5 S. 116; 6 S. 149; Rchspr. 5 S. 449 —, Herbeiführung der Aufrechnung für eine Forderung des Gläubigers. v. Wilm. S. 533; Willenbch. S. 304. v. Sarw. S. 889. Die Strafbarkeit der Gewährung einer Befriedigung entfällt trotz der Benachteiligung der Gläubiger, wenn der Befriedigungsakt nach Zeit und Ort durch den Vertragsinhalt geboten war. Rchspr. 4 S. 541; 5 S. 449.

III. Verjährung in 5 Jahren. § 67 Strafe: 1 Tag bis 2 Jahr Gefängnis; nach der Novelle nunmehr auch mildernde Umstände, 3 bis 6000 Mark. Mat. S. 236. Zuständigkeit: Strafkammer. § 73 Nr. 1 GVG. Teilnahme seitens des begünstigten Gläubigers durch Anstiftung oder Beihilfe ist möglich — RStr. 4 S. 28, 146; 5 S. 275, 435; 9 S. 162. Die Annahme der Begünstigung durch den Gläubiger oder dessen Bevollmächtigten ist für sich noch keine Teilnahme. RStr. 2 S. 349; 5 S. 435; 20 S. 214; Rchspr. 4 S. 28, 145. Idealkonkurrenz mit § 239, 240 KO., § 288 StGB. ist zulässig. RStr. 6 S. 94; 20 S. 214; Rchspr. 5 S. 87; 6 S. 570; 7 S. 400. Die mehrfache Begünstigung eines oder mehrerer Gläubiger im Rahmen derselben Zahlungseinstellung oder K.Eröffnung enthält nur eine Verletzung des § 241. Rchspr. 5 S. 87; 6 S. 570; 7 S. 400. v. Sarw. S. 889; Willenbch. S. 304; v. Wilm. S. 534; Fitting S. 411.

Schuldnerbegünstigung. **§ 242.** (§ 212.)

I. Mit Zuchthaus bis zu zehn Jahren wird bestraft, wer

1. im Interesse eines Schuldners, welcher seine Zahlungen eingestellt hat, oder über dessen Vermögen das Konkursverfahren eröffnet worden ist, Vermögensstücke desselben verheimlicht oder bei Seite geschafft hat, oder
2. im Interesse eines solchen Schuldners, oder, um sich oder einem Anderen Vermögensvorteil zu verschaffen, in dem Verfahren erdichtete Forderungen im eigenen Namen oder durch vorgeschobene Personen geltend gemacht hat.

II. Sind mildernde Umstände vorhanden, so tritt Gefängnisstrafe oder Geldstrafe bis zu sechstausend Mark ein.

E. I. 262.

RStr. 9 S. 430; 12 S. 122; 21 S. 291. Rspr. 9 S. 684.

I. Voraussetzung für dieses selbständige, die Handlungen Dritter treffende, mit dem Reate in § 257 StGB. nicht identische Delikt ist eine im Interesse des Schuldners verübte

That eines Dritten. RStr. 9 S. 430. Rchpr. 9 S. 648. Ob sich der Schuldner selbst strafbar gemacht hat, ist gleichgiltig. Der Dritte muß nicht Gläubiger sein. Das Interesse des Schuldners erfordert nach Nr. 1 u. 2 die Zuwendung eines rechtswidrigen Vermögensvorteils. Pet. u. Kl. S. 626. Die Benachteiligungsabsicht muß festgestellt werdeu. RStr. 21 S. 291. Pet. u. Kl. 612. AM. v. Sarw. S. 891; v. Wilm. S. 534; Willenbch. S. 305, welche dies verneinen.

1. Zu Nr. 1. Die Zahlungseinstellung — vgl. § 239 Nr. 1 — kann hier oder nach der Begünstigungshandlung erfolgt sein. Pet. u. Kl. S. 626. AM. v. Sarw. S. 891. Unkenntnis des Thäters von der Zahlungseinstellung oder K.Eröffnung ist nach § 59 StGB. Strafausschließungsgrund.

2. Zu Nr. 2. vgl. § 239 Nr. 2. Die Zahlungseinstellung muß hier der Begünstigungshandlung vorangegangen sein. Die Geltendmachung muß im K.Verfahren, einschließlich des nach § 105 vorangegangenen Ermittlungsverfahrens, nicht aber bei außergerichtlichen Vergleichsverhandlungen erfolgt sein. Pet. u. Kl. S. 627 Willenbch. S. 305. AM. v. Böld. 3 S. 50. Der Eintritt einer Vermögensbeschädigung ist nicht erforderlich; liegt diese vor, so ist Idealconcurrenz mit § 263 StGB. gegeben. Dem Beschuldigten muß nachgewiesen werden, daß die Forderung erdichtet ist.

II. Subjektiv ist erforderlich der Wille, die That als eigene zu begehen — RStr. 9 S. 240 — und die vorsätzliche Vornahme der Handlung im Interesse des Schuldners, bei dem Thatbestande in Nr. 1 weiter die Kenntnis der Zahlungseinstellung oder K.Eröffnung und die Benachteiligungsabsicht, bei dem Thatbestande in Nr. 2 insbesondere der Wille, eine erdichtete Forderung geltend zu machen, entweder im Interesse des Schuldners oder alternativ, um sich oder einem andern Vermögensvorteil zu verschaffen. v. Sarw. S. 891; v. Wilm. S. 534.

III. Teilnahme, Konkurrenz, Strafe und Zuständigkeit. Bei der Teilnahme des Schuldners durch Anstiftung oder Beihilfe an dieser Thathandlung kann für den Dritten Idealconcurrenz mit § 239 gegeben sein. RStr. 9 S. 430; 12 S. 122; 21 S. 290. Rchpr. 7 S. 193. Strafe: 1—10 Jahre Zuchthaus ev. 1 Tag bis 5 Jahre Gefängnis oder 3—6000 Mark Geldstrafe. Verjährung: 10 Jahre von der Begünstigungshandlung an. § 67 StGB. Zuständigkeit: Schwurgericht § 80 GVG.

Stimmenkauf. **§ 243.** (§ 213.)

Ein Gläubiger, welcher sich von dem Gemeinschuldner oder anderen Personen besondere Vorteile dafür hat gewähren oder versprechen lassen, daß er bei den Abstimmungen der Konkursgläubiger in einem gewissen Sinne stimme, wird mit Geldstrafe bis zu dreitausend Mark oder mit Gefängnis bis zu einem Jahre bestraft.

E. I. 263. P. 309. 341.
RStr. 6 S. 194; 12 S. 122; 17 S. 296; 25 S. 258; 29 S. 305.
RG. 39 S. 23.

I. Grund für diese Vorschrift, welche jede verbindliche Beschlußfassung durch Mehrheitsbeschluß, nicht nur die Abstimmung beim Z.Vergleich deckt, ist die Möglichkeit, daß ein derartiger Gläubiger durch seine Abstimmung auf die Rechte der übrigen Gläubiger zwingend einwirkt. Mot. S. 461. RStr. 12 S. 122. RC. 39 S. 23. Voraussetzung für ihre Anwendbarkeit ist die erfolgte Eröffnung des K.Verfahrens. Die Verabredung kann aber schon vor der K.Eröffnung erfolgt sein. v. Sarw. S. 892. AM. Pet. u. Kl. S. 629.

Subjekt des Deliktes ist jeder wirkliche oder angebliche K-Gläubiger — Strohmann, — der nach § 95, 96 stimmberechtigt ist oder stimmberechtigt werden kann, ohne Rücksicht auf Anmeldung oder Feststellung seiner Forderung. v. Sarw. S. 892; v. Wilm. S. 535; Pet. und Kl. S. 628; Willenbch. S. 306. Das Vergehen ist vollendet mit der Annahme eines besonderen Vorteils, der weder vermögensrechtlicher noch rechtswidriger Natur zu sein braucht — RStr. 12 S. 122 — oder der Annahme des Versprechens eines Vorteils für das Stimmen in einem gewissen Sinne. RStr. 6 S. 194; 12 S. 122; 17 S. 396. Lediglich auf die Unlauterkeit des Motives kommt es an. Wer verspricht oder gewährt oder ob der Gläubiger seine Zusage erfüllt, ist gleichgiltig Auch wenn der Gläubiger nicht abstimmt oder wenn keine Abstimmung stattfindet, bleibt er strafbar. RStr. 6 S. 194; 12 S. 122; 17 S. 396 v Wilm. S. 535. AM. v. Völd. 3 S. 53. Das Versprechen der Gegenleistung muß nur kausal für die Zusage des Gläubigers sein, die nur die allgemeine, nicht die detaillierte Erklärung des Gläubigers zu enthalten braucht, zu Gunsten des G.Schuldners oder anderer Gläubiger stimmen zu wollen. Willenbch. S. 306; Pet. u. Kl. S 629; v. Völd 3 S. 53. Das Versprechen, sich der Abstimmung zu enthalten, fällt nicht unter § 243. Willenbch. S. 306; Pet. u. Kl. S. 629; v. Sarw. S. 892.

II. Teilnahme; Strafe; Zuständigkeit. Teilnahme durch Anstiftung seitens des Schuldners oder Dritter ist möglich. Der Schuldner, welcher der von dem Gläubiger ausgehenden Anregung auf Vorteilsgewährung Folge leistet, ist wegen dieser Gewährung allein nicht aus § 243 strafbar. RStr. 12 S. 122; 29 S. 305. Willenbch. S. 307; v. Wilm. S. 525; v. Sarw. S. 892. Strafe; 3—3000 Mark Geldstrafe oder 1 Tag bis 1 Jahr Gefängnis. Verjährung; 5 Jahr. § 67 StGB. Zuständigkeit: Strafkammer. § 73 GVG.

§ 244. (§ 214.)

Die Strafvorschriften der §§ 239—241 finden gegen die Mitglieder des Vorstandes einer Aktiengesellschaft oder eingetragenen Genossenschaft und gegen die Liquidatoren einer Handelsgesellschaft oder eingetragenen Genossenschaft, welche ihre Zahlungen eingestellt hat, oder über deren Vermögen das Konkursverfahren eröffnet worden ist, Anwendung, wenn sie in dieser Eigenschaft die mit Strafe bedrohten Handlungen begangen haben.

E. I. 260. 264.

RStr. 12 S. 78; 13 S. 235 — Plen.E. —, 16 S. 121, 269.

RC. 7 S. 156; 8 S. 331; 9 S. 498.

Die Ausdehnung der Bankeruttstrafen auf die hier genannten Vertreter ist erfolgt, weil sie kraft ihrer Vertretungsmacht die Rechte und Pflichten eines G. Schuldners haben und demgemäß für die in § 239 bis 241 aufgeführten Handlungen und Unterlassungen strafrechtlich verantwortlich sind. RStr. 16 S. 125. § 145 fg., 161, 231, 295, 331, 340 HGB.; § 24, 83, 118, 140 Genoss.-Ges.; § 63, 83 Ges. betr. die Gesellschaften mit beschränkter Haftung; bayer. Gesetze v. 29 April 1869 betr. die privatrechtliche Stellung der Vereine und der Erwerbs- und Wirtschaftsgesellschaften im Zusammenhalte mit § 6 EG. z. KO., Art. II EG. z. K Novelle und Art. 161 bayer. AG z. BGB. Weder die dem Gesellschaftsstatut nicht entsprechende Wahl noch die Billigung oder Anweisung durch den Aufsichtsrat schließt die Strafbarkeit aus. RStr. 16 S. 269; RC 9 S 498. v. Sarw. S. 887; Willenbch. S. 307; v. Böld 3 S. 55; Pet. u Kl S. 631. Die durch Gesellschaftsvertrag oder spätere Vereinbarungen zwischen den mehreren Vorstandsmitglieder, namentlich hinsichtlich der Buchführungs- und Bilanzziehungspflicht, eingeführte Teilung der Geschäfte ändert an der strafrechtlichen Verantwortlichkeit aller Mitglieder nichts. RStr. 13 S. 235 — Plen.Entsch.; v. Wilm. S. 536; v. Sarw. S. 893. AM RStr. 12 S. 78; 16 S. 269; RC. 7 S. 156. Pet. u. Kl. S 631; Willenbch. S. 307, welche lediglich die Bestrafung der betreffenden nach Vertrag oder Uebereinkunft verantwortlichen Mitglieder zulassen. Stellvertretende Mitglieder sind strafrechtlich verantwortlich, wenn sie zur Zeit der strafbaren Handlung Vorstandsmitglieder waren oder deren Funktionen vertretungsweise ausgeübt haben. RStr. 12 S. 83.

Die Teilhaber einer offenen Handelsgesellschaft oder die persönlichen Gesellschafter einer einfachen Kommanditgesellschaft oder einer solchen auf Aktien sind als Schuldner der Strafvorschriften in § 239 fg. unterworfen; § 244 bezieht sich hinsichtlich dieser Gesellschaften nur auf die Liquidatoren. Willenbch. S. 307; v Wilm. S. 537.

Im N. Konkurse und im Gesamtgutskonkurse — § 214 fg, § 232, § 236 — trifft die strafrechtliche Verantwortlichkeit nach § 239 fg. den Erben, den Erwerber der Erbschaft und den überlebenden Ehegatten. L. Seuffert S. 71, 75; Jäger NK. S. 18, 49, 116; vgl. Vorbemerkung zu § 214 Im Konkurse einer juristischen Person oder eines verklagsfähigen Vereines — § 213 — ist auf die Vertreter oder Vorstandsmitglieder die Strafvorschrift des § 244 anwendbar. Die Vorstandsorgane haben die Rechte und Pflichten des G. Schuldners wahrzunehmen und durch die Bezugnahme auf § 207, 208 in § 213 sind die juristischen Personen und die verklagsfähigen Vereine samt ihren Organen konkursrechtlich den Aktiengesellschaften und deren Organen gleichgestellt. Bezüglich der registrierten Gesellschaften und der anerkannten Vereine nach den bayer. Gesetzen vom 29. April 1869 vgl. Anm. II zu Art. II EG. z. Gesetze betr. Aenderungen der Konkursordnung.

Die Mot. S. 462 zur KO. erklären für die Vertreter oder Vorstandsmitglieder juristischer Personen die allgemeinen Vorschriften des StGB. über Betrug, Unterschlagung, strafbaren Eigennutz u. s. w. für ausreichend und ausschließlich anwendbar. v. Sarw. S. 893; Willenbch. S. 462.

II. Gesetz,

betreffend

die Anfechtung von Rechtshandlungen eines Schuldners außerhalb des Konkursverfahrens

vom 21. Juli 1879 (Reichsgesetzblatt 1879 Nr. 30 S. 277 fg.) in der Fassung der Bekanntmachung vom 20. Mai 1898 (Reichsgesetzblatt 1898 Nr. 25 S. 709 fg.)

Vorbemerkung.

Artikel VII des Einf.Ges. zu dem Gesetze betr. Aenderungen der KO. hat die Neufassungen in § 3 Nr. 2, 3, 4; § 4, 11 IV, 13 vorgenommen, weil das Anfechtungsrecht nach dem BGB. nicht als ein Anspruch anzusehen ist, in § 3 Nr. 4, wie in § 32 Nr. 2 KO. die Bestimmung hinsichtlich der Anfechtung der Sicherung oder Rückgewähr eines Heiratsgutes oder des gesetzlich in die Verwaltung des Mannes gekommenen Vermögens der Frau gestrichen, die Vorschrift in § 3a nach der in § 222 KO. neu aufgenommen, dann § 11 Abs. II, III, wie § 40 KO., umgestaltet und in § 12 die Ausschlußfristen ebenfalls im Anschlusse an § 41 KO. neu geregelt. § 14 ist in der Bekanntmachung vom 20. Mai 1898 als gegenstandslos weggelassen worden. Uebergangsbestimmung: Art. VIII EG. z. K Novelle.

Anfechtungsanspruch.

§ 1.

Rechtshandlungen eines Schuldners können außerhalb des Konkursverfahrens zum Zwecke der Befriedigung eines Gläubigers als diesem gegenüber unwirksam nach Maßgabe der folgenden Bestimmungen angefochten werden.

RG. 5 S. 74; 6 S. 45, 169; 7 S. 394; 9 S. 100, 147; 12 S. 215; 15 S. 62, 17 S. 169; 19 S. 202; 24 S. 92; 26 S. 11; 27 S. 130; 28 S. 139; 39 S. 15; 41 S. 89. Sammlung 12 S. 73; 16 S. 447.

Der Anfechtungsanspruch des Gläubigers außerhalb des K.-Verfahrens ist nichts anderes als das unter gewissen Voraussetzungen ihm zustehende Recht, die Befriedigung wegen seiner Forderung aus fremden Vermögen zu suchen und dessen Hergabe zum Zwecke seiner Befriedigung zu fordern. RG. 39 S. 15. Er setzt voraus Rechtshandlungen eines Schuldners und Verletzung des Befriedigungsrechtes eines Gläubigers. Die Entstehung des Anfechtungsanspruches tritt nicht erst ein, wenn die darin vorgesehenen Erfordernisse gegeben sind, insbesondere, wenn der vollstreckbare Titel für die Forderung des anfechtenden Gläubigers vorliegt. RG. 41 S. 89. Es braucht daher insbesondere die Forderung des Anfechtenden nicht schon zur Zeit der angefochtenen Handlung entstanden sein. RG. 15 S. 62; 26 S. 11; RG. JW. 1885 S. 189. v. Wilm. S. 564. Ihre Abtretung während des Anfechtungsprozesses hat auf den Fortgang des Prozesses keinen Einfluß; dem Cedenten, der den Anfechtungsstreit fortsetzt, kann der Einwand der mangelnden Sachlegitimation nicht entgegengesetzt werden RG. 39 S. 16. § 265 CPO. Wohnen der Schuldner oder der Anfechtungsgegner im Ausland oder wird die anzufechtende Rechtshandlung im Ausland vorgenommen, so ist das Recht des Wohnortes des Schuldners für die Frage entscheidend, ob ein Anfechtungsgrund vorliegt. Hartmann S 32; Kohler S. 658; Jäckel S. 17; Willenbch S. 61; Pet. u. Kl. S. 100; Cosack S. 105; v Wilm. S. 127; v. Sarw. S 238; v. Bar „internationales Privatrecht" 2 S. 581 und L. Seuffert S. 202, 203.

Ueber die rechtliche Natur des Anfechtungsanspruches und den Gerichtsstand: vgl. § 29 KO Anm. III.

I. Rechtshandlungen des Schuldners außerhalb des K.Verfahrens sind hier der Anfechtung unterworfen. Das Gesetz findet daher Anwendung, wenn über das Vermögen des Schuldners das K.Verfahren noch nicht eröffnet oder bereits wieder beendigt ist, und wenn Rechtshandlungen angefochten werden, welche garnicht zur K.Masse gehörige Vermögensbestandteile betreffen. Mot. S. 11. Hartmann S. 60. Darunter fällt eine Anfechtung hinsichtlich des konkursfreien Vermögens des G.Schuldners oder eine Anfechtung seitens absonderungsberechtigter Gläubiger — § 17 fg. KO. — deren Befriedigung außerhalb des K.Verfahrens zu erfolgen hat. Willenbch. S. 323. Ueber den Begriff Rechtshandlung: vgl. § 29 KO. Anm. I.

II. Die Einzelanfechtung erfolgt zum Zwecke der Befriedigung des Gläubigers, der durch die Rechtshandlung des Schuldners benachteiligt ist. Der anfechtungsberechtigte Gläubiger muß bezüglich der ihm zustehenden Forderung die Nichtausführbarkeit oder das Nichtzureichen der Vollstreckung darthun. Mandry S 553. Gleich dem Anfechtungsanspruche im Konkurse richtet sich auch hier die Anfechtung gegen den Erwerber der Befriedigungsmittel, den Anfechtungsgegner, nicht gegen den Schuldner. v. Wilm. S 563. Die anfechtbare Handlung wird nicht anulliert; der Gläubiger kann sich nur, soweit es zu seiner Befriedigung notwendig ist, an die veräußerten Sachen halten, als wenn keine Veräußerung erfolgt wäre. Der Anfechtungsgegner, der Erwerber aus der anfechtbaren Handlung, ist zur Rückgewähr der dem Gläubiger widerrechtlich entzogenen Befriedigungsmittel verpflichtet und muß zu diesem Behufe die Zwangsvollstreckung in diese dulden, als ob sie noch zum Vermögen des Schuldners gehören würden. RG. 27 S. 130; 40 S 7 Mandry S. 555; Hartmann S. 64; v. Wilm. S 564; Willenbch. S. 324; Pet. u. Kl. S. 657. Der Anfechtungsanspruch des Gläubigers, der nicht für oder wider die übrigen Gläubiger wirkt, wird begrenzt durch den Umfang des Befriedigungsrechtes und reicht nicht weiter als durch die anfechtbare Handlung der Vermögensstand des Schuldners, der vor deren Vornahme bestanden hat, zum Nachteil des Gläubigers verändert worden ist. RG. 21 S. 95; 24 S. 92; 32 S. 101; 40 S. 7. RG. JW. 1888 S. 344; 1889 S. 20; 1897 S 368. Die angefochtene Rechtshandlung bleibt zwischen dem Schuldner und dem Anfechtungsgegner, dem Vertragsgenossen des Schuldners, und gegenüber den übrigen nicht anfechtenden Gläubigern in Kraft. RG 19 S. 202; 24 S. 92; RG. JW 1894 S. 122. Mandry S. 555; Hartmann S. 64 fg.; v. Wilm. S. 564. v. Sarw. S. 279; Willenbch. S. 324; L. Seuffert S. 220. Vgl. Anm. IV zu § 29 KO.

III. Die Geltendmachung des Anfechtungsanspruches erfolgt durch eine empfangsbedürftige Erklärung gegenüber dem Anfechtungsgegner entweder außergerichtlich oder gerichtlich durch Klage — Leistungsklage § 9 — oder durch Einrede oder Gegeneinrede. § 5 Anf.Ges. § 143, 130—132 BGB. § 253, 263, 281, 283 CPO L. Seuffert S 220, 227. Endemann BGB. 1 S. 274. Feststellungsklagen sind mit Rücksicht auf die durch § 9 gebotene Formulierung des Klageantrages auf Rückgewähr in der Regel ausgeschlossen. RG. 19 S 202; 23 S 5; RG. JW. 1892 S. 392, 572; Rass. K 36 S. 464; Bolze 4 Nr. 356. Sammlung 14 S. 788. Die Klage richtet sich gegen den Anfechtungsgegner; ein Mitverklagen des Schuldners, der aus dem ihn nach § 8 treffenden Erstattungsanspruch das Recht zur Nebenintervention hat, ist nur bei besonderem Interesse des Anfechtungsklägers, die Anfechtbarkeit auch dem Schuldner gegenüber feststellen zu lassen, zulässig. RG. 35 S. 95; Bolze 2 Nr. 586. AM. Bolze 3 Nr. 376. Der Wert des Streitgegenstandes ist der Betrag der Forderung des Gläubigers. RG. 7 S. 393; RG. JW. 1895 S. 38. Hartmann S. 67; v. Wilm. S. 564, 565; Mandry S. 556; Willenbch. S. 324; Pet. u. Kl. S. 358.

Voraussetzung in der Person des Gläubigers.

§ 2.

Zur Anfechtung ist jeder Gläubiger, welcher einen vollstreckbaren Schuldtitel erlangt hat und dessen Forderung fällig ist, befugt, sofern die Zwangsvollstreckung in das Vermögen des Schuldners zu einer vollständigen Befriedigung des Gläubigers nicht geführt hat oder anzunehmen ist, daß sie zu einer solchen nicht führen würde.

RG. 1 S. 124; 7 S. 189; 10 S. 236; 12 S. 401; 16 S. 28, 35; 17 S. 167; 18 S. 145 19 S. 204; 22 S. 44; 32 S. 233; 36 S. 5, 30, 113; 38 S. 88; 39 S. 3, 41 S. 87 fg.

Sammlung 9 S. 313, 737; 11 S. 369; 14 S. 475; 15 S. 199, 750.

Der Anfechtungsanspruch erfordert in der Person des Gläubigers drei Voraussetzungen: der Gläubiger muß eine fällige Forderung und für diese einen vollstreckbaren Schuldtitel erlangt haben und er muß bezüglich der ihm zustehenden Forderung die Nichtausführbarkeit oder das Nichtzureichen der Zwangsvollstreckung darthun. Mandry S. 553. Diese Erfordernisse müssen zur Zeit der Erhebung des Anfechtungsanspruches vorhanden sein. RG. 38 S. 88; v. Wilm. S. 565. Die Anfechtung im Einredeweg vor Erlangung des vollstreckbaren Schuldtitels regelt § 5; die vorläufige Vollstreckbarkeit genügt nach § 10 nur vorläufig; die Möglichkeit der Fristerstreckung vor Erlangung des Vollstreckungstitels zur Sicherung des Anfechtungsanspruches wahrt § 4.

I. Der vollstreckbare Schuldtitel gegen den Schuldner muß vor der Klagestellung erfolgt sein; ein erst nach der Klagestellung erlangter vollstreckbarer Schuldtitel darf bei der Anfechtungsklage nicht berücksichtigt werden. Ein Nachbringen desselben in der Verhandlung, auf welche das Urteil ergeht, ist nur zulässig, wenn der Anfechtungsbeklagte damit einverstanden ist. RG. 38 S. 89. AM. RG. Bolze 7 Nr. 283. Das Vorhandensein des Schuldtitels gehört zu den die Klage begründenden Thatsachen und kann durch ein Anerkenntnis der Forderung des Anfechtenden seitens des Anfechtungsbeklagten nicht ersetzt werden. RG. JW. 1891 S. 393. Mandry S. 553; Willenbch. S. 325; Hartmann S. 70; v. Wilm. S. 565. Dagegen braucht der vollstreckbare Schuldtitel mit der Vollstreckungsklausel nicht versehen zu sein. Mot. S. 13. Hartmann S. 69.

Vollstreckbarer Schuldtitel — § 704 fg., 722, 794, 801, 1042 CPO.; § 495 StPO.; § 94, 97 RAO. — ist auch die Eintragung in die K.Tabelle — § 164, 194 KO.; RG. 16 S. 32; Nass. K. 33 S. 251 — nicht aber ein Arrestbefehl, der noch kein Recht auf Zwangsvollstreckung durch Verwertung des Gepfändeten gewährt. RG. 32 S. 320; RG. JW. 1888 S. 18; 1894 S. 456; Bolze 5 Nr. 339. Hartmann S. 68; Mandry S 553. Willenbch. S. 325; v. Wilm. S. 565. Auch Realgläubiger, die anfechten wollen, müssen gegenüber dem Schuldner einen vollstreckbaren Schuldtitel haben. RG. JW. 1887 S. 15.

Der vollstreckbare Schuldtitel muß vollstreckungsfähig und daher auf einen bestimmten Schuldbetrag als Geldforderung gerichtet sein. RG. 18 S. 145; RG. JW. 1887 S. 495; 1893 S. 201; v. Wilm. S. 566; Willenbch. S. 325; Mandry S. 553; Endemann BGB. 1 S. 905; Seuffert Arch. 11 Nr. 21. AM. Hartmann S. 70; Cosack S. 12 fg., 31; Pet. u. Kl. S. 660; Jäckel S. 215. Diese lassen die Anfechtung auch aus solchen Vollstreckungstiteln zu, welche auf die Leistung einer bestimmten Quantität vertretbarer Sachen oder einer individuell bestimmten Sache gehen.

Der vollstreckbare Schuldtitel legitimiert den Anfechtenden als Gläubiger dem Dritten gegenüber. Der Anfechtungsbeklagte hat nicht das Recht, einen andern Nachweis für die Gläubigereigenschaft zu fordern und damit einen nochmaligen Nachweis für die gegen den Schuldner bereits erwiesene Forderung zu verlangen. Mot. S. 13. RG. 7 S. 188; RG. JW. 1892 S. 301; Rass. K. 36 S. 1146. Hartmann S. 74; v. Wilm. S. 567; Mandry S. 553. Der Anfechtungsbeklagte hat keine Einreden, die allein aus dem Verfügungsrecht des bereits rechtskräftig verurteilten Schuldners entstammen, z. B. der Einwand der Zahlung, den der Schuldner im Prozeß hätte vorbringen können. RG. 7 S. 188; 19 S. 202; RG. JW. S. 1892 S. 301; Rass K. 36 S. 1146. Wohl aber hat er gegen den Anfechtungsanspruch die aus seinem eigenen Rechte als Beklagter entstammenden Einreden. Mandry S. 553; Hartmann S. 74; v. Wilm. S. 568; Willenbch. S. 327; Jäckel S. 21; Cosack S. 37 fg. Darunter fällt auch der Einwand, daß die Erlangung des Schuldtitels auf einem unredlichen Einvernehmen zwischen Gläubiger und Schuldner, einer Simulation beruhe — RG. JW. 1895 S. 267; v. Wilm. S. 568; Hartmann S. 77. AM. bezüglich der Simulation Pet. u. Kl. S. 667 —; ferner alle Einreden, welche dem Schuldner gegen den festgestellten Anspruch zustehen würden, z. B Zahlung, Erlaß, Aufrechnung, wenn sie erst nach dem Schlusse der mündlichen Verhandlung entstanden sind und durch Einspruch nicht mehr geltend gemacht werden können. § 767 II, III, 796 II, 797 IV CPO. Sie richten sich gegen den Befriedigungsanspruch des Anfechtungsklägers und der Anfechtungsgegner kann sie entweder durch Klage — § 767 CPO. — oder durch Einrede — § 278 CPO. — aus eigenem Rechte geltend machen. RG. 7 S. 188; 19 S. 202; Hartmann S. 77; v. Wilm. S. 568; Pet. u. Kl. S. 667; Willenbch. S. 327.

Der Anfechtungsgegner hat ferner gegenüber dem Gläubiger das Ablösungsrecht nach § 268 BGB. Das Anfechtungsrecht geht von dem Grundgedanken aus, daß es nur ein Stadium der Vollstreckungsinstanz ist, um das es sich hier handelt. Endemann BGB. 1 S. 613; Hartmann S. 72.

II. Fälligkeit der Forderung. Der Anfechtungsanspruch kann nur geltend gemacht werden, wenn die Forderung für den Gläubiger fällig ist. RG. 1 S. 124; Rass. K. 24 S. 1060, Vgl. § 271, 272, 274, 283, 325, 542, 609, 634, 760, 843—845, 1612, 1710, 2186 BGB.; Endemann BGB. 1 S. 608, 611; § 255, 257,

258 CPO. Aufschiebend bedingte oder unter einem Anfangstermin befristete Forderungen sind nicht fällig. § 158, 163 BGB. Endemann BGB. 1 S. 328, 335. Ist Zug um Zug zu leisten — § 274 BGB.; Endemann BGB. 1 S 533 —, so muß sich der Anfechtungsgegner mit dem Nachweise begnügen, daß der Gläubiger im Falle der Rückgewähr zur Leistung an den Schuldner bereit ist. Hartmann S. 73; Willenbch. S. 325; Pet. u. Kl. S. 661; Jäckel S. 32; Cosack S. 37. Da der Anfechtungsanspruch nicht erst entsteht, wenn die darin vorgesehenen Erfordernisse gegeben sind — RC. 41 S. 89 — so sind für denselben, auch wenn der vollstreckbare Schuldtitel für die fällige Forderung noch nicht vorliegt, die Schutzmittel des Arrestes und der einstweiligen Verfügung zulässig. RC. 4 S. 400; RC. JW. 1886 S. 117; 1892 S. 181; Nass. K. 30 S. 745; Bolze Nr. 2 Nr. 598. Hartmann S. 73; Willenbch. S. 325; v. Wilm. S. 568; Pet. u. Kl. S. 661; Jäckel S. 32; Cosack S. 226.

III. Die Befriedigungsunfähigkeit des Schuldners ist identisch mit der Zahlungsunfähigkeit des § 4, jedoch nicht identisch mit der allgemeinen Zahlungsunfähigkeit RC. 36 S. 113. Der Anfechtungskläger, dessen Anspruch von einer vorherigen Ableistung des Offenbarungseides durch den Schuldner nicht abhängig ist — RC. 10 S. 236 — muß bezüglich der ihm zustehenden Forderung die Nichtausführbarkeit oder das Nichtzureichen der Zwangsvollstreckung nachweisen. Der Versuch der Zwangsvollstreckung gerade bezüglich seiner Forderung ist nicht notwendig; es genügt die fruchtlose Vollstreckung seitens anderer Gläubiger gegen den vermögenslos gebliebenen Schuldner. RC. 12 S. 119; 22 S. 44; Bolze 7 Nr. 299. Mandry S. 544, 554; v. Wilm. S. 569; Willenbch. S. 326; Hartmann S. 83. Eine Zahlunfähigkeit oder Zahlungseinstellung im Sinne des § 102 KO. wird nicht erfordert. Es muß aber der Versuch der Vollstreckung nicht blos in einzelne Vermögensbestandteile, z B. Mobilien, sondern erschöpfend gegen das gesamte Vermögen des Schuldners gerichtet sein, da sonst dem Anfechtungsbeklagten der zulässige Einwand offen bleibt, daß der Schuldner noch genügende bereite Exekutionsmittel besitze RC. 12 S. 401; 22 S. 47; RC. JW. 1886 S. 74; 1892 S. 239; Nass. J. 29 S. 126; 30 S. 30 S. 1088. Diesen Versuch ersetzt der Nachweis des Mangels genügender Barmittel nicht. RC. JW. 1896 S. 150 Willenbch. S. 326; v. Wilm. S. 569; Hartmann S 81; Cosack S. 43. Der Anfechtungsbeklagte kann den Kläger nicht auf eine dem Schuldner angeblich gegen ihn zustehende Forderung verweisen — RC. 36 S. 30 — und nicht verlangen, daß der Anfechtungskläger seine Deckung zunächst teilweise durch Exekution bei dem Schuldner suche. Der Anfechtungsanspruch wird begründet, sofern durch die Zwangsvollstreckung nicht vollständige Befriedigung zu erwarten ist. RC. 22 S. 44; RC. JW. 1889 S. 21. Hartmann S. 63; Willenbch. S. 326; v. Wilm. S. 570; Jäckel S. 58. Hypothekgläubiger können den Anfechtungsanspruch erst geltend machen, wenn sie erfolglos den Versuch gemacht haben, aus der Realisierung der Hypothek Befriedigung zu erlangen. RC.

12 S. 400; 22 S. 47; JW. 1886 S. 74; Rass. K. 30 S. 1088; Bolze 2 Nr. 596, 597.

Der Richter entscheidet nach freiem Ermessen darüber, ob der Schuldner dem Anfechtungskläger gegenüber befriedigungsunfähig ist. § 286 CPO. RG. Bolze 4 Nr 367. v. Wilm S. 569. Eine Eideszuschiebung über das Vorhandensein parater Befriedigungsmittel ist unzulässig. § 445 CPO. RG. 3 S. 399; ROHG 4 S. 362; 6 S. 16, 123. Die Befriedigungsunfähigkeit wird insbesondere anzunehmen sein, wenn sich im Vermögen des Schuldners nur schwer verwertbare oder zur vollständigen Deckung nicht zureichende Objekte befinden. RG. JW. 1887 S. 4; 1892 S. 239, 301, 302; Bolze 3 Nr. 388. Willenbch. S. 326; v. Wilm S. 570; Hartmann S. 81 fg.; Cosack S. 43.

Anfechtungsgründe.

§ 3.

Anfechtbar sind:

1. Rechtshandlungen, welche der Schuldner in der dem anderen Teile bekannten Absicht, seine Gläubiger zu benachteiligen, vorgenommen hat;
2. die in dem letzten Jahre vor der Anfechtung geschlossenen entgeltlichen Verträge des Schuldners
   mit seinem Ehegatten, vor oder während der Ehe, mit seinen oder seines Ehegatten Verwandten in auf- und absteigender Linie, mit seinen oder seines Ehegatten voll- und halbbürtigen Geschwistern, oder mit dem Ehegatten einer dieser Personen,

   sofern durch den Abschluß des Vertrages die Gläubiger des Schuldners benachteiligt werden und der andere Teil nicht beweist, daß ihm zur Zeit des Vertragsabschlusses eine Absicht des Schuldners, die Gläubiger zu benachteiligen, nicht bekannt war;
3. die in dem letzten Jahre vor der Anfechtung von dem Schuldner vorgenommenen unentgeltlichen Verfügungen, sofern nicht dieselben gebräuchliche Gelegenheitsgeschenke zum Gegenstande hatten;
4. die in den letzten zwei Jahren vor der Anfechtung von dem Schuldner vorgenommenen unentgeltlichen Verfügungen zu Gunsten seines Ehegatten.

Art. VII. EG. z. Nov. d. KO. Begr. 23, 59.

RG 3 S. 432; 4 S. 31; 6 S. 44, 85; 7 S. 110; 9 S. 66, 73; 10 S. 5, 86; 12 S. 69 13 S. 42, 166, 301; 14 S. 80, 312; 16 S. 28; 17 S. 70, 318; 19 S. 202; 20 S. 180; 21 S. 99; 22 S. 44; 23 S. 11; 24 S. 42, 133; 26 S. 2, 11, 23; 27 S. 21, 99, 130; 29 S. 297; 36 S. 5, 31; 37 S. 99; 39 S. 2, 14, 80, 93; 40 S. 38, 249; 41 S. 89.

Sammlung 9 S. 313, 737, 592; 10 S. 43; 11 S. 235, 310, 525, 567; 12 S. 126; 14 S. 181, 475, 623, 788, 830; 15 S. 199; 16 S. 469.

Diese Anfechtungsgründe decken sich mit den Anfechtungsthatbeständen in § 31, 32 KO. Die Anfechtungsgründe des § 30 KO. sind rein konkursrechtlich. Es wird daher auf die Anmerkungen zu § 31, 32 KO Bezug genommen.

Art. VII. EG. z. Novelle der KO hat die Aenderungen in Nr. 2, 3 u. 4 im Anschlusse an die Aenderung in § 41 KO. getroffen, weil das Anfechtungsrecht nach den Vorschriften des BGB. — § 194 I — nicht als ein Anspruch anzusehen ist — Begr. S. 23 — und ferner, wie in § 32 Nr. 2 KO. entsprechend der Auffassung des BGB. in § 1391, 1418 I die Vorschrift in Nr. 4 des § 3 gestrichen, wonach die Sicherstellung oder Rückgewähr eines Heiratsgutes oder des in die Verwaltung des Schuldners gekommenen Vermögens seiner Ehefrau angefochten werden kann. Begr. S. 21, 23, 59. Vgl. Anm. zu § 32 Nr. 2 u. § 41 KO.

Notwendige Voraussetzung des Anfechtungsanspruches ist auch hier, daß objektiv eine Benachteiligung vorhanden ist. RG. 39 S. 93; RG. JW. 1891 S. 511. Sie ist immer gegeben, wenn die angefochtene Rechtshandlung die Befriedigung des anfechtenden Gläubigers ganz oder teilweise vereitelt hat. RG 20 S. 180; 23 S. 9; 27 S. 133; 37 S. 99. RG. JW. 1889 S 461, 462; Sammlung 14 S. 181, 623, 788, 830; 16 S. 469 Hartmann S. 98; v. Wilm. S. 571; Mandry S. 544; L. Seuffert S. 204; Willenbch. S. 328 Der benachteiligende Erfolg ist st ts beseitigt, wenn das Objekt des angefochtenen Rechtsgeschäftes, wenn auch nur dem Werte nach, in das Vermögen des Schuldners zurückgebracht wurde. RG. 37 S. 99.

Die Anfechtung nach § 3 Nr. 1 kann nur binnen 10 Jahren erfolgen; die Frist beginnt mit der Erlangung des vollstreckbaren Titels eventuell mit der Vornahme der Handlung. Die Anfechtung ist ausgeschlossen, wenn seit der Vornahme der Handlung dreißig Jahre verstrichen sind. § 12. Die Fristberechnung in Nr. 2 bis 4 erfolgt nach § 188 II BGB. Durch die Bestimmung dieser Ausschlußfrist wird im Interesse der Rechtssicherheit der Anfechtungsanspruch zeitlich begrenzt. RG. 17 S. 70; 40 S. 39. L. Seuffert S. 213. Willenbch. S. 328; v. Wilm. S. 572; Pet. u Kl. S. 671; Hartmann S. 138. Vgl. RG. 26 S. 23; JW. 1888 S. 219, 220; 1891 S. 393, 572; Kass. K. 32 S. 1164; 38 S. 1181.

Der Uebergang von einem Anfechtungsgrund zum andern enthält eine Klaganderung. RG. 22 S. 389; 39 S. 5 Bl. f. RA. 9. ErgBd. S. 109. Vgl. § 29 KO. Anm. III. Hartmann S. 220; v. Wilm. S. 120. AM. Cosack S. 223. L. Seuffert S. 227.

§ 3a.

Hat der Erbe aus dem Nachlasse Pflichtteilsansprüche, Vermächtnisse oder Auflagen erfüllt, so kann ein Nachlaßgläubiger, der im Konkursverfahren über den Nachlaß dem Empfänger der Leistung im Range vorgehen oder gleichstehen würde, die Leistung in gleicher Weise anfechten wie eine unentgeltliche Verfügung des Erben.

Art. VII EG. z. Nov. d. KO. Begr. 43, 59.

Diese Bestimmung beruht auf den gleichen Erwägungen, wie sie dem § 222 KO. zu Grunde liegen. Es wird daher auf die Anmerkungen zu § 222 KO. Bezug genommen. Begr S. 43, 59. L. Seuffert S. 215; Jäger NK. S. 58.

Fristerstreckung.

§ 4.

Hat der Gläubiger, bevor er einen vollstreckbaren Schuldtitel erlangt hatte oder seine Forderung fällig war, denjenigen, welchem gegenüber eine im § 3 Nr. 2 bis 4 bezeichnete Rechtshandlung vorgenommen ist, von seiner Absicht, die Handlung anzufechten, durch Zustellung eines Schriftsatzes in Kenntnis gesetzt, so wird die Frist von dem Zeitpunkte der Zustellung zurückgerechnet, sofern schon zu dieser Zeit der Schuldner zahlungsunfähig war und bis zum Ablaufe von zwei Jahren seit diesem Zeitpunkte die Anfechtung erfolgt ist.

Art. VII EG. z. Nov. d. KO. Begr. 23, 59.

RG. 17 S. 70; 22 S. 47; 36 S. 113; 38 S. 89; 39 S. 2; 40 S. 38; 41 S. 89.

I. Voraussetzung und Wirkung der Fristerstreckung. Der Anfechtungsanspruch kann schon vor Erlangung des vollstreckbaren Schuldtitels entstehen. RG. 41 S. 89. Die Geltendmachung ist aber dem Gläubiger noch unmöglich, weil er noch keinen vollstreckbaren Schuldtitel hat; sie kann auch unmöglich sein, weil seine Forderungen noch nicht fällig ist. Die Bestimmung in § 4 gibt dem Anfechtungsgläubiger die Möglichkeit der Fristerstreckung, um sich die zur Zeit noch nicht realisirbaren Anfechtungsgründe des § 3 Nr. 2 bis 4 zu wahren. Die Voraussetzungen für die Fristerstreckung sind: Die Forderung muß zur Zeit der Zustellung bereits bestehen; sie braucht weder vollstreckbar noch fällig zu sein. Die anzufechtende Rechtshandlung muß dem Anfechtungsgegner gegenüber vorgenommen sein. Der Schuldner muß zur Zeit der Zustellung bereits zahlungsunfähig gewesen sein, d. h. eine allenfallsige Vollstreckung müßte in diesem Momente nicht zur Befriedigung des Gläubigers geführt haben. Die Zahlungsunfähigkeit hier deckt sich mit der Befriedigungsunfähigkeit im Sinne des § 2. RG. 36 S. 113;

RG. JW. 1896 S. 50; Bolze 3 Nr. 377. 4 Nr. 377. Willenbch. S. 329; v. Wilm. S. 573; Hartmann S. 167; Cosack S. 101; Jäckel S. 163; Mandry S. 553. Diese Voraussetzungen sind Bestandteile des Klagegrundes und im Anfechtungsprozesse vom Anfechtungskläger zu erweisen. RG. JW. 1893 S. 201; v. Wilm. S. 573; Willenbch. S. 329.

Die Fristerstreckung wirkt zu Gunsten des Gläubigers und seines Rechtsnachfolgers und gegen den Anfechtungsgegner und seinen Rechtsnachfolger. Hartmann S. 168; Jäckel S. 168. v. Wilm. S. 573; Willenbch. S. 330. Sie bewirkt, daß die Anfechtungsfrist in § 3 Nr. 2 bis 4 zu Gunsten der bezeichneten Forderung von dem Zeitpunkt der Zustellung zurückgerechnet wird, sofern bis zum Ablauf von zwei Jahren seit diesem Zeitpunkt die Anfechtung erfolgt ist. Die Frist ist eine Ausschlußfrist; ihr Ablauf schließt die Anfechtbarkeit aus. Ihre Berechnung erfolgt nach § 188 I BGB. Die Aenderung im Texte durch Art. VII EG. z. K Novelle ist, wie in § 3 Nr. 2, 3, 11, 13 Anf.Ges. durch den Umstand veranlaßt worden, daß das Anfechtungsrecht nicht als ein Anspruch im Sinne des § 194 I BGB. zu erachten ist. Begr. S. 23, 59. Vergl. Anm zu § 41 KO.

II. Form und Inhalt des zuzustellenden Schriftsatzes Dieser kann auch in privatschriftlicher Form abgefaßt werden, muß aber die anzufechtende Rechtshandlung und die Forderung, in Beziehung auf welche die Absicht der Anfechtung besteht, bezeichnen RG. 39 S. 3. Rass.K. 38 S. 1181. Hartmann S. 169; v. Wilm. S. 573; Jäckel S. 163; Willenbch. S. 329; Pet. u. Kl. S. 662. AM. Cosack S. 102. Die Zustellung muß an den Anfechtungsgegner, den ersten Erwerber oder dessen Rechtsnachfolger, der im Anfechtungswege in Anspruch genommen werden soll, durch den Gerichtsvollzieher erfolgen. § 132 BGB.; § 166, 169, 170 CPO. Endemann BGB. 1 S. 280.

Anfechtung mittelst Einrede.

§ 5.

Die Erhebung des Anfechtungsanspruchs im Wege der Einrede kann erfolgen, bevor ein vollstreckbarer Schuldtitel für die Forderung erlangt ist; der Gläubiger hat denselben jedoch vor der Entscheidung binnen einer von dem Gerichte zu bestimmenden Frist beizubringen.

RG. 9 S. 66, 150; 16 S. 35; 27 S. 98; 38 S. 89; 41 S. 89.
Sammlung 14 S. 788.

Der nur auf Einreden oder Gegeneinreden, nicht auf Widerklagen anwendbaren Bestimmung des § 5 liegt die Auffassung zu Grunde, daß der Anfechtungsanspruch nicht erst in dem Augenblicke entsteht, in dem der Gläubiger den nach § 2 erforderlichen Vollstreckungstitel erlangt hat. RG. 27 S. 98; 41 S. 89; RG. JW. 1891 S. 393; Bolze 7 Nr. 940. Sie trifft den Fall, daß ein Gegenstand einem dritten entwährt werden soll, z. B. § 771 CPO., welchem gegenüber der Anfechtungsanspruch begründet sein würde. Unter der Voraussetzung, daß seine Forderung fällig, der Schuldner befriedigungsunfähig und der Anfechtungsgrund zeitlich nicht ausgeschlossen ist, kann die Geltendmachung der Anfechtung im Wege der Einrede oder Gegeneinrede erfolgen, ohne daß ein vollstreckbarer Titel für die Anfechtungsforderung besteht. Hartmann S. 171; v. Wilm. S 574; Willenbch. S. 330. Die Einrede wird nicht berücksichtigt, wenn die übrigen Voraussetzungen des Anfechtungsanspruches nicht gegeben sind. v. Wilm. S. 574; Willenbch. S. 330 Hartmann S. 171 AM. hinsichtlich der Fälligkeit Jäckel S. 30. Sind diese Voraussetzungen gegeben, so hat das Gericht eine Frist zu bestimmen, bis zu deren Ablauf der Gläubiger den definitiv oder vorläufig vollstreckbaren Schuldtitel beizubringen hat. § 221, 223 224, 225, 356, 428 CPO. Willenbch. S. 330. Die Anerkennung der Anfechtungsforderung durch den Anfechtungsgegner beseitigt nicht die Notwendigkeit der Beschaffung des Vollstreckungstitels. RG. JW. 1891 S. 393. Hartmann S. 171. Die Fristversäumnis führt zur Verwirkung des Einrederechtes, schließt aber die Geltendmachung des Anfechtungsanspruches durch Klage oder Widerklage nicht aus. RG. JW. 1894 S. 380. Hartmann S. 174; Jäckel S. 29; Willenbch. S. 331; v. Wilm. S. 575; Pet. u. Kl. S. 676. § 230, 231, 529 CPO.

§ 6.

Wirkungslosigkeit des Vollstreckungstitels.

Die Anfechtung wird dadurch nicht ausgeschlossen, daß für die anzufechtende Rechtshandlung ein vollstreckbarer Schuldtitel erlangt, oder daß dieselbe durch Zwangsvollstreckung oder durch Vollziehung eines Arrestes erwirkt worden ist.

Der Wortlaut dieser Bestimmung deckt sich mit dem des § 35 KO.; es kann daher auf die Anmerkungen zu § 35 KO. verwiesen werden. Litteratur hiezu: Mandry S. 544; v. Wilm. S. 575; Hartmann S. 174; Willenbch. S. 331; Endemann BGB. 1 S. 905.

§ 7.

Umfang der Rückgewähr.

I. Der Gläubiger kann, soweit es zu seiner Befriedigung erforderlich ist, beanspruchen, daß dasjenige, was durch die anfechtbare Handlung aus dem Vermögen des Schuldners veräußert, weggegeben oder aufgegeben ist, als noch zu demselben gehörig von dem Empfänger zurückgewährt werde.

II. Der gutgläubige Empfänger einer unentgeltlichen

Leistung hat dieselbe nur soweit zurückzugewähren, als er durch sie bereichert ist.

RG. 7 S. 394; 9 S. 71; 10 S. 88; 14 S. 81, 313; 19 S. 203; 20 S. 157. 21 S. 95; 24 S. 92, 143; 27 S. 21; 29 S. 185; 30 S. 85; 34 S. 405; 36 S. 9; 37 S. 105; 39 S. 4, 15, 81, 83, 40 S. 7.

Sammlung 9 S. 313; 10 S. 103, 424; 11 S. 485; 12 S. 126, 15 S. 204, 751; 16 S. 447

I. Umfang der Rückgewähr. Abs. I. Den Anfechtungsgegner trifft, wie bei der Anfechtung im Konkurse, die Verpflichtung zur Rückgewähr der Anfechtungswerte zum Zwecke der Befriedigung der Gläubiger. § 37—39 KO. Vgl. Anm. hiezu. Allein der Umfang der Rückgewähr ist bei der Anfechtung in- und außerhalb des K.Verfahrens verschieden. Im K.Verfahren sind die Anfechtungswerte in die K.Masse zu restituieren, ohne Rücksicht auf den Betrag der K.Forderungen Der K.Verwalter kann über sie wie über die anderen Massebestandteile verfügen. § 37. RG. 29 S. 182; 30 S. 90. Mandry S. 558; Hartmann S. 183. Nach dem Anfechtungsgesetze kann der Anfechtungsberechtigte nur die Rückgewähr der Anfechtungswerte bis zu dem zu seiner Befriedigung erforderlichen Betrage in der Weise verlangen, daß er sie, als ob noch zum Vermögen des Schuldners gehörig, als Objekte der Zwangsvollstreckung in Anspruch nehmen kann. Mot. S. 21. Mandry S 559; Hartmann S 183; Willenbch. S. 331; v. Wilm. S. 576; Cosack S. 266. Den Anfechtungsgegner trifft bei der Einzelanfechtung die Gewähr der Vollstreckung. RG. 11 S. 12; 13 S. 6; 20 S. 157; 22 S. 377; 30 S. 43. Hartmann S. 183. Die Rechtshandlung wird nicht annulliert, sondern nur unwirksam auf eine bestimmte Forderung, zu deren Befriedigung die Klage erhoben wird, und nur insoweit, als es zu ihrer Befriedigung erforderlich ist; der Gläubiger kann sich nur, soweit es zu seiner Befriedigung notwendig ist, an die veräußerten Sachen halten, als wenn keine Veräußerung erfolgt wäre. RG. 39 S 5; 40 S. 7. Im Uebrigen bleibt die angefochtene Rechtshandlung in Giltigkeit. Der Anfechtungskläger hat also keinen Anspruch auf Zurückgewährung der Sache, sondern lediglich darauf, daß sie ihm zur Befriedigung zur Verfügung gestellt wird. RG. 9 S. 71; JW. 1883 S. 197; 1884 S. 89; 1892 S. 227. Der Umfang der Gesamtforderung einschließlich der Zinsen und Prozeßkosten bestimmt den Umfang der Rückgewähr. Hartmann S. 195; Pet. u. Kl. S. 678. Willenbch. S. 332. Trennbare Gegenstände sind teilweise angreifbar; bei unteilbaren Gegenständen tritt Rückgewähr des ganzen Gegenstandes ein; der Anfechtungsgegner hat aber ein Recht auf Erstattung des die Anforderung übersteigenden Werkes der Sache. RG. 21 S. 96; RG. JW. 1888 S. 345. Ein Erbteilungsvertrag unterliegt, auch wenn nur einzelne Stipulationen angefochten werden, im Ganzen der Anfechtung. RG. JW. 1888 S. 384. Hartmann S. 185; Willenbch. S. 332; v. Wilm. S. 576.

Die Rückgewährspflicht erstreckt sich auf die anfechtbar weggegebene Sache samt allen Nutzungen — den gezogenen und den zuziehenden einschließlich der Zinsen — und dem Zuwachs. § 100 BGB.

Hartmann S. 195; Pet. u. Kl. S. 678; Jäckel S. 185. Willenbch. S. 332; v. Völd. 1 S. 344; v. Wilm. S. 577 AM bezüglich der Zinsen. RG. JW. 1894 S. 316; Kass.K. 38 S. 1184. Vgl Anm. 1 zu § 37 KO. und L. Seuffert S. 222. Die in der Zwischenzeit mit oder gegen den Willen des Anfechtungsgegners auf die Sache gelegten Rechte Dritter z. B. Verkehrs- oder Zwangshypotheken hat der Anfechtungsgegner zu beseitigen oder Schadensersatz zu leisten. RG. 9 S. 72; RG. JW. 1887 S. 273; Seuffert Arch. 37 S 429; 41 S. 164; Bolze 8 Nr. 247, 248; Sammlung 12 S. 126. Hartmann S. 187; Willenbch S 332; Cosack S. 226. Verwendungen, welche eine Werterhöhung des Anfechtungsobjektes bewirkt haben, kann der Anfechtungsbeklagte abrechnen; insoweit hat er unter der Voraussetzung des § 1000 BGB, auch ein Zurückbehaltungsrecht. v. Wilm. S. 577; L Seuffert S. 222; Willenbch. S. 332; Cosack S 260; Pet. u. Kl. S. 678; v. Völd. 3 S. 181. AM. Hartmann S. 198; Jäckel S. 184

Die Haftung des Anfechtungsgegners für Entwertung oder Verschlechterung bemißt sich nach § 989 BGB vom Eintritt der Rechtshängigkeit des Anfechtungsanspruches an, sofern nicht aus dem Verzuge des Anfechtungsgegners zu Gunsten des Anfechtungsklägers sich ein Anderes ergibt. § 292 I BGB. L. Seuffert S. 221; Männer S. 165; Endemann BGB. 1 S. 661. Vgl. Anm. I zu § 37 KO.; ferner Hartmann S. 194. Kann das Empfangene nicht mehr zurückgewährt werden, so verwandelt sich die Verpflichtung des Anfechtungsgegners in eine auf das volle Interesse gerichtete Geldschuld. RG. 9 S. 73; 10 S. 10 Hartmann S. 191; Willenbch. S. 333; v. Wilm S 577; Mandry S. 599; Jäckel S. 184. Otto S. 177. AM. Cosack S. 242. An Stelle der von dem Anfechtungsgegner veräußerten Sache tritt der hiefür empfangene Kaufpreis. RG. JW. 1894 S. 17; Hartmann S. 193; Jäckel S. 185; v. Wilm. S. 577; Willenbch. S. 333. Der Anfechtungsgegner kann den Anfechtungskläger nicht auf den dritten Erwerber verweisen. Hartmann S. 194. RG. 27 S. 22; Bolze 10 Nr. 139; RG JW. 1884 S. 89

Bei unteilbarem Erwerb muß die Rückgewähr von allen Anfechtungsschuldnern gemeinsam geschehen. Bei teilbarem Erwerb haftet ein jeder der Anfechtungsschuldner nur für die ihm gewordene Zuwendung, nach dem Verhältnis, in dem er dem Schuldner gegenüber rechtlich an dem Rechtsgeschäft beteiligt ist. RG. Bolze 8 Nr 269; JW. 1889 S. 479. Hartmann S. 200; Willenbch. S. 333. Die Befriedigung des Anfechtenden durch einen der mehreren Anfechtungsschuldner beseitigt den Anfechtungsanspruch. Das Anfechtungsrecht erlischt mit dem Forderungsrecht. Cosack S. 354; Hartmann S. 200. Die Zurückgewährung dessen, was aus dem Vermögen des Schuldners anfechtbar herausgekommen ist, oder die Zahlung einer entsprechenden Geldsumme an einen der mehreren Anfechtungsberechtigten schützt den Anfechtungsschuldner vor den übrigen Anfechtungsansprüchen, vorausgesetzt, daß die Befriedigung den Gegenstand der Rückgewähr erschöpft und die Rückgewähr an einen Anfechtungsberechtigten erfolgt ist. Die Herausgabe an einen nicht anfechtungsberechtigten Empfänger befreit nicht. RG. 24 S. 98; JW. 1889 S. 433 Hartmann S. 189, 190; Willenbch. S. 333; Pet. u. Kl. S. 680; v. Wilm. S. 577; Cosack S. 229.

II. Abs. II. Diese Bestimmung deckt sich mit der in Abs. II des § 37 KO Es wird daher auf die Anmerkungen daselbst Bezug genommen.

§ 8.

Wegen Erstattung einer Gegenleistung oder im Fall einer anfechtbaren Leistung wegen seiner Forderung kann der Empfänger sich nur an den Schuldner halten.

RG. 3 S. 397, 20 S. 157.

Zum Unterschiede von § 38 KO ist jeder Erstattungsanspruch des Anfechtungsgegners z. B. durch Aufrechnung, Zurückbehaltung, Zwangsvollstreckung, ausgeschlossen. RG. JW. 1884 S. 89; Seuffert Arch. 39 S. 301. Mandry S. 560; Hartmann S. 207; v. Wilm. S. 578; Willenbch. S. 334. Im K.-Verfahren erfolgt die Rückgewähr des anfechtbar weggegebenen Gegenstandes in die Masse, welche durch die Gegenleistung bereichert wird. Bei der Anfechtung außerhalb des K.Verfahrens kommt die Gegenleistung dem anfechtenden Gläubiger nicht zu Gute. Der Anfechtungsgegner kann sich nach Maßgabe des zwischen ihnen bestehenden Rechtsverhältnisses lediglich an den Schuldner halten, der im Anfechtungsstreite zur Nebenintervention berechtigt ist. Die Anfechtung bewirkt nicht zwischen dem Anfechtungsgegner und dem Schuldner das Wiederaufleben einer anfechtbar getilgten Forderung. Hartmann S. 206. AM. v. Wilm. S. 579; Willenbch. S. 334; Jäckel S. 205; Pet. u. Kl. S. 682; Cosack S. 268 fg. Hiezu RG. 20 S. 157; RG. JW. 1888 S 243.

Bestimmtheit des Klageantrages.

§ 9.

Erfolgt die Anfechtung im Wege der Klage, so hat der Klagantrag bestimmt zu bezeichnen, in welchem Umfange und in welcher Weise die Rückgewähr seitens des Empfängers bewirkt werden soll.

RG. 9 S. 66; 10 S. 10; 23 S. 5; 29 S. 82.
Sammlung 10 S. 103; 11 S. 267, 313, 738; 14 S. 788.

Das Erfordernis der Bestimmtheit des Klage- oder Widerklageantrages erfordert die bestimmte Angabe, was zurückgewährt werden soll und in welcher Weise die Rückgewähr erfolgen soll. Hartmann S. 215; v. Wilm. S. 580; Willenbch. S. 334; Mot. S. 25. Diese Vorschrift ist zwingend und ihre Nichtbeachtung von Amtswegen zu rügen. § 253 II CPO.; RG. 23 S. 6; RG. JW. 1889 S. 85; Sammlung 14 S. 788; Seuffert Arch. 39 Nr. 17. Das Gericht kann aber eine andere Art der Rückgewähr als die im Klageantrag bezeichnete anordnen. RG. 9 S. 73. Hartmann S. 221; v. Wilm. S. 580; Willenbch. S. 335. § 9 schließt Feststellungsklagen in der Regel aus — vgl. Anm. III zu § 1 Anf.-Ges. — nicht aber Inzidentfeststellungen nach § 280 CPO. im Laufe des Anfechtungsstreites. v. Wilm. S. 580.

Einzelformulierungen:

I. Ist vom Schuldner eine Sache anfechtbar veräußert oder verpfändet worden und besitzt sie der Erwerber noch, so geht der Klageantrag auf Verurteilung des Empfängers zur Befriedigung des Gläubigers wegen der in dem Antrage bezeichneten Summe die Zwangsvollstreckung in die in seinem Besitze befindliche Sache geschehen zu lassen. RG. Bolze 5 Nr. 342. Hartmann S. 216; Cosack S. 267; v. Wilm. S. 580.

II. Ist die Sache vom Empfänger verschlechtert oder veräußert, so geht der Klageantrag auf Zahlung des Schadens oder des Wertes in der Höhe der Forderung des Gläubigers. RG. 9 S 72; 10 S. 10; RG. JW. 1883 S. 196, 228; 1886 S. 248. Hartmann S. 217; v. Wilm. S. 580.

III. Bei einer anfechtbaren Aufrechnung kann der Anfechtungsanspruch unmittelbar auf Zahlung gerichtet sein. RG. Bolze 5 Nr. 343; Hartmann S. 219.

IV. Bei einer anfechtbar geleisteten Zahlung geht der Klageantrag auf Verurteilung zur Geldzahlung; bei dem anfechtbaren Erlaß der Forderung darauf, daß der Gegner eine Pfändung der Forderung als einer dem Pfändungsrecht des Gläubigers gegenüber noch bestehenden in Höhe der klägerischen Forderung geschehen lasse. Hartmann S. 218; v. Wilm. S. 580; Otto S. 243.

V. Die auf die Anfechtung einer Hypothek oder Grundschuld gerichtete Klage muß die Angabe enthalten, ob die Löschung oder Umschreibung oder welche Eintragung oder welche Verteilung der Masse zu erfolgen hat. Aehnlich ist der Antrag zu formulieren, wenn es sich sonst um eine von dem Anfechtungsgegner herbeizuführende Erklärung oder eine ihm obliegende Beseitigung in der Zwischenzeit eingetretener Rechte Dritter handelt. Mot. S. 12 fg. RG. 29 S. 82. Hartmann S. 219; v. Wilm. S. 581. Die Anfechtung einer Hypothek hat nicht die Wirkung, daß sie als eine für den Schuldner als Eigentümer des Grundstückes frei gewordene Eigentümerhypothek zu behandeln wäre. RG. Rass. K. 36 S. 1114. v Wilm. S. 581.

§ 10.

Vorläufige Vollstreckbarkeit des Schuldtitels.

Liegt ein nur vorläufig vollstreckbarer Schuldtitel des Gläubigers oder ein unter Vorbehalt ergangenes Urteil (Civilprozeßordnung §§ 540, 599) vor, so ist in dem den Anfechtungsanspruch für begründet erklärenden

Urteile die Vollstreckung desselben davon abhängig zu machen, daß die gegen den Schuldner ergangene Entscheidung rechtskräftig oder vorbehaltlos wird.
RG. 30 S. 67 fg.

Die vorläufige Vollstreckbarkeit genügt nur vorläufig. Mandry S. 553. Lediglich die Vollstreckung des Aufechtungsanspruches, nicht aber der Anspruch selbst, ist an die Rechtskraft des früheren Urteils gebunden. Hartmann S 222; Jäckel S. 232; v. Wilm. S. 581; Willenbch. S. 335; Pet. u. Kl. S. 685. Der Vorbehaltsanspruch erfolgt von Amtswegen ohne die Möglichkeit einer Nachholung durch Ergänzungsurteil § 321 CPO. v. Wilm. S. 282; Willenbch. S. 335. AM. Pet. u. Kl. S. 685. Der Gläubiger kann die Vollstreckungsklausel nach § 726, 730—736 CPO erwirken, sobald das Urteil im Vorprozeß rechtskräftig oder vorbehaltslos geworden ist. Wird aber das Urteil im Vorprozeß aufgehoben, so ist das Urteil im Anfechtungsstreite nicht vollstreckbar. Der Anfechtungsstreit kann gemäß § 148 CPO. zur Vermeidung derartiger Unzukömmlichkeiten ausgesetzt werden, bis das Urteil im Vorprozesse rechtskräftig oder vorbehaltslos geworden ist. Hartmann S. 223; v. Wilm. S. 582; Willenbch. S. 335; L. Seuffert in der Zeitschrift für CProzeß 9 S. 137. AM. v. Völd. 3 S. 195.

Wird das Urteil des Vorprozesses im Wiederaufnahmeverfahren aufgehoben, so hat der Anfechtungsbeklagte eine Restitutionsklage nach § 580 Nr. 7 CPO. und eine selbständige Klage nach § 767 CPO. auf Rückerstattung des auf Grund des Anfechtungsurteils Geleisteten. Im Wiederaufnahmeverfahren hat der Anfechtungsbeklagte das Recht der Nebenintervention. Hartmann S 224. AM. bezüglich der Zulassung der Restitutionsklage; v. Wilm. S. 582; Willenbch. S. 335; Pet. u. Kl. 685; Cosack S. 329, der eine Einwirkung aus der Beseitigung der Grundforderung auf den rechtskräftig entschiedenen Anfechtungsprozeß verneint

§ 11.

Anfechtung gegen Rechtsnachfolger.

I. Die gegen den Erblasser begründete Anfechtung findet gegen den Erben statt.

II. Gegen einen anderen Rechtsnachfolger desjenigen, welchem gegenüber die anfechtbare Handlung vorgenommen ist, findet die gegen den letzteren begründete Anfechtung statt:

1. wenn ihm zur Zeit seines Erwerbes die Umstände, welche die Anfechtbarkeit des Erwerbes seines Rechtsvorgängers begründen, bekannt waren;
2. wenn er zu den im § 3 Nr. 2 genannten Personen gehört, es sei denn, daß ihm zur Zeit

seines Erwerbes die Umstände, welche die Anfechtbarkeit des Erwerbes seines Rechtsvorgängers begründen, unbekannt waren;

3. wenn ihm das Erlangte unentgeltlich zugewendet worden ist.

III. Im Falle des Abs. 2 Nr. 3 findet auf die Haftung des Rechtsnachfolgers die Vorschrift des § 7 Abs. 2 Anwendung.

IV. Zur Erstreckung der Fristen in Gemäßheit des § 4 genügt die Zustellung des Schriftsatzes an den Rechtsnachfolger, gegen welchen die Anfechtung erfolgen soll.

Art. VII EG. z. Nov. d. KO Begr. 21—23. 59.

RG. 9 S. 84, 89; 10 S. 88; 12 S. 141; 15 S. 371; 19 S. 202; 25 S. 412; 27 S. 21; 39 S. 104.

Sammlung 10 S. 235, 424; 16 S. 447, 451.

I. § 11 Abs. I bis III stimmt mit § 40 KO. wörtlich überein. Die durch Art. VII EG. z. K.Novelle eingeführten Aenderungen in Abs. II Nr. 1 u. 2 und die Einfügung der Nr. 3 und des Abs. III decken sich mit den Aenderungen in § 40 KO. Begr. S. 21—23, 59. Es wird daher auf die Anmerkungen zu § 40 KO. Bezug genommen.

II. Die Aenderung in Abs. IV entspringt, wie die in § 3 Nr. 2, 3, 4 u. 13, dem Umstande, daß das Anfechtungsrecht nach dem BGB. — § 194 I — nicht als ein Anspruch anzusehen ist. Begr. S. 23, 59.

Die Zustellung des Schriftsatzes an den Rechtsnachfolger genügt zur Fristerstreckung gegen diesen; sie muß aber auch gegen dessen Vertragsgenossen, dem ersten Erwerber, erfolgen, wenn diesem gegenüber die Frist gewahrt werden soll Hartmann S. 235; Pet. u. Kl S. 687; v. Wilm S 583; Jäckel S 170; Willenbch. S 336. Die Zustellung an den Rechtsvorgänger, den ersten Erwerber, ist auch gegenüber dem Rechtsnachfolger wirksam, gleichviel ob die Rechtsnachfolge vor oder nach der Zustellung eintritt. Dies ergiebt sich aus der Fassung des § 4. Hartmann S. 235; Cosack S. 318. AM. v. Wilm. S. 583; Pet. u. Kl. S. 686; Willenbch. S. 337; Jäckel S. 170; v. Völd. 3 S 199.

§ 12.

Ausschlußfrist.

I. Die Anfechtung einer nach § 3 Nr. 1 anfechtbaren Handlung kann nur binnen zehn Jahren erfolgen. Auf den Lauf der Frist finden die für die Verjährung geltenden Vorschriften des § 203 Abs. 2 und der §§ 206, 207 des Bürgerlichen Gesetzbuchs entsprechende Anwendung.

II. Die Frist beginnt mit dem Zeitpunkt, in welchem der Gläubiger den vollstreckbaren Schuldtitel erlangt hatte und seine Forderung fällig war, wenn aber die Rechtshandlung nach diesem Zeitpunkte vorgenommen ist, mit der Vornahme der Handlung.

III. Die Anfechtung ist ausgeschlossen, wenn seit der Vornahme der Rechtshandlung dreißig Jahre verstrichen sind.

Art. VII. EG. z. Nov. d. KO. Begr. 22. 23. 59. Mat. 167. 168.

RG. 4 S. 31; 9 S. 150.

Diese Bestimmung betrifft lediglich den Anfechtungsgrund des § 3 Nr. 1, nicht die bereits zeitlich begrenzten Anfechtungsgründe des § 3 Nr. 2 bis 4. Ihre Aenderung durch Art. VII EG. z. K.Novelle entspringt demselben Grundsatze wie die Aenderung in § 41 KO. Begr S. 23, 59; Mat. 167 fg. Es ist jedoch hier abweichend von § 41 KO. neben § 203 II, 207 BGB. auch noch § 206 BGB. als anwendbar bezeichnet. Für die letztere Vorschrift, die sich auf die Vollendung der Verjährung gegenüber solchen Personen bezieht, welche geschäftsunfähig oder in der Geschäftsfähigkeit beschränkt sind und keinen gesetzlichen Vertreter haben, ist hier nicht minder Raum, wie im Falle des § 124 BGB., während sie gegenüber dem § 41 KO. um deswillen außer Betracht bleiben muß, weil das Anfechtungsrecht im Konkurse nur von dem K Verwalter ausgeübt wird. Begr S. 59. Die Fristen sind keine Verjährungs-, sondern Ausschlußfristen. Begr S. 23; Mat S. 167. L. Seuffert S. 227; Hartmann S. 245; Pet. u. Kl. S. 688; v. Wilm. S, 583; Willenbch S. 337. Ihr Ablauf wird von Amtswegen nicht berücksichtigt, er schließt das Anfechtungsrecht, Klage und Einrede, aus. Vgl hiezu im einzelnen Anm. I zu § 41 KO; ferner Hartmann S 245; Jäckel S. 173; v. Wilm. S. 583; Cosack S. 358; v. Völd. 3 S 201; Willenbch. S. 337; Pet. u. Kl. S. 688 RG Bolze 4 Nr. 374 Der Lauf der Frist beginnt, wenn die anfechtbare Rechtshandlung der Erlangung des vollstreckbaren Titels und der Fälligkeit der Forderung vorausgegangen ist, von dem Zeitpunkte, an welchem der vollstreckbare Titel erwirkt wurde, und wenn die Forderung später fällig geworden ist, vom Zeitpunkte der Fälligkeit ab. Andernfalls, wenn die anfechtbare Rechtshandlung erst nach der Erlangung eines vollstreckbaren Titels für eine fällige Forderung vorgenommen wird, beginnt die Frist mit der Vornahme der Handlung, d. h. mit deren rechtlicher Perfektion. Hartmann S. 243.

Einfluß der K.Eröffnung. **§ 13.***)

I. Wird über das Vermögen des Schuldners das Konkursverfahren eröffnet, so steht die Verfolgung der von Konkursgläubigern erhobenen Anfechtungsansprüche dem Konkursverwalter zu. Aus dem Erstrittenen sind dem Gläubiger die Prozeßkosten vorweg zu erstatten.

II. Ist das Verfahren über den Anfechtungsanspruch noch rechtshängig, so wird dasselbe unterbrochen. Im Fall einer Verzögerung der Aufnahme kommen die Bestimmungen der Civilprozeßordnung § 239 zur entsprechenden Anwendung. Der Konkursverwalter kann den Anspruch nach den Vorschriften der Konkursordnung §§ 37 bis 39, 41 in Gemäßheit der §§ 268, 529 der Civilprozeßordnung erweitern. Lehnt der Verwalter die Aufnahme des Rechtsstreits ab, so kann derselbe rücksichtlich der Prozeßkosten von jeder Partei aufgenommen werden. Durch die Ablehnung der Aufnahme wird die Befugnis des Verwalters, nach den Vorschriften der Konkursordnung das Anfechtungsrecht auszuüben, nicht ausgeschlossen.

III. Soweit der Gläubiger aus dem Zurückgewährenden eine Sicherung oder Befriedigung erlangt hatte, finden auf die Anfechtung derselben die Vorschriften des § 30 Nr. 1 der Konkursordnung entsprechende Anwendung.

IV. Nach der Beendigung des Konkursverfahrens können Anfechtungsrechte, deren Ausübung dem Konkursverwalter zustand, von den einzelnen Gläubigern nach Maßgabe dieses Gesetzes verfolgt werden, soweit nicht dem Anspruch entgegenstehende Einreden gegen den Verwalter erlangt sind. War die Anfechtung nicht schon zur Zeit der Eröffnung des Konkursverfahrens erfolgt, so wird die im § 3 Nr. 2 bis 4 bestimmte Frist von diesem Zeitpunkte berechnet, sofern die Anfechtung bis zum Ablauf eines Jahres seit der Beendigung des Konkursverfahrens erfolgt.

---

*) § 14 ist in dem mit Bekanntmachung vom 20. Mai 1898 veröffentlichten Texte als gegenstandslos weggelassen.

V. Rechtshandlungen, welche der Gemeinschuldner rücksichtlich seines nicht zur Konkursmasse gehörigen Vermögens vorgenommen hat, können von den Konkursgläubigern auch während des Konkursverfahrens nach Maßgabe dieses Gesetzes angefochten werden.

Art. VII. EG. z. Nov. d. KO. Begr. 23. 59.
RG. 16. S. 36; 30 S. 67, 77; 36 S. 11; 39 S. 84 fg.

Die Einzelanfechtung hat ihre Grenze in der K.Eröffnung. Der Anfechtungsanspruch kann mit der K.Eröffnung nicht mehr Sonderrecht der einzelnen Gläubiger sein. Der Anfechtungsberechtigte wird, sofern er nicht schon vor der K.-Eröffnung aus dem zurückzugewährenden Gegenstand seine Befriedigung oder an demselben durch Pfändung ein Absonderungsrecht erlangt hat, K.Gläubiger und kann als solcher den erhobenen Anspruch nicht mehr verfolgen § 12, 14, 15 KO. Das Anfechtungsrecht geht auf den K.-Verwalter über. Der Gegenstand der Rückgewähr, sei er schon vorläufig oder rechtskräftig erstritten oder noch erstreitbar, gehört zur K.Masse. Dahin gehören auch die in einem anhängigen Anfechtungsstreite prozessualisch erworbenen Rechte; auch sie dürfen der K.Masse nicht verloren gehen. Mot. S. 28 fg. Der § 13 bestimmt daher die Einwirkung des K.Verfahrens auf die von einem — jetzigen — K.Gläubiger vor der K.Eröffnung unternommene oder mit Erfolg durchgeführte Anfechtung einer Rechtshandlung, durch welche aus dem Vermögen seines Schuldners, des jetzigen G.Schuldners etwas an einen Dritten gelangt ist. In Abs. I u. II ist direkt der Einfluß des Konkurses auf anhängige Anfechtungsprozesse, in Abs. III dessen Einfluß auf die infolge der Anfechtung erlangte Sicherung oder Befriedigung, in Abs. IV die Verfolgung der Anfechtungsrechte nach K.Beendigung und in Abs. V die Anfechtung hinsichtlich des konkursfreien Vermögens während des K.Verfahrens normiert. RG. 39 S. 84 L. Seuffert S. 228; Hartmann S. 247; Mandry S. 562. v. Wilm. S. 585; Cosack S. 361; Pet u. Kl. S. 694; v. Sarw. S. 219.

I. Einwirkung der K.Eröffnung auf die Anfechtungsansprüche. Abs. I bis III. Diese unterbricht das Verfahren über den durch Klage oder Widerklage rechtshängig gewordenen Anfechtungsanspruch. Der Verwalter kann in den anhängigen Anfechtungsstreit eintreten oder eine neue Anfechtungsklage stellen. Er kann auch bei Eintritt in den Rechtsstreit den Klageantrag erweitern, indem er die Rückgewähr zur K.Masse verlangt. § 37 KO.; § 268, 280, 529 CPO. Hartmann S. 251; Willenbch. S 339; v. Sarw. S. 219; v. Wilm. S. 155. Teilw. AM. Pet. u. Kl. S. 692, die den Verwalter zur Erweiterung des Klageantrages für verpflichtet erachten, da an Stelle der Rückgewähr zum Zwecke der Befriedigung des Gläubigers die Rückgewähr zur K.Masse tritt. Die Aenderung des Klagegrundes durch Uebergang von einem Anfechtungsgrund zum andern ist nur unter den Voraussetzungen der § 264, 527 CPO zulässig. RG 22 S. 398.

v. Sarw. S. 219; Jäckel S. 242; Hartmann S. 252; v. Wilm. S. 158; Willenbch. S 339. AM. L. Seuffert S 227 Die für die Einzelanfechtung eingehaltene Frist kommt auch dem Verwalter, der den Prozeß aufnimmt, zu Gute; andernfalls ist er an die Anfechtungsfristen der § 31, 32 KO. gebunden. Willenbch. S. 339. Nur unter der Voraussetzung, daß der Verwalter in dem aufgenommenen Anfechtungsstreit obsiegt und das Erstrittene zur Masse zurückgewährt wird, kann der Anfechtungsgläubiger die ihm erwachsenen Prozeßkosten aus dem zur K.Masse Zurückgewährten ersetzt verlangen. v. Sarw. S. 221; Willenbch. S. 339; Jäckel S. 242.

Die Ablehnung der Aufnahme des Anfechtungsstreites läßt dem ablehnenden Verwalter die Anstellung einer selbständigen Anfechtungsklage offen. § 133 Nr 2 KO Lediglich bezüglich der Prozeßkosten kann zwischen den Parteien der durch die K Eröffnung unterbrochene Rechtsstreit fortgesetzt werden. In der Sache selbst ist die Aufnahme zwischen den Parteien während der K.Dauer nicht statthaft. v. Sarw S. 220; v. Wilm S. 156; Willenbch. S. 339; Hartmann S. 254, 255. Erhebt der Verwalter selbständig die Anfechtungsklage und wird der unterbrochen gewesene Anfechtungsstreit von den Parteien über die Prozeßkosten fortgesetzt, so kann das Gericht nach § 148 CPO. die weitere Verhandlung über den letzteren Streit bis zur Entscheidung über die vom Verwalter erhobene Anfechtungsklage aussetzen. v Sarw. S. 220; Hartmann S 256.

War der Anfechtungskläger vor der K.-Eröffnung bereits rechtskräftig abgewiesen, so ist das Anfechtungsrecht des Verwalters, auch aus dem gleichen Anfechtungsgrunde nicht ausgeschlossen. Jäckel S. 242; Willenbch. S. 340.

Hatte der Anfechtungsgläubiger bereits einen Vollstreckungstitel erlangt, so kommt dessen Realisierung durch Zwangsvollstreckung dem K Verwalter zu, der auch nach § 727, 730 CPO. die Vollstreckungsklausel zu erwirken hat. RG 30 S. 70. v Wilm. S. 156; Willenbch. S. 340; Hartmann S. 249. AM. Pet. u. Kl. S. 691

Das Erlangen einer Befriedigung oder Sicherung z. B. Zwangshypothek seitens des Gläubigers vor der K.Eröffnung auf Grund eines obsiegenden Urteils macht das Anfechtungsrecht des Verwalters gegenstandslos. Für diesen ist ein Gegenstand der Anfechtung nicht mehr vorhanden RG. 39 S. 84 Allein diese Befriedigung oder Sicherung ist anfechtbar nach § 30 Nr. 1, nicht nach § 40 KO Der Gläubiger, der zufolge seiner Anfechtung Sicherung oder Befriedigung erlangt hatte, ist nicht Rechtsnachfolger im Sinne des § 40 KO. RG. 39 S. 85; v Wilm. S. 129, 157; Cosack S. 361; Pet. u. Kl. S. 694; Willenbch. S. 340.

Absonderungsberechtigte werden durch die K.Eröffnung in der Verfolgung ihrer Absonderungsrechte nicht berührt. Sie können daher den nicht unterbrochenen Anfechtungsstreit weiterführen oder während der K Dauer eine neue Anfechtungsklage stellen. Mot. S. 33. Hartmann S. 362.

II. Geltendmachung des Anfechtungsrechtes nach K.Beendigung Abs. **IV.** Die einzelnen Gläubiger erlangen wieder die Befugnis zur Anfechtung nach Maßgabe des Anfechtungsgesetzes. L. Seuffert S. 228. Sie können den früher anhängig gemachten Rechtsstreit weiterführen oder den Anfechtungsanspruch durch eine neue Klage geltend machen. RG. 9 S. 25; 25 S. 63; 30 S. 77 Dieses Anfechtungsrecht ist aber rechtlich modifiziert, soweit gegen den Verwalter Einreden z. B. Erfüllung, Verzicht, Vergleich, Urteil, Verjährung — § 41 KO. — erlangt sind, welche den Anfechtungsanspruch selbst betreffen und diesem entgegenstehen. Hartmann S. 258; v. Wilm. S 585; Willenbch. S. 540; Jäckel S. 244; v. Sarw. S. 221 AM. bezüglich der Verjährung Pet. und Kl. S. 695; Hartmann S. 259. Dagegen ist der Gläubiger gegen die Nachteile des Zeitablaufs während des K.Verfahrens geschützt, da er während dieser Zeit den Anspruch nicht verfolgen konnte. Es muß daher, wenn der Gläubiger nicht schon vor der K.Eröffnung die Anfechtung geltend gemacht hatte, seine Anfechtung statthaft sein, wenn die Anfechtung binnen einem Jahres nach der K.Beendigung erfolgt und wenn in den Fällen des § 3 Nr. 2 bis 4 die angefochtene Rechtshandlung in den von der K.Eröffnung rückwärts zu berechnenden Zeitraum fällt. v. Sarw S. 222. Die nunmehrige Fassung des Abs. IV ist durch Art. VII EG. z. K.-Novelle mit Rücksicht auf den Umstand erfolgt, daß das Anfechtungsrecht nach dem BGB. — § 194 I — nicht als ein Anspruch anzusehen ist. Begr S. 23, 59. Vgl. Anm. II zu § 36 KO.

IV. Rechtshandlungen des G.Schuldners, über das nicht zur K.Masse gehörige Vermögen sind für die K.Gläubiger und die neuen Gläubiger nur nach Maßgabe des Anfechtungsgesetzes anfechtbar. Mot. S. 33. Hartmann S. 260; Willenbch. S. 341; v. Wilm. S. 586.

III. Gesetz,

betreffend

Aenderungen der Konkursordnung.

Vom 17. Mai 1898.

(Reichsgesetzblatt 1898 Nr. 21 S. 230 ff)

Wir **Wilhelm,** von Gottes Gnaden deutscher Kaiser, König von Preußen rc. verordnen im Namen des Reichs, nach erfolgter Zustimmung des Bundesrats und des Reichstags, was folgt:

Die Konkursordnung wird dahin geändert:

(Es folgen in 56 Nummern die in dem Abdrucke der Konkursordnung unter Nr. I berücksichtigten Aenderungen der KO. vom 10. Februar 1877.

Weggefallen sind die früheren §§ 13, 43, 105, 180 195 bis 197.*)

Abgeändert sind die §§ 1 **(1)**, 2 **(3)**, 4 **(5)**, 6 **(7)**, 11 **(14)**, 12 **(15)**, 14 **(16)**, 17 **(19)**, 18 **(20)**, 19 **(22)**, 20 **(25)**, 25 **(32)**, 33 **(40)**, 34 **(41)**, 39 **(47)**, 40 **(48)**, 41 **(49)**, 54 **(61)**, 64 **(71)**, 74 **(82)**, 77 **(85)**, 81 **(89)**, 83 **(91)**, 98 **(106)**, 99 **(107)**, 102 **(110)**, 106 **(113)**, 107 **(117)**, 117 **(127)**, 122 **(134)**, 126 **(138)**, 142 **(154)**, 144 **(156)**, 158 **(171)**, 162 **(175)**, 166 **(179)**, 178 **(193)**, 184 **(198)**, 190 **(204)**, 191 **(205)**, 198 **(209)**, 199 **(210)**, 200 **(211)**, 201 **(212)**, 204 **(216)**, 205 **(217)**, 206 **(230)**, 208 **(238)**, 210 **(240)**, 211 **(241)**.

Eingeschaltet sind die §§ 1a **(2)**, 7a **(9)**, 10a **(13)**, 18a **(21)**, 19a **(23)**, 19b **(24)**, 21a **(27)**, 21b **(28)**, 34a **(42)**, 66a **(74)**, 106a **(114)**, 106b **(115)**, 106c **(116)**, 117a **(128)**, 118a **(130)**, 152a **(165)**, 169a **(183)**, 172a **(187)**, 201a **(213)**, 205a **(218)**, 205b **(219)**, 205c **(220)**, 205d **(221)**, 205e **(222)**, 205f **(223)**, 205g **(224)**, 205h **(225)**, 205i **(226)**, 205k **(227)**, 205l **(228)**, 205m **(229)**, 206a **(231)**, 206b **(232)**, 206c **(233)**, 206d **(234)**, 206e **(235)**, 206f **(236)**.

Urkundlich unter Unserer Höchsteigenhändigen Unterschrift und beigedrucktem Kaiserlichen Insiegel.

Gegeben Straßburg i/E., den 17. Mai 1898.

(L. S.) **Wilhelm.**

Fürst zu Hohenlohe.

---

*) Die fettgedruckten, in Klammern stehenden Ziffern bedeuten die Paragraphen der neuen Nummerierung, die anderen Ziffern ohne Buchstaben die Paragraphen der KO. vom 10. Februar 1877, die Ziffern mit Buchstaben die Paragraphen des Gesetzes vom 17. Mai 1898. Uebereinstimmend mit Schweitzers alter und neuer Konkursordnung.

IV. Einführungsgesetz

zu dem Gesetze, betr. Aenderungen der Konkursordnung.

Vom 17. Mai 1898. — RGBl. Nr. 21 S. 248 fg.

Wir **Wilhelm**, von Gottes Gnaden Deutscher Kaiser, König von Preußen rc. verordnen im Namen des Reichs, nach erfolgter Zustimmung des Bundesrats und des Reichstags, was folgt:

Artikel I.

Das Gesetz, betreffend Aenderungen der Konkursordnung, tritt gleichzeitig mit dem Bürgerlichen Gesetzbuch in Kraft.

Begr. 56.

Der Zeitpunkt des Inkrafttretens — 1. Januar 1900 — stimmt mit dem in Art. 1 EG. z. BGB. überein.

Artikel II.

Das Gesetz, betreffend die Einführung der Konkursordnung, wird dahin geändert:

1. Die Bestimmung des § 5 Nr. 2 wird aufgehoben.
2. Der § 6 wird dahin geändert:

   Die Bestimmungen der §§ 207, 208, 244 der Konkursordnung finden auf registrierte Gesellschaften, welche auf Grund des bayerischen Gesetzes vom 29. April 1869, betreffend die privatrechtliche Stellung der Erwerbs- und Wirtschaftsgesellschaften, bestehen, entsprechende Anwendung.

   Die Gesellschaft wird in dem Konkursverfahren durch den Vorstand oder die Liquidatoren vertreten. Ein Zwangsvergleich findet nicht statt.
3. Der § 7 erhält folgenden Abs. 2:

   Das Gleiche gilt in Ansehung der Mitglieder des vormaligen Hannoverschen Königshauses, vormaligen Kurhessischen und des vormaligen Herzoglich Nassauischen Fürstenhauses.
4. Die §§ 14 bis 16 werden aufgehoben.

Begr 56, 57.

Dieser Artikel enthält die Aenderungen, welche das Einführungsgesetz zur KO. vom 10. Februar 1877 betreffen.

I. Nr. 1. Die bisherige Bestimmung in § 5 Nr. 2 ist durch die Vorschriften des BGB. über die Eintragung des Güterstandes in das Güterrechtsregister — § 1431, 1435 — überflüssig geworden. Begr. S. 56.

II. Nr. 2. Die neue Fassung des § 6 berücksichtigt nur mehr die registrierten Gesellschaften auf Grund des bayer. Gesetzes vom 29. April 1869 betr. die privatrechtliche Stellung der Erwerbs- und Wirtschaftsgesellschaften. § 196 KO a. F. ist inzwischen durch § 153 Genoss. Ges. vom 1. Mai 1889 aufgehoben worden. Die anerkannten Vereine nach dem bayer. Gesetz vom 29. April 1869 betr. die privatrechtlichen Vereine — Becher, Landeszivilrecht 1 S. 368 — sind aus § 6 ausgeschieden, fallen nunmehr unter die juristischen Personen nach § 213 KO., und die Vorschriften in § 207, 208 finden auf sie entsprechende Anwendung. Sie werden nach Art. 30 des bayer Gesetzes vom 29. April 1869 vom Vorstand und den Liquidatoren vertreten, auf welche die Strafvorschrift des § 244 KO. Anwendung findet. Ein Zwangsvergleich ist im Konkurse eines anerkannten Vereines nicht ausgeschlossen. Begr. S. 57.

III. Nr. 3. Dieser Zusatz zu § 7 EG. entspricht dem Art. 57 II EG. z. BGB. Begr. S. 57.

IV. Nr. 4. Die besonderen, das Faustpfandrecht betreffenden Vorschriften der § 14—16 EG. z. KO., sind aufgehoben. Sie sind dadurch gegenstandslos geworden, daß das BGB. — § 1204 fg. — das Pfandrecht an Sachen und Rechten erschöpfend geregelt hat. Ein in Gemäßheit jener Vorschriften vor dem Inkrafttreten des BGB. begründetes Pfandrecht bleibt in einem nach diesem Zeitpunkt eröffneten K.Verfahren wirksam, auch wenn es den Anforderungen des BGB. nicht genügt. Art. 184 EG. z. BGB.; Art. VI dieses Einführungsgesetzes. Begr. S. 57. L. Seuffert S. 36.

Artikel III.

Die Vorschriften des § 49 Abs. 2 der Konkursordnung und des § 17 Nr. 1, 2 des Gesetzes, betreffend die Einführung der Konkursordnung, finden auch außerhalb des Konkurses Anwendung.

Begr. 57.

Diese Bestimmung sichert den in § 49 I Nr. 1 KO. bezeichneten Rechten auch außerhalb des K.Verfahrens den Vorrang, der ihnen durch die neue Vorschrift in § 49 II für das K.Verfahren gegeben wird. Sie trifft weiter Vorsorge, daß gegenüber dem Kodifikationsprinzipe in Art. 55 EG. z. BGB. die Anwendung der auf Grund des § 17 Nr. 1, 2 EG. z. KO. erlassenen landesgesetzlichen Vorschriften — Schuldverschreibungen auf den Inhaber von Gemeinden usw. — bis zur reichsgesetzlichen Regelung des Gegenstandes gleichfalls insoweit sichergestellt wird, als sie außerhalb des K.Verfahrens erfolgen soll. Begr. S. 57.

Artikel IV.

Unberührt bleiben die landesgesetzlichen Vorschriften, welche die Zulässigkeit des Konkursverfahrens über das Vermögen der im § 15 Nr. 3 des Einführungsgesetzes zur Zivilprozeßordnung bezeichneten juristischen Personen beschränken oder ausschließen.

Begr. 58.

Diese Bestimmung rechtfertigt sich durch das Bedürfnis, die Verwaltung dieser juristischen Personen vor Störungen zu bewahren. Sie deckt sich mit dem Vorbehalt hinsichtlich der Zwangsvollstreckung in § 15 Nr. 3 CPO. Begr. S. 58.

Artikel V.

Ein vor dem Inkrafttreten des Gesetzes, betreffend Aenderungen der Konkursordnung, eröffnetes Konkursverfahren ist nach den bisherigen Gesetzen zu erledigen.

Begr. 58.

Diese Uebergangsbestimmung, wonach ein vor dem Inkrafttreten der Novelle zur KO. eröffnetes K.Verfahren nach den bisherigen Gesetzen zu erledigen ist, schließt sich dem § 8 I EG. z. KO. an. Begr. S. 58.

Artikel VI.

In einem am Tage des Inkrafttretens des Gesetzes, betreffend Aenderungen der Konkursordnung, oder nach diesem Tage eröffneten Konkursverfahren bleiben, soweit für ein Rechtsverhältnis die Vorschriften des bisherigen bürgerlichen Rechtes maßgebend sind, für das Rechtsverhältnis auch die Vorschriften des bisherigen Konkursrechts maßgebend. Das gilt insbesondere in Ansehung eines Nachlasses, wenn der Erblasser vor dem bezeichneten Zeitpunkte gestorben ist. Die Landesgesetzgebung kann jedoch auf ein Rechtsverhältnis, für welches nach den Uebergangsvorschriften des Einführungsgesetzes zum Bürgerlichen Gesetzbuche die Landesgesetze maßgebend sind, die Vorschriften des neuen Konkursrechts für anwendbar erklären.

Begr. 58. 59.

Der innere Zusammenhang zwischen den Vorschriften des bürgerlichen Rechtes und des Konkursrechtes hat diese Uebergangsbestimmung veranlaßt. In einem am 1. Januar 1900 oder nach diesem Tage eröffneten K.Verfahren bleiben, soweit für ein Rechtsverhältnis die Vorschriften des bisherigen bürgerlichen Rechtes maßgebend sind, für das Rechtsverhältnis auch die Vorschriften des bisherigen Konkursrechtes maßgebend. Art. 170 bis 172, 175, 184, 200, 213 EG z BGB. Begr S. 58. L. Seuffert S. 36. Dies gilt insbesondere auch in Ansehung eines Nachlasses, wenn der Erblasser vor dem 1 Januar 1900 gestorben ist. Die Vorschriften der K Novelle über den N.Konkurs — § 214 fg. — sind in diesem Falle nicht anwendbar. L. Seuffert S. 36. Für den Güterstand einer zur Zeit des Inkrafttretens des BGB. — Art. 200 EG z. BGB — bestehenden Ehe bleiben die bisherigen Gesetze maßgebend, also auch in Ansehung des dem Ehemann an dem Vermögen seiner Frau zustehenden Nießbrauchs für die Zukunft die Bestimmung des § 1 II KO. a. F. Begr S. 6. Die elterliche Nutznießung an dem Vermögen der Kinder ist dagegen im Verhältnis zur K Masse künftig ausschließlich nach den neuen Vorschriften zu beurteilen. Art 203 EG. z. BGB. Begr. S. 6. Auf Grund des § 218 EG. z. BGB. kann jedoch die Landesgesetzgebung für Rechtsverhältnisse, auf die nach dem Einführungsgesetze die bisherigen Landesgesetze Anwendung finden, Uebergangsbestimmungen erlassen, die ihrem Inhalte nach mit den Vorschriften des BGB. zusammentreffen. Die Landesgesetzgebung kann dann auch auf diese Rechtsverhältnisse die Vorschriften des neuen Konkursrechtes für anwendbar erklären. Begr S. 59; L. Seuffert S. 36. Vgl. hinsichtlich des ehelichen Güterrechtes Art. 19 fg.; Art. 62 fg.; Art 124 fg bayer Ges v. 9. Juni 1899 betr die durch die Einführung des BGB. veranlaßten Uebergangsvorschriften.

Artikel VII.

Das Gesetz, betreffend die Anfechtung von Rechtshandlungen eines Schuldners außerhalb des Konkursverfahrens, vom 21. Juli 1879 (Reichs-Gesetzbl. S. 277) wird dahin geändert:

1. Im § 3 Nr. 2, 3 werden die Worte „vor der Rechtshängigkeit des Anfechtungsanspruchs" ersetzt durch die Worte:

   „vor der Anfechtung".

   Die Nr. 4 des § 3 erhält folgende Fassung:

   4. die in den letzten zwei Jahren vor der Anfechtung von dem Schuldner vorgenommenen unentgeltlichen Verfügungen zu gunsten seines Ehegatten.

2. Als § 3a wird folgende Vorschrift eingestellt:

   Hat der Erbe aus dem Nachlasse Pflichtteilsansprüche, Vermächtnisse oder Auflagen erfüllt, so kann ein Nachlaßgläubiger, der im Konkursverfahren über den Nachlaß dem Empfänger der Leistung im Range vorgehen oder gleichstehen würde, die Leistung in gleicher Weise anfechten wie eine unentgeltliche Verfügung des Erben.

3. Im § 4 werden die Worte „der Anfechtungsanspruch rechtshängig gemacht worden ist" ersetzt durch die Worte:

„die Anfechtung erfolgt ist".

4. der § 11 wird dahin geändert:

Die gegen den Erblasser begründete Anfechtung findet gegen den Erben statt.

Gegen einen anderen Rechtsnachfolger desjenigen, welchem gegenüber die anfechtbare Handlung vorgenommen ist, findet die gegen den letzteren begründete Anfechtung statt:

1. wenn ihm zur Zeit seines Erwerbes die Umstände, welche die Anfechtbarkeit des Erwerbes seines Rechtsvorgängers begründen, bekannt waren;
2. wenn er zu den im § 3 Nr. 2 genannten Personen gehört, es sei denn, daß ihm zur Zeit seines Erwerbes die Umstände, welche die Anfechtbarkeit des Erwerbes seines Rechtsvorgängers begründen, unbekannt waren;
3. wenn ihm das Erlangte unentgeltlich zugewendet worden ist.

Im Falle des Abs. 2 Nr. 3 findet auf die Haftung des Rechtsnachfolgers die Vorschrift des § 7 Abs. 2 Anwendung.

Zur Erstreckung der Fristen in Gemäßheit des § 4 genügt die Zustellung des Schriftsatzes an den Rechtsnachfolger, gegen welchen die Anfechtung erfolgen soll.

5. Der § 12 wird dahin geändert:

Die Anfechtung einer nach § 3 Nr. 1 anfechtbaren Handlung kann nur binnen zehn Jahren erfolgen. Auf den Lauf der Frist finden die für die Verjährung geltenden Vorschriften des § 203 Abs. 2 und der §§ 206, 207 des Bürgerlichen Gesetzbuchs entsprechende Anwendung.

Die Frist beginnt mit dem Zeitpunkt, in welchem der Gläubiger den vollstreckbaren Schuldtitel erlangt hatte und seine Forderung fällig war, wenn aber die Rechtshandlung nach diesem Zeitpunkte vorgenommen ist, mit der Vornahme der Handlung.

Die Anfechtung ist ausgeschlossen, wenn seit der Vornahme der Rechtshandlung dreißig Jahre verstrichen sind.

6. An die Stelle des § 13 Abs. 4 Satz 2 tritt folgende Vorschrift:

War die Anfechtung nicht schon zur Zeit der Eröffnung des Konkursverfahrens erfolgt, so wird die im § 3 Nr. 2 bis 4 bestimmte Frist von diesem Zeitpunkte berechnet, sofern die Anfechtung bis zum Ablauf eines Jahres seit der Beendigung des Konkursverfahrens erfolgt.

Begr. S. 59.

Die hier zusammengefaßten Aenderungen des Anfechtungsgesetzes und ihre Gründe sind in den Erläuterungen zu § 3 Nr. 2, 3, 4; § 3a; § 4; § 11; § 12; § 13 IV dieses Gesetzes im einzelnen besprochen

Artikel VIII.

Die Vorschriften des Art. VII finden auf die vor dem Inkrafttreten dieses Gesetzes vorgenommenen Rechtshandlungen keine Anwendung.

Begr. 60.

Diese Uebergangsbestimmung für die Abänderungen des Anfechtungsgesetzes steht im Einklange mit Art. 170 EG. z. BGB Begr. S. 60. Die Vorschrift hatte bereits in dem bei der Neutextierung vom 20. Mai 1898 als gegenstandslos weggelassenen § 14 des AnfGes. ihren Ausdruck gefunden.

Artikel IX.

In bürgerlichen Rechtsstreitigkeiten, in welchen durch Klage oder Widerklage ein Anspruch auf Grund des dritten Titels des ersten Buches der Konkursordnung oder auf Grund des Gesetzes, betreffend die Anfechtung von Rechtshandlungen eines Schuldners außerhalb des Konkursverfahrens, geltend gemacht ist, wird die Verhandlung und Entscheidung letzter Instanz im Sinne des § 8 des Einführungsgesetzes zum Gerichtsverfassungsgesetze dem Reichsgerichte zugewiesen.

Urkundlich unter Unserer Höchsteigenhändigen Unterschrift und beigedrucktem Kaiserlichen Insiegel.

Gegeben Straßburg i./E., den 17. Mai 1898.

(L. S.) **Wilhelm.**

Fürst zu Hohenlohe.

V. Gesetz

betreffend

die Ermächtigung des Reichskanzlers zur Bekanntmachung der Texte verschiedener Reichsgesetze.

Vom 17. Mai 1898. – RGBl. 1898 Nr. 21 S. 342.

Wir **Wilhelm**, von Gottes Gnaden Deutscher Kaiser, König von Preußen ꝛc.

verordnen im Namen des Reichs, nach erfolgter Zustimmung des Bundesrats und des Reichstags, was folgt:

§ 1.

Der Reichskanzler wird ermächtigt, die Texte

1. des Gerichtsverfassungsgesetzes,
2. der Civilprozeßordnung,
3. der Konkursordnung,
4. des Gerichtskostengesetzes,
5. der Gebührenordnung für Gerichtsvollzieher,
6. der Gebührenordnung für Zeugen und Sachverständige,

7. der Gebührenordnung für Rechtsanwälte,
8. des Gesetzes, betreffend die Anfechtung von Rechtshandlungen eines Schuldners außerhalb des Konkursverfahrens,

wie sie sich aus den Aenderungen ergeben, welche in

dem Gesetze vom 29. Juni 1881 (Reichs-Gesetzbl S. 178),

dem Gesetze vom 17. März 1886 (Reichs-Gesetzbl. S. 61),

dem Gesetze vom 30. April 1886 (Reichs-Gesetzbl S. 130),

dem Gesetze vom 5. April 1888 (Reichs-Gesetzbl. S. 133),

dem Gesetze vom 11. Juni 1890 (Reichs-Gesetzbl. S. 73),

dem Gesetze vom 29. März 1897 (Reichs-Gesetzbl. S. 159),

dem Gesetze, betreffend Aenderungen des Gerichtsverfassungsgesetzes und der Strafprozeßordnung,

dem Gesetze, betreffend Aenderungen der Civilprozeßordnung, und dem zugehörigen Einführungsgesetze,

dem Gesetze, betreffend Aenderungen der Konkursordnung, und dem zugehörigen Einführungsgesetze,

sowie in dem § 153 Abs. 1 des Gesetzes, betreffend die Erwerbs- und Wirtschaftsgenossenschaften, vom 1. Mai 1889 (Reichs-Gesetzbl. S. 55), dem Artikel 13 Abs. 3 des Einführungsgesetzes zum Handelsgesetzbuch und dem Abs. 2

vorgesehen sind, und zwar die Civilprozeßordnung und die Konkursordnung unter fortlaufender Nummernfolge der Paragraphen, durch das Reichs-Gesetzblatt bekannt zu machen.

Soweit in Reichsgesetzen oder in Landesgesetzen auf Vorschriften der im Abs. 1 Nr. 1 bis 8 bezeichneten Gesetze verwiesen ist, treten die entsprechenden Vorschriften der durch den Reichskanzler bekannt gemachten Texte an ihre Stelle.

§ 2.

Der Reichskanzler wird ermächtigt, die Texte

1. des Gesetzes über die Zwangsversteigerung und die Zwangsverwaltung und des zugehörigen Einführungsgesetzes,
2. der Grundbuchordnung,
3. des Gesetzes über die Angelegenheiten der freiwilligen Gerichtsbarkeit

durch das Reichs-Gesetzblatt in der Weise bekannt zu machen, daß die darin enthaltenen Verweisungen auf Vorschriften der Civilprozeßordnung, der Konkursordnung und der im Artikel 13 Abs. 1 des Einführungsgesetzes zum Handelsgesetzbuche bezeichneten Gesetze durch Verweisungen auf die entsprechenden Vorschriften der durch den Reichskanzler bekannt gemachten Texte zu ersetzen sind.

Urkundlich unter Unserer Höchsteigenhändigen Unterschrift und beigedrücktem Kaiserlichen Insiegel.

Gegeben Straßburg i./E., den 17. Mai 1898.

(L. S.) **Wilhelm.**

Fürst zu Hohenlohe.

VI. Bekanntmachung

der Texte verschiedener Reichsgesetze in der vom 1. Januar 1900 an geltenden Fassung.

Vom 20. Mai 1898. (Reichsgesetzblatt 1898 Nr. 25 S. 369 ff.)

Auf Grund des Gesetzes, betreffend die Ermächtigung des Reichskanzlers zur Bekanntmachung der Texte verschiedener Reichsgesetze, vom 17. Mai 1798 werden die Texte der unten folgenden Gesetze:

(Es folgen die in §§ 1 und 2 des unter V abgedruckten Gesetzes aufgeführten Gesetze)

bekannt gemacht.

Ferner werden auf Grund des Artikels 13 des Einführungsgesetzes zum Handelsgesetzbuch vom 10. Mai 1897 die Texte

des Gesetzes betreffend die Erwerbs- und Wirtschaftsgenossenschaften, unter Ausschluß der in den §§ 153 bis 170 des Gesetzes vom 1. Mai 1889 (Reichs-Gesetzbl. S. 55) enthaltenen Schluß- und Uebergangsbestimmungen,

des Gesetzes betreffend die Gesellschaften mit beschränkter Haftung und

des Gesetzes betreffend die privatrechtlichen Verhältnisse der Bienenschifffahrt

nachstehend bekannt gemacht.

Berlin, den 20. Mai 1898.

Der Reichskanzler.

Fürst zu Hohenlohe.

VII. Einführungsgesetz
zur Konkursordnung

vom 10. Februar 1877 (Reichsgesetzblatt 1877 Nr. 10 S. 390 ff.)

zugleich in der Fassung nach dem Einführungsgesetze vom 17. Mai 1898 zu dem Gesetze, betr. Aenderungen der Konkursordnung (s. oben III.)

Wir **Wilhelm**, von Gottes Gnaden Deutscher Kaiser, König von Preußen &c. verordnen im Namen des Reichs nach erfolgter Zustimmung des Bundesrats und des Reichstags, was folgt:

§ 1.

Die Konkursordnung tritt im ganzen Umfange des Reichs gleichzeitig mit dem Gerichtsverfassungsgesetze in Kraft.

RG. 2 S. 375; 9 S. 86.

Die KO. ist am 1. Oktober 1879 in Kraft getreten. § 1 EG. z. GVG., § 47 Ges. v 10. Juli 1879 über die Konsulargerichtsbarkeit. In Helgoland gilt sie seit 1. April 1891 laut Verordnung vom 22 März 1891 – RGBl. S. 21. In den deutschen Schutzgebieten tritt sie nach den auf Grund der Gesetze vom 17. April 1886 und 15. März 1888 erlassenen Verordnungen in Kraft. v. Wilm. S. 530.

Die Novelle tritt am 1. Januar 1900 in Wirksamkeit. Art. I EG. z. K Novelle

§ 2.

Gesetz im Sinne der Konkursordnung und dieses Gesetzes ist jede Rechtsnorm.

Sammlung 8 S. 415.

Rechtsnorm ist das aus objektiver Rechtsquelle fließende, geschriebene oder ungeschriebene Recht materiellen oder formalen Inhalts einschließlich des Gewohnheitsrechtes. Gleichgiltig ist, ob die Rechtsnorm auf der Reichs- oder Landesgesetzgebung beruht, soweit letztere neben der reichsrechtlichen Regelung zulässig ist. Art. 2 EG. z. CPO.; § 12 EG. z. CPO.; § 7 EG. z StPO. Prot. S. 133. Motive z I. E. des BGB. 1 S. 3 fg. Prot. 2. Les. 1 S. 3 fg. Endemann BGB. 1 S. 50 fg.; Cosack HR S. 20; Gareis HR. S. 3 fg.; v. Wilm. S. 538; v. Sarw. S. 395; Willenbch. S. 398. Die Usancen des § 346 HGB sind kein Gewohnheitsrecht. Gareis HGB. S. 309.

§ 3.

I. Die den Konkurs betreffenden Vorschriften der Reichsgesetze werden durch die Konkursordnung nicht berührt.

II. Aufgehoben werden:

1. die Vorschriften des § 51 des Gesetzes, betreffend die privatrechtliche Stellung der Erwerbs- und Wirtschaftsgenossenschaften, vom 4. Juli 1868, sowie die im § 48 desselben Gesetzes bestimmte Zuständigkeit des Handelsgerichts;
2. die Vorschriften der §§ 13 bis 18 des Gesetzes, betreffend die Gewährung der Rechtshülfe, vom 21. Juni 1869;
3. die Vorschriften der §§ 281 bis 283 des Strafgesetzbuchs.

Die § 3 bis 7 regeln das Verhältnis der KO. zu den bestehenden Reichs- und Landesgesetzen. Mot. S. 463. Der Abs. III des § 3 ist aufgehoben infolge Aufhebung des Art. 80 WO. durch

Art. 8 Nr. 2 EG. z. HGB. vom 10. Mai 1897; Abs. IV ist bereits durch § 153 I des Genossenschafts-Gesetzes vom 1. Mai 1889 aufgehoben.

Die Bestimmung in Abs. I läßt die den Konkurs betreffenden Vorschriften älterer Reichsgesetze unberührt. Derartige Vorschriften sind. VO v. 29. Dez. 1867, betr die Einführung des preuß. Militärstrafrechtes — BGBl. S. 185, 297; § 42. Das K Gericht hat im Konkurse über eine Militärperson die Thatsachen, die auf einen strafbaren Bankerott schließen lassen, dem zuständigen Militärgerichte mitzuteilen. Art. 29 WO, wornach der Konkurs des Acceptanten den Regreß auf Sicherstellung begründet. § 3, 4 des Wahlgesetzes für den Reichstag vom 31. Mai 1869 — BGBl. S. 159 — über den Ausschluß der aktiven und passiven Wählbarkeit der in Konkurs geratenen Personen. § 11 II des Gesetzes, betr. die Kautionen der Bundesbeamten v 2. Juni 1869 — BGBl S. 145. § 20 Nr 2 des Reichsbeamtengesetzes vom 31 März 1873 — RGBl. S. 61 — über das Vorzugsrecht des Reiches im Konkurse eines Reichsbeamten, dem ein Kassendefekt zur Last fällt. L. Seuffert S. 28; Willenbch. S 310; v. Wilm. S 539; v. Sarw S. 896.

§ 4.

I. Aufgehoben werden die Vorschriften der Landesgesetze über Konkurs-, Falliments-, Gant-, Debit-Verfahren, über gerichtliche, zur Abwendung oder Einleitung eines solchen Verfahrens dienende Stundungs- und Nachlaßverhandlungen, konkursmäßige Einleitungen, Vermögensuntersuchungen, über die Rechtswohlthat der Güterabtretung und die landesherrliche oder gerichtliche Bewilligung einer allgemeinen Zahlungsstundung, sowie über das Konkursrecht, insoweit nicht in der Konkursordnung auf dieselben verwiesen oder bestimmt ist, daß sie nicht berührt werden.

II. Aufgehoben werden die Strafvorschriften, welche rücksichtlich des Konkurses in den Landesgesetzen enthalten sind.

RG. 5 S. 420, 6 S. 417, 8 S 115, 335; 17 S. 42; 24 S. 12; 28 S. 135. Sammlung 6 S. 147, 9 S. 194, 10 S. 144.

Das reichsrechtliche Konkursrecht geht dem Landesrechte vor. Art. 2 Reichs-Verfassung. Die KO. hat daher alle landesrechtlichen Vorschriften über das formelle und materielle Konkursrecht, einschließlich der landesrechtlichen auf den Konkurs bezüglichen Strafvorschriften beseitigt. § 2 III EG. z. StGB.; RStr. 1 S. 191. L. Seuffert S. 29. Die Bestimmung in § 4 setzt aber noch weiter alle hier bezeichneten, mit der Materie des Konkursrechtes verwandten, durch die Einführung der KO. nicht aufgehobenen landesrechtlichen Materien außer Kraft. Mot 467. L Seuffert S. 29; v Wilm. S. 540; Willenbch. S. 311; v. Sarw. S. 900. Das aus einer früher erfolgten Güterabtretung erworbene Recht auf die Kompetenz blieb in Kraft. RG. 6 S. 147; JW. 1893 S. 506; 1894 S. 578; Sammlung 9 S. 494; 10 S. 62; 11 S. 98. Art. 81 bayer AG. z. CPO u. KO. v. 23. Februar 1879 und damit cap. VIII. § 10 der bayer. Gerichtsordnung von 1753 über das Recht auf die Kompetenz sind durch Art. 166 Nr XVI bayer. AG. z. BGB. v. 9. Juni 1899 aufgehoben. Verweisungen auf fortgeltende Landesrechte enthalten § 25, 43, 47, 52 KO. L. Seuffert S. 29. Die von den einzelnen Bundesstaaten zur Zeit des Inkrafttetens der KO. abgeschlossenen Staatsverträge werden durch die Einführnng der KO. nicht berührt. RStr. 24 S. 12; v. Sarw. S. 901; Willenbch. S 312.

§ 5.

Unberührt bleiben die landesgesetzlichen Vorschriften, welche die Lehen, Stammgüter oder Familienfideikommisse betreffen.

Begr. 56.

Vgl. § 52 KO.; Art. 59 EG. z. BGB. Der bisherige Abs II ist beseitigt durch Art II Nr. 1 EG. z. K.Novelle. Vgl. Anm. I zu Art II dieses Gesetzes.

§ 6.

I. Die Bestimmungen der §§ 207, 208, 244 der Konkursordnung finden auf registrierte Gesellschaften, welche auf Grund des bayerischen Gesetzes vom 29. April 1869, betreffend die privatrechtliche Stellung der Erwerbs- und Wirtschaftsgesellschaften, bestehen, entsprechende Anwendung.

II. Die Gesellschaft wird in dem Konkursverfahren durch den Vorstand oder die Liquidatoren vertreten. Ein Zwangsvergleich findet nicht statt.

Begr. 57.

Die nunmehrige Fassung ist durch Art. II Nr. 2 EG. z. K.-Novelle bestimmt. Vgl. Anm. II zu Art. II dieses Gesetzes.

§ 7.

I. In Ansehung der Landesherren und der Mitglieder der landesherrlichen Familien, sowie der Mitglieder der Fürstlichen Familie Hohenzollern finden die

Bestimmungen der Konkursordnung nur insoweit Anwendung, als nicht besondere Vorschriften der Hausverfassungen oder der Landesgesetze abweichende Bestimmungen enthalten.

II. Das Gleiche gilt in Ansehung der Mitglieder des vormaligen Hannoverschen Königshauses, des vormaligen Kurhessischen und des vormaligen Herzoglich Nassauischen Fürstenhauses.

Begr. 57.

Vgl. § 5 EG. z. GVG.; § 5 EG z. CPO.; § 4 EG. z. StPO. Der durch Art II Nr. 3 EG. z. KNovelle eingefügte Absatz II entspricht dem Art. 57 II EG z. BGB. Begr. S. 57.

§ 8.

I. Ein vor dem Tage des Inkrafttretens der Konkursordnung eröffnetes Konkursverfahren ist nach den bisherigen Gesetzen zu erledigen.

II. Der Landesgesetzung bleibt vorbehalten, die Konkursordnung auf die Erledigung der vor dem Inkrafttreten der Konkursordnung anhängig gewordenen Konkurssachen für anwendbar zu erklären und zu dem Zwecke Uebergangsbestimmungen zu erlassen.

RG. 5 S. 420; 8 S. 115, 335, 17 S. 41

Sammlung 8 S. 415.

Maßgebend ist der Zeitpunkt, nicht die Rechtskraft des Eröffnungsbeschlusses für die Uebergangsbestimmung des § 8. Sammlung 8 S. 415; RG. JW 1887 S. 475. Vgl. Art. 231 bayer. AG z. CPO. u. KO v. 23 Februar 1879. v. Sarw. S. 905; v. Wilm. S 534; Willenbch. S. 313; Pet. u. Kl. S 640; v. Völd. 3 S. 80. Die Uebergangsbestimmungen für die Novelle enthalten Art. V fg. EG. z. KNovelle.

§ 9.

In einem am Tage des Inkrafttretens der Konkursordnung oder nach diesem Tage eröffneten Konkursverfahren finden die Bestimmungen der Konkursordnung über die Anfechtung von Rechtshandlungen auf eine vor dem bezeichneten Tage vorgenommene Rechtshandlung Anwendung, sofern nicht dieselbe nach den Vorschriften der bisherigen Gesetze der Anfechtung entzogen oder in geringerem Umfange unterworfen ist.

RG. 2 S. 235; 17 S. 41.

Die Bestimmungen in § 9 bis 13, 17 regeln die Anwendbarkeit der KO auf ein K.Verfahren, welches am Tage des Inkrafttretens der KO. oder nach diesem Tage eröffnet wurde. § 9 gibt die Uebergangsbestimmung für die Anfechtung von Rechtshandlungen, § 10 für die Aufrechnung, § 11 bis 13 und 17 geben Vorschriften für Absonderungsrechte und Vorrechte. Willenbch. S. 313; L. Seuffert S 35; v Sarw. S. 906; v. Wilm. S. 543 Die Rangordnung des § 61 KO. findet auf die vor dem 1 Oktober 1879 entstandenen Forderungen Anwendung. RG. 17 S. 41 Die § 14 bis 16 sind durch Art II Nr. 4 EG. z. K.Novelle aufgehoben.

§ 10.

In einem am Tage des Inkrafttretens der Konkursordnung oder nach diesem Tage eröffneten Konkursverfahren finden die Bestimmungen der §§ 50, 55 Nr. 3, 56 der Konkursordnung auf eine vor dem bezeichneten Tage abgetretene oder erworbene Forderung Anwendung, sofern nicht die bisherigen Gesetze eine Aufrechnung zulassen, oder eine Verpflichtung zum Schadensersatze nicht oder in geringerem Umfange begründen.

RG. 17 S. 42.

Die in § 53, 54, 55 Nr 1 u. 2 enthaltenen Aufrechnungsvorschriften finden auf alle vor dem 1 Oktober 1879 entstandenen Forderungen Anwendung. Die in § 55 Nr. 3 vorgeschriebene Unzulässigkeit der Aufrechnung, ferner die in § 50 u. 56 statuierte Entschädigungspflicht haben ihren Grund im Anfechtungsrechte und sind daher entsprechend der Vorschrift in § 9 zu behandeln. Mot. S. 472; v. Wilm. S. 546; Willenbch. S. 314; L. Seuffert S. 35; v. Sarw S. 906.

§ 11.

In einem am Tage des Inkrafttretens der Konkursordnung oder nach diesem Tage eröffneten Konkursverfahren finden die Bestimmungen der Konkursordnung und dieses Gesetzes über abgesonderte Befriedigung auf Pfand- und Vorzugsrechte Anwendung, wenngleich dieselben oder die Forderungen vor dem bezeichneten Tage erworben sind.

Die von der KO nicht anerkannten Absonderungsrechte haben ihre Geltung verloren; die von der KO. zugelassenen Absonderungsrechte — § 47 bis 52 — kommen auch den vor dem 1. Oktober 1879 entstandenen Ansprüchen zu statten § 12, 13 ermächtigen die Landesgesetzgebung zur Gewährung von Vorzugsrechten für die dort bezeichneten Forderungsrechte. Mot. 473. L. Seuffert S 67, 106; v. Wilm S. 546; Willenbch S 315; v. Sarw. S. 907.

§ 12.

I. Insoweit Pfand- und Vorzugsrechte, welche vor dem Tage des Inkrafttretens der Konkursordnung auf Grund eines Vertrages, einer letztwilligen Anordnung oder einer richterlichen Verfügung erworben oder in Bankstatuten den Banknoteninhabern rechtsgiltig zugesichert sind, zufolge der Bestimmungen der Konkursordnung und dieses Gesetzes ihre Wirksamkeit verlieren, kann die Landesgesetzgebung für die Forderung des Berechtigten ein Vorrecht vor allen oder einzelnen der im § 61 der Konkursordnung bezeichneten Forderungen gewähren.

II. Ist das Pfand- oder Vorzugsrecht auf einzelne bewegliche Gegenstände des Schuldners beschränkt, so kann das Vorrecht nur in Höhe des Erlöses derselben gewährt werden.

III. Das durch die vorstehenden Bestimmungen vorbehaltene Vorrecht kann nicht gewährt werden für ein zwei Jahre nach dem Inkrafttreten der Konkursordnung eröffnetes Konkursverfahren, wenn nicht das Vorrecht dadurch erhalten wird, daß dasselbe bis zum Ablaufe der zwei Jahre zur Eintragung in ein öffentliches Register vorschriftsmäßig angemeldet ist. Der Erlaß von Vorschriften über die Einrichtung solcher Register, sowie über die Anmeldung und Eintragung der Forderungen bleibt der Landesgesetzgebung vorbehalten.

RG. 2 S. 93; 10 S. 12, 41; 20 S. 135.

Die Bestimmung in § 12 ermächtigt die Landesgesetzgebung zur Schaffung von Vorzugsrechten für Pfand- und Vorzugsrechte, die früher zu Recht bestanden, mit der Einführung der KO. jedoch ihre Wirkung verloren L. Seuffert S 67. RG. 2 S. 93; 10 S 41. Die Banknoteninhaber haben nach dem Bankgesetz vom 14. März 1875 — RGBl. S. 175 — kein Vorzugsrecht Die Vorschrift in Abs. II begründet kein Absonderungsrecht, sondern nur ein Vorrecht für die Verteilung aus dem vom Verwalter zur Masse gezogenen Erlöse aus den einzelnen beweglichen Gegenständen des Schuldners v. Wilm. S. 549; L. Seuffert S. 67; Willenbch S. 316; v. Sarw

S. 910. Die Vorschrift in Abs. III regelt die Erhaltung des Vorrechts für die nach dem 30. September 1881 eröffneten Konkurse durch vorschriftsmäßige Anmeldung in das Register L. Seuffert S. 67; v. Wilm. S. 549; v Sarw S 911; Willenbch. S. 316. Gläubiger, die durch § 23 EG. z CPO. landesrechtlich geschützt sind, gehen im Falle des Konkurses einem späteren Pfändungspfandgläubiger nicht vor. RG. 2 S. 93. § 804 CPO. v. Sarw. S. 909; v. Wilm. S. 550; Willenbch. S. 316; Rass K. 26 S. 807 fg.

Ausführungsgesetze z. KO.: Bremen § 69; Hamburg § 19, 20; Lübeck § 1; Mecklenburg § 18; Oldenburg Art. 53; Preußen § 18; Sachsen-Meiningen § 11, 13, 14, 17; Sachsen-Weimar § 27; Schaumburg-Lippe § 98; Schwarzburg-Sondershausen § 9; Württemberg Art. 20. Willenbch. S. 315.

§ 13. *)

II. Die Landesgesetzgebung kann der Ehefrau, den Kindern und den Pflegebefohlenen des Gemeinschuldners für Forderungen, welche vor dem Tage des Inkrafttretens der Konkursordnung entstanden sind, ein Vorrecht nach Maßgabe des § 12 Abs. 1, 2 insoweit gewähren, als ein gesetzliches Pfand- oder Vorzugsrecht der Ehefrau, der Kinder oder der Pflegebefohlenen nach den bisherigen Gesetzen bestanden hat.

II. Auf das Vorrecht der Ehefrau findet die Bestimmung des § 12 Abs. 3 entsprechende Anwendung.

III. Den Kindern und den Pflegebefohlenen kann das Vorrecht für ein fünf Jahre nach dem Inkrafttreten der Konkursordnung eröffnetes Konkursverfahren nicht gewährt werden.

RG. 1 S. 446; 6 S. 339, 346; 7 S. 319, 400; 10 S. 293; 14 S. 33, 15 S. 380; 17 S. 369.

Die Vorschrift in § 13 betrifft die Gewährung von Vorzugsrechten für Forderungen der Ehefrau, der Kinder oder Pflegebefohlenen des G.Schuldners, die vor dem 1. Oktober 1879 entstanden waren und denen die KO ein gesetzliches Pfand- oder Vorzugsrecht nicht mehr gewährt. L. Seuffert S. 67; v. Wilm. S 551; v. Sarw. S. 913. RG. Rass K. 30 S. 1089. Das registrierte Vor-

*) 14 bis 16 EG. z. KO sind durch Art. II Nr 4 EG z. K Novelle aufgehoben. Begr S. 57. Vgl. Anm. IV zu Art. II. Text der § 14 bis 16 siehe Schweitzer's alte und neue KO S. 15, 16. Uebergangsbestimmung: Art. VI EG. z. K.Novelle; Art. 184 EG. z. BGB. L Seuffert S. 36.

recht der Ehefrau dauert fort, wenn die Eintragung in das Vorrechtsregister bis zum 30. September 1881 vorschriftsmäßig angemeldet wurde. Den Kindern und den Pflegebefohlenen ist das Vorrecht nur für die vor dem 1. Oktober 1884 eröffneten Konkurse gewährt. L. Seuffert S. 67; v. Sarw. S. 913.

Ausführungsgesetze z. KO: Anhalt § 8; Bayern Art. 232, 234; Bremen § 69; Hamburg § 30, 32, 33; Hessen Art 44, 45; Lübeck § 1, 2; Mecklenburg § 19, 20, 22, 23; Oldenburg Art. 53 § 2; Preußen § 19, 21 fg.; Reuß ä L. § 26 Nr. 1, 3; § 27 bis 31; Königreich Sachsen: Ges. v 11. März 1879; Sachsen-Altenburg § 10 bis 14; Sachsen Meiningen § 14; Sachsen-Weimar § 28 fg.; Schaumburg-Lippe § 97, 99, 101; Schwarzburg-Sondershausen § 10. Willenbch. S. 317.

§ 17.

Der Landesgesetzgebung bleibt vorbehalten, Bestimmungen zu treffen, nach welchen

1. den Inhabern der von Gemeinden oder anderen Verbänden, von Korporationen, Aktiengesellschaften, Kommanditgesellschaften auf Aktien oder Genossenschaften ausgestellten Pfandbriefe oder ähnlicher auf Grund erworbener Forderungen von denselben ausgestellter Wertpapiere an solchen Forderuugen ein Faustpfandrecht im Sinne des § 48 der Konkursordnung dadurch gewährt werden kann, daß einem Vertreter sämtlicher Inhaber allein oder in Gemeinschaft mit dem Aussteller die Ausübung des Gewahrsams der über die Forderungen lautenden Urkunden übertragen oder auf diesen Urkunden die Gewährung des Pfandrechts vermerkt wird;
2. den Inhabern von Schuldverschreibungen, welche von den unter Nr. 1 bezeichneten Schuldnern über eine Anleihe ausgestellt sind, an gewissen beweglichen körperlichen Sachen ein Faustpfandrecht im Sinne des § 48 der Konkursordnung dadurch gewährt werden kann, daß einem Vertreter sämtlicher Inhaber allein oder in Gemeinschaft mit dem Aussteller die Ausübung des Gewahrsams der Sachen übertragen wird;
3. den Inhabern von Schuldverschreibungen, welche von den unter Nr. 1 bezeichneten Schuldnern

über eine Anleihe ausgestellt sind, ein Vorrecht vor nicht bevorrechtigten Konkursgläubigern, deren Forderungen später entstehen, dadurch gewährt werden kann, daß die zu bevorrechtigenden Forderungen in ein öffentliches Schuldenbuch eingetragen werden.*)

Diese Vorschrift bezweckt derartigen Papieren, denen § 12 nicht zu statten kommt, im Wege der Landesgesetzgebung eine dem Rechtsverkehr entsprechende erhöhte Sicherheit zu gewähren. Mot. S. 474; Prot. S 205; Willenbch. S. 320; v. Wilm. S. 560; v. Sarw. S. 920. Die Bestimmung ist nun durch Art. III EG. z. K.-Novelle auch außerhalb des K.Verfahrens für anwendbar erklärt.

Urkundlich unter Unserer Höchsteigenhändiger Unterschrift und beigedrucktem Kaiserlichen Insiegel.

Gegeben Berlin, den 10. Februar 1877.

(L. S.) **Wilhelm.**

Fürst von Bismarck.

---

*) § 17 ist nunmehr ersetzt durch nachstehende Bestimmung des Hypothekenbankgesetzes vom 13. Juli 1899 — RGBl. S. 375:

§ 43.

Der § 17 des Einführungsgesetzes zur Konkursordnung wird durch folgende Vorschriften ersetzt:

Unberührt bleiben die landesgesetzlichen Vorschriften, nach welchen den Inhabern von Pfandbriefen, die von Kreditanstalten, welche nicht zu den Hypothekenbanken gehören, auf Grund von Hypotheken ausgestellt sind, ein Vorrecht vor allen anderen Konkursgläubigern in Ansehung der Befriedigung aus den Hypotheken der Anstalt zusteht.

Unberührt bleiben die landesgesetzlichen Vorschriften, nach welchen den Inhabern von Schuldverschreibungen, die von Körperschaften des öffentlichen Rechtes, Aktiengesellschaften, Kommanditgesellschaften auf Aktien, Gesellschaften mit beschränkter Haftung oder Genossenschaften über ein Anlehen ausgestellt sind, ein Vorrecht vor nicht bevorrechtigten Konkursgläubigern, deren Forderungen später entstehen, dadurch gewährt werden kann, daß die zu bevorrechtigenden Forderungen in ein öffentliches Schuldbuch eingetragen werden.

VIII. Anhang.

A. Die konkursrechtl. Bestimmungen

des Gesetzes betr. die Erwerbs- und Wirtschaftsgenossenschaften vom $\frac{1. \text{Mai } 1889}{20. \text{Mai } 1898}$ und des Gesetzes btr. die Gesellschaften mit beschränkter Haftung vom $\frac{20. \text{April } 1892}{20. \text{Mai } 1898}$.

---

1. Genossenschaftsgesetz.

Siebenter Abschnitt.

Konkursverfahren und Haftpflicht der Genossen.

§ 98.

Das Konkursverfahren findet im Falle der Zahlungsunfähigkeit, nach Auflösung der Genossenschaft auch im Falle der Ueberschuldung statt.

Nach Auflösung der Genossenschaft ist die Eröffnung des Verfahrens so lange zulässig, als die Verteilung des Vermögens nicht vollzogen ist.

§ 99.

Sobald die Zahlungsunfähigkeit der Genossenschaft eintritt, hat der Vorstand die Eröffnung des Konkursverfahrens zu beantragen; dasselbe gilt, wenn bei oder nach Auflösung der Genossenschaft aus der Jahresbilanz oder aus einer im Laufe des Jahres aufgestellten Bilanz Ueberschuldung sich ergiebt.

Die Mitglieder des Vorstandes sind der Genossenschaft zum Ersatz einer nach diesem Zeitpunkte geleisteten Zahlung nach Maßgabe des § 34 verpflichtet.

Die Ansprüche auf Grund der vorstehenden Bestimmungen verjähren in fünf Jahren.

§ 100.

Zu dem Antrage auf Eröffnung des Verfahrens ist außer den Konkursgläubigern jedes Mitglied des Vorstandes berechtigt.

Wird der Antrag nicht von allen Mitgliedern gestellt, so ist derselbe zuzulassen, wenn die ihn begründenden Thatsachen (§ 98) glaubhaft gemacht werden. Das Gericht hat die übrigen Mitglieder nach Maßgabe der Konkursordnung § 105 Absatz 2, 3 zu hören.

Der Eröffnungsantrag kann nicht aus dem Grunde abgewiesen werden, daß eine den Kosten des Verfahrens entsprechende Konkursmasse nicht vorhanden sei.

§ 101.

Durch die Eröffnung des Konkursverfahrens wird die Genossenschaft aufgelöst.

§ 102.

Die Eröffnung des Konkursverfahrens ist unverzüglich in das Genossenschaftsregister einzutragen. Die Eintragung wird nicht bekannt gemacht.

§ 103.

Bei der Eröffnung des Verfahrens ist von dem Gerichte ein Gläubigerausschuß zu bestellen. Die Gläubigerversammlung hat über die Beibehaltung der bestellten oder die Wahl anderer Mitglieder zu beschließen. Im Uebrigen kommen die Vorschriften im § 87 der Konkursordnung zur Anwendung.

§ 104.

Die Generalversammlung ist ohne Verzug zur Beschlußfassung darüber zu berufen (§§ 44 bis 46), ob die bisherigen Mitglieder des Vorstandes und des Aufsichtsrats beizubehalten oder andere zu bestellen.

§ 105.

Soweit die Konkursgläubiger wegen ihrer bei der Schlußverteilung (Konkursordnung § 161) berücksichtigten Forderungen aus dem zur Zeit der Eröffnung des Konkursverfahrens vorhandenen Vermögen der Genossenschaft nicht befriedigt werden, sind die Genossen verpflichtet, Nachschüsse zur Konkursmasse zu leisten.

Die Nachschüsse sind von den Genossen, wenn nicht das Statut ein anderes Beitragsverhältnis festsetzt, nach Köpfen zu leisten.

Beiträge, zu deren Leistung einzelne Genossen unvermögend sind, werden auf die übrigen verteilt.

Zahlungen, welche Genossen über die von ihnen nach den vorstehenden Bestimmungen geschuldeten Beiträge hinaus leisten, sind ihnen, nachdem die Befriedigung der Gläubiger erfolgt ist, aus den Nachschüssen zu erstatten.

Gegen die Nachschüsse kann der Genosse eine Forderung an die Genossenschaft aufrechnen, sofern die Voraussetzungen vorliegen, unter welchen er als Konkursgläubiger Befriedigung wegen der Forderung aus den Nachschüssen zu beanspruchen hat.

§ 106.

Der Konkursverwalter hat sofort, nachdem die Bilanz auf der Gerichtsschreiberei niedergelegt ist (Konkursordnung § 124), zu berechnen, wieviel zur Deckung des in der Bilanz bezeichneten Fehlbetrages die Genossen vorschußweise beizutragen haben.

In der Berechnung (Vorschußberechnung) sind die sämtlichen Genossen namentlich zu bezeichnen und auf sie die Beiträge zu verteilen. Die Höhe der Beiträge ist jedoch derart zu bemessen, daß durch ein vorauszusehendes Unvermögen einzelner Genossen zur Leistung von Beiträgen ein Ausfall an dem zu deckenden Gesamtbetrage nicht entsteht.

Die Berechnung ist dem Konkursgerichte mit dem Antrage einzureichen, dieselbe für vollstreckbar zu erklären. Wird das Genossenschaftsregister nicht bei dem Konkursgerichte geführt, so ist dem Antrage eine beglaubigte Abschrift des Statuts und der Liste der Genossen beizufügen.

§ 107.

Zur Erklärung über die Berechnung bestimmt das Gericht einen Termin, welcher nicht über zwei Wochen hinaus anberaumt werden darf. Derselbe ist öffentlich bekannt zu machen; die in der Berechnung aufgeführten Genossen sind besonders zu laden.

Die Berechnung ist spätestens drei Tage vor dem Termine auf der Gerichtsschreiberei zur Einsicht der Beteiligten niederzulegen. Hierauf ist in der Bekanntmachung und den Ladungen hinzuweisen.

§ 108.

In dem Termine sind Vorstand und Aufsichtsrat der Genossenschaft, sowie der Konkursverwalter und der Gläubigerausschuß und, soweit Einwendungen erhoben werden, die sonstigen Beteiligten zu hören.

Das Gericht entscheidet über die erhobenen Einwendungen, berichtigt, soweit erforderlich, die Berechnung oder ordnet die Berichtigung an und erklärt die Berechnung für vollstreckbar. Die Entscheidung ist in diesem Termine oder in einem sofort anzuberaumenden Termine, welcher nicht über eine Woche hinaus angesetzt werden soll, zu verkünden. Die Berechnung mit der sie für vollstreckbar erklärenden Entscheidung ist zur Einsicht der Beteiligten auf der Gerichtsschreiberei niederzulegen.

Gegen die Entscheidung findet ein Rechtsmittel nicht statt.

§ 109.

Nachdem die Berechnung für vollstreckbar erklärt ist, hat der Konkursverwalter ohne Verzug die Beiträge von den Genossen einzuziehen.

Die Zwangsvollstreckung gegen einen Genossen findet in Gemäßheit der Civilprozeßordnung auf Grund einer vollstreckbaren Ausfertigung der Entscheidung und eines Auszuges aus der Berechnung statt.

Für die in den Fällen der §§ 731, 767, 768 der Civilprozeßordnung zu erhebenden Klagen ist das Amtsgericht, bei welchem das Konkursverfahren anhängig ist, und, wenn der Streitgegenstand zur Zuständigkeit der Amtsgerichte nicht gehört, das Landgericht ausschließlich zuständig, zu dessen Bezirke der Bezirk des Konkursgerichts gehört.

§ 110.

Die eingezogenen Beiträge sind bei der von der Gläubigerversammlung bestimmten Stelle (Konkursordnung § 132) zu hinterlegen oder anzulegen.

§ 111.

Jeder Genosse ist befugt, die für vollstreckbar erklärte Berechnung im Wege der Klage anzufechten. Die Klage ist gegen den Konkursverwalter zu richten. Sie findet nur binnen der Notfrist eines Monats seit Verkündung der Entscheidung und nur insoweit statt, als der Kläger den Anfechtungsgrund in dem Termine (§ 107) geltend gemacht hat oder ohne sein Verschulden geltend zu machen außer Stande war.

Das rechtskräftige Urteil wirkt für und gegen alle beitragspflichtigen Genossen.

§ 112.

Die Klage ist ausschließlich bei dem Amtsgerichte zu erheben, welches die Berechnung für vollstreckbar erklärt hat Die mündliche Verhandlung erfolgt nicht vor Ablauf der bezeichneten Notfrist. Mehrere Anfechtungsprozesse sind zur gleichzeitigen Verhandlung und Entscheidung zu verbinden.

Uebersteigt der Streitgegenstand eines Prozesses die sonst für die sachliche Zuständigkeit der Amtsgerichte geltende Summe, so hat das Gericht, sofern eine Partei in einem solchen Prozesse vor der Verhandlung zur Hauptsache darauf anträgt, durch Beschluß die sämtlichen Streitsachen an das Landgericht, in dessen Bezirke es seinen Sitz hat, zu verweisen. Gegen diesen Beschluß findet die sofortige Beschwerde statt. Die Notfrist beginnt mit der Verkündung des Beschlusses.

Ist der Beschluß rechtskräftig, so gelten die Streitsachen als bei dem Landgerichte anhängig. Die im Verfahren vor dem Amtsgerichte erwachsenen Kosten werden als Teil der bei dem Landgerichte erwachsenen Kosten behandelt und gelten als Kosten einer Instanz.

Die Vorschriften der Civilprozeßordnung §§ 769, 770 über die Einstellung der Zwangsvollstreckung und die Aufhebung der Vollstreckungsmaßregeln finden entsprechende Anwendung.

§ 113.

Soweit in Folge des Unvermögens einzelner Genossen zur Leistung von Beiträgen der zu deckende Gesamtbetrag nicht erreicht wird, oder in Gemäßheit des auf eine Anfechtungsklage ergehenden Urteils oder aus anderen Gründen die Berechnung abzuändern ist, hat der Konkursverwalter eine Zusatzberechnung aufzustellen. Rücksichtlich derselben kommen die Vorschriften in §§ 106 bis 112 zur Anwendung.

Die Aufstellung einer Zusatzberechnung ist erforderlichenfalls zu wiederholen.

§ 114.

Sobald mit dem Vollzuge der Schlußverteilung (Konkursordnung § 161) begonnen wird, hat der Konkursverwalter in Ergänzung oder Berichtigung der Vorschußberechnung und der zu derselben etwa ergangenen Zusätze zu berechnen, wieviel die Genossen in Gemäßheit des § 105 an Nachschüssen zu leisten haben.

Die Berechnung (Nachschußberechnung) unterliegt den Vorschriften in §§ 106 bis 109, 111 bis 113, der Vorschrift im § 106 Absatz 2 mit der Maßgabe, daß auf Genossen, deren Unvermögen zur Leistung von Beiträgen sich herausgestellt hat, Beiträge nicht verteilt werden.

§ 115.

Der Verwalter hat, nachdem die Nachschußberechnung für vollstreckbar erklärt ist, unverzüglich den gemäß § 110 vorhandenen Bestand und, so oft von den noch einzuziehenden Beiträgen hinreichender Bestand eingegangen ist, diesen im Wege der Nachtragsverteilung (Konkursordnung § 166) unter die Gläubiger zu verteilen.

Außer den Anteilen auf die im § 168 der Konkursordnung bezeichneten Forderungen sind zurückzubehalten die Anteile auf Forderungen, welche im Prüfungstermine von dem Vorstande ausdrücklich bestritten worden sind. Dem Gläubiger bleibt überlassen, den Widerspruch des Vorstandes durch Klage zu beseitigen. Soweit der Widerspruch rechtskräftig für begründet erklärt wird, werden die Anteile zur Verteilung unter die übrigen Genossen frei.

Die zur Befriedigung der Gläubiger nicht erforderlichen Ueberschüsse hat der Konkursverwalter an die Genossen zurückzuzahlen.

§ 116.

Eine Aufhebung des Konkursverfahrens durch Zwangsvergleich findet nicht statt.

Eine Einstellung des Verfahrens ist erst zulässig, nachdem mit dem Vollzuge der Schlußverteilung begonnen ist. Die Zustimmung aller bei der letzteren berücksichtigten Konkursgläubiger ist beizubringen. Inwieweit es der Zustimmung oder der Sicherstellung von Gläubigern bedarf, deren Forderungen nicht festgestellt sind, entscheidet das Konkursgericht nach freiem Ermessen.

§ 117.

Der Vorstand ist verpflichtet, den Konkursverwalter bei den diesem in § 106 Absatz 1, § 109 Absatz 1, §§ 113, 114 zugewiesenen Obliegenheiten zu unterstützen.

§ 118.

Die in diesem Abschnitte hinsichtlich des Vorstandes getroffenen Bestimmungen gelten auch hinsichtlich der Liquidatoren.

Achter Abschnitt.

Besondere Bestimmungen.

I. Für Genossenschaften mit beschränkter Haftpflicht.

§ 122.

Im Falle des Konkursverfahrens sind neben der Genossenschaft die einzelnen Genossen solidarisch und mit ihrem ganzen Vermögen den Konkursgläubigern für den Ausfall verhaftet, welchen diese an ihren bei der Schlußverteilung (Konkursordnung § 161) berücksichtigten Forderungen bei derselben erleiden.

Nach Ablauf von drei Monaten seit dem Termine, in welchem die Nachschußberechnung für vollstreckbar erklärt ist, können die Gläubiger, soweit sie bisher nicht befriedigt sind, die einzelnen Genossen in Anspruch nehmen.

Festgestellte Forderungen, welche im Prüfungstermine von dem Vorstande oder den Liquidatoren nicht ausdrücklich bestritten sind, können auch von den in Anspruch genommenen Genossen nicht bestritten werden.

Das rechtskräftige Urteil, welches in dem Prozeß über eine im Prüfungstermine von dem Vorstande oder den Liquidatoren bestrittene Forderung für oder gegen dieselben ergeht, wirkt gegenüber allen Genossen.

In Ansehung einer im Konkursverfahren streitig gebliebenen Forderung kann, solange dieselbe nicht festgestellt ist, eine Verurteilung der Genossen nicht erfolgen.

§ 123.

Die Klage der Gläubiger gegen die einzelnen Genossen verjährt, sofern nicht nach Beschaffenheit der Forderung eine kürzere Verjährungsfrist gesetzlich eintritt, in zwei Jahren seit Ablauf der im § 122 Absatz 2 bestimmten Frist.

Die Verjährung zu Gunsten eines Genossen wird durch Rechtshandlungen unterbrochen, welche gegen die Genossenschaft oder von derselben vorgenommen werden; sie wird nicht unterbrochen durch Rechtshandlungen, welche gegen einen anderen Genossen oder von demselben vorgenommen werden.

§ 124.

Soweit Genossen in Gemäßheit des § 122 Konkursgläubiger befriedigen, treten sie in die Rechte der letzteren gegen die Genossenschaft ein

§ 125.

Die Bestimmungen der §§ 122 bis 124 finden auf die in den letzten 2 Jahren vor der Eröffnung des Konkursverfahrens aus der Genossenschaft ausgeschiedenen Genossen (§§ 70, 76), welche nicht schon in Gemäßheit des § 75 der Haftpflicht unterliegen, wegen der bis zu dem Zeitpunkte ihres Ausscheidens von der Genossenschaft eingegangenen Verbindlichkeiten mit der Maßgabe Anwendung, daß der Anspruch der Gläubiger erst nach Ablauf von sechs Monaten seit dem Termine, in welchem die Nachschußberechnung (§ 114) für vollstreckbar erklärt ist, erhoben werden kann.

Dieser Anspruch erstreckt sich, wenn im Falle des Todes eines Genossen dessen Ausscheiden nach dem in § 77 Absatz 1 bezeichneten Zeitpunkte eingetragen ist, auf die bis zum Tage der Eintragung von der Genossenschaft eingegangenen Verbindlichkeiten, sofern nicht der Erbe beweist, daß bei ihrer Eingehung dem Gläubiger der Tod des Genossen bekannt war.

II. **Genossenschaften mit unbeschränkter Nachschußpflicht.**

§ 128.

Ist im Falle der Eröffnung des Konkursverfahrens nach Ablauf von drei Monaten seit dem Termine, in welchem die Nachschußberechnung (§ 114) für vollstreckbar erklärt ist, die Befriedigung oder Sicherstellung der im § 105 Absatz 1 bezeichneten Konkursgläubiger noch nicht bewirkt, so sind die hierzu erforderlichen Beiträge von den innerhalb der letzten achtzehn Monate vor der Eröffnung des Konkursverfahrens ausgeschiedenen Genossen, welche nicht schon in Gemäßheit des § 75 oder des § 76 Absatz 4 der Nachschußpflicht unterliegen, nach Maßgabe des § 105 zur Konkursmasse zu leisten.

§ 129.

Der Konkursverwalter hat ohne Verzug eine Berechnung über die Beitragspflicht der Ausgeschiedenen aufzustellen.

In der Berechnung sind dieselben namentlich zu bezeichnen und auf sie die Beiträge zu verteilen, soweit nicht das Unvermögen Einzelner zur Leistung von Beiträgen vorauszusehen ist.

Im Uebrigen finden die Vorschriften in § 106 Absatz 3, §§ 107 bis 109, 111 bis 113 und 115 entsprechende Anwendung.

§ 130.

Durch die Bestimmungen der §§ 128, 129 wird die Einziehung der Nachschüsse von den in der Genossenschaft verbliebenen Genossen nicht berührt.

Aus den Nachschüssen der letzteren sind den Ausgeschiedenen die von diesen geleisteten Beiträge zu erstatten, sobald die Befriedigung oder Sicherstellung der sämtlichen im § 105 Abs. 1 bezeichneten Konkursgläubiger bewirkt ist.

III. **Für Genossenschaften mit beschränkter Haftpflicht.**

§ 140.

Das Konkursverfahren findet bei bestehender Genossenschaft außer dem Falle der Zahlungsunfähigkeit in dem Falle der

Ueberschuldung statt, sofern diese ein Viertel des Betrages der Haftsummen aller Genossen übersteigt. Der Vorstand hat, wenn eine solche Ueberschuldung sich aus der Jahresbilanz oder aus einer im Laufe des Jahres aufgestellten Bilanz ergiebt die Eröffnung des Konkursverfahrens zu beantragen. Die Vorschriften des § 99 Absatz 2, 3, § 100 finden entsprechende Anwendung.

§ 141.

Die einzelnen Genossen können über ihre Haftsumme hinaus weder auf Leistung von Nachschüssen, noch von den Konkursgläubigern in Anspruch genommen werden. Im Uebrigen finden auf den Anspruch der Gläubiger die Bestimmungen in §§ 122 bis 125 Anwendung.

---

2. Gesetz, betreffend die Gesellschaften mit beschränkter Haftung.

§ 63.

Ueber das Vermögen der Gesellschaft findet das Konkursverfahren außer dem Falle der Zahlungsunfähigkeit auch im Falle der Ueberschuldung statt.

Die auf das Konkursverfahren über das Vermögen einer Aktiengesellschaft bezüglichen Vorschriften im § 207 Absatz 2, § 208 der Konkursordnung finden auf die Gesellschaft mit beschränkter Haftung entsprechende Anwendung.

§ 64.

Die Geschäftsführer haben die Eröffnung des Konkursverfahrens zu beantragen, sobald die Zahlungsunfähigkeit der Gesellschaft eintritt oder aus der Jahresbilanz oder aus einer im Laufe des Geschäftsjahres aufgestellten Bilanz Ueberschuldung sich ergibt.

Die Geschäftsführer sind der Gesellschaft zum Ersatze aller nach diesem Zeitpunkt geleisteten Zahlungen verpflichtet. Auf den Ersatzanspruch finden die Bestimmungen im § 43 Abs. 3 und 4 entsprechende Anwendung.

§ 71.

Die Liquidatoren die aus §§ 36, 37, § 41 Absatz 1, § 43 Absatz 1, 2 und 4, § 49 Absatz 1 und 2, § 64 sich ergebenden Rechte und Pflichten der Geschäftsführer.

Sie haben sofort bei Beginn der Liquidation und demnächst in jedem Jahre eine Bilanz aufzustellen.

§ 83.

Die Strafvorschriften der §§ 239 bis 241 der Konkursordnung finden gegen die Geschäftsführer einer Gesellschaft mit beschränkter Haftung, welche ihre Zahlungen eingestellt hat oder über deren Vermögen das Konkursverfahren eröffnet worden ist, Anwendung, wenn sie in dieser Eigenschaft die mit Strafe bedrohten Handlungen begangen haben.

§ 84.

Die Geschäftsführer oder Liquidatoren einer Gesellschaft mit beschränkter Haftung werden mit Gefängnis bis zu drei Monaten und zugleich mit Geldstrafe bis zu eintausend Mark bestraft, wenn entgegen den Vorschriften im § 64, § 71 Absatz 1 der Antrag auf Eröffnung des Konkursverfahrens unterlassen ist.

Sind mildernde Umstände vorhanden, so tritt ausschließlich die Geldstrafe ein.

Straflos bleibt derjenige, bezüglich dessen festgestellt wird, daß der Antrag auf Eröffnung des Konkursverfahrens ohne sein Verschulden unterblieben ist.

B. Vergleichende Zusammenstellung*)

der Paragraphenfolge der Konkursordnung vom 10. Februar 1877, des Gesetzes vom 17. Mai 1898 und der neuen Numerierung nach der Bekanntmachung vom 20. Mai 1898.

Die in der zweiten Zahlenreihe enthaltenen Paragraphen zeigen sowohl die abgeänderten Paragraphen der alten Konkursordnung als die neueingeschalteten Paragraphen; wo ein Paragraph der alten Konkursordnung in Wegfall kommt, ist dies hier durch die Worte „fällt weg" bemerkt.

Gesetz vom 10. Febr 1877	Gesetz vom 17. Mai 1898		Neue Paragraphenfolge	Gesetz vom 10. Febr 1877	Gesetz vom 17. Mai 1898		Neue Paragraphenfolge
	§	Nr.			§	Nr.	
§ 1	§ 1	1	**§ 1**	§ 21			**§ 26**
	§ 1a	2	**§ 2**		§ 21a	16	**§ 27**
§ 2	§ 2	3	**§ 3**		§ 21b	16	**§ 28**
§ 3			**§ 4**	§ 22			**§ 29**
§ 4	§ 4	4	**§ 5**	§ 23			**§ 30**
§ 5			**§ 6**	§ 24			**§ 31**
§ 6	§ 6	5	**§ 7**	§ 25	§ 25	17	**§ 32**
§ 7			**§ 8**	§ 26			**§ 33**
	§ 7a	6	**§ 9**	§ 27			**§ 34**
§ 8			**§ 10**	§ 28			**§ 35**
§ 9			**§ 11**	§ 29			**§ 36**
§ 10			**§ 12**	§ 30			**§ 37**
	§ 10a	7	**§ 13**	§ 31			**§ 38**
§ 11	§ 11	8	**§ 14**	§ 32			**§ 39**
§ 12	§ 12	9	**§ 15**	§ 33	§ 33	18	**§ 40**
§ 13	fällt weg	10	**fällt weg**	§ 34	§ 34	19	**§ 41**
§ 14	§ 14	11	**§ 16**		§ 34a	20	**§ 42**
§ 15			**§ 17**	§ 35			**§ 43**
§ 16			**§ 18**	§ 36			**§ 44**
§ 17	§ 17	12	**§ 19**	§ 37			**§ 45**
§ 18	§ 18	12	**§ 20**	§ 38			**§ 46**
	§ 18a	12	**§ 21**	§ 39	§ 39	21	**§ 47**
§ 19	§ 19	13	**§ 22**	§ 40	§ 40	21	**§ 48**
	§ 19a	14	**§ 23**	§ 41	§ 41	21	**§ 49**
	§ 19b	14	**§ 24**	§ 42			**§ 50**
§ 20	§ 20	15	**§ 25**	§ 43	fällt weg	22	**fällt weg**

*) Uebereinstimmend mit der vergleichenden Zusammenstellung in Schweitzer's alter und neuer Konkursordnung.

Gesetz vom 10. Febr. 1877	Gesetz vom 17 Mai 1898 §	Nr.	Neue Paragraphenfolge	Gesetz vom 10. Febr. 1877	Gesetz vom 17 Mai 1898 §	Nr.	Neue Paragraphenfolge
§ 44			**§ 51**	§ 87			**§ 95**
§ 45			**§ 52**	§ 88			**§ 96**
§ 46			**§ 53**	§ 89			**§ 97**
§ 47			**§ 54**	§ 90			**§ 98**
§ 48			**§ 55**	§ 91			**§ 99**
§ 49			**§ 56**	§ 92			**§ 100**
§ 50			**§ 57**	§ 93			**§ 101**
§ 51			**§ 58**	§ 94			**§ 102**
§ 52			**§ 59**	§ 95			**§ 103**
§ 53			**§ 60**	§ 96			**§ 104**
§ 54	§ 54	23	**§ 61**	§ 97			**§ 105**
§ 55			**§ 62**	§ 98	§ 98	30	**§ 106**
§ 56			**§ 63**	§ 99	§ 99	31	**§ 107**
§ 57			**§ 64**	§ 100			**§ 108**
§ 58			**§ 65**	§ 101			**§ 109**
§ 59			**§ 66**	§ 102	§ 102	32	**§ 110**
§ 60			**§ 67**	§ 103			**§ 111**
§ 61			**§ 68**	§ 104			**§ 112**
§ 62			**§ 69**	§ 105	fällt weg	33	**fällt weg**
§ 63			**§ 70**	§ 106	§ 106	34	**§ 113**
§ 64	§ 64	24	**§ 71**		§ 106a	35	**§ 114**
§ 65			**§ 72**		§ 106b	36	**§ 115**
§ 66			**§ 73**		§ 106c	37	**§ 116**
	§ 66a	25	**§ 74**	§ 107	§ 107	38	**§ 117**
§ 67			**§ 75**	§ 108			**§ 118**
§ 68			**§ 76**	§ 109			**§ 119**
§ 69			**§ 77**	§ 110			**§ 120**
§ 70			**§ 78**	§ 111			**§ 121**
§ 71			**§ 79**	§ 112			**§ 122**
§ 72			**§ 80**	§ 113			**§ 123**
§ 73			**§ 81**	§ 114			**§ 124**
§ 74	§ 74	26	**§ 82**	§ 115			**§ 125**
§ 75			**§ 83**	§ 116			**§ 126**
§ 76			**§ 84**	§ 117	§ 117	39	**§ 127**
§ 77	§ 77	27	**§ 85**		§ 117a	40	**§ 128**
§ 78			**§ 86**	§ 118			**§ 129**
§ 79			**§ 87**		§ 118a	41	**§ 130**
§ 80			**§ 88**	§ 119			**§ 131**
§ 81	§ 81	28	**§ 89**	§ 120			**§ 132**
§ 82			**§ 90**	§ 121			**§ 133**
§ 83	§ 83	29	**§ 91**	§ 122	§ 122	42	**§ 134**
§ 84			**§ 92**	§ 123			**§ 135**
§ 85			**§ 93**	§ 124			**§ 136**
§ 86			**§ 94**	§ 125			**§ 137**

Gesetz vom 10. Febr 1877	Gesetz vom 17 Mai 1898		Neue Paragraphenfolge	Gesetz vom 10. Febr. 1877	Gesetz vom 17 Mai 1898		Neue Paragraphenfolge
	§	Nr.			§	Nr.	
§ 126	§ 126	43	**§ 138**	§ 169			**§ 182**
§ 127			**§ 139**		§ 169a	50	**§ 183**
§ 128			**§ 140**	§ 170			**§ 184**
§ 129			**§ 141**	§ 171			**§ 185**
§ 130			**§ 142**	§ 172			**§ 186**
§ 131			**§ 143**		§ 172a	51	**§ 187**
§ 132			**§ 144**	§ 173			**§ 188**
§ 133			**§ 145**	§ 174			**§ 189**
§ 134			**§ 146**	§ 175			**§ 190**
§ 135			**§ 147**	§ 176			**§ 191**
§ 136			**§ 148**	§ 177			**§ 192**
§ 137			**§ 149**	§ 178	§ 178	52	**§ 193**
§ 138			**§ 150**	§ 179			**§ 194**
§ 139			**§ 151**	§ 180	fällt weg	53	**fällt weg**
§ 140			**§ 152**	§ 181			**§ 195**
§ 141			**§ 153**	§ 182			**§ 196**
§ 142	§ 142	44	**§ 154**	§ 183			**§ 197**
§ 143			**§ 155**	§ 184	§ 184	54	**§ 198**
§ 144	§ 144	45	**§ 156**	§ 185			**§ 199**
§ 145			**§ 157**	§ 186			**§ 200**
§ 146			**§ 158**	§ 187			**§ 201**
§ 147			**§ 159**	§ 188			**§ 202**
§ 148			**§ 160**	§ 189			**§ 203**
§ 149			**§ 161**	§ 190	§ 190	55	**§ 204**
§ 150			**§ 162**	§ 191	§ 191	56	**§ 205**
§ 151			**§ 163**	§ 192			**§ 206**
§ 152			**§ 164**	§ 193			**§ 207**
	§ 152a	46	**§ 165**	§ 194			**§ 208**
§ 153			**§ 166**	§ 195			**fällt weg**
§ 154			**§ 167**	§ 196			**fällt weg**
§ 155			**§ 168**	§ 197			**fällt weg**
§ 156			**§ 169**	§ 198	§ 198	57	**§ 209**
§ 157			**§ 170**	§ 199	§ 199	58	**§ 210**
§ 158	§ 158	47	**§ 171**	§ 200	§ 200	59	**§ 211**
§ 159			**§ 172**	§ 201	§ 201	60	**§ 212**
§ 160			**§ 173**		§ 201a	61	**§ 213**
§ 161			**§ 174**	§ 202			**§ 214**
§ 162	§ 162	48	**§ 175**	§ 203			**§ 215**
§ 163			**§ 176**	§ 204	§ 204	62	**§ 216**
§ 164			**§ 177**	§ 205	§ 205	62	**§ 217**
§ 165			**§ 178**		§ 205a	62	**§ 218**
§ 166	§ 166	49	**§ 179**		§ 205b	62	**§ 219**
§ 167			**§ 180**		§ 205c	62	**§ 220**
§ 168			**§ 181**		§ 205d	62	**§ 221**

Gesetz vom 10. Febr. 1877.	Gesetz vom 17 Mai 1898 §	Nr.	Neue Paragraphenfolge	Gesetz vom 10. Febr. 1877	Gesetz vom 17. Mai 1898 §	Nr.	Neue Paragraphenfolge
	§ 205e	62	**§ 222**		§ 206d	62	**§ 234**
	§ 205f	62	**§ 223**		§ 206e	62	**§ 235**
	§ 205g	62	**§ 224**		§ 206f	62	**§ 236**
	§ 205h	62	**§ 225**	§ 207			**§ 237**
	§ 205i	62	**§ 226**	§ 208	§ 208	63	**§ 238**
	§ 205k	62	**§ 227**	§ 209			**§ 239**
	§ 205l	62	**§ 228**	§ 210	§ 210	64	**§ 240**
	§ 205m	62	**§ 229**	§ 211	§ 211	65	**§ 241**
§ 206	§ 206	62	**§ 230**	§ 212			**§ 242**
	§ 206a	62	**§ 231**	§ 213			**§ 243**
	§ 206b	62	**§ 232**	§ 214			**§ 244**
	§ 206c	62	**§ 233**				

C. Formulare.

I. Antrag auf K.Eröffnung.

1. Antrag des G.Schuldners.

Gerichtsschreiberei
des k. Amtsgerichtes Felden.

Felden, den 15. Januar 1900.

Vor dem unterfertigten Gerichtsschreiber erscheint:

der Schneidermeister und Kleiderwarenhändler Heinrich Berg in Felden

und bringt vor:

Ich betreibe seit dem Jahre 1892 auf dem mir gehörigen Hause Nr 7 in Felden ein Schneidergeschäft, verbunden mit einem Kleiderwarenhandel. Das Geschäft ist in den letzten Jahren teils ob der Konkurrenz am Orte teils ob meiner mehrjährigen Krankheit sehr zurückgegangen. Dermalen sind zwölf Klagen aus Warenforderungen beim Amtsgerichte und Landgerichte dahier gegen mich anhängig. In der Zeit vom 10. bis 14. Januar h. Js. hat der Gerichtsvollzieher Müller in meinem Warenlager drei Mobiliarpfändungen angelegt Ich übergebe die Pfändungsprotokolle Ich kann meinen Verbindlichkeiten nicht mehr nachkommen und habe gestern meine Zahlungen eingestellt. Indem ich auf meine ordnungsgemäß geführten Geschäftsbücher Bezug nehme, übergebe ich ein Verzeichnis meiner Gläubiger und Schuldner, sowie eine Uebersicht der Vermögensmasse, aus der erhellt, daß die Verbindlichkeiten 30000 Mark, die Aktiven aber nur 15000 Mark betragen Ich beantrage daher gemäß § 71 fg., § 102 fg. KO.:

K Amtsgericht wolle über mein Vermögen das Konkursverfahren eröffnen.

Vorgelesen, genehmigt, unterschrieben
Heinrich Berg

Der k. Gerichtsschreiber.
Huber.

2. Antrag eines K.Gläubigers.

Gerichtsschreiberei
des k. Amtsgerichtes Felden

Felden, den 15. Januar 1900.

Vor dem unterfertigten Gerichtsschreiber erscheint

der Tuchwarenfabrikant Wilhelm Lieblich in Feldberg und bringt vor:

Der Schneidermeister und Kleiderwarenhändler Heinrich Berg in Felden schuldet mir ausweislich des hiemit übergebenen, beglaubigten Buchsauszuges für bezogene Tuchwaren den Betrag von 2000 Mark. Dieser Betrag war am 1. Dezember 1899 zur Zahlung fällig. Ich habe hierauf am 15 Dezember 1899 bei dem k. Amtsgerichte Felden gegen Berg Zahlungsbefehl erwirkt. Gegen diesen hat der Schuldner Widerspruch erhoben. Heinrich Berg ist zahlungsunfähig. Es sind gegen ihn dermalen zwölf Klagen anhängig. In den letzten Tagen sind bei ihm wiederholt Mobiliarvollstreckungen angelegt worden. Heinrich Berg hat bereits am 3. Januar 1900 durch Vermittlung des Kommissionärs Schnitzler von hier seinen Gläubigern im Wege des außergerichtlichen Arrangements fünfzig Prozent ihrer Forderungen angeboten. Ich übergebe das mir zugekommene Cirkular, in dem Berg erklärt, daß seinen Aktiven im Betrage von 15000 Mark Passiva in der Höhe von 30000 Mark gegenüberstehen.

Ich habe durch diese Vorlagen meine Forderung und die Zahlungsunfähigkeit des Schuldners glaubhaft gemacht, schlage den Rechtsanwalt Schmidt in Felden, der zur Annahme bereit ist, als Konkursverwalter vor, erlege sofort den nach § 53 I, 82 GKG. mich treffenden Gebührenvorschuß zu .... Mark und beantrage gemäß § 71 fg., § 105 KO:

K. Amtsgericht wolle über das Vermögen des Schneidermeisters und Kleiderwarenhändlers Heinrich Berg in Felden das Konkursverfahren eröffnen.

Vorgelesen, genehmigt, unterschrieben.
Wilhelm Lieblich.

Der k. Gerichtsschreiber.
Huber.

II. Konkurseröffnungsbeschluß.

1. Beschluß.

Im Namen
Seiner Majestät des Königs von Bayern.

Ueber das Vermögen des Schneidermeisters und Kleiderwarenhändlers Heinrich Berg in Felden wird auf dessen Antrag vom Heutigen beim Vorhandensein der Voraussetzungen der § 71 fg. § 102 fg. KO. heute den 15. Januar 1900 Vormittags 11 Uhr das Konkursverfahren eröffnet. Als provisorischer Konkursverwalter wird der Rechtsanwalt Schmidt in Felden ernannt. Termin zur Beschlußfassung über die Wahl eines anderen Verwalters, über die Bestellung eines Gläubigerausschusses und die in § 132, 137 KO. bezeichneten Gegenstände wird auf

Dienstag den 13. Februar 1900 Vormittags 9 Uhr

allgemeiner Prüfungstermin auf

Dienstag den 27. Februar 1900 Vormittags 9 Uhr

je im diesgerichtlichen Sitzungssaale Nr. 5 anberaumt. Konkursforderungen sind bis zum 15. Februar 1900 einschließlich bei dem unterfertigten Gerichte anzumelden. Allen Personen, welche eine zur Konkursmasse gehörige Sache im Besitz haben oder zur Konkursmasse etwas schuldig sind, wird aufgegeben, nichts an den Gemeinschuldner zu verabfolgen oder zu leisten, auch die Verpflichtung auferlegt, von dem Besitze der Sache und von den Forderungen, für welche sie aus der Sache abgesonderte Befriedigung in Anspruch nehmen, dem Konkursverwalter bis zum 3. Februar 1900 Anzeige zu machen.

Felden, den 15. Januar 1900.

K. Amtsgericht.

Der k. Amtsrichter.
Müller.

2. Verfügung.

I. Zustellung des Eröffnungsbeschlusses an den G.Schuldner, den K.Verwalter und an die bekannten Gläubiger und Schuldner. § 111 III.

II. Erholung der Annahmeerklärung des Verwalters und Aushändigung der Bestallung an denselben. § 81 II.

III. Der Verwalter hat Gelder und Wertpapiere im Betrage von über 300 Mark bei der Filiale der k. Bank dahier zu hinterlegen. § 129 II. Zustellung dieser Verfügung an den Verwalter.

IV. Requisition an das Grundbuchamt des k. Amtsgerichtes Felden auf Eintragung eines Vermerkes auf dem Grundbuchblatt des Grundstückes Hs.-Nr. 7 in Felden, gehörig dem Schneidermeister und Kleiderwarenhändler Heinrich Berg hier, daß über dessen Vermögen heute Vormittag 11 Uhr das Konkursverfahren eröffnet wurde. § 113.

V. Bewirkung der öffentlichen Bekanntmachung des Eröffnungsbeschlusses; hiebei wird außer der Einrückung im Reichsanzeiger und im Amtsblatte auch noch die einmalige auszugsweise Einrückung in den Münchner Neuesten Nachrichten angeordnet. § 76 I, § 111 I, II.

VI. Schreiben an das k. Oberpostamt Felden.

Im Konkursverfahren über das Vermögen des Schneidermeisters und Kleiderwarenhändlers Heinrich Berg ist gemäß § 121 KO. hiemit die Anordnung getroffen, daß alle für den Gemeinschuldner bei den hiesigen Post- und Telegraphenanstalten eingehenden Sendungen, Briefe und Depeschen dem Konkursverwalter Rechtsanwalt Schmidt in Felden auszuhändigen sind. Ich beehre mich hievon ergebenst Mitteilung zu machen und ersuche um Vollzugsanordnung.

VII. Sind die Geschäftsbücher abzuschließen und die Zählkarte anzulegen.

VIII Für den Fall, daß der Verwalter gemäß § 122 KO. mit einem Siegelungsantrag bei der Gerichtsschreiberei einkommt, wird jetzt schon gemäß Art. 63 bayer. AG. z. GVG. — in der Fassung nach Art. 167 Nr. XVI bayer. AG. z. BGB. — Anordnung auf Vornahme der Siegelung durch die Gerichtsschreiberei getroffen.

IX. An die Gerichtsschreiberei zum weiteren Vollzuge, insbesondere nach § 112 KO.

Felden, den 15. Januar 1900.

K. Amtsgericht.

Müller.

III. Tabelle.

Aktenzeichen:

Kgl. Amtsgericht Felden.

Tabelle

der

in dem **Konkursverfahren** über das Vermögen (den Nachlaß)

des Schneidermeisters und Kleiderwarenhändlers

Heinrich Berg in **Felden**

angemeldeten Konkursforderungen.

Laufende Nr.	Namen, Stand oder Gewerbe und Wohnort des Gläubigers.	Vertreter des Gläubigers. Hinweis auf die Vollmacht.	Tag der Anmeldung.	Betrag der Forderung. Mk.	Pf.	Grund der Forderung und urkundliche Beweisstücke.
1	2	3	4	5		6
	A. Bevorrechtigte Forderungen.					
	I. Vorrechtsklasse.					
1.	Wilhelm Hermann Kommis in Felden.	—	16. Januar 1900.	200	—	Gehalt für Dezember 1899 und Januar 1900.
	II. Vorrechtsklasse.					
2.	k. Rentamt Felden.	—	18. Januar 1900.	100	—	Haus-, Grund- u. Gewerbesteuer für das zweite Halbjahr 1899.
3.	Gerichtsschreiberei des k. Amtsgerichts Felden.	—	19. Januar 1900.	30	—	Gebühren in der Verlassenschaftssache Berg Maria von Felden, geschuldet seit 15. Dezember 1899, laut Kostennote.
	IV. Vorrechtsklasse.					
4.	Dr. Wein, praktischer Arzt in Felden.	—	21. Januar 1900.	150	—	Aerztliche Deserviten fur die Zeit vom 1. Juli 1899 bis 31. Dez. 1899 laut Rechnung.
5.	Färber Max, Apotheker in Felden.	—	21 Januar 1900.	50	—	Forderung für in der Zeit vom 1. Juli bis 31. Dezember 1899 gelieferte Medikamente laut Rechnung.

Ergebnis der Prüfungsverhandlung. 7	Berichtigungen. 8	Bemerkungen. 9
Forderung und Vorrecht auf den Betrag von 150 Mark festgestellt.	Die Forderung für die Zeit vom 16. bis 31. Januar 1900 und 50 Mark ist Masseschuld und kommt daher als Konkursforderung in Wegfall.	Stimmberechtigt auf den Betrag von 150 Mark.
Forderung und Vorrecht festgestellt		
Forderung festgestellt. Vorrecht vom Verwalter bestritten.		
Forderung und Vorrecht festgestellt.		
Forderung und Vorrecht festgestellt.		

Laufende Nr.	Namen, Stand oder Gewerbe und Wohnort des Gläubigers.	Vertreter des Gläubigers. Hinweis auf die Vollmacht	Tag der Anmeldung.	Betrag der Forderung.		Grund der Forderung und urkundliche Beweisstucke.
				Mk.	Pf.	
1	2	3	4	5		6
	B. Nichtbevorrechtigte Forderungen.					
6.	Lieblich Wilhelm, Tuchwarenfabrikant in Feldberg.	Rechtsanwalt Grimm in Felden lt. Vollmacht vom 16. Januar 1900.	16. Januar 1900.	2000	–	Warenforderung laut Rechnung.
7	Berg Eugenie, Schneidermeistersfrau in Felden.	–	20. Januar 1900.	2000	–	Eheeinbringen.
8.	Sparkasse Felden.	Rechtsanwalt Weber in Felden lt. Vollmacht vom 21 Jan. 1900.	21 Januar 1900.	12000	–	4% Hypothekkapital auf dem Hause Nr 7 in Felden.
				240	–	rückständige Zinsen hieraus vom 1. Juli bis 31. Dezember 1899.
9.	Salm Friedrich, Kurzwarenhandlung in Nürnberg.	Rechtsanwalt Born in Nurnberg lt. Vollmacht vom 22. Januar 1900.	23. Januar 1900.	5000	–	Warenforderung lt. spezifizierter Rechnung vom 22. Januar 1900.
10	Friedrich Max, Tuchwarenfabrikant in Felden.	Rechtsanwalt Kirm in Felden lt. Vollmacht vom 23. Januar 1900.	25. Januar 1900.	7000	–	Warenforderung lt. Rechnung.
11	Auer Michael, Nadelfabrikant in Schwabach.	–	27 Januar 1900.	500	–	Warenforderung lt Rechnung.
12.	Berg Michael, Schneidermeister in Feldberg.	–	28. Januar 1900.	3000	–	Darlehen lt. Schuldschein vom 14. Januar 1900.

Ergebnis der Prufungsverhandlung. 7	Berichtigungen. 8	Bemerkungen. 9
Festgestellt		Bestritten vom Gemeinschuldner.
Bestritten vom Konkursverwalter und vom Konkursgläubiger Lieblich.		Stimmrecht vom Konkursgericht auf den Betrag von 500 Mark festgesetzt
Festgestellt mit der Beschränkung auf den Ausfall.		Gläubiger verlangt Befriedigung wegen des Ausfalls, den er bei Veräußerung des Hypothekobjektes Hs.-Nr 7 in Felden erleiden wird.
Festgestellt.		
Festgestellt auf den Betrag von 5000 Mark; der Betrag von 2000 Mark bestritten vom Verwalter.	Der bestrittene Betrag von 2000 Mark nunmehr auch durch Urteil des k. Landgerichts Felden vom 5. April 1900 festgestellt.	Stimmrecht nach Einigung zwischen den Parteien auf den Betrag von 7000 Mark in bleibender Weise gewährt.
Festgestellt mit der Beschränkung auf dem Ausfall.		Gläubiger verlangt Befriedigung nur wegen des Ausfalls, den er mit seiner Forderung bei der Veräußerung der für ihn am 12. Januar 1900 im Vollstreckungswege gepfändeten Kleider und Tuchreste erleiden wird.
Bestritten vom Konkursverwalter und den Konkursgläubigern Lieblich und Salm.		Stimmrecht nicht bewilligt.

II. Protokoll über die erste Gläubigerversammlung.

Protokoll

aufgenommen bei dem k. Amtsgericht Felden.

Felden, den 13. Februar 1900.

Gegenwärtig:

Der k. Amtsrichter Müller.
Der k. Gerichtsschreiber Huber.

Im Konkursverfahren

über das Vermögen des Schneidermeisters und Kleiderwarenhändlers Heinrich Berg in Felden fanden sich in der auf heute anberaumten ersten Gläubigerversammlung ein:

1. Der Gemeinschuldner Heinrich Berg,
2. Der Konkursverwalter Rechtsanwalt Schmidt dahier,
3. Die nachaufgeführten Konkursgläubiger bezw. deren Vertreter:
   a) Kommis Wilhelm Hermann dahier, Tab. Nr. 1;
   b) Apotheker Max Färber dahier, Tab. Nr. 5;
   c) Rechtsanwalt Grimm hier für Wilhelm Lieblich, Tab. Nr. 6;
   d) Kurzwarenhändler Friedrich Salm in Nürnberg, Tab. Nr. 9;
   e) Nadelfabrikant Michael Auer in Schwabach, Tab. Nr. 11.

I.

Die Terminsbekanntmachung in Nr. 17 des Amtsblattes, in Nr. 9 des Deutschen Reichsanzeigers und in Nr. 30 der Münchner Neuesten Nachrichten wurde konstatiert.

II.

Ein Widerspruch gegen die Stimmberechtigung der erschienenen Konkursgläubiger wurde nicht erhoben.

III.

Nach Eintritt in die Tagesordnung erstattete der Konkursverwalter nach § 131 KO. Bericht über die Entstehung der Zahlungsunfähigkeit des Gemeinschuldners, die Lage der Sache und die bisher ergriffenen Maßregeln. Eine Erinnerung wurde nicht erhoben.

Sodann wurden folgende Beschlüsse einstimmig gefaßt:

1. der bisherige Konkursverwalter Rechtsanwalt Schmidt hier wurde definitiv gewählt;

2. es wurde die Bestellung eines Gläubigerausschusses bestehend aus drei Personen, beschlossen und wurden in denselben gewählt:
   a) Fabrikant Wilhelm Lieblich in Feldberg;
   b) Apotheker Max Färber in Felden;
   c) Kurzwarenhändler Friedrich Salm in Nürnberg. Die beiden Letzteren erklärten sofort die Annahme der Wahl.
3. Der Konkursverwalter wurde ermächtigt, dem Gemeinschuldner eine Unterstützung von drei Mark für den Tag zu gewähren.
4. Der Konkursverwalter wurde weiter ermächtigt, das Anwesen des Gemeinschuldners Hs.-Nr. 7 in Felden freihändig an den Meistbietenden zu verkaufen und wurde bis zum Verkaufe die Fortführung des Geschäftes beschlossen.
5. Dem Konkursverwalter wurde aufgegeben, eingegangene Gelder im Betrage von über 300 Mark bei der hiesigen Filiale der k Bank anzulegen. Dagegen wurde von der Gegenzeichnung nach § 137 KO. abgesehen.

Vorgelesen, genehmigt.

Der k. Amtsrichter
Müller.

Der k. Gerichtsschreiber.
Huber.

V. Protokoll über den allgemeinen Prüfungstermin.

Protokoll

aufgenommen bei dem k. Amtsgericht Felden.

Felden, den 27 Februar 1900.

Gegenwärtig:

Der k. Amtsrichter Müller.
Der k. Gerichtsschreiber Huber.

Im Konkursverfahren

über das Vermögen des Schneidermeisters und Kleiderwarenhändlers Heinrich Berg in Felden erschienen in dem auf heute anberaumten, in Nr. 17 des Amtsblattes, in Nr 9 des Deutschen Reichsanzeigers und in Nr. 30 der Münchner Neuesten Nachrichten bekannt gemachten allgemeinen Prüfungstermin:

I. Der Gemeinschuldner Heinrich Berg dahier;
II. Der Konkursverwalter Rechtsanwalt Schmidt dahier;
III Die nachaufgeführten Konkursgläubiger bezw. deren Vertreter:
1. Kommis Wilhelm Hermann dahier, Tab. Nr. 1;
2. Apotheker Max Färber dahier, Tab. Nr. 5; Gläubigerausschußmitglied;
3. Tuchwarenfabrikant Wilhelm Lieblich in Feldberg, Tab. Nr. 6; Gläubigerausschußmitglied;
4. Schneidermeistersfrau Eugenie Berg in Felden, Tab. Nr 7;
5 Rechtsanwalt Weber in Felden für die Sparkasse Felden, Tab Nr. 8;
6 Kurzwarenhändler Friedrich Salm in Nürnberg, Tab. Nr 9; Gläubigerausschußmitglied;
7. Nadelfabrikant Michael Auer in Schwabach, Tab. Nr 11.
8 Schneidermeister Michael Berg in Feldberg, Tab Nr. 12

Nach Eintritt in die Tagesordnung wurden die in der Tabelle eingetragenen Forderungen mit den Erschienenen einzeln erörtert und nach Grund, Betrag und Vorrecht geprüft. Der Gemeinschuldner wurde gehört Bestritten wurden:

1 Die Forderung der Schneidermeistersfrau Eugenie Berg in Felden zu 2000 Mark — Tab. 7 — vom Verwalter und dem Konkursgläubiger Lieblich. In Ermangelung einer Einigung zwischen den Parteien wurde das Stimmrecht für diese Forderung vom Konkursgericht auf 500 Mark festgesetzt § 95 KO;

2 die Forderung des Tuchwarenfabrikanten Max Friedrich in Felden zu 7000 Mark — Tab. Nr. 10 — vom Konkursverwalter auf den Teilbetrag von 2000 Mark. Nach Einigung zwischen den Parteien wurde dieser Forderung auf den Vollbetrag zu 7000 Mark ein bleibendes Stimmrecht gewährt § 95 KO.;

3. die Forderung des Schneidermeisters Michael Berg in Feldberg zu 3000 Mark — Tab. Nr. 12 — vom Verwalter und den Konkursgläubigern Lieblich und Salm In Ermangelung einer Einigung zwischen den Parteien wurde dieser Forderung durch Beschluß des Konkursgerichtes kein Stimmrecht bewilligt. § 95 KO ;

4 vom Gemeinschuldner die Forderung des Tuchwarenfabrikanten Wilhelm Lieblich in Feldberg — zu 2000 Mark — Tab. Nr. 6.

Alle übrigen Forderungen wurden allseitig anerkannt und festgestellt

Das Ergebnis der Prüfung wurde bei einer jeden der geprüften Forderungen in Spalte 7 der Tabelle vermerkt, die bestreitende Erklärung des Gemeinschuldners in Spalte 9 der Tabelle vorgetragen.

Vorgelesen, genehmigt.

Der k. Amtsrichter
Müller.

Der k. Gerichtsschreiber
Huber.

VI. Protokoll über den Zwangsvergleichstermin.

Protokoll

aufgenommen bei dem k. Amtsgerichte Felden.

Felden, den 10. April 1900.

Gegenwärtig:

Der k Amtsrichter Müller.
Der k. Gerichtsschreiber Huber.

Im Konkursverfahren
über das Vermögen des Schneidermeisters und Kleiderwarenhändlers Heinrich Berg erschienen in dem auf heute anberaumten, im Amtsblatte Nr. 42 und in den Münchner Neuesten Nachrichten Nr. 74 bekannt gemachten Termin zur Beratung, Abstimmung und Beschlußfassung über den vom Gemeinschuldner am 15. März 1900 eingereichten Zwangsvergleichsvorschlag:

I. Der Gemeinschuldner Heinrich Berg dahier;
II Der Konkursverwalter Rechtsanwalt Schmidt dahier;
III Die nachaufgeführten Konkursgläubiger bezw. deren Vertreter:

1. Kommis Wilhelm Hermann dahier, Tab. Nr. 1;
2. Dr Wein, praktischer Arzt dahier, Tab. Nr. 4;
3. Apotheker Max Färber dahier, Tab. Nr. 5; Gläubigerausschußmitglied;
4. Tuchwarenfabrikant Wilhelm Lieblich in Feldberg, Tab. Nr. 6; Gläubigerausschußmitglied.
5. Schneidermeistersehefrau Eugenie Berg dahier, Tab. Nr 7;
6. Rechtsanwalt Weber dahier für die Sparkasse Felden, Tab. Nr. 8;
7. Kurzwarenhändler Friedrich Salm in Nürnberg, Tab. Nr. 9; Gläubigerausschußmitglied;
8. Tuchwarenfabrikant Max Friedrich in Felden, Tab. Nr. 10;
9. Nadelfabrikant Michael Auer in Schwabach, Tab. Nr. 11.

Nach Eintritt in die Tagesordnung wiederholte der Gemeinschuldner seinen Vergleichsvorschlag Der Konkursverwalter und die Mitglieder des Gläubigerausschusses empfahlen dessen Annahme. Es wurde sodann zur Abstimmung geschritten. Die sämtlichen erschienenen, nichtbevorrechtigten Gläubiger stimmten für die Annahme des Vergleichs. Bei der Mehrheitsberechnung hat gemäß § 183 KO. der zustimmende Ehegatte des Gemeinschuldners, die Konkursgläubigerin Eugenie Berg — Tab. Nr. 7 — mit ihrer Person und ihrem Stimmrechtsbetrage zu 500 Mark außer Betracht zu bleiben.

Die Gesamtsumme der stimmberechtigten nichtbevorrech-Forderungen beträgt 27 220 Mark, sonach drei Vierteile dieser Gesamtsumme 20 415 Mark. Die Summe der zustimmenden Forderungen beträgt insgesamt 27 220 Mark; hievon geht der Stimmrechtsbetrag von 500 Mark der bei der Mehrheitsberechnung infolge ihrer Zustimmung ausgeschlossenen Konkursgläubigerin Eugenie Berg ab, so daß sich die Summenmehrheit auf 26 720 Mark beläuft Personen- und Summenmehrheit des § 182 KO. sind daher gegeben. Das Resultat der Abstimmung und die Annahme des Zwangsvergleichs wurden konstatiert.

Von den Erschienenen wurde allseits die Bestätigung des Zwangsvergleichs beantragt.

Das Konkursgericht verkündete sodann nachstehenden

Beschluß:

„Der im heutigen Vergleichstermin angenommene Zwangsvergleich wird gemäß § 184 bestätigt, da der Vergleichsvorschlag mit der nach § 182 erforderlichen Personen- und Summenmehrheit angenommen wurde, ein Antrag auf Verwerfung nicht gestellt ist und Verwerfungsgründe aus § 186, 187 KO. nicht vorwalten."

Vorgelesen, genehmigt.

Der k. Amtsrichter.
Müller.

Der k. Gerichtsschreiber
Huber.

VII. Aufhebungsbeschluß.

I. Beschluß.

Das Konkursverfahren über das Vermögen des Schneidermeisters und Kleiderwarenhändlers Heinrich Berg in Felden wird, als durch rechtskräftig bestätigten Zwangsvergleich beendigt, nach § 190 KO. aufgehoben.

II. Verfügung.

1. Oeffentliche Bekanntmachung von I im Amtsblatt, im Deutschen Reichsanzeiger und in den Münchner Neuesten Nachrichten. § 190.
2. Nachricht von I an das k. Oberpostamt Felden. § 121.
3. Requisition an das Grundbuchamt des k. Amtsgerichtes Felden um Löschung des Konkursvermerkes. § 190 III, 113 KO.
4. Zur Gerichtsschreiberei zur weiteren Verfügung, insbesondere nach § 112 KO, und zur Einholung der Bestallung des Verwalters.

Felden, den 30. April 1900.

K. Amtsgericht.
Müller.

Alphabetisches Sachregister.

(Die Zahlen verweisen auf die Seiten.)

B.

H.

J.

K.

L.

M.

O.

P.

V.

W.

FSC
www.fsc.org
MIX
Papier | Fördert gute Waldnutzung
FSC® C083411

Kolibri 360 GmbH
Ferdinand-Jühlke-Straße 7
99095 Erfurt, Deutschland
produktsicherheit@kolibri360.de